臺海風雲見證錄

採訪報導篇

徐博東 編著

推薦人

唐樹備、張銘清、王曉波、周　荃、郭偉峰

崧燁文化

目　　錄

2007年 / 323

2008年 / 346

2011年／575

2012年／609

人物專訪／621

序一　祝《臺海風雲見證錄》出版

中國國務院臺灣事務辦公室原副主任　唐樹備

徐博東教授的涉臺文集——《臺海風雲見證錄》，即將出版面世，可喜可賀！

自2008年5月以來，大陸海協和臺灣海基會在「九二共識」的基礎上恢復了中斷九年的協商談判，達成了一系列協議。臺海兩岸實現了全面直接「三通」和大陸遊客赴臺旅遊。兩岸簽署了兩岸經濟合作框架協定（ECFA）。臺通過早收清單，已為兩岸同胞帶來了實實在在的利益，並為兩岸經濟關係的正常化、制度化和規範化，確定了方向和步驟。

這是兩岸關係在堅持一中原則、反對「臺獨」鬥爭取得階段性勝利的基礎上所取得的又一重大進展。

回望30多年來兩岸關係的發展路程，跌宕起伏、風雲變幻，上述成就的取得，可謂來之不易。能夠取得這樣的進步與成果，是與臺海兩岸各界人士的不懈努力分不開的。

徐博東教授從1980年代開始，就涉入對臺研究，發表了許多研究成果，為中國的統一辛勤探索、獻計獻策。我在任職中央臺辦和國務院臺辦副主任、海協常務副會長、海峽兩岸關係研究中心主任期間，他是被我經常諮詢意見的臺灣問題專家之一。

徐教授在民進黨研究方面，也涉入較深，他的見解和分析，使他成為聲播臺海兩岸的大陸方面的民進黨研究專家。

誠如該文集的書名《臺海風雲見證錄》所揭示的那樣，徐教授名副其實的是兩岸關係20多年來發展歷程的親歷者、見證者和推動者之一。

近來，徐教授把20多年來所撰寫的政論文章、時事評論及接受媒體的採訪報導共579篇、160餘萬字匯集成文集，這是徐教授本人涉臺研究的集大成之作。

通覽文集，博東教授筆觸所及、言論所指，無不是當時兩岸關係發展中的熱點、困難與要點問題。既有關於中國統一歷史必然性、制定《反分裂國家法》必要性等重大問題的長篇論述，也有針砭臺灣政局和政壇人物的犀利短評，從兩岸關係、中美關係到臺灣政局，從歷史到現實，從臺灣經濟、政治問題到文化、軍事、涉外關係，幾乎無不涉獵。內容互相補充、相互佐證。它將成為後人研究兩岸關係發展史的重要參考材料，相信它的出版將會受到各方面的重視和歡迎。

兩岸關係已經步入以和平統一為最終目標和平發展階段。由於歷史和現實的原因，兩岸關係的和平發展決不會一帆風順。徐博東教授雖然已經離職退休，但我期望他趁身體尚健，以文集的出版為新的起點，在臺灣問題研究方面繼續發揮餘熱，為推動兩岸關係和平發展與中國和平統一大業，做出新的貢獻。

是為序。

北京

序二　徐博東教授：大陸對臺「民間發言人」

——欣聞《臺海風雲見證錄》即將出版

海峽兩岸關係協會副會長　張銘清

博東教授的個人文集《臺海風雲見證錄》就要出版了，這是大陸涉臺研究界值得慶賀的一件事。博東兄是對臺工作戰線上的知名老專家，從事對臺研究二十餘年，親身經歷、參與和見證了兩岸關係發展史上的諸多大事。如今他把自己這二十餘年來的研究成果集結出版，這不僅是對他個人學術生涯的一個總結，也可以讓我們從一個側面瞭解回顧二十餘年來兩岸關係發展演進的歷史軌跡，給今後的對臺工作以某種啟發。因此，這部文集的出版，我以為具有重要的學術價值和現實意義。

這部文集共分三個部分：政論篇、時事評論篇和採訪報導篇。共計579篇，160餘萬字。這是一份沉甸甸的學術成果，它充分反映出博東教授二十餘年來為學之勤、探研之精。博東兄是我的良師益友，我在臺辦、海協工作期間，經常向他請益，受惠良多，今天品味他的這些嘔心瀝血的結晶，大有「字句挾風雷、聲落點金石」之感，因為他由情而文，讀來則由文生情，歷歷往事又浮現在眼前，可謂感觸良多，格外親切。相信他的這些力作，必將在兩岸關係發展史上，留下濃墨重彩的一頁。

綜覽文集，我覺得有如下三個鮮明的特色：

其一是它的全面性和系統性。這主要體現在「政論篇」部分。可以看出，博東教授的研究領域十分廣泛，包括臺灣政局、兩岸關係、中美關係、國際格局、大陸對臺戰略、政策與策略等，正是透過這種全方位多視角的深入研究，博東教授對臺灣問題的把握分析才能做到如此精準和到位，蔚然成為大家。然而格外應當指出的是，博東兄的對臺研究，其最重要的貢獻並不在於他涉及的「面」很廣，而在於他對「點」的長期追蹤和探索，也即兩岸各界都一致公認的他對民進黨研究的系統與深入。在「政論篇」中，約有三分之二以上的篇什是研究民進黨的論文。正因為如此，博東兄的對臺研究頗具特色，他不僅是著名的臺灣問題專家，同時更是民進黨研究專家。

其二是它的連續性和前瞻性。博東教授從八十年代末開始涉入對臺現狀研究，二十多年來無論遇到何種困難與挫折，他都一往無前、無怨無悔，始終保持著對臺灣問題研究的高度熱情和關注，承擔了大量的涉臺研究課題，長期筆耕不輟，因此這部文集保持了較好的時間連續性。通讀文集，讀者從中可以很清晰地把握近二十餘年來臺灣政局以及兩岸關係的發展脈絡。同時，博東兄的研究成果還具有較強的前瞻性，如他較早地預見到李登輝的「臺獨」傾向、民進黨在臺灣政壇上可能扮演的角色，並且在1999年就已經預見到民進黨上台執政的可能性，以及它上台執政後對臺灣政局和兩岸關係可能帶來的影響。在民進黨2008年下台後，又較早地預見到民進黨重新崛起、捲土重來的可能性等等。

其三是它的政策性和實踐性。博東教授的學術研究不是書齋式的，而是充滿實踐性。臺灣問題是熱點問題，多年來，博東兄作為兩岸知名的臺灣問題專家和國臺辦所倚重的智囊學者，一直以自己研究成果積極為國家對臺工作獻計獻策，並經常出席各種內部召開的諮詢會議，從對臺戰略到政策策略，多方提供決策建言，為兩岸關係的發展和中國的和平統一做出了突出貢獻。不僅如此，作為一個民間學者，他始終站在「反獨促統」的第一線，每逢臺海發生重大事件，博東教授往往在第一時間接受海內外媒體的採訪，發言發聲，並緊跟形勢的發展，撰寫了大量文筆犀利、發人深省的時事評論文章，針砭時勢，抨擊「臺獨」言行，解讀大陸對臺方針政策。因此，他被臺灣媒體稱之為大陸的「發言學者」，記得我也曾在私下半開玩笑地講過，徐教授是大陸對臺「民間發言人」。從這部文集的「採訪報導篇」及「時事評論篇」中可以看出，這並非虛言。

博東兄對臺研究能夠取得這樣的成就不是偶然的，除了理論功底扎實之外，再有就是他的刻苦與勤奮。臺灣《中國時報》執行副總編楊憲村說：「徐教授的對臺研究工作相當敬業，一直令我留下極為深刻的印象。作為一位研究民進黨問題的先行者，徐博東多次來臺從事交流訪問，我看著他由『中央』到基層，由城市到鄉村，不厭其煩，深入其境，想方設法與民進黨人士接觸，從不放過任何機會。我常因代他安排而被煩得不堪其擾，但他這種治學態度和求知的精神則令我感動……」另一位臺灣知名學者尹章義教授也說：「能夠像徐教授這樣，案頭功夫和實際調查研究都如此精深的人，可謂『鳳毛麟角』」。正因為如此，博東教授才能夠比較準確地把握臺灣的政情發展和社會脈動，尹章義說他的文章「燦然可觀」，不少預測都相當精準，「民進黨取得政權的過程、執政後的表現和給臺灣所帶來的嚴重傷害，不幸都被徐博東這個大陸學者一一料中了」，陳水扁和他的團隊「只是照著徐博東事先寫好的劇本表演罷了」。就此而言，博東教授的這種兢業精神是很值得年輕學者學習和傳承的。

據我所知，博東兄的學術成果並沒有完全體現在這部文集之中，如他對於臺灣歷史文化，特別是對近代臺灣省籍著名反割臺愛國抗日志士丘逢甲的研究，具有很高的學術價值。二十多年前他與人合著的大陸出版的第一部《丘逢甲傳》，至今未有能出其右者。這部傳記已先後在海峽兩岸出版了四種版本，博東教授也因此被兩岸史學界公認為丘逢甲研究專家。此外，博東兄還是兩岸民間交流的重要平台——「海峽兩岸客家高峰論壇」大陸方面的發起人，他對於客家學的研究以及推動兩岸客家交流方面也做出了積極貢獻。但文集中這些內容並沒有能完整地反映出來。

博東兄作為一名民間學者，能夠在大陸臺灣研究界占有一席之地，並成為一方領軍人物，是很不容易的。眾所周知，臺灣研究具有很強的特殊性，是一項政策性、理論性、實踐性很強的工作，特別是在1980、90年代，資料收集有很大的困難度和侷限性。因此，要想在臺灣研究領域取得成就，沒有一點犧牲奉獻精神是很難的。博東兄卻知難而上，選擇臺灣研究作為自己的學術志業，並始終堅持不懈，孜孜以求，終有所成，這種毅力和精神確實令人感佩。而且特別值得一提的是，由他一手創建的北京聯合大學臺灣研究院，從無到有，從小到大，不斷發展壯大，成為大陸涉臺研究的重鎮，一批頗具潛力的年輕研究人才已經開始嶄露頭角。博東教授退休之後仍然十分活躍，頻繁出席各種會議，接受媒體採訪，筆耕不輟，我注意到文集中有不少文章都是在他2008年退休之後完成的。我們衷心希望，博東兄能夠永保學術青春，為臺灣研究做出更多更大的貢獻。

是為之序。

於廈門大學

序三　從路邊攤到大飯店

——寫在《臺海風雲見證錄》的前面

臺灣世新大學教授　王曉波

博東兄的涉臺文集《臺海風雲見證錄》即將出版，要我寫序，序不敢當，以我跟博東的交情不寫又不敢，只得在他大著出版之前說幾句祝賀的話。但我又一生「烏鴉嘴」，沒學會說「好話」，只得實話實說，也藉此留下我與博東兄結交的記錄。

1987年11月，臺灣解除戒嚴，開放大陸探親，我們「臺灣史研究會」即決定舉辦研討會，並去函大陸中國社科院臺灣研究所和廈門大學臺灣研究所，請他們推薦學者來臺出席會議。當時，廈大臺研所推薦的是陳孔立教授，社科院臺研所推薦的則是徐博東教授。但臺灣當局不予批准，二人均未能成行，至為遺憾。當時我是臺史會的理事長。

之後，我們「臺灣史研究會」決定在1988年暑假期間，組織學術訪問團訪問大陸，並在廈大臺研所和社科院臺研所各舉辦一場學術研討會。

1988年寒假期間，我到南昌探親，在香港轉機，見到了陳孔立教授，討論了臺史會訪問團的問題。南昌探親畢，又到北京，也到社科院商討臺史會訪問團的事宜，但在社科院臺研所，並未見到博東兄。

臺史會的大陸訪問團遭臺灣當局批評，只准「探親」，不准「學術訪問」，所以，我們只好化整為零，各別申請「探親」，然後機場集合行動，所以，我們的訪問團變成了「不是團」。雖然如此，我還是受到禁止出境一年的處罰。

學術研討會在北京友誼賓館舉辦，眾多初次見面的大陸學者中，博東兄是其中之一。90年代後，有臺灣研究會、社科院臺研所和全國臺聯共同舉辦的「兩岸關係學術研討會」，到北京開會的次數多了，才和博東兄熟悉起來。

初次見面後才知道，博東兄根本不任職於社科院臺研所，而是在北京聯合大學任教，其本人畢業於北大歷史系。他是廣東客家人，其父在抗戰時期，追隨丘念台參加廣東東區服務隊從事抗日救亡活動。博東兄還寫過一本《丘逢甲傳》。我們臺史會的信到社科院臺研所，臺研所學者多政治、經濟專長，而無史學專業，故由李家泉副所長推薦博東兄出席我們臺史會的研討會，而掛了一個「特約研究員」的名義，以代表社科院臺研所。所以，1988年寒假到社科院臺研所未能見到博東兄。

後來還知道，臺灣光復後，博東兄的父母跟隨丘念台到臺灣，博東則留在大陸廣東梅州蕉嶺家鄉由祖母哺養，準備父母在臺灣的工作穩定下來後，祖孫二人再到臺灣團聚。不料，後來博東兄的祖母病重，他的父親只好從臺灣趕回廣東家鄉探病。誰知這一去就沒能回來，1949年後兩岸分裂，不得往來，從此家庭破裂，骨肉離散，博東和他的父親、祖母在大陸，而母親和三個在臺灣出生的弟弟卻留在了臺灣。

我則是1948年，外婆帶著我們隨爸爸來臺訓練新兵，後來母親來臺團聚，1952年犧牲於「白色恐怖」，父親也以「知情不報」判處徒刑七年。我們全家五口頓時失去生活來源，而經朋友介紹，到臺中育幼院，把我和大妹列名為院外生，每個月可領十幾塊生活補助金。意想不到，博東兄的母親就是臺中市育幼院的會計，而我和大妹每個月的生活補助金就是向她領的。

因此，我和博東兄都是國共內戰、兩岸分裂的受害者。博東兄是家庭離散，骨肉不得相見；我家則是相見不如不見，為了家人團聚，而在「白色恐怖」中犧牲了母親。

我從「自覺運動」（1963）開始探索中國前途；從保釣的「臺大民族主

義座談會」（1972）後，開始研究臺灣近現代史和中國統一問題。

博東兄則是由李家泉推薦參加臺史會開始研究臺灣問題，起始博東兄只不過是聯合大學的一個「單幹戶」；後來，成立了聯大的「臺灣研究室」，接著越搞越大，而有「臺灣研究所」、「臺灣研究院」。博東兄一直是推動者，也是領導者，直到退休。所以，我戲稱博東兄的臺灣研究是「從路邊攤到大排檔再到大飯店」。除了徐博東因臺灣研究而揚名兩岸外，北京聯大也因臺灣研究而名聞兩岸。

老實說，今天大陸的臺灣研究是為中國統一服務的，我的臺灣史研究，也是為中國和平統一服務的。我和博東兄同為國共內戰的受害人，偶然的兩代交情，必然的兩岸殊途，卻又共同地為中國統一奮鬥。

從1988年至今已經23年了，博東兄已自聯大屆齡榮退，但仍擔任顧問，且為大陸對臺工作所倚重。我也青絲成白髮，從臺大退休了。聯大、臺大的教職，只是我們的「職業」，但中國統一卻是我們的「志業」。職業需要退休，但不到中國實現統一的一天，我們的志業是永遠不言退的！

博東兄，您說是嗎？

於臺北

序四　徐博東教授：比民進黨還瞭解民進黨的大陸學者

臺灣賢德惜福文教基金會董事長　周荃

「徐博東先生跟我一樣誤入歧途，都寫了一本書，書名叫做《民進黨研究》。我已經放棄研究民進黨了，我覺得太無聊了，可是徐博東先生還在繼續研究，我要恭喜他！」李敖大師在北京聯合大學臺灣研究所「改所建院」的時候這麼說徐老師。

中國大陸只有兩個「院」級的臺灣研究機構，一個在南方，是與臺灣一水之隔、歷史悠久的福建廈門大學臺研院。另一個在京城，2005年4月22日才成立的北京聯合大學臺研院。祖籍廣東梅州的徐老師從1987年起窮盡30年時間寫臺灣，他的成名之作是《丘逢甲傳》。客家人的他，又從1988年1月在李家泉教授牽線下，因緣際會花了22年時間研究民進黨，至今不墜。多年的孜孜不倦努力探索，我們仔細觀察，無論大陸領導人的談話或對臺政策的許多深刻內涵，都有許多徐老師歷來提出論述的影子，例如：

一、錢其琛關於一中「新三段論」的說法；

二、兩岸「三通」是「戰略」而非「策略」問題、界定為「經濟」議題而非「政治」議題的提法；

三、「九二共識」這個用語，其實徐博東早於蘇起之前即已提出。2000年4月初抵臺參訪的他，在與民進黨人士交流時即提出了「九二共識」的說法，當時他還跟TVBS記者約好，其事先錄製好的亦即提及「九二共識」一說的個人專訪，得在他月底離臺前再播出；

四、2008年3月馬英九勝選後，徐老師更是率先提出發展兩岸關係「先經後政、先易後難」說法的學者。

作為一個學者，沒有比自己提出的論述、說法被政府採納、被他人引用更令人欣慰的了。「積久功深自有得」，正貼切的形容這位出身北大歷史系，父母親在他出生後不久即赴臺，三個胞弟都生在臺灣，而只留下他在大陸「打拚」的學者風範。

沒有徐博東就不會有北京高校第一個臺灣研究室、所、院的成立。當時更是因為徐博東決定選擇較不被人重視但顯然很有研究價值的「臺獨與民進黨問題」作為主要的研究方向。我就是在他「校長兼撞鐘」的時候認識他的。那時，他已是大陸上頗有見地與知名度的研究民進黨的少數「特殊」學者專家。說他「特殊」實乃當時的北聯大臺研所基本上只是「一人所」；再者，從黨外時期到創黨再到2000年，連阿扁自己都不相信會完成臺灣首次政黨輪替。試想，一個沒有人看好有一天會執政的政黨，花工夫去研究它，也太沒有前景了吧？

然而，事實證明，兩岸關係從李登輝「兩國論」、戒急用忍，陳水扁的「四不一沒有」到後來的「烽火外交」，再到如今馬英九簽定ECFA、十五項協議……，徐老師是無役不與，一直是大陸涉臺學界指標性人物，是國臺辦倚重的對象。

許多人研究臺灣問題，往往只會簡單地從藍、綠板塊移動觀之，缺少對民進黨的深刻瞭解與認識，結果不僅是對兩岸問題分析不到位，當然對臺灣內部問題的解讀就更有缺陷。而更多人的研究工作，又因臺灣「人脈」的有限與欠缺，就只能從報章雜誌、電子媒體「紙上研究」做分析。正因為徐博東是：（1）學歷史出身；（2）搞民進黨研究的學者；（3）更不同於他人的地方是，他得從自己不可分割、無法切斷的家庭歷史看兩岸。命運讓徐老師不得不選擇、更不須掩飾，他得既愛臺灣也愛大陸。他思考時如此，下筆時當然更會如此。他從史觀縱軸、從統獨面向、從兩岸高度……，也就是說，無論任何事情徐老師都必須提煉出、必須站在兩岸「共同有利」的高度去思考解決的方案才成！而我的背景與徐老師即緣於此，並很自然的成了要好的朋友。

在臺灣，尤其需要政治正確的臺灣政壇，我都做過三屆「立委」了，仍被認定為「外省第二代」。但我卻是母親臺灣人（福建遷臺第11代），父親浙江人。在大陸，再好再親的朋友與親戚總把我歸類為：「你們臺灣人」。唉！還真嘗盡了「兩邊不是人」的滋味。

看哪！多年來徐老師在臺灣藍、綠陣營裡面所經營的人脈，總是「無私」的與年輕一輩分享，見他提攜後進不遺餘力，很令人感動。其實，誰能規定我「只能愛爸爸，不能愛媽媽」呢？我選擇讓自己走既愛臺灣，也愛大陸的道路。這些年來我以「賢德惜福文教基金會」的名義公益兩岸，行走多年，我深深體驗出「無私」另一番有趣的人生，更倍覺豁達、開朗後的喜悅其味無窮！

1983年徐老師獲頒「北京市教育系統先進工作者」、2004年「北京市教育系統百名優秀教師」、2005年被授予「北京市先進工作者」稱號、2006年被評為「北京市有突出貢獻的科學技術管理專家」，還有「北京市第八屆哲社科研成果二等獎」等各種獎項30多項。徐老師不僅治學嚴謹，更是獲獎無數，著作等身，聽說九州出版社要幫他整理出版《徐博東文集》，可見他「大家」的地位。

我積極建議徐老師將他的政治類書籍，尤其是《透析臺灣民進黨》、《近十年來民進黨大陸政策大事記》等分送給藍、綠各陣營，甚至2012剛剛當選的113位「立法委員」，還有臺灣各大學圖書館，特別是有大陸問題研究系所的學校。讓臺灣人瞭解大陸人是怎麼看臺灣的，讓政治人物去體會大陸人眼中的兩岸關係，更讓民進黨認識到大陸學者比你民進黨還瞭解民進黨。

近年來徐老師總是說：依照毛主席的理論，大陸對於臺灣的政治勢力應該劃分為依靠物件、團結物件、爭取物件、打擊物件四個層次，不能「非友即敵」，只有兩個層次。而我要說，日本侵華、英法德……八國聯軍侵略中國，生民塗炭、國仇家恨，如今也沒見共產黨不與他們往來啊！綠營就算還不能「依靠」，怎還沒團結、還沒爭取就直接跳到「打擊」物件去了呢？包括民進黨在內，綠營人士就是因為不認識共產黨、不瞭解大陸。有句話說：「不知者無罪」！綠營及支持綠營的人同樣是中國人，怎麼就不能往來呢？有來往、有溝通，才能有感情、有認識、有瞭解嘛！共產黨與民進黨、臺聯黨有啥歷史仇恨麼？國、共內戰還打了好幾年哪。國民黨播遷臺灣，「萬惡共匪」的「恐共」、「仇共」政策宣傳了半個世紀，2300萬臺灣同胞恐怕還有1800萬人沒來過大陸。殊不知早先綠營支持者只是一群恨國民黨、反國民黨的勢力，但國民黨執政及民進黨8年政黨輪替，何以60多年來如今還是有45%的選民支持綠營？說到底正是「恐共」、「仇共」這條主線貫穿嘛！而萬勿以為「恐共」、「仇共」只是綠營的專利，藍營更是「恐共」、「仇共」，過去還「反共」呢！再進一步說，綠營支持者原本與大陸共產黨無冤無仇，他們「恐共」、「仇共」乃至「反共」，其實都是當年國民黨教的，並不是他們生來就有的。

我就認為，化解臺灣人民的「恐共」、「仇共」，唯有共產黨自己去直接面對，尤其綠營人士。應該讓綠營人士到大陸多走走、多看看，該「恐」的是綠營，不敢面對共產黨，怎有共產黨面對綠營還「恐」呢？阿扁不是也說過：「臺獨不可能」嗎？大陸對自己要有信心，只要你是「太陽」，太陽出來了，站在旁邊的「燭光」還能怎麼著啊！

我以為，2012是大陸共產黨十八大換屆年，未來兩年內臺灣方面也沒有選舉的複雜因素干擾，而2012卻是兩岸達成「九二共識」二十週年，2013「辜汪會談」二十週年，因此國、共兩黨應該趁此機會好好縷一下這段歷史。共產黨也可趁此機緣建立共、民兩黨溝通管道，讓共、民能「共鳴」，好好「傾聽」綠營的聲音，深入瞭解綠營何以會從當年的反國民黨路線走到後來的「臺獨」路線？綠營不要「九二共識」，不要「一國兩制」，那你到底要啥呢？

「傾聽」是相互溝通的第一步，存在才有價值，尊重對方的存在，讓雙方都有機會說明。讓徐老師更忙一點！哈哈……

以上是我寫給徐老師的文集不能算是「序」的「序」吧！

於臺北

序五　博東，從一隻孤鳥起飛

中國評論通訊社社長　郭偉峰

博東兄要我為他的巨著作序，幾乎是命令式的，我也沒有什麼托詞，只好說，一定會寫感言。瀏覽他電郵過來的稿目，十分感慨。敏捷於思想，勤奮於著作，《臺海風雲見證錄》這部文集共分三個部分：政論篇、時事評論篇和採訪報導篇。共計579篇，160餘萬字。皇皇巨著，鑠鑠精華，著實令人驚嘆。

扳著手指算一算，與博東兄相交相識也有20多年了，只見博東在兩岸關係及臺灣問題上的研究越來越起勁，成果越來越多，涉及面越來越廣，像一隻孤鳥，卻又帶回一群大雁，在海峽兩岸來來回回，不知疲倦。

記得是在1988年初，我剛從香港調職回北京，博東兄來我們編輯部見一位老記者，帶著他和黃志平教授歷時4年合作撰寫的大陸第一部《丘逢甲傳》，經介紹認識之後，他把這本書送給我。我一讀之下就被深深打動了。因為我也是梅州的客家人，對丘逢甲知其名，但對其生平及歷史地位知之甚少，讀完《丘逢甲傳》之後，我深為梅州客家人出了這麼一個抗日英雄而自豪。於是我安排部屬全力報導博東兄與該書。從此開啟了我為他打傳播工長達23年的歷史。

23年來，博東兄很多思想火花，都是在我服務的媒體平台點燃的。他的很多文章，我是第一個讀者。1989年5月8日，他創辦了北京聯合大學的臺灣研究室。他一開始就啃硬骨頭，全力研究民進黨這個冷門領域，在當時是十分吃力不討好的。須知，在1990年代，幾乎沒有人會相信民進黨也有執政的一天，同時大陸各界對「臺獨」深惡痛絕，對民進黨也是一樣，誰與民進黨接觸，誰就可能有問題。記得博東兄還曾經對我說，連他在臺灣的母親後來知道他在研究主張「臺獨」的民進黨，都很不以為然。但是，博東兄十足的客家人硬頸精神作怪，硬是要鑽下去。後來當然很成功，博東成了知名的民進黨問題專家。由我主持的《中國評論》首次稱之為「南林北徐」，南林是指廈門大學的林勁教授，北徐就是指博東兄了。這麼大的大陸，當時真正對民進黨進行學術分析與研究的學者，就這兩個人。這個稱呼，很快就打響了，傳誦一時。

今天翻閱博東兄的《臺海風雲見證錄》目錄，我們可以看到，其中很多精彩的篇章，都是涉及民進黨的。從1991年到1999年，他都認真地撰寫民進黨一年來活動言行的述評，為兩岸留下了極其珍貴的分析史料。大陸系統地認識民進黨，說博東兄是先行者和引路人，並不為過。

博東兄的成就來之不易！他最初的日子過得很苦，除了資料匱乏之外，經費是折磨他的主因。如同當時幾乎所有的學術研究機構一樣，經費欠缺。博東創建的機構更是缺乏資金，需要化緣。據我所知，有好幾次論文都寫好了，卻沒有錢買火車票去出席外地召開的學術會議，只好「文到人不到」。博東兄是很善於殺熟的人，他創辦研究所後，很多朋友都為他解囊相助，每次我與他見面，他都要伸出手來：「咱倆合作搞一個研討活動，掏錢請大家吃飯就由你負責！」那個時候，我離開了原來長期服務的新聞媒體，甚至推辭了中央機構的重要職務的安排，在大家都不理解的情況下，聽從汪道涵會長的召喚，到香港創辦《中國評論》月刊，因為沒有政府撥款，靠一點一滴經營起步，實在艱難。但是，對博東兄的要求，我是盡量滿足的。所幸，博東兄也知道我的苦衷，每次的開支都還負擔得起。當然，因為博東很多新的思想與意見都在《中國評論》月刊發表，影響很大，真正賺到的是我們。

資金匱乏可能不算是最大的問題，思想的超前，意見的尖銳，可能更加難容於平庸的氛圍。記得有一次他過境香港赴臺灣開會，為了省錢，捨不得住酒店，在我的宿舍擠了一個晚上，我們聊天到天色放亮，剛要入睡，窗外一隻大鳥不斷在啼鳴。我說，博東、博東，你研究臺灣問題是孤軍作戰，以個人之力、個人之見打天下，實屬罕見。我則在香港辦一份兩岸都不理解、不支持的雜誌。你是孤鳥，我也是孤鳥啊！博東兄，這番話可曾記得？

2000年冬天的一個晚上，博東兄在北京約我見面，從不喜歡喝酒的他卻要喝酒。我這才知道，他正在著手準備把臺灣研究室擴展為臺灣研究所。對此我是拚命打氣的。因為我知道，如果北京聯合大學臺灣研究所能夠建立起來，一定會成為大陸對民進黨乃至臺灣問題研究的重鎮。當年12月3日，臺灣研究所成立了，雖然人不多，實力有限，但卻進入了新的軌道，引起了海峽兩岸各界的關注。再過了4年多，2005年4月23日，臺灣研究所又升格為臺灣研究院，引進了一批年輕人，分了好幾個研究所，經費也充足了，接連舉辦了好幾場大型的學術活動，一派蓬勃氣象。作為老朋友的我，為此而格外高興！

忽然有一年，記得是在2008年北京奧運會後，博東兄告訴我，他要退休了，語氣之中，有很多無奈，也有很多遺憾。我吃了一驚，擔心他會因此生病。於是我帶著自己最愛的珍藏，一隻樹根包著石頭的駱駝根雕，到他的複式新居聊天，希望以骨頭硬、不會垮的寓意來激勵他。雖然退休了，但不要放棄自己的最愛，一個人與兩岸關係融為一體了，就沒有因為退休了就放棄的理由。我對博東兄說，你看李家泉先生高齡80有幾了，至今還在為中評網撰寫評論文章呢，你算什麼老啊？

一個人赤手空拳、從無到有創辦了一所臺灣問題研究的重鎮，所有的心血、歲月都在其中，如何割捨得了？人同此心，我與同事們用了15年的時間，創辦了《中國評論》月刊和中國評論通訊社、中評網、中國評論學術出版社等傳媒機構，今天看來，它就是我的人生最大價值，是血肉相連的共同體。博東兄之於臺灣研究院，又何嘗不是？但是，退休是自然規律、也是制度，看得開，束縛更加小，天地之寬闊，任君翱翔。

博東兄在他的《自序》「感言與銘謝」中這樣說：2008年10月，本人於64歲超齡退休。回顧我30年來的學術生涯，為推動兩岸關係發展和中國統一大業作出了自己力所能及的微薄貢獻。人生一世何所求，個人的力量是渺小的，然而，我為自己能與中國統一和中華民族復興的偉大事業緊緊地聯繫在一起，發光發熱，感到無尚榮光、死而無憾矣！曉波兄應本人之邀為拙著撰寫「序言」，末尾的一句話令我感動不已。他說，「聯大、臺大的教職，只是我們的『職業』，但中國統一卻是我們的『志業』。職業需要退休，但不到中國實現統一的一天，我們的志業是永不言退的！」這句話充分表達了我倆的共同心聲。或許，我和曉波兄都不一定能夠親眼看到中國實現統一的那一天，但我們堅信，我們的志業是符合歷史潮流的，而符合歷史潮流的志業不僅是「永不言退」的，而且最終是必勝的！

見此，我的憂慮釋然，博東兄，從一隻孤鳥起飛，帶回一群大雁，有了人生與中國統一關係的感悟，那就不是一隻平凡的鳥了。《莊子・逍遙遊》說：「北冥有魚，其名為鯤。鯤之大，不知其幾千里也。化而為鳥，其名為鵬。鵬之背，不知其幾千里也。怒而飛，其翼若垂天之雲。是鳥也，海運則將徙於南溟。南溟者，天池也。」博東兄與兩岸的有志推動兩岸關係和平發展、追求最終實現中國統一的專家學者們，他們就是懷有鯤鵬之志的必勝者！翻閱《臺海風雲見證錄》的稿目，我要說：博東、博東，你在兩岸關係找到了自己的歷史定位，已經擁有了自己最大的思想財富，夫復何求？

寫於北京

自序　中國統一志業，永不言退

在眾多朋友、同仁和我的學生們的鼓勵、支持和大力協助下，陸陸續續花了大半年的時間，終於把我個人的文集給編輯出來了。大概是因為我受益於歷史專業訓練的緣故，30年來我一向比較有意識地收集、保存自己學術活動的相關資料，否則編輯這套文集根本無從談起。但是，畢竟由於時間跨度太長，涉及的面太廣，特別是在1980、90年代個人電腦尚未普及、互聯網尚未出現的那段時間，許多紙質資料都早已散失，無從尋覓了。因此，儘管我的幾個學生花了很大氣力到處幫我搜尋，仍難免有遺漏之憾。不過，作為我個人的文集，能夠編成現在這個樣子，已經是很不容易很讓我釋然了。

我的30年學術生涯

光陰荏苒，掐指算來，我的學術研究活動如果從1979年底我由外地調回北京到高校任教算起，迄今已逾32載。而我也從當年35歲的中年人，轉眼間到今天已是退休3年、年近七旬的「老賊」（孔子有云：「老而不死是為賊」）了。在這32年中，前兩年忙於教學，先是回北大進修，撰寫講稿，「站穩講台」，所以真正開始搞科研，實際上是1982年以後的事情。也就是說，我的學術生涯到今年整整30年。

最初的科研是為了配合我講授的中國近代史課程教學，從寫一些「豆腐塊」的普及性小文章求著人家發表開始，再逐步向有一定學術價值的論文發展。當嘗到「甜頭」之後，對科研的興趣也就越來越濃而一發不可收拾了。這一階段大約持續了將近6、7年的時間，直到1988年我碰到臺灣學者王曉波。

在此期間，最值得回味而且可以聊以自慰的研究成果主要有以下兩項：一是對蔡鍔是否參加過進步黨，並由此而延伸出來的蔡鍔在民國初年政治立場的研究（見《徐博東文選・歷史篇》），在近代人物研究方面作出了小小的貢獻，相關考證和觀點在史學界恐怕至今無人可以推翻。

二是對近代臺灣省籍反割臺抗日愛國志士丘逢甲的研究。我和黃志平教授歷時4年合作撰寫的大陸第一部《丘逢甲傳》（相關副產品見《徐博東文選・歷史篇》），還歷史本來面目，一舉推翻了長期以來大陸史學界在左的錯誤路線影響下對丘逢甲先生的污蔑不實之詞，受到史學界的高度肯定，並由此而奠定了我在史學界一定的學術地位。從1987年至今，《丘逢甲傳》在海峽兩岸已經出版了4個版本。

更重要的是，因為《丘逢甲傳》的出版，從此改變了我的學術研究方向。

由於《丘逢甲傳》的出版受到學術界包括大陸臺灣研究界的關注，當時主持中國社科院臺灣研究所工作的李家泉先生極力延攬我到該所工作。但因為我一向在學校「閒散」慣了，去每天都要坐班的臺研所工作意願實在不高，故最終沒能去成。

1987年，臺灣當局解除戒嚴，開放大陸探親。臺灣學者王曉波、尹章義教授有感於臺灣史遭到「臺獨」的嚴重歪曲，牽線在臺北成立「臺灣史研究會」，並於是年冬，分別邀請大陸廈門大學臺灣研究所和北京中國社科院臺灣研究所各派一名學者，於次年1月赴臺北出席由該會主辦的首屆「臺灣史學術研討會」，意圖衝破海峽兩岸學術交流的人為藩籬，挑戰臺灣當局保守僵化的大陸政策。但在當時的時空環境下，作為官方涉臺研究機構的中國社科院臺研所不可能派人入島赴會，於是李家泉先生便推薦我以「中國社會科學院臺灣研究所特邀研究員」的身分，代表該所與時任廈大臺研所所長的陳孔立教授一起，應邀赴臺出席是次研討會。由於臺灣當局的阻撓，「文到人不到」，孔立教授和我最終都沒能去成（此事見《臺海風雲見證錄・採訪報導篇》）。但我卻因此而有幸結識了於當年暑假來大陸參訪的曉波兄和章義兄等一批臺灣學術界朋友。

與曉波兄和章義兄的接觸交流，使我對當代臺灣問題研究產生了濃厚興趣。於是從1989年開始，我陸續發表了幾篇論述「臺獨」與中國統一問題的小文章。這幾篇小文現在看來顯然十分生澀和膚淺，卻是我涉入當代臺灣問題研究的值得紀念的「處女作」。

1988年初蔣經國辭世、李登輝上台主政後，臺灣當局保守僵化的大陸政策已難以為繼，兩岸關係的堅冰開始解凍，大陸臺灣問題研究逐步升溫。1989年5月，在學校同仁的一再鼓勵和學校領導的支持下，由我牽線成立起了北京高校的第一個臺灣研究室。考慮到當時的研究條件，我們決定選擇較為不被人重視但顯然很有研究價值的「臺獨與民進黨問題」作為突破口和主攻方向。從此，我的科研方向轉向了當代臺灣問題研究領域，直至今日。

眾所周知，當代臺灣問題研究意義重大，但由於理論性、政策性極強，問題複雜而敏感，涉及面很廣，故這一領域的研究也極具挑戰性。作為一個民間學者，要想在這一研究領域取得一點成績可謂困難重重。特別是在1980、90年代，研究經費無著尚在其次，當時兩岸雙向學術交流尚未開啟，資料的獲得更是十分不易。在剛剛起步的頭幾年時間裡，我只能靠著一部收音機每天大清早起來收聽臺灣廣播，瞭解最新臺情。想要寫篇像樣點兒的文章，不管春夏秋冬，那就得騎著自行車大老遠跑到北京圖書館港臺閱覽室，或到全國臺聯、全國臺研會等涉臺單位，去借閱臺灣出版的書報雜誌，才能解決問題。這種情況直到九十年代中期以後才逐漸有所改善。如今研究條件之優越，與當年真是不可同日而語。

我開始涉入當代臺灣問題研究，也恰好是李登輝主政臺灣之始。其後22年來，臺灣政局風雲變幻，兩岸關係跌宕起伏，經過了令人難忘的曲折歷程，而我則以一個大陸民間學者的身分，有幸投入其中，親身經歷和見證了這一演變發展的全過程。期間，我先後16次入島參訪，撰寫涉臺研究報告和研究論文，發表時事評論文章，接受過海內外新聞媒體數不清的採訪，針砭臺灣時政，抨擊「臺獨」，解讀大陸對臺方針政策；同時，創建和主持學校的臺灣研究機構，出席和主辦過大大小小數不清的研討會、座談會和內部諮詢會議，給大陸涉臺部門提供決策建言，在反「獨」促統的偉大鬥爭中衝鋒陷陣、發言發聲，留下了大量的歷史記錄。

總括而言，30年來我的學術生涯大致可以劃分為前後兩個時期：1982年至1989年的8年間，我的科研主要是在中國近代史領域，其重點是甲午戰後臺灣人民的反割臺鬥爭與丘逢甲研究；1989年以後至今的22年間，我的學術活動轉而全部聚焦在當代熱點問題——臺灣問題研究，而重點則是民進黨研究。

「文集」的編輯架構與主要內容

根據出版社的意見，「文集」的編輯分為兩套叢書：一套是匯集我的所有有關當代臺灣問題研究的文章以及海內外媒體對我的採訪報導，並依照文章的類別編輯成《政論篇》、《時事評論篇》和《採訪報導篇》，統稱為《臺海風雲見證錄》；另一套是從《臺海風雲見證錄》各篇中挑選出較具代表性的文章，再加上我的歷史研究論文，編輯成《徐博東文選》。這種編輯架構我總覺得有點怪怪的，因為後一套的「文選」肯定會和前一套的「見證錄」內容大量重複。但出版社也有他們的道理，認為這樣編輯既可突顯當前的熱點問題——當代臺灣問題研究，又能體現我的主要研究成果，同時兼顧到「點」和「面」。因此，我也就只好聽從出版社的意見了。按照這種編輯架構，重複的內容不計算在內，兩套叢書總計收文600餘篇、190餘萬字。

至於各篇中的具體編輯方式，兩套叢書則有所不同。《臺海風雲見證錄》是按照文章發表的時間先後順序排列的。之所以採取這種編輯方式有兩個目的：一是保持時間的連續性和內容的系統性，便於讀者從一個側面把握20多年來臺灣政局和兩岸關係演變發展的大致脈絡；二是從中也可窺見本人在當代臺灣研究方面從初期的幼稚生澀，到中後期逐步趨向較為成熟的成長過程。而《徐博東文選》則是按照文章的類別編輯的，以反映本人在某一研究領域的主要學術成果。

以下就上述兩套叢書的主要內容分別作一簡介：

一、《臺海風雲見證錄》，共收文579篇，160餘萬字，凡4冊。

《政論篇》：收文97篇，約82萬字。該篇匯集了我自1989年以來發表的能夠收集到的有關臺灣問題的全部研究論文和重要研究報告（不含「對策建議」部分）。其中三分之二以上的篇幅屬於民進黨研究論文和研究報告，它集中體現了20多年來我在對臺研究方面的主攻方向和主要成果。該篇約有半數文章曾收入到我2003年出版的首部論文集《透析臺灣民進黨》（臺版《大陸學者眼中的民進黨》）一書中。需要說明的是，其中有部分成果是與他人合作完成的，這只能在文章的末尾注明了。

《時事評論篇》：收文178篇，約37萬字。該篇匯集了我自1989年以來發表的能夠收集到的對臺灣政局、兩岸關係、中（大陸）美臺關係、大陸對臺方針政策等各類時事評論性短文。這些短文有別於「政論篇」中學術性較強的大塊頭文章，其特點是短平快，緊跟臺灣政局和臺海形勢發展，一事一議，表達當時我對某一事件的觀察、體會和看法。

《採訪報導篇》：收文304篇，約40萬字。該篇匯集了自1989年以來海內外媒體對我的採訪報導。由於境外媒體的報導收集不易，遺漏肯定很多。特別是外國媒體的報導，除了極少數主動回饋給本人的之外，其餘的只能一概棄錄。再有，多年來海內外電視台、廣播電台對我的採訪報導為數也很不少，但因難以收錄，大都作罷。已經收集到的也因篇幅所限而未能全部收錄。另外還需說明的是，已經收錄到該篇中的報導，有一部分是兩人甚至是多人同時接受媒體採訪，因無法一一徵詢當事人的意見，同時也是為了壓縮篇幅，故收錄時僅保留對本人採訪的部分，他人的言論則一概刪去不錄。

如前所述，《臺海風雲見證錄》各篇中收錄的文章和採訪報導，均按時間先後順序排列，它們互為補充，相互印證，較為完整地體現了我20多年來的對臺研究成果，從一個側面較為清晰地反映了臺灣政局和兩岸關係演變發展的線索。為尊重歷史，編輯時所有收錄的文章和新聞報導均保持「原汁原味」，儘管今天看來其中的一些觀點顯然有些偏頗甚至謬誤，不少論述失之膚淺而欠全面深刻，但都保留原貌，和盤托出，以完整保存歷史記錄，供後人研究參考。

二、《徐博東文選》（上、下），共收文155篇，約80萬字，凡2卷。

該「文選」分別從「見證錄」的《政論篇》中挑選了40篇、《時事評論篇》中挑選了63篇、《採訪報導篇》中挑選了24篇，再加上歷史類的文章28篇，總計收文155篇，約80萬字，採取分類編輯的方式，編輯成上、下兩卷。應當說，該「文選」匯集了我30年來最主要的研究成果，集中體現了我的研究水準。雖然收入的文章數量不能算少，但真正滿意的實在不多。

感言與銘謝

2008年10月，本人於64歲超齡退休。回顧我30年來的學術生涯，為推動兩岸關係發展作出了自己力所能及的微薄貢獻。人生一世何所求，個人的力量是渺小的，然而，我為自己能與中國統一和中華民族復興的偉大事業緊緊地聯繫在一起，發光發熱，感到無尚榮光、死而無憾矣！曉波兄應本人之邀為拙著撰寫「序言」，末尾的一句話令我感動不已。他說：「聯大、臺大的教職，只是我們的『職業』，但中國統一卻是我們的『志業』。職業需要退休，但不到中國實現統一的一天，我們的志業是永不言退的！」這句話充分表達了我倆的共同心聲。或許，我和曉波兄都不一定能夠親眼看到中國實現統一的那一天，但我們堅信，我們的志業是符合歷史潮流的，而符合歷史潮流的志業不僅是「永不言退」的，而且最終是必勝的！

十分可喜的是，由本人一手創建的北京聯合大學臺灣研究院，經過多年來的艱苦努力，一批頗具潛力的年輕研究人員正在茁壯成長，並在大陸臺灣研究界開始嶄露頭角。聯大臺研院傳承了民進黨研究的特色，但研究的領域更加廣泛和深入，每年完成的研究課題和發表的研究成果，無論數量和品質都在穩步提高。所有這些，都不是我當年「單打獨鬥」時能夠比擬的。吾道不孤，臺灣研究和中國統一的志業後繼有人，這是格外令我為之驕傲和欣慰的！

在我的30年的學術生涯中，有太多的領導、同仁和親友給予我熱忱的扶持、鼓勵和幫助。特別是動過兩次心臟大手術、一直體弱多病的我的老伴張明華，數十年來與我風雨同舟，同甘共苦，全心全意地支援協助我的科研工作，不僅幾乎包攬了全部家務勞動，讓我「飯來張口，衣來伸手」，心無旁騖地集中全副精力從事科研工作，而且早些年還要協助我搜集資料，甚至徹夜為我列印稿件。她常常是我的研究成果的第一讀者同時也是最稱職的「審稿人」。如果說我的30年的學術生涯還算取得了一點成績的話，那麼一半的功勞實在應當記在她的名下。

本人這兩套叢書的編輯出版花費了許多人的心血。我的幾個學生郭慶全、費洪偉、徐曉宇、栗琰，想盡辦法幫我搜尋到許多散失的文稿和海內外新聞媒體的採訪報導，還花了大量時間幫我把紙質文稿一篇一篇打成電子稿；北聯大臺研院的同仁胡文生博士、陳星博士和李振廣博士也為此幫過我不少忙，付出過很大的心力。如果沒有他們的鼓勵和協助，說實話我根本沒有信心編輯這兩套叢書。

再有，王毅主任、陳雲林會長、孫亞夫副主任、王在希副會長以及李家泉教授俯允為拙著題詞、題寫書名，年逾八旬的唐樹備主任和工作極其繁忙的銘清、曉波、偉峰三位仁兄以及周荃董事長，欣然分別為拙著撰寫序言，可謂「拉大旗做虎皮」，使拙著增色不少。他們對我的悉心愛護和鼓勵，我將銘記於心；此外，北聯大臺研院譚文叢、劉文忠兩位現任院領導，對編輯出版本人的文集高度重視與鼎力支持。我的「小老鄉」——廣東梅縣圍龍屋實業有限公司黃文獻總經理慷慨解囊，資助本文集的出版。在本叢書即將出版之際，一併對他們表示衷心的感謝！

徐博東

於北京溫泉花園

1988年～1995年

不得已的缺席，臺灣史研討會今天揭幕，大陸兩學者文到人不到

臺北市「臺灣史研究會」的第一屆學術研討會，今天下午在臺大校友會館揭幕，參加的中外學者將發表十三篇論文，並有講評及討論，預計進行三天。

參加這次研討會的學者，包括國內的尹章義、石萬壽、洪田浚、黃聰洲、廖仁義、蔡仁堅、韓嘉玲，旅日學者林憲、戴國輝，及兩位大陸學者徐博東、陳孔立。徐博東現為「中國社會科學院臺灣研究所」特約研究員、北京聯合大學文法學院副教授，其論文主題是《論臺灣民主國的愛國主義性質》。另一位大陸學者陳孔立，現為「廈門大學臺灣研究所」所長，論文題目是《清代臺灣移民社會的特點——以〈問俗錄〉為中心的研究》。礙於此間的入境規定，兩位大陸學者不克親自來臺，將由主持人代為宣讀論文。

（中國時報）

短訊：祝臺灣史學術研討會順利成功

——中國社會科學院臺灣研究所

短訊：為促進海峽兩岸的學術交流，本會於去年十二月十四日正式發函邀請中國社會科學院及廈門大學的臺灣研究所派員來臺，參加本會第一屆臺灣史學術研討會。

本會海外聯絡人日前接獲中國社會科學院臺灣研究所的回訊，表示將派

出特約研究員徐博東先生參加這次研討會，並提出論文一篇，題目是《論臺灣民主國的愛國主義性質》，同時，該所也寄來賀卡一份，預祝本會第一屆學術研討會順利成功。

據悉，徐博東先生除了擔任該所特約研究員之外，還任教於北京聯合大學文法學院。目前，他正透過各種管道，詢問來臺入境的可能性。

他表示：如果他不克獲准入臺，將盡可能以通函的方式把論文送至本會。他又表示：中國社會科學院臺灣研究所在今年度也將舉辦各類型的學術研討會，希望本會能夠推派代表參加。

（臺灣「臺灣史研究會」會訊，第4期）

大陸首次寄送兩篇論文共同社認為這種動向值得關注

臺灣舉辦臺灣史學術討論會

共同社臺北1月30日　中國首次向在臺灣舉行的學術討論會寄送論文，尋求學術交流上的聯繫。

據本報記者今日獲悉，1月30日開始舉行的研究臺灣近代史和現代史的學術討論會收到了兩名中國研究臺灣問題學者寄來的學術論文。中國的研究人員向在臺灣舉行的學術會議提交論文這是第一次。通過同中國大陸進行學術交流上的聯繫，重新研究臺灣的未來，這種動向值得關注。

這次舉行的學術討論會是臺灣史研究會（理事長王曉波）主辦的第一次臺灣史學術討論會。臺灣史研究會是臺灣的歷史學家和新聞工作者成立的學術機構。據學術討論的事務局說，臺灣史研究會曾邀請廈門大學臺灣研究所所長陳孔立和中國社會科學院臺灣研究所特約研究員徐博東出席討論會。

陳所長為出席討論會於1月27日在香港向臺灣提出入境申請，但被拒絕。因此，這兩位學者向討論會寄送了他們的論文。論文將在這次歷時3天的會議上發表。

臺灣舉辦臺灣史學術研討會大陸學者直接在臺發表論文

據新華社北京2月5日電　據臺灣報紙報導：由臺灣史研究會舉辦的第一屆臺灣史學術研討會，近日在討論完大陸學者陳孔立提交的論文後圓滿結束。這是大陸學者第一次在臺灣直接發表論文。

為時3天的臺灣史學術研討會，共邀請12位海內外學者提交論文。中國社會科學院臺灣研究所的徐博東副教授和廈門大學臺灣研究所的陳孔立教授被邀前去臺北參加研討會，因臺灣當局不同意他們入境，只好文到人不到，由人代為宣讀論文。陳孔立教授的論文是《清代臺灣移民社會的特點》，引起與會者的熱烈討論。徐博東的論文未能及時寄到。

（人民日報）

臺局勢明年仍將動盪

——大陸學者展望臺灣政局

中新社記者田地：在臺灣研究會今天舉辦的學術座談會上，與會的大陸學者認為，九十年代第一年的臺灣形勢變化劇烈，各種政治、經濟及社會矛盾尖銳，各派政治勢力鬥爭激烈錯綜，兩岸關係互動微妙，明年島內形勢仍將繼續動盪不安，局面複雜。

……（略）

北京聯合大學文法學院臺灣研究室講師何磊、副教授徐博東聯合發言指出，今年島內「臺獨」活動「升溫」的特點是：民進黨內兩大派系公開合流；訴求方式以所謂「合法」手段為主，輔之以文宣攻勢，表明民進黨對國民黨的「抗爭」策略發生轉變；「臺獨」從「只能說」轉為「既說亦做」，公開在議會推動，也通過成立各種機構、團體制定計畫、方略，具體落實；島內外「臺獨」組織互相串聯、密切配合，內外「臺獨」勢力已合流。

他們認為，島內「統、獨」問題已不再單純是兩岸關係問題，已成為政黨間、派系間一種爭權奪利的政治籌碼。「臺獨」活動急劇升溫的主要因素有五：一，政局發展使民進黨失去原有訴求目標，只剩下在兩岸關係上做做文章，以向臺灣民眾表示它反對國民黨的角色不變。二，政局變化迫使民進黨急於整合內部分歧和矛盾，以因應即將到來的「憲政改革」。三，外國勢力的支持和慫恿。四，國際政治格局的變化刺激了「臺獨」分子的幻想。五，國民黨當局的姑息縱容政策使他們無所顧忌。他們認為，「臺獨」之路不會使他們真正彌合內部裂痕，也不會博得臺灣民眾的支持，贏得選舉，走上執政之路，相反只能逐漸喪失政治資源，最終被歷史所拋棄。

（文匯報）

兩岸條例，大陸法界有褒有貶

特派記者韓劍華、徐尚禮／北京三日電「臺灣地區與大陸地區人民關係條例」通過後，引起大陸法界重視，認為該條例將成為臺灣今後處理兩岸交往的基本規範，勢必對兩岸關係的發展走向，產生重大影響。大陸法界對「條例」的評論，有褒有貶，一方面稱其確有不少值得肯定的積極因素，同時亦批評「條例」以政治考量出發，迫使大陸承認臺灣為「對等政治實體」，強調「對等原則」、突顯「法律主權」，貫徹推行「一國兩府」、「兩個中國」、「一中一臺」的大陸政策。

……（略）

北京聯合大學文法學院臺灣研究室副教授徐博東指出，「條例」有靈活務實的積極面，客觀上有助於兩岸關係的發展；考慮到當前兩岸官方關係尚處於特殊環境情況之下，徐博東對「條例」持樂觀其成的歡迎態度。徐博東在「簡評臺灣當局的『臺灣地區與大陸地區人民關係條例』」論文中提出，「條例」確有不少值得肯定的積極因素，包括：在兩岸交流方面，解除了一些民間往來的不合時宜的禁令；在民事領域部分，具體詳細地規範兩岸人民之間在婚姻、繼承等方面法律衝突與法律適用問題；在對待大陸法律方面，原則上承認大陸民事法律；一些條文採「委任立法」方式，以因應兩岸主客觀形勢。

（中國時報）

篡改臺灣史暗藏玄機

——大陸學者評「臺獨」史學觀

新華社記者陳斌華：正在江西廬山參加「臺灣史學術研討會」的中國大陸學者強調，應該警惕臺灣和海外某些人篡改臺灣史的做法，指出這當中暗藏為「臺獨」製造輿論，分裂中國的政治目的。

……（略）

臺灣某些學者鼓吹，日本占據臺灣促進臺灣早日進入現代化，為今天臺灣所謂「經濟奇蹟」和「政治奇蹟」打下基礎，認為這是殖民統治的「大幸」。

北京聯合大學副教授徐博東批判了這種「皇民史觀」，認為這種為殖民統治歷史翻案，認為殖民統治有功的觀點是對歷史事實的篡改。他說，「亡國先要亡史」，現在「臺獨」分子有一種通過篡改歷史，並將其灌輸給老百姓、青年一代、中小學生，從而製造「臺獨」意識的危險傾向，兩岸中國人對此應提高警惕。

……（略）

（文匯報）

1997年

鄧小平過世，大陸對臺學者認為兩岸關係不會有變化

記者王綽中臺北／北京電話專訪　在鄧小平過世的消息傳開之後，大陸研究對臺政策的學者多認為，只要臺灣方面沒有明顯走向獨立的動作，短時間內兩岸關係應該不會有大的變化。至於鄧的過世對中共政局會造成何種影響，多數大陸學者都強調，江澤民權力已經穩固，中共政局並不會有大的變化。而後鄧時期中共如何處理對外關係，北京研究國際關係的學者指出，為了給當前大陸改革開放提供穩定的外在環境，中共將繼續貫徹全方位的外交政策，與世界主要大國維持良好的關係。

有關鄧小平去世對兩岸關係將會造成何種衝擊，北京大學分校臺灣研究室主任徐博東指出，鄧小平早在三、四年前即已完全淡出政治舞台，九五年初江澤民宣布八點對臺政策，即是向外表明，江澤民已經穩固地主導了中共對臺政策，今後在可見的未來中共對臺政策和方針，整個框架是不會改變的。而且，未來一年，中共將忙著處理香港回歸問題，以及召開至關重要的黨的「十五大」會議，並沒有餘力去處理長期陷入低潮的兩岸關係，因此兩岸關係的重要性將被放在後面，只要臺灣不出大的狀況，中共對臺的政策是不會有變化的。

……（略）

至於鄧後中共對臺政策的重心將放在何處，徐博東表示，李登輝已經拋棄了「一個中國」的原則，並且積極在搞「兩個中國」、「一中一臺」，未來中共將會以各種手段和辦法，使臺灣走回「一個中國」的原則上來。而且，未來中共打壓臺灣務實外交的政策是不會改變的，不過，大陸方面仍會

更加緊密地加強兩岸經貿、文化和體育的交流，並且積極推動兩岸「三通」政策，以減輕兩岸民眾的敵對意識。

……（略）

（中國時報）

大陸學者：兩岸僵局最快年底解凍

記者謝孟儒、康文炳北京二日電：此間的學者、專家和出席中共人大、政協會議的代表普遍認為，中共總理李鵬今年在政府工作報告中對臺部分語氣有所緩和，但在基本政策上並沒有任何變化。在鄧後時期，指導中共對臺政策的仍將是鄧小平的「和平統一、一國兩制」和江澤民對臺的「八點主張」。

不過，上述人士也認為，儘管兩岸形勢比諸去年已較緩和，但雙邊關係的解凍最快還是要在年底，即中共十五大召開後。

北京聯合大學歷史系教授徐博東分析說，李鵬報告的語氣緩和，當然是由於兩岸緊張已有緩和的關係。但更主要的是因為中共對臺的基本方針仍在和平解決，如果口氣強硬，「對爭取島內民心」，以及所謂「更寄望於臺灣人民」並不利。何況，中共的立場原則並沒有改變，因此重點也就不在口氣的強硬否。

他還說，報告中既已點出鄧和江在對臺政策的主張，當然有強調「江八點」乃繼承鄧的主張的意思，同時也有叫臺灣認清北京政策一貫性的意涵。

另外，首次把政治談判列入工作報告，也意味中共方面認為，過去兩岸的事務性協商並不能解決雙方的分歧，今後只有透過政治談判才能解決問題。至於爭取早日實現「三通」，則可被視為臺灣是否已真回到「一個中國」的指標。

但他認為，北京的語氣和緩也有為未來兩岸恢復接觸製造氣氛的用意，但十五大前，雙方最多僅能進行類似香港航運談判的技術性、事務性接觸。

……（略）

（中國時報）

分裂中國，終將失敗

——北京學者評達賴臺灣之行

新華社記者陳斌華特稿：此間二位學者認為，達賴赴臺訪問的所謂「宗教之旅」，自始至終是一次用宗教外衣包裝的「政治之旅」，是「臺獨」與「藏獨」同流合污、分裂中國的政治活動。

他們強調，香港即將回歸中國，中國統一已是大勢所趨、民心所向，臺灣當局和達賴集團的分裂行徑，在全國人民的反對下終將失敗。

北京大學臺港澳與世界事務研究所所長李義虎、北京大學分校臺灣研究室主任徐博東今天在接受記者專訪時作了上述表示。

李義虎說，……（略）

徐博東指出，從達賴行程來看，他與李登輝和臺灣當局其他一些官員以及民進黨主席許信良等「臺獨」頭面人物的會面，是此行的「重頭戲」。由此可見所謂「宗教之旅」濃厚的政治色彩和包藏的分裂圖謀。

他分析，「臺獨」和「藏獨」勢力之所以能合流，首先是因為達賴的「藏獨」觀念與李登輝等人的「臺獨」分裂觀十分相似，臺灣當局企圖通過與達賴的勾結，把「藏獨」作為「臺獨」勢力的同盟軍，以壯大自己的力量，與中國大陸和平統一的努力相抗衡；其次，是利用達賴所具有的國際關係，推動臺灣當局近來一再受挫的「務實外交」，以擺脫其四處碰壁的困境，拓展「臺獨」和「獨臺」的國際生存空間；第三，迎合國際反華勢力的需要，以利今後的進一步勾結。

這兩位學者指出，達賴的臺灣之行，是臺灣當局在分裂中國的道路上又邁出的極其危險的一步，充分暴露了臺灣當局口是心非、頑固對抗一個中國原則、蓄意惡化兩岸關係的分裂本質，也暴露了自稱宗教人物達賴喇嘛的政治面目。

他們強調，「臺獨」與「藏獨」勢力的這場鬧劇已經收場，分裂勢力的倒行逆施，違背了包括臺灣同胞、藏族同胞在內全體中國人民的根本利益和共同願望，違背了中國統一、民族團結的歷史潮流，最終逃脫不了失敗的命運。

（菲律賓《世界日報》）

京臺灣問題專家座談指出一國兩制香港成功實踐推動兩岸早日和平統一

對臺當局「兩個中國」政策形成強烈衝擊

新華社北京二十五日電：全國臺灣研究會今天邀請此間部分臺灣問題專家舉行座談會，研討香港回歸對海峽兩岸關係的影響。與會專家一致認為，香港回歸將對海峽兩岸關係產生積極影響，有利於推動中國和平統一大業的早日完成。

……（略）

中國人民大學教授黃嘉樹、北京聯合大學教授徐博東、外經貿部臺港澳司副司長王暉集中分析了香港回歸對海峽兩岸關係的近期和深遠影響。

他們認為，一、香港回歸將進一步加強全球華人盼望中華復興、中國統一的願望，他們渴望早日解決臺灣問題，實現中國的完全統一，反對臺灣當局抵制、拖延統一進度的做法；二、「一國兩制」在香港的成功實踐，將使臺灣民眾逐步認同「一國兩制」，增強他們的民族意識，對臺灣當局製造分裂形成強大的壓力；三、由於港臺經濟關係密切，因此香港回歸後，必將推動海峽兩岸經貿關係的發展和與港澳地區的市場、經濟一體化；四、臺灣當局所謂「國統綱領」的近期階段已不攻自破，海峽兩岸直接「三通」進度有望加快；五、「一國兩制」的成功實踐和香港回歸後的繁榮穩定，將對國際社會對實現中國統一的可行模式日趨認同，既減少了某些國際勢力干預臺灣問題的可能性，也使臺灣「務實外交」日益受挫。

……（略）

（澳門日報）

大陸研究臺灣智庫人士訪臺

呂庭華／臺北報導：多位大陸方面研究臺灣問題的學者及官員指出，臺灣問題已進入迫切要求兩岸進行政治協商的階段。而臺灣問題在中共的眼中，其實就是中共與美兩國之間較勁的問題，美國未來有可能支持中共以一國兩制的和平方式來解決臺灣問題。

夏潮基金會明天起將在臺北舉行「後九七兩岸關係論壇」學術研討會，中共方面與會人士包括新任的中國社科院臺研所所長許世銓、廈大臺研所所長范希周、國家計委宏觀經濟研究院副院長林兆木、北京大學分校臺研室主任徐博東、全國臺研會聯絡部主任修春萍、中國社科院農村發展研究所所長陳吉元、數量經濟與技術經濟研究所副所長劉樹成、農業大學前副校長靳晉、中國南方證券集團總裁助理牛仁亮等近二十人。

與會的大陸方面人士將在會中提出有關臺港、中美及兩岸關係十三篇論文，論文內容一般認為在相當程度上反映了中共官方的觀點。

……（略）

臺籍大陸學者徐博東在「香港回歸對兩岸關係的影響」論文中更是露骨指出，臺灣問題其實就是「中」美兩國實力較量問題，如同香港問題是「中」英兩國實力較量一樣。美國出於自身的利益，調整其對臺政策，轉而支持中國以「一國兩制」模式和平解決臺灣問題的可能性是客觀存在的。

徐博東以南非宣布將與臺灣斷交，以及巴拿馬運河會議因李登輝的出席而「質變」，說明香港回歸中共的效應。他指出，隨著香港的回歸、中國大陸進一步改革、大陸總體經濟實力的大幅提升，中共與美國在國際勢力呈現此消彼長、逐步縮小差距，美國支持中國政府以「一國兩制」模式和平解決臺灣問題的可能性是存在的，並非天方夜譚。

（中時晚報）

李總統回應江澤民報告的提法大陸不會接受

本報特派記者王綽中北京十四日專訪，北京大學分校臺灣研究室主任徐博東今天在接受本報專訪時表示，有關李登輝在中南美洲之行回應江澤民十五大政治報告時提出了「一個中國下，大陸必須承認分裂分治的事實以及臺灣是一個政治實體，兩岸才能展開政治談判」的說法，就大陸方面認為，李登輝所說的「一個中國」內容是虛的，事實上是為了應付大陸；而要大陸承認兩岸分裂分治、臺灣為政治實體，那麼事實上還是在搞「兩個中國」，大陸是不會接受的。

有關中共總書記江澤民十五大政治報告中有關兩岸關係部分是否有新意的提問，徐博東表示，江澤民的政治報告指出了未來一段時間內中共對臺工作的大原則和大方向，內容是繼承了鄧小平對臺政策的主張，而且在香港回歸後，臺灣問題將更進一步地提到日程上來。過去提出兩個寄望（寄望臺灣當局和臺灣民眾），這次只提出寄望於「有光榮愛國傳統的臺灣同胞」，主要是大陸方面已經不信任臺灣當局，特別是李登輝。不過，為了兩岸關係良性的發展，雖然公開已經不提寄望於臺灣當局，不過，私下還是希望臺灣當局能夠回應「江八點」和「一國兩制」的主張。

至於對李登輝提出大陸必須承認兩岸分裂分治和臺灣為政治實體，兩岸才能進行政治談判一事，徐博東指出，李登輝同意提出「一個中國」，主要目前還是為了摒除大陸方面的疑慮，是應付大陸的，內容是虛的；而要大陸承認分裂分治和臺灣為政治實體，那麼就會形成兩岸對等的政治實體，也就是在搞兩個中國，大陸是不會接受的。就中共方面而言，如果臺灣在國際上不搞務實外交和雙重承認且有誠意地積極推動「三通」，在言論和行動上讓大陸放心，大陸方面應該會十分願意盡速與臺灣恢復談判。

在中共十五大後兩岸關係到底會有何走向，徐博東認為，大陸對臺政策基調已定，十五大後江澤民的訪美是一個關鍵，由於「臺灣問題」是「中美關係」的核心問題，到時仍要看雙方談得如何，因為美國對臺政策的調整將直接影響到大陸對臺政策方針的改變。事實上，十五大之後，江澤民主要面對的仍是大陸內部問題，「臺灣問題」仍是比較次要的問題，但由於香港回歸將加快中共推行「一國兩制」的腳步，加上臺灣方面一直沒有實質上的妥協動作，大陸方面仍將繼續對臺灣施加壓力，且會觀察臺灣方面的回應，事實上，大陸導彈已經打了，如果先妥協而不堅持既定的主張，等於大陸玩輸了，因此未來兩岸關係仍會僵持一段時間。不過，如果江澤民在國內問題和高層人事安排上能夠處理順利，那麼將增強他的自信心，他也會更積極甚至主動採取一些新的措施來推動兩岸關係的發展。

（中國時報）

大陸學者認為目前形勢有利兩岸政治談判

記者王綽中臺北－北京電話專訪：針對「人民日報」撰文希望兩岸及早進行政治談判一事，大陸對臺學者表示，由於兩岸對於當前僵持的局勢都希望有所突破，因此目前的形勢有利於兩岸推動政治談判。不過，這些大陸學者也指出，兩岸恢復談判的關鍵仍繫於雙方是否都有誠意推動，而且就算談判恢復，可能也不會進展得很順利，所以彼此都要有長期談判的心理準備。

大陸社科院臺研所副所長余克禮在接受訪問時表示，……（略）

北京大學分校臺灣研究室主任徐博東則表示，兩岸進行政治談判是大陸一貫的主張，目前兩岸恢復談判彼此都有急迫性，當然雙方似乎也都有意願，但關鍵仍在於「一個中國」的原則問題。他指出，近來臺灣島內情勢的發展，包括臺灣領導人不反對政治性談判，以及提出「主權共用」，不是「主權分享」的主張，這已經是做出了一些讓步，就大陸方面的評估，這都顯示臺灣方面似乎有恢復商談的意願。

徐博東強調，如果兩岸都希望盡早展開接觸恢復談判，目前首要的課題仍是如何營造比較好的氣氛，以及加強彼此間的互信。他指出，就大陸方面來說，希望臺灣不要再有在國際上挖牆腳的情形發生，因為兩岸外交競爭對雙方都不利；另外在「三通」問題上，已經快要不是臺灣的籌碼，將來兩岸加入WTO，臺灣將很難迴避這個問題，目前臺灣應該拿出一些具體的措施來推動兩岸「三通」；同時臺灣「戒急用忍」的政策已經是臺灣當局的包袱了，臺灣方面應該盡早解除限制，展現恢復協商的誠意。

徐博東也指出，兩岸無法恢復協商，對臺灣是不利的，過去兩岸在進行事務性協商時，只要面對主權問題時，談判就會自動擱淺，如果未來恢復協商要有成果，就必須提高層次，因此政治談判是不可能迴避的。不過，他表示，由於兩岸仍缺乏互信，未來進行政治談判也不一定就能談成，而且在談判時兩岸仍會在一些問題上較量，可能不會很順利，兩岸必須都要有長期談判的心理準備，但是，以目前兩岸關係而言，恢復談判就是進展，雙方展開政治談判亦較以往事務性協商有進步。

（中時）

縣市長選舉的意義

——大陸看法

本報記者楊憲村：國民黨苦戰，民進黨有機可趁，客觀情勢不利國民黨突破，鴨蛋新黨待加油，無黨選將實力受矚目，年輕票源爭逐新焦點。即將於十一月二十九日舉行投開票、並被朝野政黨視為「政權攻防戰」的縣市長選舉已到關鍵的時刻，島內各政黨候選人無不卯足全力作最後衝刺。由於這次選舉是臺灣「修憲凍省」後的一次重要選舉，也是明年北、高兩市市長和下屆「立委」選舉的前哨戰，更可能關係到下屆「總統大選」的情勢，「骨牌效應強過鐘擺效應」；因此朝野主要政黨莫不全力以赴。長期密切研究臺灣形勢發展的中共方面也高度重視此次選舉所蘊含的各種意義，並已對此次選舉作了初步的研判和預測。

據大陸有關方面評估指出，……（略）

在國民黨方面，大陸方面普遍認為國民黨的形勢「極為嚴峻」，國民黨要保住既有的成果已非常困難。北京大學分校教授徐博東表示，由於年來臺灣治安情況惡化，雖然白案已告一段落，但其他重大案件卻遲遲未破，加上股匯市風暴頻傳，兩岸關係僵滯未獲突破，這些不利因素的帳都會算到執政黨頭上；加上國民黨中生代勉強維持團結假象，黨內地方有實力而又未被提名者的脫黨或報備參選到底；此種情況也會嚴重影響國民黨的整體選情。他認為，國民黨這次如果掉落幾席，乃是客觀情勢所迫，也是「自己打敗了自己」。

……（略）

（中時）

中共對臺策略將作調整

記者王綽中臺北－北京電話專訪：臺灣縣市長選舉國民黨大敗，引起北京對臺相關人士極大的關注，雖然這項結果對於未來兩岸關係的發展並未有立即的影響，但他們普遍認為，中共有關部門在推動對臺政策時，具體作法將會有所調整。由於民進黨在島內的影響力大增，而且極有可能執政，這些對臺人士表示，未來中共對於民進黨在兩岸關係的政策和發言，也將更加重視。以下是數名中共對臺人士接受訪問的內容：

……（略）

北京大學分校臺灣研究室主任徐博東：由於民進黨近年來轉型成功，淡化了「臺獨」的訴求，雖然民進黨在島內政局影響力的增加，但對於未來兩岸關係的發展並不會有太大的影響，加上民進黨極欲走向執政之路，必將不會違背多數臺灣人反對「臺獨」的民意。事實上，近年來民進黨的「臺獨」政策已趨於模糊化，如果將來執政，亦將面對大陸和美國方面的壓力，它的兩岸政策必將會做出理性的調整，這對未來兩岸關係的發展亦是一種契機。與此同時，大陸方面的對臺政策亦會做出相應的調整，雖然「江八點」的大原則不會改變，但依據島內政局的變動，中共在對臺的策略和手段上將更為靈活。

……（略）

（中時）

1998年

專訪北京學者，談裴利的「無條件」說

記者謝孟儒臺北報導：美國前國防部長裴利日前一席「北京願無條件恢復兩岸談判」的演講在臺灣引起一陣討論，但北京研究臺灣問題的重要學者昨天在受訪時卻都對傳話內容的精準度存疑，並表示，中共強調在「一個中國」原則下盡快恢復兩岸商談的立場並未轉變，臺灣如果理解成北京立場鬆動恐怕有誤，但「一個中國」的具體內涵可以討論，臺灣不應以此理由阻礙商談恢復，否則明春是否重開談判仍在未定之數。

前社科院臺研所副所長李家泉就說，……（略）

另一位學者，北京大學分校臺灣研究室主任徐博東也表示類似的看法。

徐博東首先強調，裴利的「無條件」說並未得到證實，但如果有，也不意味北京的「一個中國」立場出現鬆動。他說，事實上，中共在恢復兩岸談判上從未設過什麼前提條件，「一個中國不是條件，而是原則」，臺灣如果把「無條件」解讀成「放棄一個中國原則」，恐怕方向有誤，因為對此北京是絕不會放棄的。

另外，他對兩岸明春恢復談判也不表樂觀，主要原因在「根本沒什麼交集，也沒有這種氣氛」，兩邊的動作都大多是放話性質，實質的讓步還看不出來。儘管美國希望促談，也開始施壓，兩岸在口頭上也都表示願意談判，但主要還是不願被外界或對方視為談判障礙，實質的「善意回應」還付之闕如，這點從臺灣仍堅持戒急用忍、不開放「三通」和只願談判事務性議題就可瞭解。

至於像奈伊那樣要求「北京宣示放棄武力」的建議，徐博東也認為中共

不可能接受。他指出，其實「江八點」對此已說得很明白，就是分兩步走，也就是兩岸先談判結束敵對狀態，再簽署協定。故就程序而言，放棄武力是協議簽訂的後果，怎可能事先宣布？徐博東最後說，兩岸問題的關鍵其實在缺乏互信，而不是缺乏管道。因此，如果不建立互信，無論是「邦聯制」或「聯邦制」等任何建議都無濟於事。

（中時）

大陸學者：研討會本身就是件好事兩岸是民進黨是否執政關鍵

記者陳威儐臺北／北京電話採訪報導：針對民進黨今天起所召開的中國政策辯論，北京聯合大學臺灣研究室主任徐博東表示，民進黨之所以在此際進行中國政策的辯論，實乃與民進黨本身認為即將執政有關。因此，必須在大陸政策上對島內的人民、對大陸當局、對美國為首的國際有所交代，讓大陸當局放心。

徐博東是中國大陸對臺研究學界中，極少數研究民進黨的學者之一，他自一九八九年開始就專攻民進黨研究，被視為是北方的臺灣民進黨研究專家。有北徐之稱，而南林則是廈大臺灣研究所的林勁。

徐博東說，民進黨各派系中對兩岸問題的主張，由於對國際形勢的研判掌握有認知上的落差，以致還存在很大的分歧，要通過三天的討論就達成共識是太過苛求、太過想當然，恐怕不可能。但是若能經過三天辯論，而認認真真思考兩岸問題的處理，不論有無結果，他認為這件事本身就是件好事。

（自立晚報）

大陸學者肯定民進黨辯論兩岸政策

記者王綽中臺北－北京電話採訪：民進黨中國政策研討會昨天結束，大陸研究民進黨的學者認為，民進黨透過民主辯論程序凝聚黨內共識的做法，值得肯定，大陸對臺部門也應該加強與該黨各派系進行接觸和溝通，而經過這次辯論，未來該黨如果能夠認清國際情勢和兩岸民意，制定務實的大陸政策，對兩岸人民都有好處。另外針對民進黨內部分人士希望利用國際勢力制衡中共的看法，大陸對臺學者表示，臺灣未來的安全和發展並不能依靠美、日等國，反而應該靠兩岸關係的緩和。

對於民進黨舉行的這次辯論，大陸專研民進黨事務的北京大學分校臺灣研究室主任徐博東在接受本報訪問時表示，民進黨這次辯論展現了該黨高度的民主機制，值得肯定和讚賞，也顯示民進黨是一個有生氣和活力的政黨；而且，通過這次辯論不但可以消除黨內的分歧，如果未來該黨能夠摒除不切實際的觀點整合黨內共識，制定務實的大陸政策，這對兩岸人民都有好處。

他指出，當前民進黨在制定兩岸政策時，應該以兩岸人民的利益為出發點，不要採取拘限和狹隘的觀點，特別是要認清國際局勢和兩岸民意，認真面對兩岸的現實，那麼未來該黨轉型成功是可以期待的。事實上，未來如果民進黨要順利取得政權並且長期執政，這種轉型也是必須的，因為這樣不但可以讓臺灣民眾放心，也可以讓大陸和美國放心。

至於許信良遭到黨內派系圍剿一事，徐博東強調，這種結果並不令人意外，因為美麗島系成員與大陸方面的接觸和溝通比較頻繁，對大陸也比較瞭解，民進黨其他派系則比較少與大陸溝通，彼此瞭解不夠，所以產生了許多隔閡和敵意，一些不務實的情緒性觀點也比較多，未來這些派系的領導人應該多來大陸看看，這對雙方都有好處。

徐博東同時希望中共對臺部門也能夠加強與民進黨非美系人士的接觸和溝通，不要因為這些人「臺獨」色彩較濃不與他們往來。他甚至表示，為了促進雙方的瞭解、化解敵意，中共對臺部門反而更應該與一些積極主張「臺獨」的人士進行接觸，消除對立。

……（略）

（中時）

大陸學者：許惠祐能否訪大陸，關鍵在目的

特派記者賀靜萍／北京二十一日電：海基會已向大陸海協會具體建議舉行「辜汪會談」，並在此之前舉行「許唐會談」，對此大陸學者認為，許惠祐為何訪問大陸將是關鍵，如果臺灣方面不認為此時有必要舉行正式「辜汪會談」，或兩岸氣氛不佳，均會影響許惠祐能否成行。

……（略）

北京聯合大學臺灣研究室主任徐博東則認為，陸委會與海基會日前曾表示，在柯江會談之前因大陸忙於處理柯江高峰會，無暇兼顧兩岸事務，因此海基會在近日去函海協會，但海基會日前就來函，且對七月份海基會副祕書長詹志宏先來，八月份許惠祐率董監事團再來訪，並安排辜汪會談事宜；臺灣方面在此時提出具體規劃，似乎有意向國際表明，臺灣對於推進兩岸關係相當積極。

他認為兩岸關係要真正推進，關鍵在雙方是否有誠意改善目前氣氛，如果臺灣方面未來大力推動務實外交，很難評估何時會舉行辜汪會談，對於海基會主動提議，他相信大陸方面會考慮許惠祐來的目的是什麼，也會考慮臺灣方面對於改善兩岸關係是否真有誠意，如果臺灣方面只是為了國際宣傳，海峽兩會將不會有實質的作為。

（聯合報）

徐博東：中美聯合記者會彷彿是「辯論會」

本報特派記者王綽中北京二十七日專電：今天中午在人民大會堂舉行的「中」美聯合記者會上，柯林頓和江澤民在有關人權和西藏問題有著極大的分歧，雙方你來我往互不相讓。北京有學者就認為，這場記者會，彷彿是「中」美雙方最高層人員間就西藏和人權問題舉行的「辯論會」。

在今天的「中」美聯合記者會上，由於雙方會談時間延長，原定十一時舉行的記者會一直拖到十二點才開始。原來在有關記者提問方面事先只安排半個小時，只能夠提出四個問題，但柯、江兩人在談到有關雙方存在極大分歧的人權和西藏問題時，都興致勃勃地盡力闡述彼此的立場和堅持，因此記者會也被迫延長將近半個小時。

北京聯合大學教授徐博東表示，柯、江在記者會上就人權和西藏問題你來我往，雖然沒有任何針鋒相對的語氣，但彼此都各自堅定地承諾自己的立場，好像「中美間舉行了一場最高層次的辯論會」。

不過，徐博東也指出，有關人權和西藏問題上，「中」美間仍存在著很大的分歧，透過面對面的溝通和協商，總比互相指責好。他認為，從今天柯林頓談話可以發現，美國對中國大陸的人權問題比以前更為瞭解，也承認「中」美兩國國情的不同，以及雙方關係穩定的重要性，因此，他強調，「中」美有關人權問題通過交流「總是有好處的」。

……（略）

（中時）

大陸學者：李總統談話語意雖緩並無新意

記者王綽中臺北電話採訪報導　針對李登輝總統昨天在「國家統一委員會」上發表的談話，大陸多位對臺研究學者都認為，李登輝的談話內容並未有太多新意，雖然有些用語較為模糊、緩和，但仍未就大陸關心的「政治性談判」和堅持「一個中國」等問題做出說明或回應。

……（略）

專研民進黨的大陸對臺學者、北京聯合大學臺灣研究室主任徐博東則認為，李登輝的演講並無新意，也沒有進步，嚴格來說，他對兩岸關係的看法，還不如民進黨具有前瞻性。他指出，近年來，特別是今年六月北京柯江會談後，民進黨已經感受到國際形勢的變化，開始認真對待並重視與大陸方面打交道，但是李登輝領導的國民黨反而仍僵化不前，死守戒急用忍的政策。

徐博東同時指出，李登輝在「國統會」上的談話仍未提大陸十分重視的堅持「一個中國」，只強調分治，這對於兩岸關係的進展並無助益；至於臺灣國際空間的問題，李登輝的說法雖然語氣較為模糊，未明確說出要加入聯合國或政府性質的國際組織，但這只是在玩文字遊戲，他還是要搞「務實外交」。

他強調，當前兩岸關係雖然已經不再緊張，但各項往來還是屬於低層次的交流性質，包括今年九月的辜汪會談亦是如此，未來只有進行政治談判，兩岸關係才會有所突破；目前兩岸交流雖然已經恢復且較以往熱絡，但這主要還是大陸單方面在推動，可是臺灣方面仍在許多交流上「戒急用忍」，缺乏具體誠意。

（中時）

徐博東教授：「三通」和戒急忍用臺灣最終將不得不對大陸讓步

北京特派員周銳鵬報導　中國北京大學分校臺灣研究室主任徐博東教授說，臺灣最終將不得不在「三通」和「戒急用忍」方面對大陸作出讓步。

這位研究兩岸關係的著名學者也說，「一國兩制」在香港實行成功，已經對臺灣構成巨大壓力。

徐博東是接受本報專訪時作上述表示。

他引述了中國國務院副總理錢其琛最近的話說，「一個中國」現在已經是國際現實。

因此，儘管臺灣不會很「痛快」地讓步，但形勢最終會迫使臺灣作出讓步。

他說，臺灣禁止兩岸「三通」（主要是直航）並採取「戒急用忍」政策限制臺商到大陸投資，對臺灣工商界非常不利，臺灣工商界已經越來越忍不下去了。

他指出，在東南亞金融風暴後，臺灣政府的「南向政策」已經是「死路」，因此，對臺商而言，目前只剩下「西進」一途。

他說，目前臺灣試圖以擴大「內需」的辦法來因應工商界的發展需求，但受限於島內投資環境等原因，恐怕難以解決問題。

1996年8月，臺灣李登輝宣布「戒急用忍」至今已經兩年多。兩岸原本和緩的關係在1995年因李登輝訪問美國惡化，並引發1996年初的臺海危機。

李登輝在當年3月當選民選總統後，決定限制臺商對大陸投資。

臺灣也根據《國家統一綱領》繼續禁止兩岸直接通航、通商、通郵。

徐博東說，因為臺商普遍不滿，臺灣當局最近已悄悄給「戒急用忍」政策鬆綁，例如，原本是超過5000萬美元（約8250萬新元）的投資案一概不准，現在則是可以提出申請，視個案處理。另外，近日也宣布對60項工業產品赴大陸投資鬆綁等等。

他說：「這叫『形勢比人強』。」

不過，他也表示，臺灣方面當然不會痛快地回應三通和取消戒急用忍的呼籲。

「因為他們認為這些是籌碼，是籌碼就要換東西。臺灣肯定會以此尋求大陸作某些交換。」

「但臺灣當局恐怕很難達到他們預定的目標」，徐博東說：「隨著時間的推移，所謂『籌碼』已不再是籌碼了。」

臺灣方面目前一直堅持只願意先恢復海基會與海協會的制度化協商機制，從事務性、功能性等問題談起，待時機成熟時再進入大陸要談的政治性議題。

不過，徐博東說，大陸已經採取更積極的做法，將事務性和經濟方面的問題，例如臺商權益保障問題，直接交由有關部門充分徵求臺商意見後制定，這類事情以後將不必再透過海協會跟海基會談。大陸認為兩會今後應該只負責政策性和政治性問題。

徐博東也認為，李登輝最近一再公開反對「一國兩制」反映了他所受的壓力，因為「一國兩制」在國際上和臺灣島內已經獲得越來越多人的理解與支持。

他說，美國柯林頓總統和英國首相布雷爾先後訪問香港並稱讚香港回歸後的成就，等於是對「一國兩制」作了正面的評價。

他還特別指出，美國中央情報局早在1971年6月聯合國剛剛恢復中國合法地位之初，就向當時的尼克森總統提出解決臺灣問題的兩個方案：一個是促成「中國人同意一個友好的臺灣獨立」，另一個就是「臺灣人接受在中國範圍內某種形式的自治地位」。

他說，由此看來，美國原本就不排除臺灣在中國範圍內自治。他相信，中美實力差距逐漸縮小後，美國最終會不得不接受「一國兩制」解決臺灣問題。

（新加坡《聯合早報》）

大陸學者：兩岸對辜汪會談「不滿意但都能夠接受」

本報特派記者王綽中北京／廈門專訪：針對辜振甫這次的大陸之行，大陸對臺灣研究學者認為，這次的辜振甫大陸之行，雖然對兩岸關係沒有實質上的突破，雙方在政治對話上也有些分歧或爭執，但對未來兩岸關係的穩定和發展有積極正面的意義，因此兩岸對於這次的「辜汪會談」應該「不滿意但都能夠接受」。

……（略）

北京大學分校臺灣研究室主任徐博東也認為，這次「辜汪會談」結束後，對當前兩岸關係的發展並未有實質的改善，臺灣方面所以讓辜振甫成行，主要是執政的國民黨鑒於島內民眾要求改善兩岸關係、美國促談壓力和為年底大選創造利多所致，並不是真正有心要改變它的大陸政策。他表示，從最近臺灣領導人和辜振甫一行的談話可以看出，臺灣方面「以拖待變」的大陸政策並未出現變化的趨向，兩岸關係在短時間內也不會有重大的進展。

但他也指出，雖然兩岸關係不會隨著這次辜汪會談的結束而有實質的改善，但兩岸兩會的溝通和接觸將會加強，兩岸關係氣氛也將正式邁向緩和階段，而臺灣方面的「戒急用忍」和禁止「三通」政策亦將會受到衝擊，執政當局可能會被迫做出部分的調整。

（中時）

1999年

徐博東否認羅文嘉曾向他傳達陳水扁不搞「臺獨」的意向

本報特派記者宋秉忠北京三十一日電：去年夏天曾與羅文嘉接觸的北京聯合大學教授徐博東表示，羅文嘉與他見面時，只是重申民進黨的「臺獨」黨綱，以及臺灣前途應由公民自決的意見；他明確否認羅文嘉曾代陳水扁傳達不會推動「臺獨」的意向。

專研民進黨問題的徐博東，九七年到臺灣參加學術討論會時，曾在陳菊辦公室與羅文嘉見過面，因此，九八年夏天，辭去臺北市府職務的羅文嘉從美國到北京時，即登門拜訪徐博東。

雙方會見時，曾就民進黨未來的發展和即將舉行的臺北市長選舉，交換意見，據徐博東回憶，羅文嘉當時對陳水扁連任臺北市長，感到非常樂觀；羅文嘉當時並沒有向他透露曾在北京見過那些人，以及是否以民間人士身分與中共對臺官員會面，只是說，會到上海、西安，然後再回到北京。

在徐博東的印象裡，他曾與羅文嘉談及民進黨的「臺獨」黨綱，而羅文嘉只是重申臺灣前途應由公民自決，可以說完全沒有新意。

（中時）

民進黨調整策略為時已晚

難以轉變中共既有印象，內部分裂喪失選舉優勢

中央社／北京訊：民進黨「八屆第二次全國黨員代表大會」九日在高雄

閉幕，針對大會上通過的「臺灣前途決議文」與「總統提名條例修正案」，大陸專研民進黨的學者徐博東表示，這兩項議案都是為了臺灣兩千年總統大選的策略性調整，但為時已晚，難以轉變大陸對民進黨推動「臺獨」的刻板印象。

專注研究民進黨已有十年時間的徐博東，任職北京聯合大學臺灣研究室主任，是大陸涉臺學者中少數肯定民進黨對臺灣政局有一定正面評價的學者。他接受訪問時，從這次民進黨黨代會及前主席許信良脫黨事件，認為民進黨的發展陷於瓶頸，而非一片坦途。

根據徐博東的看法，民進黨的最大困境，在於該黨多年來的教育、引導下，其主要支持者成為奉行「臺獨」黨綱的基本教義派，使得民進黨的轉型面臨極大的阻力。

他分析說，民進黨為勝選考量，不得不推出搞文字遊戲的「臺灣前途決議文」，但這種轉變來不及了，因民進黨已成為「臺獨」黨代名詞。在大陸看來，不要說這篇決議文，就算民進黨宣布放棄「臺獨」黨綱，大陸方面一時之間也不會轉變對民進黨的刻板印象，而會繼續觀察。

他進一步指出，決議文中接受「中華民國國號」對臺灣民眾或許有意義，但對大陸而言，民進黨要和大陸分家的基本理念沒有變化。決議文中的保障獨立，防止統一，暗藏了安撫「基本教義派」的內涵，所以一旦民進黨執政，在適當時機還是不排除會改換「國號」。

（中央日報）

大陸官員：不可能讓陳水扁來

特派記者賴景宏／北京報導：民進黨總統候選人陳水扁昨天提出兩岸政策，中共涉臺官員表示，中共不可能同意陳水扁訪問大陸。大陸學者認為，陳水扁的兩岸政策完全是「兩國論」的延伸，中共不會接受。

……（略）

北京聯合大學教授徐博東表示，陳水扁稱在三項前提下與中國簽訂和平條約或基礎條約，這完全是把臺灣和大陸看作是兩個國家，大陸不可能同意。大陸希望和臺灣簽訂結束敵對狀態的協定，是指結束一個國家的內戰，而不是兩個國家。

對於陳水扁所謂促進兩岸關係全面正常化的五大主張，長期研究民進黨的徐博東表示，這完全是空話，也不是站在「一個中國」的原則上提出來的。陳水扁的觀點，恰恰是「兩國論」的延伸，要大陸去承認臺灣是一個「國家」，等於是接受「臺獨」，大陸做不到。

徐博東表示，陳水扁過去曾經公開說過「臺灣和大陸是兩個華人國家」，即使陳水扁明年當選，中共也不可能同意他訪問大陸。他說，民進黨的「臺灣前途決議文」中明言，只是「策略性的承認中華民國國號」，最後還是要搞「臺獨」。這種毫不遮掩搞「臺獨」的政黨，更甚於還遮遮掩掩的國民黨。中共批判李登輝的「兩國論」尚且如此嚴重，又怎可能接受陳水扁的來訪。

（聯合報）

北京學者指臺灣應救災為先，不必泛政治化

本報特派記者謝孟儒北京四日專電：對於中共外交部長唐家璇今天再度對國際社會救援臺灣強調「主權」概念、新華社也發稿指責臺灣阻撓北京參與救援一事，此間涉臺學者均認為，兩岸本就存在政治分歧，北京也有其官方的一貫立場，臺灣實不必拿來大做文章，藉此阻擋大陸的善意，但他們也不諱言對今後的兩岸關係持悲觀態度。

……（略）

北京聯合大學臺灣研究室主任徐博東也呼應這種看法。他說，臺灣只拿錢，卻不要大陸的人員、物資救援給大陸民眾的印象很差。他不解，就算救難物資不能直航，為何透過香港轉運也不行？而且，大陸在抗震和防治疫情上有豐富經驗和世界級技術。

……（略）

徐博東則認為，大陸外交部和紅十字會的表現原則上並沒錯，因為「一個中國」嘛，但坦承「策略上可以更婉轉些」。但他認為，即使如此，臺灣也不該以此為藉口，阻撓大陸的善意。

對於今後的兩岸關係，徐、李兩人均持悲觀態度。徐博東說，會把改善彼此關係契機的這次震災搞成這樣，很明顯是因為「兩國論」的陰影，臺灣本就沒誠意，大陸剛好又提供藉口，雙方關係恐難轉圜。

（中時）

大陸學者認為辜振甫再訪大陸不可能

記者陳雪慧臺北－北京－廈門電話報導：對於海基會董事長辜振甫在昨天上海辜汪會談一週年發表談話指出，願意再一次赴大陸邀請海協會會長汪道涵來臺訪問，大陸涉臺學者認為，除非臺灣收回「兩國論」，否則北京不可能接受辜振甫再訪北京。海協會對此則尚未表示意見。

北京大學分校臺研室主任徐博東表示，辜振甫的談話「完全是宣傳」，一方面是為國民黨角逐總統大選製造利多，另一方面是應付美國的壓力，把汪道涵未能訪臺的責任推給大陸。他說，「兩國論」已經把兩岸兩會交流的基礎給破壞，現在的問題是，如果辜汪再度會面，兩岸如何定位？大陸方面不可能接受「特殊國與國關係」。

……（略）

而徐博東說，從臺北對北京表示願意援助地震救災的反應，大陸觀察臺灣當局的時間將會進一步延後到明年五月之後，再看是否調整對臺政策。

……（略）

（中時）

大陸學者對「臺灣安全加強法案」的反應

本報特派記者徐尚禮北京二十七日電：北京大學分校臺研室主任徐博東表示，美國國會一旦通過「臺灣安全加強法案」將不利於中共和美國關係，也不利於兩岸關係緩和及穩定發展。

徐博東認為，雖然美國眾議院委員會通過「臺灣安全加強法案」，但不代表眾議院、參議院將通過該法案，何況只要柯林頓總統不支持，兩院即使通過也不能形成總統的正式法案。

他指出，「臺灣安全加強法案」是美國大選年的產物，是國會占多數的共和黨和行政機關占上風的民主黨兩黨較勁，共和黨這次拿敏感的美、中與臺灣三角關係做文章，目的在吸引美國選民注意，即使該黨上台執政，又是另一番考慮，其模式就如同柯林頓當年抨擊布希親北京一樣，一旦成為全美國總統又得從國家利益考慮，而不是一黨之利益。

雖然「臺灣安全加強法」成為柯林頓政府對華政策的機會不大，但徐博東認為，在中共和美國關係從五月間「誤炸」中共駐南斯拉夫大使館逐漸修復之際，雙方關係又因為中共加入世界貿易組織、寇克斯報告及麥道公司洩密案等發生新爭執，「臺灣安全加強法」的提出，將對中共和美國關係投下不利變數。此外，該法案可能被臺灣當局製造「假象」，不利於當前低迷的兩岸關係，更不利於兩岸關係長遠的穩定發展。

針對「臺灣安全加強法案」，中共外交部發言人日前多次表示反對，表示不利於中共和美國關係發展，希望美方考慮中共和美國關係的發展大局，謹慎處理，以免為雙方關係設置新障礙。

（中時）

大陸學者對陳水扁經貿政策的反應

本報特派記者徐尚禮北京七日電：與民進黨有過對談的北大分校臺研室主任徐博東，今天針對陳水扁提出的兩岸經貿政策說，民進黨提出的兩岸經貿政策有新思路，比國民黨「連蕭配」兩岸政策跨不出李登輝「陰影」先行一步，值得肯定。但有關大陸政策及經貿政策要有實質意義並獲得大陸方面回應的話，必須面對兩岸定位本質問題，也就是能否突破國民黨提出的「兩國論」範疇，因為經貿政策方面的海、空通航談判，終究要面對兩岸定位問題。

徐博東說，近來一段時間，民進黨為了爭取中間選民，獲取選票，在大陸政策方面花了不少腦筋。諸如對「戒急用忍」的檢討及今天提出的兩岸空運、航運通航問題，都比國民黨候選人連蕭配先行一步，這將對已經把「兩國論」納入黨綱的國民黨候選人構成壓力，並形成嚴峻挑戰。他說，比起國民黨保守、僵化的大陸政策，民進黨的新設想及新調整的大陸政策，就大陸方面來說，值得肯定及歡迎。對連蕭配來說，將來能否走出李登輝大陸政策陰影，展現自主性，提出合乎時宜的大陸政策，將影響選情也決定勝敗。

徐博東分析，民進黨在大陸政策動腦筋看來仍屬於策略性。在本質上，臺灣一些選民及大陸都關心民進黨是否脫離「臺獨」性質進行轉型。就大陸方面而言，民進黨是否把兩岸關係視為「兩國關係」是關鍵問題。因為，兩岸談主權問題，一定涉及兩岸定位問題，屆時，兩岸關係是否為「兩國論」

成為無法迴避的本質問題。徐博東認為，在這點上民進黨應該比國民黨擁有更大的空間，因為無所謂列入黨綱的問題，即使列入黨綱，事實上，對從政人員的約束仍有限。因此，民進黨在提出大陸政策時，是否認真考慮轉型問題，將決定其大陸政策是屬於策略或是具有實際意義。

（中時）

中共如何看待澳門回歸對兩岸關係的影響

王綽中／北京專題報導：自「澳門回歸」這個話題炒熱之後，北京的中共官方喉舌經常可以看到類似的字眼：「澳門順利回歸後，臺灣問題的解決將日益迫切！」在中共收回澳門前夕，人民日報一篇題為「第二座里程碑」的文章就指出，歷史遺留下來的「外患」根除，「內憂」待解，而這第二站的跨越，必然影響第三站，通達第三站。當然，文章「第三站」就是指的臺灣問題。

……（略）

北京聯合大學臺灣研究室主任徐博東亦認為，香港已順利回歸，澳門也將順利回歸，大陸方面對於以「一國兩制」的方式完成統一大業，已更具信心。

在北京的對臺人士中，當前最讓他們關注的還是澳門回歸後對兩岸關係到底會產生什麼樣的影響。長期從事對臺研究的徐博東就分析說，除了大陸領導人和民眾都希望統一問題能夠早日獲得解決外，只要港澳順利回歸維持一段時間，臺灣民眾到時也會看到「一國兩制」其實也不是一件壞事，而且在澳門回歸後，島內一些不願統一的人，也會感到壓力倍增，國際社會也將增加對「一國兩制」統一政策的支持。

不過，徐博東也表示，澳門回歸後，短時間內中共「和平統一」的對臺大方針並不會改變，但大陸民眾對政府完成統一大業的有形和無形的壓力會明顯增加，中共對臺工作的強度和力度也會加強。

……（略）

（中時）

北京不會武力威嚇臺灣

北京特派員周銳鵬報導：中國官方消息透露，在2000年3月臺灣總統選舉前，大陸不會再像1996年那樣對臺灣施加武力威嚇。

據瞭解，國務院臺灣事務辦公室、海協會、各涉臺研究機構的官員、學者之中，多數傾向於「靜觀」臺灣總統選舉的結果再作反應，叫戰的主要是軍方。

……（略）

北京大學分校臺灣研究室主任徐博東教授也說：「『臺灣總統選舉前不會有軍事緊張』的說法是合理的。」

不過，徐博東教授補充說，如果「不可預測的政客」李登輝在最後一刻採取激烈行動激化兩岸關係，把大陸「逼到牆角」，那就另當別論。

……（略）

徐博東說，一個月以前，可以完全排除陳水扁當選的可能，現在，則是陳水扁「有機會」當選，關鍵是在臺灣接下來一個月的政局發展。

……（略）

（聯合早報）

2000年

阿扁「臺獨」立場未改，圖為選舉打「安定牌」

本報訊／臺北消息：民進黨的總統參選人陳水扁提出他的兩岸關係七項主張，臺灣傳媒對大陸方面對此有何看法甚為關注，紛紛向大陸對臺研究學者進行採訪，探取反應。多位大陸對臺研究學者認為陳水扁體認到「安全問題」是他在選舉中面對的最大挑戰，所以主動出擊，希望吸收更多「中間」票源及取得外界信心，但其「臺獨」本質並未改變。

北京大學分校臺灣研究室主任徐博東接受臺灣記者訪問時表示，陳水扁對副總理錢其琛及國臺辦主任陳雲林談話相當敏感，很快就作出回應。但陳水扁最主要目的是在彰顯他也可以打「安定牌」，主要還是為選舉，不能取信於人，原因除了陳一向看場合說話外，還有一個原因是，這七項主張與民進黨黨綱、去年五月民進黨的「臺灣前途決議文」、及陳水扁的「中國政策白皮書」都有相違之處。

徐博東認為，陳水扁雖然提出許多建議，但都不具實際意義。例如陳水扁說除非北京方面意圖動用武力，否則民進黨執政後沒有必要也絕不會片面宣布「臺獨」，這是一種「倒因為果」的說法；在協商議題上，陳表示兩岸可以就簽訂和平條約展開協商，但是按照陳水扁在去年九月「中國政策研討會」上的說法，這是有三個前提條件的。而這三個前提條件包括中國承認臺灣「對等地位」、遵守聯合國「和平解決爭端」原則、不預設未來走向等，都是大陸不可能接受的條件。徐博東說，民進黨只要不處理「臺獨黨綱」，不轉變「臺獨」本質，不管陳水扁在選前表達多少「善意」，大陸方面還是不會放心。

……（略）

（大公報）

「安全問題能把陳水扁打下去」

北京特派員周銳鵬報導：臺灣民進黨的總統候選人陳水扁會在3月18日脫穎而出贏得大選嗎？

宋楚瑜已經因為「興票案」以及兒子在美國有房產問題被國民黨打得遍體鱗傷，但是，國民黨總統候選人連戰的民意支持率卻沒有超前。北京現在比以前任何時候更擔憂臺灣的總統寶座坐上一個公開喊「臺獨萬歲」的人——陳水扁。

研究民進黨問題的專家、北京聯合大學臺灣研究室主任徐博東教授坦言：「『安全問題』能把陳水扁打下去。」

所謂「安全問題」，就是「臺獨」必須面對大陸動武的後果。

徐博東說，競選主軸如果不轉向「安全問題」，宋、連、陳三強會繼續僵持，連、宋都無望領先多少。

「兩國論」模糊了兩黨的區隔

偏偏這一次的臺灣總統大選，臺海相對平靜，「安全問題」至今還沒有成為競選主軸。李登輝的「兩國論」又幫助了陳水扁，模糊了國民黨與民進黨在「臺獨」問題上的區隔。

徐博東說，這與臺灣現任總統李登輝背後主導有很大關係。但是，連戰卻很焦急，在強攻宋楚瑜之後倘若沒有也同時把陳水扁打下去，自己就占不到好處，只能讓陳水扁坐收漁利。

如果今年的總統大選是國民黨與民進黨對決，民進黨必敗無疑。但是，眼前的形勢卻是與過去完全不同。國、民兩黨之外，還有一個宋楚瑜，形成了三足鼎立。

徐博東說，這種全新的微妙態勢，給民進黨提供了入主「總統府」的「一線生機」。

在臺灣的25個縣市政權中，民進黨占了13個，無黨籍4個，國民黨只有8個。來勢洶洶的民進黨對臺灣總統府是覬覦已久。

但是，從過去10年臺灣的各級選舉結果來看，民進黨往往在地方層級選舉中戰果輝煌，在「中央」層級選舉中就不敵國民黨。

徐博東認為，「黑金」對陳水扁最有利。因此，只有競選主軸轉向「安全問題」，陳水扁的支持率才過不了30%而無望當選總統

徐博東同意民進黨前主席許信良的理論，「危機社會」攔住了民進黨奪取臺灣「中央政權」的道路。

民進黨領導人也不諱言「臺獨」主張是「票房毒藥」。儘管許信良提出臺灣是「危機社會」的理論，竭力淡化「臺獨」，主導民進黨轉型，但轉型理論無法取得民進黨基層的認同和呼應，加上黨內派系和個人恩怨的糾葛，激烈鬥爭結果，使得民進黨在轉型道路上好像鵝行鴨步，一步三搖晃。最後連「轉型發動機」許信良自己也不得不黯然退黨。

很多民進黨菁英認識到這一點，想轉，但又怕轉得太快以致脫離了原有支持群眾。

但是，在「興票案」給宋楚瑜造成嚴重「內傷」後，原本一枝獨秀的宋（楚瑜）張（昭雄）配民意支持率急速下滑到25%上下，讓陳（水扁）呂（秀蓮）配趁勢展現了「生機」。

徐博東指出，民進黨從去年5月拋出《臺灣前途決議文》，到年底出籠

《跨世紀中國政策白皮書》，明白無誤地告訴人們，它仍然頑固地堅持「臺獨」立場。

「陳水扁標榜的『新中間路線』，只是騙人的口號。」他說。

因此，北京領導人公告天下，「臺獨即戰爭」，《解放軍報》對「臺獨」發出連串警告，適時「提醒」臺灣民眾。

「只要兩岸形勢依然緊張而使臺灣處於『危機社會』，『臺獨』勢力就不可能取得臺灣的中央政權。」徐博東說。

他警告，陳水扁一旦當選，等於「從地方到中央把百年老店國民黨連根拔起」，使臺灣首次出現「政黨輪替執政」，結果勢必引起島內政局的重大質變：臺灣政權將全面轉移，國、民兩黨主客易位，民進黨勢必士氣大振，「臺獨」氣焰必將空前囂張，加入民進黨的人數將會劇增，民進黨的資源迅速膨脹，將取代國民黨成為臺灣政壇社會的主流政黨。

而且，徐博東說：「民進黨的『轉型』，也將就此打住——別說是『實質轉型』，就連現在的低層次『策略轉型』也不必談了。」

徐博東認為，臺灣目前的競選話題，「黑金」是主軸，這正是對陳水扁最有利的。因此，只有競選主軸轉向「安全問題」，陳的支持率才過不了30%而無望當選。

「連、宋、李都攻擊臺獨，陳就會孤立。如果北京和華盛頓再『配合』一下，陳就『死定』。」

——徐博東

民進黨傳統選民約占三成，但是陳水扁目前的支持率始終在25%上下，只能與另二強形成拉鋸戰。

「連、宋、李都攻擊臺獨，陳就會孤立。」徐博東說：「如果北京和華盛頓再『配合』一下，陳就『死定』。」

但他也警告，如果中美坐山觀虎鬥，陳可能有一線「勝機」。

陳水扁很清楚自己的困境。他最近一反常態提出開放中資進入臺灣，反映了他的焦躁不安。

「反正要先讓自己選上，其他以後再說。」徐博東這樣看陳水扁。

如何避免讓陳水扁的「生機」變成「勝機」，是連戰、宋楚瑜必須考慮的，也是北京和華盛頓必須考慮的。

徐博東分析，「興票案」估計已使宋張配流失了10個百分點的票源。不過，25%的支持率也已經是到了「谷底」，今後不會輕易動搖了。

徐博東認為，威力巨大的「興票案」未能一舉摧毀宋陣營，關鍵是宋陣營的選民結構相對穩定。根據臺灣各項民調，宋楚瑜瓜分了國民黨傳統票源中的大約50%，也搶了民進黨20%的支持者；新黨支持者中，「挺宋」的更高達80%。政黨傾向不明顯者，大約60%支持宋，24%支持陳，15%擁連。而且，從支持者的年齡結構、省籍看，宋楚瑜的支持者也相當均勻。

他說，這種相對穩定的選民結構和較為理想的選民分布，對選情的變化起了某種抑制作用。

眼前，處於「兩難」境地的是陳水扁。徐博東說，一方面，陳水扁擔心宋陣營恢復元氣，希望連、宋繼續自相殘殺，以坐收漁利，但另一方面又擔心宋陣營崩盤，國民黨傳統票源向連陣營靠攏，形成國、民對決的不利於民進黨的局面。

宋楚瑜的支持率一度居高不下，很大程度上是因為他兼具「改革」與「安定」的雙重形象。這與當前臺灣社會普遍存在的「穩中求變，變中求穩」的主流民意相一致。

因此，徐博東指出，要讓臺灣民眾注意「安定」，讓「安全問題」成為競選主軸，陳水扁才會出局。

（聯合早報）

「臺獨」定義遭緊縮

特派記者石開明／北京報導：大陸研究臺灣問題的學者指出，中共發表「一個中國白皮書」，是「一國論批兩國論」，同時有提醒臺灣民眾「慎選領導人」的意思。

……（略）

徐博東教授表示，白皮書是「一國論批兩國論」，也批判「臺獨」等分裂勢力，但是「一國兩制、和平統一」的大政方向並未變。白皮書還有一特點，就是緊縮「臺獨」空間，關於什麼是「臺獨」的解釋權，要由大陸來界定。如「兩國論入憲」，臺灣長期拖延統一進程、拒絕談判，大陸也可以將其視同「臺獨」。他表示，中共這次對於武力解決臺灣問題的著墨較以前多。

（聯合報）

大陸學者：選擇「臺獨」，就是選擇戰爭

特派記者石開明／北京報導：大陸學者評論臺灣「大選」，中國社會科學院臺灣研究所研究員李家泉認為，……（略）

中國社會科學院臺灣研究所特邀研究員徐博東說，李登輝提出「兩國論」後，連戰的態度比較模糊，至少不是積極支援，顯然連戰較傾向於「一個中國，各自表述」，但連戰也強調政策的連續性，加上其個人因素，即使

當選，也難期望他能擺脫李登輝路線。中共也不會接受「一個中國，各自表述」。

他認為，陳水扁提了許多兩岸政策主張，但都不具操作性，大陸對他比較不樂觀。連戰的兩岸關係政策有內在矛盾，能否實踐在於是否能擺脫李登輝路線。至於宋楚瑜，大陸也不能太樂觀，宋的政策主張模糊，有權謀的考量，但也預留了兩岸談判的空間。即使宋楚瑜當選，他也不會在兩岸關係上過於前進，因為宋的外省人身分易受質疑，美國也會擔心。

（聯合報）

陳水扁不放棄「臺獨」，去不了大陸

特派記者石開明／北京報導：中共國家主席江澤民昨天針對臺灣總統候選人訪問大陸意願，指出凡是堅持「一個中國」，任何一個時期都歡迎。大陸研究臺灣問題學者認為，如果臺灣新領導人不放棄搞「臺獨」、搞分裂，中共不會允許其訪問大陸。

北京社會科學院臺灣研究所特邀研究員徐博東表示，只要臺灣新領導人堅持「一個中國」的原則，任何時間中共都歡迎他訪問大陸。臺灣新領導人要訪問大陸，就必須接受「一個中國」、不搞「臺獨」的前提。

他表示，陳水扁即使當選臺灣總統，如不放棄「臺獨」，中共也不會允許他訪問大陸。陳水扁很清楚中共的立場。

他認為，就長遠而言，統一的前景是樂觀的；短期是否樂觀，就要看臺灣民眾選出什麼樣的領導人。如果選出主張「臺獨」者，兩岸關係就很危險。

……（略）

（聯合報）

李遠哲挺扁大陸學者兩樣情

朱建陵／北京十二日電：李遠哲挺扁在臺灣讓棄保效應發酵，在北京也使大陸對臺研究學者感到黯然。有學者認為，由於李遠哲挺扁，中共對李遠哲的清流評價因此改觀，但也有學者對李遠哲寄予厚望，希望李遠哲能改變陳水扁的「臺獨」路線。

北大分校臺灣研究室主任徐博東表示，李遠哲挺扁，好像在中共「背上插一把刀」。他說，李遠哲明明知道中共反對陳水扁當選的立場，卻選在這個選舉的關鍵時刻挺扁，使大陸對李遠哲的印象大為改觀。

據指出，過去大陸對李遠哲的印象，認為他是臺灣學術界的名流，政治上保持中立、超然的立場，而且對中國大陸抱持友好態度，中共對他沒有任何不良印象。

徐博東表示，雖然李遠哲在臺北市長選舉時曾經挺扁，但那還只是地方選舉，這次李遠哲在總統大選上挺扁，讓大陸對他的觀感產生徹底變化，甚至可以說是「非常惱火」。

……（略）

（中時）

北京學者：李遠哲已喪失與大陸交往資格

中央社／臺北／北京十四日電「中央研究院院長」李遠哲昨天請辭並允諾出任陳水扁「國政顧問團」首席顧問，在海峽兩岸學術界都引發了震撼，瞭解中共風向的北京研究涉臺事務學者徐博東表示，李遠哲此舉喪失了與大陸交往的資格。

李遠哲曾數次前往大陸訪問，最近一次是於一九九八年五月到北京，參加北京大學建校一百週年的各項慶祝活動，並且是中共國家主席江澤民等黨政領導人的座上賓。

北京聯合大學臺灣研究室主任徐博東指出，不論李遠哲在過去如何德高望重，是傑出的諾貝爾獎得主，但是在這次臺灣的選舉中，他的立場將把過去與中國大陸的關係一筆勾銷、一次斬斷，「因為他在關鍵時刻砍了中共背後一刀」。徐博東批評李遠哲出任陳水扁「國政顧問團」首席顧問的決定，是在大非的問題上，「公然站在『臺獨』的那一邊」。徐博東表示，中共從此不歡迎李遠哲再到大陸談判與對話。

（中時）

海協會今開記者會加強批「獨」

王綽中／北京十五日電：為了在臺灣總統選舉前加強對臺灣獨派勢力的輿論攻勢，大陸海協會明天上午將邀集六名北京著名的對臺問題專家和學者舉行聯合記者會，據一位出席的對臺學者表示，海協會突破以往方式，出面舉辦這項罕見的學者聯合記者會，主要目的是希望透過這些對臺專家向外宣示，中共不會坐視臺灣總統選舉有「傾向獨立的結果出現」。

按照慣例，大陸海協會通常都會在三月舉行的中共全國人大、政協會議期間，趁臺灣媒體記者雲集北京之際，舉行記者會，宣傳中共對臺政策。一般出席記者會的多是海協會常務副會長唐樹備。不過，在明天舉行的海協會記者會上，是由海協會副祕書長李亞飛主持，由六名北京著名的對臺專家和學者出席回答記者提問。

預計在明天上午九點出席記者會的學者包括北京社科院臺研所所長許世銓、研究員李家泉、隸屬中共外交部系統的中國國際問題研究所研究員郭震遠、軍方系統的和平與發展研究中心研究員辛旗、北京人民大學臺港澳研究中心教授黃嘉樹、專攻民進黨研究的北京聯合大學臺灣研究室主任徐博東等六人。

謝孟儒／北京十五日電：中共涉臺學者今天說，中共總理朱鎔基今天有關臺灣問題的強硬演講，當然和最近陳水扁聲勢大漲有關，「就是為了打扁，打擊『臺獨』囂張的氣焰」，而未點名只是「不想抬舉他而已」。

北京聯合大學臺灣研究室主任徐博東在接受訪問時表示，外界一直以為中共在對臺問題上有強硬、溫和兩派，「這種區別是不對的」，其實中共的對臺政策是一貫的，這純粹是策略的應用。

對於臺灣記者普遍解讀朱的強硬表態應是與阿扁最近聲勢大起有關，徐博東認為這種解讀「完全沒錯」。他說，扁陣營和民進黨一直想轉移焦點，把這些話誤導成「不是光針對陳水扁，也是針對連和宋」，根本是自欺欺人，稍有常識，甚至只要頭腦正常的人都知道根本不對，無論是臺辦主任陳雲林、副總理錢其琛，乃至於朱鎔基的談話，一路說的就是扁，不點名是因為「不想抬舉他」，免得讓「臺獨」分裂勢力的氣焰更囂張。

他進一步表示，北京的態度其實很明確，就是絕不接受扁，未來兩天選情若又有變化，照朱的暗示，他並不排除這邊還會有更強硬的手段。

徐博東還說，雖然扁宣稱上台後不會宣布「臺獨」，但無論是從他「新中間路線」堅持的「兩岸是兩個華人國家的特殊關係」，或「憲政白皮書」中宣稱要把「國家」領土劃定在臺澎金馬，並將公民投票「入憲」的做法來看，陳水扁就是徹頭徹尾的「臺獨」，大陸這邊都看到稍早高喊「臺灣獨立萬萬歲」的鏡頭，他還想狡賴嗎？

（中時）

嚴打「臺獨」大陸點名批判「獨」派候選人

林則宏、李道成／北京報導：在臺灣總統選舉將屆之際，海峽兩岸關係協會十六日召集六名大陸知名對臺研究學者舉行記者會，以更赤裸的方式，點名批判臺灣特定總統候選人。與會學者指出，目前臺灣選情發展，已屆臨兩岸統獨、和戰的關鍵時刻，迫使大陸方面不得不表達其立場。若具臺獨傾向的候選人當選，必將導致兩岸情勢的急劇升高。

……（略）

北京聯合大學教授徐博東則強調，時間表既掌握在大陸手中，更掌握在臺灣選民手中。若臺灣選出一個主張「臺獨」的人擔任新領導人，時間表就不是幾年而是幾小時的問題。但若選出一個能回到「一個中國原則」的領導人，則兩岸可以走和平統一路線，時間表就會長一點。

……（略）

（工商）

兩岸關係處十字路口

本報記者北京十八日電：此間多位臺灣問題專家呼籲陳水扁放棄「臺獨」主張，拋棄以前所鼓吹的分裂國家的言行，在「一個中國」的原則下，積極地開展兩岸交流。

……（略）

北京聯合大學臺灣研究室主任徐博東教授指出，陳水扁當選、「臺獨」勢力掌控臺灣政權，事實上已經把兩岸關係推向十字路口。如果陳水扁不放棄其「臺獨」主張，兩岸關係前景堪虞。

這位臺灣問題專家用「緊繃」二字形容選舉結果揭曉後的兩岸關係狀態。他強調，大陸絕對不會與「臺獨」打交道。

他並稱，大陸現在將密切注視陳水扁的一言一行，其中一個具體指標就是從現在到五月二十日期間陳水扁的演講，大陸還將密切觀察其「臺獨」主張是否會轉化成為五月二十日「施政報告」中的具體政策。

針對陳水扁在當選後的記者會上表示願求兩岸間的和平與溝通，徐博東教授一針見血地指出，僅僅是口頭表示善意是沒有用的，不具任何實際意義。只有從言論到行動都回到「一個中國」的原則上來，才會對兩岸關係的改善與發展起到實質性的作用。

徐博東說，陳水扁說要訪問大陸，但他以什麼身分來訪問？同時，陳水扁會怎樣處理其「臺獨」主張，以及「憲政白皮書」和「臺獨」黨綱？如果陳水扁對這些不予回應，避而不談，這說明他根本是虛情假意，只不過是在耍花招。

徐博東還強調，大陸的底線絕對不能突破，這就是「一個中國」的原則。中國政府的「白皮書」和朱鎔基總理的演講已經把這一點闡釋得很清楚。

此外，徐博東教授還指出，必須警惕李登輝在陳水扁正式「就職」前的影響。因為在接下來的兩個月中，也就是李登輝正式「交權」前，他是否會利用國民黨主席的身分，利用國民黨員在「國代會」占多數席位的優勢，與民進黨結合起來，聯手將「兩國論」修入「憲法」，這是必須高度警惕的。

（文匯報）

「扁」勝不代表「獨」贏「一個中國」不可踰越

本報訊：密切注視臺灣總統選舉和海峽形勢的內地臺灣問題專家、學者，在獲悉陳水扁當選後指出：陳水扁的得勝，不代表「臺獨」分裂主張得到認同；選舉結果反映了臺灣民眾長期不滿意國民黨的腐敗及「黑金政治」，也是李登輝「棄連保扁」效應的結果。

……（略）

北京聯合大學臺研室徐博東：化危機為轉機看臺北

北京聯合大學應用文理學院臺灣研究室主任徐博東在接受本報記者訪問時說，陳水扁當選臺灣總統，標幟著海峽兩岸關係發生了質的變化，發生了危機。能否化「危機」為「轉機」，主動權在臺北，而不在北京，因為北京的底線是「一個中國」原則。

徐博東還說，陳水扁上台可能在兩岸經貿政策上作些調整，放棄李登輝的「戒急用忍」政策，利用兩岸加入WTO擴大經貿關係，並以此表示改善兩岸關係。但是，如果他不回到「一個中國」立場上來，就說明他沒有誠意。希望陳水扁和他的民進黨能夠真正瞭解大陸，不要存在幻想。

……（略）

（大公報）

大陸學者促陳水扁回到「一中原則」

王綽中、朱建陵／北京十八日電：針對總統當選人陳水扁提出的兩岸關係三項主張，大陸學者認為，如果陳水扁不能回到「一個中國原則」，這些主張都不可能實現。大陸學者指出，目前球在陳水扁手上，端看陳水扁如何去做。

……（略）

北京聯合大學臺灣研究室主任徐博東認為，陳水扁提出的兩岸簽訂和平協定主張，包含三項大陸無法接受的前提。

他說，陳水扁第一要大陸官方承認兩岸是「對等的國家地位」，第二要以聯合國和平解決爭端的原則來處理兩岸關係，第三是不預設未來走向。徐博東分析說，陳水扁第一個前提是要大陸方面承認兩岸是兩個「華人國家」，臺灣是一個「主權獨立的國家」；第二個前提是希望大陸放棄對臺使用武力；第三個前提是要大陸不談統一問題，在談判過程中刻意迴避統一問題。他說，這些都是大陸無法接受的條件。

（中時）

徐博東：陳水扁不要存在幻想

本報記者鞏雙印北京十九日專電：北京聯合大學應用文理學院臺灣研究室主任徐博東在接受本報專訪時說，北京的底線是「一個中國」原則，陳水扁和他的民進黨如果不調整「臺獨」政策，如果把這個政策提升到政治層面上來，臺灣前途堪虞。

徐教授說，李登輝上台以來走的就是「臺獨」路線，後來推出了「兩國論」。他一直希望從法理上把他的「臺獨路線」確定下來。陳水扁和他的民進黨的綱領就是「臺獨」。李登輝是國民黨主席，陳水扁是新當選的總統，國、民兩黨會不會利用目前這個形勢實現李登輝的「宿願」？

他分析說，目前海峽兩岸關係將有一段時期的僵持階段，大陸的「一個中國」原則不會退讓，而陳水扁也不會從實質上調整他的「臺獨」主張。他曾說，如果他當選，可以訪問大陸，也可邀請江澤民、汪道涵訪問臺灣。這是沒有基礎的，除非民進黨放棄「臺獨」立場，回到「一個中國」的原則立場上來。如果那樣，兩岸關係就會「柳暗花明」。徐教授說，他對此不抱幻想。

徐教授希望陳水扁和他的民進黨能夠真正瞭解大陸，不要存在幻想。他如果不調整「臺獨」政策，如果把這個政策提升到政治層面上來，臺灣前途堪虞。

（大公報）

如與堅持「臺獨」的陳水扁談判，中國政府就是「唾面自乾」

周銳鵬報導：北京聯合大學臺灣研究室主任徐博東教授說，除非陳水扁、民進黨放棄「臺獨」立場，回到「一個中國」原則，否則，中國政府絕對不會妥協和陳水扁打交道，要不然便是中國政府在「唾面自乾」。

徐博東接受本報採訪時說，中國政府如果跟沒有放棄「臺獨」主張的陳水扁談判，不僅今後在國際社會上失去威信，也難以再向世界華人華僑交代，難以取信於國內和島上的民眾。

徐博東說，陳水扁勝選意味著堅持「臺獨」立場的人及標舉「臺獨」黨綱的政黨已經「全面掌握了臺灣政權」，兩岸關係的性質已發生了實質性的變化。

他形容兩岸關係現在是進入「新的十字路口」。

不過，他說：「既是危機，也可能是契機。但我目前不抱太大希望。」

他預測兩岸關係將會在一段時間內處於僵持狀態。

徐博東說：「如果陳水扁能『真正』回到『一個中國原則』，兩岸關係會柳暗花明，但我不樂觀。」

對於陳水扁提出要訪問大陸，也邀請江澤民、朱鎔基、汪道涵訪問臺灣，以及表示「兩國論」不入憲、兩岸「三通」等等，徐博東說：「光言詞表態是不行的，陳水扁的《『憲政白皮書』》還有效沒效？那是他的『臺獨』競選主張，是大陸完全不能接受的，他還要不要？」

徐博東說，陳水扁也表示歡迎對「任何議題」進行談判，還說願意簽署「和平協定」等等，但又提出前提條件，要兩岸有「對等地位」、要按照聯合國「和平解決國際糾紛」的原則、「不預設兩岸未來走向」，這些都是大陸不可能接受的，因此，陳水扁要互訪、談判，都無法啟動。

徐博東說，如果對「一個中國」問題陳水扁不表態支持，就說明他並沒有誠意來實質改善兩岸關係，中國甚至會懷疑陳水扁是要把兩岸關係無法改善、持續拖延的責任推給大陸。

「這一來，兩岸前途令人憂慮。因為，它符合白皮書中提到的『第三個如果』。」

（聯合早報）

臺灣「大選」結果跌碎大陸眾多專家眼鏡

王綽中、宋秉忠／特稿「國民黨兩百多個政務官在選後下台，共產黨幾千個國民黨專家也在臺灣選後失業」，一位與臺灣新聞界打交道將近十年的大陸媒體主管，在民進黨總統候選人陳水扁當選後無奈地表示。

去年中臺灣總統大選開始熱身時，北京有關單位即成立連、扁、宋三人的研究小組，負責分析三人的政治傾向及當選可能性，但直到去年底，三個小組中只有連戰小組配屬最多研究人力，開會研商最頻繁，其他兩個組的運作則幾近停滯。期間還發生過一段插曲：有一位女性研究員因為研究宋楚瑜而喜歡上宋楚瑜的風格，在私下談話場合經常引用宋的名言，有一回，還因為在開會時大家不重視宋楚瑜，而當場落淚。

而在北京民間的對臺研究圈中，只有聯合大學教授徐博東早在去年就明確提出「扁宋對決」的看法，但一直不受決策當局重視。在興票案後，陳水扁受益，造成三強鼎立，但多數中共對臺智囊仍認為陳水扁當選機會不大。過完年後的元宵節，對臺部門再度召集專家開會，雖然多數還是認為連戰會當選，但已有如中國國際問題研究所研究員郭震遠等人認為，必須開始認真考量陳水扁可能當選的事實，但當時也非主流意見。

即便選前三月十日李遠哲出面挺扁，造成陳水扁聲勢大漲，中共對臺部門仍根據情治系統、臺灣媒體和臺商的輿情反應，在十六日下午最後一場的臺灣選前輿情分析會議中，認為連戰仍是最有可能當選的候選人。

……（略）

（中時）

「李登輝被轟下台完全是咎由自取」

北京特派員周銳鵬報導：李登輝決定今天辭去國民黨主席職，中國的臺灣問題專家紛紛叫好，認為李登輝被臺灣民眾和黨員「轟下台」是「咎由自取」。

……（略）

北京聯合大學臺灣研究室主任徐博東教授則是把李登輝罵了一頓，始終「不能原諒」李登輝造成國民黨分裂、暗助民進黨陳水扁上台。

對於李登輝過去幾天一直拒絕下台，徐博東大罵李登輝「不知人間羞恥，死皮賴臉」，「可謂前無古人，後無來者」。

徐博東說：「世間真是無奇不有，國民黨慘敗後，面對廣大選民的憤怒聲討和國民黨高層內部改革派的強烈反彈，李登輝硬是依然故我、『老神在在』，不肯引咎辭職交出黨權，還說什麼『薑還是老的辣』，聲稱要到半年後的9月份才辭去國民黨主席職，甚至指使親信叫囂要『鞏固領導中心』。」

對於李登輝較早時拒絕辭職，徐博東認為，李登輝是「放心不下剛剛當選的陳水扁」，擔心陳水扁無法應付六成不認同「臺獨」主張的臺灣民眾，也擔心陳水扁是否能在宋楚瑜組成實力雄厚的反對黨後順利「組閣」，安然施政，繼承他的「香火」。

徐博東揶揄說：「李摩西不僅要把約書亞『扶上馬』，而且還要再『送一程』。」

……（略）

（聯合早報）

大陸學者評阿扁當選，不再提寄望臺當局

本報訊／據中央社北京二十四日消息：對李登輝今天辭國民黨主席一職，北京聯合大學臺灣研究室主任徐博東表示，現在李登輝的動向與兩岸打交道沒有太大關係，但陳水扁當選後，大陸將不再提「寄望於臺灣當局」。

李登輝請辭國民黨主席是否有助於臺北與北京重開對話、談判？徐博東認為，這與兩岸打交道並沒有太大關係，陳水扁應從李登輝的身上吸取教訓，就如國務院總理朱鎔基所說「搞臺獨是沒有好下場的」。現在只有陳水扁讓步的可能，大陸不可能從「一個中國」的原則上讓步。評析陳水扁當選後在兩岸關係上的動作，徐博東表示，陳水扁提出邀請海協會長汪道涵參加就職典禮，大陸方面認為這是個笑話，是在製造煙幕，表現他所謂「誠意」；如果大陸不回應，外界就認為大陸方面對改進兩岸關係沒有誠意。

針對陳水扁日前提出「一個中國」是議題不是前提的說法，徐博東指

出，主權是不能談的、不可商量的，目前為止大陸還看不出陳水扁的立場有何轉變，充其量只是在策略上耍花招。

徐博東談到未來兩岸關係的前景時透露，陳水扁當選後，大陸將不再提「寄望於臺灣當局」，只談「寄望於臺灣人民」。他說，「希望大家一起給扁更強大的壓力，使他改弦更張，浪子回頭」。

（大公報）

大陸學者徐博東：陳水扁不見得敢實踐「臺獨」

王銘義／專訪「陳水扁的『五二〇』就職演說，並非北京觀察陳水扁大陸政策的唯一指標，其它重點還包括他對國防、外交、海陸兩會的用人原則，或是否繼續推動臺灣加入聯合國，新政府實際採行的政策走向，才是北京觀察的具體指標。」陳水扁當選後，大陸涉臺部門發表聲明指稱，北京對臺灣新領導人，以及兩岸關係的發展，將「聽其言，觀其行」。在總統大選後應邀來臺參訪的北京聯合大學臺灣研究室主任徐博東，對北京的觀察取向，作了前述的詮釋。

徐博東在接受本報專訪時強調，大陸對於陳水扁的當選，不能說沒有思想準備，但思想準備確實不夠充分，大陸對臺灣民意的發展趨勢、政黨生態的演變，以及陳水扁新政府對兩岸關係的政策走向，仍待進一步探究。

徐博東是大陸涉臺研究機構中，少數專研民進黨問題與派系結構的大陸學者，他的有關意見相當受到中共對臺部門的重視。以下是徐博東接受訪問內容摘要：

問：大陸自今年初以來，先後發動四波打扁的動作，究竟北京是如何評估陳水扁的選情聲勢？

答：陳水扁的聲勢明顯上揚是在選前最後十天到半個月期間，特別是李遠哲宣布辭職挺扁後，我們意識到陳水扁當選的機率已大幅升高。

在選戰後期，北京陸續推出了四波打扁動作，因為北京認為，陳水扁上來對兩岸是最不利的發展。因此，一月二十八日錢其琛、陳雲林即展開「沒有點名的打扁動作」，接著二月二十一日發表一個中國白皮書，都表達了北京的憂慮。

事實上，白皮書的發表是針對李登輝的「兩國論」，而非針對陳水扁，但因「三個如果」打到美國人，引起華府的反彈，選戰的主軸隨即轉到兩岸關係與「國家安全」議題，這是陳水扁比較弱勢的議題，對陳水扁應是不利的。不過，全國人大會議召開期間，軍方重申「臺獨即戰爭」，加上朱鎔基在記者會做出激烈反應，打扁時機似乎稍晚，並可能引起反彈。尤其，李遠哲、許文龍等人跳出來挺扁，因此，對打扁時機的選擇與判斷，並不精確。

問：北京在選前激烈打扁，選後則說「聽其言，觀其行」，涉臺部門的考慮為何？

答：大陸認為，陳水扁在野時的政策主張，並非臺灣當局的政策，但在他上台後，如果將他過去的主張上升為政策層次，北京必須做出因應。「聽其言，觀其行」，有繼續查看，拭目以待之意，看你是否把過去的主張付諸實施。

問：北京對陳水扁「臺獨」色彩的疑慮始終存在，在陳水扁就職總統後，這種疑慮會加深嗎？

答：從陳水扁的票源結構來看，他畢竟是憑靠少數當選的弱勢領導人，我判斷他不見得敢於把他過去的「臺獨」主張拿出來付諸實施。同時，在國際社會各種制約壓力下，陳水扁的作為是要受到監督的。

《解放軍報》曾評論說，陳的「中國政策白皮書」，無異是「臺獨宣言書」，這種緊繃氣氛是存在的，大陸對動武並不情願，但被逼到無可退讓的地步，便只有撕破臉。能不打，當然不打。

北京對陳水扁並沒有期待，但從他近日發表對北京示好的言論，可以看出他確是在改變中，雖然他並未承認「一個中國原則」，但目前看來也不致把「臺獨」拿出來，如果新政府審慎處理兩岸問題，不激化衝突對立，臺海仍可維持一段和平局面。

問：陳水扁對一個中國問題曾提議，如一個中國是「議題」，兩岸應可談談看，但絕不能是「前提」，這項提議有發展空間？

答：民進黨曾說，「國家主權是不能作為談判目標的」，但現在又說一個中國是可談的「議題」，至少這是民進黨的調整，但大陸是絕對不會接受的。陳水扁的說法，表面上有些創意、善意，但毫無實質意義，也無法具體操作。

大陸堅持主權是不能作為談判議題的，兩岸在「一個中國」的底線上毫無交集，大陸不可能在陳水扁迴避「一個中國原則」的情況下，恢復兩岸的溝通對話。陳水扁如無法處理這個問題，有關領導人互訪、邀汪道涵訪臺，根本都談不上，兩岸僵局的化解，短期來看並不樂觀。

（中時）

大陸學者徐博東疑扁將持續李登輝路線

夏珍／臺北報導：刻正在臺灣訪問的大陸北大分校徐博東教授十八日指出，他看不出陳水扁的新當局確定由蔡英文接任「陸委會主委」，對兩岸關係的緩和改善能發揮什麼正面效果，事實上，陳水扁無視蔡英文身為李登輝「兩國論」起草人之一的事實，此種任命，讓他對兩岸形勢更加憂慮。

徐博東昨日接受訪問時指出，陳水扁當選後，中共國臺辦和中央臺辦都表示對陳要「聽其言，觀其行」，對陳水扁會把兩岸關係帶向何方密切注意，「五二〇」演說是大陸方面觀察的指標之一，但不是唯一的指標，新當局的用人是觀察陳水扁政策方向的重要指標，特別對「外交」、「海陸」兩會的人事布局，中共格外關切，因為從用人可以判斷陳水扁推行的政策方向。

他表示，據聞蔡英文是李登輝「兩國論」的重要幕僚，如果這是事實，中共方面對此任命會有負面評價。他強調，當前兩岸正處於十字路口，中共是否調整其和平處理臺灣問題的政策，正面臨嚴峻的考驗。

徐博東表示，這次新當局的人事，包括「外交部長」田弘茂因為是李登輝的大陸政策智囊，中共方面的感覺也不好，李登輝路線的主要幕僚群，新政府照單全收，陳水扁是否持續李登輝的路線，已值得懷疑。

他表示，臺灣千萬不要以為中共給陳水扁觀察期是示弱，中共方面只想對陳水扁新政府做到仁至義盡，如果因此以為中共是紙老虎，那就大錯特錯，中共一貫對主權問題絕不退讓，他呼籲，陳水扁和新當局不要誤判形勢。

（中時）

大陸反對邦聯制沒好臉色

朱建陵／特稿：兩岸關係的癥結，其一在國家定位，其二在統一模式，若果「邦聯制」獲得中共方面的善意回應，或許就可將兩岸長久以來的僵持關係畢其功於一役，一次性解決。只是大陸方面基於多種內部、外部的考量，始終不曾對「邦聯制」散布出任何善意氣息。

大陸反對「邦聯制」的第一個原因，是內部問題。目前正在臺灣進行訪問的北京聯合大學臺灣研究室主任徐博東就說，大陸擔心引起骨牌效應，如果大陸和臺灣結成邦聯，那麼西藏、新疆、內蒙古要求比照辦理時，大陸將無言以對。

如果真的把整個大陸改成邦聯制國家，徐博東認為，首先是違背了中國歷史過程中追求大一統的發展，其次，正好順了許多大陸潛在敵人的心願，讓中國分裂成幾塊，國勢因而弱化。光是這個原因，徐博東表示，大陸好不容易才把國家勢力提升到目前的局面，不可能同意在兩岸關係上採取「邦聯」的模式。

大陸反對「邦聯制」的第二個原因，在於「國家定位」問題。北京大學國際政治系教授賈慶國就說，臺灣提出的各種模式，都是在「國」的問題上做文章，與大陸主張的「一國」有著本質上的區別。他說，「邦聯制」以主權國家為基本單位，在性質上已經和中共主張的「一個中國」不同。

徐博東也表示，「聯邦制」還可以說是一個中國，「邦聯制」則不能說是一個中國。但他說，大陸從以前到現在，既沒有贊成過「邦聯制」，也沒贊成過「聯邦制」。

大陸反對「邦聯制」的第三個原因，是「統一模式」問題。先前在總統大選期間，國民黨連戰陣營曾經有提出「邦聯制」主張的提議，當時北京社科院臺研所副所長余克禮就表示，「邦聯制」是複合國家體制，這種體制不利於團結，中共方面寧願選擇擁有一個中央政府的單一國家體制。他並認為，在實質內容上，「一國兩制」早已經超越了「聯邦制」。徐博東也表示，「一國兩制」在臺灣被視為洪水猛獸，事實上「一國兩制」的內涵比「聯邦制」更豐富、更寬鬆。

對於陳水扁提出「邦聯制」可以討論，徐博東表示，陳水扁在兩岸關係上的態度確實有所調整，但他認為，其一，這種態度還不能算是民進黨內部的共識；其二，這還不算是根本性的調整。從大陸的角度來看，陳水扁仍在迴避「一個中國」的問題。

事實上，「邦聯制」在兩岸關係發展的過程中，一再被提出來討論，但以這次陳水扁以總統當選人身分提出最具分量，而中共對「邦聯制」的反對，除去第一個現實性原因以外，以目前的狀態而論，氣氛的掌握，更大於實際問題的掌握。也就是說，中共在意的，是陳水扁究竟是不是回到「一個中國」的問題，而不是「邦聯制」究竟屬不屬於「一個中國」的問題。

（中時）

「一中」解套：回到國統綱領及「九二共識」

TVBS記者李俠、攝影葉俊宏／臺北二十九日專訪：選後在臺灣低調進行了一個月考察的大陸民進黨研究學者徐博東，今天在接受本台記者訪問時提出化解兩岸在「一個中國」的原則上僵局的方法。他認為，基於目前雙方在政治理念上的根本差異及現實條件，陳水扁可回到「國統綱領」及九二年兩岸共識作為就職演說的基調。徐博東透露，他的這一觀點已得到一些民進黨人士的積極回應，而徐博東研判北京也會接受這樣的建議。

準備明天離臺返回北京，專門研究民進黨的大陸學者徐博東就兩岸在「一個中國原則」上的僵持提出他自己的看法。他認為基於陳水扁過去的「臺獨」立場及北京在「一中原則」上的堅持，雙方應當各讓一步。

徐博東透露，他的這一觀點早在十幾天前已經與一些民進黨籍人士交流並得到共識。徐博東同時強調，陳水扁新「政府」應當將此作為舊「政府」的遺產來運用，相反而不要將「臺獨」黨綱及「兩國論」作為遺產來繼承。對於北京能否接受這一建議，徐博東信心滿滿。

不久前正當媒體都將焦點聚集在剛剛離臺的大陸學者余克禮身上時，徐博東則靜悄悄地在臺灣進行了一個月的學術交流及研訪。他廣泛的接觸了國民黨、親民黨、新黨各黨派及民間百姓，特別與民進黨的決策幕僚進行了十多次的會談。據記者從不同管道瞭解，徐博東曾與陳水扁幕僚邱義仁、顏萬進、林濁水等見面，交換了彼此的看法。徐博東透露，雙方在交換意見中發現彼此也有觀點契合的地方。但他也坦承，雙方沒有互信基礎，需要多溝通。

（TVBS電視台）

徐博東指大陸可接受臺灣回到國統綱領「一中」內涵

「中央社」記者劉正慶北京十八日電：北京聯合大學教授徐博東今天表示，要讓主張「臺獨」的陳水扁一下子公開完整的接受「一個中國」原則，確實有點困難，但是如果陳水扁在「五二〇」就職演說中，願意承諾回到「國統綱領」與九二年兩岸兩會第一次達成的口頭共識，他研判，大陸方面有可能雖不滿意，但勉強可以接受。

徐博東表示，關於陳水扁十七日談及兩岸合作才能家和萬事興，兵戎相向只會讓自家人變成陌生人的說法，他認為這是陳水扁願意緩和兩岸關係的一種表達方式，應予肯定，但這仍然不夠，若陳水扁一味逃避「一個中國」，即使表露再多的善意與誠意也是沒有用處的。

這名涉臺事務學者說，兩岸問題要找一個雙方都能夠接受的方法，就是在「一個中國」問題上暫時可以保持某種程度的模糊化，絕不可再刻意強調大陸方面從未承認過的所謂「一個中國，各自表述」說法。他個人認為，臺灣一旦回到「國統綱領」的內涵，事實上就是一種各自表述，因為「國統綱領」是臺灣單方面制定的東西，大陸並未參與。他指出，假使陳水扁就職演說中，願意承諾回到「國統綱領」與兩會九二年口頭達成的共識，對大陸而言，這只是「聽其言」的部分，可以算是勉強及格，但更重要的還是下一階段的「觀其行」。如果民進黨執政後，能在一系列內外政策層面上加以配合，確實體現其已經回到「一個中國原則」的話，那麼兩岸緊張關係應可得到緩解。

徐博東接著批評說，中共雖然從未承認所謂的「一個中國，各自表述」，但過去都是抱持著睜一隻眼、閉一隻眼的態度。而後來兩岸關係之所以出現緊張，就是因為李登輝提出「兩國論」，讓大陸一下子對臺灣失去信心。徐博東認為，只要臺灣回到「憲法」與「國統綱領」所指涉的「一個中國」內涵，暫時以這種模糊化方式處理兩岸關係，他研判大陸方面會予以接受。

徐博東強調，行動比言論更加重要，而且給陳水扁新「政府」的觀察期，絕對不會比給當年李登輝那麼長。

陳水扁是在十七日會見「總統府」資政謝東閔時，再次傳遞兩岸是一家人、彼此合作才會家和萬事興的善意看法。而代表中共官方的國臺辦新聞局局長張銘清接受記者訪問時，對兩岸「一個中國」的認知並不願意詳談，僅強調值此敏感時刻，臺灣對「一個中國」不能採取迴避的態度。

（中央社）

對臺學者：阿扁模糊承認「一中」北京可接受

徐尚禮／北京十九日電：臺灣新任總統陳水扁即將發表就職演講，北京對臺部門密切注意，有關官員奉命在週末加班分析「五二〇」演講。對臺學者指出，北京已放棄陳水扁就職講出全然接受「一個中國」之幻想，但如果陳水扁重申「國統綱領」或一九九二年兩會共識，北京的反應將是「雖不滿意，但勉強可以接受」。兩岸關係隨之由「聽其言」進展至「觀其行」階段。

中共黨機關報人民日報今天社論也表示，「臺灣當局一九九一年二月制定的一份國家統一檔中，也明明白白列出追求國家統一的目標。」在新總統就任前夕，這篇社論不難看出中共當局對臺灣新領導人的寄望。

甫於日前結束臺灣訪問，並與民進黨多次接觸的北大分校臺灣研究室主任徐博東認為，北京目前充分認定臺灣新領導人應明確回應「一個中國」立場與原則，諸如兩岸是「一家人」或「手足」等說法，在北京當局看來都是沒有文字根據的空話。

徐博東表示，北京方面並不寄望陳水扁一下子就全然接受「一個中國」原則，這對選前才說過「臺獨萬萬歲」的陳水扁是有些難度，但在這兩者之間有一平衡點，就是模糊承認「一個中國」，「如果陳水扁提出國統綱領及一九九二年兩會共識的話，可望結束北京聽其言階段」。徐博東說，比起一些空話，國統綱領具有指標意義，而且有文字根據。一九九二年兩會所達成的共識就是根據國統綱領有關內容。因此，陳水扁如果在就職演講中重申國統綱領及「九二年共識」，對北京領導人來說將是「雖不滿意但勉強可以接受」。北京將結束對臺灣新領導人「聽其言」階段，並期望新領導人就任後，按國統綱領推動兩岸交流、互動。

據瞭解，在陳水扁即將發表就職演說的前夕，北京媒體雖然報導解放軍在東海舉行軍事演習消息，但除了一些對臺部門官員奉命加班外，沒有外傳提升戰備情形。有關官員說，釋放一些軍事演習消息主要目的是保持對臺壓力，並不意味真有所行動。

（中時）

徐博東教授：難以期望陳水扁明確回應「一

中原則」

徐尚禮／北京十九日電：北京大學分校臺灣研究室主任徐博東教授說，臺灣島內、美國和國際社會目前都沒有形成足夠強大的壓力，而中國大陸的警告又被臺灣輿論當成「紙老虎」，因此，難以期望陳水扁今天就職演說會明確地回應「一個中國原則」。

這位臺灣問題專家昨天接受本報專訪時表示，他研判陳水扁會採取「模糊策略」，也就是扁陣營透過媒體放出的消息，所謂以「創新方式」回應一個中國原則。

臺灣主張獨立的民進黨人陳水扁和呂秀蓮今天將正式就任臺灣的總統、「副總統」。

可能願意回到92年兩會共識

「估計陳水扁不會直接提一個中國，但可能會表示願意回到『1992年兩岸兩會達成的共識』，有限度地滿足大陸的要求。」最近剛剛結束對臺灣一個月訪問考察的徐博東說，如果陳水扁這麼做，大陸「不會滿意，但可能會忍耐」。

根據海協會、海基會1992年的「共識」，兩岸同意各自以口頭方式表述「海峽兩岸均堅持一個中國原則」。

徐博東說，臺灣島內在李登輝主政12年期間的刻意引導下，許多民眾心態已變，對「一個中國原則」已經缺乏共識。在這種情況下，陳水扁敢於不講「一個中國原則」。

而中國大陸對臺灣施加壓力，卻在很大程度上被臺灣島內輿論解讀為「紙老虎」，臺灣一些輿論認為，中國大陸「不敢打、不會打」，而且認為美國會阻止大陸對臺動武。

徐博東說，臺灣島內目前還未形成一股強大的主流民意要陳水扁接受「一個中國原則」，美國和國際社會也沒有形成壓力，反而美國政府還表揚陳水扁當選後的言行，甚至繼續賣武器給臺灣，因此，目前條件不足以迫使陳水扁接受「一個中國原則」。

不過，徐博東說，臺灣還有傳統的統派、國民黨的非主流、「中華民國」情結強的人以及知識分子，認識到兩岸關係目前的「危險性」，體會到大陸的「挫折感、危機感、緊迫感」，也看到兩岸關係已經走到關鍵的十字路口。

他說，臺灣軍方也反對「臺獨」，因此，陳水扁也難以完全迴避「一個中國原則」。「陳水扁要坐穩江山、在四年後連任，就必須解決兩大問題，一是緩和、穩定兩岸，二是實現競選承諾，改革國民黨內政弊端。」

徐博東說，「一個中國」是關鍵問題，如果兩岸關係不穩定，陳水扁就不可能集中精力解決內政弊端。這就是陳水扁所謂的「讓美國一定滿意」、「讓國際社會一定肯定」、「即使中共不滿意，至少要讓中共找不到藉口說臺灣挑釁、製造麻煩」。

不過，徐博東指出，如果陳水扁發表「模糊」說詞暗示回到「一個中國」方向，頂多也只是在「聽其言」方面勉強過關，而「觀其行」方面是否「及格」，大陸會密切關注。

徐博東說，陳水扁是否會在「三通」談判中堅持「兩國論」立場；是不是肯大幅度開放兩岸交流，例如開放學歷採認；加入聯合國行動是否還要大張旗鼓；是否還繼續打著本土化旗號搞「脫中華化」；是否要搞「新臺灣人運動」等等，來營造「臺獨」社會基礎和氛圍，以待有機可趁時搞「臺獨」，都是大陸密切觀察的。

「他會不會說一套，做另一套，會不會把『臺獨』主張提升到政策層面，比他的言論更重要。」

徐博東說：「大陸會觀察，但絕對不會比李登輝當年上台時的觀察時間長。」

（中時）

福建軍演大陸學者認不能簡單視為例行性演習

林則宏／北京報導：北京涉臺學者指出，中共解放軍今天起將在福建沿海進行軍事演習，是在表達對於臺灣新任總統陳水扁就職演說的不滿。若陳水扁依然不回應「一個中國原則」，大陸方面將會持續加強對臺施壓。消息人士則透露，在美國眾議院就給予中國大陸PNTR表決過後，中共將隨即升高對臺「文攻武嚇」。

……（略）

北京聯合大學臺灣研究室主任徐博東則表示，此次軍演可以說是北京方面在清楚表達對陳水扁的不滿。他指出，在臺灣總統選舉之後，大陸方面即著手進行各種準備，其中即包括軍事手段的準備。

徐博東認為，迫使陳水扁回到「一個中國原則」的壓力可以來自三個方面：一是臺灣民眾：二是以美國為首的國際社會；第三則是中國大陸。以目前情勢看來，臺灣民眾與國際社會都不可能對陳水扁造成壓力，因此未來中國大陸必將持續增強對臺灣文、武方面的施壓，以使陳水扁早日對「一個中國原則」做出回應。

……（略）

徐博東則指出，只要陳水扁不明確回應「一個中國原則」，臺灣就「難有寧日」。

（工商）

北京：臺海未見「柳暗花明」

本報在京舉行兩岸關係研討會，臺辦官員籲臺當局確認「一中原則」。

本報記者北京二十六日電：中共中央臺辦、國務院臺辦新聞局局長張銘清今天在此間指出，海峽兩岸關係目前正處在關鍵時刻，「一個中國原則」是一切問題的關鍵。中國大陸多次表示對臺灣當局新領導人要「聽其言、觀其行」，這一觀察期的長短，取決於臺灣當局新領導人。在臺灣當局模糊和迴避「一個中國原則」的情況下，看不出兩岸關係「柳暗花明」。

……略

徐博東：臺當局歪曲統獨之爭

北京聯合大學臺灣研究室主任徐博東教授在言談中指出，臺灣當局新領導人就職演說中說的「五不」政策，預設所謂「只要中共無意對臺動武」的前提條件，不僅是本末倒置，倒因為果，更表明其為日後時機成熟時廢棄「五不」，實行「五要」，預留了轉圜的餘地和政策調整的空間。徐博東指出，臺灣當局新領導人在演說中高唱所謂「民主」、「自由」、「人權」濫調，其實是「醉翁之意不在酒」，目的在於討好以美國為首的西方社會，以期博得他們的同情與支持，企圖將兩岸的「統獨之爭」歪曲為意識形態之爭、制度之爭。

……略

（文匯報）

「兩國論」下絕不握手言和

本報記者北京二十一日電：針對臺灣新領導人今日在「就職滿月」記者招待會上的言論，此間臺灣專家指出，借鑑朝韓兩國的模式解決兩岸統一問題是行不通的。專家並稱，兩會於九二年達成的一個中國共識不容否認，希望臺灣當局回到「一個中國」的原則立場上來，這是解決一切問題的基礎。

……（略）

臺灣問題專家、北京聯合大學臺灣研究室主任徐博東認為，臺灣新領導人今天的談話仍然在迴避兩岸是「一個中國」的事實，是呂秀蓮「臺灣未定論」的另一種說法。到目前為止，他還在堅持「臺獨」立場和「臺獨」主張。他這是繼續採取「以柔克剛」的手法，表面給人以溫和、有善意的假象，呼籲兩岸對話，表示要和江澤民主席見面。實際上這些堅持「獨」的人不承認自己是中國人，這是根本癥結所在。

臺灣新領導人表示要向朝韓模式學習，以此為榜樣，為效法對象。徐博東教授指出，朝韓都是聯合國的成員，朝韓也沒有「朝獨」、「韓獨」，都認為自己是大韓人、朝鮮人。中國則是因為內戰造成了兩岸的分離，臺灣並沒有被分割出去。不承認「一個中國」的前提，就是想讓原本沒有分割的主權像南北韓、東西德一樣先分裂，再來談所謂統一。

……（略）

（文匯報）

民進黨大陸政策將繼續調整

特派記者汪莉絹／杭州報導：民進黨執政後兩岸關係將如何發展，是大陸涉臺學者目前最關注的問題之一。上海市臺研會副祕書長仇長根指出，雖然民進黨的「臺獨」立場，一段時間內難以改變，但在「大陸促統，美國促和」的壓力下，民進黨的大陸政策將繼續調整與充實。北京聯合大學臺灣研究室主任徐博東則認為，民進黨的「新中間路線」具欺騙性和迷惑性。

今天起在杭州舉行的第九屆兩岸關係研討會，不少大陸學者針對民進黨執政後的兩岸關係發展及民進黨可能執行的大陸政策，進行了評估分析。

……（略）

徐博東則批判陳水扁執行的「新中間路線」具有分裂性、權謀性、迷惑性、搖擺性。徐博東認為，「新中間路線」不僅是陳水扁陣營在臺灣大選期間的文宣主軸，也是陳水扁選後的「治國立政」特別是處理兩岸關係的出發點，不可忽視。他指出，「新中間路線」雖具有危險性，但陳水扁在面對內外環境發展不利時，也可能調整其政策主張，因而具有可塑性。他提出，大陸方面應警惕其危險性，但也要對其可塑性善加引導和利用，以助兩岸關係緩和，有利兩岸統一。

……（略）

（聯合報）

北京學者：大陸對臺政策基調不會改變

謝孟儒／北京二十三日電：此間專研民進黨的涉臺學者說，中共對臺政策的大政方針早已十分明確，就是堅持「一個中國原則」，如果臺灣新政府或執政黨以為本月底的北戴河會議在對臺政策上會出現什麼戲劇化的轉變，恐怕是個錯誤的期待。當然，為了配合現實環境的變化，中共在手段上可能做些調整，但那頂多是種彈性的靈活運用，「在民進黨未放棄『臺獨』黨綱，接受『一中原則』前，北京是不可能改變不與民進黨進行黨對黨接觸的政策」。

針對臺灣新政府表示，將觀察北戴河會議的動向後，再決定下一步的兩岸政策一事，北京聯合大學臺灣研究室主任徐博東認為，臺北在這方面不應有不切實際的期待，中共對臺的根本基調絕不可能改變，對「一中原則」扁應正視和回應，而非一再放話和逃避。

至於外傳會議後，中共將對民進黨採取「又拉又打」的統戰策略，以「團結少數」、「聯繫大多數」來「打擊少數」「臺獨」基本教義派，這位曾多次赴臺，與民進黨不少人士會談過的大陸少數的民進黨專家認為，這並不意味北京將改弦易轍，在「臺獨」黨綱尚在時就和民進黨接觸和會談。

他指出，上述策略只是配合臺灣新形勢的靈活轉變，只能當作是與民進黨人的交往方針，而不能看作是和民進黨交往的方針。換言之，中共可以放寬和民進黨黨員的交流，允許他們以學者、商人，甚至數人聯合的名義來大陸參觀訪問，但絕不會和民進黨做任何的黨對黨接觸。

徐博東並以日前新黨、國民黨、臺聯會的訪問為例，指出海協會、國臺辦，乃至錢其琛都一再在會談中強調，「誰堅持『一個中國原則』，我們就同誰談」，換句話說，民進黨若未放棄「臺獨」黨綱，中共就不可能和它接觸。當然，為了順應變化，中共今後會更加強和民進黨人的聯繫，也就是把黨和人分開，實施既聯合又鬥爭的統戰手法。

徐博東說，其實這套策略北京早就在做了。過去，中共就允許許信良、姚嘉文、邱義仁、顏萬進、羅文嘉，甚至陳水扁以個人名義訪問大陸，未來也會繼續下去，但範圍可能旁及「立委」、黨職人員和縣市長，方式也將多樣化，如以城市交流的方式進行。

談到李登輝倡言「第二共和」和謝長廷就任民進黨黨主席，他表示，所謂「第二共和」並非李的發明，過去民進黨、建國黨的支持者早就提過這種說法，現在李卸任了只是把話說得更清楚，把暗獨變明獨，值得觀察的反而是基本繼承李路線的扁對此事的態度。

至於謝長廷，徐博東認為他將有場艱困的仗要打，原因是黨內中國政策難統合，加上政局混沌，扁當局很難作為，想打贏明年縣市長和「立委」的選戰不易。

他指出，無論從扁當局兩岸政策反覆，或謝赴廈門訪問，以及民進黨未廢除「臺獨」黨綱，呂秀蓮又不時否定「一中」，叫囂臺灣應「海洋立國」等紀錄來看，都充分反映民進黨在兩岸問題上的不成熟和政策混亂。扁在兩岸上拿不出對策，在島內事務上就難有表現，在這種情況下，他個人實在不看好明年底民進黨可以拿下半數席次，贏得全面執政的地位。

他並認為，聯合政府的呼聲意味扁「全民政府」已破產，目前只是卡在扁不願如此，但真要實施又有困難，因為民進黨在大陸政策和國家認同上和新黨、親民黨和國民黨分歧過大，難以合作。倒是他預期，不久將來國、親兩黨可能會逐漸合作，如此一來，民進黨要打贏明年選戰的機會又更小了。

徐博東最後說，他認為民進黨最後恐怕得跌個大跤，才會考慮放棄「臺獨」黨綱。在此之前，中共不會考慮接觸。短期內，甚至到明年底，兩岸關係都不會有較大改善。

（中時）

另類接觸，大陸學者首度為民進黨刊物撰稿

何榮幸／臺北報導：民進黨執政後與大陸方面的關係已更進一步，大陸學者徐博東、林毅夫、葉自成近日首度為民進黨刊物《中國事務》撰稿，原本措詞火爆的內容經過雙方溝通「潤飾」後仍然尖銳。徐博東雖然收回對陳水扁總統的「奸狡」形容，但仍然強調「新中間路線」不脫民進黨「臺獨」黨綱。林毅夫則表示，兩岸經濟如能加強整合，未來可以占據世界中文軟體市場的統治地位。

值得注意的是，大陸對臺知名學者徐博東在民進黨刊物中強調，「危險性」與「可塑性」是臺灣新領導人陳水扁的突出特點，這一特點顯然與其前任李登輝有很大不同。大陸方面對其「危險性」必須保持高度警惕，進行必要的揭露與鬥爭，同時又應對其「可塑性」善加引導和利用，勢必有助於兩岸關係的和緩、改善與發展，有利於中國的和平統一。這也是大陸學者首度在民進黨刊物中大談「統戰手法」、「中國和平統一」的創舉。

即將於明日對外發表創刊號的《中國事務》季刊，是由民進黨前主席林義雄擔任發行人，曾經擔任陳水扁總統兩岸關係「陳七項」主張重要執筆人的中國事務部副主任梁文傑為執行編輯。為了擺脫外界可能認定其為民進黨機關刊物的印象，該季刊是由新境界文教基金會而非民進黨掛名發行。

據指出，此份刊物是在民進黨執政後，由林義雄下令籌辦，希望進一步強化民進黨在「意識形態方面的執政基礎」，並且積極「培養中生代學者」，未來將朝向李登輝前總統的三大智囊「國策研究院」、歐亞學會、臺灣綜合研究院看齊，努力與兩岸、歐美學者建立更密切的互動關係。

據透露，民進黨中央除了邀請到北京聯合大學臺灣研究室主任徐博東發表《淺析陳水扁的新中間路線》、北大中國經濟研究中心兼香港科技大學經濟系教授林毅夫發表《比較優勢原則與大陸資訊產業的發展》、北大國際關係學院教授葉自成發表《中美關係的互動及其對兩岸關係的影響》，還曾接觸大陸海協會會長汪道涵重要智囊章念馳，希望章念馳能就兩岸關係發表專文，但遭章念馳以時機仍然敏感為由婉拒。

據指出，徐博東等大陸學者原本態度也相當保留，經過民進黨中央多次溝通後才卸載「心防」應允撰文。徐博東等人原本措詞相當強烈，對陳水扁總統出現「奸狡」等強烈批判，在民進黨中央建議其修飾得較為和緩後，「奸狡性」才改為「靈活性」。

而在大陸學者具體觀點方面，徐博東在其文章中指出，陳水扁宣導「新中間路線」的目的，在於化解島內矛盾、凝聚共識、團結一致、共同對抗大陸的統一攻勢，以維護臺灣所謂的「主權獨立」地位，追求經濟繁榮與「國家」發展。但由於「新中間路線」並非真正的「中間」，從本質上來說仍然是「舊臺獨路線」，其基本邏輯思維仍不脫民進黨的「臺獨」黨綱，因而不可能實現陳水扁所欲達到的目標，為臺灣開創真正美好的未來。

徐博東表示，就陳水扁個人而言，由於他有相對堅持的「臺獨」基本價值，又善用權謀，頗具迷惑性和欺騙性，因而也就具有相當大的危險性；但陳水扁畢竟是一位使命感相對較弱的「政客」，而「利益和需要就是一切」的政客心態和性格，又決定了他的政治行為具有典型的搖擺性，當島內外政治環境的演變發展對其不利時，有可能會調整其政策主張，甚至在一定程度上鬆動其固有的理念和立場，因而又具有明顯的可塑性。

徐博東強調，「危險性」與「可塑性」是臺灣新領導人陳水扁的突出特點，這一特點顯然與其前任李登輝有很大不同，對其「危險性」必須保持高度警惕，進行必要的揭露與鬥爭，同時又對其「可塑性」善加引導和利用，勢必有助於兩岸關係的和緩、改善與發展，有利於中國的和平統一。

針對徐博東上述論點，民進黨中國事務部副主任梁文傑強調，民進黨希望《中國事務》能成為一份權威性的學術專刊，因此絕不會干涉、左右作者的立論方向，只要作者論述方式符合學術規範，民進黨一定予以高度尊重。

（中時）

應邀給《中國事務》季刊寫文章，大陸學者「套住」民進黨

周銳鵬（北京特派員）中國大陸學者應邀寫文章給臺灣民進黨創辦的《中國事務》季刊，表面看是「捧場」，實質上卻是巧妙地將「一個中國」

原則套住民進黨刊物。

徐博東教授：確保民進黨的「中國事務」包括了「臺灣問題」。

為《中國事務》創刊號撰寫《淺析陳水扁的「新中間路線」》一文的北京聯合大學教授徐博東受詢時說：「我不是給民進黨『捧場』，我是確保民進黨的『中國事務』包括了『臺灣問題』。」

「如果讓民進黨辦的《中國事務》季刊只刊登關於大陸事情的文章，沒有臺灣問題，豈非落實了『兩國論』？」

徐博東說，民進黨創辦的《中國事務》刊登了三名大陸學者談論臺灣問題的文章，既表示民進黨的「中國事務」包括兩岸，同時又讓大陸學者有機會在民進黨的刊物上宣傳北京的觀點，「何樂而不為」？

7月28號在臺北創刊的《中國事務》季刊，由民進黨前主席林義雄擔任發行人，陳水扁的重要智囊、民進黨中國事務部副主任梁文傑為執行編輯，是民進黨今年3月大選勝利執政後林義雄下令籌辦的，要「強化民進黨在意識形態方面的執政基礎」。

在創刊號中，民進黨除了邀請徐博東，還邀請到北京大學中國經濟研究中心的林毅夫教授發表《比較優勢原則與大陸資訊產業的發展》，以及北京大學國際關係學院葉自成教授發表《中美關係的互動及其對兩岸關係的影響》。

《中國事務》執行編輯表示希望該季刊成為「權威學術專刊」。

據瞭解，在該刊物邀請大陸學者撰文時，多名大陸學者都有顧慮，不願意為它執筆。

這主要是因為民進黨的「中國」一詞，實際僅指「大陸」範圍，不包括臺灣；它沒有「大陸事務部」，只有「中國事務部」。這是大陸方面所不能接受的。

不過，少數學者一轉念，覺得如果不寫文章給它，讓《中國事務》只發表臺灣學者談大陸問題的文章，對大陸反而不利。於是，就有了上述三篇文章。

據悉，季刊方面不但因此掉入大陸學者笑談時說的「陷阱」，讓「中國事務」意涵包括了大陸和臺灣，還必須付出稿費給大陸學者。

「不管《中國事務》季刊以後怎麼說，總之，我們已經在它的創刊號上留下了談『臺灣問題』的文章。」徐博東自豪地說。

（聯合早報）

徐博東：九二精神已事過境遷不可行了

中央社記者彭思舟北京三十一日電：對於陳水扁總統今天提出本「九二精神」重啟兩岸互動，大陸研究民進黨的涉臺權威學者徐博東說，陳水扁如果在「五二〇」就職演說上能夠提「九二共識」或「國統綱領」回應大陸，那時的兩岸情勢狀況，大陸很可能會接受，但現在已經事過境遷，不可行了。

這位曾經來臺研究，並曾與民進黨大陸事務相關負責人會面討論的大陸涉臺學者說，今年四月份他在臺灣期間，就曾建議民進黨相關人員，在陳水扁「五二〇」就職演說中，以「九二共識」或「國統綱領」回應大陸，那時的兩岸情勢狀況，大陸很可能會接受，但現在已經事過境遷，不可行了。

徐博東強調，目前大陸對陳水扁的信任度，已經降到最低點，如果臺灣方面還想用「模糊」的方式回應大陸「一中原則」，基本上已經不可能，陳水扁要想重啟兩岸互動，只有明確回應「一中原則」。

關於陳水扁所提的「對話、交流、擱置爭議」，徐博東說，重點在「擱置爭議」方面，大陸的認知是擱置的是「一中原則」的內涵，不是原則本身，而且關於這一點，才是九二年兩岸達成的共識，當初參與兩會談判的人都可以證明，除了海基會祕書長許惠祐否認外。

此外，關於陳水扁提到辜振甫是他最信賴的兩岸對話代表，對此徐博東表示，現階段兩岸誰來對話不重要，因為最根本的問題及信任基礎沒有解決，誰來談都沒有作用。

（中央社）

北京：扁仍迴避「一中」議題

謝孟儒／北京三十一日電：此間官學界對陳水扁總統最新有關兩岸關係的談話普遍反應冷淡，評價不高，認為扁雖語氣和緩、姿態頗低，但在最關鍵的「一個中國」問題上仍然予以迴避，缺乏實質上的誠意，對改善兩岸關係只怕毫無助益。

……（略）

專研民進黨的北京聯合大學教授徐博東則以「重彈老調，幾無新意」形容扁的談話。他表示，基本上扁今天的表現仍秉持他自「五二〇」上台後的調子，沒什麼改變，也就是在姿態上強調「柔弱勝剛強」，內容讓「美國滿意，國際接受，對岸找不到藉口」，但究其實卻是誠意不足，依舊迴避最重要的「一個中國」。

他說，若勉強要說新意，扁這次倒是又創造了「九二精神」的新詞彙，可惜依舊是文字遊戲，對重啟兩岸對話、改善雙方關係毫無幫助。因為，就大陸的觀點，九二精神最重要的是「兩岸均堅持一個中國原則」，而非扁所言的對話、交流和擱置爭議，若捨「一中原則」，嚴格說來等於「閹割」了九二精神。

徐博東指出，扁老是強調自己釋放了很多善意，但北京其實期望臺灣新

「政府」能回到舊「政府」「國統綱領」的「一中」定位，只是扁在這方面始終予以迴避。他認為，按目前情況，扁雖不敢公開否認「一個中國」，但除非臺灣內部對「一中原則」形成主流的多數意見，再加上美國和大陸兩方的足夠壓力，否則扁恐怕很難真正回到「一中原則」。在此之前，談重啟對話和改善關係都是空談。

……（略）

（中時）

臺當局無誠意改善兩岸關係

本報記者童穎北京三十一日電：針對臺灣新領導人今天在其上任以來第二次記者招待會的有關言論，此間臺灣專家向記者表示，自當選到現在，臺灣新領導人在兩岸問題上的立場無任何改善，對發展兩岸關係毫無誠意。其今天提出的所謂「九二精神」是對九二年共識的「閹割」。臺灣當局的這種態度，無法打破兩岸關係僵局，兩岸關係還將繼續保持低迷狀態。

……（略）

北京聯合大學臺灣研究室主任徐博東教授指出，從「五二〇」到現在，臺灣新領導人關於兩岸政策的基調沒有任何改變，始終都在迴避「一個中國原則」，搞文字遊戲。

徐博東說，在這次演講中，臺灣新領導人依然沒有承認九二年兩會達成的共識，卻提出一個所謂的「九二精神」，並將這個概念界定為兩岸間的對話、交流、擱置爭議云云。徐博東說，如果根本否定九二年兩岸口頭達成堅持一個中國的共識的話，那麼對話與交流根本無從談起，實際上所謂「九二精神」是對「九二年共識」的閹割。

談到臺灣當局目前對「三通」的態度，徐博東指出，臺灣當局在大選期間出於拉選票的目的，承諾在年底要實現「三通」，以及調整國民黨「戒急用忍」政策，但這只是為其當選而使用的政治手段。很明顯，在當選之後，臺灣當局就退縮了，無論對「宗教直航」、大小「三通」問題，還是「戒急用忍」政策的調整問題和城市交流、互訪等一系列問題的態度，都顯現出臺灣新領導人對緩和改善兩岸關係缺乏真正的誠意。

徐博東指出，事實證明，臺灣當局依然在推行李登輝的「兩國論」，依然在堅持「臺獨」分裂路線。蔡英文多次為李登輝的「兩國論」辯解，她雖不再提「兩國論」，但確是「兩國論」的忠實執行者。

徐博東認為，目前迫使臺灣當局改變錯誤政策的三個必要條件尚未形成。這三個條件是：第一，島內要形成一個強烈要求新政府回到國統綱領、回到九二年共識的主流輿論；第二，美國應對臺灣當局迴避「一中原則」有個正確的態度。但卻相反，目前美國對臺灣問題的態度還處在「只問對話，不問一中；只問和平，不問統一」的立場，只會鼓勵臺灣新政府堅持錯誤政策；第三，大陸對臺灣當局的壓力雖是客觀存在，但由於前述兩個條件尚不具備，故也不足以構成讓臺灣新政府改弦更張的條件。

（文匯報）

江澤民重申只要臺灣承認「一中」什麼都可談

朱建陵／北京十四日電：中共國家主席江澤民十四日再次表示，「一個中國原則」是兩岸恢復對話和談判的前提和基礎，只要臺灣當局承認「一個中國原則」，兩岸對話就可以恢復，什麼都可以談。

中共中央電視台晚間新聞聯播節目報導，江澤民十四日下午在會見美國眾議院撥款委員會主席彼爾阿徹時發表前述演講。江澤民並表示，中共堅持

「和平統一、一國兩制」的立場不會改變。

據瞭解，江澤民今年一月間曾經表示，「一個中國原則」是兩岸和平統一的基礎和前提。此間分析家指出，江澤民先前提出「和平統一」問題，背後事實上隱藏了「非和平統一」的威脅，但這次的說法，把「一個中國原則」視為兩岸恢復對話和談判的前提，等於間接對臺灣表達了善意。

但北京聯合大學臺灣研究室主任徐博東則認為，江澤民事實上只是重申了中共的一貫立場。他認為，中共目前的對臺政策立場，在三月十九日陳水扁當選總統後一天的中臺辦、國臺辦聲明中，已經說得很清楚，只有臺灣放棄「兩國論」、回到兩岸兩會一九九二年關於「一個中國」的共識情況下，才能恢復兩岸的對話和談判。

……（略）

（中時）

大陸學者：扁若任「國統會」主委北京將肯定

朱建陵／北京十六日電：大陸少數專研民進黨問題的學者之一徐博東表示，如果陳水扁擔任「國統會」主委，大陸將予以肯定，證明陳水扁政治態度的「可塑性」，未來不排除陳水扁在理念上產生鬆動的可能。但他也說，即使如此，未來中共仍將對陳水扁繼續採取「聽其言、觀其行」的態度。

徐博東現任北京聯合大學臺灣研究室主任，他認為，是否擔任「國統會」主委的問題，事實上只是民進黨新政府與國民黨舊架構的基本衝突現象之一，陳水扁當局原先企圖將「國統會」及「國統綱領」束之高閣，轉以跨黨派小組取代，但事實證明，這種作法並不符合臺灣目前的政黨政治及民意走向。

他認為，陳水扁具有「可塑性」及「危險性」，在「可塑性」方面，陳水扁可能被迫改變路線，接受「國統會」主委就可以是一個例證，大陸對此將給予積極評價及充分肯定。另一方面，他認為陳水扁仍具有「危險性」，因為民進黨的「臺獨」轉型並不成功，黨內菁英和支持者在轉型問題上的認知並不一致，未來仍具有傾向「臺獨」的危險。

即使陳水扁同意接任「國統會」主委職務，徐博東認為，陳水扁仍然可能學習李登輝過去的模式，將「國統會」的功能弱化，所以大陸對陳水扁仍將繼續「聽其言、觀其行」。

但他說，大陸願意給陳水扁調整的時間，讓民進黨向臺灣的現實低頭，而不是向中共低頭。此外，他呼籲民進黨的黨內菁英應積極引導支持者的政治意識，來填補民進黨黨意與臺灣民意之間的差距。

（中時）

大陸學者：陳水扁應速走出困境拿出自己政策

朱建陵／北京專題報導：陳水扁總統就職至今已滿三個月，雖然他一再表示，不會挑起兩岸戰爭，但兩岸關係的現狀，看在大陸對臺研究學者眼中，卻是另外一種解讀，有學者認為，陳水扁當局及臺灣民眾錯估了中共對兩岸問題的急迫性，是當前兩岸關係的一大危機，未來可能因此出現大問題；更有學者預估，兩岸關係從明年春天開始，就將逐步進入緊張局面。

根據大陸學者對陳水扁兩岸政策的評估，主要包含主觀與客觀兩個層面。主觀層面認為陳水扁不能擺脫「臺獨」的陰影，甚至認為「臺獨」就是陳水扁的本質；客觀層面，認為陳水扁政府面對臺灣當前的政治環境，確實很難有所作為。但大陸學者認為，即使將這種客觀情勢列入對臺政策考慮，

「兩岸關係不能久拖不決」的思考，仍將迫使中共不得不採取措施。

……（略）

據指出，大陸方面對謝長廷訪問一事非常看重，除了對臺決策高層為此特別前往廈門安排部署之外，中共還特別召集經常對外發言的學者，要求他們統一口徑發言，以免破壞謝長廷的成行。

另一方面，北京聯合大學臺灣研究室主任徐博東則認為，大陸對臺灣採取強硬措施，從中共、美國、臺灣的三角關係來看，可能面臨一些限制，因為今年是美國的大選年，美國新任總統的中國政策可能要到明年底才定型，而「永久正常貿易關係法案」、「臺灣安全加強法」及大陸加入世貿組織問題等，中共仍需要在這段時間內與美國保持緊密合作關係。但他認為，儘管如此，中共仍將加強對臺灣的施壓，以免臺灣誤解中共的意圖，兩岸關係因此仍可能重新進入緊張局面。

他批評說，陳水扁把兩岸關係中的一切交流、交往專案都視為「籌碼」，「三通」是如此，大陸派遣記者至臺灣採訪問題是如此，甚至「小三通」這種對現狀的承認作為，陳水扁當局都採取抗拒的態度，顯見陳水扁並無誠意改善兩岸關係，只抱持能拖就拖的態度。

……（略）

徐博東也認為，除了「臺獨」本質之外，陳水扁之所以不願在兩岸關係上展現誠意，其一在臺灣內部對兩岸關係並沒有共識，其二在美國認為陳水扁對兩岸關係的處理尚可接受，其三在大陸只有在非常必要情況下才會考慮對臺使用武力的心態。在這三項前提都存在的情況下，他認為，陳水扁對兩岸關係仍將採取「拖延」的政策態度。

徐博東說，放眼兩岸關係的未來，其實寄望於陳水扁、宋楚瑜或其它臺灣政治人物甚至黨派，其實都是不現實的，如果臺灣的民意結構不能改變，任何人、任何黨派上台的結果，都將不會有太大改變，所以中共對臺政策作為的主軸，應該在爭取臺灣人民向心的問題上多所著力。

（中時）

加強民進黨研究，北京聯大將設臺研所

王綽中／北京四日電：北京聯合大學將在下個月成立臺灣研究所，這個屬於學術機構的新研究所，未來將專攻臺灣民進黨的研究，所長將由北京專研民進黨的著名學者徐博東擔任。長期以來，中共對臺部門一直缺乏對臺灣民進黨的專門研究機構，在民進黨的陳水扁當選總統後，中共方面已深刻體認到加強民進黨研究的重要性。

目前正在籌備設立聯合大學臺灣研究所的徐博東表示，該所在今年十月成立之後，主要將集中在臺灣民進黨的研究，由於民進黨現在已經是臺灣的執政黨，在兩岸關係的重要性日益凸顯，大陸加強對民進黨的研究，將有助於未來兩岸的接觸，也避免大陸方面在作決策時，產生不必要的誤判。

（中時）

大陸學者：謝較務實但未超脫扁說法

王綽中／北京／廈門六日電：針對民進黨主席謝長廷今天上午提出兩岸不排除統一的說法，大陸對臺研究學者和專家對此普遍認為謝長廷的說法較其他民進黨領導人務實，有益未來兩岸關係的發展。不過，也有大陸學者指出，謝長廷演講的意涵，並未超脫陳水扁「統一不是唯一選項」的說法，只是讓大陸感覺比較有好感。

……（略）

不過，北京聯合大學臺灣研究所所長徐博東則指出，謝長廷說法聽起來似較溫和，但實際上並未超脫陳水扁「統一不是唯一選項」的意涵，但講法令大陸感覺比較「舒服」。他強調說，事實上，民進黨領導人多已認知到搞臺灣獨立不可能，未來只有兩個選項，一是投靠美國維持現狀，一是選擇兩岸統一，但目前民進黨的支持者不會接受統一，所以為了選票會用「拖以待變」的策略。

（中時）

化解僵局，大陸學者樂觀其成

王綽中／北京二十四日專訪：新加坡內閣資政李光耀今天晚上與陳水扁總統會面，北京的中共對臺智庫學者多認為，李光耀此行對兩岸關係僵局的化解具有正面的意義，大陸方面對於他的調停抱著「樂觀其成」的態度，但由於目前兩岸僵局關鍵是沒有足夠的壓力讓陳水扁回到「一個中國原則」上來，因此李光耀調停的成效可能不大。

……（略）

專研民進黨的北京聯合大學臺灣研究所所長徐博東則認為，李光耀是華人，對中華民族還是有感情的，他不願看到兩岸僵持引發衝突，這是促使他再度披掛上陣擔任兩岸「調停者」的原因，而且他本人主張一個中國，大陸領導人對李光耀頗為信任。他指出，兩岸目前處於僵持狀態，雙方領導人又無法見面，有人出面調解總是好的，李光耀此行對兩岸關係僵局的化解是有正面意義的，大陸方面的態度當然是樂觀其成。

（中時）

對臺學者：不接受「一中原則」講什麼都是

「瞎扯淡」

亓樂義／北京十日電：對於陳水扁總統雙十「國慶」演講，北京反應明顯不如對陳水扁就職演說熱烈。中共國臺辦亦未看到全文，不便發表評論。北京對臺學者則普遍認為，陳水扁的演講「毫無新意」，何況陳水扁被內政搞得焦頭爛額，不可能再對大陸政策做出新的決定。

……（略）

對民進黨有深入研究的北京聯合大學臺灣研究室主任徐博東，對陳水扁的「老調重彈」感到沒有必要再做評論。他說，陳水扁提出以「九二精神」恢復兩岸談判，是對兩岸「九二共識」的一種閹割，迴避「一個中國」原則，無助於兩岸局勢的穩定。

徐博東說，臺灣新當局在處理兩岸問題上的思路很奇怪，以為維持現狀，「不要引發戰爭」就行了，但問題和危機終究沒有解決，現在不面對「一個中國」，以後還是要面對。他說，及早面對比久拖不決要好，主動調整比被迫調整要好。

（中時）

徐博東：兩岸僵持蓄積危險能量

施鈺文／北京報導：對於兩岸目前僵局，大陸研究民進黨學者徐博東表示，雖然目前兩岸表面平靜，未出現緊張情勢，但僵持的局面卻蓄積危險能量，不過，目前不是中共加大對臺施壓的時機，明年上半年中共對臺才會有大動作。

徐博東指出，中共對陳水扁雖然仍繼續「聽其言、觀其行」，但同時也進行「一批二看三準備」，因為中共不會對現在的狀況感到滿意，臺灣問題也不可能久拖不決，就目前情勢來看，中共的必要準備工作差不多了，像近日海上與陸上的演習都是空前的，加上所謂的「聽其言、觀其行」已進入第二階段，中共不可能一直忍下去。

不過，由於「中」美關係還處於不明朗的情況，除了中共可能年底無法加入WTO外，眾議院通過的「臺灣安全加強法」參議院如何審議，還有美國大選十一月才會塵埃落定，中共屆時方能瞭解美國新領導人的對華政策，因此目前不是中共對臺加大施壓力度的時機。

徐博東並認為，陳水扁的新「政府」脫離了大多數民意，他想擺脫這種困境，但沒有決心，因為民進黨也給他很多阻力，就像陳水扁一開始想承認九二共識，但在民進黨內部反彈的壓力下又退縮，選前承諾會「大、小三通」、調整「戒急用忍」，但上台後又退回去，所以顯得在很多問題上擺來擺去。

不過，中共對陳水扁仍有某種程度的期待，徐博東指出，像陳水扁提出的跨黨派小組，他認為是希望藉由李遠哲的背書，推行有別於民進黨的兩岸政策，因為陳水扁深知民進黨的「臺獨」理念不可能獲得大多數民意認同，如果由這個觀點來看，中共在陳水扁上台後加強的反「獨」促統工作，反而可以用來說服民進黨內的具「臺獨」理念菁英，為陳水扁解套。

（中時）

兩岸復談學者認短空長多

施鈺文／北京二十九日電：對於兩岸恢復政治協商、重回談判桌，大陸海協會會長汪道涵今日表示感到「悲觀」，北京聯合大學臺灣研究所所長徐博東認為，到明年上半年之前看不出兩岸有政治接觸的可能，因此短期是不樂觀，但隨著臺灣內部、大陸與美國的壓力增大，臺灣新領導人陳水扁將不得不調整政策，因此長期來看是審慎樂觀。

徐博東指出，兩岸要進行政治接觸有兩個前提：一是臺灣明確不搞「兩國論」；二是臺灣當局明確承諾堅持「九二共識」，但目前臺灣當局都做不到，他認為，要讓陳水扁回到「一個中國」和承認「九二共識」需要三大條件。

一是島內對承認一個中國形成強大主流民意。徐博東說，目前臺灣民意的發展確實有朝此發展的趨勢，除了兩岸間多次的交流與接觸外，臺灣三個在野黨新黨、親民黨與國民黨都主張有「一中」共識，這會對扁當局形成壓力。

此外，整個臺灣經濟形勢的發展也對陳水扁造成壓力，徐博東指出，臺灣股市近來「跌跌」不休，加上停建核四引發的政治風暴，這些內政問題都會對扁當局形成壓力，這可以從島內氣氛已在轉變看出，現在島內主張「臺獨」的氣焰已經沒有像今年三到五月時那麼囂張。

第二個條件是大陸的壓力，徐博東說，大陸一直在保持壓力，包括臺灣方面不承認「一個中國原則」、「九二共識」，兩岸兩會就不恢復談判，以及大陸持續在軍事上對臺施壓，如日前的大軍演，而且這些壓力逐漸生效，現在臺灣方面已不再視大陸的壓力是「紙老虎」。

第三個條件是美國的壓力，徐博東表示，儘管美國一直希望兩岸能盡速展開和平對話，但一方面又賣武器給臺灣，國會又通過臺灣加入聯合國議案，等於變相支持陳水扁，這個壓力最不夠。

徐博東指出，雖然目前陳水扁面臨這三大壓力，但壓力都不夠，因此短期內兩岸復談是悲觀的。從大陸的壓力來看，目前臺灣民眾支持承認「九二共識」的人稍占多數，只比否認「九二共識」的人多一點。大陸給陳水扁的壓力也不夠，因為還在「聽其言、觀其行」，美國現階段不會有太大變化，因為正在進行大選。

不過，長期看是審慎樂觀，徐博東說，在臺灣內部方面，明年底臺灣將進行縣市長及「立委」選舉，扁當局有選票的壓力，如果新政府沒有在內政或兩岸問題上有作為，選完民進黨還是少數，屆時民進黨內必有雜音，除非民進黨想失去執政權，否則只有調整政策。

在大陸方面，徐博東指出，大陸不會讓民進黨在選舉前創造利多，幫助民進黨勝選，所以一定會加大施壓的力度。在美國方面，美國新領導人確定後，恐怕也不允許兩岸一直處於僵局，增加這個地區的危險性，到時美國的壓力會增大，這也是陳水扁最在意的壓力。這三個壓力都會促使陳水扁回到「一中」。

（中時）

北京學者：「罷免」風暴只是陳水扁的一場虛驚

針對在野黨聯手罷免總統風波鬧得風風雨雨，根據《聯合早報》專訪北京聯合大學臺灣研究所所長徐博東教授表示，臺灣目前捲起的罷免風暴將只是陳水扁總統的一場「虛驚」，李登輝在這個關鍵時刻不會讓宋楚瑜得利，而陳水扁當局以後的日子將不會好過。

徐博東表示，從北京看這次事件，已經充分暴露陳水扁「玩弄權謀」、「毫無誠信」的本質。北京學界此看法與在野黨的看法竟不謀而合。

徐博東說，儘管罷免不會成功，但執政的民進黨和在野的國民黨、親民黨、新黨將因此結下大怨，今後陳水扁當局的「日子不會好過」。

他說，國民黨內還有李登輝的殘餘勢力，李登輝在這個關鍵時刻不會讓宋楚瑜得利。最希望罷免案成功的當然是親民黨，即便沒有罷免總統而只是

「倒閣」以致改選「立委」，親民黨也可望從選舉中崛起為大黨。

徐博東說，國民黨怕「倒閣」而招來陳水扁解散「立法院」，因此想直接訴諸罷免案，問題是國民黨內還有大約10來個親李登輝的「立委」。此外連宋兩人嚴重不和，但陳水扁卻讓連戰有一個冠冕堂皇的藉口找宋楚瑜結盟。

徐博東評陳水扁是以權謀亂「國」，而且先亂黨，用權謀手段擠掉了許信良，再用權謀來執政，又用權謀對付大陸、對付在野黨、對付黨內異己。

徐博東指陳水扁的作風源於性格狹隘，認為陳水扁只是一個少數總統，心胸狹隘又不知自己的斤兩；想學李登輝總攬一切大權，但沒有像李登輝那樣掌握著一個大黨。

徐博東說，陳水扁這場政治風暴即便是過去了，也不能保證今後的日子會好過，因為，「反對黨的聯盟已經形成」。至於要說國、親兩黨是否可能合併，目前難判斷，因為即使連宋願意，國民黨內的利益團體恐怕也不會答應。

（文匯報）

臺灣問題也應尊重大陸人意見

康彰榮／珠海報導：民進黨籍「立委」陳忠信昨日表示，最近由民進黨「立委」所提出的「統一公投」議題，確實反映民進黨內部面對和解決「一個中國」問題的想法，不過仍未成熟。上海東亞研究所所長章念馳則認為，公投不是一種行之可效的解決方式，且臺灣問題也應尊重到大陸人的意見。

……（略）

北京聯合大學臺灣研究所所長徐博東也指出，臺灣前途交由臺灣人民公投並不公平，當初臺灣能脫離日本的殖民統治，也是犧牲許多中國人的性命換得，因此必須加上全中國大陸十幾億同胞來共同決定。曾數度訪臺的徐博東也認為，臺灣在處理兩岸問題時，不應忽視大陸高漲的民族主義情緒。……（略）

（工商）

跨黨派小組共識，文字遊戲，歧見猶存

徐尚禮／上海－北京二十六日電：北京對臺問題專家徐博東和郭震遠今天指出，臺灣跨黨派小組關於改善兩岸關係建議只是緩兵之計，主要為陳水扁總統在「一個中國」問題上找下台階。兩人都認為，「建議」對改善目前兩岸關係、打開兩岸關係僵局，非但沒有幫助，反而可能引起北京方面更多疑慮。臺灣當局應當明確承諾九二年兩會「一個中國」共識才是根本之道。

北京聯合大學臺灣研究室主任徐博東說，他以「模模糊糊，遮遮掩掩」概括跨黨派小組今天的共識和建議。他說，很明顯的，今天的建議是一個妥協的產物，而且是李遠哲向陳水扁妥協，對改善兩岸關係意義不大，無助於打開兩岸關係僵局。他認為，中共在「五二〇」後發表的對臺聲明說得很清楚，改善兩岸關係的兩個要件，一是明確承諾放棄「兩國論」。二是明確承認兩會九二年共識，以口頭支持「一個中國原則」。徐博東說，今天的建議和前述兩要件相距甚遠，中共當局不可能滿意。

他表示，更關鍵的是，建議說要增設新機構或調整既有機構以改善兩岸關係。在大陸看來，會引起下列疑慮。一、是否陳水扁不再兼任「國統會」主委（向獨立靠近）。二、是否由更具獨派色彩人士接替李遠哲跨黨派小組職位。此外，建議指出有關「中華民國」體制的改變要經過民主程序，取得人民的同意，在中共看來，是不是陳水扁又想搞全民公投。對於現階段兩岸

關係而言，這些又是節外生枝。

……（略）

（中時）

國臺辦記者會後大陸學者談感受，為李遠哲訪大陸留伏筆

本報訊：針對中國國臺辦臺灣事務辦公室主任助理兼新聞局長張銘清，在30日舉辦的對臺事務記者會中，對於臺灣跨黨派小組召集人李遠哲能否到大陸訪問語多保留一事，中國北京聯合大學臺灣研究室主任徐博東認為，李遠哲以個人名義到大陸訪問，「是可以接受的」。

據《東森新聞報》12月1日報導，徐博東在接受「中央社」駐北京記者訪問時表示，李遠哲以個人名義訪問大陸，討論雙方關係發展，促進兩岸和平統一，大陸是可以接受。不過，他認為，中國不可能公開邀請李遠哲到大陸訪問，此外還要考慮到時機上的問題。

據指出，徐博東認為北京當局不滿李遠哲在臺灣選舉期間支持陳水扁的舉動，無庸置疑，但大陸在長期觀察之後，認為李遠哲的國家認同和民進黨的「臺獨」人士有著相當大的差別。

報導引述徐博東表示，李遠哲在9月2日的演講中，公開認同「一個中國、各自表述」的原則、承認兩岸兩會的九二年共識、反對「臺獨」的立場，大陸方面是肯定的。這位學者樂觀地認為，李遠哲到大陸訪問的障礙，還是可以排除的。

（僑報）

臺灣研究已成大陸顯學，高校也紛紛加入

徐尚禮／特稿：十年前，臺灣熟知的大陸臺灣研究所北有「北京社會科學院臺灣研究所」，南有「廈門大學臺灣研究所」。今天，如果印象仍留在這南北臺灣研究重鎮，就跟不上時代發展了。因為隨著臺灣問題的重要性，大陸臺灣研究已經成為顯學，連軍方及安全系統的國際關係研究機構也重視「臺灣問題」。

以昨天成立的北京聯合大學臺灣研究所為例，其前身是臺研室。昨天成立大會時，國臺辦副主任王在希到場祝賀，海協會會長汪道涵致送賀匾為該所題寫所名。其聲勢浩大，不像是一個大學的研究機構。這一切只因為所長徐博東長期專研民進黨，訪問過臺灣，在民進黨未成為執政黨前，就與民進黨重要幹部熟識。今天民進黨已是執政黨，成為中共當局必須打交道的「臺灣當局」，徐博東昔日所掌握的冷門學科變成顯學，其主持的研究單位自然水漲船高。

徐博東是廣東梅縣人，至今仍會說客家話，這拉近他與臺灣朋友的距離，對其擴展臺灣關係多少有點幫助。他對民進黨的研究興趣始於一九八九年，《論民進黨對臺灣政壇中的作用、侷限性及其未來走向》為其第一篇探討民進黨定位文章。之後，徐博東陸陸續續發表了近二十多篇關於民進黨研究的文章。一九九六年迄今，他到過臺灣訪問四次。不僅與民進黨人士熟識，對國民黨、親民黨骨幹也不陌生。和臺灣新聞界更保持良好關係，因而常得到第一手資料。今年臺灣大選期間，他在「島內」觀察總統大選，回北京後提供當局第一手政情分析，供決策者參考。

由此可見，雖然是一個大學附設的臺研所，但主持人作風開放，廣交朋友，其功能自然能發揮，得到當局重視，廈大臺研所就是先例。

在聯合大學臺研究所成立後，北京市（市級）共有兩個臺研所，即清華大學臺研所，主持人是前國務院臺辦經濟局長劉震濤，由於主持人背景，其研究方向以臺灣經濟為主。事實上，由於臺灣問題成為熱點，加上臺灣問題涉及的問題，北京大學國際關係學院副院長賈慶國也是知名對臺研究學者。另外，上海東亞研究所所長、臺研所副所長章念馳則是海協會會長汪道涵重要幕僚，汪道涵的一些兩岸觀點，常先通過章念馳發表文章表達，素為兩岸所重視，被臺北認為較務實，調子較北京軟。

位階最高的臺研所屬於北京「中國社科院臺灣研究所」。由於紀律使然，從所長至研究員對外發言較謹慎，因此至今仍有點神祕作風。日前臺灣「國安局」指前所長姜殿銘其實是中共國安局十五局派出人員。昨天，退休幾年，目前在北聯大任客座教授的姜殿銘直說沒這回事。該所現任所長許世銓為資深記者出身，並不是情治人員。除北京外，上海也有社科院臺研所，其位階比北京中國社科院低。

其實，國安部自己有研究單位，並不需要繞道社科院臺研所。例如「中國現代國際關係研究中心」隸屬國安部。另外，軍方三總部設有對臺單位，國防大學則有戰略研究所、軍事科學院也有對臺研究室。在近年對臺研討會中，軍方對臺學者並未缺席。昨天軍事科學院副研究員羅援大校一身軍裝出席聯合大學臺研所成立大會，格外引人注目。軍方對臺分量加重，應當與國臺辦副主任王在希為總政少將轉任有關。總體看來，目前大陸的臺研所及臺灣研究單位可謂「百花齊放」，各有各的特色及功能。

（中時）

研究的重點是民進黨

——在北京的大學中成立「臺灣研究所」

北京三日電／山本秀也：中國負責臺灣問題的共產黨、政府高官、學者三日參加新的「臺灣研究所」的成立。會上紛紛指責臺灣的陳水扁當局沒有打開兩岸關係，指出「曖昧的對應，無助於問題的解決」。同時強調並正式對外宣布必須注意重視政權更迭後的臺灣新形勢，新研究機構重點放在執政的民進黨的方針。

這天成立的「臺灣研究所」設在北京聯合大學。所長由研究歷來被中國當局敵視的「臺獨」勢力民進黨的權威人士徐博東教授擔任。徐所長說，「研究臺灣的政治重點在民進黨，注意島內（臺灣方面）的民情」，這樣來描述研究所今後的方針。

參加儀式的高官指出，……（略）

中國的臺灣研究所，歷來把具有「一個中國原則」共識的競爭對手中國國民黨作為研究重點。臺灣方面現已出現多黨體制及政權更迭，確實已經對中國的舊研究體制產生影響，成立重點放在民進黨的新研究機構的誕生是這一變化的一個側面吧。

（日本《產經新聞》譯文）

大陸學者：美國不是中立調停者，對美不抱期望

王綽中／北京專訪：目前正在兩岸穿梭的美國外交政策全國委員會訪問團，他們傳話的動作引起兩岸當局的關注。對此，大陸研究兩岸和「中」美關係的學者認為，臺灣方面有意打「美國牌」來解決兩岸困局，利用美國人調停的機會，對臺灣當局擺脫「一個中國原則」做出有利的安排，但實際效果可能不大。

……（略）

北京聯合大學臺灣研究所所長徐博東就表示，雖然大陸方面都知道李侃如可能私下要求陳水扁接受兩岸「九二共識」，但他們公開時卻不敢說，並且繼續出售武器給臺灣，顯然沒有太大的誠意，效果應該極為有限。

他指出，臺灣還是要靠自己與大陸改善兩岸關係，如果想要靠美國來說項，「大陸不吃這套」，未來不管是高爾或小布希當選，美國對華政策的基本格局是不會有太大變化的，在「三不」政策上也不會鬆動，陳水扁單方面希望美國加上「不以武力犯臺」的「第四不」，這是不符合美國利益的，因為美國不會願意為了這個問題而刺激中國，這對美國沒有好處。

……（略）

（中時）

全國臺灣研究會舉行座談，分析臺灣政局和兩岸關係

人民日報（海外版）12月26日訊：全國臺灣研究會今天在京舉辦「2000臺灣政局和兩岸關係回顧與展望」座談會。

……（略）

北京聯合大學臺灣研究所所長徐博東教授指出，民進黨上台在思想、組織、人才等各方面都準備不足，上台之後又拒不調整其「臺獨」路線，在改善兩岸關係、發展經濟等重大問題上毫無建樹，結果造成島內政經一片混亂，臺灣民眾對其深表失望。臺灣當局以「小三通」拖延「大三通」，實質上是營造假象，企圖緩和工商界的不滿，掩蓋其在兩岸關係上無所作為的窘況。

（人民日報・海外版）

2001年

陳水扁跨世紀新年談話北京學者：有善意但誠意不足

記者江今葉2000／12／31北京報導：陳水扁總統31日晚間發表元旦談話，首度談及在「中華民國憲法」下「一個中國」原本不是問題。針對陳水扁的演講，北京涉臺學者普遍認為陳水扁的談話不能說沒有善意，但明顯誠意不足，仍維持一貫的迴避原則，並未正面回應「一個中國」問題。至於陳水扁談及調整「戒急用忍」政策，也是迫於臺灣內部的現實所不得不為的調整。

……（略）

北京聯合大學臺灣研究所所長徐博東則坦言，陳水扁的兩岸政策確實有所鬆動，但也只是反映了他的無奈，他因為不願丟了20%的「臺獨」鐵票，才會至今仍無法下決心走他自己所謂的「新中間路線」，才會在31日的文告中顯得躲躲閃閃扭扭捏捏，無法達到緩和兩岸緊張的目的。

他表示，陳水扁的文告中，幾次提及要求北京「尊重體諒」臺灣2300萬人民。事實上，根據臺灣的一項民調顯示，只有20%的選民主張「臺獨」，但他卻要求其他的80%選民依循20%的少數，這根本不是民主。臺灣的民意到底為何值得討論，卻也是陳水扁一再迴避的問題。

……（略）

徐博東則認為，陳水扁在元旦公告上談及的將調整「戒急用忍」政策，這對兩岸經貿往來無疑是個好消息。但必須承認，陳水扁仍是受制於內部壓力才會做出調整，並非主動為之，因為「戒急用忍」政策，早已被臺灣工商企業界衝垮，才會被迫承認現實。

他也指出，儘管陳水扁宣布調整「戒急用忍」政策，是善意的表現，但具體實施仍得多加觀察，必須考慮他「積極開放」是否為虛、「有效管理」才是為實，只是換句話來推行「戒急用忍」政策而定。更何況，他不由最為關鍵的政治議題著手，反而本末倒置地想由經濟方面突破，這是難以獲得北京的認可的。在「一中原則」沒有任何突破前，兩岸經貿很難在深度與廣度上獲得改善，仍會存在極大的侷限性。

然而，徐博東也坦言陳水扁的談話確實有些鬆動，他不再談「統一不是唯一選項」，轉而談兩岸的政治統合的可能性；不再大談臺灣人民福祉，改談兩岸人民的共同利益，這確實傳達了一些善意，似乎展現了未來有向統一努力的機會，讓北京有想像空間。

（光明日報）

北京對臺學者：扁談話未具體回應「一中原則」

王綽中／北京三十一日電：陳水扁總統今天發表的跨世紀演講中，有關兩岸關係部分雖然對大陸方面有許多善意，但北京的對臺智庫學者普遍都認為，陳水扁的演說未對大陸關切的「一中原則」和「九二共識」提出相應具體的回應，對於新世紀兩岸關係的發展亦沒有提供實質性和突破性的說法，因此，這項談話對於當前兩岸僵局的化解並無實質上的助益。

……（略）

北京聯合大學臺灣研究所所長徐博東在接受本報訪問時亦認為，陳水扁的演說表面上有讓步、有鬆動，如「承認憲法一中架構」，但陳又提「未來一個中國」，顯然是自相矛盾。他強調，陳水扁仍不願承認「一個中國」，並且試圖模糊和迴避「一個中國原則」，對「九二共識」也不做回應，這不但違背臺灣主流民意，更無法化解當前的兩岸僵局。

（中時）

大陸學者：堅持「一中」，兩岸復談基礎

亓樂義／北京二十二電：「國統綱領」公布至今將滿十年。中共涉臺學者認為，「國統綱領」中堅持「一個中國原則」的立場和態度，是兩岸恢復談判和打開僵局的基礎，否則兩岸關係仍有大的波折。

……（略）

北京聯合大學臺灣研究所所長徐博東說，十年前「國統綱領」提出時，民進黨搬出「臺獨」黨綱作為制衡，因此短期內要求民進黨承認並實行「國統綱領」是「不可能的」，除非民進黨受到臺灣內部、美國和大陸的強大壓力，而且承認「國統綱領」意味要先廢除「臺獨」黨綱，徐博東認為民進黨廢核四都這麼費勁，遑論廢除「臺獨」黨綱。回顧歷史，徐博東說，十年前「一個中國」原本不是問題，但今天為什麼出現問題，主要是李登輝長期執政和民進黨誤導下的結果。

……（略）

（中時）

徐博東表示「和平統一」仍為對臺政策最上策

本報訊／據「中央社」北京五日消息：對於今日國務院總理朱鎔基人大報告的兩岸部分，北京聯合大學教授徐博東分析稱，整個報告的調子依然延

續「江八點」，而且認為臺灣目前已經無法突破國際上普遍承認「一中原則」的框架格局，所以至少五年內「和平統一」仍為中共對臺政策的最上策。

徐博東表示，從去年北京對陳水扁「聽其言、觀其行」以來，已經知道陳水扁不敢公開搞「臺獨」，而且臺灣民眾現實的壓力對臺灣當局的確有效，臺灣方面從提出「九二精神」到「依中華民國憲法架構下，一個中國不是問題」、開放「小三通」與大陸人士赴臺觀光，證明了這個看法。

因此，中共有信心即使民進黨未放棄「臺獨黨綱」，以及臺灣當局不明確承認「一中原則」的情況下，臺灣仍無法突破中共現有「一中」的布局，所以從今年的報告看，「盡一切可能爭取和平統一」，也就是仍把「和平統一」當成對臺政策的最上策。

此外，這次十五計畫報告與草案，都將對臺部分放在「國防建設篇」與「港澳」部分後面，是否有何意義？徐博東稱，這表示大陸方面認為，兩岸關係尚未脫離緊張僵持狀態，只有臺灣當局盡快明確承認「九二共識」與「一中原則」，兩岸關係才可能趨於真正的穩定。

（大公報）

李登輝赴日，大陸學者：扁李「臺獨」勢力再次合作的最佳證明

記者鄭挹慧／臺北報導：北京聯合大學臺研所所長徐博東表示，李登輝赴日是「扁李臺獨勢力再次合作」的最佳證明，他並舉出兩點證明，顯示這次赴日就醫行動，是總統陳水扁早在4月初就與前總統李登輝商量好的一次外交出擊。

徐博東表示，由於陳水扁在內政方面拿不出成績，又擔心年底的選舉選

不好，因此，在「外交」上結合「臺獨」勢力的代表李登輝，先是聲稱赴日看病，後又將抵達美國，為的就是在「外交」上出擊，為年底「立法委員」選局拿點分。

徐博東表示，大陸正在觀察李登輝在日本的言行，雖然李登輝沒有談論任何有關政治言論，但是從他配合支持者的行動可以看出，李登輝日本行，根本不是去看病，而是為「臺獨」宣傳。

徐博東表示，李登輝赴日顯然是事先與陳水扁商量好的。可以由兩點看出：第一，美國新政府上台後，陳水扁便錯估情勢，希望以積極主動的「外交」出擊，聯合美、日等大國的勢力達到他的政治績效。而陳水扁知道，李登輝與日本政客關係向來良好，因此有日本媒體報導指出，陳水扁於4月初偷偷前往與李登輝密會，希望李登輝可以幫忙，以赴日就醫為藉口，前往日本，達到「外交」出擊的第一步。

徐博東指出，第二，從陳水扁的言行可以看出，陳水扁自上台後，每當談及兩岸政策時，所用言詞一直都非常小心。但是，就在李登輝申請赴日的時間點上，陳水扁「第一次」用「咆哮」等攻擊性的字眼攻擊中國大陸，並表示「某個外國勢力管到另一國的一介平民到外國就醫」的話，這充分顯示，李登輝赴日的整個行動是與陳水扁商量好的事件。

徐博東最後表示，日本在外交上一直依賴美國，而在面臨李登輝申請赴日就醫這個敏感問題上，也是因為得到了美國布希政府的密切配合，才有兩國發給李登輝入境簽證在同一天的「巧合」。因此，徐博東認為，這在在都可以證明，李登輝赴日，是美、日與臺灣三方精心策劃的行動，而這些國家將為干涉中國內政付出代價。

（東森新聞網）

陳總統願兩岸對話大陸學者：「無條件說」

已是前提

記者鄭挹慧／臺北－北京採訪報導：針對陳水扁總統3日接受美國《今日美國報》專訪時，表示希望兩岸領導人可以在「沒有預設條件」下進行對話一事，大陸學者徐博東表示，陳水扁這番話，完全看不出善意，因為「沒有預設條件」的說法，本身就是一個條件。此外，針對有媒體傳出北京訂於2009年解決臺灣問題一事，徐博東也表示他目前仍未見到有任何官方檔、報告明文訂立此一時間表。

陳水扁總統3日接受美國第一大報《今日美國報》專訪時表示，他不排除與中國建立直接聯繫管道的可能性。陳水扁並強調他非常高興與中國國家主席江澤民主席或中華人民共和國其他領導人在不預設條件下會面，在任何地點、任何時間，誠懇坐下來就雙方互利的議題進行對話。

對此，北京聯合大學臺研所所長徐博東表示，陳水扁表示要在「沒有預設條件」下，進行兩岸領導人對談的說法，本身就是一個條件，因此，陳水扁的談話根本就是「老調重彈」，看不出新意，更看不出善意。

徐博東更表示中國絕對不可能放棄「一個中國」的原則，放棄了「一中原則」，就根本沒有談判基礎，臺灣領導人應該盡速瞭解這個前提，認清事實，不要迴避。徐博東重提「九二共識」表示，當年就是雙方都承認「一中原則」，才有辜汪會談的出現。

此外，針對媒體提到中國於今年2月12日至14日所召開的中共中央工作會議中決定，將於2009年解決臺灣問題一事，徐博東也表示，他至今都沒有聽說或看見這份檔案，因此這個說法應該是媒體的揣測，沒有依據的。

據瞭解，中國在今年2月的中共中央工作會議中決議，不能任由臺灣問題一直拖延下去，因此將在2009年以前，用盡一切和平方法，促使兩岸就統一進行對話協商，但是如果再用盡一切和平方式後，臺灣仍拒不承認「一個中國」，那也不排除武力訴求兩岸統一。

（東森新聞網）

學者談臺灣當局領導人施政：一年跳票知多少

中新網北京5月16日消息（兆震）又到「五二〇」，當初標榜「綠色執政，品質保證」，要帶領臺灣「向上提升」的臺灣當局領導人上台已屆週年，其執政業績如何？記者專訪了著名臺灣問題專家、北京聯合大學臺研所所長徐博東教授。

徐博東以「綠色執政，品質無保證」對臺灣領導人一年的作為進行概括，其「競選和剛上台時的承諾大都成了空頭支票」。徐博東說，臺灣當局領導人長於口號、競選，拙於務實，沒有大格局，事實證明沒有領導全臺灣的能力：

「善意」、「誠意」只是文字遊戲

臺灣當局領導人自知其「臺獨」背景是上台的罩門，所以在選前不斷表示有「善意」有「誠意」改善兩岸關係，安撫臺灣民眾。「打拚不打仗、開放不開戰、競爭不鬥爭」、「善意和解、積極合作、永久和平」等等，口號提了一大堆。選後，還表示願全面檢討「三通」政策，將年內實行「三通」作為最大施政目標。

而一年來，由於臺灣當局拒不承認「一個中國原則」，不承認「九二共識」，只是用模糊的語言玩弄文字遊戲，使兩岸對話與談判無法恢復，政治僵局持續。在經貿關係上，由於兩岸加入WTO延後，「開放『三通』和陸資入臺」也都跳票了，只推出了沒有什麼實質意義的「小三通」。

「全民政府」早早破產

臺灣當局領導人在選前選後，一再標榜要走「新中間路線」，超越黨派、族群利益，要組織「全民政府」，實行「清流共治」。

然而，民進黨上台後，壓制要求進行政治轉型的呼聲，很快就暴露了意識形態領政的本色。為保住基本支持面，不肯放棄「臺獨」和「反核」兩大「神主牌」，違背了主流民意，導致「行政院長」唐飛一百三十多天后就被迫下台。

唐飛辭職標幟著「全民政府」的徹底破產，民進黨開始全面執政，也引發了「朝野」之間的全面對抗。

「六大安定」化為「五大危機」

臺灣當局領導人競選時大打「安定牌」，曾提出要追求「六大安定」：「民主的安定、政治的安定、經濟的安定、生活的安定、生態的安定、臺灣的安定」。

而一年來，臺灣始終亂象叢生，政爭不斷，「朝野」對抗，經濟下滑，生活品質惡化。「八掌溪慘案」、「核四案」、「罷免案」、「墾丁油污案」，再加上臺灣當局領導人緋聞案、呂秀蓮介入緋聞案，風波不斷，總之是臺灣不安定。即便是民進黨內部，也是政爭不斷，多次出現執政黨攻擊執政當局的怪現象。

連「副總統」呂秀蓮都承認：民進黨執政一年，臺灣出現了信心、忠誠、倫理、財經、「國家安全」五大危機。

「向上提升」變成「全面沉淪」

臺灣當局領導人在選舉時曾放話說：只要他當選，「股市健全，保證上萬點」。言猶在耳，股市便一路下滑，從九千多點跌破五千點，四大基金護盤虧損近一千四百億新臺幣。「綠色執政」首先使股市慘綠。

高唱「經濟優先」的民進黨上台後，臺灣經濟出現了近十年來最嚴重的衰退。經濟增長率不斷下調，每日平均有四百五十四家工廠倒閉，失業率和民生痛苦指數上升。與此同時，惡性犯罪增加，社會混亂，自殺事件頻頻發生。

民意調查顯示，高達六成四的島內民眾覺得過去一年臺灣正逐步往下沉淪。

三大原因造成民進黨執政焦頭爛額

據徐博東分析，民進黨上台一年之所以焦頭爛額，雖然受臺灣固有結構矛盾和世界經濟環境影響，但更主要的是民進黨自身的問題。

一是未做好執政準備。由於民進黨提前四至八年上台，還是在野黨心態；體制上搞不清到底是「以黨領政」、「以黨輔政」還是「政黨協調」；事先沒有「影子內閣」，人才儲備不足，上台後手忙腳亂，尤其財經、兩岸事務、「外交」、「國防」人才嚴重匱乏，不得不利用李登輝的人馬。

二是沒有實現實質性轉型，社會基礎薄弱。民進黨不是靠轉型後贏得大多數選民支持，而是靠國民黨分裂僥倖上台的。臺灣社會對其執政沒有思想準備，大陸、美國也準備不足。因此，民眾支持率是少數，在「立法院」是少數，臺灣當局領導人所屬派系在民進黨內也是少數，民進黨並不是團結一致支持他。

三是缺乏執政經驗和能力，在一些重大問題上決策失誤。八掌溪事件是轉捩點，使「全民政府」與選民的蜜月期提前結束，支持度下降，核四問題更是關鍵失誤，引發與在野黨的全面對抗，使當局空轉一百多天。

（中新網）

陳水扁「有恃無恐」，臺海局勢更趨危險

北京特派員周銳鵬報導：在臺灣的陳水扁總統執政一週年之際，北京聯合大學臺灣研究所所長徐博東教授失望地表示，美國布希政府採取敵視中國的政策，使陳水扁自認「有恃無恐」，臺海局勢已變得更加危險。

徐博東說，美國對華政策發生變化，明顯向臺灣傾斜，使陳水扁「腰桿硬了」，繼續推行「兩國論」，兩岸在國民黨執政時期本已不足的互信如今更加蕩然無存。

中國鷹派勢力聲漸大

另一方面，中國大陸內部，要求「檢討和平統一政策」的聲音已經越來越大，軍界和學界有人甚至主張「先下手為強」，「鷹派」勢力再難忽視。

他說：「中國大陸不願意打仗，仍然要以經濟建設為中心，但目前的敵對氣氛無法排除『擦槍走火』的可能，這種事情是不以人的意志為轉移的。」

徐博東是在北京接受《聯合早報》專訪。他說，布希上台後不久，陳水扁於三月間會見一批「臺獨大老」，告訴他們，國際大形勢已經「朝著有利於臺灣的方向發展」，因此，臺灣要改變原來以求安定、穩定為基調的政策，採取主動進攻。

徐博東認為，現在的情勢是，美國欺壓中國，「以獨制華」，陳水扁則是歷來最聽美國話的臺灣領導人，臺灣完全淪為美國的「馬前卒」；美國決定對臺灣出售大量先進武器裝備，把臺灣視為「準盟國」，中美之間三個聯合公報之一、有關美國逐步減少對臺售武的「八一七公報」已形同「廢紙」。

徐博東認為，陳水扁從高唱「境外決戰」到購買大批武器，也證實了他毫無誠意發展兩岸關係。「和平統一、一國兩制」的對臺政策的基礎已經動搖，因此，臺海局勢出現更大的危險。

他說，「和平統一」的基礎之一是中美關係良好、國際上沒有跳出「一個中國」的框架，但現在的情勢發生了變化。

（聯合早報）

大陸學者：臺灣當局政經壓力倍增

王綽中／北京專訪：大陸專研民進黨的對臺學者徐博東今天在接受訪問時表示，北京申請奧運成功對民進黨政府退縮的兩岸政策，將逐漸產生強大的壓力，如果處理不好，將會危及到其執政權。徐博東同時建議，中共有關方面應該利用這個契機，爭取臺灣民心；民進黨政府也應藉機擺脫意識形態的困境，改善兩岸關係。

徐博東指出，北京申奧成功，不單是喚醒了大陸民眾的民族情緒，亦對臺灣民眾的情緒產生影響，臺灣島內「臺獨」勢力的聲勢必將受到衝擊。他強調，民進黨執政後，雖然在政治上和法律層面上不敢公開「去中國化」，但在文化層面上則積極「去中國化」，但政治混亂和經濟惡化，臺灣民眾支持獨立的不增反減，支持「一國兩制」的民眾也不斷攀升，這已危及到民進黨執政基礎。

徐博東認為，雖然民進黨政府對於北京主辦奧運表面上樂觀其成，但私下卻感受到它的錯誤大陸政策已面臨要求調整的強大壓力。他指出，隨著申奧成功和年底中國加入WTO，民進黨政府已無法壓制島內要求開放「三通」和改變「戒急用忍」政策的聲浪，如果不主動調整，臺灣民眾不滿的情緒會升高；臺灣民眾要求民進黨政府回到談判桌上、承認「九二共識」和「一個中國原則」的壓力，也會逐漸增加。

徐博東指出，大陸成功申辦奧運，事實上對兩岸關係的緩和也是一個契機，民進黨可因勢利導進行轉型，擺脫黨內意識形態的困境，否則陳水扁當局將陷入更大孤立，甚至會危及到未來的執政權。

他同時也建議，大陸方面可以利用這次成功申辦奧運的機會爭取臺灣民心，例如效法南北韓共組奧運代表隊，讓臺灣舉辦奧運棒球賽等幾個項目。

（中時）

美新政府與兩岸關係研討會今起舉行

大陸學者徐博東發表論文，指布希雖調整對華政策，但不會公然放棄「一中」

溫哥華訊：由加拿大海峽兩岸關係研究會及香港海峽兩岸關係研究中心合辦的「美國新政府與兩岸關係」學術研討會，今（十六）日上午十時起在溫市華埠富大酒家盛大舉行。北京聯合大學臺灣研究所所長徐博東原應邀出席，雖因故未能成行，但已把他的論文交與大會發表，讓與會人士分享。

徐博東在題為《美國對華政策的調整及其對兩岸關係的影響》的論文中指出，美國對華政策的調整並非自今日始，事實上，自九〇年代初冷戰結束之後，歷經老布希政府及其後的兩屆柯林頓政府，為適應全球政治格局的變化，維護美國的國家利益，其對華政策一直都在不斷進行調整。只不過，小布希政府上台之後，這種調整無論從幅度和力度來說，都是以往歷屆政府所不可同日而語的。可以說是一次「結構性」的調整，其特色如下：

一、調整中美戰略關係，將柯林頓確立的致力於建立「建設性的戰略夥伴關係」，重新定位為：在政治上是所謂「戰略性的競爭對手」，在經濟上則是「建設性的合作夥伴」。

二、調整全球軍事戰略，把美國的軍事戰略重心從歐洲轉向亞洲，試圖拉攏日、韓、印度和臺灣，共同「圍堵」和「遏止」中國，擺出一副在必要時不惜與中國進行軍事對抗態勢。

三、調整國家安全發展戰略，宣布將原本對準俄國的部分核彈頭轉而對準中國，不顧各方反對，圖謀單方面退出「反彈道導彈條約」，堅持大力研發和部署導彈防禦系統。

四、調整對華外交戰略，不再承認中國的「大國地位」，將中美關係置於其與盟國的關係之後，在外交排程和派遣外交人員等方面故意「冷落」中國甚至「羞辱」中國。

五、調整臺海政策方向，以所謂的「戰略清晰政策」取代自美國與大陸建交以來歷屆美國政府一貫奉行的「戰略模糊政策」，公開宣稱「竭盡所能」協防臺灣，對臺軍售、美臺軍事合作，均有異於以往。

六、利用人權、法輪功和西藏問題加強對大陸的施壓力度，試圖將其「妖魔化」，為美國調整對華政策製造輿論根據和「合理性」、「合法性」。

徐博東認為，美國小布希政府既已認定中國的崛起將威脅美國獨霸世界，因此無論如何其對華政策的結構性調整都已不可逆轉，今後頂多在手法上會講究策略。不過他也指出，由於美國不會公然放棄「一個中國」政策，因此中美關係的基本面不致嚴重惡化。

（世界日報）

大陸學者：共識若成政策，是扁當局「不小的突破」

宋秉忠／專訪：北京聯合大學教授徐博東指出，如果經發會兩岸組達成的「戒急用忍」鬆綁和開放兩岸「三通」共識，能夠化成政策，那將是扁當局在大陸政策上一次「不小的突破」，不過，阿扁也可能把實施日期拖到年底選後，如此，一方面可以化解內部「臺獨」基本教義派的反彈，同時也可以化解在野黨的批評。

兩岸組的共識能否變成扁當局的政策？徐博東表示，仍需觀察，因為內部的反彈和美國的反應，都會產生影響；阿扁可能先釋出鬆綁訊息，然後拖到年底選舉完，再決定如何調整大陸政策及調整的幅度。

徐博東強調，兩岸問題不只是「戒急用忍」和「三通」，要徹底化解目前的僵局，必須正視「九二共識」和「一個中國」問題，如果只是推動「三通」，不解決「一個中國」問題，也是很難恢復兩岸已中斷的正式管道。

徐博東建議，如果扁當局對明確接受「一中」有困難，那麼可否仿效高雄市長謝長廷「根據中華民國憲法，高雄、廈門同屬一個國家」的表述模式，而提出「根據中華民國憲法，臺灣和大陸同屬一個國家」的表述。

由於臺灣不願透過授權民間團體談判「三通」，徐博東建議，扁當局可以先表示，「三通不是國與國的三通」，藉此打破目前的談判僵局，而且臺港、臺澳的航運談判模式，可以適用於兩岸「三通」。

（中時）

大陸學者：錢其琛「新三段論」已展現極大誠意

亓樂義／北京十日電：中共副總理錢其琛今日在「二十一世紀中國與世界」國際會議場合上，首次向國際社會宣示，「世界上只有一個中國，大陸與臺灣同屬於一個中國，中國的主權和領土完整不容分割」的新三段論立場。中共涉臺學者認為，大陸以往提這種「新三段論」向來只針對臺灣說，這次錢其琛向國際宣示是一個重要變化，表示大陸對臺立場將採「內外一致」的說法，展現大陸解決臺灣問題的極大誠意和讓步，值得臺灣當局注意。

中共國務院臺辦副主任周明偉今日也參加論壇會議。他在下午論壇中場休息時間無意中被記者撞見。他不願對錢其琛的演說內容發表評論，他僅表示錢其琛談到有關的臺灣問題，有些內容鄧小平已經說過，但有些表述是「相當有意義的」，他叫記者可以「仔細解讀」。

錢其琛的演說很快傳到北京涉臺學者的耳中。經過仔細推敲後，北京聯合大學臺灣研究所所長徐博東認為，大陸在國際場合中對臺立場，向來是說「世界上只有一個中國，臺灣是中國的一部分，中華人民共和國是代表中國的唯一合法政府」，因為是對國際場合說的，因此特別突出最後一句大陸的代表性。

去年錢其琛提出新的說法，即外界所稱的「新三段論」，強調大陸和臺灣同屬於一個中國的「對等性」，不再凸顯誰代表中國。但徐博東認為，這種說法以往只針對臺灣說，而今在國際場合說「非常有意思」，代表大陸不再內外有別，有點向國際宣示大陸要與臺灣「平等協商，共議統一」的味道，值得臺灣注意。

徐博東同時認為，錢其琛談到解決臺灣問題「可以耐心等待」，和二年多前中共對臺政策白皮書的「三個如果」對照來看，顯示中共展現最大誠意和耐心解決臺灣問題，也反應中共的自信。

一九九九年中共發表對臺政策白皮書，提到對臺動武的「三個如果」，如果臺灣獨立、如果外國勢力干預，以及如果臺灣長期拖延談判等，其中「第三個如果」是新增動武條件，也最為美國和各界所關注。徐博東說，錢其琛這次做出「耐心等待」的宣示，可以達到下列三項好處。

一、有利於爭取臺灣島內民心。二、有利於爭取國際輿論，緩和「中」美緊張關係，因為美國對「第三個如果」最有意見，認為大陸要改變兩岸平衡。三、有利於大陸集中精力搞經濟建設和奧運。徐博東說，「耐心等待」可以扭轉外界對中共動不動就要打臺灣的負面印象。

不過，徐博東強調，大陸的「耐心等待」是有原則和條件的，即臺灣當局必須回到「一個中國」的原則，這是關鍵也是前提，如果臺灣搞「臺獨」，大陸「自然沒有耐心」。他說，從錢其琛的致詞中清楚看到，大陸堅持「一個中國，兩岸談判，迅速三通」的原則和順位，沒有「一個中國」的前提，兩岸無從談判起，也就沒有所謂的「三通」。對於外傳兩岸加入世貿組織後，中共會在WTO的架構下與臺進行「三通」談判，徐博東說，這是一廂情願的說法，講得明白點是「幻想」，因為不先回到「一個中國」的原則，「三通」是國際航線還是國內航線的問題馬上浮現，大陸怎麼可能接受「三通」是國際航線。

（中時）

臺被迫鬆綁「戒急用忍」

北京特派員周銳鵬報導：臺灣方面宣布「戒急用忍」政策鬆綁，北京的臺灣問題學者認為，那是陳水扁和民進黨在經濟困頓、兩岸入世在即和下個月大選等多重壓力下「被逼」出來的。

與此同時，新華社也適時地轉發了《人民日報》今天將刊登的署名文章，意有所指地說，「改善兩岸關係是臺灣經濟走出困局的關鍵」。

北京聯合大學臺灣研究所所長徐博東教授予訪時說，陳水扁當局宣布「戒急用忍」鬆綁，是因為「立法委員」和縣市長選舉逼近，島內經濟又每況越下，在「撐不住」的情況下不得不做的事。

「而且，兩岸本週即將相繼加入世界貿易組織，『戒急用忍』政策也等於就快『廢功』，如果現在不宣布，等入世後再宣布，連想撈選票也撈不了。」

徐博東說，陳水扁當局是「被迫」鬆綁的，尤其是陳水扁主導的「經發會」已達成鬆綁的共識，現在馬上就要面對選民了，如果經發會共識一點都不落實，民進黨政府就將招架不住反對黨的猛烈抨擊。

……（略）

徐博東認為，鬆綁之後，兩岸經貿關係肯定擴大，更趨密切，到時候拒絕「三通」的陳水扁政府將面對越來越大的壓力。

「他最終必將面對要不要回到『九二共識』的問題，如果頑固地繼續拒絕，那兩岸就只能民間對民間、行業對行業地開展關係，這一來，將更顯出臺灣政府毫無主導權。」

（聯合早報）

臺灣選舉結果讓北京驚愕不已

周銳鵬／北京通訊：陳水扁當選總統一年半來，島內經濟一片慘淡、政局一片混亂，但是，民進黨竟然還能在選舉中漂亮地打勝仗？北京的涉臺官員和學者現在發覺，其實自己搞不懂。

北京聯合大學臺灣研究所所長徐博東教授承認：「大陸這邊對臺灣真正的民心掌握不準。」

連事前不排除民進黨有可能超過國民黨成為第一大黨的徐博東，也沒有料到國民黨的席次跟民進黨竟然差得那麼多。而樂觀地認定國民黨能保住龍頭地位的主流意見，當然更是大跌眼鏡。

……（略）

對許多涉臺專家來說，陳水扁故意指定要前「副總統」李元簇代表出席峰會，是完全不懷好意。獲得北京同意，是得分，被北京拒絕，也同樣得分。這個問題處理起來本就棘手，不料隨後的幾個插曲，不僅讓陳水扁得分，竟然還為民進黨競選「加分」。

「外交部和國臺辦無法配套。」徐博東感慨地說，那是外交部的職業本能，它和臺灣在國際上是玩零和遊戲。例如，中國的外交官就不能完全理解臺灣方面以「中共」稱呼大陸者其實是抱有「一個中國」思想，只有支持「兩國論」或「臺獨」的人才會樂於把大陸稱做「中國」。結果，上海APEC會議的幾場電視直播等於說明陳水扁和李登輝煽動更大的省籍情緒、「本土」情緒。

……（略）

相反的，在12月1日之後，幾乎已經沒有人再認為陳水扁是跛腳總統。

「（兩岸）情況會更壞，陳水扁會更強硬，他主導政局的能力提高了，泛藍軍對他的壓力減少了，他擺脫李登輝影響也更難了。」徐博東說。

「現在，臺獨基本教義派成為非常重要的政治勢力，民進黨的轉型將受到更大的牽制。」

……（略）

（聯合早報）

2002年

必須警惕「漸進式臺獨」的分裂舉動

本報北京1月15日訊：記者就臺灣當局領導人近來一系列分裂言行採訪了在京臺灣問題專家學者。他們指出，臺灣當局及島內「臺獨」分裂分子的種種倒行逆施，又一次暴露了其頑固堅持「漸進式臺獨」分裂路線的真實面目，必將遭到包括臺灣同胞在內所有中華兒女的堅決反對。奉勸臺灣當局要認清形勢，不要在「臺獨」的道路上越走越遠。

……（略）

北京聯合大學臺灣研究所所長徐博東認為，臺灣當局領導人宣稱要在臺灣民眾旅行證件上加註「TAIWAN」，這件事的出現絕非是孤立和偶然的，而是島內分裂勢力有計劃、有步驟、有目的地推行「實質臺獨」的重要一環。實際上可以認為，臺灣當局領導人加強推行的仍然是李登輝提出的「兩國論」。

徐博東說，這條「實質臺獨」路線是民進黨尚未取得島內政權時就逐漸形成的。民進黨將「臺獨」主張納入其黨綱後即遭到臺灣民眾的強烈反對，由於形勢所迫，民進黨不得不搞所謂的「轉型」。於是，「堅持臺獨理念，又要照顧現實」就成了民進黨的手法。他們用「本土化」、「主體化」為包裝，通過各種手段和小動作，諸如製作所謂「臺灣共和國」的「護照」、「國旗」、「國徽」等等，在歷史、文化、社會、心理等方面不厭其煩地宣傳「臺獨」理念，想方設法消退和去除臺灣人民心目中的中國意識，重新塑造所謂「新臺灣人」的社會心理和「國民意識」。他們取得政權後，利用手中掌握的權力，加強推行「實質臺獨」，如去除臺灣駐外機構佩掛的有中國意味的「國徽」、去除「新聞局」標識中中國地圖圖案、把一份學會年報上的「中國」改為「臺灣」等等，一句話，在臺灣凡是有「中國」二字的他們都「欲去之而後快」。

……（略）

（人民日報‧海外版）

大陸學者：民進黨為「公投」作準備

朱建陵／北京十五日電：北京聯合大學臺灣研究所所長徐博東今天在評價國臺辦發表的聲明時指出，這篇聲明的調子「適中」，但不足之處，在於「不夠明確」。他表示，該篇聲明並未點出，民進黨推動「漸進式臺獨」的目的，即在為未來的公民投票預作準備。

徐博東表示，民進黨向來主張，臺灣未來走向統一或者獨立，應該以公民投票決定，但由於目前臺灣主張獨立者仍占少數，因此民進黨希望借著「脫中國化」的種種作為，使過去推行的「新臺灣運動」或者「臺灣意識」，轉化為「臺獨意識」。他表示，這是一種「慢工」，民進黨自從執政以來，就不斷以種種藉口推動「脫中國化」。他說，包含「新聞局局徽」改變、「總統府」前「三民主義統一中國」牌樓的拆除等，總計有七八項之多，民進黨都以種種藉口來合理化這些作為，其實是在搞「事實臺獨」。

據稱，大陸擁有充分信心，可以不理會民進黨的這些作為。他說，基於大陸經濟發展，也基於兩岸的交流頻繁，足可抵消民進黨的「脫中國化」作為，大陸其實並不擔心。但他說，這次在護照上加註臺灣英文字樣，由於涉及「國號」問題的改變，因此不能等閒視之。

徐博東表示，民進黨此舉將造成惡劣影響，其一是破壞兩岸的信任度，使大陸越來越不對民進黨抱持幻想，甚至中共高層在解決臺灣問題的思維上，也可能因此產生轉變；其次，民進黨此舉，更加破壞臺灣內部的團結。

（中時）

大陸學者評「漸進式臺獨」

「臺灣問題是中國內政，和平解決臺灣問題，實現國家完全統一，是中國政府堅定不移的政策。同時，『一個中國』政策也是美國政府的一貫立場。如果臺灣當局不識時務，誤判形勢，一味推動『漸進式臺獨』，無異於火中取栗。」大陸學者日前接受新華社記者採訪時如是表示。

一個時期以來，一系列「漸進式臺獨」舉動在島內上演：通用多年的出境證件被加註「臺灣」字樣；臺「新聞局」原「中國地圖」標識被抹去；連署提案審議所謂「公投法」草案、提出所謂「參選總統必須限定於臺灣出生的『出生地條款』」；擬將駐外機構改名一律冠上「臺灣」；提出要將臺灣地方方言之一的閩南話定為「國語」……這些旨在「脫中國化」、圖謀「臺獨」的挑釁行為，日益引起海內外的強烈關注。

北京聯合大學臺灣研究所所長徐博東分析指出，臺灣當局的「臺獨理念」，是縱容和推動島內「漸進式臺獨」越演越烈的主要根源。

徐博東說，臺灣當局領導人把兩岸政策劃為內、外兩層：外層是保護殼，這就是其上台後信誓旦旦地宣稱「四不一沒有」，假意釋出所謂緩和、改善兩岸關係的「善意」和「誠意」，以便「讓美國滿意、國際社會肯定，中共雖不滿意但找不到藉口」；內層則是處心積慮地推行「去中國化」，在島內營造「臺獨」的文化、心理、社會環境，以圖在「時機到來時」搞所謂「公民投票」，實現「臺獨」之夢。

……（略）

徐博東說，實現兩岸和平的根本保障在於統一。中國政府主張和平統一，但絕不能只要和平，不要統一；排斥統一，企圖「和平獨立」，就不可能有兩岸和平。兩岸人民是骨肉同胞，中國政府和人民是最希望用和平方式解決臺灣問題的，美國政府也希望兩岸問題能和平解決，在這一點上，中美兩國有著共同的利益；但是，島內的「臺獨」活動和臺灣當局推行的「漸進式臺獨」政策正挑釁「一個中國」的原則，蠶食和平統一的基礎，對中國國家安全構成了威脅，成為臺海和平最大的隱憂，也嚴重違背了島內求和平、求安定、求發展的主流民意。

徐博東指出，中國政府一再表明，搞任何形式的「臺獨」都是不允許的；如果臺灣當局在「漸進式臺獨」的道路上越走越遠的話，將給臺灣同胞帶來災難性的後果。他希望臺灣當局不要錯估國際形勢，更不要低估13億大陸人民實現中國完全統一的決心，萬勿火中取栗。

（人民日報・海外版，新華社記者郜海）

「三通」談判成功關鍵，端視民進黨是否有誠意

王綽中／北京－廈門二十二日電：北京對臺權威人士透露，為了加速兩岸統一進程，大陸方面決定在兩岸「三通」問題上，盡量採取模糊化方式處理；對於兩岸以「民間對民間」方式談判「三通」，北京對臺智庫學者也認為，未來只要臺灣方面不以政治問題來干預，大陸方面會用極為務實的態度來推動「三通」，目前關鍵仍在臺灣民進黨政府是否有誠意。

……（略）

對此，北京專研民進黨的聯合大學臺灣研究所所長徐博東就表示，今年初中共副總理錢其琛在「江八點」七週年的演說，在「三通」問題上，就不再要求臺灣方面必須明確承認「一個中國原則」才可以談，未來在「三通」

問題上，只要不違背「一個中國」兩岸就可以通起來。

徐博東指出，兩岸採取「民間對民間」談「三通」是可行的，除非臺灣方面刻意要用政治問題來干擾破壞，否則兩岸是可以很快「三通」的，如果雙方都務實的採取臺港、臺澳模式，「三通」問題在短時間內是可以突破的。

就對臺策略考量來說，徐博東認為，大陸方面認為早通比晚通好，談不上兩岸「三通」是為民進黨政府加分，反而是兩岸雙贏，大陸不存在將「三通」問題當做籌碼。強調，如果兩岸明明可以通而不通，大陸會喪失臺灣民心，大陸這次採取積極務實的方式回應，主要就是要突顯民進黨是否有誠意。

……（略）

（中時）

學者指陳水扁煽動對抗大陸

本報訊／據中新社二十八日消息：臺灣當局領導人日前就任民進黨主席時稱：「如果我們的善意得不到相對的回應，就得認真思考，走咱自己的路，走咱臺灣的路，走出臺灣的前途。」對此，北京聯合大學臺灣研究所所長徐博東教授指出，這個演講重新揀起當年李登輝的手法，煽動臺灣民粹情緒與大陸對抗，非常危險。

徐博東強調，實際上，為改善和發展兩岸關係表現出更大誠意和善意的，更多的是大陸而不是臺灣當局。大陸對一個中國的「新三段論」：「世界上只有一個中國，大陸和臺灣同屬於一個中國，中國的主權和領土完整不容分割」，這與以前相比做出了很大調整，表現了極大的靈活性和包容性。

徐博東對錢其琛副總理今年初的演講總結出四點新意：一、關於實現兩岸「三通」，沒有再提前提條件，改以「當前，可由兩岸民間行業組織就通航問題進行商談」的提法；二、把廣大民進黨成員和極少數頑固的「臺獨」分子加以區別，把廣大臺胞要求當家作主與少數人搞「臺獨」加以區別，「本土化」與搞「臺獨」也加以區別；三、提議「建立兩岸經濟合作機制、密切兩岸經濟關係」；四、在如此重要的演講中，沒有提到「不承諾放棄使用武力」。

徐博東表示，在臺灣當局領導人仍拒不承認「一個中國原則」，否認「九二共識」、甚至不肯承認自己是中國人的情況下，錢其琛的演說不僅沒有咄咄逼人的用語，相反卻使用了許多充滿感情色彩的語言，殷殷規勸，以誠相待，這不是極大的誠意和善意？

徐博東表示，臺灣現在每年從兩岸貿易中獲得順差200多億美元，對臺灣經濟做出了重要貢獻，大陸對此從未要求「對等」，從未打過貿易戰，這同樣表現了極大善意。

徐博東認為，大陸的善意不勝枚舉，而臺灣當局領導人的演說卻給一筆否認了。

徐博東指出，反觀臺灣當局領導人，從其就職演說的「四不一沒有」到今年的「大膽島談話」，表面上看具有一定善意，而實際上是或出於穩定政權的需要，或為讓美國放心，或迫於島內民眾壓力而不得不說的，初衷並不是改善和發展兩岸關係。即便是一些有關兩岸經貿和「三通」的說法，也是口惠而實不至，讓島內工商界和民眾一再感到失望。

臺灣當局領導人多次說過「推動兩岸領導人互訪」、「政黨交流」之類的話。徐博東對此分析道，他明明知道在臺灣當局不承認「一個中國原則」、民進黨不修改「臺獨黨綱」的情況下，這些都是不可能的，還一再這樣說，顯見其沒有改善兩岸關係的基本誠意，只是玩弄文字遊戲和「作秀」。

徐博東指出，臺灣當局領導人的日前演講將其走「臺獨」之路的責任推給大陸，是一種威脅和挑釁，本身就是沒有善意的表現。對其造成的影響，徐博東指出，這個演講重新揀起當年李登輝的手法，煽動臺灣民粹情緒與大陸對抗，非常危險。

（大公報）

陳水扁「臺獨」言論是對「一個中國原則」的嚴重挑釁

新華社北京8月4日電（記者朱華穎）北京聯合大學臺灣研究所所長徐博東指出陳水扁「臺獨」言論是對「一個中國原則」的嚴重挑釁。

臺灣當局領導人陳水扁昨天公然宣稱「臺灣跟對岸中國一邊一國」，並鼓吹推動「公民投票」決定「臺灣前途」。對此，北京聯合大學臺灣研究所所長徐博東教授今天在接受新華社記者採訪時指出，這是對「一個中國原則」的嚴重挑釁。陳水扁7月21日以來的一系列「臺獨」分裂言行，加劇了臺灣海峽的緊張局勢，將給海峽兩岸關係帶來新的危機。

徐博東認為，陳水扁發表的言論不是偶然的，而是經過精心策劃、有預謀的行為。陳水扁在「大膽島關於三通的演說」中釋放出的所謂「善意」，是違背「一個中國原則」的假善意，其真實的目的就是為近期的「臺獨」言論做鋪墊，為推卸「臺獨」責任找藉口。

徐博東說，陳水扁昨天發表的「臺獨」言論，公然從「暗獨」走向「明獨」，是有其深刻的國際和島內背景的。他呼應國際上的一些反華勢力，挾洋自重，有恃無恐，甘當國際反華勢力的馬前卒。從島內形勢來看，陳水扁兼任了民進黨主席，集黨政大權於一身，自以為自己的實力已大大增強。而為了能在兩年後的臺灣地區領導人選舉中勝出，需要一份好的執政成績單，但自他上台以來，島內經濟持續低迷，政黨紛爭不斷，社會亂象叢生，他本想通過「拚經濟」來回應島內對他執政的詬病，但是毫無成效，臺灣經濟繼續惡化，本土型金融危機隱然成形，於是他從「拚經濟」轉而開始拚「臺獨」。什麼是他的權宜之計，什麼是他的最終意圖是清清楚楚的。

徐博東指出，臺灣經濟的發展與兩岸關係的改善緊密相連，陳水扁為了一己之私，企圖通過挑釁「一個中國原則」來轉移島內民眾的視線，來緩和目前的經濟困境，完全是南轅北轍、飲鴆止渴的行為，無異於政治自殺、自殘。他的「臺獨」言論對於臺灣經濟的發展沒有任何好處，只能使臺灣經濟陷入更加惡化的境地。

徐博東強調，目前，海內外同胞都熱切盼望中國統一，島內的主流民意是求和平、求安定、求發展，國際社會普遍期望臺灣海峽穩定和平。在這種形勢下，陳水扁公然鼓吹「臺獨」，是一個極其危險的信號。可以預見，島內的統「獨」之爭將繼續激化，政黨惡鬥、族群矛盾將會加劇，兩岸關係的改善將更加渺茫，島內工商界和廣大民眾將會非常失望。而且，如果因為陳水扁的言論引起兩岸關係嚴重緊張，把美國拖下水，那麼陳水扁將會成為美國眼中的另一個「麻煩製造者」。

徐博東說，陳水扁的「臺獨」言論已經引起了島內民眾的憤怒，最近兩天，島內在野黨都在痛斥陳水扁的「臺獨」言論。我們對任何分裂言行都絕不會姑息、縱容。希望陳水扁不要自作聰明，繼續誤判形勢，置島內2300萬人的福祉於不顧，將臺灣拖向災難的深淵。

（人民日報）

北京臺灣問題研究學者答臺灣記者問

新華社北京電（記者陳斌華）多位長期從事臺灣問題研究的學者8月9日

在北京指出，陳水扁和「臺獨」分子的言行，已使兩岸局勢出現緊張，臺灣當局如果敢於推動「公投立法」，將給兩岸關係帶來更加嚴重的後果。

中國記協8月9日邀請和平與發展研究中心研究員辛旗、中國國際問題研究所研究員郭震遠、北京大學教授李義虎、北京聯合大學臺灣研究所所長徐博東、中國社科院臺灣研究所研究員劉紅，就陳水扁拋出「一邊一國」、「公投立法」對兩岸關係的影響等問題，接受了在京臺灣記者的聯合採訪。

……（略）

徐博東說，臺灣當局在發現情況不妙後，忙於「消毒」，但越抹越黑，實際上還在堅持「臺獨」立場。「臺灣前途決議文」是「一邊一國論」和「公民投票」的藍本，只要陳水扁還堅持將「臺灣前途決議文」作為民進黨大陸政策的最高指導原則，兩岸關係就只能是越來越緊張。

……（略）

徐博東說，如果只由臺灣2300萬人「公投」決定臺灣的前途、命運，實際上等於剝奪了大陸13億人的民主與權利。因此，陳水扁的分裂言論本身就違反民主、踐踏人權，完全是為了欺騙輿論，換取西方一些勢力的歡心和支持。

針對臺灣一些民調顯示陳水扁「一邊一國論」得到一定的支持，……（略）。徐博東補充說，也有民調顯示臺灣民眾認為陳水扁提出「一邊一國論」是不合適的。

……（略）

（人民日報・海外版）

統派人士指美國反華，培植「臺獨」勢力

「中華民族之騰飛」學術研討，反獨促統團體誓言互相合作，年內連串活動

記者陳青洛杉磯報導：北京聯合大學臺灣研究所教授兼所長徐博東和臺灣中國統一聯盟會長王津平，18日在第七屆「中華民族之騰飛」學術研討會上分別指出，臺灣問題至今未能解決，關鍵在美國反華勢力的介入和插手。

徐博東指出，中美與臺灣三角關係，是當代國際關係中最複雜的關係之一。三方任何一方政策的重大調整，不僅會打破三方之間的動態平衡，對三方關係造成重大衝擊，並會影響亞洲和世界的和平。而這三角關係，說到底，是中美兩國之間的實力較量問題。

徐博東指出，小布希政府上台之初，主張對中國大陸事務的強硬派占了上風，加上軍火集團的利益，使其對華政策充滿了蠻橫性、矛盾性和搖擺性。但「九一一」事件後，美國要建立國際反恐聯盟，必須獲得俄國、中國大陸和眾多伊斯蘭國家的支持，這正好給了中美關係改善和發展的良機。不過，徐博東指出，客觀而言，中美關係還存在許多不穩定因素，不可盲目樂觀。中美長期以來在國際安全、臺灣問題、人權問題、武器擴散問題、導彈防禦體系問題和宗教問題等分歧，沒有因為九一一的反恐合作而煙消雲散，即使在反恐問題上，雙方也有分歧，中國大陸對美國在反恐鬥爭中的任意擴大化、企圖打著反恐旗號，顛覆和侵略其他國家主權的做法，不能不加以反對。

而小布希政府和美國智庫中，敵視中國大陸和抱持冷戰思維的強硬派，還具有相當大的影響力。美國並未放棄圍堵和遏止中國大陸的長期戰略目標，傾向臺灣的政策也未改變，今後中美關係仍會在一些重大原則問題特別是在臺灣問題上，面臨嚴峻的挑戰和考驗。

……（略）

（美國《世界日報》）

陳水扁的拒統促「獨」圖謀必將失敗

編者按：近日，陳水扁相繼拋出「一邊一國」論之後，又召開了一個所謂「反恐、民主戰略會議」，陳水扁兩次發表談話，肆意攻擊大陸，惡化兩岸關係。在談話中，他除繼續鼓吹以「公投」方式決定臺灣前途外，還提出了兩個蠱惑人心的論調：一是詭稱兩岸的最大矛盾與差異在於「民主」，宣稱在「民主的臺灣」沒有「一國兩制」的存在；二是公然將臺灣與美國相提並論，把中國大陸不承諾放棄使用武力類比為恐怖主義，歪曲大陸不承諾放棄使用武力是「對自由、民主、人權的最大威脅」，「已嚴重威脅臺灣人民福祉」。

陳水扁的狂言濫調，激起臺灣問題專家學者的極大憤慨。本報特約請部分臺灣問題專家學者展開筆談，批評陳水扁的分裂言論。

筆談專家學者：北京聯合大學臺灣研究所所長徐博東、上海臺灣研究所副所長嚴安林、中國國際問題研究所研究員郭震遠、中國社會科學院臺灣研究所副研究員劉佳雁。

……（略）

徐博東：陳水扁表示「反恐」，發表什麼「反恐聲明」，這本身就是一個笑話。「臺獨」分子就曾經在美國製造過郵寄炸彈的恐怖慘劇，挑動「臺獨」就是恐怖活動。「反恐」只是陳水扁的藉口，他妄圖迎合西方的價值標準，利用西方反華勢力慣用的語言討好西方，誤導西方輿論，尋求支持，以達到其「臺獨」的險惡目的。

陳水扁不顧事實，歪曲「一國兩制」的基本方針。「一國兩制」在香港和澳門的成功實踐，得到了包括美國、英國在內的國際社會的認同和稱讚，越來越多的臺灣人民開始瞭解「一國兩制」，認識到這充分尊重了臺灣人民的意願和選擇，滿足了臺灣人民求安定、求發展的主流民意。臺「陸委會」自己的民調也顯示出贊成「一國兩制」的人不斷上升。在這種情況下如果還罔顧事實大放厥詞，只能表明他內心的虛弱與焦慮。

陳水扁慣於打著「民主、自由」的幌子混淆視聽，欺騙民眾，但「臺獨」和民主、自由毫無關係。臺灣現有法律仍然承認臺灣是中國的組成部分，無論什麼樣的社會制度都不會允許分裂國家的行徑，臺灣可以選擇自己的社會制度，但「臺獨」是走不通的。陳水扁如果妄圖「綁架」2300萬臺灣人民實現極少數人的「臺獨」理念，會越來越受到包括臺灣人民在內的13億中國人的反對。

……（略）

（人民日報・海外版）

2003年

臺海和解是否「春暖花開」

包機直航一波三折

「53年——19700多天，這是臺灣民用飛行器首次抵達大陸。」徐博東教授——北京聯合大學臺研所所長、全國臺灣研究會理事，如此描述1月26日的臺商包機抵滬。他接受《南方週末》採訪時，正值26日下午3時40分。他背後的電視中，臺灣「TVBS」新聞台現場直播著那架載有258位臺胞的747—400客機，平穩降落在臺灣桃園機場的鏡頭。中國國際問題研究所副所長蘇格、清華大學臺研所所長劉震濤等知名學者，同樣對此次「包機」的成行表示欣喜。儘管，這與他們期待的「雙向直航」有著很大差距。

……（略）

「三通」為何這麼難「通」

1979年元月，時任全國人大委員長的葉劍英元帥發布《告臺灣同胞書》。文告中，公之於世30年的「解放臺灣」被「和平統一」所代替。而「三通」的概念也就此被提出，兩岸「通郵、通商、通航」，表明了大陸對臺態度的轉變。

……（略）

徐博東分析說，「但在技術層面，他們卻屢屢設置障礙。比如這次的春節包機，就從雙向直航變成了單向曲航」。徐博東認為，臺灣方面對「三通」一再阻撓的原因，是懼怕「臺獨」失去生存的土壤。「臺獨產生的原因很多，但長期隔閡是重要因素之一。」他說，「兩岸三通可以促進溝通，從經濟上的交流進一步發展文化、政治上的交流，從而達到相互理解信任的目的。可以說，『三通』實現的那一天，就是『臺獨』走向沒落的開始」。

從政治先行到經濟先行

此次包機成行之時，恰逢江澤民《為促進中國統一大業的完成而繼續奮鬥》（簡稱八項主張）重要演講發表八週年。這一發表於1995年1月30日春節茶話會上的演講，是鄧小平「和平統一、一國兩制」的基本思想的具體運用和重大發展，並成為中共解決臺灣問題的綱領性文件，直至今日。

2003年1月24日，在紀念「八項主張」發表八週年的座談會上，國務院副總理錢其琛做了題為《兩岸同胞同心攜手，為完成中國統一而努力奮鬥》的演講。這份只有幾千字的演講中，錢副總理先後提到了兩岸經濟合作、三通、恢復對話與談判等問題。在談到「三通」時他特別指出：「三通」是經濟問題，以民為本、為民謀利，應當是解決這個問題的立足點和出發點。「與過去相比，今年錢副總理的演講把經濟問題放在了政治之前，強調不因兩岸政治分歧而干擾經濟交流。」徐博東如此解讀錢其琛的演講，「而在去年——紀念八項主張發表七週年時，大陸方面就表明了這樣的觀點：『三通』商談不是政治談判，可以不涉及『一個中國』的政治含義。可以通過民間對民間、公司對公司、行業對行業的方式進行協商談判。它充分體現了大陸對臺政策的務實和包容。」

新領導集體的對臺政策不會大變

去年11月，具有重大歷史意義的中共十六大在京召開。胡錦濤接替江澤民出任中共中央總書記，政治局常委也完成了新老交替。而今年3月即將舉行的「兩會」上，還要繼續完成國家領導人的交接。於是，一個問題開始引人注目：中央領導集體的權力交接，是否引發對臺政策的變化？

……（略）

徐博東對此也持同樣觀點。他說，大陸對臺政策不會因領導人而異，而是根據形勢的變化而變化。儘管今天距離江主席的「八項主張」發表已經八年時間，但臺海形勢並沒有發生根本性的變化：有利形勢在不斷增強——大陸經濟的持續穩定發展尤其重要；而不利形勢同樣在增長——民進黨已在海島執政三年，兩岸關係也隨之緊張。

……（略）

在展望2003年年內兩岸關係時，徐博東說，不要對「突破」寄予太大的希望，真正的「三通」也很難在近期實現。因為2004年臺灣的「大選」臨近，執政的民進黨要想穩住「臺獨」票源——包括在「立法院」占13個席位的臺聯黨，就必須作出阻礙兩岸交流的動作。在兩岸政策上就不可能做出重大的突破性調整。

事實上，兩岸關係總是反反覆覆：例如1995年江主席「八項主張」發表幾個月後，李登輝便突然訪美；1999年汪道涵先生擬訂訪臺之前，臺灣當局又拋出了「兩國論」。而在今天，「包機」實現之後，殊難預料臺灣方面會作出什麼事情。

（南方週末，吳晨光）

連戰「和平之旅」要過4關

海峽之聲網專稿記者前方：國民黨主席連戰30號獲得黨內提名為第十一任「臺灣當局領導人」候選人。臺灣親民黨全委會當天下午也通過提名宋楚瑜和國民黨合作參加明年臺灣大選。「泛藍」整合「連宋配」正式浮出水面。連戰表示明年國民黨贏得臺灣大選後，他將即刻訪問大陸展開「和平之旅」。

就連戰30號的演說和「連宋配」的有關問題，海峽之聲記者採訪了大陸臺灣問題專家，北京聯合大學臺灣研究所所長徐博東教授。

談到連戰提出的所謂「和平之旅」，徐先生認為連戰要過4關。第一，「泛藍」要在明年的臺灣大選中獲勝，這是連戰自己設定的訪問大陸的前提；第二，連戰要為自己可能的大陸之行選擇恰當的身分，「臺灣地區領導人」或是「國民黨主席」的身分是比較合適的；第三，連戰訪問大陸的計畫必將受到臺灣島內臺聯黨、民進黨等「臺獨」勢力的抵制與阻撓；第四，美國方面是不是允許臺灣在兩岸問題上邁開實質性步伐，也是連戰將面臨的難題。

關於「連宋配」，徐先生認為這是「泛藍」在充分分析明年「大選」形勢後作出的明智決定，因為單靠國民黨或是親民黨都無法贏得大選。而且，在目前情況下，整合後的「泛藍」陣營也只是以微弱的優勢領先「民進黨」。

徐博東先生最後強調，「泛藍」在明年的臺灣大選中獲勝，可能會給目前處於僵局的兩岸關係帶來新的希望，但基於多年來與臺灣當局打交道的經驗，中國大陸方面不會把和平統一的希望寄託在臺灣某個政黨或是某個政治人物的身上，而是把希望寄託在廣大臺灣民眾的身上。

（海峽之聲網）

徐博東：回顧「辜汪會談」給兩岸的重要歷史啟示

中新社北京四月十八日電（記者曾嘉、劉舒凌）北京聯合大學臺灣研究所所長徐博東今天出席全國臺研會舉行的紀念「辜汪會談」舉行十週年座談會，並發表演講回顧這一會談的歷史啟示。

他說，「辜汪會談」的成功舉行充分體現了兩岸雙方妥善處理分歧、有效打破僵局的政治智慧，它說明了海峽兩岸儘管長期隔絕、對峙，意識形態對立，缺乏互信，但只要雙方能夠本著「求同存異、互相尊重、平等協商」的原則與精神，心平氣和地坐下來談，總是可以找到解決問題的方法。

他認為，只要雙方有誠意，海峽兩岸的某些政治爭議完全可以暫時擱置，並不是兩岸關係發展進程中不可踰越的障礙。

徐博東說，「辜汪會談」之所以得以實現，關鍵在於一九九二年海協與海基會達成了各自以口頭方式表述「海峽兩岸均堅持一個中國原則」的共識，並表明了兩岸「努力謀求國家統一」的態度。也就是說，「九二共識」的確立，為新加坡「辜汪會談」的順利舉行掃清了障礙。「堅持一中原則」和「謀求國家統一」是兩岸及「兩會」接觸、對話的前提，同時也是「辜汪會談」的基礎。

（中新社）

有關專家積極評價章孝嚴的兩岸貨運包機直飛方案

海峽之聲網北京消息：臺灣知名人士章孝嚴提出了兩岸貨運包機直飛方案，他建議不經港、澳以提升企業運營效率，不採取單向空機飛行的做法，以降低兩岸運送貨物的成本。就相關問題本台駐京記者採訪了北京聯合大學臺灣研究所所長徐博東教授，他對此積極評價。

徐博東說，章孝嚴先生一貫對兩岸關係的緩和發展積極努力，對此我表示非常的讚賞、非常的歡迎。上次春節包機直航也是在他積極推動下、大陸方面多次努力後實現的。這次他提出來推動兩岸的貨運包機直飛，實施時間從10月起先試行3個月，然後長期推動定期的貨運包機，這是非常好的一個主意，大陸方面肯定對這個提議表示歡迎和肯定。大陸方面一再重申，凡是對兩岸同胞福祉有利的事情都願意積極推動。

徐博東說，由於臺灣方面不願意承認「一個中國」，不承認「九二共識」，「兩會」商談一直無法恢復。上次臺商春節包機成行的過程充分說明，兩岸直航完全可以通過民間、行業組織就技術問題進行協商，達成共識後，由各方自行取得確認的方法，先通起來。徐博東表示，這次仍可以採用這種方式進行商談，兩岸真正的貨運包機直飛應該比臺商春節包機的時候再前進一步。春節包機直航是單向，而且落地港澳，這和目前兩岸工商企業界，特別是臺商的要求有很大的距離。如果按照章孝嚴先生的提案，不經港澳不採取單飛，而採取雙向互惠這樣一個對等的方式，是符合兩岸人民的利益的。據臺灣媒體報導，目前正在經營海峽兩岸貨機運輸業務的臺灣華航和長榮航空公司表示如果臺灣當局通過兩岸貨運包機直航業務的相關政策，將立即進行相關業務的運營。據統計，今年1月至5月臺灣通過空運出口到大陸的貨物有18983噸，業者預計7月至12月是兩岸貨物運輸的旺季，屆時兩岸的貨物的運輸量還將會成倍增長。但是目前兩岸運輸往來採取的是間接方式，運輸中必須經停香港、韓國等第三地，增加了貨運成本，業者表示如果開展兩岸貨運包機直航業務，將可以減少貨機的起降時間及航程，對業者和貨主來說相當有利。

徐博東說，通過這兩件事情再次引燃了人們對於兩岸「三通」的熱切盼望。對於兩岸「三通」商談，中國大陸一貫抱持積極、務實、靈活的態度。「三通」是經濟問題，「三通」商談不是政治談判，其協商方式可以盡量靈活，簡單易行，民間對民間、行業對行業、公司對公司的協商辦法是完全可行的。首先臺灣方面應該有誠意才能夠把這個事情真正的推向新的一個進展。我認為目前關鍵在於臺灣方面民進黨當局有沒有誠意來推動這件事情，如果能夠真正有所前進的話，對民進黨「新經濟」，對明年的「大選」都是利多的事情。希望臺灣方面不要從「臺獨」意識形態來看問題，真正為兩岸同胞、特別是臺灣工商企業界的角度出發，盡快地推動兩岸直接「三通」。

（海峽之聲網，魏文利、何偉、高偉）

徐博東評陳水扁的選舉策略

海峽之聲網7月11日報導：聽眾朋友，從今年初一直到現在，陳水扁有很多的動作，也炒作了不少的議題，正如島內外輿論分析的，陳水扁所有這些動作都無一例外地指向一個目標，就是明年3月20號的臺灣地區領導人選舉。陳水扁這一系列的表演，多少也讓人們看清了他大概的選舉的路數。如今島內的SARS疫情逐漸消退，而選情則在急劇升溫。今天《海峽論壇》節目時間，我們就談談陳水扁的選舉策略和選舉招數。

聽眾朋友，明年臺灣地區領導人選舉，陳水扁面臨兩大基本形勢：一是自己執政三年，幾乎沒有可以稱道的成績，島內經濟衰退，兩岸關係緊張，人民怨聲載道；二是國親聯盟、「泛藍」整合，明年的選舉將是一對一的對決。面對這種形勢，陳水扁採取什麼樣的選舉策略呢？

……（略）

剛才劉紅先生已經談到，面對明年大選，陳水扁將在兩岸關係上採取「兩面手法」，北京聯合大學臺灣研究所所長徐博東教授則將它概括為「軟硬兩手」。何謂「軟硬兩手」？為什麼陳水扁會採用「軟硬兩手」？

徐博東教授說：「對兩岸關係方面，採取軟硬兩手，兼而用之。所謂硬的一手就是他拋一些『統獨』方面的議題，來刺激大陸，激怒大陸，使大陸方面採取一些激烈的反彈動作，最好是有什麼軍事演習，罵一罵陳水扁，對『臺獨』進行嚴厲批判啊，等等。然後他就說，是大陸『打壓臺灣人』，大陸『鴨霸』，不講道理。這個大家已經看得很清楚，如在加入WHO的問題上，WHA的問題上，『高明見事件』的問題上，已經使用這個手法。從目前來看，他又重新拋出『一邊一國』的議題來，『統獨公投』啊，以這些議題來刺激大陸，希望大陸能像以往一樣跳起來，批判『臺獨』，然後他就來煽動島內的民粹情緒。以後在適當的時機，他還會不斷拋出這樣刺激大陸的議題來。目前來看主要是硬的一手。軟的一手就是說，他知道島內的中間選民，特別是工商企業界，迫切希望能夠改善兩岸關係，特別是『三通』問題上，已經是臺灣的主流民意了，在這些方面，他在適當的時機也會來軟的一手，比如說開放中資入島啊，比如說在『三通』問題上，有一些新的小打小鬧的策略性的動作啊，比如貨機直航的問題會不會提出來啊，在金馬『小三通』的問題上擴大一下到澎湖之類的。或者是其他一些方面使出一些所謂的誠意和善意來騙取中間選票。」

聽眾朋友，陳水扁當局一些人也表示，「拚經濟第一」，「選舉擺一邊」。然而，對於心目中「萬般皆下品，唯在選舉高」的陳水扁來說，他的動機果真有這麼單純嗎？對此，專家表示：「拚經濟」不過是「拚選舉」的另一種說法。

……（略）

徐博東教授說：「口號喊了三四年了，可以說臺灣經濟日益沉淪，和陳水扁當初上台時說要使臺灣經濟不斷提升，完全是走相反的路線。這個陳水扁意識形態掛帥是主要的原因，當然他一方面是把責任推給國際經濟大環境不好，另一方面把它推給在野黨抵制，掣肘他的施政，實際上主要的原因是他自己執政的無能，但是現在不管怎樣他也知道，要爭取中間選票，最重要的是要在拚經濟方面拿出像樣點的成績單來，所以他現在一方面除了提口號外，也希望能頒布一些政策措施來拉抬一下經濟。他主要的目的實際上是短期的炒短線，希望在這幾個月裡，能夠搞起經濟上有所起色這樣一個措施，來為他爭取選舉的利多，但是至於這些措施有沒有配套，會不會有一些負面的作用，那不是他陳水扁所考慮的事情。」

……（略）

聽眾朋友，在節目開始的時候，劉紅主任提到，對競爭對手「貼標籤」、「莫須有」、分化瓦解，是陳水扁選舉策略的重要一環。那麼，陳水扁這些手段是如何操作的呢？

……（略）

（出徐博東錄音）「還有一個是分化『泛藍』陣營，比如說第一步我們看得很清楚，拉蕭萬長當他的財經幕僚，另外一方面從花蓮『縣長』的選舉可以看到分化泛藍的手法。支持原來國民黨籍『縣長』的夫人劉婌娥代表民進黨來參選，當這個目的沒有達到時，又在吳國棟和謝深山之間來找空隙鑽鑽，讓『泛藍』分裂成兩組候選人，來分散國民黨的票源。恐怕將來像花蓮縣選舉民進黨這樣的策略模式還會繼續使用。」

聽眾朋友，搞「外交出擊」是陳水扁競選策略的又一環節，徐博東教授分析認為，陳水扁下一步將會在國際上進行一系列動作。（出徐博東錄音）

「在對外拓展所謂的『國際生存空間』方面，我估計下半年陳水扁肯定會採取一些動作，來爭取對外關係方面有所突破，來得分，爭取中間選票。現在已經看到的，比如很快吳淑珍就要到歐洲去，帶著大批的臺北『故宮』的國寶，到歐洲去展覽，來增加臺灣的所謂『能見度』。另外一方面呢，可以預見，在即將召開的聯合國大會上，恐怕還會吵加入聯合國的問題，另外，恐怕陳水扁還會在下半年想辦法『過境』美國到中南美去訪問，目的不在於真的去訪問中南美，而主要是想在『過境』美國時，希望得到美國高規格的接待，這樣的話在拓展對外關係方面，來爭取島內民眾的認同和支持，來得分，所以可以預見，在所謂『外交』方面，也會不斷挑戰一個中國原則。」

……（略）

聽眾朋友，選舉是人民實現民主的一種體現，本來是一件好事，但是，如果像陳水扁這樣，為了自己要當選，拿島內納稅人的錢為自己進行「政策性買票」，而不顧臺灣的長遠發展，而且還挑起政黨惡鬥，惡化兩岸關係，這對臺灣社會穩定、經濟發展絕不是一件好事。

（海峽之聲網）

剖析民進黨，國臺辦年底出書

朱建陵／北京九日電：繼核准第一本關於民進黨研究的專書《透析臺灣民進黨》出版之後，消息指出，中共國臺辦將在今年底，臺灣總統大選前夕，透過旗下的「九州出版社」推出系列民進黨研究叢書，一套八本，從各個角度分析民進黨在臺崛起、發展與未來走向。

由北京聯合大學臺灣研究所所長徐博東撰寫的《透析臺灣民進黨》於今年七月出版，這是大陸第一本獲得臺辦同意出版的民進黨研究專書，大陸海協會前任常務副會長、現任海峽兩岸關係研究中心主任唐樹備為該書作序。

消息指出，在《透析臺灣民進黨》之後，中共國臺辦下屬的「九州出版社」預計在今年十二月推出一套八本的民進黨研究叢書，由大陸學界八人分頭執筆。

至於國臺辦推出這套叢書的目的，消息人士分析說，這是中共對臺系統務實看待民進黨及分析臺灣政情發展的一環，避免重蹈過去忽視民進黨在臺灣政治能量的覆轍。

長期研究民進黨問題的北京聯合大學臺灣研究所所長徐博東，在《透析臺灣民進黨》一書中，就提出民進黨和陳水扁一向長於選戰，現在又擁有龐大的資源，兼之又有臺灣中南部選民的強力支持，因此，民進黨仍可能贏得選舉，明年臺灣政權是否政黨輪替仍不明朗。他說，如果民進黨獲勝，兩岸關係將面臨更多的嚴峻挑戰。

（中時）

新書出版《大陸學者眼中的民進黨》徐博東新作

本報大陸組／臺北報導：臺灣有學院大陸所研究中國，大陸也有臺灣學院研究，彼此都在瞭解對岸想法，現在也有一本研究臺灣民進黨的書出版了，不過是大陸教授徐博東著作，雖然不是臺灣人，但徐博東來臺多次，也與多位民進黨人士會面，對民進黨人、對民進黨的「臺獨」路線瞭解深刻。大陸人怎麼看待民進黨，看了本書就知道。

這本《大陸學者眼中的民進黨》，徐博東在書中指出，在這些論文中，有歷年來對「臺獨」與民進黨、臺灣政局和兩岸關係等一系列重大問題發展走向的評析與預測，多數已被後來的事實證明是正確的或比較正確的。比較重要的如：（一）對民進黨在臺灣政壇中的作用及其侷限性的剖析；（二）對「戡亂」終止後「臺獨」與民進黨因生存空間的擴大，其「臺獨」活動勢必急劇升級的預測；（三）對民進黨質變原因及其對各方面必將帶來的重大影響的分析與預測；（四）對李登輝「臺獨」傾向的觀察與預測；（五）對民進黨「臺獨」轉型的分析與預測；（六）對陳水扁當選的可能性及其對臺灣政局和兩岸關係的分析與預測；（七）對陳水扁「新中間路線」的剖析等等。

徐博東，男，1944年10月12日生，廣東梅州市蕉嶺縣客家人，1969年北京大學歷史系中國史專業畢業，現任北京聯合大學臺灣研究所所長、應用文理學院學術委員會委員、歷史學教授。

作為一位研究民進黨的先行者，徐博東多次來臺從事交流訪問，看著他由中央到基層、由城市到農村，不厭其煩，深入其境，想方設法與民進黨人士接觸，從不放過任何可以掌握資訊的機會。

（東森新聞網）

《透析臺灣民進黨》：大陸首部研究民進黨論文集

中新社北京八月三十一日電（記者黃少華）著名臺灣問題專家徐博東又一力作《透析臺灣民進黨》新近出版，受到兩岸各方面的重視與好評。

據悉，該書這是迄今為止大陸首部較為系統的研究民進黨的論文集出版問世。

徐博東，廣東梅州市蕉嶺縣人，北京大學歷史系畢業，現任北京聯合大學臺灣研究所所長、應用文理學院學術委員會委員、歷史學教授。他一九八四年起從事臺灣史研究，曾六次赴臺進行學術交流。

由此間臺海出版社出版的《透析臺灣民進黨》一書，約三十萬字，按所收的三十五篇論文寫作時間先後順序編輯，可令讀者從一個側面探尋自一九八九年以來「臺獨」與民進黨的活動軌跡，掌握其大致脈絡，以及評估其對臺灣政局、兩岸關係等各方面所產生的重大影響，並從中總結出某些帶規律性的東西。

本書的臺灣繁體版書名為《大陸學者眼中的民進黨》，四個月前先期由島內海峽學術出版社出版，並受到各方重視和好評。該書的大陸簡體版與繁體版相比，除書名改為現名，加入作者今年新作《關於對重要戰略機遇期兩岸關係的思考與展望》一文和幾幅照片外，其他都保留了原貌。

海峽兩岸關係研究中心主任唐樹備為本書作序時，呼籲民進黨的朋友們能審時度勢，真正以二千三百萬臺灣民眾的福祉為念，以中華民族的長遠利益為重，為改善和發展兩岸關係做些實事，和中國大陸共謀和平統一之道，切不可一誤再誤，錯失了良機。

（中新社）

徐博東指出：臺灣當局應嚴懲島內「人蛇」集團

新華社記者陳鍵興9月2日報導：臺灣苗栗外海8月26日發生大陸私渡人員被臺灣蛇頭強推落海的惡性事件，引起了大陸有關方面和人士的嚴重關切。北京聯合大學臺灣研究所所長徐博東教授1日接受新華社記者採訪時指出，發生私渡去臺事件的關鍵原因是臺灣當局對「人蛇」集團的打擊力度嚴重不足，對私渡組織者和參與者的量刑過於寬鬆，甚至有的人很快便獲釋，這實際上是縱容了此類犯罪活動。

「8・26」慘劇發生後，臺灣當局藉機大作政治文章，散布荒唐言論。對此，徐博東指出，在兩岸協商方面設置障礙的是臺灣當局。「一個中國原則」不是大陸方面強加給臺灣的，不僅是歷史事實，而且是臺灣現行的法律檔所明文規定的。臺灣當局應放棄「一邊一國」的主張，回歸「九二共識」，盡快恢復兩岸兩會的接觸與商談，研究如何密切合作、共同打擊犯罪。

徐博東認為，臺灣當局利用此次不幸事件，加以政治化，甚至說落海的私渡人員是「用腳投票」，這是臺灣當局的選舉語言，目的是要煽動島內民眾對中國大陸的反感情緒，製造兩岸的對立。他指出，陳水扁上台3年多來，政績乏善可陳。面對明年的臺灣當局領導人選舉，交不出一份像樣成績單的陳水扁尋求連任的策略之一就是製造兩岸緊張氣氛，挑撥島內族群對立，從而轉移島內輿論焦點，緩解其執政無能的壓力。

徐博東說，臺灣方面還應考慮通過正常途徑引進大陸勞工。目前，臺灣當局拒絕開放大陸勞工去臺工作，只有少數船員、漁工在臺灣船隻上工作，並且不准入島，遭到歧視性待遇。徐博東認為，如果兩岸通過協商，建立某種機制，島內正常引進大陸勞工，即使不能完全杜絕，至少應可減緩私渡去臺活動的蔓延。

（新華網）

「公投制憲」就是「臺獨制憲」

新華社記者廖翊北京10月28日電：「所謂『公投制憲大遊行』，實質就是臺灣領導人背棄其『承諾』，公開與李登輝合夥推動『臺獨制憲』。這是臺灣領導人與急獨派『臺聯黨』的徹底合流，是臺灣領導人『臺獨』真面目的徹底暴露。」北京聯合大學臺灣研究所所長徐博東教授在接受新華社記者採訪時做上述表示。他說，從陳水扁、呂秀蓮等臺灣當局領導人與民進黨頭面人物在這次遊行中傾巢而出，以及呂秀蓮叫嚷用「公民投票確立臺灣主權獨立、確立臺灣的新國號」等種種急不可耐、毫不掩飾的表演，不難得出這些結論。

徐博東指出，政客的表現無論如何跳離不出「謊言」與「幌子」的技倆。這次也不例外，陳水扁在推翻了自己所謂「四不一沒有」的「承諾」後，又以各種冠冕堂皇的理由推動「臺獨制憲」，一曰「以民意為依歸」，二曰「為了臺灣的長治久安」。

「只要分析島內情況不難看出，這完全是欺世盜名的幌子！」徐博東說，近年來島內歷次民意調查無不顯示，絕大多數臺灣民眾都不贊成「臺獨」，「求和平、求安定、求發展」才是臺灣真正的主流民意。就在「臺獨」勢力舉行所謂「公投制憲大遊行」的當天，由民間自發的「反『臺獨』、救臺灣」大遊行也在臺北街頭展開。陳水扁、李登輝企圖利用手中的公權力，把少數人的「臺獨」分裂圖謀強加給大多數善良的臺灣人民身上，這是典型的、不折不扣的「強姦民意」的政客技倆。

至於以「愛臺灣」、「為了臺灣的長治久安」為藉口推動「臺獨制憲」，徐博東認為這更是罔顧事實、利令智昏的玩火之舉。

他指出，眾所周知，這些年以來，從李登輝的「兩國論」到陳水扁的「一邊一國」，臺灣當局任何挑釁「一個中國原則」的「臺獨」言論的出籠，都造成兩岸關係的緊張和臺灣島內形勢的動盪不安。臺灣經濟急劇下滑，失業率居高不下，島內亂象難治，民生難安……凡此一切，完全是民進黨執政以後，變本加厲地以「臺獨」意識形態治政所致。

徐博東說，而今，臺灣當局領導人不思悔改，與急進「臺獨」勢力沆瀣一氣，公然拋出「臺獨」時間表，搞所謂「公投制憲」，企圖實現「法理臺獨」。他表示：「搞所謂『法理臺獨』無異於向『一個中國原則』宣戰，其後果的嚴重性是可想而知的！將2300萬臺灣人民的生命財產綁在『臺獨』戰車上，這難道是為了臺灣的『長治久安』嗎？這可能換來臺灣的『長治久安』嗎？這究竟是『愛臺』還是『禍臺』？」

徐博東說，臺灣領導人在推動其以「臺獨」為理念的「公投制憲」時打出的是「民主和人權」的幌子，似乎誰不讓他們搞「臺獨」，誰就是違背「民主」，踐踏「人權」，實在是荒謬至極！所有「臺獨」分子必須明白，臺灣是海峽兩岸人民共同擁有的臺灣，島內分裂勢力任何單方面改變臺灣屬於中國一部分的企圖都不可能得逞。

他最後指出，臺灣領導人及島內「臺獨」勢力露骨的「臺獨」鼓噪，絕不只是單純為了選舉造勢而已，而是有計劃、有步驟的「臺獨」陰謀活動的重要一環。「慶父不死，魯難未已」，島內分裂勢力任何時候都不會放棄他們的「臺獨」企圖，所有關心臺海穩定與和平的有識之士切不可掉以輕心。

（人民日報·海外版）

專家解讀大陸為何在此時對臺當局言行反應強烈

中新社北京十一月十九日電（記者曾嘉）：中華全國新聞工作者協會今天就兩岸關係問題舉行記者招待會，數位臺灣問題專家就大陸為何在此時對臺灣當局「公投制憲」的言行進行強烈反應，向記者解讀。

……（略）

北京聯合大學臺研所所長徐博東說，在一段時間內，大陸對於臺灣當局言行的反應給人以低調的印象，這是出於維護兩岸關係穩定的考慮，但這竟被有些人理解為軟弱可欺；同時，臺灣國、親兩黨以前對待「公投」問題一直持反對立場，現在為了選舉需要，改變了策略。這些都使得大陸不得不採取應對手段，以堅定的立場和措施，使島內民眾不受誤導，使他們瞭解到大陸真實的立場和態度，也使國際社會瞭解中國政府的立場和態度。如果不反應，那是不負責任的。

幾位專家在會上還表示，大陸民意也是大陸做強烈反應的重要因素。對於近期島內形勢的變化大陸民眾看在眼裡，很多民眾向他們說，不能再坐視不理，認為大陸的領導層必須作出反應，如果不反應有可能會增添「臺獨」勢力的幻想和衝動。

（海峽之聲網）

學者：大陸對臺反應並不是要介入臺明年「大選」

中新社記者曾嘉北京報導：北京聯合大學臺研所所長徐博東十九日在此間表示，不能認為現在大陸對臺灣當局所作所為的反應是介入臺灣明年的「選舉」。

中華全國新聞工作者協會昨天舉行記者招待會，邀請北京的臺灣問題學者就目前兩岸關係的問題回答記者提問。

有臺灣記者問，有人將大陸現在對臺灣「公投制憲」的反應視作是對臺灣明年「選舉」的一種「助選」行為，對此作何評論。徐博東回答說，大陸並不在乎臺灣哪個政黨上台「執政」，在乎的是「臺獨」勢力的發展，在乎臺灣當局是否挑戰「一個中國」的原則。不能認為現在大陸對臺灣當局所作所為的反應是介入臺灣明年的「選舉」，這是兩回事。

……（略）

（中新社）

「臺獨」時間表也是統一時間表

11月20日出版的國際先驅導報發表文章《「臺獨」時間表也是統一的時間表——從網路臺海戰爭小說透視大陸反分裂決心》作者趙穆、韓軒。

……（略）

以上所摘錄的並不是新聞報導，而是近日在網路上出現的一篇軍事小說的內容。這段描述的是解放軍採取武力手段收復臺灣的前夜的幾個鏡頭。

這種網路上的遐想有沒有可能變成真實的情況？對此，北京聯合大學臺灣研究所所長徐博東教授的回答是：「臺獨」時間表也是統一時間表。

……（略）

那麼未來幾年內臺海究竟有沒有可能爆發戰爭呢？徐博東教授認為：「『法理臺獨』符合『三個如果』中的第一個。從長遠看，戰爭能否爆發，這取決於『公投憲法』的版本具體是什麼內容，是否涉及『國旗』、『國歌』和『國名』，是否涉及修改『中華民國憲法的總綱』。」

對於未來五年的兩岸局勢，徐博東不敢抱樂觀的態度。他認為，即使藍軍執政，也要考慮到它可能受到綠軍的政策牽制；如果陳水扁連任，兩岸關係則肯定要陷入持續動盪。不過這是否意味著戰爭就可能在未來五年之間爆發，「我認為暫時還不至於」，徐博東口氣非常平靜地告訴記者，「陳水扁即使可以不顧及大陸的反應，他也不可能無視美國的態度。」

「但是，因為只要有武力解決手段存在的必要，所以我們的部隊沒有一天不在做準備。」

「如果真的開戰，我們是否有足夠的勝算？」這是記者最感興趣的一個話題。

「我們的解放軍對付臺灣軍隊，是綽綽有餘。我們也不會因為考慮到美國因素而放棄收復臺灣。」徐教授話鋒一轉，「如果說我們對戰爭有所顧慮，更希望通過和平手段那只能說因為考慮到戰爭即使勝利了，戰爭給臺灣人民帶來的創傷也必須面對。」

（華夏經緯網）

大陸臺灣問題專家學者就臺灣形勢回答記者問

新華社北京11月21日電（記者廖翊）：國務院新聞辦公室21日邀請大陸部分知名臺灣問題專家學者舉行中外記者會，就人們關心的臺灣形勢發表看法，並回答記者提問。

臺灣當局日益加劇的「臺獨」分裂活動可能招致的後果以及美國反華勢力縱容「臺獨」對中美關係的影響成為記者們提問的重點，專家、學者們對此一一作答。

中外記者最為關切的是大陸近期對臺灣局勢的強烈反應及可能採取的行動。與會專家學者一致表示，「和平統一、一國兩制」是我們解決臺灣問題的一貫政策，我們的方針是盡最大的努力、最大的誠意爭取以和平的方式解決臺灣問題。

……（略）

北京聯合大學臺研所所長徐博東教授說，只有兩岸堅持「一個中國」的原則立場，臺灣問題才有走向和平解決的可能。如果臺灣當局推動的所謂「公投立法」是不設限的，這就使「臺獨」分子獲得「統獨公投」的「法源」依據，等於把引發臺海戰爭的控制器握在了他們手中。他認為，大陸強烈地表達關注的立場，是一種預警的動作。

國家有權利維護自己國家的領土主權完整，這是國際法賦予一個國家最根本的、最高的支配性原則；真實的民意的表達必須由國家全體公民進行公投。

……（略）

徐博東教授說，沒有什麼「選舉假期」，無論「臺獨」勢力什麼時候搞「臺獨」，中國大陸都要做出明確的反應，表達嚴正的立場。他指出，如果「臺獨」分子將2008年北京舉辦奧運會視為搞「臺獨制憲」的契機，加緊「臺獨」挑釁，這不僅是對全中國人民和全球華人的挑戰，也是對愛好和平的全人類的挑戰，屆時全世界自有公論。

從清康熙收復臺灣，到美國南北戰爭，中外歷史教訓值得借鑑。

與會專家學者結合剛剛結束的紀念清廷收復臺灣320週年紀念活動發表感言表示，歷代中國政府絕不允許國土分裂，希望臺灣當局從320年前的那段歷史中考慮兩岸究竟以何種方法實現統一為好。

徐博東教授說，當初康熙也想和平解決臺灣問題，但鄭氏卻想利用這一點，大耍花招，經過多次談判無效後，清政府才不得不動用武力解決。他希望臺灣當局吸取鄭氏政權的經驗教訓，不要喪失和平統一的機會。

……（略）

專家學者一致表示，美國的兩面政策鼓勵和縱容了島內「臺獨」勢力。他們認為，臺海形勢的緊張和惡化，也會損害包括美國在內的許多國家的利益，嚴重影響亞太地區的和平與穩定，任何人都不能掉以輕心。

……（略）

徐博東教授說，美國的阿米塔吉表示，美國的「一個中國原則」是以和平解決臺灣問題為前提的。但是，中國政府和平統一的方針是以「一個中國」為前提的。在這個問題上，不能光講和平而不講「一個中國原則」和中國的統一。將來臺海會不會發生戰爭，關鍵在於「臺獨」勢力是不是要挑釁「一個中國原則」。

……（略）

（人民日報・海外版）

大陸主動姿態遏止「臺獨」

本報記者黃智慧發自北京：這幾天，大陸改變過去對臺灣的溫和政策，採取少有的強硬態度，臺海局勢驟然升溫。在此過程中，記者從國務院的新聞發布會上，見到了北京聯合大學臺灣問題研究所所長徐博東的身影，同時，境外媒體也多次引用徐所長有關臺灣問題的演講。11月21日，也即對中外媒體闡述大陸對臺政策的次日，徐所長接受了本報記者的採訪。

《青年參考》：眼下各國媒體都注意到了大陸在臺灣問題上態度的轉變。您認為大陸做出強硬表態的目的是什麼？

徐博東：民進黨是搞「臺獨」的政黨，大陸方面一直高度警惕。以前對陳水扁為首的民進黨是採取「聽其言、觀其行」的策略。陳水扁今年10月底過境美國，在紐約領取所謂「人權獎」。對於他這次美國之行，美國採取了縱容和姑息的態度。另外，他在「公投制憲」等方面的主張，逼著中國在國際上闡明自己的立場。有醜話說在前頭的意思。

《青年參考》：您認為目前中國的表態有沒有取得效果？

徐博東：效果是很明顯的。首先，逼著美國做出了反應。11月20日，美國國務卿幫辦薛瑞福說，美國的立場是不支持「臺獨」。同時強調，反對任何一方片面改變臺海現狀。同時，臺灣民進黨和國民黨的反應也相當低調。以前是污蔑大陸，破口大罵。現在只是稍微表示了不滿。

《青年參考》：大陸動武是停留在口頭上的，還是軍方有什麼具體的措施？今後還會有什麼反應？

徐博東：目前來看，沒有到準備動武的地步。因為臺灣還沒有實質性的獨立措施，大陸採取了最大限度的克制。但我們很擔憂民進黨確立「公投」的法源基礎，「臺獨」的可能性又進了一步。「公投立法」如果只關乎臺灣的民生等問題進行「公投」，不涉及更改「國名」、「國旗」、「統獨」等事項，大陸不會表態。這次表態，希望能讓陳水扁當局放棄將「統獨公投」納入「新憲」。但如果臺灣當局預定在2008年獨立，中國也不會因為奧運會而容忍「臺獨」。接下來大陸肯定會有其他的反應，但要視情況的發展來決定。

結束完採訪，記者又得到了陳水扁和國民黨主席連戰即將就「新憲議題」進行辯論的消息。看來，「統獨公投」合法化議題會不會列入臺灣「新憲」，很快就會有結果了。

（青年參考）

徐博東評臺灣的「公投立法」

編者按：2003年11月30日下午4時，北京聯合大學臺灣研究所所長徐博東教授做客強國論壇（www.qglt.com）與網友交流，主題是「評臺灣的

『公投立法』」。

※我們從根本上就不贊成臺灣制定什麼「公投法」。因為「公投法」的通過不管是不是納入有關兩岸關係定位和臺灣前途的條款，實際上都有可能被「臺獨」勢力所利用。何況，這次通過的「公投法」有多個條款已經涉及到兩岸關係和臺灣前途的問題，實際上已經為今後「臺獨」勢力進行「臺獨」活動製造了法律依據。民進黨雖然迫於島內外強大的政治和輿論壓力，在關鍵時刻未敢支持由急獨派、臺聯黨和民進黨籍的「立委」蔡同榮提出的急獨條款，在「臺獨」問題上未能邁出一大步，但畢竟是邁出了一小步，為未來臺海危機留下了很大隱患。但比較而言，現在通過的「公投法」畢竟比急進的「公投法」要相對溫和一些，兩岸暫時緩解了立即的危機，使我們贏得了時間和空間。

——徐博東

主持人：各位網友，徐教授已經來到強國論壇。訪談現在開始。

徐博東：各位網友大家好！很高興今天和大家來共同探討臺灣問題，請各位儘管發問，盡我所能回答大家的問題。

三門：國臺辦發言人宣布如不設限「公投法」通過，中國政府將做出強烈反應，現在不設限「公投法」已經通過，我們是對說過的話裝糊塗呢？還是應做出恰如其分的反應？

徐博東：公投法在公投的適用範圍是通過國親版，表面上是不設限的，但實際上採取了一種技術性的高門檻的辦法來設限。高門檻主要有下面幾點：比如說規定提案人要占最近一次所謂總統大選選舉總人數的1%，連署人要占最近一次大選選舉人總數的5%。其次，公投議題的認定，屬於所謂「立法院」按政黨席次比例推薦、設置的審議委員會，而排除了臺灣當局，這樣的門檻實際上在目前臺灣的政治生態下，「臺獨」勢力可以說根本不可能邁過這樣的門檻，如願推動「統獨公投」，這就是為什麼「公投法」三讀通過後，臺聯黨和民進黨氣急敗壞、捶胸頓足攻擊公投法是「鳥籠法」、是惡法的一個重要原因。實際上「公投法」應該認為是設限的一個功能，而不是不設限。

徐博東：不過，由於臺灣的政治生態是不斷變動的，目前雖然泛藍陣營在「立法院」席位占優勢，臺灣民眾不贊成「臺獨」的也占多數。但明年底，「立法院」要重新改選，如果新的一屆「立法院」泛藍席位不能占多數的話，那麼前面所說的高門檻對於「臺獨」勢力來說就不在話下了。審議委員會就很可能由「臺獨」勢力占優勢，推動「公投」的實施就將會成為一種可能。這種前景雖然有可能，但應該說「臺獨」勢力想達到這樣的目標也不容易。

早晚要動手：所謂「民進黨大敗」是否合理？國親是否是「臺獨」的同路人？

徐博東：臺公投法通過後，臺灣輿論認為國親大勝，民進黨和臺聯黨大敗，甚至有慘敗的說法，我認為不能這樣看。實際上所謂「公投法」是島內各派勢力折中的產物。民進黨版所謂「防禦性公投」條款的通過，實際上民進黨長期追求的目標得到了實現。這個條款給「臺獨」勢力今後進行「統獨公投」製造了法律依據，留下了無窮的隱患。因為該條款授權總統，在他認為臺灣遭受外力威脅，致「主權」有改變之虞時，總統得經「行政院會」決議，可以交付「公投」。這等於給總統隨意進行公投的特權。只要他一個人認為臺灣「主權」受到威脅，所謂臺灣「主權」安全受到威脅，就可以發動「公投」。而「行政院會」往往同總統是同一個黨派的，如果執政的是主張「臺獨」的政黨，總統是「臺獨」分子，那麼他就可以隨意發動「統獨公投」。所以「公投法」通過只有兩天，11月29日，陳水扁就以中共目前「以武力威脅臺灣」，臺灣隨時有改變「主權」之虞，揚言要在明年3月20日發動與總統大選同步進行的所謂「防禦性公投」。所以說，認為民進黨在公投法大敗或者慘敗是不符合事實的。

唯恐不亂：這次「公投」是我們想要的結果嗎？如果不是，強烈反應在哪？

徐博東：當然不是我們所想要的結果。我們從根本上就不贊成臺灣制定什麼「公投法」。因為「公投法」的通過不管是不是納入有關兩岸關係定位和臺灣前途的條款，實際上都有可能被「臺獨」勢力所利用。何況，這次通過的「公投法」有多個條款已經涉及兩岸關係和臺灣前途問題，實際上已經為今後「臺獨」勢力進行「臺獨」活動製造了法律依據。民進黨雖然迫於島內外強大的政治和輿論壓力，在關鍵時刻未敢支持由急獨派、臺聯黨和民進黨籍的「立委」蔡同榮提出的急獨條款，在「臺獨」問題上未能邁出一大步，但畢竟是邁出了一小步，為未來臺海危機留下了很大隱患。但比較而言，現在通過的「公投法」畢竟比急進的「公投法」要相對溫和一些，兩岸暫時緩解了立即的危機，使我們贏得了時間和空間。

背天鷹：明年臺灣舉行「防禦性公投」如何對付？

徐博東：首先，明年是不是陳水扁一定敢搞「防禦性公投」還很難說。依我個人目前的判斷，他主要是為了拉抬他的低迷的選情，實現競選連任，有意升高兩岸緊張關係和島內的統「獨」對立，以便製造所謂臺灣人的悲情氣氛來凝聚選票，主導選戰議題，迴避執政無能的弱項，轉移民眾的視線。

徐博東：當然，也不能排除陳水扁真的不顧一切、利令智昏的推動所謂「防禦性公投」。屆時，如果真的如此，大陸當然不會坐視不管，必定會有強烈反應。屆時，美國恐怕也不能夠無動於衷。現在，美國因為阿富汗戰爭和北朝鮮問題以及美國國內的問題，已經使它焦頭爛額，小布希明年也面臨著要競選連任的問題。如果陳水扁真的這樣做，將不僅會給大陸帶來很大麻煩，同時也會給美國造成極大的困擾。何況島內還有實力相當強大的不贊成

「臺獨」的泛藍勢力。所以，我覺得他真的搞「防禦性公投」，冒這樣大的風險，目前來看可能性並不是很大。

笑客：徐老師：「防禦性公投」是「臺獨」還是屬於長期拖延統一？

徐博東：當然是「臺獨」。如果說「公投立法」只是給進行「臺獨」活動製造了法律依據，是「臺獨」的第一步。那麼，如果進行「防禦性公投」，實際上就是「臺獨」的第二步。已經開始進入了實施的步驟。當然，「公投」無非有是統是獨的問題。不管結果如何，將會把大陸逼到牆角。臺海恐怕很難避免兵戎相見，因為這實際上已經是對中國主權的嚴重挑戰。那麼，和平統一的方針恐怕就被迫要進行調整。

笑客：你認為大陸對臺政策是否到了要改變的地步？

徐博東：我認為目前雖然兩岸關係嚴峻，「臺獨」勢力有可能會鋌而走險，但實際上也從另一個角度來看，表明了「臺獨」是虛弱的，是焦慮的。從島內的情況來看，主張維持現狀的民眾占80%，也就是說，不贊成「臺獨」的仍然占到多數。從國際社會來看，「一個中國」的框架仍然是穩定的。大陸是抑制「臺獨」的強大的政治、經濟、軍事的實力。基於上面幾個方面，我認為還不到非要調整和平統一對臺基本方針的時候。

2002年12月12日星期四：出現什麼樣的情況，可以認定是臺灣獨立了？

徐博東：認定臺灣獨立不一定非得說它宣布臺灣已經獨立。按照目前民進黨的說法，臺灣本來就已經獨立了，不必要宣布「臺獨」。我認為是不是臺灣獨立，關鍵在它法理上是不是界定臺灣是一個所謂主權獨立國家。比如說，修改「國旗、國號、國歌」，重新界定所謂「中華民國」的領土主權範圍，都可以認為它已經事實上宣布了獨立。再有，如果長期堅持拒絕與大陸進行統一談判，企圖永遠的維持現狀，那也可以視為「臺獨」。

夜裡挑燈：徐先生：你認為這次國親版的「公投法」的門檻很高，是否有些自欺欺人？

徐博東：門檻很高恐怕不能否認，關鍵是臺灣的政治生態如果發生重大變化，形勢有利於「臺獨」勢力的話，那麼當然門檻也就不成為門檻。目前來說，說它門檻很高，這個事實還是應該承認，不能認為是自欺欺人。

水渾浪揮：嘉賓：是國民黨無人，還是陳水扁太厲害？或者說島內「臺獨」勢力占上風？這種局面形成的原因是什麼？

徐博東：我認為這是多種因素造成的。首先是美國因素，美國長期以來對華實行雙軌政策，縱容扶持「臺獨」勢力的發展。如果沒有美國的支持，「臺獨」不可能囂張到這個地步。這次陳水扁過境美國，給予高規格的接待，客觀上就助長了臺灣勢力的氣焰。國民黨敗據臺灣之後，實行錯誤的對臺政策，造成了嚴重的省籍矛盾。李登輝上台之後，和「臺獨」裡外勾結，縱容扶持臺獨勢力的發展，打著「本土化、民主化」的旗號，一步一步地在「一個中國原則」上後退，直至提出「兩國論」，把臺灣民眾的國家認同意識搞亂了。陳水扁上台之後，進一步搞「文化臺獨」，搞「去中國化」，利用他手中掌握的公權力壓制打擊島內的統派勢力，使「臺獨」的氣焰日益囂張。

徐博東：當然，中華人民共和國成立以來，中共在許多方面也有施政上的失誤，比如說文化大革命等等，使得中國現代化建設受到比較大的挫折，走了彎路，減弱了對臺灣民眾的吸引力。另外，在政治改革方面，也還有很多值得進一步檢討需要完善深化的地方。所以，大陸應該承認，也應負有一定的責任。另外，日本對臺灣的50年的殖民統治，特別是後期搞皇民化運動，也培養了一批像李登輝這樣的認賊為父的民族敗類，成為「臺獨」的一支重要的骨幹力量。戰後或明或暗也在支持島內的「臺獨」勢力。總之，我認為負主要責任的是國民黨以及美日等國反華勢力。

酒精考驗的人：陳水扁說大陸對臺灣的威脅是現在進行時，是否意味著他可以隨時進行統獨「公投」？

徐博東：基本上是如此。如果說他有什麼門檻的話，就是「公投法」裡面所規定的要通過「行政院會」做出決議。但「行政院會」實際上是陳水扁掌控的。所以，所謂的「門檻」等於沒有門檻。如果「臺獨」人士認為時機對他們有利，他們利用這樣一個條款來發動「統獨公投」，隨時都可以。所以這個所謂「防禦性的條款」，我認為是「公投法」裡面危害臺海穩定和亞太地區和平最嚴重的一個條款。

jiang0301：我們為什麼能夠肯定陳水扁只是搞選戰，而不是真「臺獨」。人家喊的口號是真真事實的，響亮的。

徐博東：首先，我不認為陳水扁只是單純的為了搞選戰。實際上，「臺獨」之所以發展到今天這樣的地步，就是在李登輝執政時期，通過一次一次的選戰，「臺獨」人士不斷地宣揚他們「臺獨」的主張，污染臺灣社會，搞亂了臺灣民眾的思想，才發展到今天這樣的地步。所以，實際上選戰時期就是進行「臺獨」活動的一個最佳時期。但是，口號畢竟不等於行動，如果口號再加上行動，就比如說在這次選戰中，陳水扁搞「公投立法」，為今後搞「法理臺獨」製造法律依據，就不能僅僅看成是言論，而已經是行動了。正因為如此，中國政府才把這次「公投立法」認為是一個需要嚴重關切的重大事件，做出了強烈反應。

老言：從人數上講，大陸民眾比臺灣多出很多，如果我們也制定「公投法」，勢必在法理上可以占上風，徐教授以為然否？

徐博東：我認為光制定一個「公投法」還不夠，需要制定一個「國家統一綱領」。在這個統一綱領中，要有分裂國土罪的條款。依我個人的意見，這樣的一個綱領和條款，應該在明年兩會期間制定出來。因為美國早就有支持「臺獨」的所謂「與臺灣關係法」，現在臺灣也制定了一個可以搞「臺獨」的「公民投票法」，為什麼我們現在不可以搞一個制止反對「臺獨」的「國家統一綱領」呢？我覺得時機已經成熟了。

美好美好大國家：請問教授，在對「臺獨」問題上，我們是不是太看重美國臉色了？是否應檢討一下這許多年來的對臺方略？

徐博東：我記得鄧小平曾經在七十年代講過一句話，他說如果我們因為要解決臺灣問題，使中美關係倒退的話，我們也只好接受這樣的現實。這句話非常有氣魄。現在面對著島內「臺獨」勢力的囂張，我覺得確實有必要重溫鄧小平這一重要論斷的時候了。

不說難受：請問嘉賓：「公投立法」的關鍵在於「公」投，將來這種「公」投的結果我們是否承認？

徐博東：臺灣是中國領土的一部分，這是歷史的事實，也是國際法和國際社會所公認的。既然如此，決定臺灣前途就應該由全體中國人，包括臺灣和大陸13億的中國人，共同做出決定，才叫做「民主」和「人權」。「臺獨」人士打著「民主」、「人權」的幌子，在臺灣地區想通過片面的「公投」來決定臺灣的前途，實際上是最不民主、最不講人權的一種做法。因為他剝奪了大陸13億人民的民主和人權。

夜裡挑燈：那麼，「臺獨」分子的下一個最有可能的目標是什麼？

徐博東：下一個目標，當然最最關鍵的就是陳水扁的競選連任。有了政權，才會有一切；喪失了政權，推動「臺獨」的公權力就喪失了。

註冊難難於上青天：我認為只要我軍擁有對臺優勢，臺灣即使舉行「統獨公投」也肯定被否認。你認為呢？

徐博東：首先，由臺灣地區的人民來進行「統獨公投」，本身就是違法的。進行這樣的公投是不被允許的，不管他會不會遭到否決，都是對「一個中國原則」的嚴重挑戰，對兩岸關係現狀的挑戰。當然，如果現在就進行「統獨公投」，就目前島內情況來看，我認為「臺獨」被否決的可能性比較大。

jiang0301：時間真在我們這一邊嗎？臺灣不會發展，美國不會改變政策，日本也永遠不會改變嗎？還有其他鄰國？

徐博東：時間是不是在我們這一邊？見仁見智。有些「臺獨」人士就認為時間在他們那一邊。當然，時間是不是真的在我們這一邊？主要取決於：我們自己是不是爭氣；中國的經濟是不是能不能保持平穩、健康、快速的發展；中國的改革開放是不是能夠進一步地深化，許多深層次的矛盾和困難是不是能夠得到解決和克服，此其一。其二，從外部講，我們是不是在處理中美關係方面能夠比現在做得更好；在對臺政策方面是不是能夠與時俱進，根據形勢的發展來靈活地調整政策。總之，既有內部因素，也有外部因素。總體來說，我本人對和平解決臺灣問題還是審慎樂觀的。

不說難受，非說不可：「臺獨」是一個過程，我們應該在過程中遏止，還是只在結果上遏止？

徐博東：「臺獨」既是一個過程，也是一個結果。我們當然要重視過程，但是我們一般講如果「臺獨」就動武，是指它的結果。實際上大陸在1995年、1996年、2000年、2002年及目前，始終對「臺獨」活動的過程採取了必要的遏止手段，包括軍事上的動作。但人家還沒有真的搞「法理臺獨」觸動底線，「臺獨」還在可以控制的範圍之內，我們當然還要繼續堅持和平統一的方針，戰爭可能會使中國的國家統一早日實現，但畢竟是民族的撕裂。如果臺灣問題解決得不好，如果用軍事手段、用武力去解決臺灣問題，表面上實現了統一，很可能臺灣問題事實上並沒有得到真正的解決。

大炎：徐教授，您對宋楚瑜兩岸50年內不會統一的說法有何評價？

您是否認為民進黨、國民兩黨並無本質上的區別？

徐博東：50年不會統一的說法，不知道宋楚瑜的根據是什麼。恐怕大多數中國人都不會同意。依我個人的判斷，如果我們很好地抓住這20年的重要戰略機遇期，排除各種干擾，包括「臺獨」的干擾，一心一意地埋頭搞建設，就有可能使這個戰略機遇期也成為解決臺灣問題的一個機遇。

徐博東：我認為至少到目前為止，民進黨和國民兩黨還是有本質上的區別。民進黨是不折不扣的「臺獨」黨。從根本上就否認臺灣是中國的一部分，甚至否認自己是中國人，只是個華人。但國民黨從黨綱、所堅持的「中華民國的憲法」以及主要領導人物的言論、行動，都不能認為他是主張「臺獨」的政黨。當然，由於國民黨堅持「中華民國」仍然存在，是和大陸對等的政治實體。正因為如此，使他和陳水扁、李登輝的「一邊一國論」和「兩國論」很難讓臺灣人民加以區分，這也是造成國民黨很大困擾的一個問題。當然，國民黨今後會變成什麼樣呢？那是另外一回事。

夜裡挑燈：你認為民進黨在將來是否還有掌權的機會？如果有，下來的問題如何處理？

徐博東：從目前的島內選情來看，表面上泛藍陣營推出的連宋配比陳水扁略占優勢。但一般的評估，雙方勝選的機會在五五波。所以，我們應該從最壞處著想，做好民進黨繼續執政的心理準備。如果民進黨陳水扁真的勝選，據我個人的判斷，他不敢搞急「獨」，還會採取「拖以待變」的策略，也就是在維持所謂「實質獨立」現狀的基礎上，繼續搞「去中國化」，搞「漸進式臺獨」，通過教育、文化、宣傳等各種手段，在臺灣繼續營造所謂新的「國家認同」，營造「臺獨」的社會氛圍、厚實和擴大「臺獨」的社會基礎，繼續誘導臺灣的主流民意向「臺獨」的方向轉變，幻想國際局勢和大陸政局會發生有利於「臺獨」的變化，耐心等待時機以求一逞。

徐博東：當然，也不能夠完全排除「臺獨」真的會冒天下之大不韙，利用大陸舉辦奧運的機會，利令智昏、誤判形勢，搞「臺獨公投」等急獨動作，如果真的發生這樣的事情，大陸絕不會吞下苦果，只能提前用非和平手段解決臺灣問題。如果是前者，我認為我們應該在對臺工作方面抓住下面四個要點不放鬆。第一，從戰略高度積極推動兩岸「三通」早日實現。「三通」對兩岸人民交流融合、消除敵意、最終實現和平統一具有重要的戰略意義。其二，從戰略高度重視兩岸青少年的交往工作，因為實現統一，希望在青年一代。其三，從戰略高度重視爭取臺灣民心。爭取臺灣民心不光是對臺灣民眾做一些表面工作，最重要的還是要發展自己。不光是物質文明的發展，更要重視精神文明和政治文明的建設，這樣才能夠增強對臺胞的吸引力。其四，從戰略高度重視國防和軍隊建設。我們要盡最大努力爭取和平統一。但和平統一必須要有強大的武力做後盾，只有敢戰、能戰，才能避戰、止戰。康熙統一臺灣的歷史經驗教訓，值得我們很好研究和借鑑。

武陵過客：面對「臺獨」我們應有更加明確的態度，陳水扁終於按捺不住，把他的「臺獨」本性赤裸裸地擺在了我們世人的面前。而國親兩黨的跟風態度，使我們每一個熱切……但是為了領土的完整我們應該用我們人民的武裝來捍衛。

徐博東：我很贊成你的看法，制止「臺獨」、反對「臺獨」，關鍵要靠我們自己，寄望於廣大臺灣民眾，而不是把希望寄託在美國人身上，也不是國民黨、親民黨身上。

徐博東：我今天是第一次上網跟網友交流，謝謝大家的指教，希望以後還有機會和大家共同來關心中國的統一問題。中國人應該有智慧用和平的方式來解決臺灣問題，如果不得不用戰爭完成國家的統一，那也只好接受這樣的現實，因為統一是國家的最高利益。

（強國論壇）

專家解讀美對臺政策

溫家寶總理近日訪美時，美國國務卿鮑威爾表示，美國從根本上不支持「臺獨」，美國總統布希更直接表示：「臺灣領導人的言行表明，他可能想單方面改變現狀，這是我們所反對的。」如何解讀美國在臺灣問題上發出的這些資訊？本刊採訪了著名臺灣問題專家、北京聯合大學臺灣研究所所長徐博東教授、廈門大學臺灣研究所所長劉國深教授。著名國際問題專家、清華大學國際問題研究所所長閻學通教授也對此發表看法，在此一併刊登。

徐博東：遏止臺灣「急獨」符合中美雙方利益

這次溫家寶總理訪美，布希總統在全球矚目的重要外交場合，對臺灣領導人說了一些重話。布希的表態，可以看作美國在當前國際形勢下，對臺灣當局不聽招呼，猖狂進行「臺獨」分裂活動的一種警告。但這是否標幟美對臺政策從此走向清晰和穩定，還需要聽其言，觀其行。

應該說，美國對臺灣問題長期執行的是一種模糊的、雙軌的政策，說得難聽點，是左右逢源，搞兩面派。美國堅持「一個中國」的政策，用中美三個聯合公報來發展同中國大陸的關係，與此同時，它制定了《與臺灣關係法》，在雷根時代還搞了對臺「六項承諾」，同臺灣在軍事等方面建立了實質關係，並事實上成為臺灣的「保護傘」。美國尋求在兩岸扮演平衡者的角色，好比對待水中的兩個葫蘆，哪一個浮得高一點，他就壓哪個一下，不讓一方占據明顯優勢，以此操縱兩岸局勢的發展變化，獲取其最大的國家利益。

美國對臺政策也有明顯失衡的時候。主張「臺獨」的陳水扁上台執政後，布希總統沒有對「臺獨」施加任何壓力，反而不斷向他發出錯誤資訊：布希公開表示要「盡一切可能協防臺灣」；美對臺軍售變得毫無顧忌，賣給臺灣吉德艦、愛國者導彈等大批高科技武器、進攻性武器，以至讓臺灣買不起；美大幅提升美臺軍事關係，派專家以撤僑小組等名義參與臺灣軍事演習，評估臺灣戰力，美臺軍方高層交流增加，臺「國防部長」得以到五角大樓公開訪問……這些使美臺向「準軍事同盟」的關係發展。美國發出的這些非常錯誤的資訊，使「臺獨」分裂勢力判斷，美國非常支持臺灣「獨立」。「911」之後，反恐成為美國最大國家利益，並需要中國給予合作，美國對華政策、對臺政策開始出現明顯變化，國防部鷹派的聲音減弱。但當陳水扁為了選舉和推動「臺獨」的雙重需要，不斷拋出「公投」、「制憲」、「正名」等議題並明確提出其心中的「臺獨時間表」後，美國再次發出了錯誤的資訊：當陳水扁過境美國時，美國提高接待規格，美在臺協會理事主席夏馨全程陪同，並發表「布希總統是陳總統的守護天使」等極不得體的言論，美國還允許陳水扁公開演講並散布其「臺獨」主張。這使「臺獨」分裂勢力得到極大鼓舞，進一步堅定了美國會支持「臺獨」的信心。當泛藍放棄原先反對「公投」的立場後，臺灣當局通過了「公投法」，臺灣分裂勢力利用「公投」搞「臺獨」獲得了法源和空間，陳水扁推動「防衛性公投」已箭在弦上。「臺獨」分裂活動變得如此猖狂，美國負有不可推卸的責任。

中國大陸對臺灣當局的「臺獨」分裂活動提出了嚴厲警告。溫家寶總理接受美國媒體採訪時堅定表示：「中國人民會不惜一切代價，維護中國的統一。」「臺獨」分裂活動不僅觸及大陸紅線，也威脅美國的利益，因「臺獨」而引發戰爭將給美國帶來極大麻煩。美國在朝核、反恐等諸多問題上正有求於中國，美國不能指望中國協助它維護其戰略利益，而它可以毫不顧及中國的核心利益，毫不理會中國對臺灣問題的高度關切。美國被迫對臺灣當局的分裂活動表達更加清晰的態度。美國先是採取「鴨子划水」的辦法，布希總統讓包道格和特使莫健等給陳水扁多次傳達資訊，在未能取得明顯效果的情況下，利用溫總理訪美的時機，布希親口向臺灣領導人提出了警告。

美國的這種表態，有值得肯定的地方，應該視為對中國政府反對「臺獨」鬥爭的一種支持。但美國的表態是否轉化為一種穩定連續的積極政策，還有待觀察。其一，美國反對臺灣獨立的立場是由溫總理轉述的，布希在聽完英譯後，當場點頭默認。布希沒有親口說出反對「臺獨」，反對臺灣任何形式的「公投」，為其可能的政策轉變留下了餘地。其二，陳水扁在布希演講的當晚即公開表示：任何政府、政黨和個人都無權干涉臺灣人民的民主權利，不指名地頂撞了布希。美國到現在還沒有採取任何後續的實質行動，對陳水扁執意推動「公投」施加更大壓力。一些人士因此猜測美臺之間可能私下已達成某種默契，是在演「雙簧」，也有人懷疑美對臺警告只是權宜之計。可以預計，陳水扁會不計後果繼續推動「公投」，繼續各種「臺獨」言行，美國對此採取何種立場和對策，值得密切關注。美國在臺灣問題上玩兩面手法已給人留下深刻印象，它是否信守對中國政府作出的承諾，還需要承受考驗。

應該承認，從長遠看，中美在臺灣問題上存在非常嚴重的分歧，潛伏著衝突的可能。美國反對大陸和臺灣單方面改變現狀，但中國不會永遠讓兩岸維持分裂的現狀，中國最終要實現中國的完全統一，這是中國最高的國家利益，也是全體華夏兒女神聖的歷史使命。但美國不會支持中國的統一事業，它會追求其自身在臺灣問題上的國家利益。對美國最有利的是臺灣和平獨立，這會使具有重要戰略地位的臺灣成為依賴於它的附庸國，大大壓縮中國的戰略空間，但中國絕不會容忍這種事態出現，也完全有實力粉碎「臺獨」勢力，任何國家都阻擋不了中國強盛的勢頭，也阻撓不了中國的統一事業。退而求其次，美國希望兩岸維持現狀，不戰不和、不統不獨，它可以游刃有餘，從中漁利，始終牽制中國，為其全球戰略利益服務。美國不希望兩岸統一，如果兩岸非統一不可，它也寧可是武力統一，這會使兩岸兩敗俱傷，也會給臺灣留下許多後遺症，它最不希望看到兩岸和平統一，會盡力阻撓這一進程。臺灣問題因此將始終成為中美之間最敏感最複雜的核心問題，也極易引發矛盾和衝突，對此我們應該始終保持清醒的頭腦。大陸最終必須靠自己綜合國力的提高，來迫使美國在臺灣問題上與我合作，確保統一大業的完成。

在現階段，兩岸維持現狀，既是臺灣主流民意，也符合中美雙方的利益。中國大陸正集中精力發展經濟，壯大國力，並不急於統一臺灣。美國有反恐等更重要的國際事務需要處理，不希望看到臺海現在出現危機，兩岸維持現狀也有利於美國利益，它可以利用兩岸適度緊張的關係賣軍火給臺灣，也可以遏止中國快速崛起。目前急於打破兩岸現狀的是臺灣分裂勢力，他們對「臺獨」事業有一種緊迫感、危機感、時機感，陳水扁推動「臺獨」的步子之快、膽子之大，正是這種危機感的充分反映，當然這也反映了他極其虛弱的一面。「臺獨」分子把希望完全寄託在美國的保護上，寄託在中國大陸的衰弱、分裂上，但國際局勢的發展和中國大陸的迅猛發展，使他們的獨立建國之夢越來越成泡影，他們害怕大陸越來越強盛，害怕美國越來越有求於中國，害怕美國最終為了其更大的戰略利益，像當年犧牲李承晚、吳庭豔一樣犧牲「臺獨」分子。李登輝、陳水扁等幻想借大陸舉辦2008年奧運會和2010年世博會之機，一舉實現其「公投」、「制憲」建立「臺灣共和國」的夢想，指望大陸吞下丟掉臺灣的苦果。陳水扁急於連任，急於啟動一次「公投」，急於把臺灣主流民意引向「去中國化」、引向分離主義，急於用各種「臺獨」言行左衝右撞，測試大陸和美國的底線。陳水扁這種急於挑戰兩岸關係現狀的「臺獨」行為，極易觸及大陸動武的紅線，也不符合美國現階段的全球利益、戰略利益，相反是對美國利益的直接威脅和損害。美國出於自身利益的考慮，會對臺灣當局的「急獨」活動保持警惕，會在必要的時候，同大陸聯手共同壓制「臺獨」，以維持臺海和平和亞太地區的穩定。陳水扁用「民主」、「人權」等幌子包藏「臺獨」禍心，雖然有一定的欺騙性，在美國也有一定的市場，但美國從來都是搞雙重標準，他最看重的是自己的利益，當陳水扁的言行不符合美國利益時，美國必然會出來反對。反對「臺獨」，實現中國統一，主動權必須掌握在我們自己手裡。其一，解決臺灣問題，維護國家領土和主權的完整統一，是我們最大的國家利益，其他利益應服從於這個利益，中美關係也應服從於這一利益。鄧小平同志曾經強調，如果我們因為要解決臺灣問題而使中美關係倒退，那我們也不得不接受這個事實。溫家寶總理已經堅定表示：「中國人民將不惜一切代價，維護中國的統一。」我個人理解，「不惜一切代價」包括不惜中美關係倒退的代價。在臺灣問題上，美對臺軍售等一系列問題還有待解決。我們應繼續逼美制「獨」，在原則問題上不能有任何妥協和讓步。其二，我們應盡快制定維護國家統一、反對分裂的法律，對「臺獨」分裂勢力形成強大威懾。其三，我們有必要重申，臺灣問題是中國內戰遺留的產物，兩岸目前的分裂狀態、和平狀態並非常態。只要臺灣問題一天沒有完全解決，兩岸就仍然尚未結束內戰狀態。只有兩岸中國人都承認自己是一個國家，承認最終一定要統一，臺灣問題才能和平解決。現在「一個中國」、「統一」等在臺灣已被妖魔化，鼓吹「臺獨」可以理直氣壯，講「統一」就是「賣臺」，臺灣分離主義勢力的發展速度極快。我們必須讓臺灣人民明白，「臺獨」即意味戰爭，這絕不是一句空話。對死硬「臺獨」分子，我們更應始終保持軍事威懾，隨時給予迎頭痛擊。

……（略）

（瞭望新聞週刊，記者黃海）

陳水扁狡詐無信，否認「四不一沒有」

新華社記者范麗青北京報導：12月22日臺灣當局領導人陳水扁在與臺灣媒體記者的座談會上對其「四不一沒有」的承諾又有了最新說詞，他聲稱他在2000年5月20日就職演說中提到的「四不一沒有」是有前提的，前提是「如果中共無意對臺使用武力」，那他保證在任期之內做到「四不一沒有」。陳水扁還聲稱，「何謂有意動武？已經瞄向臺灣、針對性來做所謂飛彈試射和演習等，我們認為，這已經是很清楚的對臺動武的意圖，本來就沒有『四不一沒有』的存在。」

針對陳水扁的說辭，2003年12月25日北京聯合大學臺灣研究所舉行研討會，與會專家學者對陳水扁狡詐無信，為了個人選舉私利不惜製造臺海危機的言行做了充分揭露，呼籲海內外中國人團結一致，制止陳水扁「臺獨賭博」行為。

座談會主持人、北京聯合大學臺灣研究所所長徐博東：陳水扁四年前當選後，面對海內外對其「臺獨」立場的質疑，曾經表示他的兩岸政策保證「讓美國滿意，國際社會肯定，中共雖不滿意但找不到藉口」，後來他在就職演說中正式承諾「四不一沒有」。這個承諾不僅是美國嚴肅看待的，也是中國大陸方面對他「聽其言、觀其行」的重要指標。但現在，他卻說「四不一沒有早就不存在了」。陳水扁在臺灣「公投法」通過後，孤注一擲要搞針對大陸的「防禦性公投」，他為了回應海內外對他「製造麻煩」的質疑，曾一再聲稱堅守「四不一沒有」承諾，現在說辭卻再度反覆，究竟陳水扁是何居心，是何態度，引發海內外關注。今天我們請來北京有關臺灣研究和美國研究的專家進行座談。

……（略）

徐博東總結：陳水扁最近的言行，現在是「美國不滿意，國際社會質疑，大陸反對」，關鍵是他在向著「急獨」方向滑行。這不僅是選舉語言而是「臺獨時間表」的重要一步，他放棄「四不一沒有」不是偶然的，他的做法使兩岸和平統一走上了十字路口。

陳水扁同樣挑戰了美國的臺海政策，使局勢面臨失控的危險，危害中國國家安全的核心利益，也危害美國全球利益。

「臺獨」長期是美國扶持的，「與臺灣關係法」已成了為「臺獨」撐腰的美國國內法。陳水扁不承認「一個中國原則」，不承認是中國人，早已違背美國的「一中政策」，但美未加以制止，反而一再發出錯誤信號，因此陳水扁是美國寵壞的，應由美國管教。

希望美國要認清形勢，不要心存僥倖，認為陳水扁不敢搞「公投臺獨」，會縮手，光憑說幾句重話，是不可能讓陳水扁縮手的，如不進一步採取必要措施，則臺海局勢可能失控。

（新華社）

2004年

臺海戰爭繃在藍綠勝敗的弦上

——訪談北京聯合大學臺灣研究所所長徐博東教授

2月12日，徐博東在北京聯合大學的新辦公室，電腦和書都還沒有搬過來，除桌椅和一個檔櫃之外，基本上空空如也。在這樣一個整潔到空曠的房間裡開始與徐教授的交流，真找不到以往採訪學者的書卷氛圍。「這是我在這裡接受的第一次採訪」，他微微一笑：「因為和你們約好了，央視的節目我就推掉了。」

這真是難得一見的笑容。整個採訪他都保持一種對紛繁世事袖手旁觀的冷靜表情，你甚至可以說他有些慢條斯理的慵懶——說到他被臺灣當局封殺三年不准入島，竟然連不屑的表情都欠奉。他只是平靜地說，他們壓不住我，通過別的方式我照樣可以去臺灣。

除陳水扁之外，民進黨高層他基本都有過直接接觸，從陳水扁最資深和信任的顧問到他的選舉總幹事等一干人物。徐博東現在做的是「民進黨研究」，接觸他們再平常不過了。「陳水扁我沒有接觸過，但他肯定知道我。」

辦公室裡僅有兩件小飾物。一個孫悟空塑像，一手持棒，一手搭乘涼棚遠眺，「金猴奮起千鈞棒，今年是我本命年，學生送我的。」他第二次笑了笑，似乎有種與人奮鬥其樂無窮的意味。

另一件是一塊暗紅色小旗。掛在檔櫃上，一行黑色美術字：1991臺灣文化青年訪問團。下面白色繁體楷書：情誼永固。

被臺灣當局封殺三年不准入島的大陸學者

《齊魯週刊》：您去過臺灣幾次？

徐博東：六次。如果不是臺灣當局的限制，應該會是八次、九次。最早被阻撓的一次是蔣經國去世的時候。臺灣史學會要衝破兩岸隔絕狀態，邀請我和廈門大學臺灣所的陳孔立所長到臺灣出席研討會。當時我還沒搞臺灣現狀研究，只是臺灣史。本來他們是邀請中國社科院臺研所的，可是中國社科院臺研所沒有人搞臺灣史研究，所以就把我請去做他們的特約研究員，代表社科院臺研所出席臺北的研討會。我們的論文第一次在臺灣發表。這是自建國以來大陸學者第一次在臺灣公開發表論文，曾引起不小的轟動。第一次就沒去成。這在當時是不可能的。

還有一次是整個一個訪問團都被取消。這次是去年二月。不但不讓我去，而且封殺我三年不准入島。原因是批判陳水扁「一邊一國論」，實際上就是因為這個事情，但他們的藉口是我在前年十一月份在臺灣待的一個月，違反了規定行程，還發表「不當言論」。

《齊魯週刊》：陳水扁您接觸過嗎？

徐博東：陳水扁雖然沒有直接接觸過，但他肯定知道我。我現在就等於列入了他的黑名單。但他壓不住我，我母親和弟弟都在臺灣，我可以以探親的名義去，探親他們沒道理不讓我去，我母親都八十多歲了，他如果不讓我去，我馬上開記者會，你不是講人權嗎？我現在是「戒急用忍」，本來去年十二月份我就想開記者會，但一想今年陳水扁可能敗選，我何必急於一時呢？

《齊魯週刊》：我們馬上就要去臺灣採訪，作為專家和熟悉情況的師長，您有何建議？

徐博東：現在去很敏感，選戰已經進入白熱化的階段了。去了小心點，別出什麼事情。你完全得按照他們規定的行程辦事，現在他們盯大陸去的人盯得很緊，他們會故意找碴，沒事都找碴，我們不是抓了他們的臺諜嘛，他們可能會報復大陸。

另一個臺灣：中國的，親切的

《齊魯週刊》：走在臺灣大街上，與大陸相比有何感覺？

徐博東：就兩岸三地來說，如果你從香港轉機去臺灣，你會感覺港臺完全不一樣。到了臺灣你會感覺和大陸沒什麼區別。街上接觸的人說的都是國語，即普通話。到鄉下，聽到的是閩南話，很多老房子都是那種福建的民居。國語雖然調不準，但和香港人說的那些咿哩哇啦的香港話是不一樣的，而且文字也都是中國字，只不過是繁體，所以整個感覺臺灣社會的文化氛圍就是中國人的。生活習俗都是和南方比如福建一樣的，你感到很親切。

臺灣最近幾年很蕭條，當然最近好了一點。前年去的時候，感覺街道上很多商店都關門了，小工廠也倒閉了，都搬到大陸來了。歌廳等等都很蕭條。

《齊魯週刊》：兩岸人士在接觸時的彼此感覺，近二十年來有過變化嗎？

徐博東：當然有。臺灣畢竟比較富足，人均所得12000美元。真正過不下去的人很少，南部差一些，中北部比較好。但現在與十年前彼此的接觸相比，已經有一個很大的不同。那時候我們比較窮，剛剛改革開放，他們有一種小島暴發戶的傲氣。包括來大陸的學者，反對統一的一個理由就是，大陸太落後，我們跟你統一以後就要吃虧了。

他們那時所受到的灌輸宣傳就是統一了以後就共產了。所以有臺灣進步學者說，國民黨在臺灣搞了幾十年，別的不成功，但反共教育很成功。到目前為止，比喻一個人蠻橫不講理，還是說，你怎麼跟中共似的。

《齊魯週刊》：十幾年前，家鄉如果有誰的臺灣親戚回來探親，一定會引起轟動性的豔羨。衣錦還鄉的心情是顯然的，臺灣老兵都那麼有錢嗎？

徐博東：實際上有很多臺灣老兵經濟情況並不好，但又不好意思空著手回來，結果很多就不敢回來了。有的回來的，特別是到貧困地區，有的傳說皮鞋也脫掉了，西裝也脫掉了，幾乎是光著屁股回去的。這樣回去影響也不好。有一些縣裡幹部，追著人家要讚助啊，做好事啊，修個橋補個路啊，他們哪有那個錢啊！

百變阿扁：一天變好幾次

《齊魯週刊》：誰在支持陳水扁？他們是一種什麼狀態？

徐博東：有些南部的人說，「肚子餓得扁扁的也要挺扁」。實際上他肚子並不扁，如果真的肚子扁了，他也就沒有那個力氣了。據說很多人參加那些幾十萬人的請願活動，就是衝著發給帽子和衣服，或者錢去的。說實話，如果陳水扁繼續執政的話，兩岸關係搞不好，隨著大陸不斷發展，臺灣經濟不斷邊緣化，臺灣的繁榮將受到更大的影響。所以有人說他連任也沒什麼大不了的，只會讓臺灣人更靠近大陸。當然他確實有一幫忠實的「臺獨」支持者，我們反「臺獨」，震懾「臺獨」，就是針對他們。

《齊魯週刊》：從您在臺灣接觸的各種管道來看，陳水扁就他自己來講，到底是什麼樣的一個人？

徐博東：貧困出身。他父親靠打工度日，他自己是從臺南最貧困的鄉下，靠個人奮鬥一步一步爬上來的。讀書非常刻苦，要出人頭地，再也不能像父親一樣受苦了，個人的競爭意識非常強。但骨子裡也有一種自卑的情緒，他想擺脫貧困，那種家庭的貧窮記憶又讓他歸結為社會的不公。另外他的抗壓性不夠，一旦在強大的壓力下，就會改變策略。而且他是律師出身，以贏官司是最重要目的，至於手段那就是其次的，這種律師的性格也導致他容易變來變去。

《齊魯週刊》：所以叫「百變阿扁」？

徐博東：是的。他的整個政壇生活就是這樣。覺得「臺獨」是票房毒藥時，他可以是溫和的態度。比如競選臺北「市長」時，別人都在那裡大喊「臺獨」，他卻接受「中華民國的國旗」，保證當選後在市府大樓裡掛孫中山像、蔣介石像。因為臺北的選民結構，支援統派的選民還是比較多的。當它需要拉「臺獨」的選票時，就會說得比誰都「獨」，和李登輝比賽著「獨」，鞏固他的基本盤嘛！在民進黨支持比較多的場子裡，可以罵大陸，唱「臺獨」唱非常高調。在反對「臺獨」的一些場子裡面，特別像軍隊，臺灣的「國軍」雖然長期接受反共教育，但也接受反「臺獨」教育，他就會高喊「中華民國萬歲」。所以叫「百變阿扁」，不是三天兩頭變，而是一天就能變好幾次，上午和下午不同，白天和晚上也不同。

《齊魯週刊》：他怎麼敢這樣做呢？不怕影響自己的政治信譽和形象嗎？

徐博東：這和臺灣的「選民」結構有關係。根據上次「大選」的經驗，他只要鞏固好自己的基本盤，然後再拉一些動搖的中間選票，他就能贏。所以，他能拉多少拉多少。

《齊魯週刊》：這次所謂臺灣「大選」，陳水扁似乎表現得格外「獨」，有什麼特別的原因嗎？

徐博東：除了推動「臺獨」的根本需要之外，這次如果辯論島內的其他問題，比如經濟問題，民生問題，他就會吃虧的。執政四年他根本就沒有任何成績，所以只能拉高敏感問題，攪亂臺灣民眾的視線，忘了他執政的失敗，同時把兩岸關係緊張的責任推給大陸。實際上它也確實需要拉自己的臺獨基本盤。所以他採取這種策略是完全可以理解的。如果四年執政很好，經濟很發展，老百姓也很滿意，那肯定會拚命吹牛，做了哪些事，有哪些成績，如果繼續執政，會做得更好，等等。

《齊魯週刊》：這是臺獨勢力的特點嗎？

徐博東：應該說「臺獨」分子就是靠這一次次大大小小的選舉和宣傳，逐漸攪亂了臺灣社會，誤導臺灣民眾。此次搞「公投制憲」也好，「臺灣正名」也好，都是向著「臺獨」方向的一步。

（齊魯週刊，甯方朋）

「臺獨」分子上演醜劇

臺灣總統選舉的日子越來越近了。日前，以陳水扁為首的民進黨「泛綠陣營」發動了名為「『228』百萬人手牽手護臺灣」的造勢活動，利用紀念臺灣「228起義」57週年的機會，大搞宣傳攻勢。在這次活動中，陳水扁又一次肆無忌憚地發表「臺獨」言論，並公開同李登輝和「藏獨」分子沆瀣一氣。對此，有臺灣輿論抨擊陳水扁在無計可施之際，只剩下「製造兩岸敵意言行」，煽動民眾仇視大陸這一招兒了。

……（略）

北京聯合大學臺灣研究所教授徐博東日前在接受臺灣媒體採訪時表示，這場「手護臺灣」鬧劇，無論是以「臺灣正名運動」還是以「挺扁大遊行」面目出現，都是百分之一百的「臺獨」活動。

徐博東還批評了陳水扁2月28日發表的紀念專文。他說，陳水扁在這篇專文中語帶玄機地宣稱，「在確立臺灣的主體性之後，我們應該以更大的格局來思考並定位臺灣」，這個「更大的格局」和「定位臺灣」，就是要推動實現陳水扁早些時候宣布的「公投——制憲——建國」的「臺獨」時間表。

他指出，陳水扁聲稱紀念「228起義」是為了「愛、寬容和反省」，聲稱要建立「兩岸和平架構」，但卻蓄意煽動臺灣民眾仇視大陸，可見其虛偽之至。

徐博東強調，「臺獨」分子歪曲歷史，打著紀念「228起義」的幌子，把矛頭對準中國大陸，為其從事「臺獨」分裂活動鋪路，這不僅是對「228起義」死難者的褻瀆，更是不折不扣地對歷史的公然反動。

（世界新聞報，余芒）

陳水扁重申「臺獨時間表」是破壞臺海現狀挑釁行為

據新華社北京3月15日電（記者朱華穎）北京聯合大學臺灣研究所所長徐博東15日接受本社記者專訪時指出，陳水扁3月14日在「世界臺灣人大會」年會上演講時重申「臺獨時間表」，聲稱他如果「能夠連任」，將全力推動「制定臺灣新憲法」，要在「2006年公投制憲、2008年實施臺灣新憲法」。這說明，「320公投」是陳水扁蓄謀已久的、推動「臺獨時間表」的第一步，是試圖破壞臺海現狀的一種挑釁行為。

徐博東指出，陳水扁拋出「320公投」之後，遭到了海內外的強烈質疑和反彈，使他的選情受到很大衝擊。陳水扁因此不得不一度降低「公投」的「臺獨」調門，提出了所謂要推動「建立兩岸和平穩定互動架構」的競選承諾。直到前兩天，他還信誓旦旦地向選民表示，他連任後還會重申「四不一沒有」，要「保證四年內不會有戰爭」云云。但這次陳水扁在激進「臺獨」組織「世臺會」年會上的演講，又重彈「急獨」濫調，再次強調他要通過推動「制定臺灣新憲法」、「公投制憲」、「實施臺灣新憲法」，來完成其「公投」——「制憲」——「臺獨建國」的「臺獨時間表和路線圖」，再一次暴露了他頑固堅持「臺獨」的真面目。

徐博東強調，陳水扁以他自己的所作所為說明：「320公投」就是「臺獨公投」「分化戰術」的第一步。陳水扁一再給「320公投」披上「民主深化」的外衣，並把「公投」和選舉綁在一起，不僅是為了欺騙臺灣選民，拉抬自己的選情，更是為了推動「臺獨」，試圖把廣大臺灣民眾綁在他的「臺獨」戰車上。

（人民日報・海外版）

涉臺智庫：北京已備妥文武兩套方案回應臺選

鳳凰衛視三月十八日消息：據臺灣媒體報導，大陸涉臺系統全面監控臺灣大選，剛開完內部會議的北京涉臺智庫向臺灣東森透露，北京方面因應大選的兩套回應版本，最快選後一、兩個小時公布，如果是扁連任，抑制「臺獨」武力警告擴大分貝；如果泛藍勝選，以促統為基調。至於「公投」，北京評估這將是扁陣營的絆腳石。

「320」選情沸騰，大陸涉臺系統上緊發條總動員，國臺辦內部密會不斷，涉臺智囊全程盯著臺灣各大電視台的即時新聞，彙整資料情報研究，面對藍綠勢均力敵，誰能登上總統寶座，國臺辦也準備好兩套回應方案，大選結果一出爐，最快一兩個小時會回應。

北京涉臺智囊徐博東指出，「如果是陳呂連任，北京這邊會思考如何抑制『臺獨』，防止『臺獨』繼續坐大，走向危險邊際；如果是連宋當選，會以促統為基本論調。在『一個中國』的原則上不會放棄，會強化經貿促統和『三通』等兩岸交流」。

比起2000年時，這一回北京方面顯得格外冷靜，一切低調冷處理。

而才開完涉臺系統的內部會議，智庫學者透露北京方面研判臺灣大選伴隨公投議題，反而成了泛綠陣營的絆腳石。北京涉臺智庫徐博東說，「『313』換總統救臺灣的大遊行，很多支持泛藍的應該都不會投公投，還有前幾天中選會受到輿論壓力看來，政策一改再改。原本陳水扁想要用公投來綁大選，爭取連任，這種預期到現在看來大打折扣。」

選前黃金四十八小時內，陳由豪政治獻金風暴口中的大老沈富雄現身，國臺辦系統也全面監控，直指這當中牽引的選情變化耐人尋味。而選前倒數，大陸掌控每項變數，評析研究因應對策。

（鳳凰網）

「320」臺灣重現「藍」天

臺灣2004年「大選」進入最後衝刺階段，究竟泛藍陣營還是泛綠陣營能在選舉中獲勝？選舉結果將造成什麼樣的影響？本報特邀內地和香港六位著名臺灣問題專家，抽絲剝繭，透析陷入膠著狀態的臺灣選情，為你提前找到答案。

……（略）

徐博東：泛藍將小勝3到5個百分點。

北京聯合大學臺灣研究所所長徐博東在接受《國際先驅導報》記者採訪時認為，如果不出大的意外，泛藍獲勝大局已定。

徐博東說，「『二二八』牽手行動」使泛藍陣營產生危機感，實際起到了為泛藍催票的作用。吳淑珍說「『三一三』活動」只有小貓兩三隻，反而引起強烈反彈，激勵了泛藍士氣。「『三一三』活動」創臺灣單日政治活動人數最高紀錄的300萬，放到支持者一向比較狂熱的泛綠來說也許不難，但對於泛藍來講可謂史無前例，「換總統、救臺灣」得到如此多人的支持，再次充分體現了臺灣求和平、求發展、求安定、再加上一個要民主的主流民意。

徐博東指出，臺灣人民希望借「換總統」來「求和平」，因為陳水扁以臺灣人民的生命作為延續個人政治生涯賭注；也希望借「換總統」來求發展：陳水扁上台四年以來，經濟連續滑坡，其拒絕兩岸直接「三通」的政策，導致臺灣經濟被邊緣化；還希望借「換總統」來求安定：民進黨上台以來，搞政黨惡鬥，加劇族群分裂，民心不安，僅從自殺率居高不下即可看出。再加上一個要民主：陳水扁不顧各方質疑和反對，強行將「公投」綁在「大選」上，違背了選民的自由意志，更一度要求投錯票也有效，行政力介入「中選會」，這些做法暴露出民進黨一旦有權，胡亂弄權的一面。

徐博東認為，「三一三」造勢的效果在選前這一週還會發酵，再加上陳由豪公布獻金案證據，將把「二二八」的「假」氣勢徹底壓下去。之所以說它假，是因為這種氣勢其實質是民粹，與「三一三」所體現的民意性質不同，後者才是真正的民聲。「公投」辯論勝負明顯，種種因素還將進一步發酵，由此產生西瓜效應，陳水扁大勢已去。現在泛綠陣營已經露出樹倒猢猻散的前兆，一個明顯例子就是，連內部資料都流到泛藍手裡（即趙少康出示「國安」密件）。這一週還會繼續有各種造勢活動，民進黨能穩住基本盤就已經很不錯了，至於爭取中間力量擴大選票將有很大困難。如果沒有什麼更大的問題，泛藍獲勝基本大局已定。但泛藍不可能大勝，基本在3到5個百分點之間。

徐博東表示，現在令人擔心的是，選情緊繃的情況下，一旦投票時發生衝突，陳水扁可能藉機以選舉有爭議為由，宣布投票無效。泛綠的民主素養很差，惟覺法師剛表示支持泛藍，泛綠就組織人圍攻，說什麼宗教不該干涉政治。這件事是一種警示，警示如果陳水扁接受不了選舉的結果，很可能採取過激手段。但在臺灣民主政治發展到今天這個地步，陳水扁如果一意孤行，將很難收場。

……（略）

（國際先驅導報，嘉實、格美、施春等）

「公投」未過危機暫解，臺灣政局不安，北京智囊愁容寫在臉上

記者李雅惠／北京報導：大選結果出爐，北京涉臺系統苦思回應對策，涉臺智庫向東森表示，由於連宋提出選舉無效之訴，臺灣政局動盪令人憂慮；而對於兩岸關係扁當局再誤判形勢，將走向危險邊緣。而公投未過關，北京智囊評估紅色警戒暫時解除，但是擔憂還在。

大選對決綠營險勝泛藍兩萬多票，北京等涉臺智囊學者大感意外，再加上連宋陣營提出選舉無效之訴，要求查封票櫃驗票，涉臺智庫對臺灣政局以及兩岸關係的變數，愁容滿面全寫在臉上。

北京涉臺智庫徐博東表示，「我對臺灣政局感到憂慮，對可能造成的社會動盪，這並非是兩千三百萬同胞之福。」

北京方面四年前對扁當局聽其言、觀其行，再到認定扁當局走向「臺獨」分裂，如今扁陣營再度勝出，北京對扁的不信任感還是存在，又因為扁「政府」高喊制定新「憲法」等「臺獨」時間表，心中鬱結擴大，涉臺智囊語重心長，對兩岸的前景，打了一個大問號。

北京涉臺智囊徐博東指出，「我擔心陳水扁如果又是誤判形勢，兩岸關係的前景堪憂；北京這邊的堅持還是『一個中國』的政策。像是陳水扁提的兩岸互派代表，其實都是騙選民的。」

對於大陸最敏感的「公投」，兩道題目都未過關，北京智囊認為危機已

經解除，但是憂慮還在。……（略）

（東森新聞報）

扁繼續執政，大陸對臺有四種政策可供選擇

本報實習記者鄭丹楊北京二十四日電：北京聯合大學臺灣研究所教授兼所長徐博東在談到兩岸的局勢時指出，如果陳水扁繼續執政，他的「臺獨」立場依然不會改變。在分析大陸對臺政策時，他提出了四種政策可供選擇。

徐博東認為，陳水扁最有可能實行的大陸政策是，政治上來軟的，重施四年前的故技。比如提出成立兩岸小組，互派代表以及重新提出「四不一沒有」承諾，但「臺獨」立場始終不變，等待臺灣主流民意支持他的「臺獨」主張，以東山再起。經濟上有限度地開放兩岸「三通」，如先海後空、先貨後人、單向直飛等等。其目的是為了緩和兩岸矛盾，減少工商企業界、大陸臺商對他的不滿。而且通過有限度地開放「三通」，與大陸經濟有所契合，防止經濟邊緣化。

徐博東指出，由於陳水扁這次以五成的得票率連任，與上次選舉相比擴大了優勢，所以也不排除他向大陸「叫囂」的可能，真的實行二〇〇六年「公投制憲」、二〇〇八年實施「新憲」的「臺獨」時間表。但是徐博東認為這種可能性相比上一政策來說要小。主要原因有四：第一，「三二〇公投」被否決，說明民眾不接受這樣的「臺獨」時間表；第二，通過對選舉結果的抗爭，可能形成一個比較統一、團結的在野黨來制衡「臺獨」的進一步發展；第三，美國不允許臺灣片面挑戰現狀；第四，大陸方面絕不允許「臺獨」。

徐博東認為，大陸對臺灣採取的政策有四種選擇。

其一，在政治、外交上繼續進行圍堵，強化「一中原則」；軍事上實施

有限度、懲罰性的打擊。

其二，在軍事上、外交上實行封鎖和圍堵，在經濟上推動「三通」。

其三，在政治、外交以及經濟上全面封堵，進一步強化「一中原則」，不與陳水扁當局打交道。軍事上加強準備，等待時機，抓住戰略機遇發展自己，造成臺海適度的緊張。經濟上，不急於開放「三通」，使臺灣經濟慢慢邊緣化。

其四，淡化和模糊「一中原則」，先搞兩岸的經濟融合，開放「三通」。外交上也破例允許臺灣加入一些非政治性的國際組織，全面改變、調整對臺政策。這是最冒險的選擇，因為這樣做可能進一步姑息和縱容「臺獨」。

徐博東最後說，最終兩岸雙方會實行怎樣的政策路線，還要看局勢進一步發展。

（大公報，標題有改動）

國臺辦：臺灣局勢若失控，大陸不會坐視不管

李慧玲（特派記者）在將近一個星期靜觀臺灣選後局勢發展之後，中國國務院臺灣事務辦公室昨天晚上開腔警告，如果臺灣局勢失控，大陸將「不會坐視不管」。

有接近官方的學者指出，「『不會坐視不管』在共產黨的語言就是動用武力，是非常嚴重的警告」。

北京聯合大學臺灣研究所所長徐博東教授認為，國臺辦搶先在美國針對中選會公布結果發出賀電之前發表演講，旨在警告美國不應火上加油。

此外，徐教授也告訴本報，國臺辦的演講也在譴責中選會不顧臺灣民眾的抗爭，執意公布有爭議的選舉結果。如果泛藍的327大集會最後演變成藍綠的暴力衝突，造成全島範圍的動盪，大陸不排除動用武力。

徐教授說，327的事態值得密切加以觀察，沒有人能夠保證局勢不會失控。憤怒的泛藍支持者可能衝擊「總統府」，釀成流血事件。在這樣的情況下，為了保護臺灣民眾，大陸政府只好介入。

……（略）

儘管認為動用武力是大陸「萬不得已才會採取的行動」，徐博東教授相信沿海的軍隊已經提高戒備。

他形容「目前美國的態度很關鍵」。陳水扁至今對連戰和宋楚瑜避而不見，事實上美國可以向他施壓，至少讓他接見連宋，消解泛藍陣營的氣憤。如果美國宣布中選會公布的結果無效，那也有助於平息事件。

……（略）

（聯合早報）

被拒入臺，徐博東籲民進黨心胸要開闊

王綽中／北京四日電：大陸著名民進黨研究專家、北京聯合大學臺灣研究所所長徐博東，由於前年底訪問臺灣期間，被指「未按行程訪問及發表不當言論」，處於三年不受理來臺申請案。對此，徐博東今天表示，民進黨不能形成「一言堂」，應該以開闊的心胸接納對岸的建言，否則等於堵死了兩岸交換意見的管道。

前年十一月，徐博東和該所副所長朱顯龍受邀前往臺灣訪問，期間曾到「立法院」會見當時的民進黨「立院總召」王拓，並且在訪問期間私下批評

陳水扁提出的「一邊一國論」。隨後，在當年十二月，再度受邀來臺，結果被臺灣有關方面以「來臺期間未按行程訪問及發表不當言論」為由，拒絕其再度入境，為期三年。

由於目前兩岸正處於詭異危險狀態，與多位民進黨黨政人士熟識的徐博東今天表示，民進黨不應以狹隘的心胸對待大陸，特別是對大陸學者不同意見都聽不下去，民進黨如果成為「一言堂」，那麼將會開民主倒車。他強調，他在大陸原來是屬於比較瞭解民進黨的溫和派對臺學者，只是批判民進黨意識形態「治國」，如果臺灣就這樣封殺他，等於是堵死了兩岸意見交換管道。

這一年來，徐博東也曾嘗試以探親（其母親在臺灣）名義入臺，但也被封殺。對此，徐博東指出，現在民進黨有些人不願意來，有些人又不能來，大陸對臺人士有不同意見的就封殺，這樣會阻礙兩岸交流，可能會導致民進黨誤判兩岸形勢，反而對臺灣本身不利。

（中時）

就「5／17聲明」徐博東與陳文茜對談錄

編者按：2004年5月17日凌晨，也即臺灣陳水扁發表「五二〇」「就職演說」的前三天，大陸中臺辦和國臺辦受權發表聲明，就當前兩岸關係的嚴峻局勢表明了大陸方面的嚴正立場和態度。這一異乎尋常的措舉引起了海內外的高度關注，當日下午18：30，臺灣知名人士、飛碟電台「飛碟晚餐」節目主持人陳文茜小姐電話連線採訪了徐博東教授，就「五一七」聲明及當前兩岸關係的一系列敏感問題進行了深入、精彩的對話，現根據錄音整理如下：

陳文茜：今天凌晨，中國大陸國臺辦正式發表「5／17」聲明，臺灣將重點放在「七點」上，對此我有不太相同的看法，我認為重點是如果「一中原則」不被接受，大陸將對臺灣採取全面性不計代價的戰爭。我覺得這樣一個觀點是這次整個正式聲明的重點，怎麼來詮釋今天我們看到的國臺辦聲明？我想聯繫北京聯合大學臺灣研究所所長徐博東，徐博東教授曾同《中國時報》的副總編輯楊憲村合寫了一本書，特別研究中國共產黨與臺灣的民主進步黨，今天特別來請教他，看他如何解讀今天國臺辦的聲明。徐所長你好！

徐博東：陳小姐好！各位聽眾大家好！

陳文茜：從你們的觀點看，對國臺辦今天的聲明你覺得吃驚嗎？

徐博東：我一點也不吃驚，實際上，從去年「大選」以來，大陸的專家學者一再向官方提出的對策建議中，就包括這一項。過去老說大陸受制於臺灣，臺灣說什麼話，大陸跟著說什麼話。李登輝說「兩國論」，大陸跟著批「兩國論」；陳水扁「一邊一國論」出來之後，又批「一邊一國論」，還有「公投制憲」問題也是一樣，按陳水扁的話來說是「拿香跟著拜」。這次完全是一種新做法，這種做法目前來看已經起到了「先發制人」、「主動出擊」的效果，不再被陳水扁牽著鼻子走，現在是大陸牽著陳水扁的鼻子走了。

陳文茜：您講的這句話，就原則問題來講，所代表的意含是什麼？我很直接的請教你，臺灣股市今天大跌了294點，主要因為臺灣人認為由於你們提出的「一中原則」是陳水扁政府幾乎絕不可能接受的，這是第一；所以，所有七點包括「三通」是根本沒有希望的，是不是如此，徐所長？

徐博東：確實如此！陳水扁想用「和平獨立」的方式來推動「臺獨」，大陸想「和平統一」，一個要「獨立」，一個要「統一」，這樣對撞的情況下我想兩岸總有一方要妥協，不然必然要爆發戰爭。

陳文茜：中國大陸常常把好話說在前頭，可是在國際戰爭中好話經常成為廢話，因為對方沒有辦法接受。請教徐所長，問一個非常明白的底線，什麼叫「如果臺灣當權者鋌而走險，膽敢製造『臺獨』重大事變，中國人民將不惜一切代價堅決、徹底的粉碎『臺獨』分裂圖謀？」我問您幾個假設狀況：第一，會不會因為陳水扁520就職演說有比較「和平」的字眼，不像過去講「一邊一國」，不像過去講「臺灣人對中國人」，不像過去講強烈的2006年「公投制憲」，或者他用的一些字眼看起來有一點點「友善」，但是他決不接受「一中原則」，請問如果這樣的「520就職演說」符合中國的原則，你們可以接受嗎？

徐博東：我們對陳水扁不抱任何幻想，他雖然可能不會講「一邊一國」，也不會講要改變領土主權範圍的「公投制憲」，甚至可能要改成「修憲」，但大陸「聽其言、觀其行」四年下來，對陳水扁已經看得一清二楚，他決心要推動「臺獨」，暫時會包裝一下「臺獨」主張，但整個520演說，不用看就知道他還會堅持「一邊一國」這樣一個基本理念和立場。他曾經講過，《臺灣前途決議文》是現階段民進黨大陸政策的最高指導原則，那麼《臺灣前途決議文》已經界定得非常清楚，他要推動「臺獨」的走向，恐怕已經是不可逆轉。

陳文茜：再請教徐所長，「520」當天，有美國軍事專家同臺灣軍事專家分析，中國大陸不排除會「下點小雨」，所謂「小雨」的意思指的是會有局部軍演，有沒有可能？你認為，中國大陸會不會用這種非常明顯而清楚的政治動作告訴臺灣社會：大陸對陳水扁的任何談話都已經沒有了幻想，而可能在「520」前後舉行小規模但是對臺灣沒有立即軍事威脅的軍事演習，會不會？

徐博東：本人對這樣高度機密的情況並不瞭解，所以我不能作任何預測。但是剛才你念的那段話講得非常清楚，對於任何重大「臺獨」事變大陸都會作出強烈反應，我想至少如果陳水扁在2006年真的推行「大選」期間提出來的搞「公投制憲」，或者2008年實行「新憲」，「制憲」也好，「新憲」也好，如果涉及主權問題，大陸恐怕就不是光「下點小雨」的問題了。

陳文茜：我再請教一下徐所長，由於陳水扁是一個非常擅長玩細節的政治人物，所以我問的問題可能很細。中國大陸對於一些實質的狀況反應會是什麼？舉例來講，關於2006年「公投制憲」的問題，現在陳水扁嫡系裡有一些青壯派的「立法委員」在幫他找台階，告訴民進黨的支持者，「國號」是不用改的，甚至必要的時候只改政府體制，所有總綱裡面不只是「國號」不要改，領土條款都不要改，你們會不會因為民進黨青壯派「立法委員」提出了「新文化論述」等等，而因此覺得民進黨有調整「臺獨」路線的空間，所以你們在「聽其言、觀其行」，在看整個民進黨的發展，在判斷是否需要把陳水扁2006年「公投制憲」當作選舉語言來看待，你們是這樣看嗎？

徐博東：我們也注意到了這樣一個情況，但陳水扁的誠信度可以說是零，所以大陸方面包括美國，實際上對陳水扁的警惕性是相當的高，他可以今天這樣講明天又那樣講，上午這樣講下午又那樣講，白天這樣講晚上又那樣講，如果對陳水扁的壓力不夠，他就以為他可以胡作非為，可以亂來，所以必須保持壓力，必須隨時提醒陳水扁，如果要亂來，大陸絕不會容許。所以我覺得看陳水扁不要光看現在，他一到壓力減少時，一旦認為沒有危險時，就可以變成另外一個樣子。

陳文茜：我再來請教徐所長一個問題，如果2006「公投制憲」的時候，陳水扁雖然提出了「公投制憲」的版本，但是他交付「公投」的時候民眾沒有給予他支援，中國大陸仍然打嗎？

徐博東：那恐怕是另外一個樣子，說明臺灣民眾並不支持這樣一個「臺獨」走向，但我覺得如果陳水扁有誠意改善並緩和兩岸關係的話，他就應該通過體制內的方式來進行「修憲」，而不是直接訴諸臺灣的選民，直接訴諸臺灣選民，實際上等於是向大陸施加壓力，等於說我這個「憲法」已經不是原來的「憲法」，是拋棄原來「中華民國」舊有的「法統」，是通過臺灣人民直接投票決定的「憲法」，用這樣的方式來挑釁大陸，來宣誓臺灣是一個所謂「主權獨立的國家」。

陳文茜：我想請教徐所長一個簡單的問題，是不是中國大陸會等陳水扁交付「公投制憲」之後的結果才決定對臺行動，還是只要陳水扁一提出來，你們無法再等「公投」的結果就直接動手？

徐博東：恐怕得到時候再仔細的分析，現在這樣來預測前景我目前沒有辦法直接給您滿意的回答。

陳文茜：我請教徐所長，您剛才特別提到，從北京的觀點來看，陳水扁是一個毫無誠信的人，早上說一套下午做一套，如果2006公投不「制憲」，2008「公投要制憲」，或者2008直接走向法理上的「臺獨」，那中國大陸的奧運會怎麼辦？

徐博東：奧運寧可不辦也要捍衛中國國家領土主權完整，這點已經在國臺辦的聲明中說得很清楚——「不惜一切代價」。什麼叫「不惜一切代價」？我認為包括奧運不辦，包括跟美國鬧翻，都可以是「不惜一切代價」的解讀。

陳文茜：我這樣直接請教徐所長，可能對你而言這是一個不禮貌的問題，臺灣有相當多長期觀察兩岸關係的學者，特別是民進黨內部的人士，還有一些「臺獨」方面的一些政治理論者，還有一些美國軍事專家，直言現在的中國領導者不能也沒有膽量作出攻打臺灣的決定，因為你們的領導者都是工程師、技術官僚出身的，你們現在沒有鄧小平，所以是只「紙老虎」，沒有人真的敢拍板定案打臺灣，這個評估你覺得是對的嗎？

徐博東：這恐怕是對中共歷史不瞭解，也對中共現在的領導人不瞭解，大概現在的溫家寶也好，胡錦濤也好，看來溫文爾雅，也很理性，很務實，但是一旦面臨這種狀況，不是他們可以迴避的，全中國13億人民，包括全世界華人華僑都會形成強大的壓力，不是個人的意志可以轉移的，到那時候，如果中國領導人在那種情況下還睜一隻眼閉一隻眼，採取一種「鴕鳥政策」，恐怕連他自己的領導地位都不能夠維持了。

陳文茜：我想請教徐所長，在2004年之前，臺灣民眾經歷了好幾次重要的兩岸危機，像1996年的軍事演習，李登輝說是「空包彈」，後來證明真的是空包彈，雖然你們最後處理了內部發生的臺諜案的間諜等等，但是它給臺灣民眾的歷史經驗就是中國大陸很多話說得很大聲，動作其實不怎麼樣。所以在2004年選舉之前，我看過一個重要的民意調查，認為兩岸將來陳水扁走「公投制憲」而可能爆發戰爭的比例不到20%，請問你有什麼評論？

徐博東：所以這就是一件很悲哀的事情，在95、96年的時候，如果不是921大地震的話，恐怕當時就已經發生嚴重的軍事衝突。其實中共領導人很不願意對臺使用武力，中國人打中國人畢竟是民族的悲劇，所以一再忍讓，但忍讓是有限度的，如果臺灣的領導人以為中共是紙老虎，中共說我是不是紙老虎，請看吧，要是非逼得我們玩真的，到那時就後悔莫及了。

陳文茜：有的人這麼分析，現在美國深陷伊拉克戰爭，美國在當地有13萬軍隊，而且布希個人面臨連任的重大困境，他們需要中國大陸的幫忙，再加上他們有能力跟中國大陸在東亞作戰，等到伊拉克戰爭結束，換句話說，到了2006的時候，那個時候美國的局面可能並不相同，尤其等到2007的時候，臺灣對美國軍事採購，開始啟動軍事合作機制，那個時候，臺灣再來搞很多兩岸的問題可能會好很多。因此有兩派的見解：有一派的見解認為2006要「公投制憲」，另外有一派說要拖過2006再說。徐所長你如何看待呢？你認為中國大陸在2006之前可能動手嗎？還是會拖過2006之後民進黨也有更多的空間？

徐博東：我想中國大陸對臺是不是用非和平手段來解決，這個問題主要是看當時的各方面的形勢，但是有一條是不會改變的，如果真的搞「法理臺獨」的話，大陸13億人民是不會答應的。現在臺灣領導人動不動就說大陸傷害臺灣人民的感情，但是他們搞「臺獨」傷害的是13億大陸人民感情和全球幾千萬華人華僑的感情，那個時候這種壓力將不得不迫使大陸採取一種非和平的手段，這是很悲哀的事情，臺灣領導人不要誤判形勢。至於軍事上準備如何，大家想想，朝鮮戰爭，你們叫韓戰，那個時候中共剛剛建國，百廢待興，但是中共仍然是毫不猶豫的出兵朝鮮，打了非常慘烈的一仗，要瞭解中國在國家領土主權問題上是絕不會妥協退步的，這是中共建國立政的根本。

陳文茜：我請教一下徐所長，據你所瞭解，現在對臺工作小組的負責人是江澤民，當然胡錦濤、溫家寶都是其中重要成員。許多人談到中國內部的政治領袖，他們做出攻打臺灣的決定其實有政治權力上的自我考慮，他們擔心解放軍重返更高的政治舞台，因此基於現在中國領導權的平衡，攻打臺灣的決策是做不出來的，徐所長你如何判斷？

徐博東：我覺得這完全是一種誤判，我剛才一再強調，如果出現這樣一個形勢，大陸的老百姓、全球華人華僑，不會允許大陸採取這種忍讓政策姑息「臺獨」，聲明裡說得很清楚：「決不容忍」！這是非常明確的資訊，所以臺灣方面政治人物、「臺獨」人士不要輕信李登輝和陳水扁這些騙人的謊言。

陳文茜：我想請教徐所長，我們來問幾個定義上的問題，什麼叫法理上「臺獨」？假設「公投制憲」不改「國號」，還是維持「中華民國國號」，只有改領土的條款，對你們而言就是第四條，「中華民國依其固有之疆域為其領土」，這個條款只要一動你們就認為是法理上的「臺獨」嗎？你們對「法理上的臺獨」的基本定義要說清楚，要臺灣民眾知道出現什麼狀況會有戰爭？什麼狀況不會有戰爭？

徐博東：當然，我不是搞憲法的學者，我個人粗淺的認識，我認為比如說把現在的「中華民國憲法」第四條：「中華民國固有之領土，非經國民代表大會決定，不得變更之」，如果把這一條刪掉或者改成「現有領土不得變更」等等，變成主權問題修改的話，或者說把「國旗」、「國號」等等宣誓主權、表示主權的議題拿來「公投」也好、或修改也好，我想恐怕都屬於「法理臺獨」的範疇之一。

陳文茜：如果到時候陳水扁說他把「固有」改成「現有」，事實上我認為這是他最可能改的方向，因為他改成「臺、澎、金、馬」對他來講是所謂太明目張膽的「法理臺獨」，如果他光是把「固有」改成「現有」，而且他可以告訴大家說，連你中國大陸都不承認蒙古是中國的領土了，我們現在「中華民國」的「憲法」連外蒙古都算這不是笑話嗎？我講「現有」是有模糊的，他也是「一中各表」的概念，難道中國大陸就為了一個「固」字改成「現」字，為了一個文字發動戰爭嗎？你們會怎麼回答？

徐博東：不是的，「現有」的就是指現在所有的，實際上他已放棄了大陸主權，等於「中華民國」現有的領土範圍就是臺、澎、金、馬，等於已脫離中國這樣一個框架，一字之差謬於千里，所以我覺得看來是很小的變動，實際上已經作了重大變動。

陳文茜：如果「領土條款」根本不要了，改成叫「治權條款」，「中華民國」「治權」僅於臺、澎、金、馬之現有疆域，也就是說，他用「治權條款」而不是「主權條款」來取代「領土條款」，你們認為這也是實質的「法理臺獨」行動嗎？

徐博東：我認為這根本就不是個「憲法」，因為它根本不知道自己的「國家」到底領土範圍在哪裡，故意刪掉這一條，這已經是莫名其妙的「憲法」。

陳文茜：從陳水扁搞「防禦性公投」的做法跟我們一向看他的經

驗，他就是這樣的一個政治領袖，你如何看他這樣的一種做法？

徐博東：他刪掉這一條本身已經明確宣誓他已經改變了領土範圍，只不過沒有明說出來它的領土範圍在哪裡而已。如果光說「治權」在臺、澎、金、馬，實際上主權已經很清楚，表明「中華民國」的「領土主權」就在這兒。

陳文茜：我們看到國臺辦今天凌晨所發表的聲明，當然它把七點寫在前頭，但是我認為比較重要的是聲明的核心原則：「臺獨沒有和平，分裂沒有穩定」，最後一句話中共堅持一個中國原則的立場決不妥協，我請教徐所長，你們對「一個中國」的原則如何定義？你們希望陳水扁在520要說「一個中國」，在「公投制憲」時不能違反「一個中國」，到底「一個中國」可以給予多少寬鬆的空間？

徐博東：實際上517聲明裡說得很清楚，並不是先說「七條」，而是先說有「五決不」，然後對「一個中國」作了明確的界定，即只要承認「世界上只有一個中國，大陸和臺灣同屬一個中國」，實際上這就是「一個中國」的內涵，1991年李登輝上台初期所制定的「國家統一綱領」裡邊，就是這樣一個提法。

陳文茜：臺灣有四個主要報紙，《自由時報》、《聯合報》、《中國時報》還有《蘋果日報》，對於517聲明，其中《自由時報》登了一個很小的新聞，《聯合報》、《中國時報》都在頭版頭條，但是它們轉述的內容並沒有對「一個中國」提出一個非常清楚的定義，就是說到底這個原則必須承諾得多麼清楚。

徐博東：實際上「一個中國」的內涵早在幾年前錢其琛副總理在任時就已經講得很清楚了，錢在紀念「江八點」七週年時曾正式對外說：「世界上只有一個中國，大陸和臺灣同屬一個中國，中國的領土主權不容分割」，這三句話就是目前中共關於「一個中國」內涵的界定，在這次517聲明中再次提到，只不過有些人不怎麼注意或者說故意不當回事。要知道這個正式聲明不光是國臺辦和中臺辦的聲明，它是受權發表，所謂「受權」，是指中臺辦和國臺辦「接受」中共中央和國務院的委託發表的，是最高的黨、政領導拍板的聲明，只不過是授權給中臺辦和國臺辦來發表而已。

陳文茜：我再請教一下徐博東所長，回顧過去兩年關於「三通」的一些談話，你們會說在「一個中國」原則下，因此可以交由非官方的民間管道去談判「三通」，今天臺灣股市大跌294點，就是認為在這樣的情況下「三通」是沒有希望的。我們把它說的更細一點，如果陳水扁現在說不管你這個原則，我們兩個就來談「三通」，就來由非官方機構直接接觸，同意開始重啟談判，你不要設前提，我願意跟你重啟談判，沒有什麼不可以談的，包括「一中原則」，請問徐博東所長，這樣的談話你們接受嗎？

徐博東：以我個人的判斷，大陸方面不會接受這樣的一個沒有前提下兩岸接觸和商談，現在可以說陳水扁任何情況下都要強調他的「一邊一國」，即使上談判桌他也會故意製造兩岸的「三通」是「國與國」之間的「三通」，或者叫作「一邊一國」的「三通」等等，如果這種情況下上談判桌，大陸等於是放棄了自己一貫堅持的立場，上了陳水扁的當，所以大陸在「臺獨」如此囂張、陳水扁堅持「臺獨」路線的情況下，大陸對「一個中國」只會強調不可能淡化和迴避。

陳文茜：我想請教您，在92年的時候曾經有一個「九二共識」，對於「九二共識」現在各方的解讀不太相同，中國大陸首先對「九二共識」中「一中各表」有不同的意見，假設真有這樣的一個口頭協議你可不可以判斷，現在經過12年之後，對北京來講「一個中國」原則沒有「各自表述」的空間，必須按照你們的方法來表述？

徐博東：實際上在李登輝提出「兩國論」之前，大陸方面對於臺灣這樣的解讀是睜一隻眼閉一隻眼，沒有直接給予駁斥和反對，採取一種互相理解、互相謙讓的態度。但李登輝的「兩國論」拋出來之後，迫使大陸不得不在「一個中國」原則問題上加強這樣的宣傳和堅持。所以不是大陸方面作了任何改變，大陸方面20多年來一直堅持「和平統一、一國兩制」，變化的恰恰是臺灣方面，從李登輝後期到陳水扁一直在不斷地變化，越變越「獨」。

陳文茜：如果現在陳水扁跟你說我可以同意「一中各表」你們會接受嗎？

徐博東：「一中各表」要大陸公開、正式接受，我看不可能，你自己解讀自己的可以。據我所掌握的資料，連呂秀蓮都說確實有「九二共識」，不少檔都已經證明了這樣一個情況。非要解讀為「一中各表」。有些國民黨人士說「各表一中」，究竟「一中各表」還是「各表一中」，臺灣方面這樣解釋那樣解釋，大陸方面隨便你解釋好了，但你只要承認還是「一中」，這就是一個共識。

陳文茜：臺灣很多人認為說，殺了陳水扁他也沒有辦法接受「一中原則」，如果這是一個前提的話，我想請教一下徐所長，我們先不要談戰爭的問題，你可不可以大膽的說，「三通」是不是絕對沒有可能性？

徐博東：依我看是不可能。

陳文茜：現在再請教最後一個問題，在中國大陸今天早上國臺辦所發表的聲明，我們稱為320之後最清楚的官方定調，這是不是告訴臺灣這是一個戰爭的最後通牒，這是臺灣今天的解讀，你同意這個判斷嗎？還是你覺得還不到這麼壞的狀況。

徐博東：今天發表的聲明，儘管很強硬，但強硬之中有軟的部分，是「有軟有硬」，其實給了臺灣方面一個轉圜的餘地，給臺灣方面指出了如果接受「一中原則」的話，兩岸關係會是一個什麼樣的光明前景，聲明中提出了七個方面的主張和前景。現在兩岸關係面臨新的十字路口的關鍵時刻，陳水扁當局如果在這方面有任何鬆動的話，兩岸關係並不難解決。如果說「殺了陳水扁他也不能承認一中原則」，他仍然頑固堅持「一邊一國」，那麼兩岸關係恐怕如你所說的，就很難有轉圜的餘地了。

陳文茜：非常感謝徐所長從北京和我們連線，謝謝！

（飛碟電台，根據錄音整理）

徐博東與郭正亮、羅志明隔海辯論實錄

編者按：大陸兩辦受權發表「517」聲明的當晚21：00～22：20，徐博東教授應臺灣TVBS電視台之邀，通過電話連線方式，以嘉賓身分參與了由李濤主持的「2100全民開講」節目，就當前兩岸關係等敏感問題與郭正亮（民進黨籍「立委」）、羅志明（臺聯黨「立委」）進行了激烈的隔海辯論。同場參與節目的嘉賓還有吳敦義（國民黨前高雄市長）和張顯耀（親民黨政策中心主任），現根據錄音整理刊出。

李濤：大陸對臺辦今天12點鐘正式發表聲明，很多解讀都說非常強硬，只有一個方向，如果陳水扁接受一個中國的原則，其他任何事情都好談，否則將會面臨戰火，從這個角度歡迎大家特別關注（今天要談的話題）。首先介紹在臺灣的四位來賓：吳敦義市長，郭正亮先生、張顯耀張主任，羅志明羅委員，還有（在北京和我們現場電話連線的）北京聯合大學臺灣研究所所長徐博東，歡迎一起加入我們。先從臺灣四位來賓，從羅志明委員請教起，走向臺灣獨立必須面臨兩岸之間的戰火？

羅志明：今天的新聞稿，顯然中國（注：「臺獨」人士稱大陸為「中國」）已經瞭解半夜出新聞，讓你無法去回應，然後隔天雞飛狗跳（的招數）。畢竟「一個中國」目前在臺灣是沒有市場，希望中國更瞭解臺灣民意的需求；第二，這一次是中國對阿扁總統的第一次回應，畢竟他已經拿到

50.11%的選票，中國已經正視他的總統地位。這也是說中共已瞭解翻盤沒有希望，這點國親應向中國共產黨學習。2000年兩岸關係的一個重要指標「四不一沒有」，TVBS曾經做過民調，臺灣民眾的滿意度達到70%。四年來阿扁沒有改變現狀，他也沒有宣布臺灣獨立，臺灣「制憲運動」沒有改變，但是臺灣的國際空間不斷遭到打壓，「邦交國」不斷被撕裂，也沒有得到善意的回應，今天中國以更強硬的手段對待520阿扁就職演說，希望能夠得到你的最大滿意度，這樣講不通。因為你有惡意在先，沒有善意的回應，叫臺灣如何走下去。

李濤：請教徐所長，臺灣民意無法接受這樣一個狀況。

徐博東：一個中國原則實際上並不是大陸強加給臺灣的，請大家看一看陳水扁就職時自己宣誓要效忠的「中華民國憲法」就是一中架構，另外李登輝主政時主持制定的「國家統一綱領」也是一中原則，白紙黑字寫的，並不是大陸強加給臺灣方面的，是臺灣在變而不是大陸在無理取鬧。

李濤：目前狀況，臺灣民眾各種解讀，如果臺灣感受到是威脅的話，得到的回應剛好是相反的。

徐博東：違背「中華民國憲法」，不是中國大陸方面是臺灣自己在違背自己的「憲法」，指責的應是臺灣和陳水扁自己。剛才羅志明講，「臺灣正名」是臺聯搞的，「臺灣正名」大遊行，陳水扁為主席的民進黨大力支持，動員自己的黨員和支持民眾參加，陳水扁當時躲到臺南，說：如果我不是總統身分的話，我不但會參加，而且還會帶著安安（注：陳水扁的外孫）去參加，說明他的理念就是要搞這個，他是「臺灣正名」運動的幕後推動者。

羅志明：「憲法一中」目前很難為臺灣人民所接受，因為過去「憲法」所設立的背景根本沒有讓臺灣人民真正參與，所以阿扁才提出2006年「制憲運動」。李前總統在宣布終止「動員戡亂時期」時，已經承認臺灣的治權只在臺澎金馬，承認中共（政權）不是一個叛亂集團，是一個治權在大陸的國家。現在已經很清楚，現在所謂的中國是中華人民共和國，「中華民國」和中華人民共和國是不一樣的。

李濤：臺灣民眾不接受一中？（指向張顯耀，請張回答）

張顯耀：臺灣民調70%～80%的民眾接受「中華民國」，「中華民國」不叫一中那叫什麼？關於北京今天國臺辦發表聲明，給陳水扁兩條路選擇：第一個從頭到尾走「臺獨」，那你就告訴臺灣民眾，你要很明確告訴我們2006年就是「臺獨制憲」，「臺獨建國」；第二個就是一中，北京對一中解釋已經放寬了，今天的聲明沒有提到「一國兩制」，大陸跟臺灣都是中國的一部分，不再提到臺灣是中國的一部分，同時對未來兩岸關係的底線也已經提出來了，提到懸崖勒馬、玩火自焚。1998年「兩國論」出來的時候，這兩個詞也都出來了，對岸軍機和戰艦已經越過海峽中線，兩岸的情勢很緊張。過去兩個禮拜以來，美國方面一直提醒我們不要忽視大陸動武的可能性。再來看民進黨的態度，記者問民進黨中央黨部要不要回應，民進黨副祕書長說要等政府回應之後，民進黨再回應；「陸委會」說等「總統府」有交待再來回應，「總統府」不想讓阿扁站在第一線，請「陸委會」先回應。結果「府」、「院」、黨三方到現在都沒有回應這麼嚴肅的問題。只有兩個人，一個黃志芳，一個林佳龍，這兩個人對整個兩岸的問題完全不清楚，在狀況之外，回答的問題非常可笑。這麼嚴肅的問題，如果說民進黨你的路線很清楚，你就應該出來回應，不要再拖，要提出新的論述。

李濤：請教郭委員，北京當局把所有的狀況講得非常清楚，要不然這樣，要不然就攤牌。

郭正亮：我覺得（要瞭解）聲明的性質，民進黨確實應先瞭解它的背景。2000年的時候，北京的立場是「聽其言，觀其行」，現在對陳水扁過去四年做了一個定性，民進黨完全沒有誠信。大陸覺得泛藍已經崩盤，四年前泛藍是「國會」多數。（大陸）也要透過美國來影響臺灣。（大陸）已經完全不信任陳，已經站在第一線，聲明的危險性就在於此，把很多情況解釋成最極端的狀況，把自己逼到一個角落，好像他（大陸）只能這樣做。說過去四年來陳水扁是完全推翻「四不一沒有」，真的是這樣嗎？陳水扁做過哪幾件事，是不是「四不一沒有」真的被推翻？至少我們認為沒有完全推翻「四不一沒有」，但北京認為是這樣；第二個對於2006年「公投制憲」，2008年要實施新「憲法」，到底「公投制憲」的性質是什麼？程序是什麼？哪些議題「立法院」沒有辦法處理，必須交有人民來表決？被北京理解為「臺獨時間表」的東西，必須要有說明，你已經不可能回應一中，你總要有一個說法。如果情況是這樣，呂秀蓮也講過一個中華，民盟也在說一個中華。中華可以文化的，也可以是社會的，我們應該努力做，整理出一些東西，才有辦法有效回應。「公投制憲」要講清楚。

李濤：需要時間做整理回應？請教徐教授。

徐博東：時間難道還少嗎？已經四年了！不是時間不時間的問題，是有沒有誠意的問題。關鍵是陳水扁的立場究竟是「臺獨」立場還是「一中」立場，剛才說「一中」不被接受，請看現在臺灣出版的「中華民國地圖」是什麼形狀？大陸現在不相信陳水扁不是大陸沒有誠意，大陸沒有辦法相信陳水扁說一套做一套，今天一套明天一套，上午一套下午一套，白天一套晚上一套，這個場合一套，那個場合又另一套。即使交朋友也要互相有信任度，何況是兩岸這樣一個重大問題，涉及國家民族的重大問題。陳水扁必須用自己的行動來證明他是值得信任的。現在臺灣社會被撕裂為兩大塊，本身也是這樣一個問題。民進黨經常講大陸「傷害了臺灣人民的感情」，動不動就打著臺灣人民如何如何（的幌子），實際上民進黨和陳水扁並不能代表全體臺灣人民。

李濤：下面請教吳敦義市長，這次臺灣對（517聲明）有各種各樣的解讀，你的看法如何？

吳敦義：三點扼要的分析。第一個，這個聲明立場非常堅定，態度其實還是兩手策略，寬中有柔，鬆中有緊，也是剛柔並濟，軟硬兼施。如果選擇一意孤行那就是玩火自焚。又提出七項美好的願景呼籲臺灣能夠選擇他所希望的。臺灣有兩種態度其實都很可怕，一個是中共只要咳嗽，我們就發燒，股市好像風雨欲來；另外一個中共幹什麼，我都像山一樣聞風不動，我也不是被嚇大的人。李登輝前總統就是最大的代表，甚至用「狗」來說明中國大陸的聲明，這樣的態度，恐怕也會陷入可怕的困境。第二要看與中國大陸的爭議是什麼？（中國大陸）可能擔憂2006年「制憲」，「制」就是創造一個新「國家」，一個新「政體」。為什麼不找一個名跟實相符，用一個「新」字？陳水扁說即便是「制憲」，也不會變更「國名」，不會改「國號」，不會改「國旗」，那其實就不是搞一個新「國」家。連宋競選總統的「新憲三部曲」，避開那個「制」字可能產生的疑惑，只要你捍衛「中華民國」這個「國名」，就是可以兩全的事。

李濤：臺灣民眾可能會變成兩種狀況，中國人不信邪，臺灣有人會說不怕死，李登輝在稍早也提過「會叫的狗反而不會咬」，類似這樣的狀況，是臺灣實質上確實有的這種情形，如何面對和解決這個問題？

羅志明：中國（大陸）把臺灣的「四不一沒有」解釋權掌握在他的手中，這也是很莫明其妙。中國（大陸）完全是在操縱（臺灣）不能這樣做不能那樣做，那臺灣人的權力在哪裡？解釋權應該互相尊重；第二可能中國（大陸）沒有選過總統，不知道在臺灣不像吳委員所講的，為政者是要經過人民選出來，反映民意，今天的臺灣民意，是受深化民主的影響，今天阿扁提出怎樣的政策，獲取了多少選票，對這樣的民意要深入理解，所以過去他是39%勝，現在是50.1%勝，這個成長裡民主聲望是有影響的。

徐博東：首先，「四不一沒有」的承諾是否已經作廢，陳水扁自己在「大選」期間就已經說過「四不一沒有」早就不存在了，大家不會健忘的。

「大陸不武，臺灣不獨」，實際上是倒因為果，你「不獨」大陸就「不武」，現在陳水扁要走「獨」的道路，所以兩岸的戰火就很難避免。不是解釋權在大陸，而是陳水扁用自己的行動進行了解釋。另外說民意不承認一中，也不能成立，剛才張顯耀先生已經講了，臺灣70%的民眾都認同一中，只不過「一中」解釋為「中華民國」而已，你可以「反共」但是不能「反華」，反共又反華這是陳水扁當局的一大特點。現在還打著「中華民國」的旗號，但「中華民國」只是個招牌，推動的是走向「獨立」的道路，非常危險，大陸保持高度的警惕並給予提醒。

郭正亮：讓事實演講，張顯耀剛才說70%支持「中華民國」，「中華民國」不等於一個中國，臺灣大部分人認為「中華民國」是一個獨立存在的、跟中華人民共和國是互不隸屬的兩個國家，很多人認知是這樣。把很多民進黨的行動，全部解釋成「臺獨」，「320公投」的題目是什麼？是兩岸協商的問題，是撤飛彈的問題，這跟「獨立」有什麼關係？「臺灣正名」運動，是臺灣在野力量必然會存在的一種社會性的運動。即使民進黨不去搞，臺灣社會還會有人去搞，臺灣這種運動到處都會存在，臺灣的「臺獨」永遠要存在。對「臺獨」要有嚴格的界定，法理上有沒有改「國號」？是不是更改領土範圍？如果北京不是這樣認知「臺獨」，就已經把自己逼到了牆角，他這樣搞國際社會也不會同意。

李濤：徐所長，因為兩岸之間過度的、狹隘性的解釋「臺灣獨立」，反而讓北京當局自己沒有辦法，自己把自己逼到角落裡？

徐博東：回應第一點，大陸沒有把一中說成只是大陸，不包括臺灣，聲明裡非常清楚的界定了一個中國的內涵：世界上只有一個中國，大陸和臺灣同屬一個中國，中國的主權和領土完整不容分割。這就是大陸關於一中的內涵，包括大陸和臺灣。請翻看一下李登輝上台初期所制定的「國家統一綱領」，基本上字句都差不多：臺灣固然是中國的一部分，大陸也是中國的一部分，這個內涵基本同臺灣的「國統綱領」差不多，現在陳水扁說他沒有廢除「國統綱領」的問題，但他用事實和行動廢除了。第二點，「臺獨」的解釋權問題，並不是陳水扁民進黨自己解釋「臺獨」的問題，「臺獨」是全世界包括美國包括臺灣民眾都看在眼裡，是不是在搞「臺獨」？民進黨早就承認自己在搞「臺獨」，1991年民進黨前主席說我們是「臺獨黨」，我們不但是「臺獨黨」而且是「建國黨」，民進黨許信良當黨主席時，曾經一再推動「臺獨」轉型，當時在場的郭正亮先生寫過一本書《民進黨轉型之痛》，「轉型之痛」當然也包括「臺獨轉型」。至於標準，各方有自己的解釋，大陸有大陸的解釋。另外臺灣民進黨政府是不是搞「臺獨」？陳水扁是不是在推動「臺獨」？從今天大陸國臺辦受權發表聲明來看，臺灣股市大跌了將近300點，說明臺灣的股民也認定陳水扁在搞「臺獨」，要不然他們為什麼會恐慌？股市會大跌？

李濤：臺灣民眾是否能夠堅持自己的意志？

張顯耀：民進黨包括陳總統在內過去到現在是不是在搞「臺獨」，我想問一下臺灣每一個老百姓，沒有一個人相信民進黨過去不是在搞「臺獨」，現在也不會搞「臺獨」，未來也不會搞「臺獨」。臺灣老百姓很可憐，大家都需要安居樂業，我們希望兩岸能和平相處。可今天這個事情一爆發，陳總統告訴我們臺灣要走自己的道路，那是走哪個道路？你是要告訴我們繼續走「臺獨」的道路，還是現在就懸崖勒馬，否則玩火自焚？我們現在回過來還是要走「中華民國」的道路，「中華民國」是唯一保護兩岸之間的一個有共識的最大公約數。民進黨由於陳總統要把「中華民國」去掉，到今天不能把未來的路跟老百姓說清楚，從美國到北京到周邊甚至臺灣有一半的人不相信陳水扁。未來兩岸關係怎麼能和平？民進黨面對這個情況內部要展開大辯論，到底走1991年「臺獨黨綱」，還是走1994年妥協性的「前途決議文」？

李濤：為什麼國親不能跟民進黨合起來，面對北京當局提出來這樣一個說法，跟大陸配合唱一齣戲。整個一個狀況，大家能不能來面對、正視。

吳敦義：臺灣現在要去決定「統獨」的問題，很痛苦。臺灣現在跟大陸統一可能嗎？國內（臺灣）所有的民調，連「一國兩制」臺灣都有80%的民眾反對，統還有市場嗎？談到「獨」，不是我們宣布「獨」就「獨」，可以設身處地替北京想，如果允許臺灣「獨」，那新疆、西藏怎麼辦？馬上有可能兵戎相見。說我們臺灣夠大夠強，跟美國一樣、中國（大陸）一樣強大，有可能不在乎人家。彼此要體會自己，也設身處地替對方想，這中間一定有很多可以拿到最大公約數的地方。我在2002年聯合73個委員在「立法院」通過了我們的提案，希望不要說北京宣布不統，我才宣布我不「獨」，阿扁則說你先宣布你不武，我才不「獨」。約同一個時段北京跟臺北同時宣布不「獨」不武，一次解決。至於兩岸今後如何處理，現在也沒有一個定律，一個國家有多個民族，一個國家擁有一個民族的也很多，也許30年後大陸政治經濟都開放，國民所得也很接近，兩岸兩相情願，有什麼不好？20、30年後雙方覺得大家只要不打仗不流血，不必現在就一翻兩瞪眼，用最大的耐心尋求最大公約數。

郭正亮：還是回到一個關鍵問題，剛才吳委員說用不「獨」來換不武很好。問題是什麼叫「不獨」？北京就是把「臺獨」極大化，把很多行為都認為是「獨」。民進黨在很努力地把「臺獨」運動和現狀做結合。阿扁講「一邊一國」，說我是對現狀的描述，我們沒有在搞改變「國號」式的「臺獨」。問題是如何界定「臺獨」？北京把「不獨」進行極大化解釋，會有什麼後果，等於臺灣做一個小「公投」也叫做「臺獨」，李登輝也講過，連我呼吸時也在搞「臺獨」。如果這樣搞政治到時候就沒完沒了，我一點也不否認民進黨主張「臺灣獨立」。現在這個現狀就已經是主權「獨立」的事實。在這個事實上我們再談兩岸如何交往，在野力量搞「正名運動」也說是搞「臺獨」，可他並沒有上升到改變「國號」，如果在野的群眾運動構成「臺獨」，臺灣是民主國家，如何制止？

羅志明：阿扁總統的演講稿基本上分成三個部分：一個阿扁自己的理想，他可以自己去完成；另外一種是他和人民合作去完成；另外一種是要人民自己的意志力去完成。推動「臺灣正名」，要更改「國號」，但是阿扁不可以更改「國號」，因為中國共產黨講不可以更改「國號」，美國講不可以更改「國號」。我們說這是人民的權利，是由人民來決定臺灣的自主權，是人民通過「公投」來完成的。剛剛徐教授所講的，國際上認同一個中國，實際上是虛構的。你說的一個中國不是現狀，「一邊一國」才是現狀，徐教授你是也學過憲法的專家，今天臺灣有自己的「政府」、領土，自己管轄的人民，為什麼我們不算一個主權「獨立」的國家？吳市長顯然不是軟腳蝦，他也認為「中華民國」是一個「獨立自主」的國家，只是現在叫「中華民國」，把「中華民國」去掉就算是「臺獨」。阿扁總統沒有把「中華民國」去掉，但是我們臺聯認為應該去掉，退出聯合國那一天開始的話我們「中華民國」的名字就不見了。

徐博東：我想羅先生一再講臺灣的主流民意，我所看到的資料，臺聯黨並不代表臺灣的主流民意。民進黨也好，臺聯黨也好，都說代表臺灣主流民意，我覺得不符合臺灣的現實。講到「一邊一國」是不是現實的問題，是不是兩岸同屬一個中國是虛構的問題，我覺得不管是國際法也好，還是國際社會的承認度也好，都看得很清楚，連美國到目前為止還仍然堅持一個中國的原則，一再提醒臺灣領導人不要去改變現狀，現狀並不是「一邊一國」，現狀是兩岸同屬一個中國，這才是事實。中國大陸這麼多的省，不是也有它們管轄的領土和管轄的人民嗎？如果這樣講的話，各個省都可以稱自己是一個「國家」了！問題的關鍵在於法律地位究竟如何界定，不是自己單方面認定自己是什麼就是什麼，要得到兩岸人民共同承認，虛構的恰恰是臺聯黨這些論述。

李濤：陳水扁先生必須要履行他自己對人民的承諾，520就職演說裡，沒有立即的改變，接受一中等等，陳水扁必須要面對、承擔。

徐博東：如果這有什麼壓力的話，是陳水扁包括李登輝在內這麼多年來一再的誤導臺灣民眾所造成的壓力，不是大陸給他強加的。如果他不承認一中，不承認兩岸同屬一個中國的話，恰恰是他「違憲」，真正愛臺灣的政黨也好，人民也好，應該給予質疑。

李濤：臺灣內部提出不要傷害臺灣人民的感情，您是怎麼看呢？

徐博東：臺灣人民的感情，並不是單一的，是很複雜的。如果贊成了「臺獨」，那麼就可能傷害了反對「臺獨」的人，據我所知大多數臺灣民眾不贊成「臺獨」，即使在50%投票支持陳水扁當選的民眾中情況也很複雜，並不表明647萬投票給他的人都是支持「臺獨」的，其中有很大一部分是出於對國民黨的黑金、腐敗的痛恨，有一些人是希望繼續改革，還有就是「槍擊事件」造成的同情票。另外，由於啟動「國安機制」沒有去投票的軍警憲系統的人，和幾十萬上百萬沒有回臺投票的臺商，據臺灣媒體評估，多數人支持連宋。因此，陳水扁的當選並不能說明臺灣的主流民意支持陳水扁的「臺獨」路線。

郭正亮：徐教授剛才的一番話是兩個地方兩套標準。第一他講一個中國，他說世界上的法理定位等等現在還沒有被改變，但他面對臺灣的時候他說你們已經改變了，他說你們在搞「臺獨」。如果臺灣在法理上的定位沒有被改變，怎麼可以說民進黨在搞「臺獨」呢？這個不是互相矛盾嗎？所以當他在講法理的時候，講到一個中國就用最嚴格的法理來講，講到臺灣就開始極大化，說你這也是「臺獨」，那也是「臺獨」。還有另外一點，我覺得他還有另外一套標準叫內外有別，對臺灣人民的時候他講，臺灣與大陸同屬一個中國，我們是一樣平等的。對外時你怎麼不這樣講呢？為什麼只有你有代表權我們沒有呢？

徐博東：我想大陸今天發表的聲明，不光是對臺灣講的，也是對全世界、對國際社會講的，這個說話是算數的，「大陸和臺灣同屬一個中國」，沒有什麼內外之別，過去的提法依我個人的觀察，現在已經有調整，包括在國際場合，中國的外交部長演講都有調整，這是事實，郭正亮先生你應該能看到這個調整。至於你說「臺獨」已經是「現狀」，這恐怕不會被國際社會承認。

郭正亮：現在正在開WHA，北京這次來特別運作巴基斯坦去當主席，是對臺灣最硬的。當他（中國大陸）講到國際社會，他（中國大陸）講國際就是實力問題，中華人民共和國當然代表中國，這個時候怎麼不去講臺灣和大陸都同屬中國，都有平等的代表權呢？

李濤：現在回最關鍵的問題，請教吳敦義先生，時局走到這裡，現在最核心的問題是如何去面對解決？

吳敦義：做「中華民國」的臺灣領導人的確是很為難，要確保「中華民國」獨立自主的「國格」，又要維持兩岸的和平穩定，又要促進臺灣2300多萬人經濟的繁榮，政治、社會的清明安定，臺灣不可能孤立於全世界，不可能對兩岸關係所起的波瀾絲毫沒有警覺性，這是不可以的。任何一個有智慧有能力的領導人一定要維持和平穩定的兩岸關係。光人家發一個聲明，股市就崩潰了，假如中國大陸再採取更惡嚴的手段，可以想見對臺灣的衝擊就非常大了。如何在最大公約數上求得你的改進，比如說「中華民國的國名」，我看陳水扁已經有一個照片，戴一個紀念章，底下有民進黨的黨旗，底下有陳水扁的人頭像，可能代表陳水扁總統有所覺悟。最近又講，現在雖然不會提「四不一沒有」，但是2006年「制憲」不會更改「國名」，不會更改「國號」，也許會受到臺聯給他不同的壓力，若陳水扁堅持，或許就是民進黨可能將來走的路線，也許是臺灣比較大的公約數，也不會觸動兩岸極為敏感的神經。

李濤：請教羅先生，從過去將近有一個半月的時間，美國幾乎違反「外交」慣例，在我們的「外交部」中發出嚴重警告，顯然臺灣或者是陳水扁先生相當程度的對警告有所回應。北京當局也瞭解520就職演說的大概內容，在昨天深夜今天清晨發表了幾乎是攤牌的聲明。同時請教北京的徐先生，總統也提出只要任何人正視「中華民國」，陳水扁在未來的一段時間內就堅持擁護「中華民國」，而擁護「中華民國」被視同北京所指兩條路中間的一條。

徐博東：陳水扁的說法又在玩弄文字遊戲，他所指的「中華民國」究竟是一個什麼概念，它是「中華民國」現行「憲法」中講的概念還是「臺澎金馬」的概念，是「一邊一國」的概念還是一個中國的概念，是臺灣是一個「主權獨立」的「國家」的代名詞，還是什麼，關鍵在於別看現在他講正視「中華民國」，不知道他的「中華民國」是什麼概念。「中華民國」過去突然沒有了最近突然又增多了，恐怕又有策略的考慮，他需要「中華民國」的時候，就把「中華民國」當做寶貝，不需要「中華民國」的時候，就把「中華民國」的招牌扔到一邊，使人沒有辦法相信他究竟要做什麼，恐怕臺灣人民自己都搞不清楚。

李濤：假設未來陳水扁四年的任期裡，都是照他目前所說的，堅定的來維持「中華民國」，這是不是會有改變？

徐博東：「中華民國」的概念是什麼概念，究竟是不是現行的臺灣出版的地圖裡的那種「中華民國」的概念，「憲法」裡所界定領土範圍裡的「中華民國」，還是他心目中的「臺灣前途決議文」所界定的「臺澎金馬」的概念，這是很關鍵的，如果還是國民黨當政時期的概念，恐怕兩岸還有得談，畢竟兩岸還承認是同一個國家。

羅志明：徐所長這樣的講法，我覺得是企圖加速分裂的一個想法。國親跟你們是同一國的，因為你們所主張的「中華民國」跟中華人民共和國就是一個中國，在座的包括張顯耀，吳市長是不會承認的，說「中華民國」是你一個中國，過去是一個分治的「國家」，如果這樣操作下去，可能會走向分裂的「國家」，統一不僅沒有市場，統一在人民心目中也沒有時間表。可能未來是，但現在還很遙遠。國際社會雖然承認一個中國，但是解決臺灣問題國際社會要求不能用任何外力片面去改變，包括武力。國際社會不同意你們這樣做，現在最大的公約數，就是永久和平的臺灣海峽。希望維持現狀。

張顯耀：目前兩岸的問題就是維持現狀，維持現狀的「國號」就是叫「中華民國」，過去四年特別在這一年，陳水扁總統他不斷把臺灣議題極大化，故意曲解變成「臺獨」議題，使「臺獨」議題不斷擴大，從「公投」、「正名」到現在2006年要「制憲」，把「臺獨」的時間表也弄出來了，美國已經提出警訊，把兩岸原來「統獨」的問題擱在一邊，十年二十年再來處理，現在兩岸已經變成一個聯合遊戲，雙方一觸即發，我們臺灣人民僅有的一點點對這塊土地的未來的希望，將一切全都沒有了。

李濤：因為「臺獨」的時間表，北京當局把它極大化，說「臺獨」時間表已經開始啟動。我要說的是讓兩岸之間有一個含糊的空間，讓大家繼續往前面發展，目前所有的含糊的空間消失，在最近半年到一年的時間裡，要變成一個明確的統一的時間表出來。目前的執政者陳水扁應該真實的告訴國人該做哪些事。

郭正亮：阿扁已經試圖在回應，他在講要正視「中華民國」。美國不會背書「臺灣是主權獨立的國家」，大國在做外交活動時要很明確，不能像北京有時候是這樣有時候是那樣，連「中華民國」都在懷疑。成熟的大國不會這樣做外交。把「臺獨」極大化，把我們推動的很多行動都說成是「臺獨」，這樣如何做外交？

李濤：請教吳敦義先生，北京當局為什麼對陳水扁當局過度的不信任？

吳敦義：比如我們兩個初做生意，等到現款匯進來我再給你發貨。但等到信用建立了以後，說不定一個電話我可能就發貨。建立互信需要一點時間需要一點時機。如果陳水扁真有誠意，有「中華民國」的存在，一切都好。既然用「中華民國憲法」做基礎，這中間留一點點空間，我們要尊重分治的事實，雖然在臺灣的老百姓很多人認為「中華民國憲法」能實施的區域只有在「臺澎金馬」，但是這並沒有斬斷跟中國大陸之間的歷史淵源。至於未來「統獨」，不要這個時候攤牌，現在攤牌是痛苦的，20年、30年、50年又何妨？世界上沒有規定一個民族只能搞一個國家。只要不打仗有什麼不好？

李濤：大家各自的做一個清楚的詮釋。徐博東先生，陳水扁先生提出，只要正視「中華民國」，用一個和平的兩岸原則來取代一個中國的概念，你的回應是什麼？

徐博東：我想現在兩岸的互信已經蕩然無存了，這個責任在於陳水扁四年來說的和做的完全是兩回事。互信確實是關鍵，關鍵只能由陳水扁自己用行動來解套，而不是用語言可以糊弄過去的。大陸看他今後究竟如何走，是不是把他在大選期間拋出的要對大陸進行「聖戰」、對抗大陸的好多言論和宣示化為政策來推動。「球」不在北京而在陳水扁一邊。

羅志明：中國可能不瞭解臺灣民主的意涵，阿扁要服膺臺灣人民的意志，臺灣人民選他做總統，他今天不會說是服膺中國（大陸），如果這樣同臺灣的民主制度是相違背的，也不能被接受的；我希望中國（大陸）對臺灣所做出的動作是應該朝向和平統一，但現在所做的都是在分化臺灣人民和你們之間的愛。全世界都講愛，那現在股票大跌，臺灣人民怪你恐嚇造成大跌。臺灣投資在中國（大陸）那麼多，動不動說宏觀調控，就讓臺灣股票大跌崩跌了將近1000點。今天WHA第七條就可以規定，可以透過協商讓臺灣變成觀察員，你卻一年一年百般阻擋。臺灣今天地震你們的關愛在哪裡，甚至連國外要透過你這個國家過來你都打壓。

徐博東：羅志明先生根本不瞭解大陸，所舉的好多例子都不是事實。比如說WHA問題，實際上大陸歡迎臺灣派出代表參加中國代表團，你自己非要成立一個「中華民國」的代表團，大陸當然不能接受。關於地震的問題剛才講的也不是事實，當時是李登輝在任時故意歪曲事實來誣衊大陸，把非事實說成事實，說多了以後成了真理。分化臺灣人民這種說法也不是事實，分化臺灣人民的恰恰是臺聯黨，包括臺聯黨的李登輝先生，不要關起門來做皇上，要瞭解大陸，瞭解國際形勢。

李濤：這些問題最終如何解決？

張顯耀：兩岸要互信，現在確實嚴重互信不足。如何建構兩岸的互信、同美國的互信和臺灣朝野的互信，陳總統必須拿出誠意，臺灣人選他當總統不是要他利用我們對他的信任把整個臺灣的前途在這次全部糟蹋掉了。

李濤：讓臺灣2300萬民眾感覺到陳水扁是非常穩定的，又可以計畫未來四年的狀況？

郭正亮：本來兩岸穩定是總統的使命之一，我們可以面對國際社會的要求，北京不要兩面做人，不要對內處處說好話，對外說靠實力，臺灣人民是不能接受的。

李濤：是不是兩面做人？

徐博東：大陸一貫的立場和原則是有目共睹的，世界所公認的，大陸的立場原則從來是不會動搖的，但可以根據形勢的變化，端看陳水扁究竟怎麼走，大陸會做出靈活的策略調整。

吳敦義：包容、體貼、誠信這三個詞是成功化解兩岸僵局的最重要的因素。

李濤：非常謝謝這麼多的觀眾朋友，明天股市很多人會關心不知道會怎麼樣，最主要反映到臺灣人民的信心，整個「中華民國」未來走勢是如何，大家是不是都能有共識，所有的領導人是不是都能夠會說真話，真心的關心到2300萬人的福祉。

（TVBS電視台「全民開講」）

徐博東：對阿扁就職演說，大陸「興趣不大」

《聯合早報》北京特派員孫傳煒：臺灣總統陳水扁本週四的就職演說，能否給兩岸關係帶來轉機？在大陸臺灣問題專家徐博東看來，答案是不可能。他直言，大陸對陳水扁520演講「一個是不抱太大的興趣，一個是不抱太高的希望」。

……（略）

在北京聯合大學臺灣研究所擔任所長、經常被當局諮詢意見的徐博東不否認，陳水扁看來會提出一些看似善意的訊息，雖然不一定會重提「四不一沒有」，但演講中還是會按照美國的要求，體現「四不一沒有」的精神。另外，陳水扁也可能在講稿中一再強調「中華民國」，來贏得美國的肯定和爭取泛藍選民，尤其是淺藍選民的認同。

「四年前陳水扁的（就職）演說很少提『中華民國』，都是說臺灣如何如何，這次恐怕會多使用『中華民國』。」徐博東說。

不過，徐博東判定：「這也沒什麼意思了，不管他說什麼，說得多好聽，臺獨的不歸路看來他還是要走下去。」

為什麼下這樣的結論？徐博東提出兩個理由，一是陳水扁代表「臺獨基本教義派」的利益，在他們的「脅迫之下」已經不可能回頭；二是陳水扁不可能沒有看到，自己的訴求暗合美國的利益，美國雖然不希望臺海發生戰爭導致它必須介入，但也同樣不願意兩岸統一。

針對陳水扁去年提出「公投制憲」導致臺海局勢一度緊繃，美國政府近幾個月來一再強調反對任何單方面旨在改變臺海現狀的言行。徐博東相信，陳水扁會因此在演講中強調要維持現狀，以臺灣已是「主權獨立國家」為由，說明現狀無需改變，再等待有利時機，實現修改「國旗、國號、國歌」等主張。

危險就出在這裡。在臺海的現狀究竟是什麼的問題上，陳水扁的表述和大陸的認知完全不同，陳水扁堅稱沒有改變現狀，但大陸看來可能並非如此。徐博東雖然認定陳水扁只會「能走到哪一步就盡量往前走」，沒有膽量真的如自己所說那樣「不惜一戰」，但他也擔心，陳水扁對中共和大陸的不瞭解，極可能造成誤判。

大陸有對臺新思維嗎？

既然大陸對陳水扁已經「不抱幻想」，那會不會頒布「對臺新思維」呢？

在徐博東看來，儘管大陸國臺辦發言人李唯一近日剛表明大陸仍會堅持「和平統一、一國兩制」的基本方針，但不會改變的其實只是大陸對臺戰略。

在戰術層面當局已大大增強了武力實現統一的物質和思想準備，以應對「不測之需」。這一點可以從今年解放軍軍費出現雙位數增長，和近來「統一法」的討論等方面看出。

即使在戰略表述上，徐博東也嗅出了火藥味。他指出，過去一年，大陸領導人和官員在強調希望用和平手段實現統一時，經常採用的一個論述是「只要還有一線希望，就不會放棄和平解決臺灣問題的努力」。

「實際上已經表達出來了，和平統一只是還有『一線希望』而已，已經很渺茫了。」徐博東說，陳水扁沒有看到大陸領導人在內部面對13億民眾反獨壓力。對兩岸關係發展，這名學者坦言，「怕很難樂觀」。

（聯合早報）

陳水扁要走「臺獨」之路，就等著打仗吧

新華網2004/05/19：5月17日，中共中央臺灣工作辦公室、國務院臺灣事務辦公室受權就當前兩岸關係問題發表了對兩岸關係的聲明。這一措辭強硬的聲明一發布就引起了海內外的強烈反響。這一聲明的背後有哪些內涵、對於兩岸關係的發展又將有哪些重大影響呢？北京聯合大學臺灣研究所所長徐博東教授在19日下午3點來到《新華訪談》欄目就這一話題和網友進行了交流。

訪談實錄：

「受權」是中央的英明決策

主持人：網友們對517聲明的反響非常熱烈，對今天的訪談也非常關注，現在已經提了好多的問題了。其中許多網友都注意到了這次聲明是中臺辦和國臺辦「受權」發布的，很想知道應該如何理解「受權」這兩個字？

徐博東：如果我記憶不錯的話，在4年前的5月20日，臺灣當局的新「領導人」陳水扁就職演講之後，中臺辦、國臺辦也是「受權」發表了一個重要的聲明。這次是第二次用「受權」的方式。所謂「受權」，說明這個「聲明」是中央最高領導層拍板的，是代表中央的。

主持人：時隔四年之後再次用受權聲明的方式闡述對兩岸關係的觀點，為什麼時隔四年之後再次出現受權？

徐博東：說明四年前兩岸關係，由於主張「臺獨」的民進黨，具有「臺獨」思想的陳水扁上台執政，使兩岸關係處在新的重大十字路口或者說有重

大變數，所以當時最高層發表了重要聲明。現在陳水扁經過四年的執政，雖然目前島內對於這次選舉結果還有很大爭議，應該說不能認為已經完全落幕，只能說選舉告一段落，下面還要進行法律程序的訴訟。但是不管怎麼說，這個訴訟時間比較長，在打官司的過程中還由陳水扁執政，民進黨繼續在台上。

這次陳水扁在大選中挑戰一個中國原則，堅持它的「一邊一國」立場，提出了「臺獨」時間表，特別是提出2006年搞所謂「公投制憲」，在2008年實行「新憲」。也就是說又面臨兩岸關係新的十字路口的關鍵時刻。如果陳水扁真的把大選期間拋出來的「臺獨時間表」變成政策在今後推動實施的話，那麼兩岸關係將面臨一個非常嚴重的局面。所以受權聲明裡講到了形勢嚴峻，需要在這個時候發表這樣一個嚴正聲明，把我們的對臺政策說清楚、講明白，是在這樣一個形勢下，中央作出這樣一個判斷。

因為已經涉及到對東亞和臺海和平穩定的重大問題，正因為如此，各方非常關注。明天就是5月20日，我們也不諱言，這個聲明是針對陳水扁，對陳水扁施加必要的壓力，也是給臺灣民眾聽的，給國際社會特別是美、日聽的，表明中國政府的嚴正立場，在兩岸關係這樣一個重要時刻，究竟我們是什麼態度，將來會實行什麼樣的對臺政策。

「不怕鬼、不信邪」表明我們應對嚴峻形勢的強烈意志和決心

主持人：還有網友如「超級軍刀」、「還算好辦」等等網友都提到了「中國人民不怕鬼、不信邪」這句話，他們很想知道應該如何理解，鬼是指的什麼，邪是指的什麼？

徐博東：中國人民不怕鬼、不信邪，表達了中國政府、中國人民在目前兩岸關係面臨著非常嚴峻的形勢之下表達的強烈意志和決心，也就是說我們有決心、有能力應付這樣的局面，遏止「臺獨」。歲數大一點的人都記得，「不怕鬼、不信邪」是五六十年代的用語，無非是說不怕任何艱難險阻，不

怕惡勢力對我們的打壓，敢於鬥爭，敢於勝利，多年來都已經不用這個詞了。我記得上中學時還專門出過一本書，叫做《不怕鬼的故事》，把歷史上談鬼的好多資料編輯成一本書，當時是三年困難時期，蘇聯對我們實行制裁、打壓，出這本書無非是鼓勵中國人民不畏艱難困苦、不畏蘇聯制裁、打壓的意思。今天用這個詞，我個人理解，意思是我們解決臺灣問題，確實有相當大的難度，形勢非常複雜嚴峻，並不是輕而易舉的事情，涉及到各個方面，現在臺灣島內「臺獨」在掌權，而且繼續執政的可能性非常大，非常猖狂。

從國際方面來說，美國表面上堅持一個中國政策，也給「臺獨」施加了一定的壓力，但是骨子裡邊是支持「臺獨」的，比如「與臺灣關係法」實際上成了支持「臺獨」的法律。「不怕鬼、不信邪」，無非是表明為了捍衛國家的領土主權，我們不會畏懼退縮，將不惜一切代價，採取一切手段，包括軍事手段，各個方面的困難都想到了。我是這樣理解的。

「臺獨」你再往前邁一步就是萬丈深淵

主持人：「田野大地」、「停車看楓紅」「木子123」網友說，有媒體稱：聲明中「懸崖勒馬」一詞非同尋常，因為當年中國警告美國要「懸崖勒馬」之後一個月，志願軍就跨過了鴨綠江。請問現在使用「懸崖勒馬」一詞有沒有特定的含義？

徐博東：懸崖勒馬，老祖宗發明這個詞非常形象，馬跑得非常快，讓它停下來非常不容易。跑到懸崖邊了，再邁一步就是萬丈深淵。「臺獨」就是這樣，你再往前邁一步就是萬丈深淵，面臨非常危險的狀況。說白了，這個懸崖就是制止「臺獨」的信心和能力，如果再不聽我們的勸告，拿我們的警告不當一回事，下一步就意味著不得不用軍事手段，來制止「臺獨」。懸崖勒馬這個詞在這個時候用非常及時、非常準確。

「臺獨」重大事變就目前能夠預見的來說，就是陳水扁在「大選」期間提出的「臺獨」三部曲，320公投是第一步，第二步是2006年「公投制憲」，第三步就是2008年實行「新憲」。而且他已經指定由他在臺灣大學讀書時的老師，一個叫李鴻禧的「臺獨」分子來召集「憲法」起草小組，就是說他不但說，而且已經開始運作了。

「制憲」的基本內容在以前就已經拋出來過，如果2006年真的實行「制憲」，我認為就是「臺獨」重大事變，「制憲」會不會涉及到「國體」的問題，也就是「國旗、國號、國土」範圍。根據所謂「中華民國憲法」，「國土」範圍包括大陸，甚至包括外蒙古的，都是「中華民國的國土」範圍。就是說它承認大陸和臺灣同屬一個國家，它的法律架構還是一中架構。「中華民國憲法」對於搞「臺獨」的人來說，是一個重大障礙，是眼中釘、肉中刺。

李登輝幾次「修憲」，最後也不敢動「憲法」的第四條，這一條的基本內容是這樣：「中華民國的固有領土，非經國民代表大會決議，不得變更之」。要把「中華民國」固有領土改成不包括大陸，只是臺澎金馬，那就是用法律的最高形式、「憲法」的形式界定兩岸不是一個國家，而是「一邊一國」了。我們管它叫「法理臺獨」，「國體」的改變就是「制憲」了，等於把原來的「法統」丟掉了，重新制定一個新的「法統」。現在陳水扁說不搞這個東西了，但是不是真縮回去難說，陳水扁經常變來變去，今天這樣說，明天那樣說，是一個沒有誠信的政客，是不是到時候時機對他有利，他又拿出來搞，很難說。

所以我們必須嚴正的告訴陳水扁，如果你真走這一步，就是「臺獨」的重大事變。另外他用公投這種形式，來表示他是一個「主權獨立的國家」，表明我們臺灣搞「憲法」，跟大陸毫無關係。「制憲」本來就是改朝換代才叫「制憲」，重新改造、打造。如果不涉及到「國體」問題，比如說是實行「總統制」還是「內閣制」等內部政治體制問題，「修憲」就可以了，為什麼叫「制憲」呢？就是要從「憲法」最高層次界定臺灣脫離大陸的重大舉動。這樣的重大事件就是一個明顯的「臺獨」步驟，大陸當然不能接受，不能坐視不管，要堅決制止。

「聽其言，觀其行」改成「聽我言，看你行」

主持人：陳水扁是一個言而無信的人，如果打著「修憲」的旗號做「制憲」的事情，我們應該怎麼辦？

徐博東：關鍵在於它的內容，還有它的形式。「修憲」也好，「制憲」也罷，本來應該由現行的「立法機構」來執行，怎麼會交給他的老師，把「立法機構」撇在一邊，因為他沒有信心能夠在「立法機構」通過方案，因為裡邊的在野黨會提出不同版本的「修憲」條款。所以他用這樣一種方式，實際上也想宣示這個「憲法」是通過臺灣人民製造出來的，跟大陸沒關係，這本身就是搞「臺獨」的形式。另外就是內容，是不是動「國本」這部分，從法理上製造一個跟大陸毫無關係的法律條文。

主持人：這個聲明是不是可以從另一個角度來解讀，現在不是看陳水扁說什麼，而是看他做什麼。

徐博東：四年前國臺辦回應陳水扁就職演說的聲明，提出對陳水扁「聽其言，觀其行」、「拭目以待」。這次在520陳水扁發表就職演說之前就發表聲明，這是新的措舉，四年前是「後發制人」，你說什麼我再來回應，現在是我們說，讓你來回應，叫「先發制人」。這當然完全不一樣，我們採取主動的措施，主動出擊。「聽其言，觀其行」改成「聽我言，觀你行」，有言在先，醜話說在前面，看你究竟怎麼做，我要觀察，不再聽你說什麼，要看你的行動。兩條路擺在前面，一個陽光大道，一個獨木橋，你是走陽光道還是獨木橋，你看著辦，你美國也看著辦。所以美國現在很著急。

聲稱「臺灣是主權獨立的國家」就是「臺獨」

網友朴刀：假如陳水扁在2006年「制憲」但不涉及到「國土、國號、國旗」的問題，這算不算重大事變？如果陳水扁以「一個和平」來回應「一個中國」，並繼續聲稱臺灣現狀就是「主權獨立的國家」，這算不算「臺獨」？

徐博東：如果「國土、國號、國旗」他不敢涉及，也就是說「國體」部分他不敢涉及。就我個人理解，根據「一國兩制」這樣的構想，你內部愛怎麼搞怎麼搞，你想搞什麼樣的「政體」，你隨便搞，只要臺灣人民同意。但是如果涉及到「國體」問題，就涉及到兩岸究竟是不是同屬於一個國家，臺灣是不是中國一部分的問題，那性質就確實不一樣了。

但是如果他修的這些內容雖然不涉及到「國體」部分，但是仍然說我這是「制憲」或者用公投這種直接訴諸選民的方式試圖突顯它是所謂「主權獨立的國家」，我看也應該給予嚴厲的批判，宣稱「臺灣是主權獨立國家」，其本身就是「臺獨」的主張和立場，怎麼不算「臺獨」呢？臺灣怎麼能算是一個「主權獨立國家」，它只是中國的一部分。一個中國內涵界定是大陸和臺灣同屬一個中國，如果說臺灣是一個「主權獨立國家」或者說「現狀就是一個主權獨立國家」，等於說臺灣跟中國毫無關係，當然是「臺獨」。

承認「一個中國」才會有和平，不承認一個中國，甚至公開的用法律的手段製造「一邊一國」的話，哪來的和平？在受權聲明裡說得很清楚，「臺獨」不會有和平，分裂不會有穩定。所以一個中國是根本的原則問題，如果不承認「一個中國」搞「臺獨」就不會有和平。

文字遊戲恕不奉陪，閃爍其詞兵戈相見

網友太空宇航員：您說517受權聲明著重於制止「臺獨」和遏止「臺獨」，維護臺海的和平穩定，其主旨是擺在臺灣當權者面前的兩條路，臺灣當權者必須作出選擇。怎麼叫選擇？如果「臺獨」對這兩條路都不選擇應該怎麼辦？

徐博東：有可能面臨今後四年臺灣的政權是陳水扁「政權」，而且陳水扁已經提出了「臺獨」時間表，甚至說不惜冒著戰爭的風險都要推行「臺獨」時間表。面對這樣的情況，當前對臺工作的基本重心就不是「促統」，而是「反獨」。

這次聲明重心就是給「臺獨」壓力，表明中國政府制止「臺獨」的信心和能力。給陳水扁指明兩條路，我看只有這兩條路，沒有第三條路，不是承認一個中國，就是繼續搞他的「一邊一國」，我看沒有別的選擇，我想不出來還有第三條道路可走。陳水扁可能會在520談話裡閃爍其詞，但不管變換什麼樣的手法，都逃脫不了要嘛搞「臺獨」，要嘛承認一個中國，回到一個中國的立場。

我想他還會是「一邊一國」的調子，但不會用「一邊一國」這個詞。如果迴避要害問題，跟大陸打馬虎眼，那就說明他們仍然要走「臺獨」之路。我看那他就準備跟大陸打仗吧，大陸不會再跟他玩文字遊戲。如果說四年前曾經給他一個寶貴的觀察期，恐怕現在這個觀察期很短了，獨立是不可能通過和平的手段得到的，從世界歷史上來看，要想獨立，就必須打一場獨立戰爭，大陸可以說做好了這方面的充分準備，如果陳水扁不懸崖勒馬，後果可想而知。

如果回到一個中國原則的立場上來，聲明裡的七點前景是擺在前面。臺灣民眾提出好多改善兩岸關係的願望，包括政治上、經濟上的，都可以逐步得到實現。包括陳水扁提出建立兩岸軍事互信機制，甚至島內民眾非常關心的導彈部署問題，包括建立什麼兩岸和平架構等，想得非常細，包括臺灣中南部農業區的農產品過剩，賣不出去，都願意臺灣的農產品來大陸銷售，那臺灣的人民就會受益很多。現在通過走私，一個是量很少，一個是中間受到剝削，農民利益受到很大影響。

包括其他政治上，比如臺灣的國際空間問題，都是可以談的。有人提出來，奧運會能不能兩岸共辦的問題，甚至臺灣人特別喜歡棒球比賽，拿出一部分奧運專案到臺灣去辦，也不是不可以商量。辦奧運會的主旨就是和平，前景是非常光明的，端看陳水扁走什麼路，要把臺灣引向何方，是不是真的愛臺灣，是不是臺灣優先，是不是以2300萬民眾的福祉作為最高利益。

據我個人瞭解，軍事準備一直在加班加點

網友紅鞋跟：每次針對臺灣問題的解決，都是雷聲大、雨點小，這次聲明是不是標幟著我們開始真正的部署統一臺灣的具體事宜呢？

徐博東：大陸幾十年來一直在謀求統一，統一應該是一個過程，各個階段有各個階段的重點，目前來說反對「臺獨」就是對臺的工作重點，也是最緊迫的任務。反獨的最終目標是為了統一。至於這位網友的意思是不是指軍事上的部署，據我個人瞭解，軍事準備可以說沒有一天不在加班加點的進行。

海灣戰爭的時候，我們已經感到需要高科技的軍事力量。駐南聯盟大使館被炸時，這種刺激更強烈。1995年李登輝與日本右翼作家司馬遼太郎談話，公開暴露出他的「臺獨」面目，特別是1999年「兩國論」拋出來的時候，軍事鬥爭的緊迫感更進一步加強。那個時候對臺鬥爭已經進入到「文攻武備」這樣一個新的階段。

2000年，陳水扁上台以後，我們對臺動武的準備，更充分了。而且軍事上的準備不光是面對臺灣，而且還要面對美國可能的軍事干涉問題。攻取臺灣並不是難事，問題是我們要從最壞處打算，可能面臨美國的介入。因為美國老說他「有義務協防臺灣」，「與臺灣關係法」這本來是美國的國內法，他以國內法來干涉中國的內政，這是非常霸道，非常不講道理的。

說明我們還需要努力加強經濟實力和綜合國力，特別是軍事上的高科技研發、引進，不然我們中國總是受欺負。現在我們還不夠強大，所以還受美國的欺負。

迫於現實，「臺獨」不往前走亦有可能

網友木子123：現在大家對陳水扁已經毫無信任和興趣，大多數網友都認為陳水扁是一個「一條死路走到底」的傢伙，您認為怎麼才能有效遏止「臺獨」？即將制定的「國家統一法」，您個人怎麼看？

徐博東：我們已經「聽其言、觀其行」四年了，對陳水扁是什麼樣的人了然於胸，對他不抱有任何幻想。這次我們採取的是「先發制人」，把話說到前頭，先禮後兵。如果你不聽勸告，最終還是要往那條路上走的話，到時候我們動武就有了充足的理由，也得到世界人民的同情和支持，兩岸同胞也看在眼裡，到底誰是誰非。當然我們不希望走到這一步，希望通過各個方面的壓力，迫使陳水扁縱然有一千個一萬個不情願，也不得不止步，不敢往前走了。

陳水扁是美國多年來縱容、慣壞的一個「壞孩子」，走到今天這個地步，美國確實有責任施加對陳水扁的影響，不然美國的國家利益也會受損，所以美國著急。現在美國自己都自顧不暇，面臨著伊拉克、阿富汗以及國內的一些問題，布希自己也面臨著在國內競選不利的態勢。所以他不希望臺海發生戰事給他找麻煩。所以這個時候，美國也好，臺灣島內也好，大陸也好，全世界的華人華僑，大家共同來遏止「臺獨」。

臺灣有一句話叫「形勢比人強」，迫於現實，不往前走還是有可能性的。並不是我們對陳水扁有幻想，而是寄望於兩岸人民和國際社會來制止和遏止「臺獨」。對於「國家統一法」，我個人完全贊成。溫總理在出訪期間回應華僑提出的建議，國臺辦李維一在回答臺灣記者提問時也做了正面的回應。

實際上據我所知，早在八九年前，涉臺研究方面的學者就已經提出來了，建議通過立法制定一個「國家統一法」或者是「分裂國土罪」這樣的條款。去年臺灣搞「公投法」的時候，我們又提出這個建議，美國用「與臺灣關係法」國內法支持「臺獨」。臺灣又制定了「公投法」，使搞「臺獨」也有了法律依據了，反而大陸沒有一個法條或者是法律來制止「臺獨」，何況除了「臺獨」，我們還面臨疆獨、藏獨等問題。

《統一法》若頒布，兩岸都應嚴守

民主工程：「統一法」能起多大的作用？對震懾「臺獨」和實現中國的完全統一起到什麼樣的作用？

徐博東：溫總理在出訪期間回應華僑提出來要制定法律這樣一句話說出來之後，臺灣受到很大的震動。我認為用法律手段來處理臺灣問題，不用懷疑，是非常重要的一個手段，法律手段應該說是最高手段。有了法以後，誰違法都不行，你要搞「臺獨」，違反了「國家統一法」，要制裁你，大陸領導人如果不按這樣的法律來辦事，也是違法。

中國人民解放軍採取軍事手段解決臺灣問題，也是按照法律辦事。所以我覺得是非常重要的手段。世界上很多國家都有這樣類似的法律，中國作為一個重要的大國，這樣複雜的多民族國家，面對著不少分裂勢力和活動，我認為早就應該立法。雖然現在已經有點晚，但是「亡羊補牢，猶未晚矣」，目前「臺獨」勢力這麼猖獗，「統一法」的制定已經是迫在眉睫，溫總理說「非常重要，要認真考慮」，我認為這恐怕不是隨便說說。

「和平獨立」是一種幻想

網友無情道：您認為目前和平統一的可能性還有多少？

徐博東：這樣說吧，近一段時間以來，我個人在各種會議上，都提出這樣一個觀點，這個觀點是不是有道理，供大家思考。我說民進黨陳水扁、李登輝要搞和平獨立，這是一種幻想。要獨立就必須打獨立戰爭，打敗了大陸，大陸屈服了，你就獨立了。和平獨立面對著大陸這樣的綜合國力，可能嗎？

現在陳水扁想搞和平獨立，但是大陸絕不同意，絕不允許，誰要是允許臺灣獨立，誰就會成為千古罪人，他在大陸恐怕也站不住腳。中共建國立政的根本就是捍衛中國的領土主權，才得到人民的擁護。儘管中共建國以來，有過不少這樣那樣的失誤，包括「文化大革命」這樣的失誤，但是人民還是擁護中國共產黨，為什麼？其中一個重要原因就是在捍衛國家主權這方面，中共始終是堅定不移的。朝鮮戰爭、中越邊境反擊戰，包括珍寶島之爭，都是歷歷可數的。

和平統一是一種希望、一種願望，也是最符合兩岸同胞、中華民族最根本利益的。但是這個願望能不能實現，不是靠大陸單方面想這麼做就能做到的，必須臺灣方面給予配合。現在「臺獨」想和平獨立，抵制大陸的和平統一，反對一個中國原則，現在陳水扁要繼續連任，繼續走「臺獨」時間表的話，我想和平統一也有可能是幻想。溫總理說盡最大的努力，爭取和平統一，只要和平還有一線希望，我們就不放棄和平統一。說「一線希望」也好，或者說「盡最大努力」也好，說明「和平統一」構想已經面臨著非常嚴峻的挑戰。

鄧小平說：如果解決臺灣問題會使中美關係倒退，我們也不得不接受這樣的現實

網友清風明月刀：據鳳凰網報導，美國對臺辦聲明作出強烈反應，聲稱拒絕接受「武力威脅」部分，您對此有何評論？我感到非常氣憤，一個動輒對他國用兵、肆意踐踏國際法準則的國家，有什麼資格對中國內部事務說三道四？從美國的反應來看，我覺得臺辦的聲明觸動了美國的神經，堅決支持臺辦的聲明。為了國家的統一，我願意犧牲自己的生命，只可惜我只能犧牲一次生命！

徐博東：這位網友的話我非常贊成，是一個熱血的愛國青年。我們遏止「臺獨」，捍衛中國領土主權的決心，我們有決心、有信心，民心可用。陳水扁動不動說我有多少選票，好讓大陸不得不和他打交道。實際上大陸13億人，全世界幾千萬華人華僑，都堅決反對「臺獨」。美國是「臺獨」的後台老闆，沒有美國的撐腰，「臺獨」一天也不能存在。「臺獨」之所以發展到今天這樣猖狂的地步，最重要的國際因素就是美國。

再具體點，美國動不動就搬出他的「與臺灣關係法」，要「協防」臺灣。兩辦發表嚴正聲明之後，美國甚至派出「小鷹號」航空母艦在臺海附近巡防，甚至說大陸動用武力反對「臺獨」，這是沒有幫助的，還威脅說這對中國也是沒有好處的等等。聲明裡說得很清楚，中國人民「不怕鬼，不信邪」，實際上已經預見到美國會有這樣強烈的反應。

我們跟美國也不是沒有交過手，美國也應該對中國人民剛強的意志有所瞭解，中國人不是被嚇大的，美國如果在這個時刻還向「臺獨」發出錯誤資訊，等於又是縱容「臺獨」。陳水扁為什麼還強硬，就是他認為美國不會拋棄他，他認為他是美國全球戰略的一個重要棋子。美國在這個時候真正聰明的話，應該和中國政府站在一起制止「臺獨」，否則的話，美國的國家利益也會受到損害。中國政府不會害怕美國的武力威脅，而任憑「臺獨」猖狂下去。所以我覺得聲明裡講「不怕鬼，不信邪」，恐怕就包含這樣的意思。

鄧小平同志在70年代末講過一個非常重要的論述，他說如果我們因為要解決臺灣問題而使中美關係倒退的話，我們也不得不接受這樣的現實。這話說得非常深刻，我覺得現在我們應該重溫這句話。因為我們把臺灣問題作為中國核心的國家利益，誰挑戰了我們國家的核心利益，不管是誰，陳水扁也好，李登輝也好，日本也好，美國也好，我們絕不後退。國家的核心利益就好像人的心臟、生命一樣，絕不能夠在美國的威脅之下妥協，中國人在很窮困的情況下，國力很衰弱的情況下都沒有屈服，何況是今天。所以美國別來這一套。

美國真正聰明的話，應該是把這個寵壞了的「壞孩子」陳水扁教訓教訓才對。現在是表面上教訓，實際又賣武器給臺灣，在加入WHO（世界衛生組織）問題上又支持臺灣。所以美國人搞兩面三刀，說一套、做一套。

「臺獨」勢力「綁架奧運」是對全中國、全人類的挑戰

網友中國力量：現在國內很多學者喜歡強調奧運可以不搞，經濟可以不發展，為什麼大家不針對「臺獨」勢力綁架奧運、綁架中國內地經濟發展的目的來進行揭露呢？直接說「臺獨分子」反人類、反和平，妄圖利用奧運做文章，是卑鄙無恥的行為，這樣的說法不是更加有力嗎？

徐博東：同樣一個意思，可以不同的角度、不同的語言來表達。我曾經在去年上網與網友交流時也講過，我說「臺獨分子」想利用北京搞奧運來挑戰一個中國，他應該想一想，奧運是什麼？奧運不光是中國人民的奧運，是全球人民的嘉年華會，是盛會，他利用奧運搞「臺獨」，不僅挑戰中國，而且挑戰了全人類，破壞奧運就是以全世界人民為敵。從這個角度來說，揭露「臺獨」反人類、反和平的面目，「臺獨」成為全球的麻煩製造者，奧運的麻煩製造者，這位網友說得非常好，非常有見地，我非常贊成。現在不光是奧運問題，還有上海2010年世界博覽會問題。

世博會比奧運時間還長，「臺獨」會不會認為世博會又是一個機會，這樣一個全球活動也是世界人類的重要活動。如果在這個時間點上，「臺獨」不顧一切挑釁大陸，肯定會受到全球的譴責。

假民主不能制止瘋狂，反而助長了瘋狂

網友血浪：原來我以為民主多少能制止瘋狂，但是現在來看瘋狂到了極點就能綁架民主。在民主與瘋狂的對決中，依靠臺灣人民是否還有現實性？

徐博東：這位網友語言很有哲學的味道。民主，同樣是這兩個字，實際上有不同的理解和內涵，臺灣也說他民主，而且是學習西方民主的優等生，一向以來都這樣自居。如果過去對臺灣的民主還認識得不夠深刻，這次大選暴露出來的所謂民主，完全是假民主，已經暴露無遺。這樣的假民主不但不能夠制止瘋狂，反而是助長了瘋狂。

陳水扁利用他掌權的機會煽動民粹情緒，打著民主的旗號，來壓制另外一部分民眾和政黨，挑釁大陸，他把公投說成「和平公投」，明明是挑釁大陸又說「和平公投」。3／20在一半民眾反對的情況下，還要搞所謂的「就職大典」，而且弄這麼多人來參加大典。所以民主在臺灣實際上只不過是一種包裝、騙人的東西，能夠制止什麼瘋狂呢？當然不能制止。現在臺灣人民對自己的民主也很失望，現在我們看到在抗議的場合裡，有人打出了「民主已死」大字標語。所以臺灣民眾已經開始覺醒了，他們正在思考臺灣是不是在搞真正的民主？這是很大的進步。

他們提出「救民主，救臺灣」，學生靜坐示威、絕食示威抗議，特別是年輕一代的抗議，我覺得對臺灣民眾還是寄望的。現在反「臺獨」的臺灣同胞都是我們應該依靠的力量，儘管一部分人受到矇蔽，跟著他走，儘管有50%的民眾投了他選票，但實際上其中只有20%的人支持「臺獨」。前一段時間臺灣有一個民調，只有3.3%的民眾支持「急獨」，84%的民眾主張維持現狀。說明臺灣的主流民意不是像李登輝、陳水扁說的那樣要搞「臺獨」，求和平、求安定、求發展，才是臺灣的主流民意。

民進黨也不是鐵板一塊　不能一竿子打翻一船人

網友名可名：請問民進黨內部有多少忠實的「臺獨分子」，比例是多少？今日臺海關係有無柳暗花明的可能？

徐博東：實際上民進黨也是一個很複雜的黨，內部派系很多。有所謂的激進獨派、溫和獨派，甚至有一部分是不贊成「臺獨」的，特別是民進黨現在是執政黨，有人加入民進黨是為了找工作、當官，保住自己的利益，不一定贊成「臺獨」。從各種角度來考慮。自從民進黨執政以後，發展膨脹的非常快，我相信不是所有的民進黨黨員都是贊成「臺獨」的，錢其琛副總理就曾經講過，我們要把「臺獨」和臺灣人民區別開來，要把民進黨黨員和搞「臺獨」的死硬分子區別開來，做這樣的區別是非常重要的，不能一竿子打翻一船人。

剛才我說民調的例子，只有3.3%的人支持搞「急獨」，民進黨內支持「臺獨」的人比例相對高一些，但也不是多數，大多數人還是主張維持現狀。民進黨也不是鐵板一塊，也是有不同情況的。

「520就職演說」可能會軟裡藏硬，綿裡藏針

主持人：明天就是陳水扁所謂的總統就職儀式，從您個人來看，您對明天陳水扁將會說些什麼或者未來臺海關係的發展，您怎麼評價？

徐博東：我個人判斷，陳水扁明天在這樣的強大壓力下，我想他不敢公開地、露骨地講「一邊一國」、臺灣是「主權獨立的國家」這樣的激進的「臺獨」語言，但是也決不可幻想他會承認「一個中國」，也有可能說一個中國是一個「議題」，或者說一個中國不是現在，是將來；或者說是可以討論的。總之他要包裝他的「臺獨」。但是在他的通篇談話裡可能會表現出比較克制，不會像大選時那樣猖狂，但是他「臺獨」的立場還會繼續堅持，絕不會動搖。因為他動搖的話，他的基本支持者會反應很強烈。

從他目前新政府的人選來看，包括所謂的「外交部長」、「教育部長」等幾乎所有「部會」的首腦，都是「臺獨」激進分子。從他用什麼樣的人就可以看出他會走什麼樣的路線。所以我對明天陳水扁講什麼，確實不感興趣，關鍵看他心裡邊想什麼，將來他要做什麼。形勢對他不利的時候，他可能收斂一些。他認為形勢對他有利的時候，他就會非常囂張。而且他今天說一些軟話也好，表達所謂的善意也好，實際上往往是為今後採取強硬的路線

作鋪墊，這四年來就是這樣的循環，他說幾句軟話，但是有一條不變，就是迴避、對抗「一個中國」。他假善意的目的是他將來推動「臺獨」的藉口。

所以我研判他明天的話裡會軟裡藏硬，綿裡藏針，會為他將來推動「臺獨」留下藉口。現在是「聽我言，觀你行」，我們有言在先，先禮後兵，先把醜話說前頭。將來我們不得不提前解決臺灣問題、動武的時候，不是我們事先沒有把話說清楚。

（新華網）

臺灣問題專家指出：臺灣當權者沒有第三條路可選

中新社北京五月十九日電（記者劉舒淩）北京聯合大學臺研所所長徐博東表示，「五一七受權聲明」就是要給「臺獨」壓力，臺灣當權者只有兩種選擇，沒有第三條路可選。

徐博東十九日應邀作客新華網，在與網友就中臺辦、國臺辦發表的「五一七受權聲明」及兩岸關係問題進行交流時作上述表示。

徐博東說，「五一七受權聲明」的重心就是給「臺獨」壓力，表明中國政府反對「臺獨」的決心、信心和能力。陳水扁想在「五二〇」談話裡閃爍其辭，但不管變換什麼樣的手法，都逃脫不了要嘛搞「臺獨」，要嘛承認一個中國、回到一個中國立場的選擇。

徐博東說，明天就是五月二十日，陳水扁將發表所謂「就職演說」。我想他還會是「一邊一國」的調子，但不會用「一邊一國」這樣的字眼。如果繼續迴避要害問題，跟大陸打馬虎眼，那就說明他仍然要走「臺獨」之路，大陸不會再跟他玩文字遊戲。

徐博東表示，如果說四年前中國大陸曾經給陳水扁一個寶貴的觀察期，恐怕現在這個觀察期就要結束了。從世界歷史上來看，「獨立」不可能是通過和平手段得到的。如果陳水扁不懸崖勒馬，後果可想而知。

（中國新聞網）

扁2006搞「制憲」就是「臺獨」重大事變

中新網5月19日電：北京聯合大學臺研所所長徐博東今日下午在新華網與網友交流時指出，陳水扁當局若在2006年實行「制憲」之舉就是非常重大的「臺獨」重大事變。

徐博東指出，陳水扁提出的「臺獨三部曲」中，「320公投」是第一步，第二步是2006年「公投制憲」，第三步就是2008年實行「新憲」。並且陳水扁已經指定由他在臺灣大學讀書時的老師，一個叫李鴻禧的「臺獨」分子來召集「憲法」起草小組，這意味著是說他不但說，而且已經開始運作了。

徐博東指出，陳水扁「制憲」的基本內容在以前都已經拋出來過，如果2006年真的實行「制憲」，我認為就是非常重大的「臺獨」重大事變。

對於「制憲」會不會涉及到「國體」的問題時，徐博東分析說，這個「國體」問題也就是「國旗」、「國號」、「國土範圍」，「國體」的改變就是「制憲」。而根據所謂的「中華民國憲法」是承認大陸和臺灣同屬一個國家，它的法律架構還是一中架構。而這個「憲法」對於搞「臺獨」的人來說是一個障礙，眼中釘、肉中刺。所以我們必須嚴正的告訴陳水扁，如果你真走這一步，就是「臺獨」的重大事變。

而另外一個重大事變，包括他搞「公投」這種形式，也表示他是一個「主權獨立的國家」，就是要從憲法最高層次整個脫離大陸的重大舉動。徐博東說，這樣的重大事件就是一個明顯的「臺獨」步驟，大陸當然要堅決制止。

（中新網）

專家分析從「聽其言，觀其行」到「聽我言，觀你行」

中新網5月19日電：北京聯合大學臺研所所長徐博東今日下午在新華網與網友交流時指出，對臺政策從四年前的「聽其言，觀其行」到這次的「聽我言，觀你行」變化，是主動出擊先發制人。

徐博東指出，過去是「後發制人」，你說什麼大陸再來回應，現在是我們先說，讓你來回應，叫「先發制人」。這完全不一樣，我們採取主動的措施，主動出擊。「聽其言，觀其行」改成了「聽我言，觀你行」，究竟怎麼走，兩條路擺在前面，一個「陽光大道」，一個「獨木橋」，你是走「陽光道」還是「獨木橋」，你看著辦，你美國也看著辦。

對於有網友問為什麼不在520後再回應陳水扁時，徐博東指出，這是因為大陸已經「聽其言、觀其行」四年了，對陳水扁是什麼樣的人了然於胸，對他不抱有任何幻想。也就是說我們採取的是先發制人，把話說到前頭，先禮後兵。如果你不聽勸告，最終還是要往那條路上走的話，到時候我們動武就有了充足的理由，也能得到世界人民的同情和支持，兩岸同胞也看在眼裡，到底誰是誰非。當然我們不希望走這一步。

徐博東指出，臺灣有一句話叫「形勢比人強」，迫於現實，陳水扁不敢往前走還是有可能性的。並不是我們對陳水扁有幻想，而是寄望於兩岸人民和國際社會看到這個問題的嚴重性，來制止和遏止「臺獨」。

（海峽之聲網）

臺灣飛碟電台主播李永萍專訪徐博東實錄

就陳水扁發表「520」就職演說，當天下午徐博東教授接受臺灣飛碟電台「飛碟晚餐」節目主持人李永萍的專訪，現根據錄音整理如下：

李永萍：在陳水扁演說結束之後，臺北股市不漲反跌，是不是兩岸本來緊張的態勢在中共國臺辦方面發表聲明之後，擔心今天陳水扁的演講更加刺激中共，還是確實有所緩解？中共方面到底如何看待今天陳水扁的520就職演說？我們連線北京聯合大學臺灣研究所徐博東所長。徐所長你好！

徐博東：永萍小姐好，各位聽眾好

李永萍：徐所長，您長期對臺灣方面特別是陳水扁的各種言論和思維作了很多研究，517國臺辦的聲明使得兩岸關係面臨一個相當緊張的情勢，而今天陳水扁的講法，是不是馬上有紓解的情勢，臺灣的聽眾朋友最關心，今天陳水扁的演說沒有提到「一邊一國」，對於「公投制憲」的程序作了大幅度的修正，而且修正到同國民黨主席連戰在選前所說的程序已經一模一樣，這是不是可以化解兩岸危機？

徐博東：我全程看了臺灣電視，我的感覺是應該這麼評估：陳水扁今天的演說「暫時緩解」了兩岸的「立即危機」，但是並沒有真正「解除」危機。未來兩岸關係仍然會充滿變數，僵持的局面難以打破。

李永萍：徐所長當您提到兩岸關係「立即危機」的時候，據你的理解，當時中共國臺辦發表517聲明的時候，確實兩岸關係是處於相當緊張的狀態嗎？

徐博東：那是不言而喻的！聲明裡說得很清楚，要求陳水扁懸崖勒馬，擺出兩條路要他選，要嘛走「陽關道」，要嘛走「獨木橋」，形勢確實非常嚴峻，聲明裡說得非常清楚。

李永萍：大家注意的是他哪些東西沒說，他今天沒有重申「四不一沒有」，但也沒有講「一邊一國」，他的「公投制憲」的講法顯然是作了修正，他也沒有說是否回到「一中原則」，他講如果大家可以用最大的善意，未來不管是「中華民國」、中華人民共和國或者是臺灣，和中國建立什麼樣的關係他覺得都是可以討論的。這樣的狀況北京當局中共的領導人他們會作怎樣的解讀，可不可以接受陳水扁這樣的想法？

徐博東：我猜測或者預估大陸官方的態度會是「三不一看」。「三不」就是不滿意、不接受、不回應；「一看」就是看陳水扁今後的具體作為、具體行動究竟要幹什麼？這是我對大陸官方目前的一個判斷。就我個人的看法，這篇演說是：似曾相識、故技重施。四年前我曾經評論過陳水扁的520就職演說，我現在把這篇文章翻出來看，簡直不用作什麼改動，可以用原來的話搬過來寫一篇文章評論陳水扁今天的演講都可以。我給他的評估叫做：軟中有硬，話中有話，綿裡藏針。它的要害就是迴避一個中國，大陸一再要求他回到一個中國原則上來，兩岸關係才能柳暗花明，才可能有光明的前景，兩岸關係才能真正突破僵局，但是他迴避了；另外一個要害是，雖然他沒有用「一邊一國」這個詞，但是他的演講通篇都貫穿了「一邊一國」的臺獨理念和主張，他絲毫沒有放棄他的臺獨立場，他在懸崖上是勒馬了，沒敢往下跳，但是這個馬並沒有回頭，他也不想回頭，仍然想等待時機，再往下跳，這是我個人的觀察和評論。

李永萍：徐所長是北京臺灣問題的專家，臺灣方面的兩岸問題專家學者都認為陳水扁今天的就職演說已經釋放了一些善意了，徐所長您表達的是北京當局方面的角度的話，顯然的這個善意並沒有讓北京感受到，你談到北京的領導人對於陳水扁今天的講法可能會採取「三不一看」的態度，看他未來作什麼動作，這幾年不是只有陳水扁方面沒有改變，北京方面也沒有改變，從2000年後就對陳水扁六個字：「聽其言，觀其行」。現在517國臺辦發表了一個聲明，認定陳水扁是「臺獨」分子，不願意再「聽其言，觀其行」，到底這是不是調整或者是沒調整？

徐博東：我認為這就是調整。如果說四年前，中共方面還對陳水扁寄有希望，希望他能夠放棄「臺獨」立場，回到一個中國原則，以兩岸民眾的福祉為念，當時中共確實有這樣的期待，並且給了他四年的觀察期，臺灣學者說等於大陸給陳水扁「留校查看」，兩辦517受權發表的聲明，實際上把這四年來的「聽其言，觀其行」做了一個總結，對「留校查看」的學生作了一個評審。為什麼提前發表這樣一個聲明，而不是520之後再來回應？其實是表達了這樣的意思：我不要再聽你說什麼了，知道你沒有誠信，聽了也沒用，我也知道你要說什麼，現在我只想看你做什麼，把「聽其言，觀其行」改成了「聽我言，觀你行」。無論陳水扁說什麼，到時候他都可以推翻，關鍵是要看他做什麼。你觀察320後他組成的政府團隊，已經看得很清楚，他的「內閣」人選，不是他的親信就是急獨派人士，用什麼樣的人就可以知道他將來要推行什麼樣的路線和政策，要走什麼路線，這不是你說幾句好聽的話就能矇騙得了人的，大陸也不都是傻瓜。為什麼對他不抱希望？不是光聽他說了什麼，而是要看他做了什麼。陳水扁今天的演講，美國很滿意，但是美國不要以為它跟陳水扁合夥來騙大陸，大陸就會上當，這一點要引起臺灣民眾的高度警惕，兩岸關係並沒有因此而真正渡過危機，股市今天沒有漲，反而下滑，說明臺灣民眾是非常聰明的。

李永萍：本來517國臺辦聲明之後，臺海情勢是一觸即發，一開始你承認，中共當局方面和大陸的普遍看法，不管陳水扁說什麼，重點是看他做什麼，總是也承認今天他這樣的講法是有助於緩和這個情勢的吧？

徐博東：陳水扁也是無可奈何，迫於國際和島內的政治現實，不得不低頭妥協，也說明陳水扁和「臺獨」人士一再宣揚說臺灣是一個「主權獨立的國家」並不是事實，並不是現狀，是陳水扁和李登輝虛構出來的，沒有人接受這個所謂的政治現實。這種情況十分說明問題。陳水扁一貫採用的技倆是所謂「衝突——妥協——進步」。他先是把兩岸關係搞得很緊張，統獨對決態勢擺出來，然後各方壓力到位後，再假裝受了委屈，他就來妥協，妥協之後，他發現實際上又前進了一步。他現在前進了一步在什麼地方？他搞了一個「公投法」，而且搞了「320公投」，他現在在演說裡說，他將來還要搞「公投入憲」，他已經得到他所要的東西，不排除他將來認為時機成熟時仍然會背棄他今天所作的承諾，繼續推行他的「急獨」路線，他的策略還是先軟後硬，軟硬兼施，軟是為了後面的硬做鋪墊的。

李永萍：您這樣的分析表示出來中國大陸對臺灣情勢的相當程度非常深入的瞭解，但某個程度同時也承認陳水扁的這一招也是有用的，他每一次好像把你逼到那個臨界點，他並沒真正越過去這一點，他馬上又回來妥協，在這「衝突——妥協——進步」的過程中，他其實在慢慢往前推進。

徐博東：所以叫它「漸進式臺獨」，他不敢搞「急獨」。

李永萍：但是不管如何，即使你叫「漸進式臺獨」，從中國大陸的角度他還是在搞「臺獨」，照您這樣的分析對他有什麼辦法？

徐博東：我看辦法多得很，恐怕下一步大陸有大陸的策略和辦法來對付他，不要以為他搞這一套就沾沾自喜，以為得逞了。

李永萍：您是不是可以分析一下，520演說之後，就臺灣的民眾來講，比較要注意的是哪些部分？從大陸方面預測會有什麼樣的狀況是大家要注意的？

徐博東：我不是中共官方，不可能參加高層的決策和瞭解內幕，但我個人對兩岸關係的觀察，對中共政策的理解，使用非和平手段或者說軍事手段來處理這個危機暫時是緩解了，但是還會保持高度的警戒，隨時觀察陳水扁的作為再作出因應，軍事上的準備，也一直在加班加點，毫不放鬆。一旦陳水扁敢於踩紅線，大陸絕不會客氣，絕不會妥協，這一點是無疑的；另外第二方面，很可能會採取經濟上的手段，對那些到大陸投資發了財、賺了錢，回去後支持「臺獨」的臺商，要動動刀子，這樣的辦法有可能會採取。

李永萍：非常謝謝北京聯合大學臺灣研究所徐所長給我們所做的解析。徐所長的講法，特別給聽眾朋友作一個參考，我們在臺灣思考兩岸問題的時候，千萬不要陷入一個迷思與盲點，從單方面的角度一廂情願來看待這個問題，因為兩岸的不確定性以及兩岸相關的互動，甚至可不可能危機衝突到兵戎相見，其實對岸的思維、對岸的態度、對岸的考慮與角度都是非常需要關注的，如果我們不能正確的面對對岸的判斷與影響，我們擔心可能會有誤判。不管如何，今天我們看到，臺灣的專家、對岸的專家與美國方面的看法，都認為陳水扁今天的演說，對兩岸非常緊張的情勢都是有舒緩作用的，只是這樣的舒緩的情況可以維持多久？臺灣的政局又會有怎樣的變化？未來幾天的「飛碟晚餐」還會跟大家作解析。再見！

（陳星／武麗萍根據錄音整理）

精心包裝，欺騙輿論

——臺灣問題專家徐博東評陳水扁「520演講」

新華網北京5月21日電（記者陳鍵興陳斌華）「陳水扁的『520演講』儘管進行了精心的包裝，但與4年前他上台時的演講在『臺獨』本質上是換湯不換藥。他故技重施，目的就是要欺騙輿論，繼續走『臺獨』路線。」北京聯合大學臺灣研究所所長徐博東教授說。

在陳水扁發表「520演講」後，徐博東接受了新華社記者專訪。他說，陳水扁的「520演講」乍一聽來似乎語句較為溫和，用詞謹慎，盡量不刺激大陸，但實際上是「話中有話，埋下釘子」，其要害就是仍舊迴避一個中國原則，用隱蔽的手法推銷其「一邊一國論」的分裂主張。

徐博東分析說，陳水扁的「520演講」雖然沒有出現「一邊一國」四個字，但是通篇遊盪著「一邊一國論」的「幽靈」。他在演講中多次採用「臺灣與中國」的說法，這是明顯的「一邊一國論」的表述。陳水扁實際上仍在賣力推銷其「一邊一國論」的分裂主張。

「陳水扁仍然頑固堅持『臺獨』立場。」徐博東說，陳水扁宣稱臺灣要邁向「新的國家共同體」，宣揚傳統的國家主權觀「已經過時」，還有「臺灣的前途由2300萬臺灣人民決定」等等，都是極其露骨的「臺獨」主張。此外，陳水扁突出強調臺灣與美、日等國的「價值同盟」關係，鼓吹要提升臺灣「自我防衛」的能力，要求某些國家「協助維護臺海的和平與亞太地區的穩定」，實際上就是希望外力能成為「臺獨」的保護傘。

針對陳水扁聲稱要恢復兩岸對話、擴大兩岸交流等說法，徐博東指出，陳水扁大念「和平經」，但是卻完全迴避了一個中國原則這一兩岸關係穩定與發展的基礎。陳水扁大談要建立「兩岸和平穩定互動架構」、成立「兩岸和平發展委員會」、擬定「兩岸和平發展綱領」，實際上是又在玩毫無意義的文字遊戲，企圖再次欺騙島內民眾和國際輿論。只要他不承認臺灣與大陸同屬一個中國，臺海地區就不會有真正的「和平」，兩岸關係就難以得到穩定和發展。陳水扁所表達的不是「善意」而是「偽善」，只要對他過去4年的所作所為有所瞭解的人，都能輕易識破他這些並不高明的騙術。

徐博東指出，陳水扁宣稱「涉及國家主權、領土及統獨的議題」，不宜納入在他即將推動的所謂他個人建議的「憲改」範圍之內，這是他迫於內外強大壓力不得不作出的退讓，同時也恰好說明「臺獨」昧於政治現實，是一條走不通的死路。但是，要注意他同時使用了很多限定詞，諸如「目前在臺灣社會尚未形成絕大多數的共識」、「個人建議」等等埋了伏筆。他又宣稱要「公投入憲，為未來人民公投複決國會憲改提案奠定開闊的基石」。這就是說，迫於無奈陳水扁或許在他的第二個任期內不敢公然搞「急獨」，但是他所急於推動的所謂「憲改工程」，其終極目標仍是為「臺獨」鋪路。

「經過4年來的觀察，可以認定陳水扁是個毫無誠信、不可預測的政客。」長期研究民進黨問題的徐博東說，陳水扁此次雖然不得不在策略上採取一些包裝手法，但根據其一貫的「衝突——妥協——進步」的「政治哲學」和「先軟後硬，軟硬兼施」的政客技倆，他會在認為形勢對其有利、條件成熟的情況下再次脫下假面具，繼續往「臺獨」的方向走。陳水扁目前暫時藏起了他的「急獨」尾巴，改採「軟」的策略，只不過是為其日後搞「急獨」鋪路，尋找和製造藉口。對此，我們必須保持高度警惕，不能對他抱有任何不切實際的幻想。

徐博東指出，中共中央臺辦、國務院臺辦「517受權聲明」已經為陳水扁指出了兩條道路，但是他不走「陽關道」，偏走「獨木橋」。因此，兩岸關係未來不容樂觀。遏止「臺獨」、維護臺海和亞太地區的和平與穩定，仍然是今後相當長時間內兩岸同胞和全球華僑華人的迫切任務。

（人民日報・海外版）

大陸學者：遏止「臺獨」是當務之急

華夏經緯網7月29日訊：兩岸關係論壇昨日進行了分組討論，大家在會上各抒己見，發表看法，氣氛異常熱烈。

北京聯合大學臺灣研究所長徐博東認為，陳水扁「520」演說中有關兩岸政策部分，表面上退縮，實則綿裡藏針，埋下了許多日後重回「急獨」路線的伏筆。在陳水扁當局施放「兩岸和談」的煙幕背後，人們所看到的卻是實實在在的「以武拒統、以武謀獨」。

徐博東認為，從目前的政策走向來看，大陸對臺工作的重心顯然是「遏獨」重於「促統」。道理至明：對於兩岸關係來說，「遏獨」既是「促統」

的題中之意，同時也是「促統」的基礎和必要前提。在目前島內「臺獨」勢力坐大、兩岸關係嚴峻的情況下，大陸把經濟交流作為兩岸交流和兩岸關係發展的一個主要管道來加以推動。早日實現兩岸直接三通，擴大兩岸經貿和文化交流、扎扎實實地做好「寄望於臺灣人民」的工作。遏止「臺獨」是最為有效的途徑和手段。

（華夏經緯網）

徐博東：「三通」前景不樂觀

本報北京新聞中心記者廖雅猛3日電：北京聯合大學臺研所所長徐博東近日在分析兩岸關係和大陸對臺政策時表示，在目前兩岸政治僵局無法打開的情況下，大陸把經濟交流作為兩岸交流和兩岸關係發展的一個主要管道來加以推動。

對於兩岸政治僵局下的「三通」前景，徐博東說，陳水扁把「三通」議題作為欺騙輿論、撈取政治福利的工具，「在可見的時間內，兩岸『三通』的前景，並不如預期的那麼樂觀」。

這位著名的臺灣問題專家表示，陳水扁「連任」以來在處理內政問題上比上一任期表現得更為強勢。島內當前的政局有三方面情況值得注意：一是陳水扁強勢主導，臺灣政權出現全面「綠化」；二是反對勢力難以整合，無法對民進黨形成有效制衡；三是泛綠陣營極力擴大「臺獨」基本盤。這些情況對於兩岸關係產生了極大影響。

大陸對臺因應策略去年以來進行一定程度的調整，徐博東表示，整體來說，大陸一方面加大了對「臺獨」的施壓力度，另一方面也展現出相當大的政策靈活性，「517」聲明所展示的內涵，集中體現了大陸政策的調整。

徐博東分析，從大陸目前的政策走向來看，大陸對臺工作的重心顯然是

「遏獨」重於「促統」。而早日實現兩岸直接「三通」、擴大兩岸經貿和文化交流、扎扎實實做好「寄望於臺灣人民」的工作，是遏止「臺獨」最為有效的途徑和手段。

（文匯報）

北京學者：認清陳水扁「假和平、真臺獨」面目

多位從事臺灣問題研究的學者日前在接受新華社記者專訪時指出，陳水扁在10月10日發表的演講不僅沒有任何新意、善意和誠意，反而鼓吹「一邊一國論」，污蔑、抹黑中國大陸，他表現出的「臺獨」的囂張氣焰將使兩岸關係更加惡化。

北京聯合大學臺灣研究所所長徐博東指出，陳水扁的這一演講通篇貫穿的都是「一邊一國」的「臺獨」論調，完全迴避了「517受權聲明」要求臺灣當權者回到一個中國原則這一根本問題。

他說，陳水扁在演講中公開宣示「臺灣就是中華民國，中華民國就是臺灣」，實際上是進行了一次變相的「臺灣正名」、「口頭制憲」。陳水扁借集會的場合為「臺獨」大造輿論，企圖擴大「臺獨」的社會基礎，在推動「臺獨時間表」上又邁出了一步。

……（略）

幾位學者還指出，國務院臺灣事務辦公室對陳水扁演講所作的回應是正確、恰當的，陳水扁繼續在「臺獨」道路上執迷不悟，已經使兩岸關係更加嚴峻，臺海和平轉圜的空間正越來越小。

（新華網，陳鍵興、陳斌華）

徐博東：美擔心臺誤判其政策，談話顯示戰略清晰

北京聯合大學臺研所所長徐博東30日指出，從美國國務院這項談話明顯看出，美國現在對臺政策已從「戰略模糊」走向「戰略清晰」，防止臺灣改變臺海現狀。

徐博東指出，從美國國務卿10月底訪問北京明確說出「臺灣不是一個主權獨立的國家」這段話，就可以看出來美國布希總統第二任的對臺政策將從「戰略模糊」轉變為「戰略清晰」。他表示，美國國務院針對「公投制憲」的說法作出回應，主要是對臺海局勢越來越感到憂心，臺灣獨立將引發美國與中國的軍事衝突，造成地區動盪，不符合美國的國家利益。

徐博東強調，美國憂心臺灣誤判美國的對臺政策，以為臺灣獨立，美國一定會力挺到底，甚至為「臺獨」與中國武力衝突，其實這是美國最為憂慮之處，所以現在必須採取「戰略清晰」政策，明確告知臺灣有關美國的立場。

陳水扁11月27日稱，將於2006年透過「公投」複決第一部臺灣新「憲法」，2008年5月20日正式實施。

（文匯報）

2005年

學者：日美修防約意在影響《反分裂國家法》立法

來自日本官方的消息披露，日本準備與美國修改日美防衛合作指針，以「臺海衝突」為著眼點，以中國為假想敵，研究雙方在實施聯合作戰的情況下各自如何應對等問題。輿論認為，日美雙方試圖將「臺海危機」寫入新的「日美防衛合作指針」，無疑是在為日本日後一旦介入「臺海衝突」提供「法律依據」。

北京一些學者在接受香港大公報專訪時表示，日美防衛合作指目標修改雖然根本原因在於兩國軍事戰略發展的要求，但從另一個層面來說，中國大陸啟動《反分裂國家法》的立法程序，也刺激了日美軍事同盟關係的進一步提升。

……（略）

北京聯合大學臺灣研究所所長徐博東表示，日本修改日美防衛合作指目標動作，仍是中國大陸啟動《反分裂國家法》立法程序之後在國際上的後續反應之一，「美國對臺海兩岸，仍是慣用的兩邊施壓，這次就是通過修改日美防衛指標向中國威懾，並不等於臺海一旦發生戰事，就採取具體的軍事行動。」

他說，全國政協主席賈慶林在紀念「江八點」十週年的演講中，已經明確說明了《反分裂國家法》的原則、精神、架構和主要內容，「當然，大陸制定《反分裂國家法》的各個方面都會考慮到，包括國際社會的反應，也許在具體法條的表述上會更加周全，讓人抓不住把柄。」他說，美日的反應在大陸的意料之中，而且比中國大陸原來預料的反彈更小一些。

……（略）

這些專家表示，從美國的角度來說，中國制定《反分裂國家法》是依法治國，走向法治國家的表現，在《反分裂國家法》的具體內容披露之前，美國很難對制定《反分裂國家法》行為本身直接表態反對。但《反分裂國家法》的制定的確讓美國有一種擔心，「如果說沒有《反分裂國家法》，大陸同樣可以通過各種手段反『臺獨』，但有了《反分裂國家法》，如果臺灣出現大陸所認為的『法理臺獨』，大陸的反應就可能自動地進入法律程序，而不能人為控制，採取軍事手段就成為大陸最可能的反應之一。」

徐博東認為，日美防衛安全指針的修改在大陸的意料範圍之內，但此舉卻給了「臺獨」分子錯誤的信號，反而無助於臺海局勢的穩定。他說，《反分裂國家法》遏止「臺獨」，目的也在於維護臺海和平。

徐博東表示，中、美、日在臺海地區有共同利益，應該共同聯合起來遏止「臺獨」才是正途。大陸《反分裂國家法》本身就是為了維護臺海和平，防止「臺獨」分子挑動戰爭，日本修改日美防衛安全指針，不僅不必要，還會發出錯誤信號，反而無助於臺海和平。

（中新網）

包機落幕，「三通」還有多遠？

2月20日21時28分，2005年臺商春節包機最後一個航班，由臺北飛返北京。兩岸民航飛機56年來首次實現雙向對飛，為農曆乙酉年的春節平添了喜氣。雖然，此次包機還存在著不少的遺憾，但兩岸交流已勢不可擋。

……（略）

對此，兩岸多位專家學者指出，此次春節包機乃特例和個案，雖對兩岸關係的緩和有正面意義，但不可過度評價，兩岸形勢依然嚴峻，「三通」前景在近期內仍不樂觀。

北京聯合大學臺灣研究所所長徐博東認為：此次臺商春節包機得以成行，是多方面因素共同作用的結果。大陸方面務實、積極和開放的態度對推動兩岸包機協商起了至關重要的作用。臺灣島內民意、「在野黨」和國際社會的壓力，迫使臺灣當局一直堅持的以「公權力」介入的立場不得不有所收斂。

但這並不代表陳水扁當局阻礙兩岸交流、推行「臺獨」的立場有所改變。徐博東等專家認為：陳水扁仍在推行「臺獨時間表」，「一邊一國」的立場依然頑固，「去中國化」的步伐越走越快。臺灣方面對「三通」一再阻撓的原因，就是懼怕「臺獨」失去生存的土壤。兩岸「三通」可以促進溝通，從經濟上的交流進一步發展文化、政治上的交流，從而達到相互理解信任的目的。對這一點，李登輝看得十分清楚，他說「兩岸『三通』的較勁是一場『無硝煙的戰爭』，『三通』一通，等於臺灣『投降』」。陳水扁也說過，「三通」是臺灣的最後籌碼，不到最後時刻不能開放。可以說，「三通」實現的那一天，就是「臺獨」走向沒落的開始。所以，每當臺商提出兩岸應盡快直航的訴求，極端「臺獨」勢力總要跳出來，叫嚷要提防大陸「以通促統」、不能「太過躁進、冒進」。「不過，陳水扁的算盤打得很精。」

……（略）

（海峽之聲網，人民日報記者王堯）

徐博東解讀胡錦濤對臺四點意見體現新意深意

中新社北京三月四日電（記者董會峰）「胡錦濤總書記的四點意見，充分展現了中國大陸維護兩岸關係穩定及發展的誠意，同以前相比新意多，也富有深意。」

北京聯合大學臺灣研究所所長徐博東今天傍晚接受本報記者專訪，第一時間對中共中央總書記、國家主席、中央軍委主席胡錦濤在政協聯組會上的重要演講作出解讀。

徐博東說，兩年前的三月，胡錦濤總書記在參加十屆全國人大一次會議臺灣代表團審議時，就做好新形勢下的對臺工作談了四點意見：一是要始終堅持一個中國原則；二是要大力促進兩岸的經濟文化交流；三是要深入貫徹寄望於臺灣人民的方針；四是要團結兩岸同胞共同推進中華民族的偉大復興。今天，他參加政協民革、臺盟、臺聯屆聯組會聽取建言後，就新形勢下發展兩岸關係也提出四點意見：第一，堅持一個中國原則決不動搖；第二，爭取和平統一的努力決不放棄；第三，貫徹寄望於臺灣人民的方針決不改變；第四，反對「臺獨」分裂活動決不妥協。

徐博東說，兩個「四點意見」相比，不難看出變化。今天用四個「決不」，語氣更加堅決。可以說，這次的表述，更加系統、完整、嚴謹、務實、有針對性，是對當前兩岸關係現況的反映，闡述了大陸關於兩岸關係的基本政策，體現了大陸對臺新思路、新策略，也在一定意義上表明了《反分裂國家法》的要旨。

「通讀胡錦濤總書記的新四點意見，不難看到大陸發展兩岸關係的極大誠意。比如，他說『只要和平統一還有一線希望，我們就會進行百倍努力』，『將進一步陸續頒布解決臺灣同胞關心的問題、維護臺灣同胞正當權益的政策措施。只要是對臺灣同胞有利的事情，只要是對促進兩岸交流有利的事情，只要是對維護臺海地區和平有利的事情，只要是對中國和平統一有利的事情，我們都會盡最大努力去做，並且一定努力做好』，諸如此類的表述，字裡行間透著真誠。」

徐博東指出，新四點意見給他印象最深的一句話是：「對於臺灣任何人、任何政黨朝著承認一個中國原則方向所作的努力，我們都歡迎。」依據他個人理解，這是對二月二十四日「扁宋會」的某種回應。

第四點，胡錦濤強調反對「臺獨」分裂活動決不妥協，他同時說：「我們希望，臺灣當局領導人確實履行二月二十四日重申的『四不一沒有』的承諾和不通過『憲改』進行『法理臺獨』的承諾，通過自己的實際行動向世人表明這不是一句可以隨意背棄的空話。」對此，徐博東認為，這也含有深意，向臺灣當局領導人表明，「浪子回頭金不換」，只要改弦更張，信守「扁宋會」後所作的承諾，從現在起用實際行動證明放棄「臺獨」，大陸可以「既往不咎」，兩岸關係可以有大的發展空間。

徐博東說，胡錦濤總書記的新四點意見，尚需時間細讀、體味。機不可失，臺灣當局領導人應該正視大陸釋出的「和平之手」，不要在「反《反分裂國家法》」上作誇大、無謂、無益的文章了。

「其實，《反分裂國家法》是和平之法，是針對『臺獨』重大事變的，絕非針對臺灣同胞。」

徐博東說，胡錦濤在闡述四點意見之前說：「當前，兩岸關係中出現了一些有利於遏止『臺獨』分裂勢力及活動的新的積極因素，臺海緊張局勢出現了某些緩和的跡象，但反對『臺獨』分裂勢力及其活動的鬥爭仍然是嚴峻的、複雜的。」這是對當前兩岸關係準確而清醒的表述，實際上也回答了某些人的問題：為什麼要堅持制定《反分裂國家法》？

（鳳凰網）

對臺政策新思路剛柔並濟

汪道涵給辜振甫的唁電中充滿感喟的一句：「兩岸之道，唯和與合，勢之所趨，事之必至。」似乎對兩岸未來提供了參照係數。

……（略）

北京聯合大學臺灣研究所所長徐博東分析認為，反「獨」是為了促統，最終還是希望臺灣民眾能夠認同、理解大陸的政策，包括和平統一、一國兩制的大政方針。因此，力促春節臺商包機、弔唁辜振甫，這些舉動都著意於此。

「特別是弔唁辜振甫，派出高層級人員，明確地表示大陸對於那些對兩岸關係作出貢獻、承認『九二共識』的人給予高度評價和讚賞。這一措舉在國際社會影響良好。」

這位多年從事對臺政策研究的專家告訴《瞭望東方週刊》，新一屆政府表現得更加務實、理性和有膽識，「工作做得更加扎實，有聲有色。」

國臺辦主任陳雲林在紀念「江八點」發表10週年文章中提到，過去10年間反「臺獨」進行了4次重大鬥爭。

曾親身經歷和參與這4次鬥爭的徐博東說，過去10年給他的強烈印象就是，「臺獨」是製造兩岸緊張局勢的根源，「同時也提示我們，不應被動因應，而是應該主動出擊。」

……（略）許多專家都更願意將大陸對臺政策的新變化前推至2004年「517」聲明的發表。2000年是陳水扁發表「520」就職演講之後大陸再表態，叫「聽其言，觀其行」；2004年則是在陳水扁就職演講前幾天，大陸就發表聲明，「聽我言，觀你行」，有言在先。

徐博東說，目前大陸對臺工作有新氣象新局面，一個重要標誌就是將主導權牢牢掌握在手中。從臺商春節包機、弔唁辜振甫，到制定《反分裂國家法》，大陸都掌握了主導權。「從過去『臺獨』主動出招，大陸被動因應，到現在大陸主動出招，『臺獨』因應，已經發生了『攻守易位』。」有評價認為，這反映出中國新領導層對國際和臺海局勢思慮深詳、布局宏遠、出手迅捷的政策風格。

……（略）

徐博東評價說，這是對臺灣問題認識不斷深化的結果。只有準確判斷形勢，才能提出更加理性務實的政策。

……（略）

未來幾年，兩岸關係最重要的觀察指標包括：2006年臺灣「公投制憲」；2006年臺灣縣市長選舉和2008年總統選舉；島內藍綠之間的力量對比變化走勢。專家認為，未來兩三年，兩岸圍繞統「獨」議題上的鬥爭將越來越嚴峻和激烈。

徐博東認為，我們要正確認識和把握臺灣問題與中國國家發展戰略之間的辯證關係，把「臺獨」分離主義的嚴峻挑戰，轉化為在實現中國和平發展過程中一個可資利用的因素。他說，在短期內條件尚不成熟的情況下，從服務於國家發展總體戰略目標角度出發，積極應對臺海形勢的發展，應該是一種必然的選擇。

「對臺工作的思路，應該把重點放在如何化不利因素為有利因素，為實現我國的國家發展戰略目標服務，並進而使2020年前也能夠成為解決臺灣問題、實現國家完全統一的戰略機遇期。」

（海峽之聲網，《瞭望東方週刊》記者程瑛）

專家：《反分裂國家法》已提升為全民和國家意志

中新社香港三月九日電：大陸兩位知名臺灣問題專家就全國人大審議《反分裂國家法》草案接受香港《大公報》記者採訪，指出該法案已將對臺政策「提升為全民和國家意志」。

中國社科院臺灣研究所所長余克禮表示，……（略）

北京聯合大學臺研所教授兼所長徐博東指出，《反分裂國家法（草案）》的確如外界所稱十分「宏觀」和「簡括」，只是要把從鄧小平到江澤民再到胡錦濤等中國國家領導人二十多年來一再對外宣示的對臺工作的基本原則和立場，以及一系列的方針和政策加以「法律化」，使之提升為全民的意志和國家的意志，從而增加了它的權威性和穩定性。

他認為，這部法律可以概括為：「三個規範，一個表明」。「三個規範」即：規範解決臺灣問題的原則和方針；規範鼓勵和推動兩岸人員往來和經濟文化交流，促進兩岸直接「三通」，保護臺灣同胞的正當權益；規範兩岸協商與談判，體現在一個中國原則基礎上什麼問題都可以談。「一個表明」即：表明全中國人民捍衛國家主權和領土完整、絕不容忍「臺獨」分裂勢力以任何名義、任何方式把臺灣從中國分割出去的共同意志。

徐博東將《反分裂國家法》定性為是一部促進兩岸關係發展、推動兩岸和平統一的法律；是一部維護國家主權和領土完整、反對和遏止「臺獨」分裂勢力破壞臺海地區和平穩定的法律。因此，它是「維護」兩岸關係現狀法，而非「改變」和「破壞」兩岸關係現狀法；是「和平法」而非「戰爭授權法」。

（海峽之聲網）

徐博東：反分法以法律規範寄望於臺灣人民方針

中新社北京三月十五日電（記者路梅、胡振家）北京聯合大學臺灣研究所所長徐博東今天表示，《反分裂國家法》用法律規範了「寄望於臺灣人民」的方針，並把它落到實處，為反對分裂、促進統一開闢了新的道路。

徐博東在此間全國臺灣研究會和社科院臺灣研究所舉辦的《反分裂國家法》座談會上發言表示，《反分裂國家法》用主要的篇幅規範了如何促進兩岸交流、推動兩岸關係發展和保護臺灣同胞的正當權益，體現了胡錦濤主席關於「只要是對臺灣同胞有利的事情，只要是對促進兩岸交流有利的事情，只要是對維護臺海地區和平有利的事情，只要是對中國和平統一有利的事情，我們都會盡最大努力去做，並且一定要做好」的指示精神和莊嚴承諾，落實「寄望於臺灣人民」的方針。這必將成為推動兩岸關係發展、促進兩岸和平統一的新途徑和新起點。

徐博東認為，解決臺灣問題，實現中國的統一，無論是以和平方式抑或最終不得不採用「非和平方式」，廣大臺灣同胞都是我們必須爭取和依靠的力量。就目前而言，反對和遏止「臺獨」的鬥爭要取得預期的效果，最終也將取決於臺灣人民的態度與政治取向。我們相信，反「臺獨」的政治力量在島內有著廣泛的群眾基礎，「求和平、求安定、求發展」和維持兩岸現狀是臺灣的主流民意。大陸將積極促進兩岸的交流與交往，讓臺灣人民分享中國大陸經濟騰飛帶來的好處，促進兩岸的共同發展繁榮。

同時，《反分裂國家法》是「依法治國」的題中之意，為遏止「臺獨」提供了更加權威、明確的法理基礎。制定《反分裂國家法》不是僅僅出於一時反「臺獨」的應急之需，而是總結了多年來的對臺工作經驗，針對「臺獨」分裂勢力的特點與發展趨勢，為促進兩岸關係發展，維護臺海長期穩定所採取的一個具有長遠戰略意義的重大措舉。

徐博東指出，《反分裂國家法》必將成為我們促進兩岸關係發展、維護臺海和平、反對「臺獨」分裂鬥爭的一個重大轉捩點，從而把中國和平統一大業推向一個新的階段。

（中國臺灣網）

徐博東：「臺獨」是癌症，「中藥」治不了

中國臺灣網消息：3月23日，來自國防大學防務學院高級指揮班的30名外籍軍官來到中國臺灣網參觀，並就他們所關心的臺灣問題同與會專家進行諮詢和交流。有外籍軍官表示，武力解決臺灣問題是下策，並用形象的比喻，詢問中國政府是否找到根治臺灣問題的「中藥」。北京聯合大學臺研所所長徐博東表示贊成他的觀點，但指出，「臺獨」如若發展成癌症，「中藥」無計可施，使用非和平手段就在所難免。

徐博東說，中國人打中國人畢竟是民族的悲劇。所以中國政府一貫堅持和平統一的基本方針。即使是制定了《反分裂國家法》，目的也是為了遏止「臺獨」，維護臺海地區的和平與穩定。「臺獨」是引起地區動盪、緊張的根源，遏止「臺獨」是維護臺海和平的手段和目的。

徐博東提到，前幾天中國國家領導人胡錦濤主席講過，只要和平還有一線希望，我們就要進行百倍的努力。所以非到萬不得已，是不會輕易使用非和平手段的。即使是需要使用非和平手段的時候，也並不一定就要使用軍事進攻的手段，可以採用其他方式，盡量減少損失。

中醫確實能治很多病，但是治不了癌症，「臺獨」如果變成癌症就很難除了，現在問題是臺灣當局不承認兩岸同屬於一個國家，認為兩岸是「一邊一國」，在這種情況下，兩岸不能進行官方的接觸談判，責任完全在臺灣方面。甚至他連（自己是）中國人都不承認。

最後徐博東總結，兩岸關係困難的癥結之所在，就在於臺灣方面不承認「一個中國」原則，只要承認「一個中國」原則，兩岸立即就可以恢復協商

談判，兩岸關係很快就可以取得突破性進展，就能緩和下來。所以「球」不在北京而在臺北。

（中國臺灣網，吳燦）

徐博東教授建議國家文物局批准「丘逢甲故居」為全國重點文物保護單位

新華社記者陳斌華報導：去年3月14日，十屆全國人大二次會議期間在人民大會堂舉行的中外記者會上，溫家寶總理滿懷深情地吟誦了近代臺灣著名愛國詩人丘逢甲的《春愁》一詩：「春愁難遣強看山，往事驚心淚欲潸，四百萬人同一哭，去年今日割臺灣。」闡明了兩岸同胞血脈相連的骨肉關係。同年5月，溫總理在出訪德國接見華僑、華人和留學生時，再次引用了丘逢甲的這首詩。溫總理接連兩次引用丘逢甲的詩，在海內外產生了重大影響。

在今年剛剛結束的全國政協十屆三次會議期間，臺盟中央又提案建議：在廣州市正在規劃中的「萬木草堂康梁紀念廣場」，應再增建「丘逢甲紀念廣場」（注：「萬木草堂」即「丘家祠」，是丘逢甲在廣州活動期間的故居）。該提案已獲得有關方面的重視。

近日，記者走訪了丘逢甲研究專家、大陸第一部《丘逢甲傳》作者——北京聯合大學臺灣研究所所長徐博東教授，就丘逢甲的話題進行了深入的訪談。訪談中記者才得知，去年溫總理在中外記者會上引用丘逢甲的詩，向中央提出這一重要建議的正是這位多年研究臺灣問題的專家徐博東教授。

徐教授很有感慨地說，二十多年前他剛剛涉入丘逢甲研究時，「左」的傾向在史學界還頗有市場，對丘逢甲的評價很不公允，對他甲午中國戰敗、馬關割臺後倡建「臺灣民主國」以及「兵敗內渡」大陸等問題，仍存在著許多是似而非的不實貶抑之詞。他和黃志平合撰的為丘逢甲翻案的《丘逢甲傳》，因此還差一點在大陸無法出版。徐教授說，經過多年來史學界同仁的共同努力，作為近代臺灣省籍的這位著名的抗日愛國志士、愛國詩人和愛國教育家，才逐漸被人們所認識和肯定。去年，溫家寶總理在如此重要的場合吟誦丘逢甲的愛國詩篇，正是對丘逢甲為代表的廣大臺灣同胞愛國主義光榮傳統的最大褒揚和充分肯定。

徐博東教授說，丘逢甲先生留給我們的最重要的精神遺產，就在於在丘逢甲的心目中，「愛國（中國）」和「愛鄉（臺灣）」是完全一致的。他抗日事敗內渡大陸後，始終把「強中國」與「復土雪恥」緊密地聯繫在一起，為了國家民族的富強與統一，窮其一生，身體力行，奔走呼號，與時俱進，從服膺康梁維新保皇到擁護、追隨孫中山先生領導下的資產階級民主革命，可謂「鞠躬盡瘁，死而後已」。徐教授認為，在當前「臺獨」肆虐、兩岸關係形勢處於重要的歷史關鍵時刻，我們來緬懷和紀念丘逢甲先生的愛國主義精神，對於反對和遏止「臺獨」，促進中國的和平統一，具有格外重要的現實政治意義。

據徐教授介紹，為了紀念丘逢甲，1983年廣東省政府曾撥出專款在丘逢甲祖籍蕉嶺縣修葺丘逢甲故居、丘逢甲墓，並建有丘逢甲陳列室和紀念亭等；在臺灣的丘氏後裔也曾多次返鄉，出資捐建了「逢甲學校」和「逢甲路」等。蕉嶺縣雖然地處窮困山區，籌資不易，但縣委縣政府一向十分重視對丘逢甲故居及相關文物、紀念物的維護和管理。1989年，丘逢甲故居批准為「廣東省重點文物保護單位」；2000年4月，被命名為首批「廣東省愛國主義教育基地」。

2002年，廣東省文化廳向國家文物局推薦丘逢甲故居為「第五批全國重點文物保護單位」。據悉，專家組已審查通過，但最終卻未能被核准。近日，國家文物局「第六批全國重點文物保護單位」的評審工作即將進行，廣東省文化廳再次上報丘逢甲故居的推薦材料。

為此，徐博東教授特提出緊急呼籲：為了配合當前中央統一領導下的遏止「臺獨」的鬥爭，弘揚臺灣同胞的愛國主義光榮傳統，表達中國政府和大陸同胞對丘逢甲先生的景仰和推崇，進一步加強對丘逢甲故居的維護和管理力度，充分發揮其涉臺教育基地的重要作用，希望有關方面這一次能夠批准丘逢甲故居為「全國重點文物保護單位」。同時，也呼籲廣州市有關部門對臺盟中央在全國政協十屆三次會議上提出的關於對「增建丘逢甲紀念廣場」的提案加以重視和採納。

（新華社）

北京聯大臺灣研究院揭牌儀式在京隆重舉行

中國臺灣網北京4月23日消息：北京聯合大學臺灣研究院建院揭牌儀式，今天上午在北京隆重舉行。繼去年的今天廈門大學臺灣研究院成立之後，北京聯合大學又建立了第二家臺灣研究院，這充分顯現了當前海峽兩岸關係在中國大陸所受到的重視，也體現了全中國人民熱切期盼臺灣問題早日解決，希望加強和深化對臺灣問題研究的願望。

海峽兩岸關係協會會長汪道涵為北京聯合大學臺灣研究院題寫了院名，全國人大常委會副委員長許嘉璐以及北京市、涉臺研究部門、教育部門有關負責人出席了今天的揭幕儀式，國務院臺辦副主任孫亞夫、中共北京市委副書記龍新民、原國臺辦副主任唐樹備出席了今天的揭幕儀式並發表祝詞。中國臺灣網負責人作為合作單位的代表，也以嘉賓的身分出席了今天的揭幕儀式。

全國人大副委員長許嘉璐等為北京聯大臺研院學術顧問和客座教授頒發了聘書，國臺辦副主任孫亞夫、北京市委副書記龍新民為研究院揭牌。

為適應當前兩岸關係形勢發展的需要，加強對臺研究，在國臺辦及北京市臺辦、市教育委員會的大力支持下，經過近一年的積極籌備，北京聯合大學臺灣研究院正式建院。原國臺辦副主任唐樹備擔任名譽院長，著名臺灣問題專家、北京聯大教授徐博東擔任院長；該院並聘請了海峽兩岸著名專家學者89人擔任學術顧問和客座教授，從而匯集了當前國內研究臺灣問題的菁英，形成了一支涉臺研究的生力軍。

北京聯大臺研院下設兩岸關係研究所、臺灣經濟研究所、臺灣文史研究所、涉臺事務研究所及辦公室。研究重點為當代臺灣政治和兩岸關係、中美日關係等，並兼顧研究臺灣經濟、社會和歷史文化等領域的重大問題。同時研究院還將擔負總結中國大陸涉臺事務工作經驗、培訓涉臺工作幹部、培養臺灣問題研究人才、加強京臺兩地各項合作交流、為政府涉臺部門提供政策與對策諮詢等任務。

北京聯合大學臺灣研究院的前身是1989年5月成立的北京聯合大學文法學院臺灣研究室，2000年12月，該研究室升格為北京聯合大學臺灣研究所。經過10多年的發展，北京聯大臺研所已成為北京涉臺研究基地和國臺辦重點諮詢單位之一。在過去的幾年中完成了一批高水準的研究課題，接受了上千次新聞媒體的採訪，宣傳了中國大陸的對臺政策，在反「獨」促統鬥爭中做出了貢獻，在海內外享有相當高的知名度和影響力，並使臺灣研究所成為北京聯合大學對外學術交流的一個重要視窗。

北京聯大臺研院院長徐博東在演講中指出，臺灣研究院的成立為加強對臺研究提供了一個新的、更好的平台。但同時也對未來的對臺研究提出了更高的要求。如何培養自己的學術骨幹，如何在擴大規模的同時保證研究品質，引導臺灣研究院走可持續發展之路，都是全新的課題。

出席今天揭幕儀式的還有來自海峽兩岸的知名人士、專家學者及臺商代表200多人，臺灣中國國民黨中評會主席團主席饒穎奇、國民黨中央常委朱鳳芝、前民進黨主席許信良、前副祕書長鍾佳濱，臺灣著名學者王曉波等，以個人身分出席了今天的儀式。遠在臺灣的島內知名人士郁慕明、邱太三、李文忠、張顯耀、李永萍、蘇起、張榮恭、李敖、陳文茜、趙少康等，也以個人名義通過錄影的方式向臺研院建院表示祝賀。美國、巴西等國的華人華僑團體也紛紛發來賀電。

此前，中國臺灣網負責人在與臺灣研究院新任院長徐博東教授洽商時，雙方達成了良好的合作意向。

（中國臺灣網，吳彤）

北京聯大臺灣研究院揭牌

大公報記者王德軍北京二十三日電：北京聯合大學臺灣研究院今天揭牌，這是大陸繼去年廈門大學臺灣研究院成立之後，第二家在高等院校中設立的臺灣研究院。海峽兩岸關係協會會長汪道涵為臺灣研究院題寫院名，原國臺辦副主任唐樹備擔任名譽院長，臺灣問題專家徐博東擔任首任院長。

在今天的揭幕儀式上，有多位民進黨成員以不同方式恭賀這所臺研機構改所建院，包括前「陸委會」副主委邱太三和民進黨「立委」李文忠，都通過錄影向研究院表示祝賀。

而前民進黨副祕書長鍾佳濱更是現身主席台，與全國人大副委員長許嘉璐、中臺辦副主任孫亞夫、中臺辦前副主任唐樹備、前民進黨主席許信良、前國民黨中央政策會執行長兼「立法院」副院長饒穎奇，以及國民黨「立委」朱鳳芝等坐在一起，相當引人注意。雖然鍾佳濱本人相當低調，面對記者圍追堵截，只是「謝謝」不斷，沒有絲毫回應記者「民進黨中央有沒有同意你來」等敏感問題。倒是向傳媒一個不落地派發印有「中華文化復興運動總會副祕書長」頭銜的名片，似乎在說明他此行的民間身分。

才剛卸任的「陸委會副主委」邱太三，透過錄影跨海祝賀。邱太三說：「過去兩岸礙於一些因素，無法直接接觸相互瞭解，以致彼此間好像隔層薄紗，無法精確的瞭解對方……」現場形成了大陸官員聽民進黨前政務官談話的有趣畫面。

唐樹備對傳媒表示，「我希望有更多的民進黨朋友，以這樣那樣的名義到大陸來」。

……（略）

（大公報）

臺研院：從「路邊攤」到「大飯店」

本報北京新聞中心記者鍾雪冰、劉凝哲、軼瑋、實習記者趙珊：北京聯合大學臺灣研究院前身是1989年成立的文法學院臺灣研究室，2000年升格為臺灣研究所。經過10多年的發展，臺研所已成為北京市涉臺研究基地和國臺辦重點諮詢單位之一，宣傳大陸的對臺政策，在「反獨促統」的鬥爭中做出了貢獻。

院長徐博東介紹說，臺研所成為研究院適應了當前兩岸關係形勢的發展，為加強對臺研究提供了新的、更好的平台。研究院重點研究當代臺灣政治和兩岸關係、中美日關係等，並兼顧研究臺灣經濟、社會和歷史文化等領域的重大問題。同時，還擔負總結大陸涉臺事務工作經驗、培訓涉臺工作幹部、培養臺灣問題研究人才、加強京臺兩地各項合作交流、為政府部門提供政策與對策諮詢等任務。

成為臺研院客座教授的臺灣大學哲學系著名教授王曉波，更稱從前的臺研室只有徐博東一個人，如同「路邊攤」；後來升格到臺研所，可說是「大排檔」；現在成立臺研院，可以叫做「大飯店」了。

（文匯報）

談鍾佳濱以適當身分及適當名義現身北京

新華澳報2005年4月24日報導：在中國國民黨主席連戰、親民黨主席宋楚瑜分別啟程前往中國大陸進行具有重大歷史及現實意義的「和平之旅」、「兩岸政治對話之旅」的前夕，北京聯合大學臺灣研究院舉行揭牌儀式。儘管北京聯合大學臺灣研究所升格為「學院」級學術單位，成為繼廈門大學臺灣研究院（也是由臺灣研究所升格為臺灣研究院）之後，大陸地區的第二個「學院」級的臺灣研究院所，是早已企劃之事（畢竟向上級主管單位報批需要一段時間），與連宋「登陸」並無任何直接的關聯，但在揭牌儀式上，赫然出現了一位「神祕嘉賓」——曾任民進黨副祕書長的鍾佳濱，儘管他頗為低調，只是以「謝謝」來應對臺灣媒體的提問，但仍讓臺灣媒體產生「陳水扁密使」的疑問，甚至有媒體調侃稱，民進黨搶在連宋「登陸」之前派出「密使」與大陸高層會談，要破連、宋「登陸」的「頭香功」。

其實，北京聯合大學臺灣研究院的揭牌儀式，不但是邀請到鍾佳濱出席，而且還獲得「陸委會前副主委」邱太三、「立委」李文忠的錄影致賀，其致賀錄影帶在揭牌儀式上播放，當做是嘉賓致詞。一般相信，把臺灣研究院院長徐博東視為「可愛、可惡、可敬的朋友和對手」的邱太三，如果不是因為籌畫參選臺中縣長而忙得難以分身的話，他也有可能像鍾佳濱那樣，親身前往北京向這位曾多次分別在北京、臺北見面的「老朋友」致賀。而值得注意的是，親蒞北京致賀的鍾佳濱，和錄影致賀的邱太三、李文忠，都是「新潮流系」的骨幹。從中也可一窺徐博東這位大陸地區的「民進黨研究專家」，對民進黨尤其是「新潮流系」的研究之深，並非浪得虛名。

實際上，徐博東是大陸地區的臺灣問題專家中，最早研究民進黨的一位，因而才有「北徐南林」之稱。而有趣的是，其中「南林」所指的林勁教授，其所服務的廈門大學臺灣研究所，已早北京聯合大學臺灣研究所一步，於去年八月間升格為「臺灣研究院」。徐博東早在「八五計畫」期間，就已完成了國家教育委員會重要科研課題《「臺獨」與民進黨研究》，後來又單獨或與人合撰《透視臺灣民進黨》、《世紀交鋒——民進黨如何與共產黨打交道？》等書稿。因此，他能與民進黨尤其是「新潮流系」骨幹交朋友，早有淵源所在。

今次民進黨「新潮流系」骨幹鍾佳濱現身北京，當然是受到徐博東邀請，以「適當身分」——中華文化復興運動總會副祕書長〔注意：蘇進強月前在出任臺聯黨主席之前，是任中華文化復興運動總會祕書長〕、「適當名義」——參加臺灣研究院揭牌儀式，並與之進行學術交流的，完全符合國臺辦主任陳雲林關於北京與民進黨交往的談話所開列的條件。但陳雲林四月十五日接受新華社記者的專訪談話，還提及到其前提是：廣大民進黨成員與極少數頑固的「臺獨」分子是有區別的。按照這個說法，曾任「外獨會」祕書長的鍾佳濱，已被北京視為不再是「臺獨」分子。

實際上，所謂「外獨會」，其全稱就是「外省人臺灣獨立協進會」，參加者全部是臺灣「外省人」的第二代。「外獨會」的發起人及首屆領導機構成員，後來基本上都參加了民進黨。他們中現在仍活躍在政壇上的，有林向愷、周威佑、范雲、段宜康、馬永成、陳師孟、劉一德、鍾佳濱等人。「外獨會」的「成立大會宣言」〔一九九二年八月二十三日〕就聲稱，「本會會員都不認為自己是外省人」，「臺灣是臺灣，中國是中國，真正認同臺灣的人，心中除了臺灣以外別無中國」，「我們必須盡力保護臺灣主權獨立，積極爭取臺灣地位國際化」。另外，鍾佳濱也是「學運世代」，曾與林佳龍、馬永成、郭文彬、周奕成、顏萬進、田欣、陳俊麟、李文忠、賴勁麟、王雪峰、郭正亮、羅文嘉、沈發惠、段宜康、鄭文燦、劉坤鱧、范雲、徐永明、劉一德等現在的民進黨權貴，一同參加過「野百合學運」。

不過，他們都是民進黨的「第三代」。與民進黨的「第一代」林義雄、黃信介、姚嘉文等人受過「白色恐怖」鎮壓，因而心中充滿「悲情」，是「臺獨」原教旨主義者；「第二代」陳水扁、謝長廷、張俊雄、蘇貞昌、游錫堃等人，未有受到「白色恐怖」鎮壓，也沒有經過日本殖民者的皇民化教育，因而雖然支持「臺獨」，但並非「臺獨」原教旨主義者——所不同的是，他們大多是在「野百合學運」之後參加社會政治活動的，更是遠離「白色恐怖」及日本皇民化教育，相反多數曾出洋留學，較為瞭解世界潮流，故他們的「統獨觀」是最容易跟隨著國際政治現實調適的。也正因為如此，近年鍾佳濱等人已較少發表「臺獨」言論，尤其是李文忠、鍾佳濱、段宜康等「新潮流系」中的新一代，倒是經常批評陳水扁的某些做法，包括指責陳水扁在去年底「立委」選舉中大玩「臺灣正名」牌，必須對敗選負責。因此，徐博東今次借北京聯合大學臺灣研究院揭牌儀式的機會，邀請民進黨人尤其是「新潮流系」成員「以適當名義」到訪，是深刻領悟及靈活運用了陳雲林的有關談話內容的。因此才有當臺灣媒體問及到邀請鍾佳濱一事時，徐博東回以「我們樂於與民進黨內非頑固的人士接觸」之說。

至於鍾佳濱這次赴京，是否如臺灣媒體所猜測的那樣，擔任陳水扁「密使」的角色？現在沒有足夠的資料可以證實。但既然他到了北京，是免不了會與大陸涉臺官員接觸交談的。或許，以鍾佳濱在民進黨內三線人物的身分，未必會直接接受陳水扁的委託授權，去向大陸涉臺官員轉達什麼資訊。但是，以他是「新潮流系」骨幹的身分，卻極有可能會在行前被「新潮流系」大老邱義仁授予「錦囊」，好與大陸涉臺官員周旋。而邱義仁目前任「國安會」祕書長，正是陳水扁大陸政策的最主要決策智囊，尤其是在今次陳水扁對連宋「登陸」問題的前倨後恭態度變化中，起到重要的促變作用。因此，不排除鍾佳濱可能會銜邱義仁之命，向大陸涉臺官員傳達臺方的「先連宋後阿扁」的建議。

實際上，「先連宋後阿扁」，是有實際需要，也是應有的發展趨向。在海峽兩岸方面，都已強調連、宋二人作為在野黨的領袖，他們在「登陸」時與北京達成的任何共識，都不具法律效能，但將會為未來兩岸正式接觸對話鋪墊氣氛，打好基礎。因此，才有中國社會科學院臺灣研究所所長余克禮「目前打破兩岸僵局條件還不成熟，雖然在野黨和民間交流頻繁，但關鍵還是在民進黨的立場」之說，也才有陳水扁的「如果連宋訪陸成功，依法行事，與中共人士交換意見，或許可提供我方第一手資訊，可為兩岸關係投石問路」之語。這一發展趨向也符合美國人的期待，即是兩岸接觸對話最終應是在兩岸當政者之間進行。而民進黨當局之所以發生從抹紅、恫嚇連戰「登陸」，到在「兩原則」前提下支持連戰「登陸」的一百八十度變化，也正是因為美國公開表態支持連戰「登陸」，而經由「國安會」據此進行研判，向陳水扁提出「轉向」建議的。因此，倘鍾佳濱如有趁赴京之機向大陸涉臺官員轉達邱義仁的建議訊息，那將是並不出奇。

（新華澳報，富權）

國共達成「共同願景」民進黨有壓力

人民網澳門5月2日電：北京聯合大學臺研院院長徐博東在接受澳門日報採訪時表示，面對得到臺灣島內大多數民意支持的國共兩黨達成的「兩岸和平發展共同願景」，民進黨如何操作，將面對關鍵的歷史時刻。

徐博東認為，國共兩黨上月二十九日在北京達成「兩岸和平發展共同願景」，但除第五項，其餘四項的文字表述都是用「促進」的字眼，是因為國民黨在島內屬在野黨，不具有公權力，達成的「願景」，仍須島內的公權力來配合推動和執行。鑒於國民黨的在野身分，這些共識能否真正落實，他認為仍有待觀察。但是國民黨仍可利用在島內最大在野黨的影響力，透過民間或其他方式，來促進「願景」的落實，其中的一個可行的方法就是利用國民黨在「立法院」的八十一個席位，再加上親民黨及其他無黨籍「立委」，共同在「立法院」通過一些立法程序，要求島內的行政當局來遵守執行。

徐博東指出，「願景」落實與否，同時將對民進黨當局及其執政地位形成壓力。首先，國共兩黨達成的「願景」，正是臺灣島內的主流民意，特別是「建立兩岸經濟合作機制」，包括大陸將對臺灣農產品開放市場，令因加入WTO後萎縮的臺灣農產品市場重新煥發生命力。若掌握公權力的民進黨利用公權力阻撓「共識」的落實，將引起臺灣低下層農民的強烈反彈，在即將到來的任務型「國大選舉」及年底的縣市長選舉，可能對民進黨不利。

另方面，推動兩岸透過對話、以和平方式解決臺海問題，一直是國際社會的呼聲，國際社會亦歡迎「願景」的達成，因此，若民進黨完全不推動落實，或對「願景」採取拒抗態度，將無法向島內的民眾、國際社會交待。

徐博東指出，若民進黨順勢而為，推動和落實國民黨和接著而來的親民黨與中共達成的黨對黨的會談成果，最後的功勞仍是屬於民進黨的。他認為連戰「投石問路」已將兩岸未來發展方向的光明大道「問」清楚，若民進黨執意拒走「光明大道」，是非常愚蠢的。若運用「反向思維」，回歸「九二共識」，積極推動「兩岸和平發展共同願景」的落實，遠離「臺獨」主張，把握其「政治轉型」的機遇，可能比國民黨或親民黨得更多的分，亦會得到大陸的重新認識。

（海峽之聲網）

專家稱不送熊貓言之尚早，滬動物園未聞此事

鳳凰衛視5月2日消息：據香港文匯報報導，國民黨大陸訪問團在京期間未獲「熊貓禮物」，不禁引起媒體諸多揣測。臺灣問題權威專家徐博東教授分析指出，訪問團行程尚未結束，否定「熊貓禮物」言之尚早，有關方面仍

在商議之中。他認為，由上海送出這一特殊禮物更為適宜。

由上海送出比北京適宜

北京聯合大學臺灣研究院院長徐博東分析送「熊貓禮物」的時機、方式及意義。他表示，首先，連戰一行尚未結束大陸行程，訪問團離開北京就立即否定了「熊貓禮物」，不免言之過早。他說，餘下兩日可拭目以待。

其次，從「送禮」方式上看，由上海送出比北京送出更適宜、更妥當。徐博東表示，國寶熊貓是大陸人民送給臺灣人民的禮物，也可視為上海與臺北兩座城市友好交流的樞紐。上海市動物園可經國家批准，將熊貓送給臺北動物園。這樣有助於兩個城市的動物管理機構進一步交流溝通。

臺民眾有權分享「國寶」

此外，徐博東指出，臺灣是中國一部分，與大陸同屬於一個中國。熊貓作為中國國寶，也有臺灣人民的份，臺灣人民有權力、有理由分享「國寶」。

他說，目前大陸很多大城市的動物園都有熊貓，臺灣人民卻無法近距離觀賞、接觸自己的國寶。但從氣候、環境、食物和技術能力上看，臺灣完全具備飼養熊貓的能力，其技術能力更不亞於大陸任何城市。

徐博東表示，正如臺北市市長馬英九所言，臺灣是否接受熊貓禮物不是技術問題，而是政治障礙。

（鳳凰網）

專家：臺灣意識與華夏情懷可接軌

大公報記者馬浩亮、鄭曼玲、實習記者周麗娜北京十一日電：親民黨主席宋楚瑜在清華演講中，指出不要把臺灣意識跟「臺獨」劃上等號，並表示親民黨在具有臺灣意識的同時，同樣具有華夏情懷。北京涉臺學者認為，臺灣意識與華夏情懷完全可以接軌，對臺灣意識中的積極因素應該充分利用。

北京聯合大學臺灣研究院院長徐博東指出，臺灣意識中包含有積極成分，在反抗外敵入侵、維護中華民族尊嚴等歷史進程中都發揮過積極作用，這是值得肯定的。因此一方面不應該將其視作「臺獨」，一方面應予引導。如果不認同大中國、中華民族，臺灣意識就可能變成狹隘的地方意識，這些消極部分就有可能被「臺獨」利用。所以應該採取一些措施以化解消極成分。應該像國親兩黨一樣，將臺灣意識和中華民族意識接軌，變消極因素為積極因素。

……（略）

（大公報）

「517聲明」是對臺新思維的真正開端

——「新聞中國」五月論壇

……（略）

徐博東：「517聲明」是對臺新思維的真正開端。

最近，特別是連宋訪問大陸以來，彷彿整個對臺局面開朗了，出現了新局面。這是什麼原因？這個局面的出現不是偶然的，而是我們這麼多年一貫的對臺政策累積起來的結果。胡錦濤總書記親自主導對臺工作後，在政策和策略上有一個新的做法和新的思維，但是這種轉變不是突變，而是正好在這個時間點上發生了質的變化，或者說呈現了一種新的變化。

新的思路，新的做法，有些人認為是從《反分裂國家法》開始的，而我個人認為應該是從「517聲明」開始，「517聲明」是一個新的政策的開端。

我們這麼多年以來的對臺工作，一直是在接招。「517聲明」反過來了，我們先出招，讓他們應付我們。過去是「聽其言，觀其行」，現在是「聽我言，觀你行」。這樣一個策略變化，出乎臺灣的意料之外，特別是出乎陳水扁的意料之外。從「517聲明」頒布後，接下來所有的做法我認為都沒有超出「517聲明」的範疇。最近關於農產品的一些做法，大家津津樂道，說這是一個好主意，對爭取臺灣民眾，特別是中南部的農民起了很好的效果。但實際上，「517聲明」裡邊就有農產品銷售大陸和春節包機等內容。有些比如春節包機的措施，並不是因為阿扁上台，我們就不頒布這些政策。也就是說，我們並不那麼在乎什麼人執政，只看他推動什麼政策。

……（略）

（中國新聞週刊）

大陸學者：張俊雄難以打破僵局

中評社香港6月3日電：大陸涉臺學者針對臺灣任命張俊雄為海基會董事長評論指出，張俊雄這項任命難以打破兩岸僵局。上海臺灣研究所常務副所長嚴安林接受中評社記者採訪時表示，兩岸關係能不能向好的方向發展，並不在於誰當海基會董事長，「有沒有共識才是最重要，這個共識就是『九二共識』」。

……（略）

北京聯合大學臺灣研究院院長徐博東則認為，海基會董事長出缺已很長時間，此時任命，是臺灣想恢復兩岸談判的跡象，值得歡迎。

他認為，張俊雄在臺灣政界歷練豐富，是溫和的獨派，希望他能秉持辜振甫先生的一貫主張，為兩岸做實實在在的事。不過，他也表示，張能否建功立業，要看陳水扁能否在「九二共識」上想通。如果陳水扁仍是左顧右盼，不積極回應，無論誰接任，都沒用。

……（略）

（中評社）

不敢「急獨」也不棄「臺獨」，扁兩岸政策「五馬分屍」

據大公報報導，北京聯合大學臺灣研究院教授兼院長徐博東昨日在一個研討會上說，陳水扁只是一個抗壓力很差，一向看風使舵、不講誠信、具有「臺獨」理念的投機政客。「性格決定命運」，他預期，陳水扁在其餘下三年的任期中，其兩岸政策不可能有突破性的作為，但仍會在「和解」與「對抗」之間左右擺盪，既不敢「急獨」，也絕不會放棄「臺獨」。

徐博東表示，從戰略上說，大陸的對臺整體戰略並沒有改變，但在對臺政策策略上卻發生了引人注目的變化與調整，並收到了很好的效果。這些變化與調整的主要特點是：「主動出擊，奪取戰略制高點，掌握兩岸關係發展的主動權；軟硬兼施，該硬的更硬，該軟的更軟；恩威並重，先威後恩，威必奪其志，恩要收其心」。

徐博東指出，主要做法包括第一，進一步強化反「臺獨」的立場；第二，保持對某些政策的必要模糊，為兩岸關係的回暖留下轉圜的空間；第三，「圍三缺一」，壓迫陳水扁當局向「中間路線」移動；第四，準確把握臺灣的主流民意，做臺灣人民的工作真正做到「入島、入耳、入心」。

他說，自《反分裂國家法》頒布、連宋相繼訪問大陸後，陳水扁當局在兩岸政策上面臨多重壓力，「目前，陳水扁當局兩岸政策上正在被『五馬分屍』」。

徐博東指出，這些壓力包括：來自中國大陸越來越強大的反「獨」壓力；來自泛藍陣營的強力制衡；來自美國的壓力；民進黨內部的強力牽制；及泛綠陣營內部裂痕擴大。

在上述多股壓力相互拉扯下，徐博東相信，陳水扁很難擺脫客觀政治環境對他的限制，故在其餘下三年的任期中，其兩岸政策不可能有突破性的作為，但仍會在「和解」與「對抗」之間左右擺盪，既不敢「急獨」，也絕不會放棄「臺獨」，因為「陳水扁並非是個有宏觀視野、歷史使命感、有魄力、有擔當的政治家，而僅僅是個抗壓力很差，一向看風使舵、不講誠信、具有『臺獨』理念的投機政客」。

（中新網）

陳水扁近期言行大陸失望

民進黨「立委」張俊雄日前接掌臺灣「海基會」，引發外界關注。此間涉臺智囊專家徐博東就此指出，大陸並非對張俊雄接掌「海基會」失望，關鍵是對陳水扁最近行徑感到失望。徐博東認為，縱觀陳水扁日前各方面動作，大陸都無法感到扁有任何希望兩岸和解的跡象。

連宋登陸後，陳水扁曾一度耐不住「寂寞」表示，「主戲即將上演」，而這些「曖昧」的態度在近日卻蕩然無存。著名涉臺問題專家、北京聯合大學臺研院院長徐博東表示，大陸並非對民進黨「立委」張俊雄接掌「海基會」感到失望，也不在乎誰掌舵「海基會」，關鍵是在於背後的陳水扁是否有誠意改善兩岸關係，但是陳水扁最近的行為卻讓大陸失望。

徐博東表示，陳水扁對親民黨宋楚瑜的「兩岸一中」拒不接受，這說明其不願回到「一個中國」原則上來，而這樣兩岸官方的談判就不能恢復。對於連宋與大陸達成的共識及成果，陳水扁不但不積極推動，更不斷宣示所謂臺灣「主權」，大陸看不出扁有任何希望改善關係的跡象。陳水扁所推的第二階段「憲政改造」，也讓大陸絲毫感覺不到臺灣當局希望調整其兩岸政策。

大陸短時間內邀請連宋登陸，本意希望可鞏固泛藍陣營，甚至促進國親合併，但國親兩黨間的分歧卻不斷增大。徐博東就此表示，雖然大陸本意希望國親團結，但並不是邀請連宋訪問就能決定的。雖然國親兩黨目前尚有矛盾，但經過大陸之行後，兩黨反對「臺獨」的立場比以前更加明確。

（文匯報）

專家：「胡扁會」不會在「第三國」舉行

對於陳水扁聲稱「胡扁會」不排除在「第三國」進行的說法，大陸學者認為，就目前的情況而言，「胡扁會」的可能性不大，因為陳水扁最近一系列言行仍無誠意，大陸更不會同意在「第三國」舉行「胡扁會」，不會給臺當局製造「主權獨立」的口實，也不會把臺灣問題進一步國際化。

……（略）

此外，大陸學者徐博東日前也認為，大陸方面不可能接受這樣的提議，因為安排在第三地會談，就是承認兩岸是「國與國關係」。

北京聯合大學臺灣研究院院長徐博東表示，在第三地安排「胡扁會」，和承認兩岸是「國與國關係」沒有兩樣，大陸絕對不可能接受。徐博東表示，一個中國原則並非大陸強加給臺灣的，因為「中華民國憲法」本身就是一中架構，而且陳水扁「四不一沒有」的承諾，包括不廢除「國家統一綱領」，而如果沒有一中架構，那當初為何制定「國統綱領」？徐博東認為，一個中國原則是大陸的最後底線，大陸方面絕對不可能放棄。

（海峽之聲網）

新黨主席將訪大陸，臺灣大陸熱難冷卻

繼不久前國民黨主席連戰對大陸的「和平之旅」和親民黨主席宋楚瑜的「搭橋之旅」後，臺灣第三個在野黨新黨主席郁慕明也將於七月六日至十三日在大陸展開「民族之旅」。同時，與執政的民進黨同屬綠色陣營、支持「臺獨」的臺聯黨也在近日表示希望能與大陸進行政黨交流，令民進黨大呼「錯愕」。北京聯合大學臺灣研究院院長徐博東認為同大陸交往是臺灣的主流民意，但不看好臺聯黨會真正調整其一貫的兩岸政策。臺灣政治大學外交系的劉德海教授也表示與大陸改善關係乃臺灣的民意所向，民進黨也很難阻擋這種趨勢。下面請聽記者丁榕的報導。

……（略）

北京聯合大學臺灣研究院院長徐博東教授表示，新黨即將進行的大陸訪問反映了臺灣島內的主流民意。他對這次「民族之旅」給予了高度評價。

「自從連（戰）宋（楚瑜）訪問大陸之後，在島內引起了臺灣民眾的高度關注。這符合臺灣求安定求發展這樣的主流民意，對緩和兩岸關係應該說起到了積極的作用。所以連宋兩位主席回到臺灣之後，兩岸的各個方面的交流包括經貿交流、人員交流都越來越熱絡。這是正面的發展。但是臺灣當局陳水扁並不願意真正看到兩岸關係的緩和改善。包括在落實推動連宋訪問大陸之後的一系列共識上，都是採取了阻撓和拖延的辦法。新黨作為島內第三個反對『臺獨』的在野黨在這個時候來訪問大陸，有助於把兩岸交流好的發展情勢繼續保持下去。說明民進黨方面想冷卻大陸熱潮是做不到的。」

……（略）

日前，臺灣總統陳水扁提出可以在「第三國與中國國家主席胡錦濤見面」。大陸回應說，如果會見，見面的地點應該在「自己家園的土地上」。徐博東教授認為「第三國」的提法本身就體現了民進黨「一邊一國」的立場，大陸當然不會接受。

……（略）

（澳洲廣播電台）

徐博東：國民黨會分派，不會分裂

中評社香港7月14日電／（記者郭惟嘉）國民黨主席由誰當選16日就揭曉。北京聯合大學臺灣研究院院長徐博東接受中評社記者採訪時說，雖然從目前的民調來看，馬英九比較占優勢，但由於這些民調是針對臺灣全民的調查，所以很難作準，甚至有人認為，馬英九主要靠形象，可能有許多「空氣票」在裡面；反觀王金平有基層的支持，可得到不少扎實的票源。因此馬英九的領先並不能完全說明他的優勢，王馬之爭很難說誰勝誰負。

徐博東指出，連戰訪問大陸以後，國民黨的兩岸政策已經明確，且在國民黨內部得到廣泛的支持，不論是王還是馬，都很難動搖這條路線。但畢竟王馬兩人的風格不同，兩人主政也會有不同的特點。不過，比起連戰，王馬都沒有大陸經驗，連戰在大陸出生，加上大陸之旅建立起的互動，這些都是王馬所不及的。兩人在缺乏經驗的情況下，不管誰接手連戰的兩岸政策，都難免會出現走調的現象。

徐博東分析，由於馬英九被戴上「外省人」的帽子，在這樣的政局下，為了表明自己「愛臺灣」，可能在兩岸政策上面會比較謹慎；而王金平就沒有這個憂慮。加上兩人的處事風格也不同，馬英九喜歡講法律，比較書生氣。另外，馬英九和基層的聯繫不深，且有一種所謂政壇的潔癖，從他一貫在兩岸政策上的表態看來，他對大陸的態度不夠友善；反觀王金平做事較為圓融，說話比較柔軟，不會刺激對方。

但他同時指出，也應該考慮到王金平與李登輝的密切關係，李登輝和民進黨都比較容易接受王金平，所以王金平會不會受到綠營和李的影響，還有待觀察。這一段時間雖然王金平對大陸表示出友善的態度，但有可能只是選舉需要而為。總體來說，王馬不敢也不會拋棄連戰的兩岸政策路線，但在風格上、具體策略上會有所不同。

至於這次選舉可能會造成國民黨黨內分裂的說法，徐博東認為不可能，因為誰也沒有分裂的本錢，在新的選制之下，小黨沒有出路。這次競爭雖然激烈，但目前為止都還沒有扯破臉。這樣的情勢發展下去，國民黨可能會分派，但不會分裂，實際上國民黨內部形成派系的可能性已隱然成形。但這對國民黨來說，不一定完全是壞事，也是無可避免的。選舉之後，泛藍的整合還要看國民黨內部的互動。

徐博東說，馬英九若當選，要兼顧臺北市市長和國民黨主席會有一定的難度，民進黨也一定會百般干擾。但王金平有被指和一些弊案有瓜葛，這一點很容易被民進黨利用。所以說，王馬二人都有罩門。

另外，如果馬英九當選，宋楚瑜更不可能回到國民黨，因為他們兩人都是外省人，宋絕不肯屈居馬之下，反而王金平當選，親民黨還有可能與國民黨合作。

至於年底的縣市長選舉，徐博東認為王馬無論誰勝出，都不會扯對方的後腿，因為兩人有國民黨的共同利益，且這種做法也不會見容於黨內。

徐博東指出，王金平早前表示黨主席不一定是選總統的人選，但這很難令人相信，這只是王金平的選舉策略而已。這次選舉實際上就是為2008年的總統選舉作準備。

徐博東認為，由馬英九代表國民黨參選總統較好，贏面也較大。馬英九青年票源較多，而三年之後會多不少年輕選票。如果王金平當選，會令許多中間選民感到國民黨沒有完全脫離黑金、老人政治，不能給人清新的、改革的、年輕化的形象。所以這一次選舉是國民黨改變形象的一個關鍵。

（中評社）

專家：帶回島內最缺的民族精神

本報實習記者賈磊北京十三日電：北京聯合大學臺灣研究院院長徐博東評價新黨「民族之旅」說：「民族精神是臺灣島內最缺的東西。」新黨「民族之旅」有別於國親兩黨來大陸參訪活動。新黨找到了新的角度，新的切入點。按郁慕明主席的話說，要把中華民族的民族精神帶回島內去。

他認為，李登輝主政十二年和陳水扁主政五年多，通過「去中國化」、「文化臺獨」等手段，使很多臺灣民眾對中華民族自豪感，對國家的認同感都已淡化。臺灣當局甚至為了對抗大陸，不惜引狼入室，和日本及其他反華勢力勾結，漠視日本對釣魚島的覬覦、對臺灣漁民的欺侮，因此在這個時刻，帶回這種民族精神比什麼都寶貴。談到泛藍整合問題，徐博東認為，泛藍整合關鍵在於宋楚瑜和親民黨。假如親民黨真的能從大局出發，應該放棄一黨之私，和國、新合作，整合成一個拳頭，才能有力。

徐博東不看好國親兩黨合併的前景。他強調，連戰不再參選黨主席後，親民黨宋楚瑜回國民黨、國親合併的可能性相當渺茫。馬英九如當選黨主席，這種可能性會更渺茫。

（大公報）

大陸學者：馬英九以國民黨主席身分訪大陸障礙小

中新網7月17日電：馬英九如願當選中國國民黨黨主席，引起北京各界高度關注。大陸涉臺問題專家認為，馬英九當選對國民黨的兩岸政策影響不大，但其具體政策並不能排除「變調」的可能。至於其何時訪大陸，有專家認為，馬英九明年卸任臺北市長後，單純以國民黨主席的身分來大陸的障礙相對小些。

據香港文匯報報導，北京聯合大學臺研院院長徐博東接受該報採訪時指出，對於北京來講，王馬兩人各有利弊。馬英九雖然有很濃的「一個中國」情結，但由於他並非很有魄力的政治人物，所以在島內壓力過大等情況下，馬英九為了避免被扣「紅帽子」，很可能顯示出對大陸的強硬作風。另外，在包括《反分裂國家法》等問題上，馬對大陸的表現相當強硬，甚至做出攻擊大陸的姿態，這也讓北京相當擔心。

徐博東還指出，馬英九雖然高票當選，但其處境相當困難。首先，馬英九要團結王派人馬，化解國民黨內部因選舉產生的心結。在這個基礎上，馬英九還要整合泛藍，而這一點相當困難，親民黨和宋楚瑜絕對不會甘心讓馬英九領導，這樣一來，國親合併基本不可能，整合泛藍的任務更加艱鉅。

……（略）

徐博東則認為，盡快到大陸參訪對於馬來講是非常重要的事情，但短期看可能性卻相當小。

（華夏經緯網）

樁腳選舉時代結束言之過早

大公報記者王德軍北京二十五日電：在馬英九以高達七成的得票率擊敗有著多位泛藍大老力挺的王金平後，臺灣有評論認為，島內傳統的「樁腳選舉」時代已經結束，新的「直銷」式的民主選舉時代已經到來。不過，北京學者卻對此種結論謹慎看待，認為不能因為國民黨主席這次特殊的選舉，就輕易推翻臺灣選舉傳統的遊戲規則。「這種結論言之過早，或者說有點冒險，最起碼要再觀察一下年底的縣市長選舉」，北京聯合大學臺灣研究院院長徐博東說。

徐博東表示，國民黨主席選舉和島內其他大選不完全一樣，國民黨主席選舉有其特殊性，不能一概而論。也有可能年底縣市長選舉中，樁腳仍然起關鍵作用。要看到，王金平的對手是馬英九這樣一個特殊人物，如果兩個人的同質性比較高，情況可能又會是另外一種結果。

……（略）

（大公報）

徐博東：大陸「以民為本」理念扭動兩岸僵局

北京聯合大學臺灣研究院院長徐博東在此間舉行的第十四屆海峽兩岸關係研討會上表示，中共中央總書記胡錦濤主政以來強調的「以民為本」理念，成為扭動兩岸僵局的鑰匙。「民本」正是胡錦濤對臺新思維的核心，民意是「解扣化獨」之本。

徐博東認為，以民意為法寶，開拓了逼退「臺獨」、推進和平統一的新動能與新空間。將發展兩岸關係的謀劃，從某人、某部分人或某個黨派的狹隘視野中解脫出來，真正落實到「寄望於臺灣人民」的戰略基點上，凝聚島內外和平統一的力量，從政治、經濟、文化到情感等各個層面，把和平統一事業推向全面「排獨」、「化獨」、「解獨」的新階段。

他說，《反分裂國家法》頒布後島內泛綠陣營的分裂，島內民調對連戰訪大陸的高支持率和對兩岸和解交流的高期盼率，以及對臺灣當局與大陸務實談判的高期望率，都充分說明了以「民本」為核心，才能逐步瓦解和逼退

「臺獨」。

徐博東指出，明確全體中國人「反獨」的堅定意志，引導臺灣民眾認知到身邊「臺獨」之險，主動避險、化險，是大陸對臺灣民眾利益的最大愛護，也是爭取臺灣人民的最大前提。《反分裂國家法》的頒布，標幟著全體中國人的「反獨」意識被正式引入到解決臺灣問題的變數中，並置於不可動搖的國家法律的高位。事實證明，這種鑄大民意於刀鋒之上的「硬」，有效地截斷了「臺獨」勢力向「法理臺獨」的冒險之路，從根本上否定了任何外力借助其「國內法」或所謂「雙邊協定」插手臺海事務的合理性。同時，給予「寄望於臺灣人民」的戰略方針一個強有力的支撐點。兩岸政治僵冷之水由此被反向啟動。

他表示，今年以來，大陸注「情」於平和務實的理性中，連宋「登陸」更開拓了兩岸政黨交流的新局面。臺灣水果零關稅登陸、開放大陸人士赴臺觀光、給予臺灣學生學費及獎學金的平等待遇、贈送大熊貓給臺灣民眾等「禮物」，標幟著大陸將往日對臺商的關懷，開始全方位地釋放給島內各個階層的普通民眾。

徐博東指出，連宋「登陸」結出了讓臺灣人民能品嘗、能感受、也能正面接受的實實在在的果實，這是兩岸民意相合的初步成果。通過連宋「登陸」，大陸確切瞭解到臺灣人民的需求，並把大陸對臺灣人民的誠意傳遞到島內。

（中新網）

「反分裂法」反向啟動兩岸關係「僵冷之水」

正在鄭州召開的第十四屆海峽兩岸關係研討會上，《反分裂國家法》的頒布及其對臺海關係走向的影響成為與會的兩岸學者討論的焦點課題。

北京聯合大學臺灣研究院院長徐博東教授提出，《反分裂國家法》頒布後，兩岸關係發生了重大變化，預示著和平統一事業新局的開啟。這些變化給出了許多啟示，其一就是民意為「解扣化獨」之本。

徐博東認為，《反分裂國家法》在全國人大高票通過，標幟著全體中國人的「反獨」意志被正式引入到解決臺灣問題的變數中，並置於不可動搖的國家法律的高位。事實證明，這種大民意的凝聚，既截斷了「臺獨」勢力向「法理臺獨」的瘋狂冒險之路，也從根本上否定了任何外力插手臺海事務的合理性，同時讓「寄望於臺灣人民」戰略方針得到了一個強有力的支撐點。他說，兩岸政治僵冷之水由此被反向啟動，緩和臺海緊張局勢遂成為島內外的主流訴求。

徐博東認為，以民意支援為堅強後盾，可獲得主導和平統一大業的大動力和大自信，可將發展兩岸關係的謀劃真正落實到「寄望於臺灣人民」的戰略基點上，可凝聚島內外和平統一的力量，從而發掘出逼退「臺獨」、推進統一的新動能和新空間。

（新華每日電訊）

學者指出：反「臺獨」形勢依然嚴峻，需防患於未然

中國臺灣網9月24日消息：據港媒報導，多名臺灣問題專家、學者23日在北京座談指出，當前兩岸局勢雖出現遏止「臺獨」分裂活動的有利因素，兩岸關係有所緩和，但反「臺獨」工作依然嚴峻，仍需繼續加強兩岸民間交流和互信。

北京聯合大學臺灣研究院院長徐博東強調，對兩岸局勢不可盲目樂觀，

應從最壞處著眼，防患於未然，做好各種因應的準備。

他解釋，陳水扁素來「言而無信」，經常反口覆舌，也看不到他有放棄「臺獨」的跡象，故在「臺獨」勢力執政的情況下，兩岸關係不可能有實質性的緩和，隨時可能重現危機及出現不穩定因素。如年底的臺灣縣市長選舉，陳水扁有可能為了爭勝，擺出臺灣被大陸打壓的姿態，「對陳水扁可能衝擊反分裂法的底線，大陸要做好因應準備。」

（中國臺灣網）

臺當局拒絕陳雲林赴臺，暴露出民進黨執政困境

本報訊／記者王連偉報導：臺灣當局日前宣稱，拒絕中共中央臺辦主任陳雲林赴臺出席國共兩黨論壇。對此，大陸臺灣問題專家指出，這一結果雖然不出意料，但臺灣當局想把責任推給大陸的做法卻相當令人恥笑。他們認為，臺灣當局拒絕陳雲林赴臺，進一步暴露了民進黨當局妄想利用此事製造「一邊一國」的企圖，同時也凸顯了臺當局現階段的執政困境。

據悉，臺灣「陸委會」11月18日以大陸拒絕臺灣「官方協商」要求為由，駁回國民黨提出的中臺辦主任陳雲林率團赴臺參加「國共兩黨經貿論壇」申請案，並表示中臺辦高級官員集體赴臺的要求，「現階段沒有必要」。

北京聯合大學臺灣研究院院長徐博東在接受記者電話採訪時表示，有關陳雲林入島參加國共兩黨論壇一事，民進黨當局多次的表態前後不一，自相矛盾。先是陳水扁斷然拒絕，後又以王金平參加APEC為條件企圖「交換」，後來又有人提出以「陸委會」主要負責人登陸為交換條件，再後來則是通過臺灣海基會兩次致函大陸海協會，要求大陸方面派人協商或臺灣方面

派人來大陸溝通。

……（略）

徐博東認為，國共兩黨為改善兩岸關係、促進兩岸經貿交流採取了一種全新的形式——兩黨論壇，臺灣當局對此事先毫無準備，顯得方寸大亂，無法回應。他們只能左支右絀、毫無章法地搞出一些前後矛盾的小技倆，妄想在不承認「九二共識」的前提下，實際恢復兩會協商機制。他們這樣做，一方面想對國際輿論有所交代，另一方面，也是為了拉抬民進黨不斷下滑的選情。由此可以看出，他們除了頑固堅持「臺獨」立場之外，對於改善兩岸關係毫無誠意可言。

……（略）

（人民日報・海外版）

徐博東：兩年內兩岸關係難突破

中評社香港12月26日電：北京聯合大學臺灣研究院長徐博東今天在臺灣認為，兩年內的兩岸關係雖難有大突破，但不至於會兵戎相見。近期內也可能在某些具體的兩岸交流事項獲得進展，包括開放大陸旅客來臺觀光及包機擴大等議題。

據中央社報導，北京聯合大學臺灣研究院團員一行下午出席臺灣的世界自由民主聯盟總會舉辦的「兩岸政經發展研討會」。徐博東認為，臺灣朝野對立無法獲致所謂「和解共生」，癥結就在兩岸關係。臺灣的民進黨政府頻搞政治鬥爭，不知道唯有兩岸交流，共同拚經濟，解決直接三通的問題，才能使臺灣人民受惠。

他說，儘管臺灣的領導人想在剩下的任期中創造歷史定位，但他懷疑陳水扁有魄力擺脫各方壓力的拉扯，突破兩岸現有的僵局。

徐博東認為，要民進黨政府釋出組閣權給藍軍，恐怕很難；要籌組大聯合政府，恐怕也很不容易；要「立法院長」王金平重蹈前「行政院長」唐飛的覆轍，更是難上加難。

（中評社）

2006年

北京學者：陳水扁挑動兩岸，挽救威信

中評社香港1月30日電：聯合報報導，針對陳水扁考慮廢除「國統會」及「國統綱領」，北京學者表示，中共一定會對此「作出反應」，大陸涉臺官員則說將密切關注扁接下去是否制定去除「一中」框架的新「憲法」。

北京聯合大學臺灣研究院院長徐博東指出，陳水扁上任後從未開過一次「國統會」，從未承認「國統綱領」中規定的「臺灣、大陸都同屬中國的一部分」。

徐博東表示，陳水扁還剩兩年多任期，面臨提前跛腳的壓力，此時挑動兩岸關係，是宣示自己仍大權在握、有能力主導兩岸議題，尚未跛腳；其次，繼續向民進黨基本教義派靠攏，重申支持「臺獨」，以鞏固內部；第三，繼續挑動兩岸關係以緩解臺灣內部壓力，挽救日益低落的統治威信。

徐博東表示，大陸一向把陳水扁「四不一沒有」的承諾，看作是現階段兩岸相對平靜的基礎，現在陳水扁在公開場合否定自己五年來的承諾，「大陸肯定會有反應」。大陸會向國際社會表明，引起兩岸重新緊張的不是大陸，而是臺灣；而在美國不斷強調「不允許任何一方挑動現狀」下，美國也應不會坐視。

徐博東表示，陳水扁此舉會把兩岸的路越走越窄，不但脫離了臺灣主流民意，連民進黨內部也有許多不滿的聲浪。臺灣民眾對其執政失望，從去年「三合一」選舉大敗、游錫堃選黨主席只有20%的投票率，可見一般。

（中評社）

「廢統」論再露「臺獨」險惡用心

新華網北京2月21日電（記者茆雷磊）針對臺灣當局領導人近期有關「思考廢除『國統會』及『國統綱領』」的種種言論，著名臺灣問題專家、北京聯合大學臺灣研究院院長徐博東教授21日在接受新華社記者專訪時指出，這些言論是徹頭徹尾的「臺獨」言論，再度暴露了臺灣當局領導人蓄意破壞兩岸關係、企圖冒險推動「臺獨」的險惡用心。

臺灣當局領導人曾兩度正式承諾「四不一沒有」，其中的「一沒有」就是「沒有廢除『國統會』及『國統綱領』的問題」。徐博東認為，「四不一沒有」是近年來兩岸關係維持相對穩定的基礎之一。中共中央總書記胡錦濤曾經表示：希望臺灣當局領導人確實履行「四不一沒有」的承諾，通過自己的實際行動向世人表明這不是一句可以隨意背棄的空話。這說明大陸很嚴肅地看待這個承諾。但是，現在臺灣當局領導人公然背棄自己的承諾，這充分證明他是一個毫無誠信可言的政客，是島內政局動盪的根源，也是兩岸關係和地區和平穩定的麻煩製造者和破壞者。

徐博東指出，臺灣當局領導人提出要廢除「國統會」及「國統綱領」，是企圖挑動島內的族群對立和統「獨」之爭，刺激大陸方面，製造兩岸關係的緊張，以此煽動民粹情緒，召集「獨派」勢力，為下一步推動所謂「憲改」、搞「法理臺獨」作輿論準備。對於這一將兩岸關係推向危險邊緣的「臺獨」冒險行徑，國務院臺辦新聞發言人在本月上旬已就此表明了大陸方面的嚴正立場，可以預見，大陸方面將對事態的發展繼續保持高度警惕，絕不會讓「臺獨」圖謀得逞。

剛從島內開展學術交流歸來的徐博東說，臺灣當局領導人聲稱要廢除「國統會」及「國統綱領」，還有一個目的，就是為了轉移臺灣人民對民進黨「執政」6年來貪污腐敗、施政無能的強烈不滿，重新奪回島內政局和兩岸議題的主導權。但從島內外的反應來看，臺灣當局領導人這次是「偷雞不成蝕把米」，他不僅遭遇到島內主流民意的強烈抵制和輿論的強烈批評，即使是在民進黨內部，也有反對和質疑的聲音，而且還遭到美國等國家和國際輿論的批評與質疑。

徐博東說，臺灣當局領導人如果不盡快改弦更張，他只會陷於越來越不利的境地，最終被島內民意所唾棄。

（新華網）

北京智囊透露：北京對扁「廢統」已有預案

臺聯建議將「廢統」時間表定在大陸通過反分裂法一週年，也就是3月14日，據臺灣傳媒指出，「總統府方面其實也正思考，將廢統時間表定在314」。

國務院臺辦昨日在新聞發布會上重申國臺辦主任陳雲林的演講，表示大陸密切關注事態發展，並隨時準備應對可能出現的複雜局面。涉臺問題專家徐博東則表示，中央對此早有預案，「見招拆招，臺灣鬧到什麼地步，大陸自有辦法應對」，即使美國不管，大陸也必會制止臺灣局勢惡化。

……（略）

扁為「憲改」造氣氛

另訊，臺灣當局「廢統」，持續引發兩岸各界關注。此間著名涉臺問題專家徐博東向本報指出，「廢統」議題是臺當局走向紅線危險、嚴重的一步。他認為，「廢統」是陳水扁在為「憲改」製造氣氛，若「憲改」內容涉及主權問題就是踩到大陸的紅線。

島內「立法院」臺聯黨團建議陳水扁，將「廢統」時間訂在3月14日，也就是大陸《反分裂國家法》頒布一週年紀念日。

針對大陸到時將頒布何種因應措施，北京聯合大學臺研院院長徐博東表示，中央對此早有預案，「見招拆招，臺灣鬧到什麼地步，大陸自有辦法應對」。

徐博東認為，如果目前大陸「反應過度」就中了「陳水扁的圈套」，「國臺辦這次拿捏得很好」。

大陸不急躁靜觀其變

大陸官方在批判「廢統」的同時，並不忘高調推動各項惠及臺灣民眾的措施。徐博東認為，這是根據《反分裂國家法》和「胡四點」的要求操作，可以看出，目前「大陸不急不躁，靜觀其變」。

徐博東在接受中評社採訪時也強調，對陳水扁的警告從國臺辦發言人李維一升級到主任陳雲林，顯出北京對臺局勢有關反應正逐步升級。而就陳雲林談話內容觀察，按照歷來大陸對外用詞算是比較嚴厲的，帶有預警味道。

希望扁不要誤判形勢

徐博東表示，希望陳水扁不要誤判形勢，以為沒有連任的選舉壓力，就可一意孤行。也不要認為可以吃定美國，認為美國不會丟下臺灣不管。即使美國不管，大陸必然會制止臺灣局勢惡化。

徐博東說，大陸反分裂法有13億人民背書，北京領導人如果不依法行事就算犯法。因此，陳雲林說「隨時準備應對可能出現的複雜局面」，就大陸對臺方針而言，當然包括一切可運用的手段，「這些都不用明說的」。

（文匯報）

美國之音：美對扁「終統」最終反應並未就此終結

人民網3月3日電：對於陳水扁宣布終止「國統會」和「國統綱領」以及美國的反應，有分析人士認為，美國對陳水扁這個決定的最終反應並沒有就此終結。

據《美國之音》報導，美國國務院發言人厄立解釋了美國政府對陳水扁宣布終止「國統會」和「國統綱領」的看法。厄立說，根據美國的理解，陳水扁並沒有廢除「國統會」，而且陳水扁重申了「臺灣不改變現狀」的承諾，美國非常重視這個承諾，並且將認真關注他的後續行動。

星期三，香港《南華早報》報導了幾名中國學者的看法。北京聯合大學臺灣研究院院長徐博東認為，美國迴避批評陳水扁，因而再次向臺灣的挺「獨」力量發出錯誤的資訊，並且向反對「臺獨」的人士潑了冷水。他說，美國這樣的反應再次證明，中國要靠自己找到解決臺灣問題的辦法，而不要寄望於美國。

……（略）

（人民網）

學者：大陸要保持高警惕

大公報記者王德軍北京四日電：徐博東說，反分裂法和「胡四點」使大陸牢牢把握住了兩岸關係的主動權，過去由於陳水扁的「臺獨」挑釁頻頻，大陸處於接招應付的狀態。而現在則爭取到島內在野黨在「遏獨」上的合作，可以說兩岸形成了「反獨」統一戰線，就連國民黨主席連戰在訪問大陸演講時都公開表態，國民黨不是「聯共賣臺」，而是「聯共制獨」。

從國際上來說，大陸圍繞美國做了很多外交上的努力，使美國認識到維持臺海現狀最符合美國的利益，而「臺獨」是兩岸現狀最大的破壞力量。可以說，陳水扁想奪回兩岸關係的主導權，美國也想搶奪兩岸關係主動權，三方都有自己對「臺海現狀」的解釋。而陳水扁「終統」在大陸和美國方面碰釘子，說明臺灣當局在搶奪兩岸關係主動權方面敗下陣來。

徐博東說，今後兩年，陳水扁還會走戰爭邊緣政策，推動「憲改」等還會頒布，不排除激進「臺獨」的「修憲」版本出籠，對此，大陸要保持高度警惕，陳水扁雖然承諾不會進行體制外的「憲改」，這就等於承諾「憲改」不涉及「主權」問題，而且「四不」並不是陳水扁職權範圍內能夠做的事，但陳水扁誠信度已經破產，所以需要高度警惕，並做好最壞的打算。同時，繼續頒布惠及臺灣同胞的各種政策，爭取臺灣民眾對大陸的好感，使島內主流民意始終不利於「臺獨」的發展。

（大公報）

《反分裂國家法》衝擊「臺獨」話語霸權

《反分裂國家法》正式頒布一年來，在兩岸關係中發揮了怎樣的作用？在今後兩岸關係中將會扮演什麼樣的角色？就此，本報記者專門採訪了北京聯合大學臺灣研究院院長、全國臺灣研究會理事徐博東教授。

主導兩岸關係走向

去年，《反分裂國家法》的頒布和「胡四點」的提出，是新時期中國政府處理兩岸關係的新思路、新起點，也是分界線。我們可以看到以此為界點，去年以來兩岸關係有了可喜的發展，可以說《反分裂國家法》直接促成了去年兩岸關係中的高潮——連、宋來訪，創建了兩岸之間黨際交流的新平台，起到了主導兩岸關係走向的作用。去年連、宋來訪之後兩岸關係緩和，還達成了一系列的共識，這是兩岸人民的福祉。

衝擊「臺獨」話語霸權

《反分裂國家法》對「臺獨」話語霸權有很大的衝擊，過去臺灣當局動不動就以「賣臺灣」、「喪主權」等等名義打壓與大陸交流的人，現在來看這些「臺獨」話語霸權在臺灣已經不能起什麼作用了，因為在兩岸之間展開交流是眾望所歸，連戰訪大陸後，在臺灣的支持率一直在升高，就是一個明證。

去年臺灣國親在「三合一」選舉中的大勝，這一方面是民眾對陳水扁當局的失望，另一方面與去年國親兩黨在兩岸關係中積極作為是分不開的。去年，從臺灣農產品零關稅登陸、臺灣學生同等收費，再到去年年底的春節包機，這一系列政策得到臺灣民眾熱情追捧，就是對「臺獨」話語霸權最好的衝擊。

在兩岸關係中起基礎作用

《反分裂國家法》不是「臺獨」宣傳的所謂「戰爭法」，我們可以看到在《反分裂國家法》十條內容中，前七條都是在立足促進兩岸交流發展。我們要反「臺獨」，我們更要發展，不能只是歪曲地解讀第八條的「非和平手段」，這僅僅是我們家裡的救急「滅火器」，不著火時我們是用不著的，同時也是對「火災」的預防。

（海峽導報）

急於擺脫弊案困擾怕美施壓，扁拿「統一條件」騙人

陳水扁近日接受法國最大報紙《費加羅報》專訪時，出人意料地提出包括要求大陸宣布放棄對臺使用武力、取消《反分裂國家法》等在內的「統一條件」。雖然這看起來像是有關「統獨」的「重大論述」，在島內卻沒有引起什麼動靜，臺灣媒體對此相當冷淡，臺灣的《中國時報》與《聯合報》都只在不顯眼的位置登了小塊新聞，是臺灣媒體界所說的「郵票大新聞」。有

人評論說，臺灣媒體對此事的重視程度，連對待一個「立委」的發言都不如。

……（略）

北京聯合大學臺灣研究院院長徐博東看到陳水扁所謂「統一條件」的論調後，第一反應就是陳水扁是想以此來影響「胡布會」，同時也是對兩岸經貿論壇和第二次「連胡會」的反撲。徐博東說，很明顯，從陳水扁的演講中人們看不到一絲誠意和善意，真想緩和與發展兩岸關係，應當求同存異才對，應當拿出務實的措施來才對，可陳水扁呢，恰恰相反，他刻意強調敏感的意識形態分歧，擺出的完全是一副對抗的姿態，嘴上還說是「不排除最終統一」，骨子裡根本就是在堅持「臺獨」。

徐博東說，陳水扁現在已陷入了政治上的困局。島內，拚經濟他沒有能力，家人親信又弊案連連；兩岸問題上，他不斷挑釁，製造緊張，充分暴露了一個毫無誠信可言的政客嘴臉，民進黨內部的很多人都在拋棄他，他正在失去島內政局的主導權。怎麼辦？他就玩弄一貫的技倆來轉移民眾的注意力，又來操作「統獨」議題，還口口聲聲代表2300萬臺灣人民，以陳水扁目前十幾個百分點的支持率，他現在還能代表誰？事實上，陳水扁已經大大失去了中間選民的信任，他自己對中間選民也沒有了信心，只能玩命地向深綠方向靠攏，要和李登輝爭奪「深綠共主」的地位，再度公然表明和大陸對抗，也有這方面的圖謀。但即使是這樣，深綠也未必接納他。顯然，陳水扁正在淪落為孤家寡人，他心有不甘，還要掙扎，如此而已。

……（略）

（環球時報，蕭師言、程剛）

北京聯大臺研院舉行建院一週年慶典

人民網北京4月24日訊：4月23日，北京聯合大學臺灣研究院建院一週年慶典在北京舉行。國務院臺灣事務辦公室副主任孫亞夫，全國臺灣同胞聯誼會會長梁國揚，原國臺辦副主任、該院名譽院長唐樹備以及中央和北京市有關部門的負責人出席了慶典。臺灣新黨主席郁慕明、中國國民黨中評委主席團主席饒穎奇、臺灣海峽兩岸和平統一促進會會長郭俊次等來自臺灣地區的知名人士出席了慶典。

全國人大常委會副委員長許嘉璐發來賀電，中共中央臺灣工作辦公室、國務院臺灣事務辦公室發來賀電，大陸多家涉臺單位與研究機構也以各種不同的方式對臺灣研究院建院一週年表示熱烈祝賀。海內外知名人士以及華人華僑團體紛紛發來賀電、贈送花籃等表示祝賀。

建院之初，臺灣研究院就本著「立足北京、服務中央、發展聯大、突出應用」的宗旨，制定了三年發展規劃，明確了發展目標，即將臺灣研究院建設成為北京市的對臺「學術研究與交流中心；政策和對策研究與諮詢中心；宣傳、教育與培訓中心」，為下一步建設成為國家級的對臺科研基地創造條件、打好基礎。

建院一年來，臺灣研究院在北京市委、市政府和相關部門的大力支持下，在人才隊伍建設、科研、兩岸交流等方面都取得了較大的成績。目前，該院人員已擴展到近20人，研究梯隊逐步形成，研究實力大為增強。去年，完成各類科研課題10多項，發表文章100多篇。目前在研的課題10餘項，其中《大國格局變動中的兩岸關係》課題，是該院成立後承擔的國家社科基金「十五」規劃重點專案。明年，該院將開始招收碩士生。

一年來，海峽兩岸的政黨交流、民間交流取得了突破性進展，兩岸關係進入了一個嶄新的發展階段。臺灣研究院緊緊抓住這一歷史機遇，大力推動與臺灣各界的交流與合作。除了派遣本院研究人員赴臺參訪、研討外，還接待了一大批臺灣朋友來院參訪、交流，舉辦或參加了數十場規模不等的學術研討會，接受了100多次海內外重要媒體的採訪。該院已經成為海峽兩岸民間學術交流和大陸涉臺宣傳的一個重鎮和亮點。

臺灣研究院院長徐博東教授在演講中指出，建院一年來，在各級領導和各界朋友們的關懷與支持下，臺灣研究院的建設邁出了踏踏實實的一步，初步建構了一支有活力的、朝氣蓬勃的學術團隊，臺灣研究院的未來發展充滿了希望。

在慶典大會上，國臺辦、北京市等有關方面領導，以及來自海峽兩岸的嘉賓、專家學者代表10多人發表了熱情洋溢的演講，對臺灣研究院建院以來取得的進步與成就表示祝賀，同時也對臺灣研究院的未來發展及其在推動兩岸學術交流方面發揮更大作用寄予了厚望。慶典結束後，臺灣研究院將舉辦為期兩天的第一屆《北京「臺研論壇」》學術研討會，來自海峽兩岸的著名專家學者80多人出席這屆論壇。

（人民網，仲計水）

中共關注兩岸，升高對臺研究

中央日報、中央社北京2006/04/30訊：中共國家主席胡錦濤上任以來，中共方面不但在處理兩岸關係上的手法出現了明顯的變化，在對臺研究上，也呈現新形式，逐漸形成北、中、南三大研究基地。

此間不願透露姓名的分析人士表示，在對臺研究上，過去中共方面曾有南北派之分。籠統而言，北派是指以中國社會科學院臺灣研究所為核心的各種官方及民間機構；南方則以廈門大學臺灣研究所為主。

早期由於福建省比較接近臺灣，廈大臺研所是中國大陸民間對臺研究的重要智囊，出了不少知名學者專家如陳孔立及范希周（已去世）等。

但前中共總書記江澤民上任後，廈大臺研所的地位卻似乎沉寂下來。期間，上海在研究對臺問題上變得相對突出，已故海峽兩岸交流協會會長汪道涵，是箇中的佼佼者。

不過，分析人士指出，江澤民時代的這種態勢似乎正在變化。最近的一些跡象顯示，廈大在研究臺灣問題上重新受到重視。

譬如，廈大臺研所於二〇〇四年四月初升格為研究院。在中國大陸，研究院的地位肯定高於研究所，廈大臺研所的地位獲得提升，背後反映出北京高層的某些意向。

事實上，據說是胡錦濤人馬的盧展工於二〇〇四年擔任福建省長後（現為福建省委書記），福建又恢復了其在七、八十年代對臺統戰上所擁有的重要地位。盧展工為促進福建及兩岸經濟發展而提出的「海峽西岸經濟區」，近來再度引起了中共中央高度關注。

去年十月，中共十六屆五中全會通過了《中共中央關於制定國民經濟和社會發展第十一個五年規劃的建議》，明確把「支持海峽西岸和其他臺商投資相對集中地區的經濟發展，促進兩岸經濟技術交流和合作」寫進了「兩岸關係」部分。

分析人士指出，與此同時，北京在對臺研究上的地位還是那麼受重視。除了社科院外，北京聯合大學臺灣研究院逐漸成為當地較重要的民間對臺研究機構。

聯大臺研院前身是研究所，二〇〇五年四月才升格為研究院，由專精於研究臺灣民主進步黨的徐博東擔任院長；而該院聘請的顧問和客座教授，幾乎囊括了北京知名的臺灣問題專家，包括唐樹備、李家泉、王建民、辛旗、許世銓及郭震遠等。

此外，該院也聘請了上海及臺灣的學者專家擔任客座教授。

最近，聯大臺研院為慶祝該院成立一週年，舉行了第一屆北京「臺研論壇」，邀請兩岸、香港及澳門數十位學者專家與會。期間，聯大臺研院再邀聘一批與會的臺、港學者專家擔任客座教授，包括在港居住、與臺灣關係密切的江素惠和石齊平等。

分析人士說，聯大臺研院這樣做，顯然是要擴大對臺研究，並要廣納海外人士的意見。儘管它的重要性還是無法與官方的社科院相比，但已發展成為北京民間對臺研究機構的重心。

至於上海，分析人士說，當地的對臺研究工作並未因為江澤民下台及汪道涵的去世而有所改變，且擁有一批相當熟悉臺灣事務的學者專家。

綜合而言，分析人士認為，在胡錦濤上任以後，中共在對臺研究工作上已形成北、中、南三大板塊。

（中央日報、中央社）

民進黨臺北高雄市長初選投票延續黨內頹勢

海峽之聲網（呂品）5月28號是民進黨籍臺北、高雄兩市市長候選人初選的日子。在臺北，由於民進黨內無人登記參選，使得初選流產。而在民進黨的票倉高雄，由於受到一系列弊案的影響，士氣大挫，投票率也只有5成左右。臺灣《聯合報》評論說，這是民進黨史上「最恥辱的一場初選，結果慘不忍睹」。而相較於前一天，國民黨舉行的臺北市長和高雄市長初選，雖然在高雄市的人選還沒有最終確定，但是對於已經結束的臺北市長初選，黨主席馬英九認為這是一次很成功選舉，證明實施近七年的黨內初選制度已真正落實，覺得很欣慰。那麼，如何來看國民黨和民進黨舉辦的黨內初選？是哪些原因導致民進黨黨內初選出現這種尷尬的局面？記者連線採訪了北京聯合大學臺灣研究院院長徐博東先生，以下是訪談錄音：

記者：徐教授，您好！27號國民黨進行了臺北、高雄兩市長的初選，對於臺北市長選舉，黨主席馬英九在選後認為這是一次很成功的選舉，那麼您如何來看國民黨臺北市長的選舉呢？

徐博東：我認為基本上是圓滿成功的，因為你看，臺北市一開始有意願出來參選的泛藍陣營的候選人那麼多，後來相繼都退選了，就只剩下丁守中和郝龍斌來競爭，按照國民黨的遊戲規則，採取民調占70%，黨內黨員占30%這樣一個選舉的辦法，最後郝龍斌雖然在黨內黨員投票方面大大落後於丁守中，但是由於郝龍斌的臺北中間選民、甚至是綠營裡面的支持度很高，所以就大比分的勝出。馬英九認為這個圓滿也是出於這樣的一個遵守遊戲規則來做事，我想總體上來說，應該還是圓滿成功的；而且它最大的意義就在於凸顯了國民黨在通過黨內初選制度改革之後進行的首次成功實踐，凸顯了民進黨反而在黨內民主這個問題上落後於國民黨，而這個遊戲規則原來是民進黨發明的，現在民進黨自己不按照這個遊戲規則做事，這在選民中間造成了一種印象，認為國民黨的改革還是有成效的。

記者：應該說，就這次選舉來說他應該是比較成功的，而且通過您的分析可以看出他的成功之處，主要是他的民主選舉的機制在國民黨內進行了一個成功的延續，而且發揮了一個很重要的作用，那麼相對於前一天國民黨舉行的黨內初選，民進黨28號黨內初選卻似乎並不盡如人意，臺灣的聯合報甚至用「這是民進黨歷史上最恥辱的一次初選」，甚至用「慘不忍睹」來形容這次選舉，那麼您如何來看待媒體的這種評論呢？

徐博東：「慘不忍睹」確實是準確的形容了這次民進黨北高市長候選人的初選，看出來民進黨廢棄黨內原有的初選遊戲規則，是為自己2008年的勝選打算的，並不考慮整個黨的長遠發展，或者是除了個人利益之外就是為了派系的利益，所以造成今天民進黨到目前為止，越是喊要團結就證明他們很不團結，面臨這樣一個困境，仍然沒有人來考慮黨的整體長遠的利益，更不用說全臺灣民眾的利益了。

記者：應該說，這一次民進黨在臺北、高雄兩市長的選舉結果是黨內頹勢的一種延續，能不能這樣來理解呢？

徐博東：對。長期以來民進黨打的「為2300萬民眾謀利益」，什麼「愛臺灣」，全都是騙人的，我們從事實上可以看到，實際上考慮的都是個人的利益，派系的利益，全然不顧臺灣整體的利益，更不要說兩岸人民的利益了。當一個政治人物、一個政黨、一個派系光考慮局部的、狹隘的利益的時候，他的大多數政策策略就會脫離大多數民眾的要求，當然就是失去民心。我隨便舉個例子，比如說：大陸在一年多來推出了一系列的有利於臺灣民眾的政策措施，可民進黨說這都是連宋訪問大陸跟大陸達成的共識，如果要推動落實這些共識的話，得分的將會是泛藍陣營，會是連宋，所以拒絕推動落實。其實這不是說哪個政黨或政治人物得分，而是臺灣民眾得利，如果這樣來考慮，就應當不管是誰跟大陸達成的共識，都應該去積極推動這些政策措施的落實才對。可是民進黨政府並不是這樣考慮問題的，所以說民進黨人心中只有狹隘的政黨利益、個人利益，結果這樣的話當然就不可能獲得民心，所以我覺得民進黨到現在還沒有接受教訓，為什麼執政六年來讓貪腐集團為所欲為，把整個黨都賠進去了。它還沒有接受任何教訓，如果還不警醒的話，民進黨內那些真正有遠見的、清流勢力還不能出頭的話，那麼未來民進黨的發展令人不看好，前途就很難預測了。

記者：目前民進黨已經有了這樣一個初步的結果，那麼您覺得這種結果對後續年底的即將進行的北、高市長的選舉會產生哪些影響呢？

徐博東：現在是游錫堃在當民進黨的主席，他說要「搶攻臺北」，我看臺北是不可能「搶攻」下來了，搞得不好的話連高雄能不能穩住也都難說，如果泛藍陣營在高雄能夠整合出一組人馬來競爭的話。因為這樣一個大氣候，民進黨在這場選舉中能不能夠勝選顯然要打個大問號了。

記者：確實像臺灣媒體所分析的，目前關於北、高兩市的人選出來之後是非常看好國民黨，對於民進黨方面確實非常擔憂，認為民進黨在這次初選之後已經輸了一半了，對於後續的年底的北、高市長選舉、民進黨的選情是很不看好。好，謝謝您的分析。

（海峽之聲網）

扁「放權」是權謀，對兩岸則是利多

中評社香港6月1日電（記者潘星薇）北京聯合大學臺灣研究院院長徐博東今天接受中評社專訪時指出，陳水扁昨晚的「放權」演講「全篇都是權謀」，他不打自招的承認過去六年是獨裁者；他避重就輕、空話連篇的目的就是為了自保，保「第一家庭」特別是吳淑珍；他的動作關鍵是想滅火，以穩住基本支持者；陳水扁所謂的「放權」說，恐怕還涉及到是否私相授予的問題，民進黨四大天王將鬥得更激烈、檯面化。

徐博東說，島內的民意還要再觀察，還有要求陳水扁下台的強大呼聲，目前應該還不是陳水扁的「停損點」，在形勢比人強的境況下，如果陳水扁又玩假的，蘇貞昌將加快「切割」，即使陳水扁想玩假的，也有可能「弄假成真」。

徐博東指出，這對兩岸關係是利多。以目前形勢看，陳水扁根本已經無力搞「憲改」。蘇貞昌為了得到更多支持者，為2008年卡位，有可能在兩岸交流、經貿方面做出調整。比如，至少在包機節日化、週末化方面，以及開放大陸遊客赴臺觀光方面，這將有助蘇的政績，贏得民心。若蘇作得比較好，與陳水扁形成對照，蘇的民意很快就會上來，「不要小看民進黨起死回生的活力」。

徐博東認為，蘇貞昌以前怕「槍打出頭鳥」，但現在在民進黨四大天王中蘇處於最有利地位，近期蘇已有展示出新氣象的苗頭。而這將使藍營面臨壓力，因為等於民進黨的2008候選人提前出線，支持度會很快上升，原來馬英九的「躺著選上」的評估就不樂觀，因此，「戲還有得看。」

（中評社）

徐博東：大陸對臺灣政局變化已準備各種預案

中評社香港6月13日電（記者陳巧聰）北京聯合大學臺灣研究院院長徐博東今天接受中評社專訪時表示，對於臺灣政局最近的變化，大陸這段時間已密集地召開各種內部研討會、臺情評估會，各種預案都做了準備。但大陸目前無意對臺灣島內做過多的評論，只會靜觀其變，冷靜觀察。

徐博東認為，泛藍陣營提罷免陳水扁案，重視的是罷免這個過程，對於罷免陳水扁，藍軍也沒有把握。除非是相關的弊案有新的證據，讓綠營沒辦法招架，否則很難罷免成功。但透過罷免案可以保持藍軍的士氣，而且一攻一守，主動權就掌握在藍軍手裡，北、高市長選舉對藍軍就很有利。

如果罷免不行，藍營還可以說綠營是在保護一個貪腐政權，令綠營在接著下來的「立委」選舉也很不利。若到時藍營再推倒閣案，主動權還是掌握在藍軍手裡，綠營始終處於被動挨打的狀態。

他指出，藍營做罷免、倒閣的舉動關鍵還是要主導議題。這樣一來，將把陳水扁原來設計的06年提出「憲改」版本、07年「公投新憲」、08年實施「新憲」整個時間表給打亂。

徐博東說，大陸原來最擔心的就是陳水扁推動「法理臺獨」，現在綠營陷入被動挨打局面，大陸應該樂觀其成。「臺獨勢力早一天垮台，就少給大陸找麻煩，何樂而不為。」

他也強調，雖然大陸對各種預案都做了準備，對可能出現的各種變數都已心中有數，但大陸無意對臺灣島內的政局變化做過多的評論，畢竟那是島內的事情，做過多的評論可能會適得其反，成為綠營攻擊的口實。

（中評社）

刺殺馬英九就是「臺獨」重大事變

中評社香港6月13日電（記者陳巧聰）北京聯合大學臺灣研究院院長徐博東教授今天接受中評社專訪時指出，如果臺灣綠營刺殺國民黨主席馬英九，這就是「臺獨重大事變」，對於臺灣同胞自相殘殺，大陸絕不會坐視不管，大陸的《反分裂國家法》將自動啟動。

國民黨和親民黨提案罷免陳水扁，近日臺灣南部有地下電台公然煽動綠營「敢死隊」刺殺馬英九。對此，徐博東教授向中評社記者表示，綠營地下電台煽動搞刺殺，這是「臺獨法西斯」的行為。

他說，「綠營死硬分子，有幾個就夠了，寧可命都不要了，就是要幹掉馬英九，有幾個人就夠了，如果出現這種狀況，你把藍軍裡面有機會勝選的人給幹掉，藍軍裡邊也有一些死硬分子，雙方互相幹起來，局勢有可能失控，就會發生大規模流血事件。」

他說，這種大規模流血事件就算是「臺獨重大事變」，到時候大陸的《反分裂國家法》就會自動啟動。

根據《反分裂國家法》第八條，「臺獨」分裂勢力以任何名義、任何方式造成臺灣從中國分裂出去的事實，或者發生將會導致臺灣從中國分裂出去的重大事變，或者和平統一的可能性完全喪失，國家得採取非和平方式及其他必要措施，捍衛國家主權和領土完整。

臺灣南部有地下電台於本月9日在廣播中煽動「勇敢的臺灣人揭竿起義」，趁機殺死馬英九等「中國代言人」。結果馬英九取消了原定10日南下參加「嗆扁」活動的行程。臺南縣警察局當天即要求各單位監聽地下電台言論，同時警方也加強保護馬英九的安全。

（中評社）

徐博東台上批「臺獨」，林濁水台下夢周公

中評社香港6月15日電（記者沙庠）大陸專攻「臺獨理論」的北京聯合大學臺灣研究院院長徐博東，今天與臺灣「臺獨理論大師」林濁水在香港舉行的「香江兩岸和平發展論壇」中碰上。徐博東坐在講台上明言，就是因為有林濁水的參加，他才決定參與這次論壇，要好好向林濁水討教。

由香港臺灣工商協會及香江文化交流基金會合辦的「香江兩岸和平發展論壇」今天下午於香港會議展覽中心舉行。講者之一的徐博東一發言就講明是「衝著林濁水而來」。他又說，因為他早前在臺灣發表過批評民進黨政府及「臺獨」的演講後，遭到封殺不得入島，讓他發現，臺灣所謂的言論自由是假的。

不過，正當徐博東在台上猛批「臺獨」時，林濁水卻閉目仰頭靠在椅上，似乎不想聽下去，同一個動作維持半個小時，到徐博東差不多講完，他才坐直身來。

（中評社）

徐博東接受中評社專訪分析臺灣政局

中評社香港6月27日電（記者陳巧聰）北京聯合大學臺灣研究院院長徐博東日前接受了中評社記者的專訪，對於臺灣當前的政治生態、大陸和美國的對臺態度等問題作了詳細的分析。以下是專訪全文：

問：臺灣在野黨推動罷免陳水扁案，罷免案門檻很高，很難成功，但在罷免過程中，對藍綠陣營的實力消長有何影響，又會對島內的政黨生態帶來什麼樣的影響？

答：目前臺灣處於關鍵時刻，不管是對於整個臺灣人民的命運，乃至於各個黨派，甚至於臺灣的政治人物都處在關鍵時刻。按理說，這是一個是還是非、清廉還是貪腐的是非之爭，不是統獨、也不是藍綠之爭，在一個正常的社會，像陳水扁這種貪腐的團隊早被民眾趕下台了，在臺灣這種特殊的社會，像前民進黨主席許信良所說的危機社會，長期以來都把是非混淆，變成什麼都是愛臺灣或是賣臺灣，是藍還是綠，按臺灣人的話來說：只有立場，沒有是非。

本來因為揭弊案，這個事情已經有點變化，很多支持民進黨的人、支持阿扁的人都已經看到，自從阿扁上台以來，對他的行政團隊、「第一家庭」的貪腐已經受不了了，所以陳水扁的滿意度已經下降到5.8%，民進黨的滿意度也下降到18%左右，說明老百姓對民進黨，包括他的支持者很多都已經失望了，甚至絕望了。

相反的我們看到蘇貞昌的民意支持度，跟陳水扁、民進黨的支持度反而有逆向，蘇貞昌的民調最高達48%。因為蘇貞昌不接觸兩岸事務，認真做實事，所以我覺得，本來這已經顯現出臺灣民眾開始走向理性，有希望了；現在，陳水扁耍了個計謀，所謂的「放權」，把他的命運和蘇貞昌、游錫堃的命運綁在一起，蘇貞昌這陣子一改以前不接觸兩岸事務、不攻擊泛藍陣營的態度，反而成了代替陳水扁在那講一些敏感的議題，把清廉與貪腐的是非問題，轉移成捍衛本土政權。我覺得現在好像已經變了調。

前一陣子臺聯黨已開始與陳水扁切割，包括李登輝都在喊「領導人做不好就該下台」，「臺灣之子不只是一個人，大家都是臺灣之子」，臺聯黨當初拋出5.8%的支持度肯定是有水分，但反映出臺聯黨是想跟陳水扁切割。現在，陳水扁把焦點都轉移了，他還是相當厲害的人物。他放了一些本來不屬於他的權力，放了下去，又把他的命運和民進黨的某些政治人物綁在一起，所以現在應該說是與非的鬥爭有可能被他扭曲成藍綠的對決，甚至是政權保衛戰，或者政爭和奪權這樣的問題。所以有沒有可能使臺灣民眾，特別是中間選民、淺綠民眾能否回歸到理性層面上，去認識這個問題是非常關鍵的，要把被扭曲的議題扭轉回來。

除了放權之外，當然，陳水扁和「第一親家」趙玉柱、女婿趙建銘關係切割，捨親家，保「第一家庭」，現在這個能不能保住，還要觀察。

未來的發展，我看民氣能不能夠繼續高漲，這是一個非常關鍵的問題，光是藍軍民氣高漲還不夠，還要綠營民眾也把它看成是貪腐問題，而不是政爭。民氣高漲之後，檢調部門的一些人恐怕會從觀望站到反貪腐的一邊，才能把弊案的重要資料提供給藍軍，或者反貪腐的「立委」，像國民黨「立委」、揭弊天王邱毅或臺灣政論員張友驊等人。如果這些東西被揭發出來，我覺得，還是有可能使弊案向深入的方向發展，我不認為已經到此為止了，沒有辦法了。

如果有新的事證，更加厲害的資料被揭露出來的話，還是有可能繼續凝聚民氣，如果就目前這些資料來看的話，我覺得還是有點擔憂。當沈富雄公開向媒體表示，當年的陳由豪案是真的，他當時很後悔沒有公開承認這回事，馬英九就應該抓住這個機會，因為吳淑珍曾公開講，如果有收陳由豪的政治獻金，扁、珍就永遠退出政壇。馬英九就應該在第一時間抓住這個時機，現在已經有點晚了。

現在的SOGO禮券案，檢調部門如果真的將該收押的收押，硬起來辦，像偵辦趙建銘案的那種做法，還是有可能突破，當然是不是敢收押吳淑珍，還得打個問號，如果民氣高漲起來的話，有可能迫使檢調部門進一步採取行動。依我看，目前雙方還處於僵持階段，更重要的問題被揭發出來，才可能會有突破。

還有，陳水扁的家庭醫師黃芳彥逃到美國不回來這說明有問題。另外，陳由豪會不會回來，陳由豪要是像梁柏薰那樣寧可坐牢也要把陳水扁拉下馬來，這會把陳由豪案重新炒熱，那沈富雄不能再縮回去了，他已經公開向媒體承認了，他不可能再不承認了，那陳由豪案有可能成為一個焦點。

所以，我看陳由豪案能否重新炒起，還有太平洋百貨SOGO禮券案，阿扁曾在出訪時公開召開記者會表示，如果有拿SOGO禮券就退出政壇，因為罷免案提出來，陳水扁要到「立法院」去答辯，綠營怎麼應戰？怎麼幫阿扁來解套？我看「綠委」這場戰也不好打。

問：如果罷免案不過，泛藍提出「倒閣案」，你認為，綠營會採取什麼策略去應戰？

答：罷免案，我看藍軍也沒有多大的信心，重視的是罷免這個過程，除非確實出現了新的重要事證，要不然很難罷免成功。通過提出罷免案，把藍軍的士氣能夠保持下去，保持下去之後，一攻一防，整個議題的主導權在藍軍手中，對藍軍臺北、高雄市長選舉是很有利的。

罷免案不過，藍營會說綠營袒護貪腐政權，若再提「倒閣案」，整個議題還是掌握在藍軍手裡，未來綠營還是處於被動挨打的局面。所以藍營設計這3部曲，關鍵還是在主導議題，這樣的話，非常重要的一個後果就是：把陳水扁原來設計的2006年提出「憲改」版本、2007年「公投新憲」、2008年實施「新憲」整個時間表給打亂。

其實，大陸方面最擔心的是陳水扁原來要推動的2006年提出「憲改」版本、2007年「公投新憲」、2008年實施「新憲」的這個時間表，造成「法理臺獨」的局面，這會把大陸逼到牆角。依我看，現在綠營處於被動挨打局面，藍軍難得可以主動的主導政局，大陸應該樂觀其成，「臺獨」勢力早一天垮台，就少給大陸找麻煩，何樂而不為。多年來，都是藍軍挨打，現在是綠營挨打，雖然看起來像反撲，一招一招都出來，我看是陳水扁困獸猶鬥，並不是真的有什麼了不起的招數，可以扭轉這種被動的局面。

問：你說陳水扁現時是困獸猶鬥，開始反撲，他會不會像過去一樣再拿出兩岸議題再炒作？

答：我看，陳水扁現在應付弊案，怎麼解套，都已經自顧不暇了，泥菩薩過江了，他還有精力、能力、能主導議題，引領風潮，能夠把焦點轉移到對大陸的對抗這方面議題？我看很難。再一個是陳水扁的道德基礎喪失殆盡，不管是否與他本人有關係，公信力已經塌陷，現在還能出什麼招與大陸對抗、使兩岸關係緊張的話，我看很難。除非陳水扁推動「憲改」，但誰還會去關注「憲改」？本來民進黨內部對「憲改」意見分歧，新潮流就反對搞「憲改」，陳水扁當時想推動「憲改」，是為了歷史定位，現時陳水扁放權給蘇貞昌，蘇貞昌不是要什麼歷史地位，關鍵是要在2008年卡位成功，能夠勝選，推動「憲改」，充其量只能夠凝聚綠營支持者的基本盤，就算鞏固綠營的基本盤，也不可能勝選，還要靠爭取中間選民，中間選民肯定對陳水扁挑釁大陸、搞「憲改」不感興趣，必須在兩岸問題上著力，才有可能爭取到中間票。

但是在兩岸問題著力，就要調整陳水扁的緊縮兩岸政策，所以前一陣子大陸人士入島旅遊觀光說要開放，原來說1000人，現在變成1500也可以，還有好多不合理的規定都說可以改，可以調整，那其他政策也如此。除了入島之外，春節包機的常態化、節日化及週末化，他也提出來，甚至說大陸十一黃金週大陸人士可以入島旅遊了。在此情況下，說不準熊貓議題也可以「起死回生」了。蘇貞昌的背後支持者是新潮流，新潮流是主張開放兩岸「三通」，開放入島旅遊，反對阿扁的緊縮兩岸政策的，蘇貞昌目前還不太敢跟阿扁劃清界線，把阿扁換掉，蘇貞昌也麻煩，蘇也還在觀察，但總會找個時間點，他要跟阿扁切割。

問：這段時間美國的態度也很微妙，例如美國不讓陳水扁過境，到早前美國在臺協會理事主席薄瑞光訪臺，有人解讀美國已默認陳水扁把「一沒有」拿掉；另一種解讀是美國到最後也是支持陳水扁。你對此有何看法？

答：當然，一個脆弱的政治人物或政黨，更需要美國給它撐腰，也容易受美國控制，美國在關鍵時刻適當的撐一下阿扁，阿扁會更聽美國的話，更不敢出手挑釁兩岸關係給美國找麻煩。

聽起來美國好像在支持陳水扁，相信他重申「四不」，不會去推動「憲改」，觸動主權問題，我的解讀是：美國現在還在觀望島內政治，並沒有說一定會支持陳水扁，美國在看陳水扁是否能挺得住；再來是擔心陳水扁在這一緊要關頭狗急跳牆、破罐破摔，所以美國要安撫一下陳水扁，防止他狗急跳牆找麻煩，所以美給阿扁一個安心，表美國並沒有真的要把你拋棄。

但是到了一定時間點，並不是說美國一定不會拋棄陳水扁，美國是將陳水扁與民進黨切割開來的，美國可以拋棄陳水扁，但不會拋棄民進黨，現在就目前來說，美國很大程度上是怕陳水扁會在危急關頭狗急跳牆，所以美國策略性的安撫一下，讓陳水扁還有盼頭，不要以為我美國已經把你拋棄了。

當然，美國也怕陳水扁被弄下台，由呂秀蓮代理總統，美國更難掌握，所以呂秀蓮前些天也出來演講釋出「三點」，她說會按照「中華民國」的體制來辦事，不會亂來，只是個看守政府，讓美國放心，讓大陸放心，島內反扁勢力也放心。所以，我並不認為美國已經鐵了心一定要把一個處於困境中的陳水扁支撐到底，美國在密切觀察事態的發展，美國人不會那麼傻，是非常狡猾的，如果一旦認為陳水扁已經保不住了，美國人不會為了得罪另一個即將上台的政治人物和政治勢力來死保到底，不會是這樣的！

美國現在對臺灣最重要的策略是如何使島內政治不要混亂，不要引起兩岸局勢的緊張，甚至把美國拖下水，美國的國家利益是最重要及最關鍵的，至於哪個政治人物上台或下台，不是美國最重要的考慮，只是從對美國國家利益最有利來做出決定，所以有說美國會對陳水扁死保到底，我不同意這個觀點。

到了一定時間點的話，美國拋棄外國的一個政治人物，就像拋棄一件垃圾一樣，美國會毫不猶豫的。實際上，美國前一陣子已經做好各方面的可能準備，包括把馬英九請去，給予高規格的接待，包括薄瑞光訪臺之後，他第一個去見的人就是蘇貞昌，前一陣子蘇貞昌要出訪的時候，美國同意他去紐約，對不對？不讓陳水扁去紐約，而讓蘇貞昌去，是美國就近、零距離地觀察馬英九和蘇貞昌，等於是親自面試一樣，由美國高級官員來摸一下他們的底，他們究竟將來會實行怎樣的政策，所以說，美國人是非常靈活的。

問：你說美國可能已經做好各種可能的準備，那麼，你認為大陸是否也要做些什麼準備？

答：當然，大陸前一陣子內部密集地開各種研討會，臺情評估會，各種議案都有了，都做好準備了，大概出現某種變數的情況下，心中有數，雖然是冷靜觀察，但更重要的是要有所準備。

問：好像大陸方面對倒扁過程報導很多，評論很少。

答：大陸方面目前不宜對島內做過多的評論，還是靜觀其變。我估計是外鬆內緊，畢竟是島內的事情，過多的評論和干涉，有時候會適得其反，民進黨會說藍軍和大陸勾結起來，共同來整我們臺灣人，來推倒我們的本土政權，那何必落他們的口實。

臺灣問題非常複雜，變數非常多，大陸最好是扎扎實實地做好各種應變準備，未來兩年可能出現最壞的情況，比如說臺灣南部地下電台公開號召綠營「敢死隊」刺殺馬英九。公開號召啊！「臺獨法西斯」的行為，叫多了，綠營死硬分子，有幾個就夠了，寧可命都不要了，就是要幹掉馬英九，有幾個人就夠了，出現這種狀況，藍軍裡邊也有一批死硬分子，你把藍軍裡面有機會勝選的人給幹掉，藍軍這些人就會跑出來和綠軍拚命，雙方互相幹起來，局面就很可能失控，大規模流血事件如果出現，你大陸怎麼辦？

我認為，如果出現大規模流血事件就算是「臺獨重大事變」，到時候大陸的《反分裂國家法》就會自動啟動，大陸政府絕不會坐視不管。

還有就是要提防陳水扁故意製造海峽兩岸的軍事衝突，轉移焦點，也不能排除，如果出現這些事，陳水扁就可以宣布停止選舉，進入緊急狀態。

（中評社）

陳水扁不會辭職，會垂死掙扎

環球線上消息：隨著陳水扁的「家庭弊案」日漸被揭露，臺灣的倒扁風潮日漸洶湧，而今，倒扁勢頭剛有些趨緩之時，陳水扁妻子捲入弊案被起訴的事實，再次將陳水扁逼上了「風口浪尖」，是辭職還是「垂死掙扎」，臺灣未來的走勢將會出現什麼變局？帶著這些問題，記者採訪了北京聯合大學臺研院院長徐博東。

記者：您認為陳水扁妻子吳淑珍被起訴這件事會對臺灣未來的政治走向產生什麼影響？

徐博東：這件事會導致臺灣政壇大地震，讓臺灣所有的政客都面臨考驗。因為吳淑珍涉案，意味著陳水扁也同時涉案，只不過他目前還受到所謂的「憲法」保護，暫時不予起訴。

記者：這種所謂的「豁免權」能真正保護他嗎？能保護多久？

徐博東：暫不起訴並不等於一筆勾銷，待他下台之後，會接受偵辦，陳水扁將要面臨巨大的風暴。

記者：那麼您認為陳水扁會面臨什麼樣的風暴呢？民進黨又會受到什麼樣的影響呢？

徐博東：首先，民進黨可能會面臨分裂，一部分民進黨人將會支持倒扁，他們不想被陳水扁拖累；另外一部分民進黨人將會繼續保護陳水扁，支持他。

記者：在風暴迭起的倒扁運動中，蘇貞昌又會持何立場呢？

徐博東：至於蘇貞昌，他曾經說過要在定案之後才表態，他現在應該是在小心觀望著，不排除他倒扁的可能，他也要考慮自己的政治前途嘛！這次事件對於民進黨來說也許是個機遇，它可以將不利的狀況變為有利於自己的狀況，如果它能夠劃清和陳水扁這些貪腐集團的關係，那麼就能夠證明自己的清廉，重新獲得民眾的支持。

記者：那麼對於馬英九呢？也是個機會嗎？

徐博東：其次，對於馬英九所在的藍營，也是一種巨大的考驗，因為此事之後必將掀起新一輪的倒扁風潮，施德明將會重新走向街頭，馬英九作為臺北市長如何應對街頭遊行也是很難的，應對妥當的話，北、高兩市的選舉藍旗將會獲利。

記者：在這種越來越強烈的風暴面前，陳水扁能堅持多久？您覺得他會選擇辭職嗎？

徐博東：他這一關很難過，但是他一定不會辭職，他一定會「垂死掙扎」。

（中評社）

花蓮巨石定居北京，海峽兩岸客家高峰論壇

今閉幕

中國臺灣網11月14日北京消息：14日上午，為期四天的第一屆「海峽兩岸客家高峰論壇」在北京聯合大學校園圓滿落幕。

北京聯合大學臺灣研究院徐博東院長在閉幕式上總結說，此次「論壇」加深了「兩岸客家，同祖同根，同源同心，同文同種，同是中國人；血脈相連，血濃於水，休戚與共，同是炎黃子孫、龍的傳人」的共識。時值經貿全球化，兩岸經貿互動、人員交流日益密切之際，兩岸客家菁英史無前例地齊聚於京都，共商兩岸客家文化交流大計，並且就客家臺商在大陸投資權益、兩地產業交流等相關問題，提供了許多具體可行的合作開發意見和建議，達成了互惠互利，共生、共存、共榮的偉大願景。

在閉幕式上，中華海峽兩岸客家文經交流協會特別將產自臺灣花蓮的「花蓮巨石」捐獻給2008北京奧運。中國奧會副主席、北京奧組委主席助理屠銘德和中華海峽兩岸客家文經交流協會理事長饒穎奇共同為這塊「花蓮巨石」揭幕。

……（略）

（中國臺灣網，于曉亮）

徐博東：以高峰論壇推動兩岸客家文化經濟發展

中國臺灣網11月14日北京消息：採訪北京聯合大學臺灣研究院院長徐博東是一件很「困難」的事情，作為「第一屆海峽兩岸客家高峰論壇」主辦單位的主要負責人，他的忙碌可想而知。在記者的多次「出擊」下，徐院長終於在論壇休息間隙接受了採訪，為我們解答了客家人為何如此愛好統一，何為「高峰」，論壇成果等問題。

身為客家人的徐院長，對客家人的特點十分瞭解，他介紹說，臺灣客家人雖然是大陸遷移過去的，基本上保持了客家人的生活習慣、語言、飲食等文化傳統，但臺灣是以閩南人為主體的移民社會，所以在適應、融合的過程當中，臺灣客家人也產生了區別於祖居地的差異：在語言、發音等方面很明顯已經有閩南音在其中了，在居屋方面，客家的圍屋和土樓在臺灣已經很少見了，大都和閩南建築比較接近；因為臺灣潮濕的海島氣候，臺灣客家人飲食也比祖居地清淡了不少。

「但這些改變並不能改變臺灣客家鄉親『兩岸統一、一個中國』的理念。」他說，在臺灣支持「臺獨」的客家人不是沒有，但在比例上是極其少數的。正所謂「不認同一個中國就不是客家人」。所謂「客家人」是相對當地土著而言的，是指從外地遷徙過來的人。當時北方戰亂、異族入侵，不甘受統治、奴役的漢人只能從經濟繁榮、水土肥美的中原地區遷徙到南方草莽之地，去開拓新的家園，捍衛自己的文化和民族尊嚴。從那時起客家人就養成了「國家、民族、愛國、愛鄉的觀念」。改革開放之後，大量客家人回饋家鄉、投資建設、做公益、祭祖，他們都沒有忘記自己是中國人，兩岸是一家。

他還介紹說，通過這些年兩岸客家人之間的交流逐步深入，兩岸對客家文化的研究也各有成就、互相依存。大陸這些年主要是利用考古、文獻、甚至DNA鑑定的方式研究客家族群的源流問題，目前大家比較認同的說法是：客家人是北方中原南遷的大部分的漢人和南方小部分少數民族結合繁衍而成的。也有少數人認為，客家人是北方中原小部分的漢人和南方大部分少數民族結合繁衍而成的。而臺灣方面，因為他們身處在閩南文化的包圍中，是相對「弱勢族群」，有一種危機感，所以他們更多致力於客家文化保存工作的研究。

作為一個客家人，徐院長深刻地感受到：「剛過去的21屆世界客家懇親大會雖然對增進兩岸客家鄉親的親情、鄉情起了重要的作用，但它畢竟是全球性的不是海峽兩岸的客家懇親大會，已經滿足不了目前兩岸經濟合作、文化交流的大趨勢要求。因此我們主辦了這次『海峽兩岸客家高峰論壇』。」

他告訴記者，我們主要是強調「高峰」，用高層次的交流為客家文化經濟發展盡力。一是與會人員的層次比較高，能起到確實的領導、帶動作用。二是研究客家文化的專家學者、客籍的文藝工作者，都是其領域的菁英分子。第三，與以往在客家聚居地舉行的懇親大會不同，這次「論壇」在我國的政治、經濟、文化中心的首都舉行，本身就突顯了其高端地位。而且「論壇」開幕正時逢孫中山先生誕辰140週年、胡錦濤總書記發表演講之際，其本身就是紀念客家先驅人物孫中山先生的活動。中央派出全國人大常委會副委員長許嘉璐、國務院臺灣事務辦公室常務副主任鄭立中、中共中央統戰部副部長陳喜慶，以及中共北京市委、臺辦的領導出席論壇、親自參與，可見中央對兩岸客家交流的重視。

最後，他還向記者透露，這次「論壇」之後他正在思考，以聯合大學的名義牽線成立一個客家文化研究中心，吸納散落在京的各個單位客家專家做客家文化的研究工作。並且由於此次「論壇」的成功舉辦，廈門、龍岩、梅州等地現在都在「爭搶」做下次論壇的東道主。許嘉璐副委員長也表示，「首屆海峽兩岸客家高峰論壇在北京舉辦是理所應當的，希望下一屆能在客鄉舉辦。」目前下屆「論壇」的主辦地正在協商之中。

（中國臺灣網，于曉亮）

2007年

陳水扁元旦演講未提「憲改」是兩手策略

中評社香港1月2日電：針對陳水扁的元旦演講，北京涉臺學者認為，陳水扁的談話顯示出兩手策略，一方面討好中間派，一方面安撫「基本教義派」，目的是幫民進黨在二〇〇八年確保政權。而陳水扁雖然元旦沒提「憲改」，但未來仍有可能重提。

中國時報報導，北京聯合大學臺灣研究院院長徐博東表示，陳水扁的談話是兩面手法。一方面支持蘇貞昌的兩岸經貿政策，一方面又強調臺灣「主體性」。顯示陳水扁與蘇貞昌在唱雙簧，陳扮黑臉，蘇扮白臉；由陳水扁穩固基本教義派，讓可能參選總統的蘇貞昌爭取中間選票。

至於陳水扁沒有提到「憲改」的問題，徐博東認為，是因為受到美國的壓力而暫時未提，此次未提也不表示以後不會重提，特別是在「臺獨基本教義派」的場合以及講稿不需要美國審稿的情況下，陳水扁很有可能再度拋出「憲改」議題。

徐博東也認為，二〇〇七年兩岸關係並非沒有緩和的可能。民進黨一方面會在政治關係上挑戰兩岸關係，但是為二〇〇八年參選而卡位的民進黨人士，在兩岸關係方面可能也會做出比較務實的措舉。不過，做出務實措舉並不會一次就大步前進，畢竟民進黨還是必須考慮「基本教義派」的反彈。

……（略）

（中評社）

臺北故宮豈能「去中國化」專家：對文物粗

暴踐踏

本報北京1月25日訊／記者陳曉星報導：憑藉著凝聚中華民族5000年文明精華的館藏寶物，源自北京故宮的臺北故宮博物院一直是世界矚目之地。近日，臺灣行政機構竟通過一項「決議」，稱要修改臺北故宮博物院「組織條例」，將故宮藏品說明中原有的「寶物來自『北平故宮』與『中央博物院』」等文字完全刪除。兩岸專家指出，臺灣當局這一「去中國化」動作，不僅是對博物館研究及文物研究的扭曲與踐踏，在政治上也是極其危險的。

……（略）

北京聯合大學臺灣研究院院長徐博東教授說，臺灣當局拿臺北故宮做文章由來已久。因為臺北故宮是兩岸文化一脈相承的重要標誌。「如果說，『中華民國』的法律檔是法律層面的標誌，那麼臺北故宮就是文化層面的標誌。李登輝時期幾次『修憲』都不敢觸動，但如今民進黨當局妄圖通過『憲改』從法律層面上搞『臺獨』，要在故宮文物上配套搞『文化臺獨』，這是非常觸動我們民族情感的」。

徐博東說：「我至少去過3次臺北故宮。每次都看到很多臺灣青少年在參觀。臺北故宮文物給臺灣青少年以『我是中國人』的巨大影響，激發他們作為中國人的自豪感。而這些都是『臺獨』分子不願意看到的，他們要從根本上讓臺灣青少年忘掉自己是中國人的事實。」

徐博東認為，要提醒人們警惕，「下一步，臺灣當局很有可能給臺北故宮『改名』」，通過更名把中國大陸變為「外國」，「用心極其險惡和狹隘」。

……（略）

（人民日報・海外版）

民進黨搞「正名」，省去統一後改名麻煩

中評社香港2月10日電：臺灣近來推動「國營」企業「正名」行動，北京聯合大學臺灣研究院院長徐博東認為，民進黨政府推動的「本土化」，是在把臺灣「地方化」，不必看得太嚴重。他又認為，民進黨的做法，可以為未來兩岸統一後的機構名稱問題省去麻煩，「先改了也好。」

徐博東接受「中央社」記者採訪表示，臺灣當局所屬企業「正名」無疑是民進黨當局推動「臺獨」與「去中國化」的步驟，主要是為營造臺灣的「本土意識」氛圍，主導臺灣的選舉議題，為2008年總統大選造勢。

不過，他表示，中國大陸重視的關鍵是法律層面、涉及領土範圍等面向的「憲政」改造，這些小動作不可能達到「臺獨」目的，「不值得大驚小怪。」

徐博東說，民進黨當局推動的所謂「本土化」就像廣東、福建等省份的「地方化」，可以為未來兩岸統一後的機構名稱問題省去麻煩，「先改了也好。」

……（略）

至於兩岸協商順利的大陸觀光客赴臺與包機週末化，會不會受到正名議題影響？徐博東說，這些協商屬於推動兩岸互動交流與關係發展的事，無論哪個政黨在臺灣執政，中國大陸都會積極推動，不會受到臺灣當局近來的動作影響。

……（略）

（中評社）

「第二共和憲草」實質是謀求「法理臺獨」

據新華社北京電（記者張勇、茆雷磊）全國臺灣研究會常務副會長許世銓指出，「臺獨」分裂勢力近日通過幾個學者拋出所謂「中華民國第二共和憲法草案」，其實質就是謀求「臺灣法理獨立」，妄圖改變兩岸同屬一個中國的事實，把「兩岸一邊一國」的分裂主張法理化。

……（略）

北京聯合大學臺灣研究院院長徐博東在接受記者專訪時說，所謂「第二共和憲法草案」充分反映了「一邊一國論」、「兩國論」等典型的「臺獨」觀點。草案提出在「臺灣海峽兩岸終局政治安排未協商完成前」，「原憲法相關章節條文及增修條文停止適用」，已經不是「凍結」，而是完全推翻了臺灣地區施行的所謂「憲法」，形同「制憲」。如果民進黨當局將這一草案作為黨版提交臺灣地區「立法機構」進行審議的話，那麼就是赤裸裸地推進「臺灣法理獨立」活動的挑釁動作。

徐博東也認為，這個草案絕不只是幾個學者的個人意見，在他們背後充當「傀儡戲牽線人」的是民進黨當局。他說，陳水扁上台以來，一再拋出「憲政改造」、「修憲」、「制憲」、「新憲」等話題試探輿論，「第二共和憲法草案」是陳水扁謀求「臺灣法理獨立」的又一動作。陳水扁、民進黨當局此舉不只是為了騙選票，而且還想實質性地推動「臺灣法理獨立」活動，兩岸同胞、港澳同胞、海外華僑華人和國際社會對「臺獨」分子這一舉動絕不可掉以輕心。如果任由這樣一個「臺獨憲法草案」招搖過市，必將造成臺海局勢的劇烈動盪，嚴重衝擊兩岸關係。

……（略）

（人民日報・海外版）

大陸媒體：馬英九新中間主義，北京須應對

中評社香港5月4日電：最新一期《南風窗》週刊載文指出，如果馬英九主政臺灣，大陸如何從理論上闡明馬英九的「人民決定論」與「臺獨」的區別，如何從法理上批評馬英九兩岸關係主張中記憶體的「臺獨可能選項」，對大陸的理論工作者和從事對臺工作的實務人員來說，仍是一項艱鉅的任務。

對此，北京聯合大學臺灣研究院院長徐博東表示，馬英九接受「九二共識」，只要在這個基礎上坐上談判桌，所有問題未來都可以透過談判處理。

……略

北京聯合大學臺灣研究院院長徐博東表示，馬英九如果主政臺灣，和民進黨的一個根本性差異是馬英九接受「一個中國」、「九二共識」，兩岸因此可以在這個基礎上坐上談判桌。他強調說，兩岸之間的任何問題都沒有這個問題重要。

但對於馬英九兩岸政策態度中隱藏的「人民決定論」，徐博東表示，如果馬英九表達出這種立場，那就偏離了他主張的「一個中國」。徐博東表示，大陸主張由「兩岸人民」來決定，而不是「臺灣人民」，這種立場美國總統布希也是認同的，他說，馬英九應該認清這個事實。

（中評社）

北京：「第二共和」觸及「臺獨」

東方日報專訊：中國已向美國發出清晰訊息，臺灣制定「第二共和憲法」，被北京視為「臺獨」的「重大事變」，一旦出現立法的動向，《反分裂國家法》將啟動，給予應對。臺灣《中國時報》昨引述華盛頓消息人士透露，國臺辦主任陳雲林上月祕密訪美，專門就此事與美國行政部門會談，明示「第二共和憲法」觸及「臺獨」紅線的立場，希望美國發揮影響力，避免臺灣朝這個危險方向走去。

……（略）

中國和美國雙方均未證實上述消息。不過，北京聯合大學臺灣研究院院長徐博東教授認為，根據報導內容，陳雲林向美國交代底細，符合大陸一貫立場。認為臺灣所謂的「第二共和憲法」是「臺獨」行為，其他國家領導人亦曾有過相同的表述。如臺灣將「第二共和憲法」提交「立法院」或進行「公投」，屬於「臺獨」重大事變，「反分裂國家法」應該自動啟動，用非和平手段遏止「臺獨」行為完全合法。

徐博東指出，中國政府提醒美國認識到問題的嚴重性，也十分必要。中美需共同對付「臺獨」，否則對美方也會造成重大損失。

……（略）

（東方日報）

一份什麼樣的「決議文」？

民進黨擾攘了數月的「正常國家決議文」日前完成了起草，並將交由民進黨中執會通過。民進黨為何在此時推出這份「決議文」？它對島內政局乃至兩岸關係有何影響？8月29日，記者為此採訪了北京聯合大學臺灣研究院院長徐博東教授和中國社科院臺灣研究所研究員劉紅，請他們分析這是一份什麼樣的「決議文」？

骨子裡仍不改「臺獨」本質

記者：民進黨「正常國家決議文」完成起草，這一版本內容與本月初游錫堃主導推出的「黨版（草案）」，有什麼不同？

徐博東：所謂「正常國家決議文」已經醞釀了3個月，由游錫堃等人起草的老版本，經過民進黨各派系代表人物重新討論修改，形成新版本。表面上，新版本淡化了「急獨」色彩。舊版「國號正名為臺灣」、「紀元改為西元」、「新憲國土範圍定為臺澎金馬」等「急獨」的敏感內容被刪除。舊版要求立即執行「正名制憲」，新版則改成「早日完成正名制憲，並在適當時機舉行公民投票」，不提時間表，較具欺騙性。

新版本企圖淡化「急獨」色彩，說明民進黨內部對露骨激進的「臺獨」路線有所疑慮，怕嚇跑中間選民，但其本質仍然是「臺獨決議文」，依然要「正名制憲」，加入聯合國，彰顯「國家獨立」。這表明民進黨的政治路線再次回到了1991年制定的「臺獨黨綱」。民進黨曾一度淡化「臺獨」路線，1999年制定「臺灣前途決議文」，而現在轉了一圈又回到了「急獨」原點。1991年民進黨只是在野黨，現在是執政黨，這一「急獨」路線就變得非常危險，值得高度重視。

……（略）

民進黨企圖一石二鳥

記者：民進黨為什麼選擇此時拋出「正常國家決議文」，有何目的？

……（略）

徐博東：民進黨起草「正常國家決議文」的目的，一是主導議題，吸引選民關注。民進黨執政7年毫無政績可言，只好靠操弄敏感政治議題，挑釁大陸，製造兩岸緊張，「明知不可為而為之」，故意撞個頭破血流，製造悲情氣氛來博取選民同情。

同時，「決議文」謀求改變大陸與臺灣同屬一個中國的現狀，是民進黨蓄謀已久，走向「法理臺獨」的嚴重步驟。這反映出民進黨已經徹底被「臺獨基本教義派」所控制，不但「沒有主張統一的自由」，連主張「溫和臺獨」的自由都失去了，民進黨內理性的聲音已經消失，不附和「臺獨」主張的人，都會被打成「十一寇」、「中國琴」、「西進昌」。今後民進黨的「臺獨」，只會越走越急，越飆越高，走上不歸路。

大陸不會投鼠忌器

記者：「正常國家決議文」的拋出，對島內政局和兩岸關係會產生何種影響？

……（略）

徐博東：「決議文」不可能達到目的。選舉方面，島內的主流民意是和平穩定，威脅到兩岸和平的主張，不會受到多數選民認可。民進黨希望以此主導選戰主軸，破壞藍營拚經濟的選戰主軸，國民黨也不會受騙上當。

兩岸關係方面，「決議文」對大陸是嚴重的挑釁，兩岸關係正處在關鍵、嚴峻的時期，爆炸的邊緣。大陸對危害國家主權的行為絕不容忍。選舉不是「臺獨假期」，奧運會也不是，大陸不會投鼠忌器，定會給「臺獨」迎頭痛擊，民進黨不要誤判形勢，自食惡果。

民進黨走到今天推出「正常國家決議文」，美國要負重要責任。美國有很多籌碼，有足夠的能力來制止民進黨「臺獨」行徑，美國要維護其臺海利益，不能再僅僅是「溫和勸說」，而應該拿出實質手段。

（人民日報・海外版）

學者：十七大報告顯示兩岸關係主題仍是和平發展

中新社北京十月十五日電（記者劉舒淩）北京聯合大學臺灣研究院院長徐博東教授十五日在接受中新社記者採訪時表示，中共十七大報告對臺工作部分論述，顯示兩岸關係發展的主題仍是和平發展，相信對今後大陸對臺工作具有重要的指導作用。

中國共產黨第十七次全國代表大會十五日開幕，總書記胡錦濤在政治報告第十部分中論述了對臺工作。

對此，徐博東教授認為，報告中對臺工作的內容總結了近幾年來黨的對臺政策方針，談得很全面，本身具有重要意義。

他表示，島內「臺獨」勢力加緊推動分裂活動，兩岸關係面臨新的形勢、處於高度危險期，在此關鍵時刻把大陸對臺政策方針進行全面闡述，也是對當前兩岸關係發展的重要宣示，對維護當前臺海局勢、推動兩岸關係發展具有現實意義；今後一段時間，對臺工作將堅持報告所總結的政策方針。

徐博東說，這份政治報告是「談大事」，主要是談原則性的政策方針，而且對臺新思維經過近年的實踐證明行之有效，是正確的，好的做法需要堅持，應當保持相對的穩定性。

徐博東注意到報告中「我們理解、信賴、關心臺灣同胞，將繼續實施和充實惠及廣大臺灣同胞的政策措施」的論述。他表示，這一論述在當前是很重要的。

他認為，報告顯示，兩岸關係發展的主題仍然是和平發展。儘管當前「臺獨」勢力猖獗，報告還是提到貫徹寄望於臺灣人民的方針，相信中國完全統一一定能實現。

（中新社）

十七大報告對臺政策五大特點

中評社北京10月21日電（記者譚栩銳、陳巧聰、郭倩雯）：北京聯合大學臺灣研究院院長徐博東20日下午出席中國評論主辦的「思想者論壇」時指出，胡錦濤總書記十七大政治報告對臺政策部分的論述體現了和平性、原則性、包容性、延續性、科學性五大特點。他表示，對臺政策論述是今後一段時期大陸對臺工作的指導性、綱領性文獻，必將大大促進對臺工作的開展，對反對和遏止「臺獨」，促進中國和平統一發揮重大作用，產生重大影響，具有深遠意義。

首先是和平性。對臺政策部分不到一千字的內容，使用「和平」一詞卻多達十多處：諸如，實現中國「和平統一」，爭取「和平統一」努力決不放棄，牢牢把握兩岸關係「和平發展」的主題、為臺海地區「謀和平」，達成「和平協議」等等，比比皆是，「和平」這個詞彙使用率最高，最為頻繁。通篇演講高舉「和平」的旗幟，理性平和，沒有咄咄逼人的威脅用語，這在當前「臺獨」活動猖獗，變本加厲挑釁大陸，衝撞大陸底線，兩岸關係處在「高度危險期」的情況下，格外出人意表。

徐博東指出，這顯示中共領導人對把握臺海局勢的充分自信；不被「臺獨」的刻意挑釁所左右，輕易改變對臺工作的基本戰略和方針；越加突顯了「臺獨」是破壞兩岸關係、威脅臺海地區和平穩定的根源。

他表示，堅持對臺戰略的「和平性」不是一時權宜之計，這與中共「和平發展」的國家發展戰略是相配套的、一脈相承的。道理至明：堅持「和平發展」的國家發展戰略，在國內建構「和諧社會」，在國際主張「和諧世界」，兩岸關係則要「牢牢把握和平發展的主題」。

堅持對臺戰略的「和平性」受到國內外輿論的高度肯定和讚揚，和陳水扁當局刻意製造臺海緊張局勢形成鮮明的對照，從而進一步孤立了臺灣陳水扁當局。

其次是原則性。堅持對臺戰略的「和平性」並非放棄原則立場。

「報告」指出，「堅持一個中國原則，是兩岸關係和平發展的政治基礎」；「堅持一個中國原則決不動搖」；恢復兩岸之間的交流對話和協商談判，前提是要「承認兩岸同屬一個中國」；協商正式結束敵對狀態，達成和平協定，建構兩岸和平發展框架，必須是在「一個中國原則的基礎上。」

「報告」重申「反對『臺獨』分裂活動決不妥協」，號召「兩岸同胞要共同反對和遏止『臺獨』分裂活動」；針對當前陳水扁當局打著「民主」的旗號，極力推動「入聯公投」等「臺獨」分裂活動，嚴肅指出：「任何涉及中國主權和領土完整的問題，必須由包括臺灣人民在內的全體中國人民共同決定」；義正詞嚴地警告「臺獨」人士：「絕不允許任何人以任何名義任何方式把臺灣從中國分割出去」。

他表示，上述內容，充分體現了中共在處理臺灣問題的過程中堅持「一個中國」原則的堅定立場，體現了中共捍衛國家領土主權、維護中華民族根本利益的堅強決心和鮮明態度。其潛台詞是：「和平」是有原則的「和平」，「和平獨立」只是「臺獨」人士一廂情願的幻想，「臺獨」就意味著戰爭！

第三是包容性。「報告」堅持了一貫的原則立場，但卻也展現出更大的政策「包容性」。

首先，報告在認定目前兩岸現狀是「大陸和臺灣同屬一個中國的事實從未改變」的基礎上，端看島內「求和平、求安定、求發展」以及維持兩岸現狀的主流民意，並不急於追求兩岸很快實現統一，而是呼籲兩岸同胞「攜手維護好、建設好我們的共同家園」，通過協商談判，正式結束兩岸敵對狀態，達成和平協定，建構兩岸和平發展框架，開創兩岸關係的和平發展新局面。這一政策性宣示，完全符合臺灣島內大多數民眾的迫切願望，對爭取更多民心和國際輿論有主要作用。

其次，報告不僅使用十分感性的語言，把十三億大陸同胞和兩千三百萬臺灣同胞稱作是「血脈相連的命運共同體」，重申了三個「凡是」（凡是對臺灣同胞有利的事情，凡是對維護臺海和平有利的事情，凡是對促進中國和平統一有利的事情，我們都會盡最大努力做好），表示「理解、信賴」臺灣同胞，將繼續實施和充實惠及廣大臺胞的政策措施，依法保護臺胞的正當權益等，即使對於島內目前仍在頑固堅持「臺獨」立場、推動「臺獨」分裂活動的政黨（包括民進黨和臺聯黨），仍發出誠懇的呼籲，不管什麼政黨，只要承認兩岸同屬一個中國，「我們都願意同他們交流對話、協商談判。」體現了胡溫體制「以民為本、執政為民」的理念和中共「既往不咎、不計前嫌」化消極為積極，團結一切可團結的力量，共同振興中華的一貫思想主張。

第四是延續性。「報告」宣誓將遵循鄧小平「和平統一、一國兩制」的基本方針和江澤民任內發表的現階段發展兩岸關係、推進中國和平統一進程的八項主張；二、「報告」中對臺政策部分的論述，其實都是胡溫體建立近五年來對臺工作的新思緒、新措舉，只是加於概括、總結和提煉而已。其關鍵問題不在於是否有「新意」，而在於寫入了如此重要的黨的十七大政治報告，通過全體代表的討論，成為全黨的意志和統一行動。

最後是科學性。「報告」的相關論述，符合「科學發展觀」的理論和思想，符合島內的實際和臺海形勢的實際。

總之，胡總書記的「報告」中有關對臺部分是今後一段時期大陸對臺工作的指導性、綱領性文獻，必將大大促進對臺工作的開展，對反對和遏止「臺獨」，促進中國和平統一發揮重大作用，產生重大影響，具有深遠意義。

（中評網）

民進黨為維護政權可以不擇手段

民進黨近來極力推動「入聯公投」，該黨大老似乎在爭相攀比誰在「臺獨」的懸崖上能夠跳得更遠，對由此引發的極其險惡的海峽危機故意視而不見，原本要參加明年大選的主角也因此至今還是在扮演配角。那麼，民進黨主導者的意圖是什麼？衝撞大陸紅線的動作到底要做到什麼程度？特約記者日前在北京專訪了北京聯合大學臺灣研究院院長、兩岸問題專家徐博東，請他給出自己的預測與判斷。

謝長廷必然回歸「臺獨」路線　不應對民進黨抱有幻想

郭至君：您對民進黨研究得比較透徹，向您請教：謝長廷一直在表現對大陸的善意，似乎更注意採取比較理性的選舉策略，謝長廷的政策能夠得到民進黨的支持嗎？會有什麼改變嗎？

徐博東：你剛剛提到的謝長廷，他的表現似乎比較務實與理性，特別是對「憲法一中」的問題，高雄和廈門兩市交流，「一個國家、兩個城市」這些概念的提出，都顯得他對兩岸關係的態度比較務實，不少人對他抱有希望，認為他上台之後，兩岸關係會有比較大的突破，認為他和國民黨馬英九的兩岸政策相差不多，甚至相似。

我對這種看法要打個問號。我認為，觀察任何一個政治人物，不能把他看成單獨的個人，而要把他看作是社會的人。因為每個政治人物的背後都有他代表的政治勢力、利益團體、社會群體的利益和立場，既然謝長廷是靠民進黨推舉出來的候選人，他如果能當選的話，由於他的權力來源於支持「臺獨」至少是不反對「臺獨」的臺灣民眾，所以只能代表他們的願望和利益，其政策必然會回到「臺獨」的路線上，否則他的權力不可能穩固。

當初陳水扁也不是個激進的「臺獨」分子，被認為是民進黨內的「溫和獨派」代表人物之一。二〇〇〇年臺灣「大選」時，他曾經講過一旦當選之後，會像打破中美關係堅冰的尼克森一樣，做一個打破兩岸關係僵局的臺灣的「尼克森」，他還講過「臺獨是票房毒藥」，還提出開放兩岸直接「三通」之類非常理性、溫和的說法，但是他當選之後表現得怎麼樣呢？歷史的經驗值得注意。謝長廷本人有可能也想打破兩岸僵局，在歷史上留下他的定位，或許他是真心實意的，但他如果真的當選，不要幻想他在兩岸關係上會有什麼大的突破，他背後的政治勢力會牽制他，不允許他放棄「臺獨」路線，除非民進黨已經轉型。

二〇〇〇年民進黨是在沒有準備好的情況下靠國民黨的分裂僥倖拿到政權的。但民進黨的領導人並沒有認識到這一點，反而勝利衝昏頭腦，以為不放棄「臺獨」，照樣可以拿到政權，沒有意識到堅持「臺獨」是沒有前途、不會有出路的，因為堅持「臺獨」在兩岸關係上就不可能有突破，島內政局也不可能穩定。但民進黨不但沒有在「臺獨」問題上進一步推動轉型，反而不斷倒退，逐漸被「臺獨基本教義派」所脅持和綁架，在「臺獨」道路上越走越遠。在這種情況下，即使謝長廷能夠當選，最後還是不得不回過頭來重複過去，妥協於民進黨目前的政治生態。從二〇〇〇年我就一直宣揚這種觀點，在民進黨實現「臺獨」的實質轉型之前，不要對它的大陸政策抱有任何幻想。

民進黨內不是沒有清醒人物　可惜清醒者不占主流

郭至君：民進黨真的會實施「臺獨」嗎？黨內沒有清醒的人物了嗎？兩岸關係究竟面對什麼樣的危險性？

徐博東：民進黨內比較清醒的人物還是有的，像是新潮流的一些人，如果新潮流的意見能夠成為主流的話，民進黨會很厲害，可惜目前新潮流的意見在民進黨內不但不占主流還遭到圍剿，在民進黨內已經沒有了主張務實、溫和「臺獨」的自由。目前，民進黨內的頭面人物，大都在國際觀和兩岸觀上很不成熟的，所以不能排除他們會誤判形勢，製造新一波的臺海危機。此其一。

另有更重要的是，民進黨執政七年多了，拿不出一個像樣的政績來，臺灣民眾很失望，但又想要繼續維持政權，怎麼辦？只好在極端意識形態這樣敏感的問題上來做文章，一來鞏固「臺獨」基本盤，二來通過挑釁大陸，製造兩岸危機來轉移視線，主導選戰議題。陳水扁和他的親屬、親信貪腐弊案纏身，一旦失去政權，他和他的家族成員全都可能被投入監獄，所以他必須要保住政權。保住政權就是保住了自己的身家性命，不管使用什麼樣的手段。所以他這次推動「入聯公投」看來是吃了秤砣鐵了心了，不管美國說什麼他都不聽，因為對他來說，兩岸關係也好，美臺關係也罷，都不是他所關心的。所以在這種情況下，二〇〇八年是非常危險的一年。

民進黨為了保住政權　明年很可能會不擇手段

郭至君：2004年大選時陳水扁用「槍擊案」來改變選票，根據你的分析，明年「大選」時民進黨是否還有什麼致命的競選花招？

徐博東：首先要看到，2004年槍擊案之所以能對扭轉選情起重要作用不是偶然的，說明民進黨對選情評估、民意趨向掌握得很準。臺灣的選民結構最關鍵，藍綠雙方基本盤相差不多，兩顆子彈在選票上影響一兩個百分點就能使選舉結果發生逆轉。2008年選舉，從選民結構來看，藍營的基本盤還是要稍多一些，問題是藍營投票的意願向來比綠營低，所以稍大一些的基本盤優勢很難發揮出來。投票率很關鍵，尤其是大陸的臺商，但是他們大部分都不回去投票，所以很難起作用。不要再說民進黨還掌握著行政資源，可以通過買票、作票等各種見不得人的辦法來獲得選票。

明年的選舉民進黨為了保住政權肯定還會出更多的陰招、損招，除了「入聯公投」之外，甚至不排除在臺灣海峽製造軍事衝突，或在島內製造流血事件等等。

陳水扁是個市井無賴，就像《水滸傳》裡描寫的牛二，不斷挑釁，很有可能非逼得大陸忍無可忍祭出《反分裂國家法》來他才會徹底舒服，所以2008年始終是很關鍵的時間點。

郭志君：國民黨要奪得二〇〇八年選舉勝利的話，內部需要克服哪些問題？形勢對泛藍有利嗎？

徐博東：當然首先是內部的團結和鬥志。一年多以前在馬英九聲勢如日中天的時候，國民黨人士大都一片盲目樂觀情緒，認為躺著選都能贏，就開始搶位子了；馬英九被起訴後，遇到困難又開始走極端，悲觀失望，選戰還沒開打失敗主義情緒已籠罩全黨，沒點出息！我個人始終認為雙方還有得一爭，都有希望但都沒把握。從島內主流民意來看，希望再次政黨輪替，這和二〇〇四年顯然不同，現在就看雙方選舉怎麼操作以及內部是否團結。目前整個形勢對藍營是有利的，關鍵是如何把有利形勢保持下去並設法轉變成選票。

郭志君：您是最早開始研究民進黨的大陸學者之一，當時的動機是什麼？最近有什麼新的論著出版？談談您的學術規劃吧。

徐博東：具體來說，剛開始涉入對臺研究的時候民進黨剛剛成立，國民黨還在執政，很多人都不看好民進黨未來的發展前景。當時大陸研究國民黨已經是很深很透了。我們如果再去研究國民黨的話，恐怕不會有多大作為，而且我們認為民進黨的出現有其必然性，值得花力氣對它進行研究，所以我們就決定把民進黨作為我們研究的一個突破口。

現在回頭來把十多年來陸續發表的論文收集在一起出版，按照臺灣學者的話來說是整個一個民進黨的發展史，臺灣這十幾年的政局發展史。但只能說我對民進黨的研究起步比一般人稍早了一些，真是不敢說有什麼了不起的深度。看來也可能是歪打正著，事實證明我們的選擇是對的。二〇〇〇年民進黨上台執政之後，大家都在研究民進黨了，研究的深度和廣度都已經是大為提高。

臺灣研究院成立後，引進了一批年輕的研究人員，現在我的主要工作已轉向行政管理，培養新人，培養一批人比個人的學術論著更加重要，個人本事再大，也不如一批人的作用大，因為那已經變成了一個研究「團隊」或者說「平台」。另外，目前我正在主持一個國家十五規劃的重點課題以及國臺辦、市臺辦委託的幾個涉臺研討課題，研究工作沒有也不會停頓。

（中國評論）

北京聯大臺研院舉行研討會

中國臺灣網12月1日北京消息：由北京聯合大學臺灣研究院舉辦的「當前臺灣政局與兩岸關係」學術研討會，12月1日在京舉行。來自學術界的臺灣問題知名專家及北京聯大臺研院的學者們一致認為，和平與發展仍是當前兩岸關係發展的主題；陳水扁當局在島內推行的「入聯公投」是赤裸裸的「臺獨」分裂行徑。

……（略）

著名臺灣問題專家、北京聯合大學臺灣研究院院長徐博東教授表示：陳水扁當局在島內推動的「入聯公投」是走向「法理臺獨」的重要步驟，將使未來的臺海局勢處於危險期。但是，中國大陸的快速發展和我們反對「臺獨」的堅決鬥爭、兩岸人員往來和經濟文化交流的發展、國際社會普遍承認一個中國等因素的綜合作用，將更有力地遏止「臺獨」分裂活動，也將更有利於我們推動兩岸關係朝著和平統一方向發展。

與會的知名專家與客座教授，對北京聯合大學臺灣研究院新崛起的一批年輕學者的銳氣表示充分肯定和讚賞。

據悉，從現在起到明年初，北京聯大臺研院將舉行一系列學術研討會，就臺海局勢與兩岸關係進行研討。

（中國臺灣網）

美國駐華使館一祕胡望中專訪徐博東院長紀要

近日，美國駐華大使館政治處一等祕書胡望中（MICHAEL·W·HALE）拜訪北京聯合大學臺灣研究院院長徐博東教授。徐博東院長就當前臺灣政局、2008年島內新一屆「立委」和總統選舉形勢、馬英九與謝長廷的兩岸政策、陳水扁與謝長廷之爭、陳水扁推動「入聯公投」、中美關係和美臺關係，以及未來兩岸關係發展走向等一系列重大問題發表了自己的看法。

以下是兩人對話紀要（胡：胡望中，徐：徐博東）：

胡：民進黨對柯慶生12月6日演講會有何反應？

（背景：12月6日上午、臺北時間六日深夜，美國負責東亞事務的助理副國務卿柯慶生，專門針對臺灣媒體舉行記者會重申，美國反對臺灣舉辦「入聯公投」，並說陳水扁推動這項公投的談話，等於製造了一次要臺灣人民選擇「統獨」的機會，因而違反陳水扁2000年上台時所做的承諾。）

徐：對柯慶生的談話，民進黨內部會有不同的看法和反應。謝長廷作為民進黨的候選人，會比較重視美國的態度和觀點，但是陳水扁不會理睬美國的態度。陳水扁沒有選舉的壓力，而且弊案纏身，希望亂中脫困，以便維持民進黨的政權。陳水扁認為美國無權阻止臺灣人民的民主要求，他不認為美國真心反對「入聯公投」，認為這只是美國在應付大陸的壓力所作出的姿態。陳水扁已經公開表示，「入聯公投」不會撤銷。關於這一問題，民進黨內部會有分歧，但懾於陳水扁的淫威和個人的政治利益，許多人不敢公開出來表態。

胡：臺灣的選民態度如何？

徐：如果能夠加入聯合國，臺灣民眾當然願意，如果「入聯公投」引起美國強力反對，引起臺海局勢緊張，那麼臺灣的理性選民，特別是中產階級會考慮得失，認真思考柯慶生的演講和美國的態度，而臺灣的深綠選民則會對美國產生反感，但這畢竟是少數。臺灣傳統上是個親美的社會，和韓國不同，不存在普遍的反美情緒。美國持續堅持正確的態度，表達高度關切，甚至採取更有力的反制措施，臺灣社會反對陳水扁推動「入聯公投」的壓力會更加強烈。所以美國下一步的反應非常關鍵。臺灣的知識菁英知道，臺灣離不開美國的支援，他們也希望維持美臺之間的友好關係，美臺關係對臺灣來說至關重要。

胡：選舉結束後，馬英九當選會對陳水扁怎樣處理？

徐：或許馬英九個人會出於寬宏大量，為了藍綠矛盾的和解，想寬大處理陳水扁。但是，由於陳水扁做得太過分，他的貪污腐敗引起臺灣社會的極度不滿，馬英九如果特赦陳水扁有可能會引起強烈的反彈聲浪，因此我認為馬會不得不依法行事，處置陳水扁。如果過於寬容，反而會對馬英九的執政地位非常不利。如果謝長廷選輸了，民進黨丟掉了政權，民進黨內部長期被壓抑的反扁情緒有可能會暴發出來，要求追究陳水扁的領導責任，整個臺灣社會輿論會對陳水扁非常不利，陳水扁將成為「過街老鼠」，人人喊打！但我不認為民進黨會分裂，相反，受到深刻教訓的民進黨倒是有可能會真正反省和檢討，黨內有識之士才有可能出頭。因此，從長遠來看，丟掉了政權反而對民進黨的發展有很大好處。

胡：關於臺灣一階段、二階段投票問題會怎麼解決？

徐：在這個問題上，不排除陳水扁利用選舉爭議製造動亂，以便藉口宣布選舉無效，或採取其他更大的動作，是陳水扁蓄意挑起這個爭議，不然很難理解。藍營也是出於勝選目的，為了選票，也會堅持二階段投票。所以我看雙方很難協調，最終要看誰更堅決。國民黨執政的18個縣市會執行國民黨的指示。在明知道會影響選舉結果的關鍵問題上，雙方都很難做出讓步，這是一場對雙方來說都是生死攸關的選舉，雙方都輸不起。

美國要高度重視這場選舉，防止出現重大意外事件。我們最擔心的是會不會引起大規模的動亂。如果出現重大流血事件和動盪，我想中國政府不會坐視不管，有權力也有責任出面保護臺灣民眾的生命財產安全。

胡：陳水扁會不會有戒嚴或其他措施出現？

徐：對於陳水扁這樣的無賴政客決不能掉以輕心，他經常說話不算數，是一個毫無誠信的人，他什麼事都做得出來，只要對他自己有利。要對其戒嚴說保持高度警惕。如果他認為民進黨會丟掉政權，自己將面臨韓國盧泰愚那樣的命運，他就有可能採取戒嚴或緊急命令等措施，拒絕交出政權。美臺關係也好，兩岸關係也好，都不在他考慮的範圍，政權和身家性命才是陳水扁最重要的。

胡：如果謝長廷當選，陳水扁對謝的影響會有多大？謝長廷當選會對海峽兩岸關係有什麼樣的影響？

徐：我個人認為，如果謝長廷打敗馬英九當選，民進黨支持者會認為第一功勞是陳水扁的，會認為是陳水扁幫助謝長廷贏得了選舉。在這種情況下，陳水扁在民進黨支持者中的聲望會進一步升高，地位會更加穩固，他的弊案不會再被追究，陳水扁對謝長廷的影響會很大，謝長廷會很難兌現他競選時提出的較為理性務實的兩岸經貿開放政策。他要和解共生，要藍綠和解也將會很難做到。因為勝選，「臺獨」勢力會進一步膨脹，謝長廷會被深綠綁架。謝長廷現在講了一些開放兩岸經貿政策方面的話，但他始終不忘提出一個前提：堅持臺灣的「主體性」和所謂「對等、尊嚴」之類。這顯然是為他將來推動兩岸政策留有轉圜餘地，一方面對支持者有個交代，另一方面一旦無法推動便把責任推給大陸，這和當年陳水扁一樣。

而馬英九不一樣，他承認「九二共識」，背後支持他的是反對「臺獨」

至少是不贊成「臺獨」的政治勢力。如果他當選，兩岸協商談判可以很快恢復，馬的兩岸政策會真正得到推行。

胡：您對1月12日的「立委」選舉怎麼看？

徐：明年1月12日的「立委」選舉，看來陳水扁和謝長廷都沒有信心，這從近期以來他們的言論行動中可以看出來他們十分焦慮。民進黨提出的「立委」名單大都不是強棒，是二軍出戰，民進黨內知名度高、真正有實力的人很多都沒有能夠出線。從目前情況來看，選情對民進黨很不利，國民黨有可能會取得較大勝利，席次比可能在65席比40席左右，剩下10來席由無黨籍或其他小黨瓜分。

胡：「立委」選舉結果會不會對3月的總統大選產生影響？

徐：肯定會有很大影響。「立委」選舉如果藍營大勝，民進黨的氣勢會受到打擊，而藍營會氣勢大振。臺灣政治中有一種現象叫做「西瓜偎大邊」，如果「立委」選舉國民黨大勝，很多人會看好馬英九當選而向國民黨靠攏、輸誠，這對馬英九將是利多。有人提出所謂「鐘擺效應」，但我不認為在這次選舉中會有「鐘擺效應」。另外一個觀察指標是，謝長廷近來稱，如果他當選總統會組織「聯合政府」，這說明他對「立委」選舉確實缺乏信心，所以他期待「鐘擺效應」。

胡：你認為陳水扁與謝長廷的關係會怎樣發展？兩人是否在扮演黑白臉？

徐：20多年來扁、謝兩人矛盾不斷，個人恩怨很深。在臺北市市長競選、黨主席、兩岸政策等方面有很多競爭和分歧，形成一種所謂的「瑜亮情結」。但他們兩人原本在民進黨內都是「務實獨派」，在「臺獨」問題上差別不大，或者說都是「工具臺獨派」。現在陳水扁弊案纏身，便越來越「獨」，想讓急獨派來保護自己。現在兩人在一些政策上特別是在兩岸經貿政策上不同調，其實是一個扮白臉，一個扮黑臉。給外界造成的印象是他們兩人的政策路線不同。因為演得很像，使得很多人都被他們騙過了。這一招雖然有一定效果，但也有自身的罩門，謝會被認為即使選上也不過是陳水扁的傀儡皇帝。選舉中兩人不同調，民進黨的支持者也會無所適從，搞不清楚方向，造成思想混亂，這會有很大的隱憂。本來應該由候選人謝長廷來主導選戰，現在只看見陳水扁在跳，這並不利於謝長廷的選舉。現在大的環境對民進黨非常不利，臺灣民眾要求再次政黨輪替的呼聲很強烈。

我比較看好馬英九，但前提是馬英九陣營在今後還剩下不到四個月的選戰中不犯大的錯誤，而且選舉過程不出現意外的大變數，但這誰也無法預料。因此，馬英九是「有希望，但沒把握」。

胡：最後，您對我有什麼問題要問的或要說的？

徐：希望美國對陳水扁保持高度警惕，不要因為這個無賴亂搞而造成整個局面不可收拾。大陸希望保持臺海地區穩定和平，不要出現動盪，這與美國的利益是一致的。中美雙方要採取一切可能的措施來制止陳水扁的「臺獨」冒險。柯慶生先生在昨晚的臺灣記者會上已經明確指出，「入聯公投」等同於「獨統公投」，是企圖「改變臺海現狀」。既然如此，美國應該發揮自己對臺灣的影響力，拿出實際行動來加以制止。

胡：美國對臺灣有影響力，但是對陳水扁沒有影響力，因為他不聽我們美國的。

徐：美國除了發表批扁言論之外，還應採取某些更具體的實際行動和措施。現在美國發出的信號卻是相反的。例如，近期以來向臺灣出售大批高科技武器裝備、小鷹號航母穿越臺灣海峽向中國大陸示威、布希總統不顧中方反對在白宮會見達賴、美國國會給達賴頒發金質獎章等等。這無異於向陳水扁發出錯誤信號，讓陳水扁覺得美國批評他是玩假的，只不過是為了應付一下大陸，並不真正反對「臺獨」。因此，在制止陳水扁的「臺獨」冒險上，美國應該言行一致，拿出更嚴厲、更有效的具體措施和行動。即使是在言論上，也需要提高層級，從柯慶生提高到布希總統，恐怕才會有效。

徐：大陸現在很克制，一再忍讓。但忍讓是有限度的，大陸中央政府也面臨著很大的壓力。大陸之所以忍而不發，是希望美國能履行諾言，出於美國的利益對陳水扁施加更大的壓力。如果美國的壓力不夠，不願意出重手，不僅陳水扁會死硬到底，甚至國際輿論還會認為美國有意縱容「臺獨」，和陳水扁唱黑白臉。現在美國的一些動作讓陳水扁抱有很大幻想，認為無論他怎麼鬧，美國都不會拿他怎樣。希望美國認識到問題的嚴重性，防止局勢失控，如果美國真心要做，現在還來得及。你們美國有的是籌碼，不是真的拿陳水扁沒辦法。如果美國不願管或管不了，那大陸只好自己來管了。

胡：中國現在的政策很明智，美國也不希望局勢失控。

（中評社）

2008年

徐博東院長接受日本經濟新聞社記者專訪紀要

1月4日上午，北京聯合大學臺灣研究院院長徐博東接受了日本經濟新聞社中國總局記者佐藤賢的專訪，徐院長就臺灣島內即將舉行的「立委」和總統選舉及其對臺灣政局、兩岸關係、美臺關係、日臺關係的可能影響等許多重要問題回答了記者的提問。現將本次專訪的主要內容整理如下：

佐藤賢：請您預測一下1月12日臺灣「立委」選舉和3月22日總統大選的可能結果。

徐博東：首先我要說我不是「算命先生」，預測本身是一件很危險的事情，尤其是對臺灣的選舉進行預測更加危險，因為臺灣的選舉變數更大、更複雜。

當然，臺灣這兩場選舉的發展趨向也是有跡可尋的。根據我長期的觀察，我認為，當前島內主流民意已經發生了重大變化，希望再次政黨輪替的願望非常強烈，有點像2000年選舉之前的情形。民進黨執政後頑固堅持推行「臺獨」路線，意識形態掛帥，致使政黨惡鬥、經濟蕭條，社會動盪不安，失業嚴重、民進黨貪腐成性、兩岸關係惡化等等，讓臺灣民眾越來越失望，包括大批綠營支持者，「給民進黨一個教訓」，已經成為臺灣的民意主流。2004年上次大選民進黨還可以說它執政時間太短，只有4年，許多改革都還沒來不及做，可以欺騙不少選民，現在已經執政8年了，卻做得越來越爛，民進黨已經無話可說，找不到任何藉口了。

另外，就「立委」選舉而言，「單一選區兩票制」這一新的選舉制度對民進黨也很不利。這種選舉主要是靠打「組織戰」而不是「議題戰」，而民進黨一向擅長製造議題而不擅長打組織戰，國民黨則恰恰相反，擅長打組織戰而不擅長製造議題。因此從這點來看，「立委」選舉對國民黨也有利。民進黨炒作「去蔣」、對兩蔣進行近乎「鞭屍」的做法得不到多數臺灣民眾的支持。依我看「立委」選舉國民黨贏定了，只是贏多贏少的問題。現在離「立委」選舉只有十來天，民進黨內部已經開始相互埋怨、指責，有些人批評謝長廷輔選不積極。我個人判斷，這次「立委」選舉民進黨的席位大概在35～40席之間，國民黨可能能拿到65～70席或者再稍多一點。

「立委」選舉結果對臺灣政局的影響將是非常深遠的。首先，國民黨大勝會使藍營士氣大振，綠營士氣大挫，這對馬英九的選情非常有利。謝長廷希望「立委」敗選後出現所謂「鐘擺效應」是不可能的，相反我判斷會是「西瓜效應」，不少「觀望票」、「投機票」會倒向馬英九。而且國民黨選贏後，各縣市勝選的「立委」會乘勝追擊，競選總部都不用撤，轉而繼續為馬英九輔選。而許多民進黨的「立委」候選人敗選後勢必會像洩了氣的皮球，競選總部關門大吉！不相互指責就很不錯了，誰還有心思再替謝長廷輔選？另外，國民黨贏得「立委」選舉，如果再加上無黨籍聯盟、新黨等，整個泛藍陣營的席位達到三分之二以上的話，不僅對馬英九選勝後穩定島內政局是利多，而且對未來「立法院」通過有利於緩和發展兩岸關係的政策、法案將會非常有好處，所以這對臺海局勢的緩和也將會是利多。

佐藤賢：第二個問題，三月份的總統選舉呢？

徐博東：三月份的總統選舉目前看來對馬英九相當有利，但不能說穩贏，更不可盲目樂觀。這是一場對雙方來說都是生死攸關輸不起的選舉，民進黨必定戰至最後一刻，決不會輕易認輸，必定會使出渾身解數來對付國民黨和馬英九，甚至不排除民進黨會採取一些難以預料的花招（選舉奧步）來攪亂選舉。這幾天，民進黨控制下的「中選會」強行撤換臺北市、臺北縣和臺中市這三個人口最多縣市的地方選委會主委，就是個很值得重視的警訊，島內輿論議論紛紛，擔心這是陳水扁在為民進黨選情不利時製造島內政局混亂預先埋下的伏筆。搞不好很可能又會像上次大選一樣打選舉官司。民進黨可是和國民黨不同，胡攪蠻纏起來能量大得很，國民黨怕是很難頂得住。所以，這場選舉充滿不確定性，是否能平順地舉行，平順地交接，都很難說。

另外，離投票日還有兩個多月，還要保證國民黨、馬英九不犯大的錯誤、出錯招。從目前情況來看，國民黨、馬英九似乎頭腦還算清醒，沒有盲目樂觀。比如前一段時間，原民進黨大老沈富雄宣稱，「立委」民進黨會慘敗，只能拿到35席上下，國民黨會大勝，可以拿到75席甚至更多；馬英九贏得選舉已毫無疑問。但國民黨高層並沒有自我陶醉，馬上出來「消毒」。好幾次選舉國民黨都因盲目樂觀而吃了大虧，這次或許學乖了，不會再出錯。

總體而言我的看法是：馬英九「有希望，但沒把握」。幾個月前我預估馬、謝之間的勝選機率是五五波，現在看來應該修正為4.5（謝）：5.5（馬）。有人認為4（謝）：6（馬），可能過於樂觀了。

佐藤賢：第三個問題：三月份的選舉結果對臺美、臺日、兩岸關係的影響？

徐博東：先來談馬英九與謝長廷的兩岸政策。有人認為馬謝兩人的兩岸政策大同小異，沒有多大區別。這種看法是錯誤的。在2000年的時候，陳水扁宣稱他要走「新中間路線」，開放兩岸直接「三通」、陸資入島云云，煞有介事，也有人認為陳水扁與連戰、宋楚瑜的大陸政策差不多，寄望於陳水扁打破兩岸僵局，充當臺灣的「尼克森」，結果怎麼樣？現在謝長廷換了個詞，講什麼「臺灣維新」，主張開放兩岸經貿政策等等，又有不少人對謝寄予厚望。持這種觀點如果不是無知就是健忘！

要知道，兩岸關係的發展是有原則的，其政治基礎就是一個中國原則。陳水扁和謝長廷所宣傳的兩岸「和平」也好，「開放」也罷，其實都是想圖謀「和平獨立」和國與國之間的「開放」。謝長廷在宣示他的兩岸政策時，從來不忘記說「在堅持臺灣主體性的前提下」。所以謝長廷的兩岸「開放」政策同樣也是有原則的，這就是「臺獨」原則。由於一中原則與「臺獨」原則根本對立，毫無交集，所以謝和扁的兩岸政策一樣，根本行不通。而馬英九不同，馬英九也講「開放」，也講兩岸和平，那是在承認「九二共識」基礎上的兩岸開放與和平。這就和大陸的對臺政策有交集，可以接上軌。所以，如果馬英九能上台執政，海協、海基兩會馬上就可以上談判桌恢復協商談判，什麼都可以談，包括兩岸和平架構、軍事互信機制、臺灣當局的政治地位等等，以及直接「三通」、大陸遊客入島觀光旅遊等一系列緩和發展兩岸關係的政策措施很快都可以推動實施。當然，馬英九不會和大陸談統一，他說得很清楚，他現階段的兩岸政策是「不統、不獨、不武」。其實大陸也不急於謀求兩岸統一，雙方都在承認一中原則的基礎上維護目前臺海現狀，兩岸關係自然會得到緩和發展。

如果謝長廷勝選，由於他的兩岸政策以「臺獨」意識形態為基礎，仍然是死路一條。也許小的方面會有所突破，例如節日包機常態化、週末化、大陸觀光客入島等，但兩岸談判將難以恢復，兩岸政治僵局難以打破，全面直接「三通」難以實現。道理很簡單，謝長廷如能當選，陳水扁將是第一大功臣，陳背後是「急獨」勢力，謝長廷的一舉一動都會受制於陳水扁，受到這股勢力的強力牽制而動彈不得。謝想要推行比較理性、務實的兩岸政策，除非民進黨「臺獨」轉型成功。但如果謝長廷勝選，民進黨的「臺獨」轉型也將成為不可能，相反，只會越來越獨。這將對兩岸關係、臺海局勢構成更大的挑戰。

至於美臺關係，無論馬英九還是謝長廷當選，都會設法修補目前被陳水扁嚴重傷害的美臺關係。美臺關係比較容易修復，當然，美國會擔心馬英九在發展兩岸關係方面走得太快。但可以肯定的是馬英九不會在這一問題上走得太快，也不可能太快。因為，一方面是臺灣主流民意是要維持現狀，另一方面是民進黨在「立法院」雖然居於劣勢，但民進黨作為在野黨是很合格的。再者說，大陸也不急於統一。如果馬當選，那麼中國大陸、臺灣、美國在維持臺海現狀上是有交集的。馬英九絕對是個親美派，會很重視發展與美國的關係。目前問題的關鍵在於陳水扁要挑釁臺海現狀。

美國和大陸都會對謝長廷「聽其言，觀其行」。謝長廷要修補美臺關係也非易事。美國對陳水扁很不滿意，山姆大叔的面子受到很大的傷害，美國對謝長廷抱有希望，會在一段時間裡觀察謝長廷，看他在訪問美國期間說的話算不算數，會不會成為第二個陳水扁，因此修補需要時間。況且美國正在忙於選舉，無暇他顧，因此臺灣選後半年內美臺關係不會有太大的進展。美國在全球有很多事情要做，美臺關係低潮期還會延續一段時間。

關於日臺關係。幾天前貴國福田首相訪問中國，公開表示不支持「臺獨」，不支持「兩個中國」或「一中一臺」，不支援臺灣的「入聯公投」。對此，民進黨當局對福田政權是不滿意的，日臺關係也需要修補。謝如果上台執政，由於他很難放棄「臺獨」政策，臺海局勢也就不可能風平浪靜，這同樣會危害日本的國家利益。所以臺日關係我看也不會有太大的改觀。

如果馬英九上台，日本可能不太放心，擔心臺灣與大陸的關係走得太快，擔心兩岸統一。另外，在釣魚島問題上馬英九的言論也讓日本不放心。這恐怕也是馬英九訪問日本的原因。第一個擔心前面我已經講過，不必重複。至於釣魚島問題，我想馬英九搞過「外交」，而且國民黨裡「外交」人才很多，處理臺日關係應該會比較穩健，不會亂來，日本方面大可放心。所以，無論從哪個角度來看，馬英九上台執政對各方都有好處，而謝長廷上台，民進黨繼續執政，則仍然會很麻煩。這點日本方面不可不察！

佐藤賢：第四個問題，日本提出不支持臺灣「入聯公投」，您如何評價？

徐博東：美國方面公開反對「入聯公投」，日本方面則表示不支持臺灣

「入聯公投」，雖然在強度和力度上和美國的態度有所區別，但福田首相選擇在訪華期間當著中國領導人的面公開作此宣示，還是應該給予肯定和讚賞。

佐藤賢：第五個問題，如果「入聯公投」通過，在什麼樣的情況下中國會採取軍事行動？

徐博東：「入聯公投」本身就是公然挑釁，試圖改變兩岸現狀，是走向「法理臺獨」的嚴重步驟，是變相的「統獨公投」。大陸方面為維護臺海和平一忍再忍。我個人判斷，大陸方面已經做好了一切必要準備因應複雜局面。如果「入聯公投」沒有通過，謝長廷又敗選，那危機就可能自然解除；如果「入聯公投」雖然通過，但馬英九當選，大陸會比較放心，因為「公投」的效應將會因兩岸關係的緩和發展而逐漸消弭於無形；最糟糕的情況是：「入聯公投」通過，謝長廷也當選，如果出現這種情況，依我個人的判斷，大陸方面絕對不會吞下這個苦果，必定會採取某種對「臺獨」的懲罰措施，決不容忍「臺獨」再走一步。至於會採取什麼樣的措施，達到何種程度，有什麼樣的預案，你不必問我，因為這不是我所能夠知道的。

我特別要強調的一點是，遏止「臺獨」冒險，維護臺海地區的和平與穩定，符合包括中國、美國、日本在內的各方的共同利益，因此，這就不光是中國一國的事情，美國、日本以及海峽周邊的所有國家都有責任、有義務攜起手來，共同制止陳水扁當局的「臺獨」冒險。特別是美國，陳水扁是美國一手寵壞了的「壞孩子」，所以美國有責任採取進一步的實際行動來制止陳水扁的「入聯公投」，防止出現我們大家都不願意看到的局面。

佐藤賢：第六個問題：陳水扁在1月1日說，大陸部署的針對臺灣的導彈有1300多枚，比2006年多了300多枚，你怎麼看？

徐博東：陳水扁知道這麼準確的數字，很是匪夷所思。部署導彈恐怕是真的，但有多少不是隨便可以知道的。陳水扁危言聳聽主要在於宣揚大陸

「威脅臺灣」、「打壓臺灣」，企圖製造悲情，轉移視線。這是倒因為果、賊喊捉賊。大陸部署導彈是為了防止「臺獨」狗急跳牆，根源在於「臺獨」，如果沒有大陸強大的軍事威懾，「臺獨」會走得更快更遠。不要忘了，臺灣當局對著大陸也部署了不少導彈，還曾經揚言有能力攻擊北京、上海和三峽大壩等等。

佐藤賢：關於「海峽中線」問題，您怎麼看？

徐博東：大陸方面從來不承認所謂的「海峽中線」。臺灣是中國的一部分，臺灣海峽是中國的內海。只是由於歷史的原因，大陸方面一般不輕易越過「海峽中線」，但決不會承認這條線。「海峽中線」的說法是美國和臺灣方面在1950年代提出的概念，如果大陸方面承認這個概念，等於是承認「海峽兩岸，一邊一國」、「劃峽而治」。

（中評社）

徐博東：「西瓜」較「鐘擺」機率大

北京聯合大學臺灣研究院院長徐博東本月4日接受媒體專訪，針對臺灣即將舉行的「立委」、總統選舉所造成的影響進行分析與批判；徐博東認為，臺灣的主流民意已發生了重大變化，民眾希望再次政黨輪替的意願很強烈，而謝長廷期望的「鐘擺效應」不會發生，「西瓜效應」較有可能。

本月12日將舉行「立委」的選舉投票，徐博東預測民進黨的席位約在35至40席之間、國民黨可能會拿到65至70席。他說，「立委選舉將至，民進黨內部已經開始相互埋怨、指責，……謝長廷希望『立委』敗選後出現所謂『鐘擺效應』是不可能的，相反的我判斷是『西瓜效應』，不少觀望票、投機票會倒向馬英九。」

徐博東表示，民進黨近來強行撤換臺北市、臺北縣和臺中市3個人口最多縣市的地方選委會主委，造成臺灣內部輿論議論紛紛，有可能是陳水扁在為民進黨選情不利時製造政局混亂的伏筆；只是他認為目前這場總統大選仍充滿不確定性，是否能平順地舉行與交接，都是未知數。

另一方面，2008年總統選舉的結果，對美國與臺灣之間的關係又有何影響？徐博東認為，無論是哪一方當選，都會設法修補目前被陳水扁嚴重傷害的美臺關係。若是馬當選，馬英九向來重視與美國之間的關係；若是謝當選，美國也將會用一段時間觀察謝長廷，觀察他訪美期間的言論是否算數，是否會成為第2個陳水扁。

至於選舉結果對日本與臺灣之間關係的影響，徐博東認為，如果是謝長廷當選，由於他很難放棄「臺獨」政策，臺海局勢不可能風平浪靜，因此危害日本國家利益，臺日關係不會改善；若馬英九當選，釣魚台的問題恐怕也會成為馬英九訪問日本的原因。

此外，徐博東強調，「『入聯公投』本身就是公然挑釁，試圖改變兩岸現狀，是走向『法理臺獨』的嚴重步驟，是變相的『統獨公投』……倘若入聯公投通過，謝長廷勝選，依我個人判斷，大陸方面絕對不會吞下這個苦果。」徐博東也對媒體呼籲美國以實際行動制止陳水扁的「入聯公投」。

（中時）

推動兩岸客家交流合作，弘揚中華文化

中國臺灣網1月12日北京消息：大陸第一家以臺灣客家族群為主要研究物件的客家研究中心，11日在北京聯合大學臺灣研究院揭牌成立，北京聯大臺研院院長兼客家研究中心主任徐博東教授在揭牌儀式上表示，成立客家研究中心，就是要使之成為兩岸民間交流的知名品牌，為推動客家研究，弘揚中華文化，增進兩岸客家同胞的鄉情與親情，為促進中國和平統一與世界文

化發展做出貢獻。

徐博東教授介紹，現在全世界客家人約有一億三千萬，分布在全國十九個省市以及世界五大洲八十多個國家和地區。在臺灣，客家人約有460萬，是僅次於閩南人族群的臺灣的第二大族群，在臺灣的政治、經濟、社會文化生活中發揮著重要作用和廣泛影響。臺灣客家人的祖先來自大陸，與大陸客家同宗同脈，同源同根。早在清初，他們就背井離鄉，冒險犯難，橫渡臺灣海峽，為開發寶島，促進臺灣經濟文化的發展做出了不可磨滅的重大貢獻。近代，面對東西方列強的野蠻入侵，臺灣客家同胞又拚死抗爭，為捍衛中國的尊嚴和領土主權的完整奔走呼號，拋頭顱灑熱血，湧現出了像丘逢甲、吳湯興、徐驤、姜紹祖等一大批傑出的愛國英雄人物。如今，儘管海峽兩岸尚未統一，島內「臺獨」勢力猖獗，但絕大多數的臺灣客家同胞，仍情繫故鄉，在為反對「臺獨」，推動兩岸關係和平發展，促進中國和平統一貢獻力量。

徐教授說，客家文化是一支頗具中國特色和風格的優秀文化，是世界文化的瑰寶。若干世紀以來，臺灣客家自覺維護著這一文化傳統，為保留客家文化傳統，也就是漢族的文化傳統，做出了積極貢獻。客家有些文化傳統在大陸一些客家地區已經逐漸淡化乃至消失，但在臺灣客家人的聚居地，卻得到了較好的傳承與發展，令人十分欣喜。所以，針對整體客家研究，應點面結合，以點促面，加強海峽兩岸乃至全球各地客家鄉親、客家研究學者之間的交流與交往，共用資訊，互相切磋。

徐博東教授表示，正是基於以上初衷，聯大臺研院與臺灣中華海峽兩岸文經交流協會於2006年11月共同創辦了「海峽兩岸客家高峰論壇」，架設了海峽兩岸客家鄉親，特別是客家研究學者進行民間學術交流的新平台。此次成立客家研究中心，目的之一就是要把這一平台打造得更加完善，成為兩岸民間交流的知名品牌，為推動客家研究，弘揚中華文化，增進兩岸客家同胞的鄉情與親情，從而為發展兩岸關係，促進中國的和平統一與世界文化的發展做出應有貢獻。

（中國臺灣網，鐘寶華）

儒學是兩岸人民共同的文化基礎

中評社香港1月22日電：中國臺灣網消息，由北京聯合大學臺灣研究院主辦的「儒學與海峽兩岸文化根基」學術研討會今天上午在京開幕，北京聯大臺研院院長徐博東教授在開幕式上演講表示，目前，儒學是臺灣社會文化的主流，也是我們海峽兩岸同胞的文化遺產和寶貴的精神財富。

徐博東說，從歷史上看，伴隨著大陸移民的陸續湧入，中華傳統文化逐漸在臺灣各地拓展、承傳並扎根下來。儒學在臺灣的傳播與發展，是臺灣文化發展的一次巨大飛躍，促進了臺灣文化的成熟，成為整體中國歷史文化中的延伸和一個重要有機組成部分。海峽兩岸同文同種，同宗同源，經過幾個世紀的孕育與薰陶，中華傳統文化潛移默化地滲入島內政治、法律、道德、文學、史學、哲學及社會生活等各個方面，並深入到臺灣民眾日常生活、言談舉止和思維模式之中，代代相傳，生生不息。一言以蔽之，儒學已經成為海峽兩岸人民共同的文化基礎。

徐博東說，儒學，從本質上說是一種道德人文主義哲學，它有自強不息、厚德載物的進取精神與寬廣胸懷，它在本質上是一種追求和平發展的中庸哲學。目前，儒學是臺灣社會文化的主流，中華傳統文化與傳統倫理對臺灣社會的影響根深蒂固。近十年來，他曾有9次機會訪問臺灣，在臺灣，儒學的影響隨處可見。臺北市內的一些街道就是以「忠孝」、「仁愛」、「信義」、「和平」、「四維」、「八德」等命名的，至於「尊師重教」、「敬老愛幼」、「扶弱濟貧」等良好的社會風氣更是給人以十分深刻的印象。

徐博東表示，儒學，畢竟是海峽兩岸同胞共同的文化遺產和寶貴的精神財富。今天，對儒學懷有深厚感情的兩岸學界同仁、專家學者聚會一堂，共同來研討「儒學與海峽兩岸文化根基」這一問題，具有十分重大的現實意義。這不僅能進一步促進中華儒學的發揚光大，而且也有助於我們進一步認清「臺獨」反文化、反道德、反社會的本質，促進兩岸關係的和平發展、中華民族的振興與騰飛。

（中評社）

樂見2008年兩岸「三通」有較大突破

中國臺灣網1月24日北京消息：由中國臺灣網、人民網、東南衛視和搜狐網聯合推出的「2007年兩岸關係十大新聞」評選活動結果即將揭曉，藉此時機，中國臺灣網記者專訪了北京聯合大學臺灣研究院院長徐博東。徐博東對2008年兩岸關係的走勢持樂觀態度，表示兩岸「三通」方面可能會有較大突破。

徐博東針對此次評選活動中「胡錦濤在中共十七大報告中強調：牢牢把握兩岸關係和平發展的主題」這一備選新聞，重點談了2008年兩岸關係的走勢和展望。

徐博東分析指出，2008年是貫徹胡錦濤總書記在中共十七大報告中提出的今後一個時期對臺工作指導思想和總體要求非常重要的一年。儘管目前兩岸形勢相當嚴峻，危險期並未真正度過，但大陸方面認清並把握住了臺灣島內求和平、求安定、求發展的主流民意，並堅信這樣的主流民意，不會讓任何想搗亂兩岸關係的少數政治勢力和政治人物得逞。所以，2008年大陸方面的對臺工作，仍然會牢牢把握兩岸關係和平發展這一主題。

徐博東表示，隨著2008年臺灣島內政治形勢的日漸明朗，大陸方面的一系列惠臺政策有望得到進一步落實推動。2008年剛剛開始，只要大陸單方面能夠落實的，都已經在積極地推動，需要臺灣方面配合的，也在積極進行談判協商。比如2008年兩岸春節包機，已經很順暢的確定下來，馬上就要啟動。

「今年我比較樂觀的，兩岸在『三通』方面可能會有比較大的突破。至少就包機週末化這一點而言，不管島內政治形勢如何變化，得到落實的可能性很大。」徐博東認為，多年來大陸方面對這一工作的持續推動，今年可能會有比較大的突破，目前看到了曙光。

徐博東進一步分析指出，兩岸「三通」如果能夠實現上述突破，對臺胞到大陸探親訪友、兩岸青年交流等方面，將是一個非常利好的消息，能徹底解決目前通過香港等第三地轉機帶來的種種麻煩。一是降低了消費成本，為臺灣民眾特別是經濟條件較差的臺灣中南部民眾創造了往來大陸的可能；二是簡化了行程和手續，極大減輕了臺灣中老年人回大陸探親訪友時自身的顧慮和家人的擔憂，使他們單獨出行更簡便安全；三是更能滿足臺灣年輕群體喜歡旅遊的消費需求。成本的降低，讓他們囊中不再顯得羞澀，路上的時間大大縮短，幾十分鐘到福建，幾個小時到北京，週末就可以到福建武夷山、北京長城等地轉一圈。由此可以想見，兩岸人員往來會急速地增加，假以時日，臺灣民眾會更加瞭解大陸，兩岸民眾的誤解會逐步消除。

徐博東最後表示，將來回顧和評價2008年的兩岸關係，很可能是一個重要轉捩點：「臺獨」勢力由盛轉衰的轉捩點，兩岸關係由危險期向緩和與快速發展期的轉捩點，「總體上來說，2008年的兩岸關係，我是比較樂觀的。」

（中國臺灣網，鐘寶華）

大陸或同意臺以「中華臺北」身分參與世衛

環球時報環球網消息：據香港《文匯報》31日報導，北京聯合大學臺灣研究院院長徐博東30日向該報表示，在認同「九二共識」的前提下，臺灣未來有可能得以用「中華臺北」身分，作為觀察員參與世界衛生組織。

徐博東說，馬英九在競選過程中和正式就職後，都表示認同「九二共識」，並提出要以「中華臺北」身分作為觀察員參與世衛。在「九二共識」前提下，大陸方面未來可能會同意甚至協助臺灣參與世衛。

他預料，大陸可能會先同意臺灣以「中華臺北」身分作為觀察員參與世衛大會（WHA），之後再同意臺灣以「中華臺北」身分作為觀察員加入世衛組織（WHO）。

他說：「一步到位就不能保證，但我對明年五月臺灣以『中華臺北』身分作為觀察員參與世衛大會比較樂觀。」

徐博東稱，臺灣目前已經以「中華臺北」身分參與了奧運會和亞行，這已是一種既有模式。他說，目前大陸正在調整策略，相信未來可能還會逐步放開臺灣以「中華臺北」身分更多參與其他國際活動。

（華夏經緯網，環球網周選彬）

兩岸關係已和平發展？徐博東：過於樂觀

中評社香港6月2日電（記者羅德儀）馬英九勝選、國民黨重新上台執政後，學者普遍認為，兩岸關係已進入了和平發展新時期。對此，北京聯合大學臺灣研究院院長徐博東質疑說，這一判斷欠準確，過於超前和樂觀。他認為，目前兩岸只能說是進入了「轉折期」或「過渡期」。

徐博東今天在港出席香江論壇，發表「化獨維和，努力開創兩岸關係和平發展新局面」的專題演講。他表示，界定兩岸關係是否已經進入了和平發展的新時期，最重要的標誌是看制度性框架是否已經建立起來。

他解釋，兩岸和平發展框架一天沒有建立起來，兩岸關係將經不起風吹草動。民進黨的倒台、「臺獨」勢力的式微，並沒有也不可能使兩岸之間原本存在的所有政治上的矛盾與分歧自然而然地消除，而只是在性質上發生了變化。

徐博東指出，兩岸和平發展制度性框架的建立，有賴於在九二共識的基礎上通過兩岸的協商談判，宣布「結束敵對狀態」、建立「軍事互信機制」、簽訂和平協議。不過，他坦承，目前時機還不成熟。

對於兩岸發展新機遇，大陸對臺工作應如何把握？徐博東提出，大陸對臺工作的重心應適時進行戰略調整，從「反獨遏獨」轉向「化獨維和」。所謂「化獨」，就是採取一切可能措舉，以「柔性」的方式來「化解臺獨」；所謂「維和」，也即千方百計維護得來不易的兩岸和平局面。

其次，他說，兩岸應貫徹「建立互信、擱置爭議、求同存異、共創雙贏」的16字方針。他舉例說，對九二共識的解讀，兩岸就存在「一中原則」還是「一中各表」的嚴重分歧，「現在我們高興地看到，雙方在這一關鍵問題上已經能夠擱置爭議，求『一中』之同，存『各表』之異，建立起互信。」

（中評社）

馬英九兩岸政策未受李登輝影響而倒退

中評社香港6月3日電（記者羅德儀）馬英九上台後不少人對他心生疑慮，擔心他在兩岸政策上倒退，北京聯合大學臺灣研究院院長徐博東表示，馬英九的兩岸政策理念務實，這些擔心都是不必要的。他同時指出，馬英九挑選賴幸媛出任「陸委會主委」，是做「表面文章」，並無實質意義。徐博東2日在香港出席香江論壇時表示，馬英九近年來不再談兩岸「終極統一」，只講「現狀」，推行「不統、不獨、不武」的兩岸政策。此外，有臺灣媒體報導說他向李登輝承諾今後要少提「九二共識」，多講「一中各表」，並挑選李登輝的親信賴幸媛出任「陸委會主委」。

對此，徐博東認為這些擔心都是不必要的。他指出，只要大陸與臺灣能本著「擱置爭議、求同存異」的精神去做，並加強對話與交流，不斷增進相互之間的瞭解，就不難處理好這些問題。

徐博東並指出，大陸方面從來不擔心臺灣是否「反共」，只在乎臺灣是否「反華」。馬英九與陳水扁最根本的區別，恰恰就在於陳水扁反華、馬英九不反華。僅從馬英九對中日兩國在釣魚島主權爭議中所持的鮮明立場與態度，就可知其「大中國意識」是毋庸置疑的。

對於馬英九不再談「終極統一」，提出「不統、不獨、不武」，徐博東指出，這正是馬英九一種「正視現實」的理性、務實政策，與大陸現階段所主張的「和平發展是兩岸關係的主題」相呼應，不需指摘和擔心。

他表示，馬英九如能在幾年任期內，建築起兩岸關係和平發展的制度性框架，特別是把臺灣民眾「中華民族」的觀念重新樹立起來，那麼其本身就是很好地完成了他的歷史使命。

馬英九此前挑選曾主張「臺獨」的前臺聯黨籍「立委」賴幸媛出任「陸委會主委」，又宣稱要當「全民總統」、擴大其兩岸政策的「社會基礎」。徐博東說，馬的本意雖然不能說不好，但卻是「表面文章」，並無「實質意義」。

「想當年陳水扁用唐飛當『行政院長』，陳水扁就真的成了『全民總統』了嗎？他的政策的『社會基礎』就因此而擴大了嗎？答案顯然是否定的！」徐博東指出，欲擴大兩岸政策的「社會基礎」，關鍵並不在於用什麼樣的人，而在於是否推行符合時代潮流、符合臺灣大多數人願望和利益的兩岸政策。

至於「少提『九二共識』，多講『一中各表』」這個問題上，他認為，馬英九在520就職演說中雖然提到「一中各表」，但他更強調「在九二共識的基礎上，盡早恢復協商」，「在中華民國憲法的框架下，維持臺海現狀」，稱「兩岸人民同屬中華民族」，稱「大陸13億人民為同胞」，這說明馬英九的兩岸政策理念並未受到李登輝的影響而有所動搖和倒退。

徐博東補充說，退後一步來看，「賴幸媛事件」和「九二共識事件」激起泛藍陣營和島內媒體的強烈反彈聲浪，賴幸媛被迫數度公開表態早已放棄「臺獨」立場，至少也說明了一點：馬英九上任後即使想要在兩岸政策上倒退，恐怕也不是那麼容易。

（中評社）

兩會復談開啟兩岸協商新模式

中國臺灣網6月13日北京消息：大陸資深臺灣問題研究專家、北京聯合大學臺灣研究院院長徐博東教授今日表示，海協會與海基會復談以九二共識為基礎，創造出了兩岸全新的協商模式，是兩岸關係發展上的一個重要標誌性事件，非常有歷史意義。兩岸直航由此向前邁出了一大步。

徐博東說，此次兩會之所以能恢復商談，是因為有「九二共識」做為談判基礎。雙方秉持「建立互信、擱置爭議、求同存異、共創雙贏」的精神，「先易後難，先經後政，循序漸進」，務實解決兩岸同胞關心的問題。

可以看出，這次兩會復談參與人士的層級很高，海協會會長陳雲林和海基會董事長江丙坤親自領軍，談判團隊由兩會的副會長、副董事長、副祕書長以及航空業的高層組成。是兩岸關係發展上的一個重要標誌性事件，非常有歷史意義。

徐博東認為，此次兩會就兩岸週末包機和大陸居民赴臺游達成了共識，並在北京正式簽署了《海峽兩岸關於大陸居民赴臺灣旅遊協議》及《海峽兩岸包機會談紀要》，兩岸由此創造了一個全新的兩岸協商模式，學界稱之為「北京模式」。

徐博東說，兩岸週末包機能夠達成協議完全是意料之中的事情。週末包機的成行使得兩岸直接通航又向前邁進了一大步，這一系列的變化是非常值得欣慰的事情。

徐博東表示，兩會就週末包機、大陸赴臺遊簽署協議是一個成果，同時也是一個新的起點，此次以「九二共識」做為基礎的復談，會為今後兩岸關係的正常發展打下一個很好的基礎，可以很樂觀的預期，經過兩會的努力，在不久的將來，兩岸會實現完全正常化的通航，有了這次談判的基礎，未來兩岸間更多的課題也會更加順利的解決。

（中國臺灣網，李學斌）

兩會復談的啟示

開啟兩岸雙贏機會之窗

記者：海協會和海基會中斷對話近10年，終於迎來復談之日，如何評價兩會復談的歷史意義？

徐博東（北京聯合大學臺灣研究院院長、教授）：兩會復談本身就是兩岸關係史上里程碑式的事件。1999年李登輝拋出「兩國論」，兩會對話的基礎遭到破壞，兩岸關係10年間遭嚴重傷害。今天兩會能夠復談，是兩岸關係轉折性、指標性的事件，得來不易。這是兩岸同胞和海內外華僑華人反「獨」遏「獨」的決定性勝利，兩岸同創雙贏的機會之窗由此開啟。

……（略）

為島內經濟注入強心劑

記者：兩會復談將為兩岸帶來什麼利多？

徐博東：此次兩會復談，談的主要是經濟，但最重要的收穫是政治利益，即恢復了兩岸制度性的協商談判，營造了和平氣氛，為東亞地區乃至世界和平做出了重要貢獻。

經濟方面，8年來島內民生凋敝，經濟下滑，而兩會復談達成的兩項協定必定對島內經濟注入強心劑，恢復臺灣民眾對兩岸關係緩和的信心以及對馬英九團隊的信心。

……（略）

雙方充滿誠意善意理性務實

記者：8年來民進黨當局百般阻撓，令兩岸交流時刻如鯁在喉，越顯兩會復談來之不易。請問對此次兩會復談印象如何？

徐博東：對此次兩會復談的印象是雙方充滿誠意，氣氛良好，理性務實，成果豐碩，皆大歡喜。

從國共開闢兩黨交流平台以來，兩黨已經建立起互信基礎，所以兩會商談，順理成章地承襲這一基礎，氣氛非常良好。在協商和會談中，雙方沒有小動作，不隨便放話傷害對方感情，處處相互尊重，展現雙方誠意。雙方撇開難處理的、分歧大的問題，從最容易達成共識的兩個議題著手，自然水到渠成，是為務實理性。

……（略）

擱置爭議求同存異走向共榮

記者：兩會復談，兩岸間冰寒十載，也可以一朝迎來雨過天晴，從中能得到什麼啟示？

徐博東：兩會復談的啟示是，第一，「臺獨」是兩岸關係緊張的根源，沒有「臺獨」，兩岸關係就能緩和，就能發展。第二，兩岸雙方在處理兩岸關係時，必須理性務實，拿出誠意，應擱置而非強調爭議。第三，兩岸談判要想成功，需從最容易的地方著手，這才能一點一滴建立互信，為以後解決更難的問題乃至政治問題打下基礎。

……（略）

（人民日報・海外版）

兩會復談：臺海局勢拐點？

6月11日，中斷十年的海協會與海基會的商談將在北京重開。海內外輿論界都認為這是兩岸關係發展的一件大事，甚至將影響未來一段時間內兩岸間互動的格局。

本報就此專訪了大陸資深臺灣問題研究專家、北京聯合大學臺灣研究院院長徐博東教授，請他就兩會復談作一番解讀。

「機會之窗」

《21世紀》：已中斷十年的兩會談判，在「吳胡會」後十五個小時就高調宣布恢復，很多人覺得「超出了預期」。您是何時得知這一消息的？又作何感想？

徐博東：我也是在消息公布之後才知道的。但兩會很快會復談，對於我們這些長期研究臺灣問題的學者而言，都是可以預見到的。

馬英九在參加臺灣地區領導人競選時，曾提出一個時間表，其中就包括7月份實現兩岸週末包機直航和大陸觀光客來臺兩項。假如他不能兌現其第一張競選支票的話，對於穩定島內政局非常不利，馬英九也很難集中精力來處理兩岸關係問題。

從目前兩岸互動格局分析，大陸方面肯定會急馬英九之所急、急臺灣民眾之所急，積極配合馬英九實現其競選時所提出的「拚經濟」的競選承諾。因為現在是兩岸關係和平發展的一個「機會之窗」，機不可失、失不再來。

其實，馬英九當初是單方面拋出這個時間表的，事先並沒有與大陸方面溝通，但大陸方面卻給予積極的回應，並很快改組海協會、敲定兩會復談時間、組成談判團隊，可見大陸方面對於推動兩岸關係發展是非常有誠意的。

《21世紀》：那麼，您認為兩會復談的基礎是什麼？

徐博東：1999年7月，臺灣領導人李登輝突然拋出「兩國論」，兩會協商談判失去了基礎，從此中斷了10年的時間。陳水扁上台後又提出「一邊一國論」，拒絕承認「九二共識」，推動「法理臺獨」，兩岸之間的互信已經蕩然無存，兩會復談自然不可能。520之後，臺灣再次實現政黨輪替，國民黨重新上台執政，馬英九在其就職演說中公開承認「九二共識」，於是兩岸兩會復談的基礎得以重新恢復。

《21世紀》：大陸方面為什麼這麼看重馬英九所強調的「九二共識」？

徐博東：這還要從兩會談判的歷史說起。從一開始，兩岸對於1992年香港會談及其後兩會的換文所達成的共識在內涵的表述上就存在分歧。大陸方面認為是「各自以口頭方式表達海峽兩岸均堅持一個中國原則」，而臺灣則認為是「一個中國，各自表述」。鑒於雙方表述中均承認「一中」，為了能使談判繼續下去，大陸方面雖然並不同意臺灣方面的表述，但並未公開否定。豈料後來李登輝在一個中國原則立場上不斷後退，及至1999年7月拋出「兩國論」，「各表」被李登輝表成了「兩個中國」，大陸方面才公開反對臺方以「一中各表」來片面概括「九二共識」。兩會也因此而中斷了會談。

到了民進黨執政時期，陳水扁連「一中各表」都拒絕承認，宣稱「臺灣中國，一邊一國」。如今國民黨重新執政，馬英九承認「九二共識」，雖然他仍認為「九二共識」就是「一中各表」，但雙方畢竟又在「一中」的原則立場上有了交集，可以在「擱置爭議、求同存異」的精神下重新走上談判桌。

所以我們看到，不久前召開的博鰲論壇上，大陸率先不再提「一中原則」，充分展現出擱置分歧的誠意。雖然馬英九在其就職儀式上仍技巧性地提到「一中各表」，但他更強調「在九二共識的基礎上，盡早恢復協商」。這個表態，就成為了兩會復談的一個最重要的前提。

在這個問題上，兩岸可謂是「求『一中』之同，存『各表』之異」。這一共識達成本身，就體現了兩岸擱置爭議的談判原則。

《21世紀》：此前，兩岸官方就曾授權民間有關團體已就觀光客、包機直航等議題進行了多次協商，甚至達成了一定的共識。有專家表示，陳水扁時代這些方面沒有進一步的推進，是由於大陸有意在這些議題上踩剎車，不願意給陳水扁買單。您怎麼看？

徐博東：是的。其實，在民進黨執政時代，相關的議題已經開始以「行業對行業、公司對公司、民間對民間」的模式進行協商了。2004年兩岸航運業民間團體首次在澳門就兩岸春節包機問題達成協議，創造出所謂「澳門模式」，隨後發展為「節日包機」；2005年10月28日，國家旅遊局局長邵琪偉就曾以大陸「旅遊協會」的名義應臺灣觀光協會的邀請，率團赴臺考察臺灣旅遊的接待路線和服務狀況。隨後，兩岸的旅遊業也開過多次會議來研究這個問題。相關協議最後的敲定，實際上只差臨門一腳了。但是，民進黨執政時代，陳水扁堅持「臺獨」立場，不斷挑釁大陸，兩岸關係持續緊張，並且在兩岸「三通」、大陸觀光客入島等問題上蓄意製造障礙，所以上述這些議題雖然在技術層面早已解決，但卻因為政治因素而一直無法得到落實。這不是大陸方面的責任，談不上願不願意為誰「買單」的問題。

兩會復談

《21世紀》：海基會董事長江丙坤此前在接受島內媒體採訪時，曾表示「兩會復談可先從經濟議題談起」，議題包括「金融、觀光、直航、投資保障」等。但從目前掌握的消息來看，此次兩會復談，焦點將集中在大陸觀光客入島和週末包機直航這兩個議題上。為什麼在議題的設定上，前後會有所出入？

徐博東：江丙坤所提出的諸多議題，都屬兩岸目前急待解決的問題。但是，如果會談雙方一下子提出太多的議題，協商的過程就會比較的複雜，需要的時間也會比較長。而大陸觀光客入島和週末包機直航這兩個議題過去兩岸間已進行過多次的協商，打下了很好的基礎，很快就可以達成共識和協議。此外，這兩項議題都屬於經濟範疇，對於島內擺脫目前通貨膨脹的經濟困境會比較快地見到成效，至少對於島內經濟的發展有所刺激。不久前，島內「經建會主委」陳添枝曾表示，透過擴大內需、週末包機直航和陸客來臺兩方案，可增加經濟成長率0.92個百分點，全年可達4.8%的經建目標，甚至可達5%。而且，兩會復談，雙方在談判桌上還可以繼續提出一個後續問題的清單來，供日後進一步協商。

總之，在兩會復談這個問題上要掌握好節奏，要「先經後政，先易後難，循序漸進」，不要想「一口吃個胖子」，應該把注意力放在率先解決最迫切、最容易解決的問題之上，只有這樣才能「建立互信，共創雙贏」，否則欲速而不達。

《21世紀》：對於大陸觀光客入島和週末包機直航這兩個議題的協商結果，您作何預判？您是否認為這兩個議題在本次兩會上能夠最終敲定？

徐博東：我個人認為沒有任何問題，雙方目前在這兩個問題上已不存在什麼大的障礙了，實際上早就已經有了草案。這次會談，可能主要還是針對文字表述以及一些具體的執行細節等進行協商，看是否要根據目前最新的情況有所調整等等。

《21世紀》：此次兩會復談之前，雙方的負責人都有所更迭，陳雲林與江丙坤分別出掌海協會與海基會，您怎樣看待這樣的人事架構？與此前辜汪時代主導下的兩會談判，又有何不同？

徐博東：國臺辦和「陸委會」都屬於政府公權力部門，兩會則是民間機構，扮演著前者「白手套」的角色。當年主導兩會商談的辜汪二老，都是德高望重的老前輩，兩人同屬兩岸指標性、象徵性的人物。辜汪會談時期，二老其實很少在談判桌上直接談具體的問題。如今兩會復談，陳雲林與江丙坤與前輩相比有了很大的不同。二人此前都是長期進行兩岸交流接觸的一線人物。陳雲林曾任國臺辦負責人長達十餘年。江丙坤雖然沒有出任過「陸委會」的職位，但在李登輝時代亦曾在經濟方面主導過兩岸事務。國民黨下台後，江丙坤也一直活躍在兩岸之間，多次來大陸，對於大陸的情況非常熟悉，跟大陸許多政府官員都打過交道，結下了友誼。因此，兩人都具備處理兩岸事務的豐富經驗，再加上年紀也並不算大，可以將兩會復談的具體協商過程管的更細些、更具體些。我個人認為，如今由陳江二人主導兩會復談，可以使得談判更直接的切入主題，所取得的成效也會更大。

《21世紀》：隨著兩會復談的展開，馬英九將其定位於兩岸協商的「第一管道」，並委之以重任。有種聲音隨之而起，認為此前曾扮演過重要角色的國共兩黨平台已完成其歷史使命，可以就此退隱幕後。您如何評價這種觀點？您認為國共平台存在的價值何在？兩個管道之間又將是怎樣的一種關係？

徐博東：兩個管道各有特點，可以相輔相成。目前僅依靠國共平台來推進兩岸發展，顯然是不現實的，因為兩黨之間的管道畢竟不是體制內的，國共兩黨不能簽訂任何實質性的協定，只能談願景與理念。否則，島內民進黨勢力肯定會反彈。而兩會則屬於政府部門的「白手套」，分別經過了國臺辦和「陸委會」的授權，可以簽定正式協議，談判得出的具體成果具有公權力的性質，兩岸政府是要認帳的。

國共平台雖有一定的限制，但又具備兩會平台所沒有的一些優勢。比如，國共平台因為不是公權力部門，在談判議題上可以不受民進黨的制約，兩黨之間想談什麼就可以談什麼；另外，由於國民黨是執政黨，在「立法院」又占有絕對多數席位，國民黨可以通過其在「立法院」的黨團貫徹其意志，在立法時發揮重要作用；而國共平台的交流也可以涵蓋更廣的範圍，除了黨中央這一層級之外，兩黨之間的地方黨部也可以進行交流，國民黨的地方黨部可以跟中共各省的黨組織開展溝通與交流；最後，國共平台的存在，還可以拉高兩岸的談判態勢，營造出良好的互動氛圍。因此，會有兩黨最高領導人先會面，達成某種共識，掃清障礙，再進行兩會談判，這樣順理成章，兩會談判會更加順暢，富有成效。由此看見，國共平台還是很重要的，應該繼續發揮它的功能與作用。

「不急不緩」

《21世紀》：6月3日，海協會第二屆理事會第一次會議在北京人民大會堂召開。會議開始前，中共中央政治局常委、全國政協主席賈慶林會見代表時表示，海協會在協商過程中要秉著「先經後政，先易後難，循序漸進」，務實解決兩岸同胞關心的問題，推動兩岸協商談判。這十二個字應該就是大陸方面對於兩會協商的一個指導思想吧？

徐博東：是的，這十二個字應該就是大陸現階段對臺工作的指導方針。其實，這一方針我們大陸涉臺研究學者幾個月前馬英九勝選後就已經向中央提出來了。事實證明，中央接受了我們涉臺學者的建議。

《21世紀》：我注意到，早在賈慶林演講的前一日，6月2日，您就在香港舉行的「香江論壇」上發表了一個題為《「化獨維和」，努力開創兩岸關係和平發展新局面》的主題演講。在演講中，您提出了一個十六個字的方針：「先經後政、先易後難、不急不緩、循序漸進」。您的提法與中央的提法相比，多出了「不急不緩」四個字，您為什麼要強調「不急不緩」呢？

徐博東：首先要明確一點：說到底，政黨政治是選票政治，政治人物主張什麼，關鍵取決於其背後的支持力量。如果能夠通過大陸的工作，臺灣500多萬張支持謝長廷的選票中的大部分能夠轉向不支持「臺獨」的話，臺灣那些獨派政治人物也必須跟著形勢走。所以，大陸不應只將目光盯著一些的政治人物身上，而是更應該著眼於政治人物背後的社會勢力。如何鬆動乃至瓦解「臺獨」的社會基礎，使那部分支援民進黨「臺獨」路線的臺灣民眾轉向不支持、不贊成甚至反對民進黨的「臺獨」路線，這應該是我們爭取臺灣民心的重中之重，同時也是我們一切對臺工作的根本出發點和落腳點。

大陸對於馬英九的態度，應該是「拉」而不是「推」。拉著馬英九，幫他在島內營造一個於兩岸政策上只能往前走而不能往後退的一種政治態勢和社會氛圍。如果你「推」他，就可能把他推到綠營一邊去了。大陸應在不喪失原則的前提下，盡可能為馬英九提供幫助，而且還要幫他去做島內各派政治勢力的工作，讓那些政治勢力不向「臺獨」的方向滑動，這樣島內的社會氛圍就不會拉著馬英九向「臺獨」的方向發展，也為兩岸關係和平發展的大方向提供了保障。

所以，我建議大陸涉臺部門目前處理兩岸問題應區分輕、重、緩、急，掌握好節奏，有的要「急」，不能拖，機不可失，失不再來；有的則急不得，要「緩」，逐步解決。對於目前分歧較大、處理起來比較困難的問題，特別是涉及到主權方面的高難度的敏感的政治議題，就急不得。有的操之在我，可以先做，主動讓步，不必當作籌碼；有的要抓緊研究，盡快拿出方案，通過協商談判，妥善處理；有的則須暫時擱置，水到渠成之後再來解決。

《21世紀》：馬英九在就職演講中，曾明確向對岸喊話：「未來我們也將與大陸就臺灣國際空間與兩岸和平協議進行協商」。是否給臺灣以一定的國際的空間，一直是一個比較敏感的問題。您在不久前接受香港媒體採訪時曾提出一個思路：大陸可先同意臺灣以「中華臺北」身分作為觀察員參與世衛大會（WHA），之後再同意臺灣以「中華臺北」身分作為觀察員加入世衛組織（WHO）。您做出這樣預判的依據是什麼？

徐博東：國際空間問題因為牽扯到主權問題，的確比較的敏感，但還是可以找出一些解決之道。在我看來，同樣是國際空間問題，解決起來也是有難易之分，大陸應分清輕重緩急，先從容易處入手做起，盡快建立互信。前提是臺灣不能以主權國家名義參加，這是原則，不會動搖。所以，臺灣要想加入聯合國及其下設的許多政治性很強的機構是很困難的，需要認真仔細的研究，找到雙方都能接受的妥協方案，這恐怕短期內很難解決。但是臺灣要加入WHA（世界衛生大會）、WHO（世界衛生組織）相對比較好處理一些，因為參加這個組織的具「觀察員」身分的不一定都是主權國家，這已有先例。在此底線上，大陸方面甚至可以主動提案協助臺灣加入。另外，有些國際組織的章程中明確規定必須要主權國家才能加入，中國可以利用目前自己在國際社會上的影響力來促使國際組織修改章程，從而讓臺灣不以主權國家的身分也有機會加入到這些國際組織中來。大陸主動做出這些讓步，向國際社會展現一個大國的大氣度、大胸襟與大格局，這樣做也必將十分有利於爭取臺灣民心。

《21世紀》：近期兩岸互動頻繁，不久前舉行的吳胡會，以及即將展開的兩會復談，讓很多人對於未來的臺海局勢表現得十分樂觀。不少論者認為，以馬英九的勝選、國民黨的重新上台執政為開端，兩岸關係已經進入了和平發展的新時期。您對此作何判斷？

徐博東：我認為這一判斷似乎不夠準確，過於超前和樂觀。界定兩岸關係是否已經進入了和平發展的新時期，最重要的「標誌」就是要看兩岸和平發展的制度性框架是否已經建立起來了。兩岸和平發展的制度性框架一天沒有建立起來，兩岸關係的發展就仍然存在許多不穩定的因素，兩岸關係就仍然十分脆弱，經不起風吹草動。雖然已經「雨過天晴」，但隨時都有可能「飄來幾片烏雲」。所以，我不認為現在可以高枕無憂了，目前雙方的互信是非常脆弱的。兩岸能否真正做到「建立互信、擱置爭議、求同存異、共創雙贏」還有待在實踐中進一步檢驗。而兩岸和平發展制度性框架的建立，則有賴於在「九二共識」的基礎上通過兩岸的協商談判，宣布「結束敵對狀態」、建立「軍事互信機制」、簽訂和平協議。而這一問題的解決，目前顯然時機還不成熟。

因此，我認為準確地講，目前兩岸關係只能說已經進入了和平發展的「轉換期」或稱「轉折期」、「過渡期」，並未真正進入穩定的和平發展的新時期。正因為如此，胡錦濤總書記說：我們要「努力開創兩岸關係和平發展的新局面」。對於兩岸關係新形勢的判斷是否清醒、準確，是否符合客觀實際，至關重要，它將直接影響到兩岸雙方在處理兩岸問題上的戰略和戰術決策。

《21世紀》：6月14日，持續四天的兩會復談將告一段落。您認為年內兩會間還會舉行新的會談嗎？有臺灣媒體曾預測，隨著兩會會談的不斷深入，兩岸間互動格局日趨漸好，不排除在短時間內，胡錦濤主席將會以中共總書記的身分赴臺，您認為其可能性有多大？

徐博東：兩會雙方要看還有什麼具體的內容要談，如果有特別急迫的議題，希望年內能有所定案的，不排除下半年換個地方去談，比如說臺北。所以，很可能下半年第二次兩會會談會在臺北召開，陳雲林也可能以海協會會長的名義赴臺參加會談，這個都要看現實的發展變化了。經過10年的中斷，兩岸需要處理、解決的問題實在太多。所以，以後兩會層級較低的事務性、功能性的接觸商談，恐怕會是家常便飯，成為常態。

至於說胡錦濤何時能以中共總書記的身分赴臺訪問，我覺得暫時來看可能性不大。這除了要考慮島內綠營人士的接受程度之外，恐怕還要考慮到美、日兩國的感受。美、日兩國若覺得兩岸互動步伐過快的話，會產生疑慮，很可能會出手加以阻撓破壞，反而不利於兩岸關係的發展。所以，我認為，短期內看不出胡錦濤入島參訪的可能性。

（21世紀，馬暉）

徐博東退休，聯大臺研院「政黨輪替」

彭志平／北京報導：北京涉臺研究重鎮之一的北京聯合大學臺灣研究院領導人事更迭，創院院長徐博東卸任，由大陸全國社科院臺研所研究員劉紅接任。徐博東專研民進黨，劉紅則研究國民黨，此番院長變動是否與臺灣政黨輪替有關，引發聯想。

五日晚間聯大臺研院為徐博東、劉紅舉辦了迎新送舊酒會。包括國臺辦副主任孫亞夫以及國臺辦若干局級官員，北京涉臺學界重量級人士許世詮、李家泉、朱衛東、黃嘉樹、王建民，涉臺軍事專家羅援、王衛星等人都參加了這場酒會。

徐博東在發言時略帶自嘲的表示：「民進黨下台了，研究民進黨的徐博東也下台了；國民黨重新執政了，研究國民黨的劉紅也上台了。不過，民進黨交給國民黨的是一個爛攤子，我交給劉紅的可不是個爛攤子。」這番談話引起現場一陣哈哈大笑。

不過，徐博東指出，他交棒給劉紅和藍綠輪替「只是巧合吧！」「阿扁是灰頭土臉下台，我是功成名就下台。」徐博東今年六十四歲，已超過退休年齡四歲；而劉紅今年五十四歲，距離退休年齡還有六年。徐博東說：「六年足以培養院裡的第三任接班人。」

徐博東一路將聯合大學對臺研究從個體戶式的研究室發展到研究所，最後再升格為研究院，院內人員從一開始的幾乎是徐博東自己「校長兼撞鐘」，發展到現在有五所中心，目前已成國臺辦、北京市涉臺單位的重要智庫之一。目前大陸各大學中雖有許多臺研所，但只有兩所大學設有臺研院，北方是聯合大學，南方則是廈門大學。

民進黨執政時期，由於徐博東的立場被歸類為大陸對臺的「鷹派」，因此，徐博東提出的涉臺申請屢遭駁回。徐博東還自嘲說，「民進黨執政八年，我被禁了四年半。」

不過，最讓徐耿耿於懷者，是二〇〇六年三月他長居臺灣的母親過世，直到出殯前一個星期民進黨政府才同意徐赴臺，而且只允許他在臺灣呆一個星期。徐博東說，「連立法院長王金平都出面幫忙，民進黨政府才同意的。」劉紅雖然以研究國民黨為主，但對民進黨也有研究，二〇〇四年即著有《民進黨執政狀況研究》。

（中時）

兩岸目前不可能簽和平合作協定

針對前海基會副董事長邱進益今天在杭州舉行的一場兩岸研討會中呼籲兩岸簽署和平合作協定，北京聯合大學臺灣研究院創院院長徐博東說，兩岸不可能在目前簽署這樣的協議。

曾擔任臺灣海基會副董事長兼祕書長，並參與一九九三年兩岸「辜汪會談」的邱進益今天在杭舉行的一場兩岸研討會中提出他的「臺灣海峽兩岸和平合作協定」草案，呼籲兩岸「外交休兵」，在國際上攜手合作，並互設代表團。

邱進益的提議在會中引起兩岸學者專家的熱烈討論，徐博東便表達反對意見。

徐博東在晚間告訴「中央社」記者，推動兩岸關係一定要從實際出發、實事求是，處理兩岸問題要思考如何做才能有成效，千萬不要「欲速則不達」。

他說，「兩岸關係在經過李登輝、陳水扁的二十年執政，多數人都不承認自己是中國人，連兩岸統一都不敢講，『一個中國』也不敢講。」在這種情況下，如何簽訂兩岸和平合作協定？邱進益的講法「太過超前了」。

徐博東說，兩岸應該先結束敵對狀態，才能建立軍事互信機制。按照邱進益所提，兩年時間做簽訂兩岸和平合作協定的準備，表示馬英九在第一任期內想要完成簽訂兩岸和平合作協定，這是一廂情願的想法，根本不可能。他說，臺灣想要跟大陸簽訂和平合作協定，是不可能沒有任何基礎或條件的，一定要在「一個中國、未來統一」的基礎下來簽。根據邱進益的兩岸和平合作協定，兩岸如果簽下去，就是永久的「維持現狀」，大陸根本不會同意的。

徐博東說，處理兩岸關係應該先易後難，循序漸進，許多大陸學者持著跟他一樣的看法。

他強調：「大陸不會沒有原則的簽署兩岸和平合作協定的」，如果簽下兩岸和平合作協定就是代表了兩岸關係的重大突破，兩岸關係因此有了穩定基礎。

徐博東說，現在的兩岸關係還是太不穩定了，非常脆弱，例如北京奧運的「中國臺北」與「中華臺北」名稱爭議就是一例。

他說，馬英九在第一任期內不可能簽兩岸和平合作協定，能否在他的第二任期內簽署還要看兩岸關係發展的情勢而定。

徐博東說，兩岸現在要做的是建立互信，增進雙方的瞭解，先從簡單的做起，再做難的。

（中央社）

研臺專家徐博東遺憾聖火未至臺島

本報訊：臺灣問題研究專家徐博東，對於能作為北京火炬傳遞的第301棒火炬手感到非常自豪，他告訴記者，這是他人生中最光榮的50米。唯一的遺憾就是火炬沒有在他所熟悉的臺灣傳遞。徐博東表示，火炬經過萬水千山的傳遞到達自己手中，第一次觸摸祥雲火炬，內心就有一種神聖的感覺。在徐博東接受本報訪問時，不時有熱情的民眾上前合影，撫摸火炬。

（文匯報，江鑫嫻、羅洪嘯）

徐博東：北京奧運加強民族凝聚，鞏固兩岸互信

中國臺灣網8月8日北京消息：北京奧運會召開在即，掀動的熱潮亦成為兩岸間關注焦點。著名臺灣問題專家、前北京聯大臺研院院長徐博東教授日前在接受本網記者專訪時表示：北京奧運會的舉辦對兩岸關係的緩和和中華民族凝聚力的增強，貢獻巨大。由大陸海協會與臺灣海基會兩會復談而培養的互信累積的信心，在奧運熱潮中可得到進一步鞏固，勢必將在後奧運時期的兩岸關係中發揮更強的作用。

徐博東認為：北京奧運會是中華民族百年來的夢想與期待，是包括大陸民眾、臺港澳同胞，以及全球華人的期盼，更是中華民族揚眉吐氣的重要標誌和民族實力得到國際認可的象徵。「當何振梁和吳經國在莫斯科流淚擁抱在一起的時候，我相信反映出的是兩岸同胞共同的心情。」

「從奧運的申辦和籌備過程來看，海峽兩岸的中國人都做出了極大努力。大家期盼奧運能在中華大地上舉辦的心情是一樣的。奧運的商機吸引了大批臺商投資，國家游泳中心的建造是包括臺灣同胞在內的全球華人踴躍捐款的結晶。此外，大陸發揮在體育方面的優勢，提供優秀教練無償協助臺灣運動員長期在大陸訓練，促進了兩岸的體育交流和友誼深化。這個過程，對兩岸關係的緩和和中華民族凝聚力的增強，貢獻巨大。」徐博東說。

包括中國國民黨主席吳伯雄、榮譽主席連戰以及親民黨主席宋楚瑜、新黨主席郁慕明等臺灣島內政黨主席，皆成為獲邀出席北京奧運開幕式的座上賓。徐博東表示：本屆奧運會能有如此多臺灣黨政高層人士前來共用榮光，不僅是奧運的巨大魅力所在，也是兩岸關係持續良好發展的結果。

至於奧運後的兩岸關係有何發展，徐博東認為：兩岸關係在奧運之後還將成為熱點議題。從兩岸關係發展的歷史長河來看，2008年是一個具有轉折性意義、值得大寫特寫的年份。在經歷了十多年的陰霾後，兩岸關係有了突破性的進展，由兩會復談培養的互信和累積的信心，在奧運熱潮中可得到進一步鞏固，勢必將在後奧運時期發揮更強作用。

（中國臺灣網，李徽）

徐博東答中評社：奧運後兩岸怎麼辦

著名臺灣問題專家、北京聯合大學臺灣研究院創院院長徐博東表示，奧運對於鞏固兩岸關係和營造更好的氣氛，起了承前啟後的作用。他說，兩岸的體育交流在兩岸交流中是非常重要的一環，2008年北京奧運會成功舉辦，臺灣方面也有功勞。兩岸同胞體現出血濃於水的感情，對同胞的熱愛和與生俱來的自豪感，表露無遺。他預期，北京奧運會之後兩岸關係會有比較快速的發展。

徐博東21日接受中評社專訪時表示，民進黨想對這次奧運的細節找碴，但是島內的氣氛讓它的風涼話沒有生存的地位。民進黨人「島氣」十足，不能從全球發展、全中華民族發展的大勢出發，只關心它眼皮底下那點事情，只顧自己小集團的利益、本政黨的利益，不顧臺灣民眾的整體想法。他指出，民進黨若想真正浴火重生，首先要和陳水扁切割，治理貪腐。第二就是改變兩岸政策，放棄沒有市場的「臺獨」意識形態。

對於奧運之後的兩岸關係發展，徐博東認為，一方面是加強兩會的溝通和接觸，另一方面要利用國共兩黨的平台，雙方一定要多溝通、接觸、交流，不要再像李登輝和陳水扁時代那樣，單方面出牌，應該有商有量才行。他指出，兩岸關係發展應該分三步走：第一步是兩岸結束敵對狀態，第二步是建立軍事互信機制，第三步才是簽訂「兩岸和平協議」。

以下為專訪全文：

記者：這次的奧運賽果證明了中國大陸的體育水準是一流的，您認為兩岸在體育方面有多大的合作空間？

徐博東：兩岸體育方面的交流，在九十年代初期已經開始了。大陸體育的總體水準要比臺灣高很多，但臺灣方面也有它的長處。兩岸運動員體育之間的交流，除了比賽，可能一般的老百姓都不太瞭解。如臺灣的教練把他們的運動員送到大陸進行訓練，像舉重、游泳、籃球、乒乓球等一些專案，臺灣運動員都比較早地接受了大陸教練的指導。同樣，臺灣對大陸的運動方面的幫助也不少，例如棒球，一些臺灣退役的運動員就到大陸來協助大陸棒球運動的發展，天津的棒球隊就是聘請的臺北教練。每逢比賽時，觀眾們只要遇到大陸和臺灣的運動員，都非常熱烈地加油助威。大陸第一次恢復參加奧運會是在美國洛杉磯的那一屆，臺灣民眾看到大陸運動員奪得金牌都高興。兩岸同胞從運動會中體現出血濃於水的感情，對同胞的熱愛和與生俱來的自豪感，表露無遺。

兩岸的運動合作可謂常來常往，2004年雅典奧運會之後獲得冠軍的大陸運動員就曾訪問過臺灣，在臺灣受到熱烈歡迎。兩岸的體育交流在兩岸的所有方面的交流裡是非常重要的一環，對兩岸運動員的友誼，甚至兩岸老百姓的交流聯繫，都起到了很好的作用。2008年北京奧運會成功舉辦，也是有臺灣方面的功勞的，臺灣同胞對於能在中華大地上舉辦奧運會，圓了百年的夢想，也是歡欣鼓舞的。在北京奧運會開幕式前，高金素梅帶領的臺灣表演團使用歌曲向全世界宣布：「我們和大陸是一家人！」但可惜的是，由於民進黨的節外生枝，火炬在島內傳遞的計畫沒能成功。如今民進黨下台，兩岸關係進入了一個新時期，從奧運角度來看，對兩岸關係起到鞏固和推動的作用。期間還有一些曲折，像是「中國臺北」與「中華臺北」的稱謂之爭，但是最後的妥協表現了大陸的誠意，大陸作了很大的讓步，臺灣運動員順利參賽，中華臺北隊進場的時候也受到大陸觀眾的熱烈歡迎，臺灣運動員充分享受到了主場的優勢。

臺灣媒體對奧運的報導也是空前的，據說比雅典奧運會投入的經費增加了19%，派到大陸來的記者也比任何一屆奧運會的都多。臺灣民眾對北京奧運的關注度也是空前的，民調顯示上班族74%的人都在密切關注奧運賽事。臺灣媒體的報導中都掩飾不住對中國隊金牌榜首位的自豪感。所以奧運對兩岸關係的發展確實起到很好的作用，民進黨想對北京奧運會的細節找碴，但是整個島內的氣氛讓它的風涼話沒有生存的地位。在奧運之後，兩岸關係中高層的來往會更加密切。

記者：您是大陸研究臺灣問題學者中的奧運火炬手，請您談談您作為火炬手時的心情？

徐博東：首先我感到非常光榮，我是北京市教育委員會推薦的，是代表北京市教育系統的。作為一個老教師，感到很激動，作為對臺灣問題研究的學者，我感到很高興，這是對我工作的肯定，也是北京聯合大學對我們臺灣研究院的肯定。在百年圓夢的奧運會上作為奧運火炬手，是發自內心的激動，奧林匹克精神是：愛、奉獻與和平。作為一個老教師，一個研究臺灣問題的退休學者，我的目的也就是為國家，為民族奉獻自己的一份力量。兩岸同胞血濃於水，不應該因為政治分歧而發生悲劇。應該借助奧運的東風把兩岸關係推向更好的階段，這符合中華民族的理念。雖然我已年過花甲，但是仍然要發揮餘熱，關注兩岸關係，為其發展盡自己的綿薄之力。傳遞火炬從「傳承」的角度來講也有它的意義，大陸學者也是要不斷培養新的一代。

記者：奧運開幕前後，民進黨做了一些小動作，請您分析一下為什麼他們會這樣做？

徐博東：民進黨的這一批人很聰明很優秀，但是有一個很大的問題就是國際觀欠缺，說白了就是「島氣」十足。民進黨人不能從全球發展、全中華民族發展的大勢出發，就只關心它眼皮底下那點事情。還有就是他們只顧自己小集團的利益，本政黨的利益，不顧臺灣民眾的整體想法。像陳水扁，可能當臺北市長很優秀，當一個「立委」很優秀，你讓他當一個全臺灣的領導人，他的格局觀念，他的素質就不夠了。陳水扁考慮問題非常自私，都是個人和家族的利益，最多就是政黨利益。當政黨利益和他的個人利益衝突的時候，還是以他個人私利為主的。當政黨和全民的利益衝突時，政黨利益為主。所以民進黨的問題不能以一般的正常的角度來分析它。「臺獨」對於陳水扁來說是理念還是工具？絕對是工具。他搖擺不定，一會兒激進「臺獨」，一會兒溫和「臺獨」，也是根據需要來變。甚至後來為了保護他家族的利益，掩蓋他貪瀆的目的，倒向急獨派。所謂奧運問題等兩岸關係問題，他都是作為工具在利用。民進黨對北京奧運會做小動作，就充分表明民進黨仍然繼承陳水扁路線，不做切割。

記者：陳水扁海外洗錢弊案對臺灣的政黨政治有何重大影響？

徐博東：民進黨如果在選後果斷地和陳水扁切割，應當說是很好的一個機會。我當初以為民進黨大敗的話，一定會追究陳水扁八年執政的問題，然而他們沒有這樣做。現在陳水扁海外洗錢證據確鑿，應該切割了吧？民進黨開始表現出要切割了，可是又戛然而止。有人講是陳幸好發飆，點了謝長廷、蘇貞昌、陳菊的名，意指這些人是共犯，如果他們跟陳水扁切割的話，就會把他們背後的事情全抖露出來。有人告訴我，「切割不容易」。民進黨如果不能跟陳水扁切割的話，是沒有希望的，但是這個切割很難，幾乎每個人都有辮子。

臺灣整個司法機構曾經都變成了保護陳水扁的工具，洗錢資料竟然可以壓著不辦，這叫什麼法治？陳水扁是一票票選出來的，竟然可以選出這樣一個貪腐的、糟糕的領導人，中國人的社會應該走什麼樣的民主化道路，值得好好探討。

一個陳水扁，使臺灣的社會發展走了歪路，極好的形勢沒有抓住。陳水扁在任八年，到底搞了什麼事，現在才剛剛開始查。民進黨如果不與陳水扁切割，就沒有前途，最終有可能會走向泡沫化。如果說兩岸問題屬於意識形態，那麼貪腐不屬於統獨問題吧，任何人都痛恨貪腐。臺灣的政黨政治真正要走上正常的發展階段，還早著呢！

記者：這次民進黨遭受空前巨大的衝擊，它可以如何自救？

徐博東：有民進黨人說過，民進黨應該「檢討、整合、團結」。然而民進黨並沒有檢討，派系還在互鬥並未整合，卡位還互不相讓，怎麼可能走向團結？我對民進黨的未來，很不樂觀。

本來蔡英文出任民進黨主席是一個很不錯的選擇，現在看來她也未必是一個能夠把民進黨帶進新的發展道路的好的領頭人。她是城市裡的菁英，缺乏草根性，現在包圍著她的，還是那批舊的民進黨勢力。再加上各派系，包括新潮流在內，都是民進黨執政時期的受益者，很難與陳水扁切割。理念性比較強、比較有風骨的人，在民進黨裡面又沒有市場。

民進黨若想真正浴火重生，首先要和陳水扁切割。還有，中國大陸越來越強大，各個大國都不得不正視中國崛起的現實，「臺獨」已經沒有市場、沒有出路了，民進黨死抓「臺獨」，能有什麼前途？從奧運就能看出來，民進黨還抱著原來的意識形態不放，沒有任何檢討。其實，檢討民進黨丟掉政權的原因，就可以找到未來發展的妙藥。我認為，民進黨第一是需要治理貪腐，第二是需要改變兩岸政策。

記者：奧運之後，兩岸關係的發展將成為新的熱點。兩岸關係發展的重點是什麼，您對此有何好建議？

徐博東：奧運這段時間，對於鞏固兩岸之間的關係、營造更好的氣氛、推動兩岸發展，起了一個承前啟後的作用。奧運之後，兩岸將進行第二輪協商，加上國際油價下降、國際經濟環境好轉，至少臺灣經濟將會有一個比較大的起色。我預期，奧運之後兩岸關係會有比較快速的發展。值得關注的是十月底十一月初陳雲林訪臺，屆時兩會協商會加快，比如包機、海運直航、截彎取直、陸客入島等問題，無論談出什麼協議，都將對島內經濟發展有很大的影響。明年這些措施逐步頒布之後，島內政局會走向穩定，大陸方面也會配合馬英九的一些政策，比如加入WHA的問題，明年五月可望拿出解決措施。馬英九推動兩岸關係發展這條路走對了，但是需要有一個過程。

至於推動兩岸關係，我認為還是要把握「先經後政、先易後難」的思路，政治上的分歧先擱在一邊，求同存異、共創雙贏。兩岸之間的互信，通過這一段時間的運作，比原來前進了一步。當然，兩岸關係發展也不會一帆風順，還會有摩擦。

要有力促進兩岸關係發展，一方面要加強兩會的溝通和接觸，另一方面就是要利用好國共兩黨的平台，雙方一定要多溝通、接觸、交流，不要再像李登輝和陳水扁時代那樣，單方面出牌，應該有商有量才行。目前總體上來說，兩岸雙方都比較注意對方的感受，對於得來不易的兩岸和平發展的形勢，還是非常珍視，所以我是比較樂觀的。

兩岸政治關係發展應該分三步走：第一步是兩岸結束敵對狀態。第二步是建立軍事互信機制。第三步簽訂和平協議，我建議，第一步結束敵對狀態，可以比較快地處理。第二步建立軍事互信機制，應該放在馬英九第一任期，至於第三階段的簽訂和平協議，則要等待時機成熟。

（中評社）

臺灣問題專家徐博東的臺灣收藏

中評社北京8月22日電（記者劉曉丹、郭至君）著名臺灣問題專家、北京聯合大學臺灣研究院創院院長徐博東的家裡可謂琳琅滿目，在他眾多的收藏中，有幾件「特色藏品」，它們都來自寶島臺灣。

徐博東曾先後九次赴臺，與不少臺灣同胞結下了深厚友誼。他是大陸臺灣研究界的領軍人物之一，也是研究民進黨的權威學者，國臺辦前新聞發言人張銘清就曾說過：徐博東是臺灣問題的「民間發言人」。

他對臺灣不僅瞭解至深，還有一份很深的情結。他出生的時候，負責接生的正是大名鼎鼎的臺灣抗日英雄丘逢甲的孫女丘應棠，以及臺灣抗日領袖蔣渭水的養女蔣碧玉。徐博東說，自己一輩子都與臺灣有著不解的情緣。

在徐博東的收藏架上，有珍貴蝴蝶標本、寶馬玻璃雕塑、五色花瓶等，都是臺灣朋友贈與他的。一幅富有臺灣本土特色的原住民文化祭紀念品很搶眼，那是當時身為臺北市長的陳水扁於1997年送給徐博東的。書櫃前，一列具有特殊意義的T恤一字排開，其中包括「倒扁紅衫軍」T恤和保釣T恤等，每一件的背後都有一個故事。徐博東還興致勃勃地向記者展示他的「戰利品」，從一個大紙袋中掏出臺灣各次選舉的宣傳品，從小旗子到大橫幅，從徽章到公仔……徐博東的家似乎是一個迷你博物館，講述著近二十幾年來的臺灣政治故事。

（中評社，組圖省略）

連戰任特使有利兩岸關係發展

臺灣當局派連戰作為APEC特使，截至記者發稿時，大陸還沒有回應，但北京聯合大學臺灣研究院前院長徐博東在接受本報記者採訪時表示，以他個人的觀察，由連戰出任APEC特使，兩岸事先應有默契。此舉是對國民黨上台後積極發展兩岸關係、促進雙方經貿交流的一種善意回應，也是對連戰先生本人多年來致力於推動兩岸關係健康發展的肯定，對增進雙方互信、推動兩岸關係進一步向前發展有著重要的意義。

徐博東指出，由連戰出任特使，島內輿論與民眾普遍將此事件看成是一種「突破」，因為以往歷屆APEC會議，代表臺灣出席的多為工商界或者經濟界人士，級別在臺灣民眾眼中是有點「低」，而如今由連戰出任特使，這在以前是不可想像的。從大陸方面而言，由連戰出任特使，這個結果也是可以接受的。連戰以前雖擔任過公職，但是早已退休，目前不具有任何公職身分，所以由他出任特使並沒有違反大陸的底線，應是大陸在堅持基本立場前提下的一種靈活變通，也是大陸多次提到「通過協商，妥善解決臺灣地區在國際上與其身分相適應的活動空間問題」的一次實踐，此舉也定能得到多數島內同胞的認同。

（海峽導報，薛洋、燕子）

陳雲林圓了汪老的夢，但絕不是簡單歷史重複

中新網2008年11月2日電：大陸海協會會長陳雲林3日起即將赴臺訪問，

北京聯合大學臺灣研究院前院長徐博東認為，「他（陳雲林）真正圓了汪老的夢，但絕不是簡單的歷史的重複，而是往前邁出了一大步。」

兩岸知名專家學者接受《瞭望》新聞週刊採訪表示，這將是兩岸關係發展中一個指標性、歷史性的突破。臺灣各界都呼籲馬英九及其執政團隊能把握陳雲林到臺時機，和大陸建立更為緊密的經貿互助合作關係和管道。

「他真正圓了汪老的夢，但絕不是簡單的歷史的重複，而是往前邁出了一大步。」北京聯合大學臺灣研究院前院長徐博東認為，陳雲林赴臺訪問的經濟效應將在幾個月內逐步顯現，同時在國際金融危機當前，兩岸攜手所形成的命運共同體意涵值得關注。

……略

徐博東和鄭又平都認為，兩會協商中斷長達9年之久，海協會會長能夠第一次到臺灣去參訪，這本身就是一個突破。

1993年4月，海協會會長汪道涵與海基會董事長辜振甫在新加坡舉行會談，簽署4項協定；1998年10月，辜振甫率團到上海、北京參訪，並進行兩會對話，其後，兩會商定汪道涵於1999年秋天訪問臺灣。但因為李登輝抛出「兩國論」，汪道涵訪臺未能如願。

當時為汪道涵會長赴臺準備講稿成員之一的徐博東認為，陳雲林如願赴臺不僅具有象徵意義，更具有實質作用。

此次陳雲林率團訪問臺灣，將與海基會董事長江丙坤進行會談，協商兩岸海運直航、空運直航、郵政合作、食品安全等議題，簽署協議；並就如何增加大陸居民赴臺旅遊人數、兩會下輪協商議題安排、加強兩會聯繫與交流等問題交換意見、作出規劃。

徐博東說：「雖然9年期間兩岸關係遭受了很大波折，但陳雲林此次赴臺將要協商和簽署的幾項協定，是9年前很難想像的突破，可以說是邁出了一大步。」

……略

「可以預見，兩岸商談的機制將日趨成熟與完善。」徐博東說，遵循「先易後難」的原則，目前兩岸通過交往溝通建立互信，將來不排除從經濟到政治，從簡單到複雜，循序漸進，才能讓兩岸和平發展。

（中新網）

陳雲林訪臺是震撼之旅，同胞愛消滅反彈情緒

海協會會長陳雲林11月3日至7日將率協商代表團赴臺灣訪問，10月30日，陳雲林接受本社記者在內的兩岸及香港的十二家媒體聯合採訪。他說希望此次兩會將簽署的四項協議可以增進兩岸同胞的利益。

……略

北京聯合大學臺灣研究院前院長徐博東認為，「雖然綠營的民進黨、臺聯黨還處在冷戰思維，還以各種藉口來抵制、反對陳會長訪臺，但我想這不符合島內大多數民眾願望，是違反主流民意的，陳會長赴臺，島內進步輿論和大多數民眾會積極支持歡迎，少數人反對的聲音沒有著力點，會處於尷尬局面。民進黨為反對而反對，嘴裡說顧及所謂的『主權』，實際上只是喊喊口號而已，真正關心的是個人和一黨之私，不是真正從臺灣人民利益來考慮。民進黨脫離了臺灣的主流民意是沒有前途的。如果它們不調整兩岸政策，會被臺灣民眾所拋棄，多數臺灣民眾會從事實上看到馬英九的兩岸政策是符合他們的利益的。」

……略

（華夏經緯網）

一篇沒有完成的演講稿：徐博東憶汪老未能赴臺始末

北京聯合大學臺灣研究院前院長徐博東，不但見證了自辜汪「上海會談」以來整整10年間兩岸關係發展的起起落落，還參與了汪道涵那次未成行「臺灣之旅」發言稿的起草。

辜振甫於1998年親赴上海與汪道涵再度舉行會談，會上，辜振甫邀請汪會長在適當時候訪問臺灣，汪老愉快地接受了邀請。經過「兩會」的一系列後續協商，汪老赴臺日期也基本敲定，時間初定在1999年10月中下旬。徐博東說，當時，中央對那次臺灣之行非常重視，對汪老在臺灣各種場合應如何發言也花了很多心思，還成立專門的「發言稿起草班子」。這個班子由時任海協會副祕書長的孫亞夫牽線，從大陸涉臺領域權威的官員與學者中挑選9人作為寫作班成員，當時徐博東就是其中一員。徐博東透露，這個班上的成員理論與文字功底都比較深厚，整個起草工作也很嚴謹，甚至達到字斟句酌、錙銖必較的程度，並且針對島內局勢的最新進展不斷做出修改。到了1999年6月，已經改到第三稿了，很快就要定稿了。

讓人始料未及的是，7月9日，李登輝突然發表了「兩國論」，汪道涵的臺灣之行，最終沒能成行。徐博東非常惋惜地表示，「我們寫作班子的勞動成果白費事小，而兩岸關係向後倒退事大」。

2000年民進黨上台，陳水扁又發表「一邊一國論」，兩岸關係更是經歷長達八年的低潮期，兩會復談遙遙無期。

如今，國民黨重新執政，兩岸局勢逐漸緩和，兩會領導人再次聚首成為可能，這次陳雲林會長赴臺訪問，更是歷史的突破。

徐博東表示，「陳雲林此行絕不是簡單的歷史重複，而是更高層次上的交流與合作，如果說以前辜汪會談，務虛的成分多些，而此次陳會長赴臺，給臺灣同胞帶去的是許多實實在在的利益，相信江陳會之後兩岸關係必將往前邁出一大步。」

（海峽導報）

徐博東：國共論壇更具實效、再進一步

臺海網12月20日訊（海峽導報記者薛洋）對於今日開幕的第四屆國共論壇（兩岸經貿文化論壇），北京聯合大學臺灣研究院教授徐博東在接受本報記者採訪時表示，本屆論壇最大的特點，就是國民黨拿回執政權後的首次參與，也是兩岸執政黨首次合辦這種活動，意義遠勝以往。

同時，兩黨利用成熟、靈活的黨際交流平台，也可以針對兩岸熱點議題進行先期溝通、協商，為明年的兩會會談做準備。國共兩黨通過本屆論壇達成的共識，雖然仍會以「建議」方式轉達給臺當局，但因為國民黨在島內有了執政優勢，這些建議被採納、實施的可能性就大大增加，國共論壇將凸顯更具實效的一面。

徐博東表示，在國際金融危機的衝擊下，島內經濟走勢低迷，臺當局目前面對著強大的「拚經濟」壓力，國民黨通過參與國共論壇尋求兩岸經貿的深入合作，有利於營造出兩岸聯手抵禦金融風暴的氣氛和決心，這對穩定島內民心有很大意義。他強調說，本屆國共論壇既是今年以來兩岸關係持續正面發展的重要一步，也是建構「兩岸命運共同體」的重要一步。

（臺海網）

和平協議須以統一為終極目標

——本報獨家專訪臺灣問題專家徐博東

本報記者王德軍北京三十一日電：著名臺灣問題專家、北京聯合大學臺灣研究院顧問徐博東在接受本報記者採訪時表示，兩會協商談判必須遵循「先易後難、先經後政」的原則循序漸進地推進，雖然今年兩岸關係發生了重大的積極變化，但對解決臺灣問題仍要有長期性、複雜性和曲折性的思想準備，急於求成是不可能的。「我認為，兩岸簽署和平協定必須滿足兩個基本條件：一是一個中國原則明確無誤地宣示，其次是未來兩岸關係發展必須以統一為終極目標。」

徐博東認為，從三十年前全國人大發表《告臺灣同胞書》至今，兩岸關係、國際形勢、島內政局都發生了很大的變化。對大陸來說，有必要總結三十年來推動兩岸關係發展的經驗教訓，使下一步對臺工作做得更加扎實，推動兩岸關係和平發展能夠更加順暢。

從臺灣來講，今年「臺獨」分裂勢力遭受重創，再次上台執政的可能性大大降低，這也為兩岸關係和平發展創造了條件。「民進黨下台，國民黨重新執政，本身就是『反獨遏獨』取得重大勝利的標誌。說明臺灣民眾不能接受民進黨推行的『臺獨』路線，不能接受民進黨挑釁兩岸關係，製造兩岸緊張，造成臺灣經濟大幅下滑，社會動盪，藍綠惡鬥的情況。民進黨如果不調整路線的話，最多只能取得30%到40%的票源，不可能再有突破性成長。除非國民黨自己分裂。」

徐博東說，經過三十年努力，今年兩岸終於實現了直接雙向「三通」，這對兩岸同胞消除敵意，促進兩岸經貿文化交流、人員往來具有重大意義，也必將進一步促進兩岸關係和平發展。至於兩會開始政治議題的接觸和協商談判，乃至最終簽訂和平協定，不能急於求成，必須做好長期性、複雜性和曲折性的思想準備。「先易後難」不光是指「先經後政」，在進行經濟問題、政治問題協商時，同樣都要遵循這個原則逐步推進。

簽署和平協定要三步走

「我認為，兩岸簽署和平協定必須滿足兩個基本條件：一是一個中國原則明確無誤地宣示，其次是未來兩岸關係發展必須以統一為終極目標。」而現在臺灣主流民意還無法接受這兩個條件，如果貿然簽署，必然引起島內強烈反彈。「如果簽訂一個不明確『一中』原則，兩岸關係發展不以統一為終極目標協定，意味著有可能使兩岸分裂現狀合法化、永久化和固定化，大陸是絕對不會答應的。」

徐博東表示，兩岸達成和平協議應該分三步完成：首先是宣布結束敵對狀態，給歷史一個交代。「兩岸敵對狀態是國共內戰的歷史遺留問題，必須給兩岸中國人一個交代，宣布結束敵對狀態也比較簡單。」其次是建立兩岸軍事互信機制。軍事互信機制所包括的內容應更加全面、更加豐富。「這兩步都是只要在『九二共識』基礎上就可以開展的工作。」第三步才能進入和平協定和協商談判階段，這是最高層次的，協定內容必須明確「兩岸一中」和未來兩岸統一的終極目標。

徐博東認為，臺灣的國際活動空間問題，也應遵循「先易後難」的原則，從最容易處理的「個案」做起，不可能全部解決。「臺灣當局急於回應島內民意的訴求，這是可以理解的。但要看到，在臺灣參與國際活動空間問題上，兩岸還存在一些分歧，甚至還有一些結構上的矛盾，而且也不是大陸單方面可以說了算的。這就需要雙方先建立互信，不要急於求成。臺灣當局不應該挾民意不斷給大陸製造壓力，甚至拉國際輿論向大陸施壓，這反而無助於建立互信。現在國共兩黨、兩會機制化協商的平台都已經建立，要利用這些平台進行敏感問題的討論，不要單方面放話，這只會造成兩岸互信的喪失和雙方情緒上的不滿。」

加強港臺關係空間大

徐博東指出，香港作為「和平統一、一國兩制」構想的示範性安排，具有重要的指標性意義。「現在香港面臨全球金融海嘯的衝擊，但得到了中央政府的全力支持。這對臺灣民眾、臺灣當局有潛移默化的影響」。

從港臺關係來看，徐博東認為，香港政府應該積極協助中央推動兩岸關係發展，起到香港應該起到的正面作用，在這個問題上，香港還有很多空間可以發揮。「香港與臺灣方面在李登輝、陳水扁時代不可能有更多作為，現在應該更積極發展港臺關係，起到北京所起不到的作用，應該進一步加強港臺間交流互訪，加強政治、經濟、文化等方面的交流交往，大陸不便做、做不到的事情，香港完全可以積極主動先做。」

（大公報）

2009年

徐博東判斷吳淑珍會出庭並有可能部分認罪

近日，海峽之聲廣播電台新開闢的政論專欄節目——《博東看兩岸》正式開播，大陸著名臺灣問題專家徐博東教授在該欄目首播中，就有關陳水扁家族弊案回答了主持人和聽眾現場扣應提出的一系列問題。

陳致中夫婦要求「認罪協商」是扁家策略

主持人：自2月3日以來，臺灣特偵組連續對陳水扁家族四大弊案召開程序準備庭。目前，已經陸續傳喚「白手套」蔡銘傑、蔡銘哲、前陳水扁辦公室出納陳鎮慧、力麒建設董事長郭銓慶和吳淑珍的哥哥吳景茂、嫂子陳俊英，接下來將傳喚馬永成、林德訓等人。在已經傳喚的幾名被告中，除陳鎮慧部分不認罪外，包括陳致中、黃睿靚，吳景茂、陳俊英，蔡銘哲、蔡銘傑、李界木等人都表示認罪。自此，涉及扁家弊案的被告認罪人數已達10名。請問徐教授，陳水扁家族弊案被告為什麼會像「西洋骨牌」一樣紛紛表示認罪呢？

徐博東：這個問題很簡單！經過特偵組半年多來的密集偵查，扁家弊案已經越來越清晰，事證越來越明確，相關被告自知已無可逃遁，他們不甘心成為扁家的殉葬品，不得不為自己考慮，為求脫身自保，至少可以爭取從輕發落，紛紛表示認罪完全在情理之中。

主持人：最先提出「認罪協商」的是陳水扁的兒子、媳婦陳致中夫婦，這讓很多人「大跌眼鏡」。有人認為陳致中夫婦要求「認罪協商」是對扁、珍的最大打擊，為此吳淑珍律師李勝雄還主動解除了委任關係。但是陳致中隨後卻對媒體表示，他「認罪協商」已經得到陳水扁的諒解，陳水扁還鼓勵他「從頭開始」。那麼，徐教授，您認為陳致中夫婦要求「認罪協商」是個人的行為，還是像有些媒體所說的是「棄車保帥」的策略？

徐博東：可以肯定，陳致中夫婦要求「認罪協商」絕對不會是個人行為，而是扁家事先商量好的訴訟策略。這是關係到扁家身家性命的大事，怎麼可能是陳致中夫婦小倆口的單獨行為？不過，這不是「棄車保帥」，而是吳淑珍企圖「救夫保子」的一種策略手法。

大家應該還記得，原來陳致中夫婦一直聲稱自己只是「人頭」，是被「支配」的角色，但是隨著特偵組對扁家弊案調查的深入，這種說法明顯已經站不住腳了，於是他們就想通過承認部分犯罪事實，來掩蓋更多更大的罪行，爭取從輕量刑。這樣，夫婦倆坐上幾年牢出來之後，還可以繼續享用沒被發現的更多的贓款。而陳水扁呢，則會堅持死不承認有任何犯意和犯行，把罪責全都推到吳淑珍頭上。也就是說，罪行由吳淑珍一人來扛，進行上下切割。而吳淑珍則因為身體有病，可以不用坐牢，這樣就可以達到剛才我所說的「救夫保子」的目的。當然，扁家的這個如意算盤能不能如願，最終還是要看法官如何認定。

吳淑珍會出庭並有可能部分認罪

臺灣聽眾甲：2月10號、11號法院將傳訊吳淑珍，已經17次請假的吳淑珍會不會出庭？如果出庭，她會不會認罪？臺灣法院對身患疾病的吳淑珍會怎樣量刑？是否會因為她是病人而有其他裁定？

徐博東：根據目前情況來判斷，吳淑珍一定會出庭。案情發展到現在，吳淑珍已經改變了以前「拖以待變」的策略，希望早點判決。因為陳水扁被關在看守所裡，兒子、兒媳也想早一點「認罪協商」，而只有一審判決之後，陳水扁才能放出來，全家才能回歸正常生活，以便更好地應付後面的官司。

吳淑珍這次出庭，有可能會對證據確鑿、無法抵賴的那部分不得不認罪，例如已經被特偵組掌握的非選舉期間所收受的賄款、珠寶等，以及非法匯往海外的那部分贓款。而且，在她承認的部分罪行中，吳淑珍很可能會單獨扛下，說是她的個人行為，是瞞著陳水扁做的，陳水扁、陳致中夫婦完全不知情，和他們沒有任何關係，以便達到「救夫保子」的目的。

目前談對吳淑珍如何量刑還為時尚早，因為除了「國務機要費案」、洗錢案、南港展覽館案、龍潭購地案等四大弊案之外，還有二次金改、「外交機密案」等幾個案件都還在偵查之中，只能一個一個量刑，但有一點是可以確定的：吳淑珍肯定被判重刑無疑！至於吳淑珍身患疾病如何服刑？有兩種可能：一是「保外就醫」、限制自由，這個可能性最大；二是臺灣曾有人出過這樣的主意：在監獄醫院裡專開一間病房，作為關押她的牢房，讓吳淑珍在監獄的醫院裡服刑，但這個可能性較小。

臺灣聽眾乙：如果陳幸妤沒有參與扁家弊案，而又享受了扁家的貪污所得，她是否也會牽涉到刑責部分？

徐博東：我認為，這要從兩個層面來看：一個是司法層面，如果經過調查，陳幸妤確實沒有涉及扁家弊案，那就很難在法律上判她有罪。當然，隨著案情的發展，如果有確鑿證據證明陳幸妤在一些問題上知情甚至有不同程度的參與，則另當別論。另一個是道德層面，即使她跟弊案無關，但她畢竟是扁家成員，在陳水扁八年執政期間，她跟著吃香喝辣，享受「公主」待遇，弊案揭發出來後，她不但不和她爹媽劃清界線，相反態度十分惡劣，社會觀感極差。所以，法律層面不一定能抓得住她的辮子，但在道德層面上應該受到譴責，絲毫不值得同情。

民進黨錯過了與陳水扁切割的最佳時機

主持人：陳水扁家庭弊案發生後，陳水扁和特偵組展開一系列「攻防戰」，先是退出民進黨，陸續演繹「溫暖之旅」、「兩度禁食」、「獄中出書」等手段。最近還對今年年底臺灣縣市選舉下「指導棋」，這可讓部分民進黨人士極為惱火，有人建議民進黨應該和陳水扁徹底切割。那麼，民進黨和陳水扁家是否可以做完整切割？又應該如何看陳水扁在民進黨中的影響力？

徐博東：首先，陳水扁當了八年臺灣的最高領導人，而且擔任過民進黨主席，他已經成為民進黨歷史的一部分。從這個角度來說，陳水扁的貪污弊案不可能跟民進黨切割，想切割也切割不了。其次，現在我們所談的「切割」，是指民進黨要不要和陳水扁劃清界線的問題。我說，民進黨和陳水扁劃清界線的最佳時機已經過去，在百萬紅衫軍倒扁的時候，民進黨就應當毅然決然和陳水扁切割，但很可惜，民進黨沒有這種道德勇氣，相反，當時全黨都在力挺陳水扁，少數幾個主張切割的民進黨人如李文忠、林濁水等還被罵成「十一寇」。後來還有幾次「切割」的機會，比如去年大選慘敗後，或陳水扁被特偵組正式起訴後，都是民進黨和陳水扁切割的大好時機，但民進黨都沒有這樣做。不僅沒有這樣做，反而還打著所謂捍衛「司法人權」的幌子，繼續挺扁。原因就在於，在陳水扁執政期間，很多民進黨的重要人士都受過陳水扁的恩惠，已經形成利益集團，成為共犯結構，有些人實際上本身就陷入弊案不可自拔。另外，很多民進黨重要人物在陳水扁執政期間享受榮華富貴，感情上也難以和陳水扁切割。

現在民進黨處於非常尷尬的境地，從黨的利益出發，需要切割，但又沒有這種道德勇氣。蔡英文出任黨主席後，本來她很有條件和陳水扁切割，但她沒有這種膽識和魄力。於是，陳水扁就加以充分利用，繼續興風作浪，對民進黨施加影響力來保自己。不過，這種情況不會維持太久了，隨著時間的推移，案情的進一步發展，肯定會有越來越多的民進黨人士及其支持者拋棄陳水扁，從目前來看，陳水扁在民進黨內的影響力正在急速減弱之中。

馬英九會不會特赦陳水扁

主持人：隨著對陳水扁家弊案偵辦的逐漸深入，離接近真相的時間越來越近了，扁家海角資金圖逐漸明晰，涉案資金越查越大，已經超過20億新臺幣。有關如何判決陳水扁成為人們關注的話題。有臺灣法律專家認為，陳水扁最少被判30年徒刑，也有人認為，馬英九會考慮特赦陳水扁。請問徐教授，您認為馬英九特赦陳水扁的可能性有多大？

徐博東：馬英九是個非常講「法治」的政治人物，在案件審理過程中他不會去干涉司法，會讓司法走完所有程序，等待三審定讞之後，他會觀察島內政治氣氛再決定要不要對陳水扁進行特赦。另外，也不排除陳水扁被關押一段時間之後，再找個適當的時機實行特赦。總之，宣判後如果馬上特赦，恐怕很難對臺灣社會交代，更不用說沒走完法律程序就特赦，因為扁家的犯行實在是太惡劣、太超過了！

（海峽之聲網）

民進黨正處在十字路口

2月14日，北京聯合大學臺灣研究院徐博東教授在海峽之聲電台《博東看兩岸》專欄節目中，就民進黨的路線問題回答了主持人和現場聽友的提問。

主持人：民進黨日前召開臨時中常會，擴大檢討民進黨的路線和定位等議題。此前，民進黨主席蔡英文宣示今年為「社會運動年」，並將現有「社會發展部」改回在野時期的「社會運動部」。那麼，徐教授，民進黨主席蔡英文是在什麼背景下宣示今年為「社會運動年」的？這是否意味著民進黨重新回歸2000年執政前所走的「街頭運動路線」？

徐博東：民進黨之所以在這個時候宣示今年為「社會運動年」，是因為當前民進黨面臨著這樣的大環境、大背景：一方面馬英九執政半年多來，雖然兩岸關係得到緩和發展，大多數臺灣民眾對於馬英九的兩岸政策給予肯定和支持。但是，面對國際金融危機，臺灣經濟急劇下滑，失業率大幅攀升，「拚經濟」的績效不彰，民眾對馬英九和他的執政團隊的滿意度和支持度都在不斷下跌。而另一方面，去年民進黨大選慘敗後，並沒有抓住時機認真檢討敗選原因，新任黨主席蔡英文被寄予厚望，但卻無力領導全黨擺脫困境。民進黨在「立法院」席位太少，在體制內難以發揮影響力主導議題和政局，民調顯示，民進黨的政黨支援度始終處於低迷狀態，基本盤出現鬆動跡象，不斷萎縮。而今年年底的縣市長選舉，非常關鍵，如果民進黨再敗的話，民進黨很可能從此一蹶不振，不知道多少年之後才能重新爬起來。所以面臨這樣一個大的環境，經過黨內的討論，蔡英文宣示民進黨今年要進入「社會運動年」。

所謂「社會運動」，應該是關注臺灣社會弱勢族群的切身利益，針對包括人權、環保、就業、勞工福利等民生問題所進行的抗爭活動。蔡英文說，「社會運動年」不等於「街頭運動年」。這種說法固然不錯，因為「街頭運動」只搞「街頭抗爭」，而「社會運動」的形式則更為多樣化；「街頭運動」抗爭的範圍很廣，政治性議題也包括在內，而「社會運動」則主要是關切弱勢族群的經濟利益等民生議題。但是，我們很難說民進黨要搞的「社會運動」，真的是關注弱勢族群的切身利益，還是打著關懷弱勢族群的旗號，一心只是想利用社運團體和弱勢族群，來凝聚和擴大民進黨的基本盤，為年底縣市長選舉造勢，謀取自己的政黨利益。另外，民進黨的所謂「社會運動」會不會被「臺獨」基本教義派所脅持，變成「掛羊頭賣狗肉」——重回單純的「街頭抗爭」路線，甚至像去年11月陳雲林訪臺期間那樣，不惜搞街頭「暴力抗爭」？總之，民進黨能不能重新振作起來，今年是個非常關鍵的年份，它所提出的「社會運動年」究竟是一個什麼樣的操作模式？還有待觀察。

主持人：蔡英文宣示今年為社會運動年之後，在民進黨內再次引發路線之爭，這次爭論的主要焦點在那裡，反映了民進黨內部什麼樣的政治勢力格局？重走「街頭運動路線」能否把民進黨帶出當前的困境？

徐博東：實際上觀察整個民進黨發展史，究竟是走「街頭路線」還是體制內的抗爭，始終都存在爭論，就看哪一派占上風。建黨初期，主張「街頭運動」的「新潮流」占據了上風，因為當時在體制內民進黨的實力非常弱小，難以和國民黨抗爭，所以街頭群眾運動成為民進黨的主要抗爭模式。後來民進黨逐漸發展壯大，奪取了一些縣市的執政地位，在「立法院」的席位也不斷增加，因此主張在體制內抗爭的「美麗島系」取得了主導地位。民進黨在野的中後期，實際上走的是「議會鬥爭為主，街頭抗爭為輔」的路線。2000年民進黨上台執政後，它仍然沒有忘情於街頭運動，8年執政期間不斷發動街頭抗爭，「當家鬧事」，執政黨發動自己的支持者走上街頭，這在世界各國政黨政治發展史上來看，也是一個很奇怪的現象。原因就在於民進黨屬於少數執政，需要通過街頭運動來凝聚人氣，壓制強大的在野黨，配合執政團隊的政策推動。另外，陳水扁所推行的急進「臺獨」路線，也需要通過街頭運動來煽動民粹情緒，對抗大陸。去年「立委」選舉和總統選舉連遭慘敗後，民進黨不僅重回在野，而且在「立法院」內只剩下20多個席位，在臺灣政治版圖上，其實力已急速跌落到建黨初期的水準。面對這種困局，民進黨內的路線之爭自然也就浮上了檯面：「臺獨基本教義派」主張重回街頭，不過，民進黨內較為理性務實的人士則認為，關鍵問題首先是要清算陳水扁執政八年來所推行的錯誤路線，與「陳水扁們」徹底切割，重新找回民進黨的「黨魂」，加強論述，找到正確的政治方向，唯有如此，民進黨才可能重新出發，否則將難以擺脫當前的困境。

主持人：民進黨路線可能會向什麼方向發展？是偏重「街頭路線」還是所謂「議會」路線？

徐博東：去年11月5日，民進黨召開「街頭中常會」，當晚即發生「晶華飯店暴力事件」，標幟著蔡英文所領導的民進黨將重上街頭，推行體制外的暴力抗爭路線。次日，又針對「馬陳會」發動號稱四十萬人的「圍城大遊行」，場面失控，發生了更嚴重的流血衝突，民進黨因此受到社會輿論的強烈譴責。此後，民進黨內對究竟是走「議會路線為主，街頭路線為輔」，還是兩者並重？存在分歧，舉棋不定。如今，蔡英文既然已經宣布今年是「社會運動年」，我估計它會向街頭路線和體制內抗爭相結合的方向發展，兩者交替使用，互相配合，不同時期會有不同的側重面，很難說會以哪個為主，哪個為次。不過，「街頭抗爭」的頻率、強度與力度必定會比以往大幅提升，臺北的街頭和議場又將雞飛狗跳，沒有寧日。

臺灣聽友甲：街頭抗爭目的是凝聚人氣，我關心的是在3月28日臺北市「立委」補選之前，民進黨是否會組織大型街頭抗爭活動？

徐博東：可以預見，民進黨可能首先要發動基層，到基層走透透的方式來醞釀、發動人氣，宣傳鼓動，選擇適當的議題來發動街頭運動，累積能量。民進黨已經放話，要在520馬英九上台一週年時發動罷免馬英九的抗爭活動。很可能從兩個方面操作：一方面批判馬英九所謂過度「親中」路線，「出賣」臺灣主權；另方面抓住馬團隊「拚經濟」政績不彰、失業率攀升等經濟民生議題大做文章。從這裡可以看到，前一個議題主要靠基層深綠選民的支持才能搞起來，而後一個議題則在消費券發下去之後，社會反應不錯，接著馬英九選舉時提出的「愛臺12項建設」將漸次展開，再加上大陸經濟有可能在今年第二、三季度開始逐漸復甦，這些都會對臺灣經濟有刺激作用，可以預見，下半年以後，臺灣經濟可能會有所起色。這樣，民進黨以經濟民生議題所發動的街頭運動恐怕會逐漸失去著力點，很難提出足以感動人心的口號。那麼，民進黨很可能還得靠操作政治性議題來造勢。比如二二八馬上就要到了，會不會再拿二二八做文章？剛才聽眾朋友說的328臺北市大安區「立委」補選，民進黨已經揚言要追究李慶安的「雙重國籍案」。即將舉行的第三次「江陳會」和下半年的第四次「江陳會」以及國共兩黨論壇，還有加入聯合國的問題等等，民進黨都有可能發動民眾走上街頭，進行政治操作。當然，這些議題是不是符合臺灣主流民意？有多少人會在民進黨的鼓動下走上街頭？從目前情況來看，恐怕很難樂觀。

大陸聽友乙：陳水扁弊案越查越深，又傳出在澳洲有幾十億新臺幣，而且開了18家超市，每年盈利4億新臺幣，我想請教一下徐教授，陳水扁弊案發展趨勢可能怎麼樣？陳水扁是否會認罪？

徐博東：這個問題不是今天談話節目的主題，但也有一定的聯繫。經過特偵組幾個月的偵辦，陳水扁弊案是越來越清晰，事證越來越明確了，連吳淑珍都不得不做選擇性認罪，不光是澳洲投資問題，包括在美國、日本的帳戶，還有在島內藏匿的珠寶等等，都會逐漸浮出水面，陳水扁弊案肯定會水落石出，不管陳水扁會不會認罪，都已無可逃遁。問題是，民進黨至今還對陳水扁含情脈脈，無力切割，已經嚴重傷害了民進黨的整體形象。在社會觀感極差的情況下，民進黨要搞社會運動，又有何道德力量來動員、號召臺灣民眾跟著它走？

大陸聽友丙：民進黨四大天王是否會重出江湖？他們對蔡英文會有哪些壓力？

徐博東：在去年大選中慘敗後，民進黨的四大天王政治生命應該說處於日薄西山的狀態，陳水扁不必說了，謝長廷曾公開表示退出政壇，蘇貞昌、呂秀蓮也一度沉寂，但馬英九上台執政後民調滿意度大幅滑落，他們認為又有了機會，再加上民進黨中生代目前還很難有全島性的影響力，於是他們又開始蠢蠢欲動。蘇貞昌想出來選臺北縣長，黨內也有一股勢力要拱蘇貞昌，不過從近日蘇的對外發言來看，他意在選下屆總統，放出選臺北縣長的風向球無非是要試探民意。而謝長廷再選什麼恐怕都很難了，加上身體又不好，但他不甘心他的派系就此沉淪，他還要發揮餘熱，利用自己的影響力，為他的子弟兵謀取政治利益，所以他自食其言，重出江湖，上電台主持政論節目。呂秀蓮更是不甘寂寞，為創辦《玉山午報》積極奔走，近日還向大陸頻放秋波，公開表示願意訪問大陸，但呂沒有自己的派系，其性格和格局也決定了她難有更大作為。蔡英文雖然是黨主席，形象也很不錯，但她沒有自己的班底，是各派系妥協的產物，實際上無法完全主導民進黨，民調顯示，對她的滿意度和支持度都在下滑。游錫堃原本能力有限，現已淡出政壇，很少曝光。總之，民進黨人才匱乏，老天王光芒已經黯淡，中生代又不足於接班，處於青黃不接的狀態。未來對蔡英文能真正構成威脅的只有蘇貞昌，而蔡、蘇倆人能否真誠合作，則還有待觀察。

主持人：其實當前民進黨除了有路線爭議之外，還有兩岸政策的困局。根據民進黨內部各派系實力的此消彼長，徐教授，請您分析一下，今後民進黨在兩岸政策上是繼續走「臺獨」路線還是改為「中間」路線？

徐博東：民進黨內一直存在要求調整急進「臺獨」路線的聲音，但這些聲音都始終無法成為民進黨的主流。在「臺獨」基本教義派的脅持下，李文忠、林濁水、洪奇昌、沈富雄等較為理性務實敢講真話的人被打成「十一寇」、「西進昌」、「中國琴」，全部被邊緣化，「臺獨」路線仍然是民進黨的神主牌。黨內不允許不同聲音的存在，已經喪失了討論問題的有效機制和空間，一味迴避矛盾。黨主席蔡英文受制於黨內派系勢力，又缺乏膽識和魄力，短期內看不出有調整「臺獨」路線的可能。民進黨目前正處在十字路口，卻不知道應該向什麼方向走。

（海峽之聲網）

兩岸簽訂ECFA大勢所趨，民心所向

2月20日上午，北京聯合大學臺灣研究院徐博東教授在海峽之聲電台《博東看兩岸》專欄直播節目中，就兩岸簽署「綜合性經濟合作協定」

（ECFA）問題發表了看法。

臺灣經濟已經進入嚴重衰退期

主持人：受這一輪金融危機的影響，臺灣出口連續下降，上個月達到40%，失業率節節攀升，達到7%。臺灣經濟成長率也不容樂觀，臺灣行政部門主計處最新公布資料顯示，今年臺灣經濟成長率的預測為-2.97%。那麼，徐教授，您在臺灣參訪期間，感覺臺灣民眾的生活受金融危機的影響大不大？據您瞭解，哪些產業受到的衝擊比較大？

徐博東：去年九月中下旬我曾經隨團到臺灣參訪。這是我10多年來第10次到臺灣考訪，半個月的時間，繞了全島一圈，還去了一趟澎湖。這次去的地方大部分過去我都去過好幾次了，但這一次給我印象最深的：一是無論在城市或是在旅遊景點，人都少了許多，臺北、高雄這兩個大城市，市內交通、商店都不像以前那麼擁擠了。著名風景區太魯閣、墾丁、阿里山，還有那麼漂亮的澎湖，遊客都很少，冷冷清清，稀稀落落，完全不像大陸的旅遊景點，總是人滿為患；二是許多店鋪都關了門，特別是高雄，關門的店面更多，有臺灣朋友說十有五六，我看即使沒那麼嚴重恐怕也相差不多了。這種現象說明，臺灣經濟和臺灣民眾的生活，確實受到金融風暴的影響很大。根據臺灣當局行政部門主計處前幾天公布的統計數字：臺灣民間消費去年創下歷史上最大的負成長，達-0.29%，這是自有統計以來首次民間消費負成長。而民間消費之所以趨緩，主要是因臺灣失業率攀升。去年十二月失業人數高達54.9萬人，創下歷史新高（如果加上隱性失業者，則多達一百多萬人）。同時，臺灣薪資則創新低，去年十一月的經常性薪資，創下近二十年來同期的最大減幅。所以，小市民在失業和減薪的雙重威脅下，很難拿錢出來消費。

至於臺灣哪些產業受到的衝擊最大？大家知道，臺灣是全球最依賴出口的經濟體之一，所以受到國際金融風暴的影響和衝擊也就最大。臺灣當局主計處幾天前宣布：由於自去年七月起全球景氣重挫速度和幅度超乎預期，臺灣的出口業和製造業受到重創，外銷訂單驟減，去年第四季出口實質負成長高達19.75%，預計今年出口第一季還要衰退24.19%，第二季衰退17.56%。臺灣學者說，這是臺灣幾十年來從未見過的，可見問題的嚴重性。

兩岸簽訂ECFA是臺灣經濟的生路

主持人：應該說，出口下滑是臺灣經濟成長率不斷下滑的主要原因，為了促進臺灣商品出口，臺灣六大工商團體日前向當局大聲疾呼，希望臺灣當局盡快與大陸簽訂「兩岸綜合性經濟合作協定」，也就是常說的ECFA，並表示，若當局如果再不出手，臺灣經濟可能就要「進太平間了」。臺灣六大工商團體提出兩岸簽署ECFA後，立即引起各方關注並持續發酵。徐教授，如果兩岸不能簽署ECFA將會給臺灣經濟帶來那些負面影響？

徐博東：如果兩岸不能簽署ECFA，將會給臺灣經濟帶來災難性的後果！原因很簡單，這正如臺灣六大工商團體日前向當局大聲疾呼的：明年東南亞國家協會加上中國大陸、日本和韓國的自由貿易市場（即所謂「十加三」）將開始運作。其中互免關稅一項，將使以出口為導向的臺灣面臨相當大的衝擊。其衝擊強度甚至不亞於當前的國際金融風暴。這是因為，亞洲已經成為臺灣出口的主流，占出口比例高達65%。其中大陸和東盟分別位居臺灣出口前2名。

臺塑董事長李志村日前說：「東協加一（中國大陸）前，已經有國家零關稅，對出口的傷害會很大，塑化、機械與紡織將首當其衝」；「目前石化業純利約6%，出口關稅約5.5%至6.5%，已經不太能夠負擔；零關稅將使石化業受到很大衝出，兩岸簽訂ECFA不能再等，……如果等到企業因為裁員再來簽訂，就來不及了」。

臺灣塑膠公會理事長洪福源說得更明白：「現在全球產業鏈變了，各國形成的自由貿易區趨勢，使得美國SM不再來臺灣，臺灣成品也不再賣往歐、美。如果臺灣無法跨入東協十國加三（中國、日本、韓國）的貿易區內，將遭排擠在各主要區域經濟之外，淪為經濟正式邊緣化的窘境」。

臺灣紡拓會董事長蔡昭倫也說：去年臺灣紡織業「貿易順差只剩82億美元；但眼看東協明年將加一或加三，之間關稅將為零，臺灣仍除外的話，要付出平均11%的關稅，連中國大陸市場都打不進去，怎麼打貿易這場仗？」

聯成總經理柯衣紹更是憂心忡忡地表示：「倘若東協加三問題不解，外銷市場不見了，臺灣經濟重傷程度勢必遠勝其他國家，企業關閉、失業暴增，都是令人堪慮的嚴重危機。」

上面所列舉的臺灣企業家的話並不是危言聳聽。臺灣當局主計處最新預測：初步統計去年全年經濟成長率為0.12%、第四季度衰退8.36%，創下史上單月最大衰退；今年全年成長率下修至負成長2.97%，要等到第四季度才有可能由負轉正。臺灣《中國時報》驚呼：「臺灣正面臨史上最長的經濟衰退期！」

那麼，臺灣經濟的出路何在？就連著名英國媒體《經濟學人》也刊文認為：「臺灣是目前全球最『衰』的一個經濟體，受到金融海嘯的打擊最慘重，加強與中國大陸的聯繫合作是臺灣經濟的一條生路。」

民進黨抹黑ECFA，只為拖垮國民黨馬英九政權

主持人：臺灣經濟遭遇金融危機的衝擊後，ECFA這個話題再次在島內引起持續發酵。但是就是這項能解決臺灣企業經營困局的協議，卻遭到民進黨的反對。徐教授，您是如何看待民進黨反對兩岸簽署「兩岸綜合性經濟合作協定」也就是ECFA的？「兩岸綜合性經濟合作協定」有沒有臺灣被「矮化」的問題？

徐博東：民進黨反對兩岸簽訂「兩岸綜合性經濟合作協定」也就是

ECFA，有幾個所謂的「理由」：一是ECFA這個英文名稱和CEPA（即大陸與香港簽訂的「更緊密經貿安排」）很相近，只有一個英文字母之差，所以他們說，簽這樣的協議等於把臺灣「香港化」，是「矮化臺灣」、「出賣臺灣」；二是簽訂ECFA後會讓臺灣「產業與資金大量西進，可能產生『反就業』效果」，讓臺灣成為大陸的「附庸」云云，所以堅決反對。民進黨主席蔡英文甚至威脅說：「若是在沒有社會共識下去進行這項工作，將會引起爭議，造成社會對立」。她還說，人民沒有給馬英九「這麼大的授權」，要求舉行「公民投票」來決定等等。

其實，民進黨的這些所謂「理由」，完全站不住腳。

其一，臺灣有媒體評論說：按照馬英九的想法，ECFA是介乎於FTA（即國與國的「自由貿易協定」）與CEPA之間的第三條路，既可規避「國與國」的爭議，也不會有所謂「臺灣主權」被「矮化」的聯想。民進黨「將ECFA與CEPA劃上等號，事實上除了E代表經濟外，其餘每一個字母所代表的英文單字都不一樣。……CEPA是一國兩制的安排，ECFA比較像是東協與大陸所簽的框架性協議，在性質上也較接近大家所熟知的FTA，只是避開了比較敏感的政治問題而已」。對於馬英九的這一競選政見，大陸方面給予了積極的回應，國家領導人胡錦濤、賈慶林一字未改地全盤接受了馬英九的提法。對此，就連不久前來我院（北京聯合大學臺灣研究院）參訪的臺灣學者趙春山等人都說：「大陸表達了極大的善意和誠意！」

其二，說兩岸簽訂ECFA，會讓臺灣「產業與資金大量西進，可能產生『反就業』效果」，讓臺灣成為大陸的「附庸」，更是無稽之談！就ECFA的具體內容而言，無非是包括了關稅減讓、排除非關稅壁壘，以及兩岸服務業的合作等等。臺灣有媒體分析說：「事實上，在兩岸簽署了ECFA之後，兩岸的產業合作可以根據雙方各自的優勢，更廣泛以及更深入的來推動。舉例來說，臺灣在文化創意產業方面以及服務業方面，有非常優秀的人力與經驗，而且長年來與國際接軌，如果能夠進入大陸的市場，將可創造另一種型式的臺灣奇蹟。又例如臺灣的面板產業，長期以來與韓國競爭，而大陸雖有廣大的家電市場，但沒有屬於自己的面板產業，如果雙方能夠合作，不僅可解臺灣面板產業之危，甚至於化危機為轉機，再創面板產業的春天」。

其實，蔡英文等民進黨人士並不是不懂得這些很淺顯的道理，但他們硬是要「睜眼說瞎話」，蓄意抹黑ECFA，欺騙臺灣民眾，不顧臺灣人民的死活，為反對而反對，目的就是想挑起島內社會的對立，搞垮臺灣經濟，拖垮國民黨馬英九政權，破壞兩岸關係的緩和發展，以便他們可以從中得利。

兩岸簽訂ECFA，島內工商界急、學界急、官員不急

主持人：在臺灣工商界的集體呼籲下，國民黨副祕書長、大陸事務部主任張榮恭以及臺灣當局安全部門祕書長蘇起都明確表示，兩岸未來簽署ECFA的政策已經定調，傾向兩岸簽署「兩岸綜合性經濟合作協定」，但臺灣政府的有些部門似乎態度並不十分積極。那麼，徐教授，民進黨反對簽署ECFA是因為意識形態作怪，為反對而反對，那麼，臺灣方面的有些行政部門為什麼好像態度也不太積極呢？

徐博東：是的！從近些日子來看，臺灣當局的有些行政部門對簽訂ECFA的確有「異聲」。比如蘇起明明向企業界下了保證，說簽訂ECFA政府已經「定調」，將會努力推動。主管經濟的尹啟銘也作了明確表態，要支持。但尹啟銘的下屬貿易部門卻顯然持保留態度；還有主管大陸事務的「陸委會」幾天前還說，簽訂ECFA「不能貿然從事」，並傳出在一次內部會議上，「陸委會」以擔心「臺灣被矮化」為由，對ECFA「猛踩剎車」的消息；這幾天「陸委會」的官員果然在要不要用英文ECFA，以及是簽訂「協定」還是「協定」，這樣一些名稱問題上打轉轉、做文章，卻不見他們用心地向臺灣民眾進行政策宣導，更談不上對民進黨的「臺獨」論調據理批評，甚至還有相互呼應之嫌！島內媒體有評論說：「臺灣目前的情況是工商界

急、學界急、官員不急」，「有關行政部門對ECFA不理解、不積極、不著急是一個基本態度」，「最大的原因，是各個行政部門缺乏共識」。而之所以會「缺乏共識」，依我看，關鍵就在於某些行政部門的官員，本身就和馬英九的理念並不完全一致，存在著一定程度的分歧。

ECFA今年難簽署，但前景樂觀

主持人：那麼，您對兩岸簽署「綜合性經濟合作協定」的前景有何展望？

徐博東：媒體報導，2月19日，臺灣海基會副董事長兼祕書長高孔廉在香港稱：「兩岸洽簽『綜合性經濟合作協定』ECFA沒有時間表，但有急迫性，需要兩岸雙方都拿出極大的誠意。」他指出，協商中將觸及一些「敏感」的領域，例如臺灣不可能完全開放農產品市場，這可能會對協商構成一些障礙。所以他主張，「現階段應該從其他雙方共同關心的問題入手，從不敏感的問題談起」。

同一天，馬英九表示：兩岸簽訂綜合性經濟合作協定（ECFA）是他競選時的政見，他當選後當然要實現，至於內容以及用什麼方式來簽，大家可以發表意見。

幾乎在同一時間點，大陸國臺辦常務副主任鄭立中也指出：兩岸簽署ECFA，需時間鋪成，累積雙方意見，三次「江陳會」暫時不會觸及簽署ECFA問題。

按照媒體報導的情況，依來看，雙方乃至內部，在不少問題上恐怕還存在分歧，還遠沒有準備好，如果沒有大的變數，今年兩岸不太可能簽署ECFA，但有可能在一些比較容易處理而又迫切需要解決的議題上先進行溝通，達成共識，簽署協定；建立更多的互信之後，下半年再看是否有可能轉入較為敏感的、困難的議題進行溝通，協商談判，至於何時才能達成共識，並最終簽署ECFA，還有待觀察。總之，以往的經驗告訴我們，兩岸之間的問題，欲速則不達，還是得「先易後難」，心急吃不了熱豆腐。但「長江畢竟東流去」，簽訂ECFA有利於兩岸合作共同應對金融風暴，有利於建設好、維護好我們中國人的共同家園，是兩岸雙贏的大好事，是大勢所趨，民心所向，民進黨再怎麼反對都沒有用，只是快些還是慢些簽訂的問題。對此，我表示樂觀！

（海峽之聲網）

陳水扁的「暗樁」給弊案判決布下懸念

2月28日上午，北京聯合大學臺灣研究院徐博東教授在海峽之聲電台《博東看兩岸》專欄直播節目中，就陳水扁弊案審理進展發表了看法並線上回答了聽眾的提問。徐博東認為，臺灣高院近日出籠的撤銷對陳水扁羈押的「裁定書」說明，對陳水扁弊案的最終判決難以讓人樂觀。

陳水扁依賴「暗樁」，死不認罪

主持人：本月24日到26日起，臺北地方法院連續3天針對陳水扁弊案召開程序準備庭，陳水扁雖然每次都按時出庭，但對所有弊案拒不認罪。徐教授，在陳鎮慧等10名被告已經認罪，甚至連陳致中夫婦都要求「認罪協商」、吳淑珍也都已經部分認罪的情況下，陳水扁為什麼還要堅持拒不認罪呢？

徐博東：陳水扁到現在還拒不認罪，我看主要是他至今還存在很大的幻想。為什麼他會有幻想？一是他評估自己在臺灣政壇、社會還有不小的政治影響力，比如說在民進黨中常會和民進黨的「立院黨團」裡，都有他不少親信。另外在地方上特別是在臺灣南部，還有不少挺扁民眾相信他，願意站出來挺他；二是陳水扁在交出政權之前，已經在臺灣檢調司法部門布下了不少

「暗椿」。他相信這些「暗椿」在關鍵時刻會起作用。所以現在他還相當自信，認為只要策略運用得當，還是有希望最終脫罪。所以到目前為止，他還像茅坑裡的石頭又臭又硬，死不認罪，硬抗。

主持人：陳水扁不但不認罪，還在臺北的地方法庭上，使出了一系列干擾法庭審理案件的做法，請問徐教授，陳水扁和他的律師團都採取了哪些手段來干擾法庭辦案呢？

一推二賴三誣陷，「下三爛」技倆干擾審理進度

徐博東：陳水扁的最終戰略目標是要脫罪，逃避法律的制裁，他採取的策略手段可以總結為六項：一是「推」，就是耍賴，把所有的罪行通通的推到他老婆吳淑珍頭上，說他什麼都不知道，都是他老婆吳淑珍瞞著他幹的。所以，即使吳淑珍已經選擇性的部分認罪，他也說跟他沒關係。扁家的如意算盤是：吳淑珍是殘疾人，又不是公務員，由她一肩扛下罪責，既容易解脫，又不必坐牢；二是「拖」，拖以待變，等待臺灣政局發生有利於他的變化，他認為這是目前最好的策略；三是把司法案件說成是對他的「政治迫害」，他是「為臺灣扛十字架」。把貪污勒索來的錢說成是「政治獻金」，洗錢則是要建立「臺獨建國基金」。他說他坐的是「巴士底獄」，煽動臺灣民眾「攻占巴士底獄」。他甚至告洋狀，在看守所裡接受英國《金融時報》的專訪，污蔑大陸指使馬英九陷害他，妄圖把扁案引向「國際化」，最好是由國際人權組織、大赦國際之類的或是有外國政要出面來為他演講；第四，就是恐嚇他的同黨同志以及案件相關被告和證人，比如說他募集到的「政治獻金」給了謝長廷兩千萬，李應元一千五百萬，其他所有選「立委」的人每人都給了一百多萬。甚至讓他的親信對外放話，說蔡英文很讓他「失望」，他坐牢跟蔡有很大關係，暗示他手中握有對蔡英文不利的資料等等。他對相關被告和證人進行恐嚇更不手軟！比如指使他的律師公布偵訊光碟，對辜仲諒、李界木和陳鎮慧等被告公開施壓。證人杜麗萍因為受到的壓力太大而自

殺未遂。他採取這些手段，目的當然是要他們通通閉嘴，不敢跟他切割，不敢站出來作證；五是「打亂仗」，拉人下水，要死大家一塊死。比如他說李登輝拿了大陸的錢兩、三億，說有光碟證明馬英九的性向有問題等等。使用這種「烏賊戰術」、「潑糞戰術」是想把水攪渾，轉移視線；第六，就是打「悲情牌」，裝可憐，博同情。他應對主審法官蔡守訓的程序準備庭，「一哭、二爆、三絕食」，都是圍繞著上面所說的策略所使用的花招。

主持人：徐教授，陳水扁的這些做法在臺灣社會產生了哪些影響呢？您認為他的這些花招會不會干擾陳水扁案情的審理進程呢？

徐博東：這個很明顯！陳水扁使用這樣下三爛的手法，應該說藍綠雙方有不同的反響。藍營方面當然對他這種做法非常不齒，但是綠營方面包括中間選民，反應並不一致，有人認為他們選出來的總統怎麼是這樣的德性！怎麼這麼賴皮！貪了這麼多錢！對他已經非常反感。當然也還有一部分人同情他，或仍然被他所迷惑，他的一些親信仍然在公開為他說話。但是總體來說，陳水扁已經在臺灣社會越來越被人看不起，挺扁的民眾，到監獄去看他的人越來越少了，說明陳水扁的這些策略雖然有些效果，但已經是強弩之末了。

主持人：那麼會不會干擾案件的審理進度呢？

徐博東：應該說這是顯而易見的。因為陳水扁的這些做法，使得法庭的審理不能順暢進行，無論進度和難度都大為增加，直到現在都無法進入實質的審理程序。2月27日臺灣「高等法院」還突然裁定，要求臺北地方法院重新審理是不是還要繼續羈押陳水扁。可以預料扁案的審理過程必然會非常的漫長，所以他的這些手法起到了一定的效果，對於干擾法庭的審理已經產生了很大的負面作用。

民進黨被陳水扁弊案綁架難於輕裝前進

主持人：非常感謝徐教授的分析。徐教授，現在有聽眾給我們打來電話參與我們的節目，我們來聽一下！

聽友：徐老師你好，我想請您給我們講講陳水扁家族弊案對於臺灣的政治、特別是對民進黨有什麼影響？

徐博東：當然，陳水扁是民進黨的代表人物，他曾經代表民進黨執政長達八年時間，還當過民進黨的主席，是民進黨的靈魂人物，雖然他已經退出民進黨，但對民進黨的影響仍然很大。那麼民進黨如果想要擺脫目前的困境，應該和陳水扁徹底切割，劃清界線，這樣的話才能改變黨的形象，重新出發。但是，由於陳水扁採取了一系列的手法，拖著民進黨很難下決心跟他切割，目前民進黨的頭面人物、中常委裡面、「立院」黨團裡面，都有他好幾個親信，經常出面挺他，為他說話，包括黨主席蔡英文在內，他們究竟和陳水扁有什麼瓜葛，外人還真是搞不清楚！這些人都在起作用，整個黨都被陳水扁所綁架，無法擺脫目前的困境輕裝前進，所以說陳水扁弊案的確對民進黨產生了非常大的負面影響。

聽友：那麼它對於民進黨在臺灣的選舉也勢必會造成影響吧？

徐博東：那當然！臺灣民眾看著民進黨對這樣貪腐的陳水扁還採取這樣同情的態度，甚至還有相當一部分民進黨的重要人物還在公開挺他，心裡面是非常不贊成的，特別是中間選民，對民進黨非常失望。這對民進黨的整體形象，黨的凝聚力，都產生了嚴重的負面影響。這樣，對後面的選舉，比如說今年底的縣市長選舉，乃至對2012年臺灣地區領導人的選舉，都非常不利。當然，目前民進黨內也有不同聲音，特別是隨著案件的逐漸明朗化，要求和陳水扁切割的聲音相信會逐漸地壯大起來。

聽友：目前民進黨對陳水扁的弊案有什麼對策？

徐博東：我看不出它有什麼對策！到目前為止就只好那麼等著看，靜候司法審判的進展情況，如果一審判決陳水扁有罪，民進黨有可能會宣布開除他的黨籍，以示劃清界線。但即使這樣，恐怕黨內仍然會有一番劇烈鬥爭。黨內的不同聲音，不同步調，蔡英文既沒有魄力和勇氣，也沒有能力來整合，所以現在黨內可以說是各吹各的號，各唱各的調。包括年底的縣市長選舉，究竟推出什麼樣的人參選，陳水扁還在幕後指揮，特別明顯的是臺南縣和臺北縣的候選人，陳水扁一直在插手，至今無法定案。所以有人說，民進黨現在有兩個中央：一個是蔡英文為首的「黨中央」，另一個是在臺北看守所的「扁中央」，兩個中央在較勁。

聽友：那會不會造成民進黨內部的瓦解和力量的分散呢？

徐博東：力量分散是肯定的，至於會不會分裂瓦解，目前還看不到這樣的趨向，但是至少是把民進黨、把綠營的力量給分散了，沒有辦法擰成一股繩，共同來和國民黨競爭。

聽眾：24～26號三天審理時間已經很長，但是陳水扁還是使用以前的策略，最後審理也沒有結果。請問徐教授，以後臺灣當局司法部門會採取什麼措施來應對陳水扁「能拖則拖」的做法呢？

徐博東：陳水扁採取這樣的策略，臺灣法律部門也不會坐視不顧。這幾天主審法官蔡守訓順應了陳水扁「拖」的做法，給其充分的發言機會，陳水扁的律師在法庭上輪番念起訴書的內容，一念就念好幾個鐘頭，主審法官也不予制止，就是讓他把話說盡，做到「仁至義盡」。而且，程序準備庭為此可以一次一次地開，直到問題搞清楚，再進入正式審理和相互詰問階段。看來蔡守訓對審理扁案很有耐心，胸有成竹，充滿自信。陳水扁「拖」的策略和他想要早日解除羈押的目的是相互矛盾的，因為在這種情況下，案件的審理會變得冗長，但是陳水扁已經習慣了前呼後擁、養尊處優的生活，一直被羈押在看守所裡當然很難忍受。蔡守訓充分利用了扁的這一心態，因此，這種做法其實對陳水扁本人是非常不利的。

聽眾：也就是說，陳水扁自己也是拖不起的。

徐博東：是的，外界說他的判斷力已經開始下降，身心也十分疲憊，甚至精神上都已經出了問題。

陳水扁「暗樁」關鍵時刻起作用

主持人：一連三天，陳水扁和他的律師團在法庭上是一再申請解除羈押，那麼在26號下午，主審法官蔡守訓突然中止了程序準備庭，而改開羈押庭。但是經過檢辯雙方的攻防，還是決定將陳水扁繼續羈押在臺北看守所，等待合議庭作出決定是否延壓，陳水扁大失所望。不過在27號上午，臺灣高院突然做出裁定，認為羈押陳水扁的理由已經不復存在，發回臺北地院重審。那麼徐教授，您判斷臺北地院重審會解除對陳水扁的羈押嗎？另外，您能否對陳水扁案件的審理進程做一下預測？

徐博東：根據我對主審法官蔡守訓的觀察，實際上他接此案已有兩年時間，在審理國務機要費案時，蔡守訓已經領教了陳水扁耍賴的手段，所以我在這裡大膽判斷，蔡守訓對於扁案究竟應該如何判？早已經有了「心證」，只不過現在要按規定走完法律程序。同時我也認為，蔡守訓不會輕易解除對陳水扁的羈押。但是陳水扁的律師團肯定還會繼續抗告，根據臺灣以往的案例，有些抗告甚至可以達到五六次之多。陳水扁的親信、急「獨」派勢力還會不斷地施加壓力，特別是蔡的頂頭上司高院的撤銷羈押裁定，將對蔡守訓構成非常大的壓力。他能不能頂得住？在沒有進入實質審理階段就解除對陳水扁的羈押，這就很難說了。另外，即使臺北地院一審判決陳水扁有罪，那麼二審、三審會是什麼結果也很難說，因為地方法院判完後二審要待高等法院來審，而高院最新出爐的撤銷羈押裁決書，顯然對陳水扁非常有利的，不僅全盤否定了特偵組、臺北地院蔡守訓合議庭的法律見解和對扁珍犯罪的事實認定，甚至與一個月前同是高等法院的另一組合議庭的對扁羈押裁定書南轅北轍，有天壤之別。可見陳水扁在高院布下的「暗樁」，果然在關鍵時刻起了作用！所以，二審、三審就要看在高院會碰上什麼樣的主審法官，如果恰好碰到陳水扁布下的「暗樁」，那判決就很難讓人樂觀。以前，我對扁案的最終判決一直表示樂觀，但現在我不能不轉趨審慎，不再敢打包票了！不過，如果真的碰上「暗樁」，並膽敢宣判扁珍無罪釋放，那麼臺灣政壇、社會必將頃刻大亂，這倒是不難預料的！

（海峽之聲網）

臺籲「外交休兵」，大陸間接配合

香港《文匯報》北京3月4日報導：收買、利誘、挑釁，曾幾何時，「金援外交」、「烽火外交」在臺灣曾是醜聞不斷，一再上演。而如今，如何與大陸實現所謂的「外交休兵」，已成為馬英九上台後臺媒的熱點話題。徐博東指出，大陸不可能公開表態支持臺灣方面提出的所謂「外交休兵」，但會有原則地在一定程度上予以配合，並且實際上也正在這麼做。

「邦交國」欲與大陸發展關係

徐博東說，如果大陸沒有誠意開創兩岸和平發展新局面，近半年來，大陸恐怕至少已經挖走了臺灣2、3個「邦交國」。說得更準確一點，不是大陸主動要去「挖」臺灣的所謂「邦交國」，而是這些國家基於自己的國家利益考慮，急於要與大陸發展關係，但大陸方面顧及兩岸關係大局，都回以「戒急用忍」而婉言勸阻了，表現了對臺灣方面的極大善意和誠意。這點臺灣執政當局應當心知肚明。

臺參與國際組織宜以個案解決

至於臺灣參與國際組織及其活動問題，徐博東認為，一是要在不傷害一中原則的前提下合情合理地來處理這個問題；二是不可能採取綜合解決的辦法，可以視不同性質和不同情況，以「個案」方式逐步加以解決。他建議，兩岸相關學者可先溝通對話，進行個案研究，在建立共識和增強互信的基礎上，分清不同性質，按照輕、重、緩、急的先後順序，妥善處理，逐步解決，但絕不能在國際上造成「兩個中國」或「一中一臺」的局面。

具體到臺灣參與世界衛生組織問題上，徐博東認為，要先從簡單容易的做起。他說，前段時間，臺灣已被納入世衛條例的運作體系，今年5月，臺灣有望以「中華臺北」名義作為「觀察員」身分參與世衛大會。但未來臺灣要加入世衛，就涉及到世衛章程是否允許等問題，這就不僅需要兩岸之間進行協商，還需要與世衛組織等方面進行溝通與協商。徐博東認為，這在短期來看，時機還不成熟。

（文匯報）

分三步走，建構兩岸和平發展框架

《文匯報》北京3月4日報導：從連戰的「破冰之旅」到海協、海基兩會的歷史性復談，從大陸居民赴臺游到兩岸實現「大三通」。近年來，兩岸關係呈現出一系列可喜變化。但知名臺灣問題專家徐博東提醒說，絕不能認為兩岸關係和平發展就能自然而然地走向統一，如果沒有和平統一這一奮鬥目標和相關理論來指導，結果可能就是永遠維持現狀，甚至走向和平分裂和「臺獨」。

結束敵對狀態　建立軍事互信

徐博東表示，兩岸關係和平發展是兩岸邁向和平統一的必經之路，但他對當前兩岸是不是已真正進入和平發展軌道仍存在疑問。他說，兩岸還尚未宣布結束敵對狀態，還沒有建立軍事互信機制，導彈還在相互瞄準對方，雙方的互信基礎還十分脆弱。

徐博東認為，準確冷靜地評估當前的兩岸關係，可說是仍屬於「和平發展的初期階段」，未來兩岸應由易到難、分三步走建構兩岸和平發展的框架：

一是協商談判後公開宣布結束兩岸敵對狀態，對歷史、對國內外有個明確交待。這一步現在就可以做。

二是在宣布結束敵對狀態、在進一步增加互信的基礎上，兩岸協商簽署軍事互信機制。這一機制涉及面很廣，應涵蓋導彈部署、軍演相互透明化、軍事人員交流、共同維護中國領土和領海主權完整，還有臺灣要不要繼續購買美國武器等多項內容。

三是轉入兩岸和平協定的協商與簽訂，建立更高層次的互信，真正建立起兩岸和平發展的框架。

須以和平統一為最終目標

那麼，兩岸簽署和平協定後，是否會令兩岸統一問題無限期拖下去呢？對此，徐博東表示，前兩步，由於目前在島內執政的國民黨當局承認「九二共識」，可以相對比較容易達成，但第三步只靠「九二共識」是不夠的，因為兩岸目前對「九二共識」有不同理解和解讀，作為最高層次的和平協議是容不得半點模糊的。如果兩岸要簽署和平協議，其中必須明確寫入「兩岸同屬一個中國」和「兩岸和平發展的終極目標是實現國家統一」這兩項重要內容，否則將可能導致兩岸目前的分裂現狀長期化、合法化和固定化。

「一中」是兩岸和平發展底線

但徐博東同時加重語氣提醒說，「從短期來講，我看不出臺灣方面有膽識寫入這兩點。」

徐博東認為，作為最高層次的兩岸和平協定的簽訂，並不是一件容易的事情，需要兩岸扎扎實實地做工作，關鍵是要轉變臺灣的主流民意，把被李登輝主政12年、陳水扁主政8年搞亂了的臺灣民眾的國家認同觀念重新糾正過來，這需要經過長期的努力才能水到渠成。

至於兩岸關係和平發展的底線問題，這位知名專家強調指出，兩岸關係和平發展，「一中」是政治基礎，沒有「一中」的前提，兩岸就不能最終實現和平統一。「絕不能認為兩岸關係和平發展就能自然而然地走向統一，如果沒有和平統一這一奮鬥目標和統一的理論來作指導，結果可能就是永遠維持現狀，甚至走向和平分裂和臺灣的獨立。」

徐博東提醒，兩岸關係和平發展，並不意味著未來兩岸關係不再存在變數。由於目前還看不出民進黨有放棄「臺獨」的可能，而日後藍營是否還會像2000年那樣再次出現分裂而導致綠營重新上台執政？「臺獨」勢力是否還會挑起重大事變？這些都很難準確預料。

大陸並無統一時間表

在被問及大陸是否有統一時間表時，徐博東表示他相信沒有時間表這一說。他認為，在和平統一目標指導下的兩岸和平發展究竟需要走多長時間，不是人的主觀意志可以決定的，要視乎兩岸的共同努力和國際形勢的發展變化，特別是中美實力的此消彼長。

徐博東說，說到底臺灣問題是中美兩國之間的實力較量問題，就如同香港問題的最終解決是中英之間的實力較量的結果是一樣的。美日一直擔心兩岸統一，對臺灣問題的干涉仍然很多很深，而中國的實力與美日相比還有很大差距。但徐博東也充滿自信地強調，近期的全球金融海嘯再次說明：時間將站在中國的一邊！

（文匯報）

大陸提ECFA，先商石化紡織

——本報專訪臺灣問題專家徐博東：兩岸經合宜「先易後難」

且不論最終的名稱是叫ECFA（綜合性經濟合作協定）還是其他，兩岸到底要不要簽訂經濟合作協定？如果簽，是分步走、還是要一步到位？已成為當前島內最熱門的議題，同樣也在北京的兩會成為熱點。知名臺灣問題專家徐博東接受本報專訪時指出，現在的困難和問題主要在臺灣方面，大陸則對此早已深入研討和評估，並形成了一定共識。他認為，兩岸要在短期內就經貿合作達成綜合協議並不現實，雙方可以本著「先易後難、循序漸進」原則，先就臺灣迫切需要解決的石化、紡織等議題，達成一些單項協定。

早在ECFA提出之初，島內藍綠陣營間就已開始了一場激烈爭辯。這其中，既有臺灣工商界的大聲疾呼，也能聽到綠營泛政治化的強烈質疑。有藍營人士主張，「越快簽越好」。但綠營方面就批評ECFA「出賣臺灣」，將臺灣「香港化」。對此，徐博東表示，綠營說法簡直是無稽之談，雖然ECFA與CEPA只有一個字母之差，但卻差別巨大。事實上，ECFA接近於FTA（自由貿易協定），但迴避了敏感的政治議題。

綠營將經濟問題泛政治化

他批評說，「臺灣有些人並不是真糊塗，而是要雞蛋裡頭挑骨頭，是不顧臺灣企業和民眾的利益，人為地將經濟問題泛政治化。」

事實上，兩岸協商簽署ECFA一事最早由馬英九去年4月在競選臺灣總統期間提出。當年12月，全國政協主席賈慶林和中共中央總書記胡錦濤對此先後做出積極回應。胡錦濤在紀念《告臺灣同胞書》發表30週年的座談會上明確表示，兩岸可以為此簽訂綜合性經濟合作協定，建立具有兩岸特色的經濟合作機制，以最大限度實現優勢互補、互惠互利。

回應馬政見，大陸顯誠意

徐博東認為，馬英九的當選說明大多數臺灣民眾是接受馬英九的主要經濟政策取向的，而大陸方面是看到了臺灣的困難，急臺灣之所急，才接受了馬英九的提議，展現出了極大的誠意和善意。

徐博東指出，通常來講，只有經嚴謹評估之後，大陸方面才有可能由胡錦濤出面來回應馬的政見。所以，在兩岸簽署ECFA問題上，目前大陸方面的問題應該不會太大。「只要對臺灣有利的，大陸都會努力去做，而且會盡量做好。現在主要的問題在臺灣方面，ECFA不僅被綠營泛政治化，即使在藍營和馬執政團隊內部，恐怕也尚未完全達成共識。」

三年達成ECFA較可行，淺入深防「過敏」

鑒於全球金融危機衝擊下臺灣經濟狀況的日趨惡化，島內六大工商團體不久前發出聯合聲明，催促馬英九當局盡速與大陸簽署ECFA，並藉此能分享大陸與東盟（10+1）合作平台。一些人士甚至預言，若不簽訂協定，將迫使島內廠商外移、產業空洞化，失業加劇，臺灣將徹底陷入被邊緣化境地。

徐博東認為，儘管臺灣工商界和學者很著急，但相信臺灣內部要真正就此達成共識還需要一段時間。「當然，一個政策的推動不可能讓全社會都同意，也需要政策推動者的魄力和膽識。政策推動者要向民眾進行宣傳說明，爭取多數民眾的理解與支持。」

至於未來如果兩岸簽署ECFA，會包括哪些內容，是要分步走、還是要一步到位，徐博東表示，ECFA是一項複雜的系統工程，很難一下子就全部達成共識，其中有些內容可能相對簡單容易，但有些就敏感複雜，雙方的利益都要顧到，所以兩岸需要先易後難，先在一些方面取得成效，以培養更多的互信和爭取更大的支持，然後再轉向比較困難和敏感的問題。

明年1月，大陸與東盟間進口關稅率在10%以下項目將有望隨著一體化而全部降至零。2012年，臺灣出口的兩個最大對手日本與韓國，也有望納入這一框架之中，全面享受關稅日漸歸零的好處，而臺灣的相關產品，卻可能還要被課以至少6%以上的關稅，這無疑會令臺灣產品的競爭力大大下降，使臺灣經濟雪上加霜。

徐博東認為，兩岸今年年內可能先就臺灣迫切需要解決的石化業、紡織業、機械業等關稅議題，達成一些單項協定，但要一下子達成綜合協定目前還不成熟。

兩岸經合　對臺大利多

此前，臺灣方面曾有官員提出兩岸三年達成ECFA的願望。徐博東認為，期以三年是比較現實的。他說，ECFA涉及到臺灣擺脫經濟困境問題，但同時也是欲速則不達。兩岸在未來談判中可能還會遇到其他事先預想不到的變數和分歧，畢竟兩岸間政治結構性矛盾並沒有得到根本解決，一旦接觸到具體問題可能就會暴露出來。

徐博東強調，臺灣的市場畢竟太小，臺灣企業的發展受到很大限制，與大陸進行經濟整合對臺灣而言將是大大利多，否則臺灣企業在中日韓與東盟關稅以及更多經貿互惠的大框架下，難免會被邊緣化，甚至可能受到災難性打擊。

（文匯報）

蔡英文呼籲馬英九「特赦」陳水扁是弄巧成拙

海峽之聲網訊（億鋒、柏松、張自芳、車璐）民進黨主席蔡英文日前表示，馬英九應該對陳水扁家弊案做適當處理，好好考慮包括特赦陳水扁在內的各項處理措施的可能性，以避免陳水扁案變成社會對立的爆發點。這是蔡英文首次呼籲馬英九特赦陳水扁。

對此，北京聯合大學臺灣研究院徐博東教授指出，所謂「特赦」，只有在已經犯罪的前提下，才能用「特赦」的辦法來處理。蔡英文要求馬英九特赦陳水扁，實際上等於承認陳水扁已經犯罪了。

……（略）

徐博東教授認為，蔡英文這種表態是病急亂投醫弄巧成拙。因為「特赦」的說法等於承認陳水扁有罪，這和挺扁民眾的看法是不一致的。最後民進黨的發言人只好出來圓場，說這不是民進黨的共識，那就等於說是蔡英文個人的意見了。所以，蔡英文這次表態實際上是對蔡英文個人威信是一個打擊。蔡英文以後可能不會再提「特赦」這個事了！

（海峽之聲網）

高調邀請呂秀蓮，大陸釋出重大政策調整資訊？

北京聯合大學臺灣研究院徐博東教授3月7日在海峽之聲電台《博東看兩岸》專欄直播節目中發表看法，認為溫家寶總理在政府工作報告中沒有像往年一樣重申堅持「和平統一、一國兩制」的基本方針，頗值得玩味。這是否意味著大陸釋出了一個重大資訊：未來兩岸政治性議題的接觸交流，包括「一國兩制」統一模式的「提法」在內，願意聽取臺灣方面的不同意見，預留了討論空間？此外，全國政協臺聯組近日高調邀請呂秀蓮參訪大陸，這是否意味著大陸釋出了另一個重大資訊：將大幅開放綠營人士到大陸參訪，擴大和加強與綠營人士的接觸、溝通與交流？這一重要措舉，猶如投下了一顆「震撼彈」，必將對綠營、對島內政局乃至兩岸關係產生重大影響。

溫總理報告的「變」與「不變」

主持人：徐教授，您好！3月5日，在國務院總理溫家寶一年一度的全國人大政府工作報告中因為沒有反對「臺獨」等字眼引起境內外輿論的高度關注。請您分析一下今年政府工作報告中的涉臺內容與往年相比有哪些相同點與不同點？

徐博東：先說「不同點」。首先，今年溫總理報告與往年報告的一個最大的不同點，也就是海內外各方面都注意到了的，報告中沒有使用反對「臺獨」的字眼。前幾年的政府工作報告在談到臺灣問題時，反對「臺獨」是其中必不可少的重要內容。例如：2006年報告中溫總理表示：「反對『臺獨』分裂活動決不妥協」；2007年則表示：「堅決反對『臺灣法理獨立』等任何形式的分裂活動」；去年措辭更加強硬，溫總理在報告中三次提到反對和遏止「臺獨」。一次是在談到「港澳臺工作和外交工作」時提出：「堅決反對和遏止『臺獨』分裂活動，捍衛國家主權與領土完整，維護臺海和平」；另兩次則出現在報告即將結束時，溫總理再次強調：「堅決反對『臺獨』分裂活動，絕不允許任何人以任何名義任何方式把臺灣從中國分割出去」。

之所以會有這個重大變化，原因很簡單：自去年5月臺灣政權更迭、國民黨重新上台執政後，「臺獨」勢力遭受重創，「反獨遏獨」鬥爭已經取得了重大勝利，兩岸關係發生了轉折性的重大變化，兩岸「統獨矛盾」已退居為次要地位，臺海局勢已渡過了「危險期」。因此，今年對臺工作的重心很自然地也隨之作出重大調整，從前幾年的「反獨遏獨」，轉向推動兩岸關係的和平發展。「兩岸猿聲啼不住，輕舟已過萬重山」，儘管「臺獨」勢力不甘心失敗，仍在不斷「嗆聲」，搗亂破壞，但兩岸關係和平發展的時代潮流已然勢不可擋！

其次，溫總理的報告沒有像往年一樣，重申「堅持『和平統一、一國兩制』的基本方針」，而代之於：「我們要繼續堅持發展兩岸關係、促進中國和平統一的大政方針。」和「要在一個中國原則的基礎上，努力增強兩岸雙方政治互信。」眾所周知，總理的政府工作報告一向字斟句酌、反覆推敲，所以這一變化絕非偶然，頗值得玩味！這是否意味著溫總理的報告釋出了一個重大資訊：依照「在一個中國原則的基礎上，什麼問題都可以談」的政策精神，以及考慮到「一國兩制」統一模式的「提法」在島內已經被「妖魔化」，未來兩岸政治性議題的接觸交流，包括「一國兩制」統一模式的「提法」在內，願意聽取臺灣方面的不同意見，可以進行深入探討，預留了討論空間？從而展現出了前所未有的極大包容性。

當然，還可以舉出好幾個不同點，但我個人認為以上兩點最為重要，也最為關鍵。

再說相同點。與往年相比，溫總理報告的最大「相同點」，或者說始終不變的內容有以下四點：一是堅持「一個中國原則」不變，也永遠不可能變；二是「繼續堅持發展兩岸關係，促進中國和平統一的大政方針」不變；三是堅信「中國完全統一、中華民族偉大復興」的目標一定能夠實現，從未動搖，從未改變；三是關心愛護臺灣同胞，一心一意為臺灣同胞謀福祉的善意和誠意始終不變。事實上，不管兩岸關係如何風雲變幻，這四個「不變」，都始終貫穿在歷年來全國人大的「政府工作報告」中，只是在用詞上略有變化而已。

以上所說的「變」與「不變」，充分說明了大陸的對臺工作，既堅持一貫的原則立場和政策的穩定性，同時又與時俱進，依據形勢的發展變化不斷地調整政策和策略，具有很大的靈活性。

臺灣參加WHA問題，今年有望解決

主持人：每年政府工作報告中的涉臺內容都是中央對臺政策以及兩岸關係的風向標。那麼，透過這份報告，我們應該如何解讀09年中央對臺政策呢？另外，您對09年的兩岸關係有哪些展望？

徐博東：2009年中央的對臺政策，在溫總理的政府工作報告中已經講得非常清楚，非常明確了。他說：「在新的一年裡，我們要繼續堅持發展兩岸關係，促進中國和平統一的大政方針，牢牢把握兩岸關係和平發展的主題，積極建構兩岸關係和平發展框架，努力開創兩岸關係和平發展新局面。」當然，這是從宏觀上來講的。從中我們可以抓住以下幾個關鍵字，即：堅持——促進——建構——把握——開創。

具體來講，2009年中央的對臺工作重點是：「繼續全面加強兩岸經濟合作，共同應對金融危機」。這部分內容占去了報告中涉臺工作部分將近小一半的篇幅，可見是「重中之重」。其具體措施：一是「積極推進兩岸金融合作，支持在大陸的臺資企業發展，對符合條件的提供融資服務，鼓勵企業自主創新和轉型升級」；二是「加強兩岸雙向投資和產業合作，拓展和深化農業合作」；三是「支持海峽西岸和其他臺商投資相對集中地區的經濟發展」；四是「加快推進經濟關係正常化，推動簽訂綜合性經濟合作協定，逐步建建立具有兩岸特色的經濟合作機制」。十分具體務實，其中有不少措施正在努力做，或正在積極醞釀推動之中。

其次，2009年中央對臺工作的另一重點是：「加強兩岸人員往來，擴大社會各界交流，大力弘揚中華文化，鞏固兩岸精神樞紐」。其中，擴大和加強與民進黨和綠營人士的交流與接觸，應是可以預見的重要措舉。

再次，「在一個中國原則基礎上，增強兩岸政治互信，並在此基礎上通過協商對臺灣參與國際組織活動問題作出合情合理安排」；「探討兩岸政治、軍事問題，為結束敵對狀態、達成和平協定創造條件」。由此可以推斷，有關臺灣參加WHA的問題、軍事互信機制問題及其他一些較低層次的政治性議題，今年有望提到議事日程上來進行研究和探討，一些難度較小的問題有可能達成共識，乃至得到解決（例如臺灣參加WHA的問題）。這樣一來，兩岸關係發展，勢將步入「以經濟交流合作為主，政治與軍事問題探討為輔」的新階段，從而為日後向更高層次的政治與軍事問題（例如結束敵對狀態、建立軍事互信機制、達成和平協定）的協商談判打下基礎，創造條件。

下半年「江陳會」，不排除兩岸達成經濟合作框架性共識

主持人：溫家寶在政府工作報告中再次提到將「推動簽訂兩岸綜合性經濟合作協定，逐步建立具有兩岸特色的經濟合作機制」。對此，馬英九辦公室發言人王郁琦回應表示，兩岸如能夠持續釋出善意，對兩岸關係往和平方向邁進應該有幫助。馬英九6日也表示希望把「兩岸經濟合作架構協議」納入第三次江陳會討論。那麼，徐教授，馬英九所提出的「兩岸經濟合作架構協議」與「兩岸綜合性經濟合作協定」究竟是中文提法的不同還是有內涵上的區別？另外，您是如何看待第三次江陳會納入兩岸綜合性經濟合作協定話題的可能性的？

徐博東：我個人認為，所謂「兩岸經濟合作架構協議」與「兩岸綜合性經濟合作協定」，在性質上和內涵上並沒有多大區別。如果硬要說有什麼區別的話，前者強調的是「合作架構」，而後者則主要強調「綜合性」。似乎前者有「分步走」的意思，而後者則容易給人予「一步到位」的感覺。以此觀之，我以為馬英九的新提法——「兩岸經濟合作架構協定」，似乎更為確切，更具可操作性，也更有利於爭取島內輿論的理解與支持。

至於今年上半年的第三次「江陳會」，根據最新資訊，我個人判斷有望就這一議題進行初步的意見交換，簽訂協定恐怕是來不及操作了。而在下半年的第四次「江陳會」中，不排除會達成某種框架性共識，並在一些較為緊迫而又相對容易處理的問題上簽訂協定。

高調邀請呂秀蓮參訪，大陸釋出重大政策調整資訊？

主持人：在全國政協會議中，我們還注意到全國政協臺聯組與呂秀蓮也有一番互動。針對呂秀蓮有以「玉山午報」創辦人的身分訪問大陸想法，全國政協臺聯組前天主動釋出訊息，表示大陸歡迎呂秀蓮以「午報社長」身分訪問大陸，全國臺聯或臺灣同學會將出面接待。徐教授，根據你長期以來對民進黨的觀察研究，您對呂秀蓮方面和全國政協臺聯組這種一來一

往的呼應是如何看待的？

徐博東：這是一個值得充分肯定的事情！對兩岸關係而言，這絕對是正面發展的大好事！這一現象，或者說這一最新動向，至少說明了以下兩點：

第一，兩岸關係發展的新形勢，以及民進黨當前所面臨的困境，正在促使民進黨內像呂秀蓮這樣還算比較理性務實的政治人物深入思考：究竟應該怎樣做才最符合他們的最大利益？繼續抱殘守缺，與大陸對抗？抑或有新思維、新對策，放下意識形態偏執，與大陸接觸交往，和國民黨爭奪兩岸關係發展的主導權，從而走出困境，找到一條新的出路？實際上，民進黨內有不少人內心正在痛苦掙扎，也有一些民進黨重要人物經常訪問大陸，只是他們一般都很低調，縮頭縮腦，不敢曝光，而呂秀蓮的性格一向「我行我素」，政治生涯也已到達頂點，沒有了包袱，這使她敢於敲鑼打鼓公開表示願意訪問大陸。我以為，無論呂秀蓮最終能否成行，都說明了近一段時間以來，大陸對民進黨等綠營人士持續釋出的善意和誠意，已經初見成效，得到了回報。

第二，全國政協臺聯組前天公開主動釋出訊息，表示大陸歡迎呂秀蓮以「午報社長」身分訪問大陸，並將由全國臺聯或臺灣同學會出面接待。對如此重大而敏感的政治問題，回應如此之快，如此具體，前所未見，應是官方的刻意安排，決非兒戲。再聯想到不久前國臺辦發言人范麗青對這一問題的明確表態，這是否又透露出另一個重要資訊：大陸方面將大幅開放綠營人士來大陸參訪，加強與綠營人士的接觸、溝通與交流，以期努力化解綠營人士對大陸的誤解與敵意。這一重要措舉，猶如投下了一顆「震撼彈」。呂秀蓮是綠營具指標性的政治人物，如能成功訪問大陸，必將為日後綠營人士公開訪問大陸打開一個大的突破口，這勢必對綠營、對島內政壇乃至對兩岸關係發展產生巨大和深遠的影響。

對此，目前綠營內部已經產生分歧，務實派支持呂出訪，深綠則強力反彈。呂秀蓮能否成行？無非有三種可能：一是像當年謝長廷擬訪問廈門一樣，面對深綠派的強大壓力，知難而退；二是「我行我素」，頂住壓力，毅然出訪；三是綠營內部經過一番爭論之後，務實派占據上風，支持呂秀蓮出訪，這對於民進黨改變政黨形象，擺脫困境，無疑是一個絕好的機會。但依據最新情況判斷，民進黨繼續被深綠所綁架，務實派聲勢微弱，不成氣候，黨主席蔡英文更缺乏膽識和魄力！因此，第一種可能性已變得越來越大。果真如此，這絕對是民進黨的重大損失，當然，也是兩岸關係發展的一個損失！

主持人：感謝徐教授。我們的節目進行到這裡，我們來接進熱線電話來聽一下兩岸聽眾有哪些關心的問題想要和我們的徐教授來一起探討。首先，我們接進來的是一位臺灣吳先生的電話。

臺灣聽友：第一個問題是：以目前來講，臺灣的老百姓究竟對大陸能釋放出的旅遊資源的部分上，我們老百姓何時能夠感受得到這部分所帶給臺灣人民的實實在在的利益？第二個問題：呂秀蓮能代表《午報》的業者身分去參訪，同樣的大陸會不會也同樣歡迎像謝長廷、蘇貞昌這樣曾經高唱「臺灣主權」的政治人物去大陸交友訪問？

徐博東：第一個問題，就各方面報導看到，應該說大陸開放對臺灣的旅遊市場已經有相當一部分臺灣民眾得到了實惠。大陸遊客赴臺從最初每天只有二三百人已經發展到現在的一千多人。大陸和臺灣兩邊旅遊部門正在進一步加強各方面措施，包括安利（中國）日用品有限公司的「萬人團」，在昨天已由海陸空三個方向向臺灣進發，據估算此行在臺灣的直接消費可超過6億元新臺幣。而且前兩天前國家旅遊局副局長張希欽，也在全國政協會上發表意見說，北京不是「萬人團」，而是要組織「百萬人團」遊臺灣！據他估算，北京推出「百萬人遊臺專案」，可為臺灣帶來500億元新臺幣的大商機，旅遊、觀光及零售業者都將直接受惠。所以，隨著兩岸旅遊部門的進一步努力，我想會逐步增加大陸遊客到臺灣旅遊的數量。當然臺灣方面還要進一步改進他們的旅遊設施和有關措施，吸引到更多的大陸遊客到臺灣去訪問。這樣的話臺灣各個方面民眾的切身利益將會逐步的更強烈的感受到。目前人數還比較少，所以許多臺灣民眾感受還不夠深。

第二個問題，關於蘇貞昌、謝長廷甚至蔡英文，我認為只要是以適當的身分來參訪，觀光旅遊、探親訪友也好，尋根問祖也好，大陸方面都會積極的熱情的歡迎。至於說他們過去說過什麼，做過什麼，從事過什麼活動，那都不是什麼問題，呂秀蓮過去說得少嗎？做得少嗎？只要現在有誠意與大陸交往，願意為推動兩岸關係和平發展出力，大陸都會不計前嫌，熱忱歡迎，這一點大陸方面的政策一向很明確。呂秀蓮以《玉山午報》創辦人的身分來大陸，這就是一個很好的身分。當然，如果像有些人主張的非要用什麼臺灣卸任「副元首」的身分，或者揚言要到大陸來召開國際記者會，鼓吹「臺獨」，那就不是來做客、來和解的，而是來吵架的了。我相信，大陸同胞包括廣大臺灣同胞，對這樣的沒有誠意來做客的做法，都不會表示贊成。

主持人：非常感謝徐教授回答這位來自臺灣吳先生的兩個問題。下面我們接聽一位來自福建聽眾朋友的電話，聽聽他有什麼樣的問題想要和徐教授進行探討。劉先生，您好，您有什麼問題要和我們探討？

大陸聽友：徐教授我是您節目的忠實聽眾，我有兩個問題想請教您一下。溫總理在政府工作報告中講到，探討兩岸政治、軍事問題，為結束敵對狀態、達成和平協定創造條件，那麼我的第一個問題是，如果結束敵對狀態，達成了和平協定後，將對臺海局勢帶來什麼樣的影響？

徐博東：溫總理的報告，他講是「為結束敵對狀態、達成和平協定創造條件」。今年在這方面我想只是對這兩個問題，包括軍事問題進行研究和探討的初級階段，還談不上達成這個方面的共識，至於簽訂和平協議則更是比較遠的事情了，目前條件還不成熟。當然，如果兩岸能夠宣布結束敵對狀態，建立軍事互信機制，達成和平協議和平，那麼兩岸關係和平發展的框架就可以說已經扎扎實實的建立起來了，這將是兩岸關係發展的重大突破，同時中國和平統一也將邁出最重要的、關鍵的一大步。到那時，整個臺海地區將會真正實現和平穩定，這對兩岸各方面的進步與發展都是極大的利多，對世界和平也將做出重大貢獻。

劉先生：第二個問題，我想請教您一下，溫總理在報告中說通過協商對臺灣參與國際組織活動問題作出合情合理安排，您個人認為哪些是合情合理的安排？

徐博東：參加國際組織不光是兩岸協商就能解決的問題，因為涉及國際組織的章程是怎麼規定的，還有參與這些國際組織的其他國家的態度如何。現在馬英九在這方面的政策比較理性務實，和大陸進行探討、協商，爭取大陸方面的同意與支持。如何才叫「合情合理」？比如說臺灣以「中華臺北」的名義和以「觀察員」的身分參與世界衛生組織大會（即WHA），這應該就是一種「合情合理」的安排，這樣難度會比較低一些，我評估今年5月會有所突破。但是如果要加入WHO，也就是說要成為世界衛生組織正式成員的話，那就涉及到世界衛生組織章程是不是要求必須「主權國家」才能參加的問題了。所以，臺灣如何參與國際組織及其活動，應當要區分不同性質、不同的類別，由兩岸學者先進行深入探討，看哪些組織可以加入？哪些組織不可能加入？前提是不能在國際上造成「兩個中國」或「一中一臺」。至於涉及到章程的修改，那是非常困難的事情，臺灣方面應該理性務實，不能一味責怪大陸，蓄意誤導臺灣民眾。這種合情合理的態度，充分展現了大陸對臺工作的新思維，臺灣執政當局和臺灣民眾也都已經感受到了大陸的誠意和善意。

（海峽之聲網）

兩岸簽經合協議　徐博東：今年可望達共識

北京涉臺學者徐博東分析，由今年的中國政府工作報告可看出，臺灣加入WHA的問題今年有望展開探討，而兩岸簽訂經濟合作協定一事也不排除在年內達成框架性共識。

中國總理溫家寶5日在全國人大會議發布2009年中國政府工作報告。北京聯合大學臺灣研究院教授徐博東日前對媒體分析報告中涉及臺灣的政策走向。

報告提到，「在一個中國原則基礎上，增強兩岸政治互信，並在此基礎上通過協商對臺灣參與國際組織活動問題作出合情合理安排」以及「探討兩岸政治、軍事問題，為結束敵對狀態、達成和平協定創造條件」。

徐博東分析，由此可推斷，有關臺灣參加世界衛生大會（WHA）、軍事互信機制，以及其他較低層次的政治性議題，今年有望提到議事日程進行研究與探討。

徐博東強調，「一些難度較小的問題有可能達成共識，甚至獲得解決。」

他表示，如此一來兩岸關係發展勢將步入「以經濟交流合作為主，政治與軍事問題探討為輔」的新階段，進一步為日後邁向更高層次政治與軍事問題的協商談判打下基礎並創造條件。

此外，溫家寶在報告中再次提到將「推動簽訂兩岸綜合性經濟合作協定，逐步建立具有兩岸特色的經濟合作機制」；而馬英九總統則在稍後表態盼將臺灣提出的「兩岸經濟合作架構協定」排入第3次「江陳會」。

對此，徐博東認為，根據最新資訊，上半年登場的第3次「江陳會」有望就兩岸經濟合作議題初步交換意見，但要簽訂協定恐怕來不及操作了。

但是他判斷，下半年舉行的第4次「江陳會」中，則不排除在兩岸經濟合作協定上達成某種框架性共識，並在較為緊迫而又相對容易處理的問題上簽訂協定。

對於臺灣提出的「兩岸經濟合作架構協議」與北京所指的「兩岸綜合性經濟合作協定」，徐博東表示，這兩項協議在性質與內涵並無多大區別。他說，「如果硬要說有什麼區別的話，前者強調的是合作架構，而後者主要強調綜合性。似乎前者有『分步走』的意思，而後者則容易給人『一步到位』的感覺。」

（中國時報、中央社）

馬「政府」挑起爭議很不妥

3月14日是全國人大常委會高票通過《反分裂國家法》4週年，北京聯合大學臺灣研究院徐博東教授在海峽之聲廣播電台《博東看兩岸》下午版節目中就馬英九當局批評大陸制定《反分裂國家法》認為，馬「政府」主動挑起爭議很不妥。

徐博東開始還以為，經過4年來的風風雨雨，當年曾經高調反對大陸制定《反分裂國家法》的馬英九先生，應該對這一觸碰到兩岸關係敏感神經的事情會仔細拿捏，慎重處理。他在昨天上午還信心滿滿的在海峽之聲《博東看兩岸》專欄節目中作此樂觀預測。不料上午版節目剛剛下來，上「中國評論新聞網」瀏覽新聞，才知道他的預測大失準頭！

「馬政府」發言人昨天上午主動召開記者會，批評大陸制定《反分裂國家法》「既無必要，也不可行」不說，「陸委會」居然還發出新聞稿稱：該法中「非和平方式」的條文，不符合其「和平發展」的論調，要求大陸「廢止」，並「撤除對臺飛彈部署，恢復臺海區域和平穩定，才能開創兩岸互惠雙贏新局」云云。言下之意，大陸若不「廢止」《反分裂國家法》並「撤除」導彈，臺海區域的和平穩定就不能「恢復」，兩岸互惠雙贏的新局也就不可能「開創」！

馬「政府」如此動作，至少有以下三點不妥：

其一，主動挑起兩岸敏感的政治性爭議，違背了雙方已經形成默契的「建立互信，擱置爭議，求同存異，共創雙贏」的互動精神，破壞了兩岸好不容易才營造起來的良好氣氛。

其二，「陸委會」的新聞稿，無視大陸制定《反分裂國家法》和部署導彈對遏止「臺獨」冒險所發揮的巨大作用，把破壞臺海地區和平穩定的責任推給大陸，這無異於為「臺獨」勢力張目，有刻意討好民進黨和「臺獨」勢力之嫌！

其三，退一步說，即使「馬政府」對大陸制定《反分裂國家法》和在特定歷史背景下部署導彈有意見，也應本著雙方都已認可的「先經後政，先易後難，循序漸進」的處理模式，通過兩岸協商談判，心平氣和地逐步加以解決。馬政府單方面出牌，隔空放話，只考慮到自身的處境而不顧大陸方面的感受，只會破壞雙方互信而無助於問題的解決。

值得一提的是，臺灣《中央日報》網路報3月12日發表的一篇評論文章，該文寫道：反分裂法「大多數的條文都在規定兩岸交流。包括規定：兩岸人民往來，增進瞭解；推動三通，互惠互利；推動兩岸文化、教育、衛生、體育交流；共同打擊犯罪；鼓勵有利臺海和平穩定的活動；談判臺灣在國際上的活動空間等。這些規定中，有的正在實現，有的是兩岸協商的議題，並無必要一味反對。」這篇評論文章還說：「該法當中的一旦出現臺灣獨立的情形，大陸將對臺使用非和平方式，確實會令臺灣不安。然而只要臺灣有智慧，是完全可以避免兩岸兵戎相見的。……只要維持現狀，並積極協商，就合符臺灣利益、國際期待、大陸底線，可達三贏。民進黨執政時不思此途，在野後亦未反思，當然在兩岸關係上只剩負面角色」。不能不說，「中央日報」網路報的這篇評論文章頗有見地，對大陸《反分裂國家法》的分析以及臺灣應取的態度，都說得相當中肯與客觀。這才是馬政府應取的正確態度。

說白了，只要不搞「臺獨」什麼事都沒有！《反分裂國家法》中「非和平方式」的條文，就好像你家裡的「滅火器」，只要不著火它就派不上用場，民進黨老想玩火，所以才這樣仇視《反分裂國家法》。

《反分裂國家法》頒布4年來的實踐也充分證明，該法對遏止「臺獨」、推動兩岸關係和平發展發揮了重大作用。人們都還記得，《反分裂國家法》通過後僅兩週，國民黨副主席江丙坤就率團到大陸進行「破冰之旅」，儘管當時陳水扁氣急敗壞，揚言要「法辦」江丙坤，但終因江丙坤此行獲得島內主流民意的高度肯定，加之美國表示「關切」，陳水扁不得不縮手而不了了之；3週之後，國民黨主席連戰更親自率團訪問大陸，進行「和平之旅」，與胡錦濤總書記會談，達成了兩岸關係和平發展的五項「願景」；此後不久，親民黨主席宋楚瑜、新黨主席郁慕明亦相繼率團訪問大陸，達成了一系列重要「共識」。從此，兩岸新的黨際交流平台——「國共論壇」開啟了，各項民間交流日趨熱絡，大陸頒布了一系列操之在我的惠臺政策措施，海峽兩岸和平發展的時代潮流從此莫之能抑！

大陸採取了「聯藍反獨」、「促美遏獨」的正確策略，一次次地挫敗了陳水扁所推動的「公投制憲」、「入聯公投」等妄圖實現「法理臺獨」的種種冒險，有效地維護了臺海地區的和平與穩定。最終，臺灣民眾用自己手中的選票把堅持「臺獨」的民進黨趕下了台，迎來了如今兩岸關係和平發展的新局面。

所以，《反分裂國家法》不僅不是民進黨「臺獨」人士所污蔑的什麼「戰爭法」，恰恰相反，它是一部促進兩岸關係和平發展的「和平發展法」。它的制定與實施，具有十分重大的轉折性戰略意義，對於「反獨遏獨」、促進兩岸關係的和平發展，發揮了不可磨滅的歷史性作用，「既有必要，更為可行」，何來「廢止」之有！

（海峽之聲網）

對重查「319槍擊案」審慎樂觀

在「319槍擊案」5週年之際，國民黨、民進黨、呂秀蓮、陳水扁還有犯罪嫌疑人陳義雄家屬在內的臺灣各方面，都表示希望重啟「319槍擊案」真相調查。為何在槍擊案發生5年的時候，臺灣各方都要求重啟調查真相呢？各自的目的又是什麼呢？北京聯合大學臺灣研究院的徐博東教授在海峽之聲廣播電台《博東看兩岸》專欄中一一給大家做出解讀。

陳水扁、呂秀蓮「各懷鬼胎」

主持人：徐教授，受到槍擊案牽連而自殺的嫌疑犯陳義雄的家屬不用說，他們一直認為陳義雄是被「冤枉」的，國民黨要求重啟「319槍擊案」真相調查，大家也都能理解，因為就是那兩顆子彈使國民黨在2004年大選中失利。那麼，陳水扁和呂秀蓮是因為這起案件取得政權的直接獲利人，為什麼也公開呼籲重啟「319槍擊案」真相調查呢？同樣是「呼籲」，陳水扁和呂秀蓮又有什麼不同？

徐博東：如果不發生「319槍擊案」，陳、呂5年前就敗選下台了，陳、呂是那場槍擊案的直接獲利者。也正因為這樣，槍擊案發生後，不管是陳水扁還是呂秀蓮，他們都對偵辦這個案子態度很不積極。陳水扁不僅不積極，甚至利用他手中掌握的權力，千方百計對偵辦此案加以阻撓，這也是為什麼社會各界多數人都懷疑槍擊案是陳水扁「自導自演」的很重要原因。

呂秀蓮雖然是槍擊案的「受害者」，按她自己的話來說「命都差一點沒了！」但實際上她更是「受益者」之一，不然她後來哪還能再做4年的「副總統」，享盡榮華富貴！所以，5年前雖然她對槍擊案很憤怒，一直耿耿於懷，也很想知道事情的真相，但她對查辦這個案子態度也不積極。因為一旦查出來的確是陳水扁「自導自演」的苦肉計，或者是綠營選戰操盤手搞的鬼，那麼按照臺灣《選舉罷免法》的規定，這場選舉將被宣布「無效」，呂的「副總統」也就當不成了！所以說，呂秀蓮表面上給人予「直來直去」、性格「直率」的感覺，實際上她的「直率」是「選擇性」，同樣是一個政治算盤打得很精、私心很重的不折不扣的政客！她當時是位高權重的「副總統」，又是「命都差一點沒了」的受害者，如果她堅持要徹查真相，恐怕陳水扁也擋不住！

現在5年過去了，時過境遷，他們都已經下台了，為什麼卻對偵查「319槍擊案」突然感興趣起來？大權在握時不認真追查，沒權了反而要查，豈不怪哉！其實，他們倆人的出發點有很大不同。

先說呂秀蓮。呂秀蓮是把「319槍擊案」當作自己的「政治資本」來加以利用的！她這個人自視甚高，不甘寂寞，不甘心就此退出政壇，甚至還想在臺灣政壇上再造第二春，更上一層樓。但她不像其它綠營「天王」，比如蘇貞昌、謝長廷，有自己的「班底」給他抬轎。呂秀蓮自知政治實力不如人家，於是就獨闢蹊徑，另打主意。所以近幾個月來，你看她又是張羅著籌辦《玉山午報》，又是釋放出她想要訪問大陸的資訊，這幾天又出書，以「受害人」的身分，要求重新偵辦「319槍擊案」，目的就是為了保持她在臺灣新聞媒體上的「能見度」和在臺灣政壇上的影響力。應該承認，呂秀蓮炒作得很成功，的確達到了她的預期目的。「319槍擊案」重新偵辦，不管最終能否真相大白，對她來說都是「穩賺不賠」的買賣！

至於陳水扁，為什麼他也說希望重啟偵辦「319槍擊案」呢？依我看，陳水扁完全是「言不由衷」！一來是想表示自己的「清白」，你們看我心裡沒鬼，隨便你查；再有就是經過他四年時間千方百計掩滅證據，他相信查也查不出個所以然來，所以他敢說這個大話。但我相信他實際上心虛得很，生怕真的查出真相來！

而民進黨呢？則一邊抨擊國民黨「轉移焦點」，但也表示「樂觀其成」。因為民進黨很矛盾：一方面，國民黨重查「319槍擊案」，顯然是想通過「凌遲」陳水扁，來打擊曾因此案獲益而至今無力與扁切割、甚至仍袒護陳水扁的民進黨，爭奪年底縣市長選戰議題的主導權，這對民進黨來說當然很不利。但另方面，如果真的查出真相來，對民進黨也不見得是壞事，正好趁此機會和陳水扁徹底切割，甩掉這個最大「負債」和最沉重的「包袱」，從此可以輕裝前進。同時還可假國民黨之手摧毀「扁中央」，把扁派勢力重新收編回營，免得陳水扁老是給民進黨出難題、找麻煩、搗亂！

國民黨意在年底縣市長選舉

主持人：徐教授，國民黨重新上台執政已經10個月了，那麼，為什麼不早不晚偏偏在這個時候提出來要重啟調查「319槍擊案」呢？

徐博東：「319槍擊案」真正最大的「受害者」是誰？首先是臺灣！是臺灣人民！其次是國民黨，是連戰、宋楚瑜。不然的話，早在5年前國民黨和連戰、宋楚瑜就已經上台執政了。所以國民黨和連戰、宋楚瑜最想查明真相。但為什麼不早不晚，國民黨偏偏在這個時候提出來要重查「319槍擊案」？當然不是偶然的。我想主要是居於以下幾點：第一，國民黨重新上台執政後，一開始忙於接收政權，進行內部權力分配，再加上黨、政高層之間磨合了相當長的一段時間才慢慢適應新的體制，這就耽擱了不少時間；第二，馬英九很倒楣，上台後不久就碰上全球性金融風暴，為搶救臺灣經濟忙得焦頭爛額。而司法部門還要集中精力偵辦扁家貪腐弊案，一時騰不出手腳來重啟偵辦「319槍擊案」也在情理之中。這兩條是客觀原因。再有第三，馬英九一心想搞「族群和解」。這本身並沒有錯，但馬英九在認識上有「盲點」或者說有「誤解」：他錯誤地把重新查辦「319槍擊案」與「族群和解」對立起來，生怕重查「319槍擊案」會激起綠營支持者的反彈，造成社會的動盪不安。馬政府遲遲未重新查辦「319槍擊案」，至少有上面這三條主客觀原因。

那麼，為什麼現在國民黨提出來要重新偵辦呢？不必諱言，當然有它的政治考慮！大家都知道，年底的縣市長選戰很快就要開打，可是，臺灣民眾對馬英九執政團隊的滿意度始終拉抬不起來，各種民調都顯示，保持在不到30%的低水準。原因固然很多，但其中一個重要原因，就是有相當一部分的藍營支持者認為，馬英九上台後「興利無能，除弊無膽」，讓他們大失所望。所謂「除弊無膽」，當然是指偵辦扁家弊案硬不起來，進度太慢；再有就是遲遲不重新查辦「319槍擊案」。近日民調顯示，有88%的人支持重啟調查。馬團隊執政不力，作為執政黨的國民黨當然要「概括承受」。不久前，歷來是國民黨「鐵票區」的苗栗縣補選「立委」，國民黨竟然意外失利，這已經是個很大的警訊。這個月的月底，同樣也是國民黨「鐵票區」的臺北大安區「立委」補選，選情也不樂觀。以無黨籍身分參選的姚立明，與國民黨候選人蔣乃辛的民調差距不斷縮小，已經在誤差範圍之內。這說明有相當一部分原本支持國民黨的民眾，這次想用選票來教訓教訓馬英九和國民黨！國民黨如果再不出手，臺北大安區「立委」補選有可能再次失利不說，影響所及，年底的縣市長選舉更將處於十分不利的地位。所以，國民黨中央再也坐不住了！在這個節骨眼上提出來要重新查辦「319槍擊案」，不用說，目的當然是要和民進黨爭奪選戰議題的主導權，重新收攬泛藍民心，為選舉製造利多。

重啟調查對臺灣有利

主持人：目前，臺灣大部分民眾都不相信「319槍擊案」的調查結果，有88%的臺灣民眾支持重啟調查。你認為從案情本身考慮，有沒有必要重啟真相調查？疑點究竟在哪裡？

徐博東：我認為，馬英九政府不應該從選戰的需要，而應該從案情本身考慮，從促進臺灣社會「族群和諧」出發，也必須盡快重啟調查「319槍擊案」。「319槍擊案」疑點實在太多，88%的臺灣民眾支持重啟調查，說明就連很多綠營的支持者都不相信「319槍擊案」的調查結果。這個案件影響巨大，不僅改變了許多人的命運，更改變了臺灣的歷史！如不早日讓它真相大白，將永遠是臺灣的悲哀！臺灣民眾心頭之痛！真相一天不查清楚，我看所謂「臺灣民主」、臺灣社會的「公平正義」、「藍綠和解」、「族群和諧」等等，通通都不過是空話！

這個案件的疑點隨便舉就是一大堆！比如說：陳義雄究竟是不是真正的「兇手」？就很值得懷疑；姚立明前兩天還拿出幾張照片，懷疑彈孔造假！另外，彈道的比對是不是準確？查出的所謂改造「手槍」和「子彈」究竟是不是真的由唐守義所造？當時在現場執勤的「國安局」特勤中校陳永峻，前幾天為何突然在陽明山離奇自殺？按理說如果陳水扁心裡沒鬼，他對追查槍擊案應該最積極才對，但他為什麼不合情理地千方百計阻撓查案？還有，現場負責維安的人員為何不但沒有受到任何懲處，相反還一個個升官晉爵？等等，疑點實在太多，如果不認真調查清楚，無法向臺灣社會交代！向歷史交代！

臺灣聽友：國民黨、呂秀蓮、陳水扁，不管是誰，重啟調查到底對誰有利？

徐博東：對誰有利？我覺得重新追查「319槍擊案」首先是對臺灣有利！對臺灣人民有利！當然其次，對於最大受害者國民黨來說也是有利的，說明民進黨選戰搞歪門邪道，不是公平公正地競爭。如果查明2004年那場選舉民進黨和陳水扁確實搞鬼，當時就應該下台的，這對民進黨的政黨形象將是重大打擊！其次對馬英九執政團隊也應該是有利的，因為馬英九團隊之所以支持度不斷下滑，其中一個重要原因就是前面我們已經講到的「除弊無膽」，直到現在如果319再不好好認真追查，對於泛藍民眾來說，對於要求真相、要求公平正義的廣大臺灣民眾來說，都是不能接受的。所以，如果現在能夠開始認真追查，也不失為「亡羊補牢」，這對於提升馬英九的民意支持度是有好處的。

對重查「319槍擊案」審慎樂觀

主持人：國民黨中央已經正式作出決議，要求馬英九政府針對5年前的「319槍擊案」重啟調查，各方也都表達了呼籲，那麼，徐教授，您認為馬英九政府會同意重啟調查嗎？如果重啟調查，您認為會有令人信服的結果嗎？

徐博東：依我看形勢已到了必須立即重起調查的時候了，你想高達近九成的民眾都認為應該重啟調查，馬英九敢違抗嗎？再加上馬英九的屁股後面有國民黨中央用鞭子抽著，他也不能無動於衷，否則不顧民意、黨意，馬政府的權力基礎勢必動搖，不想再混下去了！再說他也沒必要違抗，重啟調查，真正「硬起來」，只會拉抬他的民意支持度，穩定政局，鞏固他的權力，何樂而不為？！

至於調查的結果會怎樣？能不能得出令人信服的結論？這個假設性的問題很難回答。有人悲觀，有人樂觀。比如國際刑事鑑識權威李昌鈺教授就很樂觀。他最近說：「甘迺迪總統遇刺逾40年，美國仍重新調查，希望還原真相；319案雖同屬『冷案』，但許多關鍵當事人如陳水扁、呂秀蓮及當時在場者，至今都還健在，重新調查找出真相機率更大」。還說，「現在重啟319案調查，因現場已無法重建，可從物證、人證、資料庫、動機推理等方面下手，查出是否有新的物證、人證、相關資料；譬如被認定為開槍者陳義雄部分，疑點不少，是否可能找到有關他的新物證？在作案土制手槍部分，也可進一步追查當時52把土制手槍每一把的去處」。

要問我本人，我是既不悲觀也不完全樂觀，而是「審慎樂觀」！之所以「審慎」，一是陳水扁執政四年，肯定已經做足了手腳，調查起來難度必定很大；二是從偵辦扁家貪腐弊案來看，本人對馬團隊的執行力和臺灣檢調部門的辦案能力實在不敢恭維！何況在臺灣的檢調司法部門裡，藍綠問題也很嚴重，能不能認真辦案，真正一心一意、公平公正地進行調查？也不免令人存疑！

臺灣聽友：以陳水扁和呂秀蓮一貫善長權謀的人為什麼他不把「319槍擊案」背後的主使者引導到大陸這邊？

徐博東：5年前案發當時，臺灣南部親綠的地下電台的確大肆造謠，說中共是槍擊案的「主謀」，大陸「派人來殺我們臺灣人的總統」，或者說是大陸「勾結」國民黨幹的等等，當然這些都是無稽之談！是綠營地下電台為了配合選舉蓄意煽動民粹情緒。所以，很多人都合理懷疑這是綠營事先作過「沙盤推演」的選舉奧步。而且這個「奧步」在當時確實收到了很大的成效，促使那場選舉翻盤。不過，「奧步」畢竟是「奧步」，拿不出任何哪怕是一丁點兒證據，謠言因此也就不攻自破沒有人再提了。如果現在陳水扁也好，呂秀蓮也好，還這樣講的話，不但沒有人會相信，還會讓人笑掉大牙！

臺灣聽友：檢察官為何不在當時第一階段馬上驗屍做出一個完整的報告，而是在現在才決定是否要檢驗出他是否中毒身亡還是其他可能性的他殺嫌疑，原因何在？是否有司法介入或者受到某些程度的壓力？

徐博東：陳義雄被認定為兇手確實是存在很多疑問。陳義雄本身是會游泳的人，但卻說他是不小心掉到水裡淹死的，這本身就令人懷疑。另外，屍體發現後很快就火化了，沒有很好的驗屍，這是為什麼？現在重新查驗骨灰，能不能驗出是否中毒死亡？或者是其他原因，是被他殺而不是自殺？這些都是常識，不需要專業都知道的，為什麼辦案人員卻如此「疏忽」？顯然背後有強大壓力使然，不然講不通！現在時過境遷，很多事證都淹沒了，重新查辦難度確實很大，就看臺灣的檢調部門辦案的水準究竟怎樣，辦案是不是真的認真了！

臺灣聽友：臺灣人民心知肚明，「319槍擊案」不是普通的刑事案件，有非常複雜的政治因素，裡面有很多疑點，臺灣的領導人出來的路線，所有的措施，包括臺灣的六大情治單位布線非常嚴密，三步一崗，沒有辦法可以進入到內衛的地方。老百姓希望能夠查得清清楚楚，到底真相如何？

徐博東：剛才我說了很多了，我本人對「319槍擊案」也是密切觀察，我個人相信是陳水扁「自導自演」，至少是當時綠營的選戰操盤手預謀製造出來的政治事件。當然，最終還需要臺灣的司法檢調部門來認真追查，還臺灣老百姓真相！

（海峽之聲網）

宋楚瑜能否演繹與蘇貞昌「天王對決」？

3月28日，臺北大安區「立委」補選，國民黨的蔣乃辛只以不到1萬票的優勢當選，這場被看成臺灣縣市長選舉前哨戰的「立委」補選「小勝即輸」的結果對國民黨提出那些警訊呢？在臺灣年底縣市長選舉中，國民黨是否會讓宋楚瑜出馬與蘇貞昌對決？在臺南縣長民進黨提名候選人中，蔡英文最終定奪的又會是誰？北京聯合大學徐博東教授在海峽之聲廣播電台《博東看兩岸》節目中一一解讀。

大安區「立委」補選國民黨「小勝即輸」

主持人：臺北市大安區「立委」補選結果28日傍晚揭曉，國民黨提名候選人蔣乃辛當選，共獲得四萬六千零六十三票，民進黨提名的周柏雅獲得三萬六千四百六十六票，至於新黨推薦的姚立明，則獲得九千八百七十七票。臺北市大安區是國民黨的鐵票區，在上一屆「立委」選舉中，國民黨候選人李慶安是以五萬多票的絕對優勢擊敗民進黨的羅文嘉。那麼，應該如何看待這次蔣乃辛以不到一萬票的優勢當選呢？又給國民黨帶來哪些警訊呢？

徐博東：國民黨的候選人蔣乃辛應該說是小勝，小勝的主要原因是投票率過低，還不到四成的投票率，這說明很多藍營的支持者這次沒有出來投票，這不僅是因為今天臺北的潮濕陰冷的陰雨天氣不出來，更重要的是對馬英九執政的不滿意，對所謂「興利無能，除弊無膽」表示不滿。幸好「范蘭欽事件」中，綠營的操作過當，形成藍綠對決局面，因而弄巧成拙，促使一部分藍營的票回流，否則也很危險。

另外，馬英九親自出馬力挺蔣乃辛，吳伯雄多次到大安區助選，國民黨所有「立委」包括臺北市長郝龍斌、國民黨祕書長吳敦義等都為蔣乃辛站台。更重要的是各裡長竭力為蔣乃辛拉票。使出了全力才贏了不到一萬票，這對於國民黨來說是一個很大的警訊。本來大安區是國民黨的鐵票區，上次「立委」選舉李慶安贏了五萬一千多票，而這次不到一萬，說明很多鐵票已經流失。這個警訊應該引起國民黨高度的重視，否則，年底縣市長選舉在其他藍營優勢並不明顯的縣市丟掉一些席位也未可知。

當然，壞事也可以變成好事，對於民進黨來說，雖然敗選，但從得票來說還是比較滿意的，在大安區選區能得到如此多票還是第一次，也說明他們盡力了。至於對國民黨的警訊。一方面，馬英九團隊應該好好地在「除弊」「興利」兩件大事上努力，雖然有大環境的問題，但如果更好地努力，政策更加準確到位，對臺灣經濟也有更好的促進作用。當然有些政策頒布之後要經過一段時期才會見成效，或許到第三、第四季度，臺灣的經濟會有所起色，對年底的國民黨參加縣市長選舉也會有一定好處。更重要在「除弊」方面，審理陳水扁家族的貪腐弊案仍要加油，讓臺灣民眾對司法審判更加滿意。

「天王對決」還須等待出牌

主持人：離臺灣年底縣市長選舉還有半年的時間，國民黨與民進黨各自的提名工作就充滿了火藥味。臺北縣長提名就很耐人尋味，雙方都遲遲喬不定。有民進黨力推蘇貞昌回爐參選臺北縣長，徐教授，蘇貞昌回爐參選的可能性大不大？如果蘇貞昌真的回爐參選，誰能代表國民黨與蘇貞昌對決？有藍營人士說讓親民黨主席宋楚瑜出山與蘇貞昌演繹天王對決，您認為，國民黨會讓宋楚瑜代表藍營參選嗎？

徐博東：蘇貞昌回爐參選臺北縣縣長基本上已經確定，目前之所以刻意不明確表態，一是要故意製造新聞張力來造勢；二是要給藍營造成壓力，讓其舉棋不定，自亂陣腳。不過，如果藍營方面真的派宋楚瑜出戰，蘇貞昌會受到極大的威脅，不排除會動搖蘇參選的決心。因為「宋蘇對決」，蘇沒有把握，甚至很可能輸。而蘇的真正目標是2012或2016，如果今年敗選，則對他日後政治前途非常不利。

至於「天王對決」能否上演，據我個人觀察，不管國民黨還是馬英九，都不會輕易地把一個如此重要的縣市長的席位讓給親民黨的宋楚瑜。但是假設蘇貞昌確定參選，而國民黨又找不到有足夠把握勝過蘇貞昌的人選，國民黨和馬英九就不得不考慮宋楚瑜代表藍營與蘇貞昌來對決。

這其中的關鍵在於雙方的民調。現在宋楚瑜的民調遠遠超過蘇貞昌，61.1%的臺北縣民眾願意投票給宋楚瑜，願投票給蘇貞昌的只有17.5%。也就是說宋楚瑜有絕對的把握勝過蘇貞昌。所以，馬英九在最後關鍵時刻不排除被迫在藍營支持者的巨大壓力之下同意宋楚瑜出戰。總之，雙方都還在等對方出牌，採取「後發制人」的策略。

臺南縣長選舉國民黨有坐收漁翁之利的機會

主持人：臺南縣一直是民進黨的地盤，民進黨一直把臺南縣長看成囊中之物。但這次民進黨臺南縣長提名人遭遇難產。「立委」葉宜津、陳水扁辦公室主任陳唐山以及謝系「立委」李俊毅正在爭奪提名權。就在各方相互較勁的關鍵時刻，陳水扁卻對葉宜津拋出「立委補選挺縣長」的交換條件，引來軒然大波。那麼，臺南縣長提名人爭執主要是那些力量參與角逐？陳水扁為什麼要提出「立委補選挺縣長」的交換條件？這個條件能否促成臺南縣長提名人盡快產生？

徐博東：從目前來看，產生民進黨臺南縣長提名人應該是在葉宜津和李俊毅兩人之間，而如果綠營分裂成兩派來參選，那麼國民黨就有可能獲得漁翁之利。

陳水扁提出「立委補選挺縣長」的交換之後，陳唐山處在非常不利的境地，蔡英文主張「世代交替」，臺南縣應該讓更年輕的人來選，陳唐山已經74歲，再加上「立委」補選交換縣長破局之後，陳唐山應該確定已經不會代表民進黨出戰了。因此，民進黨提名人選應該在葉宜津和李俊毅兩人之間來挑選。日前曾傳出謝延長廷已勸退李俊義，但葉宜津在這次「立委換縣長」風波中實際上也多少受了傷，所以現在很難預估葉、李倆人誰會出線。

至於選舉結果，如果陳唐山堅持不退選，綠營分裂成兩派，那麼民進黨無論提名葉宜津還是李俊毅都必敗無疑，國民黨將坐收漁翁之利。上次總統大選，馬英九在臺南縣獲得的票數超過綠營的候選人謝長廷，這說明藍營在臺南縣並非不堪一擊，還是有一搏的機會的。

臺灣縣市長選舉對兩岸關係影響不大

主持人：今年年底舉行的縣市長選舉被輿論看成是臺灣民眾對馬英九執政的中期考試。徐教授，您預測一下臺灣民眾這次會給馬英九什麼樣的成績？國民黨能否保住既有的縣市執政？另外，這次選舉結果對馬英九今後的兩岸政策會帶來哪些影響？

徐博東：從選舉看臺灣主流民意走向是一個指標，也可以看成是2012年臺灣總統選舉的一個前哨戰，所以爭奪非常激烈，現在我的看法是雙方各有利弊。

從大環境來說，由於金融風暴的影響，馬英九團隊執政成績單不理想，另外對司法調查扁家貪腐弊案不力也不滿，認為馬團隊「興利無能，除弊無膽」民調始終拉抬不起來；而民進黨則因陳水扁家貪腐弊案受到極大牽連，民眾對於民進黨敗選之後至今不思檢討，不與陳水扁切割還力保陳水扁也十分不滿，民調支持度也很低。所以從大環境來看誰都沒便宜可沾。

從組織上來說，國民黨一向組織嚴密而占優勢，這次縣市長選舉基本上還是比較團結的，有麻煩但不太大；但是民進黨方面，組織系統比較鬆散。再加上國民黨重新執政後，很多地方派系又倒向國民黨。

另外，國民黨有執政優勢，資源豐厚；民進黨雖然在野，但它擅長文宣，選戰經驗豐富。所以兩黨是各有利弊，各有長處與短處。這次縣市長選舉雙方保持平盤的可能性較大，關鍵還在於臺北縣藍營會不會丟失，其他縣市多一席少一席都無關大局。

如果選舉結果平盤，對兩岸關係影響應該不大；如果國民黨大勝，多贏一兩個席位甚至更多，這說明民眾對馬英九執政仍然抱著很大信心，願意支持馬英九團隊，中期考試順利過關。這樣民進黨對兩岸政策的牽制將會削弱。馬團隊推動兩岸開放政策將更有信心和決心；如果國民黨敗選或者丟失的席位比較多，會鼓舞綠營的士氣，今後對於牽制馬英九執政、對推動兩岸政策的負面影響也會比較大，甚至將會影響到下屆總統大選的走勢。

民進黨免不了又要搬出「本土意識」操弄民粹的策略

主持人：經過大選失敗以及弊案纏身的民進黨這場選舉還會採取「本土意識操弄民粹」的策略嗎？

徐博東：經過大選失敗以及弊案纏身的民進黨，在今年的臺灣縣市長選舉中再也輸不起，但又不思檢討和改革，所以民進黨免不了又要搬出「本土意識操弄民粹」的老套策略來打選戰：一個是挑動族群矛盾，炒作「范蘭欽事件」就是一個信號；另一個是「反中」，指責馬英九「賣臺」，抵制第三次「江陳會」和ECFA的協商談判是可以預見的；再有當然更要指責馬團隊的執政無能等等。民進黨沒有別的招數，這種策略仍會繼續採取。

由於藍綠基本盤不會有多大變化，關鍵在於催出自己的基本盤去投票，還有是爭取中間選民。民進黨的上述選舉招數越來越不管用了，邊際效果正在遞減之中，繼續操作這些議題將會引起中間選民的反感。面對如此形勢，民進黨恐怕已拿不出更好的辦法，仍然會處在比較被動和不利的地位，如能守住基本盤就已經算是不錯了。

（海峽之聲網）

馬英九連出兩招意在凝聚泛藍

4月11日，北京聯合大學臺灣研究院徐博東教授，在海峽之聲電台《博東看兩岸》專欄節目中指出，馬英九最近連出兩招，祭出「肅貪牌」和「蔣經國牌」，相輔相成，大造輿論，目的是為了爭取民心，凝聚泛藍力量，促進社會和諧，鞏固國民黨政權，更好地推行其施政理念與政策。

全文如下：

主持人：徐教授，您好！亞洲政經風險顧問公司所日前所做的報告指出，在17個國家和地區貪污排行榜中，臺灣排名第8，比中國大陸排名前一位。馬英九對此表示痛心疾首，親上火線召開記者會打出「肅貪牌」。馬英九還要求司法部門「不分藍綠、不論官階高低」，限期三個月內進行肅貪查弊。與此同時，臺灣「府、院、黨」10日隆重紀念蔣經國百年誕辰。首先，請您談談您是如何看待馬英九重新打出「肅貪牌」這種行動的？

徐博東：應該肯定的是馬英九不迴避責任的態度和「肅貪」的決心。馬英九為什麼在這種時候親上火線表達其「肅貪」的決心呢？我個人認為主要是以下兩方面：第一，馬英九一向是以清廉自持，他在「法務部」任職期間最在意的就是「肅貪」。他在競選臺灣總統的時候，「肅貪」也是他最重要的政見之一，也是他勝選的關鍵政見。但如今，馬英九上任快滿一年了，除了在偵查扁家弊案之外，還沒有別的像樣的成績。所以這次馬英九看到亞洲「政經風險顧問公司」日前排出的貪污排行榜，臺灣竟然名列第八，比中國大陸排名前一位。這件事讓馬英九感到臉上無光、痛心疾首，由吃驚到憤怒。這是使得馬英九決定親自站上火線督促辦案的導火線。

另外，臺灣年底縣市長選舉臨近，這是對馬英九執政以來的「中期考試」。但是，馬英九的民調滿意度一直低迷不振，其中一個重要原因就是「肅貪」進度遲緩，民眾普遍不滿，認為馬英九對此束手無策。這樣，國民黨年底縣市長選舉這一仗很難打，不久前苗栗縣和臺北大安區的兩場「立委」補選已經發出了警訊，馬英九對此也非常的著急，所以打出了「肅貪牌」，下決心要在除弊方面做出成績來回應選民。

主持人：徐教授，「肅貪牌」曾經是馬英九的「王牌中王牌」，但這次好像不靈驗了。馬英九的「肅貪牌」不但遭到綠營的反彈，連臺灣民眾都不看好，根據中時電子報的一份民調顯示，有將近60%臺灣民眾對馬英九肅貪沒有信心。這是怎麼回事呢？

徐博東：這樣的民調結果不是偶然的。馬英九上台執政後，本應該在除弊方面表現出雷厲風行的作風，但這一年來，扁家弊案進展遲緩不說，更重要的二次金改弊案和「外交機密弊案」到目前為止連查辦都還沒有開始。查辦扁家貪腐案也問題很多，涉案情節重大的陳致中夫婦至今不予羈押，逍遙法外，民眾意見很大。扁家弊案的關鍵被告之一的黃芳彥至今仍滯留美國未歸，導致許多重要事證查辦困難。這都讓臺灣民眾感到不解。還有，陳水扁雖然人在獄中卻氣焰十分囂張，不斷出書爆料，召開記者會，還揚言要組黨、選縣長、選「立委」等等，民眾對此觀感非常差，認為馬政府太軟弱，拿陳水扁這個無賴毫無辦法。

負責指揮偵辦扁案的「檢查總長」陳聰明是陳水扁任命的，民眾普遍認為查辦扁家弊案進展遲緩，根本原因就在這裡，質疑陳聰明和黃芳彥暗通款曲，蓄意縱放黃芳彥出逃；對於如此怠乎職守的「檢查總長」，「法務部長」王清峰居然公開表態認為他表現「還可以」。再有就是臺灣「肅貪」的立法進度嚴重滯後，到目前為止「立法院」《肅貪特別條例》尚未通過，甚至連「財產來源不明罪」的相應法律都沒有，肅貪的力度嚴重不足。所以，民調將近60%對馬英九肅貪沒有信心不是偶然的。

主持人：我們還注意到，臺灣軍中最近也爆出「買官賣官」事件，說一些將軍肩上扛的星星是用錢買來的。針對臺灣種種貪腐行為，您認為馬英九這次反貪腐的力度有多大？能真正做到「不分藍綠、不論官階高低、不分軍內軍外」嗎？

徐博東：馬英九這次動作很大，引起不小的震動，我想還是會有一些效果。在馬英九召開記者會的第二天，「法務部」就端出了「國家廉政建設行動方案」，提出了一系列加緊辦案的「辦法」送到「行政院」審查。「國防部」也組成了一個「廉政建設行動專案編組」，提出了軍中辦案的一系列具體措施。而特偵組近期也經過改組增派了人手，應該會繃緊神經加班加點辦案，否則烏紗帽將會不保。

當然，也很可能最後是「雷聲大雨點小」。要知道「肅貪」是非常複雜的問題，說起來容易做起來難。目前在臺灣，貪腐案件積重難返，案子多如牛毛，可是歷經李登輝、陳水扁20年執政之後，臺灣社會的價值觀、道德觀以及官僚體系都遭到了嚴重的扭曲和破壞。司法本來是社會公平正義的最後一道防線，但也已經相當腐敗，檢調司法部門內部甚至存在藍綠對立的情況，而且士氣非常低落。前特偵組檢察官吳文忠說：「誰敢配合『總統』？

保命要緊！配合『總統』是笨蛋！」可見檢察官對辦案是何種態度。

軍中辦案就更加難了。因為軍中辦案是靠軍檢系統，而軍檢系統的軍階都比較低，軍中是最講資歷和軍階的，讓下級軍官去查辦現役將軍，很難查出個所以然來。據臺灣媒體報導，軍中買官賣官的問題早在幾年前就有人檢舉，根本就不敢辦，一直壓著，並不是現在才發現。實際上臺灣的官場官官相護的現象非常嚴重，誰都不願意得罪人，給自己留條後路。

所以我說，在馬英九發飆親自下了「軍令狀」之後可能會有些效果，但效果究竟有多大？不能太樂觀，還有待觀察。

主持人：另外，昨天是蔣經國誕辰100週年，國民黨舉行了口述歷史座談會，開啟所謂「府院黨」擴大蔣經國百歲冥誕紀念的系列活動。馬英九特別出席致詞，蔣經國的舊部屬、親友，蔣家人都受邀出席。另外，國民黨中央黨部還掛出蔣經國過去下鄉視察的照片，突顯蔣領導臺灣經濟建設的作用。那麼，徐教授，在當前臺灣藍綠分裂以及金融危機的背景下，國民黨為什麼要隆重紀念蔣經國百歲冥誕？

徐博東：馬英九在這個時候高調紀念蔣經國的百年冥誕，當然有他深層次的政治目的。我想他至少有下面四個方面的用意：

首先，借紀念蔣經國來突顯國民黨馬「政府」的施政理念和風格，同時反襯民進黨陳水扁執政時的種種劣行與不堪。正所謂傳承蔣經國先生當年勤政愛民、重視臺灣建設、清廉反貪以及兩岸和解、反對「臺獨」的作風。蔣經國當年講過，「我是中國人也是臺灣人」。在紀念蔣經國百年誕辰座談會上，馬英九說：「兩岸關係的解凍是蔣經國先生踏出了第一步」，把他的兩岸開放政策和蔣經國當年解凍兩岸關係進行了有效的連接，以此強調馬政府兩岸開放政策的傳承性與合法性。

第二，通過「憶蔣」系列活動促進泛藍大和解、大團結，提振泛藍士氣，增強泛藍陣營的凝聚力和向心力。通過紀念蔣經國百年誕辰，馬英九、吳伯雄、親民黨主席宋楚瑜、新黨主席郁慕明，甚至連李登輝都不能不坐在了一起，顯示要繼承蔣經國先生優良傳統的氣氛。這對團結泛藍，增進藍營的向心力和凝聚力確實起到了很好的作用。

第三，對李登輝、陳水扁執政二十年來造成臺灣社會價值觀、道德觀、國家認同觀等方面的扭曲和混亂進行撥亂反正。從李登輝到陳水扁，推行「臺獨」分裂路線，大搞黑金政治，官商勾結，貪污腐敗，把臺灣民眾的國家認同觀、社會價值觀、道德觀嚴重扭曲了，馬政府藉由紀念蔣經國先生的活動，弘揚中華民族的優良道德觀、價值觀和國族觀，與民進黨爭奪話語權，大造反貪腐、促兩岸和解的輿論。

第四，蔣經國生前致力於臺灣的建設和族群的融合，深得臺灣民心，借著各種形式的紀念活動，激起臺灣民眾對蔣經國先生的懷念之情，以圖化解目前臺灣的族群矛盾和藍綠對立，促進社會和諧。

總之，馬英九連出兩招，祭出「蔣經國牌」與「肅貪牌」是相輔相成的，目的都是為了鞏固國民黨政權，更好地推行他的施政理念與政策。

（海峽之聲網）

關於當前兩岸關係的幾個問題

——答某國駐華使館官員問

中評社北京4月18日電：近日，北京聯合大學臺灣研究院徐博東教授應某國駐華使館官員之約，就當前兩岸關係的幾個重要問題回答了該位官員的提問。現將談話主要內容整理如下：

問：您認為馬英九執政一年來，兩岸關係取得了哪些進展？

徐博東：去年5月馬英九國民黨重新上台執政，是兩岸關係發展的一個分界線，或者說是分水嶺。一年來兩岸關係發生了歷史性的轉折。大家都知道，在此之前，臺海局勢非常「嚴峻」，處在「危險期」。原因就在於陳水扁當局頑固推行「臺獨」路線，所以我們說「臺獨」是臺海局勢不穩定的根源。國民黨重新上台執政後，他們反對「臺獨」，承認「九二共識」，實行兩岸開放政策，所以兩岸關係發生了轉折性的變化，逐步走上了和平發展的軌道。

這一年來，可以說是六十年來兩岸關係的最好時期，有幾個重要標誌：第一，兩岸兩會恢復了協商談判。1999年兩會之所以終止了協商談判，是因為李登輝提出「兩國論」，破壞了協商談判的基礎。陳水扁上台後，提出「一邊一國論」，情況更加嚴重，所以兩會中斷協商談判長達10年之久。直到去年馬英九上台，承認「九二共識」，兩會協商談判才得以恢復。到目前為止，兩岸雙方經過二次「江陳會」已經達成了六項重要的經濟方面的協議，對於推動兩岸關係發展起到了非常重要的作用。第三次「江陳會」預定在本月底召開，也將簽訂四項重要協議。一年之內一連舉行三次兩會的協商談判，這在過去是不可想像的。這是兩岸關係發生轉折性變化的一個重要標誌。

第二個重要標誌，就是兩岸直接「三通」的基本實現。兩岸直接「三通」大陸三代領導人為此整整努力了三十年的時間，經過兩岸同胞的共同奮鬥，終於在去年基本實現了。這是一步一步走出來的，從春節包機到節日包機到週末包機，一直到包機常態化，從繞道港澳到「截彎取直」。其中馬英九上台執政後半年之內走了後兩步，可以說腳步邁得很快。不久將要舉行的第三次「江陳會」，將會簽訂兩岸定期航班的協定，這樣兩岸「三通」就將實現完全正常化。「三通」的實現具有十分重大的戰略意義。這是兩岸關係發展的又一個重要標誌。

第三個標誌，就是大陸的遊客可以入島旅遊。過去臺灣當局只允許臺灣同胞來大陸旅遊，大陸同胞除了探親、奔喪和專業技術人員允許到臺灣參訪，進行學術交流之外，普通民眾繞道去臺灣旅遊觀光是不合法的，而且人數也很少。馬英九上台後，開放大陸遊客入島，一開始才幾百人，現在每天都有二三千人到臺灣旅遊觀光，越去越多，在臺灣走到哪都能看到大陸遊客。兩岸同胞有來有往，不光是遊山玩水，促進臺灣經濟發展，更重要的是兩岸同胞通過近距離的接觸，可以加強相互瞭解，逐步消除敵意，增進同胞感情，有助於兩岸關係的和平發展。

第四個很重要的標誌是，兩岸高層人士的往來越來越越頻繁和密切。過去只有臺灣方面像國民黨主席（現任名譽主席）連戰、吳伯雄、親民黨主席宋楚瑜等高層人士來大陸參訪，大陸方面連部一級的領導去臺灣的都很少。現在情況發生了變化，不久前前全國人大副委員長許嘉璐、全國政協副主席黃孟復，順利地踏上了臺灣的土地，還有前全國人大副委員長、全國臺聯會會長林麗韞最近也返臺探親祭祖。再有就是前國臺辦主任、現任海協會會長陳雲林去年十一月也成功訪臺，舉行了第二次「江陳會」。陳雲林是到目前為止訪臺的現任官員中層級最高的。陳雲林訪臺不光完成了汪道涵生前的遺願，1999年汪道涵計畫訪臺的主要目的是進行政治對話，並沒有談判和簽訂協定的任務，而陳雲林訪臺簽訂了四項協定，是一次重要的工作訪問。可以預期，隨著兩岸關係的進一步發展，兩岸高層往來會成為家常便飯，層級也將會越來越高。

第五個重要標誌是，民間交流越來越廣泛深入，各種各樣的學術交流會議、經濟合作會議越開越多。比如不久前在臺北圓山飯店召開了第三屆「海峽兩岸客家高峰論壇」，在廣西玉林召開了「兩岸農業合作論壇」，還有規模更大的「海峽論壇」也即將召開。其他各樣形式和內容的兩岸學術交流會議多得數不清，記都記不住。我們北京聯合大學臺灣研究院參與首創的「海峽兩岸客家高峰論壇」，前兩屆都只能在大陸召開，國民黨重新上台執政後，第三屆才得以在臺北順利召開，這也是兩岸關係緩和發展的重要標誌之一。

當然，受制於兩岸關係的現實和特點，目前兩岸協商談判和學術交流主要還是以經濟文化的議題為主，這是按照大陸方面提出的「建立互信、擱置爭議、求同存異、共創雙贏」這樣的思路，和「先經後政，先易後難，循序漸進」的模式，來穩健地推動兩岸關係的和平發展。沒有人可以否認，現在已經取得了可喜的成效。這樣的發展趨勢，不僅符合海峽兩岸人民的利益，也符合地區和世界的利益，所以得到兩岸人民和國際社會的充分肯定。

問：你對臺灣成為世界衛生會觀察員和兩岸簽訂ECFA的看法？

徐博東：現在已經發展到不光是經濟議題，因為經濟議題本身就隱藏著許多政治性議題，比如ECFA要不要簽訂的問題，本身是經濟問題，但它又難以迴避兩岸經濟是兩個國家還是一個國家內部的或屬於兩岸特殊的一種關係。ECFA民進黨堅決反對，它認為簽了這個會傷害臺灣的主權。另外，世界衛生組織大會WHA本是屬於民生問題的涉及到臺灣衛生方面的一些事情。但也會涉及到臺灣加入會不會傷害到一個中國原則的問題，所以這也是敏感的政治問題，但也不能迴避。現在我們按照國臺辦主任王毅和政協主席賈慶林「先易後難、先經後政」，從經濟議題開始進行交流接觸合作，但我們也不迴避敏感問題，因為你想迴避也迴避不了，因為有些議題已經提到議事日程，必須解決。我們談到WHA、ECFA兩岸經濟合作的議題時，實際上無可迴避地涉及到兩岸是什麼關係，兩岸關係的定位問題，所以，現在我的看法是，兩岸關係的發展已經走到了以經濟議題為主以政治議題為輔，這樣的新的階段，因為前面比較好處理，比如陸客要不要進入臺灣旅遊，週末包機要不要變成包機常態化，開通直接「三通」，還比較好處理。先易後難，現在容易處理的問題都基本快解決了，那當然後面要解決的問題會越來越難。比如臺灣方面非常關切的世界衛生組織大會，如何解決這個問題，我看到最新消息，雙方經過前一階段的接觸談判協商，雙方已經達到高度共識。有可能世界衛生組織很快就會給臺灣發出觀察員的邀請函。應該說大陸方面做出很大的讓步妥協，對推動兩岸關係的和平發展表達了高度的誠意和善意。臺灣方面把它作為兩岸關係是不是真正改善的重要指標。這個問題能夠達成共識很不容易。經過多年的探討，大陸方面為臺海和平做了很大的努力，應該說存在一定風險，風險在於有些學者所擔心的一個是臺灣方面會不會得寸進尺，加入WHA後，下一步就要加入世界衛生組織。也就是不光是參加大會，還要加入WHO，然後在加入WHO後，那聯合國下屬的國際組織也要加入，以此為第一步。有些可以通過協商來處理解決，有些加入的話恐怕會涉及到一個中國原則，所以大陸方面過去有人擔心，現在是非常務實、非常理性，非常善意誠意探討研究以後，認為世界衛生組織大會的觀察員身分，以中華臺北這樣的身分加入以爭取臺灣民心，不被排斥在世界衛生組織之外，應該是有利的。除了這樣的擔心之外，後來還有人擔心，現在是民進黨垮台，國民黨執政，那將來如果是國民黨又下台了，民進黨又重新執政，那它又有可能利用這樣一個世界舞台來搞「臺獨」，怎麼辦？能把民進黨政府的代表從世衛組織趕出來嗎？不可能的，所以有人擔心。但是大陸方面也是經過了很多內部討論，為了推動兩岸關係和平發展，不願把它作為和臺灣達成共識的一個障礙。今年5月份臺灣方面以中華臺北身分參加世衛大會，應該說由王毅講的審慎樂觀，現在應該是比較樂觀，如果《中國時報》的報導不是錯誤的新聞的話，應該說是能解決的。像從前大陸方面提出來的逐年來管控，今年你參加了明年還要再申請，不是一次性到位，臺灣方面當然不同意，大陸方面據說也放棄了這樣的要求或做法，表達了務實理性和善意。因為這個加入WHO、WHA不僅是兩岸的問題，也是世衛組織組委會同意的問題，還要看其他世衛成員什麼態度，對於馬當局能在這麼短時間內加入世衛組織大會，在對外關係上，他取得非常重要的一個進展或者是很大成績，將會起到重要影響。民進黨也在瞪著眼睛看你今年能不能解決問題，如果這個消息沒有什麼出入的話那是一個好消息。

問：你對兩岸定期航班與兩岸交流效果的看法？

徐博東：目前，兩岸直航基本是包機性質的，還不是班機。包機是隨時可以取消的，比如成本太高了，賠本我不幹了，航線不跑了，或其他政治原因可取消的，但班機涉及到航權的問題，定下來後不能隨便取消的。第三次江陳會談就要舉行，舉行就會解決這個問題，原來說6月份，現在提前到5月份，說不定還要提前，共同應對金融危機，要加緊談判的腳步，所以如果變成班機，兩岸「三通」就基本實現了。現在應該說預備性的協商基本結束了，在上海，海基會的祕書長高孔廉帶隊，談得很滿意。

普通的臺灣民眾對帶來的經濟好處並不那麼振奮，確實是這樣一個問題。因為普通的老百姓不從事經貿，他們的感受是間接的不是直接的。臺灣當局有義務在這方面進行宣傳，因為開放政策給老百姓帶來的好處，應該自己多進行宣傳，老百姓才能瞭解真正的意義。但在過去做得不夠，包括它的陸委會，包括經濟部門，現在已開始加強這方面的宣傳了。比如旅遊業從大陸遊客到臺後，普通老百姓會感受的直接一些。因為每天有幾千人進去，至少十天甚至半個月，按照島內一天進2000人，10天就幾萬人，這十幾天幾萬人到處跑，他們是要買東西的。不久前去了一萬人的安利團，沒想到大陸的遊客這麼高的購買力，當然，安利這些人都是有錢的白領階層。

大陸遊客入島觀光一開始的效益並不太好，現在已經逐步顯現出來對臺灣經濟的刺激作用。民進黨當初看到效果並不是很明顯，就起來攻擊抹黑，現在也不演講了。因為旅遊業也不光是旅遊點的那些人，也有對其他商業購買力的刺激，對於建築業，像旅館、交通，它會涉及到一系列的部門。所以，開放大陸遊客到臺灣已逐漸顯現出刺激經濟的作用。當然也有少數的雜音，說大陸遊客太囂張。

安利團帶來的商機有六億臺幣，另外如ECFA簽訂了，據臺灣方面估算對臺灣GDP成長帶來1.3個百分點，如果說臺經濟成長率下降2個百分點，如果和大陸簽訂了ECFA，它可能會下降到零點幾個百分點，其中影響最大的是石化業，因為如不和大陸簽訂協定，它的關稅要達到10%，簽訂後是零關稅，這影響太大了。它解決的就業問題是十幾萬人。這十幾萬人要宣傳，反正我過去沒工作，現在有工作了，他不會想到是因為兩岸經濟關係加強給他帶來的福利。實際上，如果不簽訂協定他們就沒有工作。這個方面臺灣當局要宣傳。

還有紡織業，按工會的講法，它的關稅是5到6點幾，現在如果是零關稅，對它的生存發展至關重要的，而且像石化、紡織業它的大量外銷都在東南亞地區，所謂「10+3」、「10+1」東盟，所以，ECFA的簽訂對臺灣來說有某種生死存亡的重要意義，所以馬當局下定決心頂住了民進黨的壓力，而民進黨處於意識形態上的考慮，堅決抵制ECFA簽訂，我看馬當局已經下了決心，因為它涉及臺灣的生存問題，現在抓緊進行宣傳，跟大陸進行積極協商，第三次的江陳會談有可能在南京召開，除了說其他議題外，這個議題提前到這次江陳會來交換意見，有可能在年底之前簽訂某種協定。這個協議要簽訂下來的話，將是兩岸關係的重大成果。兩岸關係不再是個案的協定，而是進入經濟合作的制度化階段，按照協定來推動兩岸的經濟合作，比如說這些大的框架協議有了以後，一個個小的框架分門別類的進行談判，恐怕以後按照協議來推動實現兩岸關係的正常化、機制化。臺灣民眾應該會逐步體會到兩岸關係和平發展給他們所帶來的好處。

問：簽訂CACA對臺灣經濟會有何影響？

徐博東：簽訂ECFA後，對於臺灣擺脫當前的經濟危機將起到重要推動作用。臺灣是全球受經濟危機影響最大的一個地區。因為它的經濟是外向型的，主要靠外銷。外銷大幅縮減後，對它的經濟當然是一個大的損害。臺灣方面自己評估，今年的GDP成長率負增長二點幾個百分點，也是近十年來最嚴重的一次衰退，但ECFA的簽訂有可能使它的經濟衰退有所減慢，那麼，臺灣民眾也會逐步體會到大陸方面幫助他們搶救臺灣經濟，作出的這些努力。根據現在的情況，大陸的經濟應該說是全球經濟復甦最快的一個國家。大陸經濟如復甦比較快，那對臺灣經濟來說會有直接的影響。臺灣老百姓會逐步體會到兩岸經濟合作給他們帶來的好處。

目前，從民調來看，馬當局的總體民調是比較偏低的，近期的民調好像還有所起色。對他主要的不滿的地方，一個是他在解決經濟上沒有好的辦法，特別是他在除弊方面，處理陳水扁的弊案進展太遲緩。但對馬的推動兩岸開放方面，對兩岸關係發展方向是支持和肯定的，如果WHA的問題再解決的話，恐怕民調會有進一步提升。所謂的「外交休兵」，爭取擴大「國際空間」方面，也有新進展。

問：你認為金融危機對中美關係及兩岸關係會產生哪些影響？

徐博東：金融危機，肆虐全球，中國大陸和臺灣不可能置身事外，都受到很大影響，特別是臺灣屬於外向型經濟。大陸方面，沒有完全地採取像美國的自由經濟做法，金融方面的管控還比較嚴格，大陸方面不存在金融危機，而是經濟受到金融危機的影響，表現在出口貿易方面，萎縮或者跟出口貿易相關的一些企業、部門。那麼中國政府採取了多種措施已經收到成效。根據今年一季度特別是3月份的資料來看，已經開始回升了。溫總理在泰國接受香港媒體採訪，公開地對外宣布的。

應該說，在金融危機中，中國的國際地位得到了提升。中國的經濟如果能比較快的回暖，那對世界經濟來說是一個福音。中國採取了很負責任的態度來幫助美國度過金融危機，而且還繼續購買美國的國債，採取合作的態度應對危機。中國還派出採購團到歐洲等等，所以有助於中國的國際地位的提升。經過30年改革開放後，中國累積了大量的資金，經濟實力大幅提升的基礎，不是天上掉下來的，美國也發現她自己經濟上不是無懈可擊的，也不是那麼穩固的。應該說它從中也應看到以後全球經濟發展也不是就美國一家就能解決問題，大家都是命運共同體，所以美國也感到很多問題離不開中國的支持合作，不光是北韓核問題，武器禁運的問題，也不光是走私販毒或其他一些問題，包括經濟方面也是這樣。美國已經越來越感到中國的重要性，不光是政治上的，也包括經濟方面的。中美關係應該是現在世界上最重要的關係。中美關係是不是穩定發展涉及到美國的切身利益，而且影響到世界的政治經濟。目前，這場經濟危機已經使中美關係在共同應對危機的同時加強了合作，增進了互相瞭解，使中美關係進入了最好的時期。過去，美國政府在換屆時，特別是由民主黨變成共和黨執政時，或共和黨變成民主黨執政時，它都要在對華政策上進行激烈的辯論。這次基本上沒有。歐巴馬上台之後，和中國的關係沒有什麼任何不愉快的事情發生，說明兩國關係經過這麼多年的風風雨雨，中美關係已經越來越成熟了。中國政府不是以損人利己的政策，而是既要兼顧自己國家利益，也考慮別國利益這樣的外交政策。是實事求是的、講道理的，美國方面應該是會感同身受。所以，中美關係的發展總體上來說，是樂觀的。

兩岸關係，經過金融危機壞事可以變成好事。例如「三通」問題，按馬英九競選時承諾，他上台一年之後要直接實行「三通」，實際半年不到，為什麼？因為金融危機的需要。大陸遊客入島，也是上來就趕快推行，因為也是經濟的需要。又比如，ECFA的簽訂，也是臺灣的經濟受創太嚴重，它需要大陸給予經濟方面的支持。大陸方面從大陸角度考慮，根本不是很著急的事，但為支持馬英九，穩定他的政權，大陸願意配合臺灣方面早日簽訂綜合性貿易協定。胡錦濤總書記在胡六點裡講的，只要對臺灣人民的福利有好處，只要對兩岸和平發展有好處都願意予配合支援。臺灣方面應該感受到了大陸方面的善意，誠意。兩岸簽訂的六項協定裡面，大部分都是有利於臺灣的。大陸幫助臺灣來擺脫目前的困境，這樣的話，對於兩岸的領導人之間加深瞭解，消除敵意，以及臺灣民眾對大陸瞭解，消除對大陸的敵意都有好處。第三次江陳會在南京召開，重要的是如何進行金融合作的問題。金融合作主要是幫助臺灣。這些經濟上的合作越來越緊密之後，你中有我，我中有你，誰也離不開誰，必然會在政治上產生影響。政治是經濟的集中體現，所以我們在共同建設中國人的家園過程之中，在共同應對金融危機的過程之中，必然會在政治上收到他的成效，消除敵意，形成命運共同體。所以必然會在政治關係上反映出來，是潛移默化的，或說是有一個過程，不是一下子就能看出來的。所以兩岸關係由於金融危機加快了腳步往前推進。如果沒有金融危機，恐怕很多事情不會這麼快達成協議。所以，壞事往往變成好事，如果不是金融危機，ECFA的簽訂臺灣方面不會下大決心頂住民進黨的壓力，盡快來和大陸進行協商談判，如果不是金融危機，大陸遊客入島也不會這麼快推動，直接「三通」也不可能這麼快實現，所以金融危機對兩岸關係的和平發展反而起到一個推動力，把危機變成了轉機。

（中評社，根據錄音整理）

博鰲論壇已成為兩岸高層交流的重要平台

4月18日上午，北京聯合大學臺灣研究院徐博東教授在海峽之聲電台《博東看兩岸》專欄節目中，就正在舉行的博鰲亞洲論壇年會、兩岸金融合作和即將舉行的第三次「江陳會」等相關話題發表看法。徐博東認為，博鰲論壇已經成為兩岸高層接觸交流的重要平台和第二軌道；馬英九有關推動兩岸關係發展的新「十六字訣」積極進取、友善樂觀；「壞事變好事」，國際金融危機促進兩岸金融合作加快了步伐。通過兩岸金融合作，共同應對金融危機，「中國人幫中國人」，建設好中國人的共同家園，使兩岸同胞真正成為「命運共同體」，必將對兩岸和平發展產生不可估量的影響；第三次「江陳會」意義重大，必將對臺灣經濟擺脫目前困境，進而實現全面復甦發揮積極作用。

全文如下：

博鰲論壇臺灣代表團有兩大特點

主持人：17日，博鰲亞洲論壇年會在海南小鎮博鰲舉行。在本屆博鰲論壇上，臺灣方面派出了以錢復為團長的歷屆最大的代表團出席，您認為臺灣方面是如何考慮的？另外，博鰲亞洲論壇能否被看成兩岸交流的第二軌道？

徐博東：臺灣方面這次派出的參加博鰲論壇的代表團有兩個重要特點。這兩個重要特點反映出馬英九對這屆博鰲論壇非常重視：

第一個特點是人數多、層級高。除了團長錢復，另有接替蕭萬長新任兩岸共同市場基金會董事長詹火生、臺灣金控董事長張秀蓮、國泰金控董事長蔡宏圖、富邦金控董事長蔡明忠、臺灣證交所董事長薛琦、陽明海運董事長盧海峰等，包括產學、金融界代表總共34人，網羅了臺灣金融界的一批菁英，是臺灣出席歷屆博鰲亞洲論壇年會規模最大、層級最高的代表團。

第二個特點是挑選錢復擔任代表團團長很有深意。錢復是何許人也？他年輕時曾與連戰、陳履安、沈君山一道，被稱為臺灣政壇「四大公子」，曾任「國大議長」、「監察院長」、「外交部長」等重要職務，層級不低於連戰和蕭萬長。更重要的是，錢復在擔任「外交部長」期間，曾極力反對李登輝訪問美國，他說「這會破壞兩岸關係」。錢復認為，「『大陸政策』的位階高於『外交政策』」，因為「外交」只是臺灣政策的一個環節，而大陸政策卻攸關臺灣的未來走向與興亡。

試想，在第三次「江陳會」即將登場、臺灣參加WHA的問題兩岸正在協商談判的關鍵時刻，馬英九派出這樣的代表團出席博鰲論壇，他想向大陸傳遞出什麼樣的資訊？已經是「不言自明」！

關於博鰲論壇能否看成是兩岸交流的第二軌道？答案是肯定的。我認為，事實上博鰲論壇已經是兩岸高層接觸交流的重要平台和管道。去年大陸邀請尚未就職「副總統」的蕭萬長率團出席博鰲論壇，胡總書記和他會面，對後來兩岸關係的發展打下了良好的基礎，產生了巨大的推動作用，發揮了特殊的功能。這屆論壇兩岸雙方金融界、產學界代表將進行廣泛接觸，還要舉行以「國際金融危機與兩岸金融合作」為主題的論壇，直接進行面對面的溝通和深入探討；此外，19日溫家寶總理還將會見錢復。雖然錢復在接受媒體採訪時說：談些什麼問題現在「還不能說」，但可以肯定的是，「溫錢會」必定會對兩岸關係發展產生積極的正面影響。所以我說，博鰲論壇實際上已經成為兩岸高層接觸交流的重要平台和第二軌道。

馬英九「十六字訣」積極進取、友善樂觀

主持人：在錢復一行出發前，馬英九特別會見了代表團，要求錢復將「同舟共濟，相互扶持；深化合作，開創未來」16字理念帶給大陸。馬英九這16字理念透露出那些資訊？

徐博東：錢復昨天在接受媒體採訪時，否認有所謂馬英九的「十六字訣」要捎給大陸的報導。看來錢復很謹慎，擔心民進黨會見縫插針、無事生非！但我個人判斷這應該不會是空穴來風。去年馬英九給出席博鰲論壇的臺灣代表團也是「十六字訣」。兩者比較一下，調子很不一樣，內容有很大變化。

去年的「十六字訣」是：「正視現實，開創未來；擱置爭議，追求雙贏」。

今年的「十六字訣」是：「同舟共濟，相互扶持；深化合作，開創未來」。

前者「話中有話」、語帶保留；後者積極進取、友善樂觀。這實際上反映出馬英九心態上的變化。很顯然，經過這一年來的良性互動，兩岸互信大為增強，馬英九對他的兩岸開放政策更有信心更加樂觀了！兩岸兩會已成功舉行了二次「江陳會」，簽署了六項對臺灣經濟擺脫困境十分有利的協議。第三次「江陳會」預備性協商進展順利，即將於近期舉行。民調顯示，多數臺灣民眾對馬政府的兩岸政策表示滿意。就連美國也一再表示支持與肯定。我想，馬英九對於大陸方面的善意和誠意，應該會有切身體會。所以，馬英九能夠提出更加積極進取的推動兩岸關係發展的新「十六字訣」，絕不是偶然的！

「壞事變好事」，金融危機促進兩岸金融合作

主持人：兩岸金融合作是本屆論壇的一項重要內容，您是如何看待兩岸金融合作的意義與前景的？

徐博東：本屆論壇的「壓軸戲」是19日下午3點到5點半舉行的「國際金融危機與兩岸金融合作」議題。把兩岸議題納入博鰲論壇這是往屆所沒有的，十分罕見！可見主辦方大陸方面對兩岸金融合作的高度重視。兩岸雙方都由重量級的財金主管和產學界菁英出席會議。除了前面提到的臺灣方面的重量級財金人士與會外，大陸方面包括中國人民銀行行長周小川、國資委主任李榮融、中國銀監會主席劉明康、國家發改委主任張平、商務部長陳德銘、國臺辦主任王毅、國家旅遊局局長邵琪偉等，可謂雙方財金主管、菁英雲集，並且由博鰲論壇首席顧問陳錦華與錢復共同主持會議。雙方將深入探討金融風暴下兩岸如何合作應對危機，以及兩岸金融合作的前景及展望。召開這樣層級的重要會議可以說「前所未有」，我想其本身就意義重大！這場會議可視為為即將舉行的第三次「江陳會」「暖身」，並將提出一系列具專業性和權威性的意見，供雙方協商談判時參考，為今後兩岸金融合作、共同應對金融危機打下基礎。可以這樣說：兩岸金融合作因為這次國際金融危機而加快了步伐，正所謂「壞事變好事」、「危機變轉機」。日前，臺灣海基會最新一期的《兩岸經貿》月刊，發表了一篇題為《為何要簽兩岸金融合作

協定》的專文，探討兩岸金融合作的必要性和緊迫性。其中談到，兩岸金融合作應該多元，包括獨資、合資、子銀行、分行；業務則應全面開放，包括人民幣業務，放寬營業據點；銀聯卡在臺使用也應開放等，還提出了一系列其他具體詳盡的主張，態度積極務實，方案具體可行，形勢使然，我們對兩岸金融合作的前景，有充分的理由表示樂觀。更重要的是，通過兩岸金融合作，共同應對金融危機，「中國人幫中國人」，建設好中國人的共同家園，使兩岸同胞真正成為「命運共同體」，必將對兩岸和平發展產生不可估量的影響！

第三次「江陳會」意義重大

主持人：不久就會進行第三次「江陳會談」，國臺辦副主任鄭立中也已經赴臺灣進行預備性協商，商定兩會領導人第三次會談的時間、地點，並就海基會代表團來訪行程安排與會談議題及協定內容交換意見。海基會建議在南京舉行，您是怎麼看待的？

徐博東：臺灣方面特別建議第三次「江陳會」在南京舉行，我想可能是基於以下兩方面的考慮：

第一，大家都知道，歷史上南京曾經是「中華民國」的首都，又是孫中山先生遺體「奉安」之所在，臺灣方面建議在南京舉行兩會協商談判，是否暗含有馬英九當局是「中華民國法統」的傳承者、孫中山先生遺志的繼承者的政治味道在裡面？

第二，在南京舉行「江陳會」，胡錦濤可以不必會見江丙坤，由國臺辦主任王毅出面會見就可以了。這樣，今年底陳雲林到臺灣去出席第四次「江陳會」，也可以照此辦理，選擇不在臺北召開，屆時馬英九也可不必會見陳雲林，由「陸委會主委」賴幸媛出面會見陳雲林即可，避免像去年那樣，造成陳雲林如何稱呼馬英九的不必要困擾，從而使民進黨「臺獨」人士失去攻擊馬團隊的著力點。

可謂「一箭雙雕」，國民黨很會打算盤！

主持人：第三次江陳會談將會涉及哪些議題？另外，對「兩岸經濟合作架構協定」的討論前景會怎麼樣？

徐博東：根據媒體報導，第三次「江陳會」的主要議題：包括「定期航班」、「金融合作」、「共同打擊犯罪和司法互助」、「陸資入島」這四項議題。前三項將會分別簽署協定，後一項「陸資入島」議題因為涉及的範圍太廣、太過複雜，雙方不會簽署正式協定，採取類似「共同聲明」的方式，對外說明兩岸的各自規範以及希望優先開放的項目。另外，關於「兩岸經濟合作協定」，將會進行「意見交換」，並不納入正式協商討論，只是為年底舉行第四次「江陳會」時協商談判這一議題打基礎。依我個人判斷，今年底舉行第四次「江陳會」時，協商談判「兩岸經濟合作協定」已是勢在必行。

從第三次「江陳會」的四項議題來看，意義重大，可以說都是臺灣方面迫切需要解決的重要問題：「定期航班」的開通，將實現兩岸「三通」全面正常化，有利於兩岸人員往來和經貿發展，對刺激臺灣經濟將會起到重要作用；「金融合作」，對緩解臺灣受國際金融風暴造成的衝擊也十分有利；「共同打擊犯罪和司法互助」，則對臺灣社會的治安與穩定、改善投資環境至關重要；「陸資入島」，更可以協助馬英九推動落實「愛臺十二項建設」，必將對臺灣經濟擺脫目前困境，進而實現全面復甦發揮積極作用。

（海峽之聲網）

第三次「江陳會」協定內容具有必要性與迫切性

北京聯合大學徐博東教授日前在海峽之聲《博東看兩岸》節目中，就第三次「江陳會」與馬英九回應「胡六點」發表評論指出：兩岸空中定期航班、兩岸金融合作、兩岸共同打擊犯罪及司法互助問題是兩岸經濟交流合作中迫切需要解決的問題；大陸資本赴臺灣投資因涉及面廣，只能暫時交換意見發表聲明；兩岸簽訂經濟合作協定形勢樂觀；民進黨反對失去正當性；馬英九回應「胡六點」態度積極。

主持人：第三次江陳會談26日在江蘇南京舉行，雙方就兩岸空中定期航班、兩岸金融合作、兩岸共同打擊犯罪及司法互助等三項議題達成協議，並就大陸資本赴臺灣投資事宜交換意見。那麼，應該如何看待這些議題在兩岸關係發展中的作用呢？

徐博東：第三次江陳會就兩岸空中定期航班、兩岸金融合作、兩岸共同打擊犯罪及司法互助等三項議題達成協議，但陸資入島問題涉及面比較廣，問題比較複雜，所以以聲明的方式表現。另外，第三次的「江陳會」會談到和總結前兩次「江陳會」所達成的六項協定的執行情況。此外，還有就臺灣方面急切要求的兩岸經濟合作問題進行初步的交換意見。所以，這次「江陳會」的內容相當的豐富，也非常的重要。

這次「江陳會」之所以重要是因為，四項議題都有各自的必要性。第一，定期航班問題。因雙方往來人員的需要，是迫切需要解決的問題。因為在大陸有一百萬人以上的臺胞，包括臺商、臺資幹部及家屬。他們以前往返兩岸都是比較麻煩，要通過香港、澳門轉機。自從開放大陸遊客到臺灣旅遊以後，雖然包機常態化，但要乘飛機的人數也大為增加，現在已經是一票難求。所以不只要開放定期航班還要增加航班的班次，要增加三分之二的航班，還要增加大陸的航點。這樣，對於兩岸人員的往來就更加便捷了；第二，打擊犯罪和司法互助問題。有利於臺灣社會的安定和穩定，對於優化臺灣的投資環境、維護兩岸經貿來往的秩序，特別是打擊包括經濟犯罪在內的刑事犯罪，都是非常重要的措施；第三，金融合作的銀行、證券保險、貨幣清算機制協定的簽訂，對於共同面對金融風暴對兩岸的經濟的衝擊將會起到非常重要的作用。第四，陸資入島，對於活絡臺灣經濟，協助馬英九「愛臺十二項建設」，起到緩解資金困難的作用。

總而言之，這次「江陳會」的議題是非常重要的，都是當前兩岸迫切需要解決的重大經濟問題和司法問題。會談結果對於強化前兩次「江陳會」成果，深化兩岸合作，協助臺灣渡過目前的經濟危機，中國人幫中國人，對臺灣經濟的全面復甦提供條件。當然對大陸經濟的好轉也有重大意義的。這次「江陳會」的協定內容將會產生深遠的影響。

主持人：業界關注的兩岸經濟合作協定沒有列入這次會談的議題，但雙方將就這個話題進行對話。對於這樣的安排您是如何看待的？您認為，第四次江陳會能否簽訂兩岸經濟合作協定？

徐博東：第三次「江陳會」就兩岸經濟合作協定進行初步交換意見符合當前兩岸的經濟交流和發展需求的實際情況。此前，在協商第三次「江陳會」議題時並沒有涉及這個議題，因為去年十一月份，金融危機還不是特別厲害，臺灣經濟衰退還沒有現在那麼嚴重，隨著金融風暴的肆虐，外向型的臺灣經濟受金融風暴的影響越來越嚴重，臺灣非常急切的需要在明年「東盟10+3」或「10+1」機制啟動下不至於讓臺灣經濟雪上加霜。所以，臺灣方面希望大陸能夠在第三次「江陳會」把這個話題納入交換意見範圍。

但是，兩岸經濟合作議題遭到民進黨的強烈反彈，民進黨打出「捍衛臺灣主權」的旗號。後來，臺灣執政當局不斷進行宣導和解釋，指明簽訂兩岸經濟合作協定對臺灣經濟的好處，從現在的民調來看已經發生了很大變化，多數臺灣民眾支持兩岸簽訂經濟合作協定。但在時間上第三次「江陳會」不可能就這個議題進行協商談判了。根據雙方達成的共識，只能在這次「江陳會」上進行初步的意見交換，為下一步協商談判「暖身」、打下基礎。今後，有關部門再進行相關細節的協商。相信在下半年第四次「江陳會」上會進行正式的協商談判。這也是大陸方面急臺灣方面之所急，就臺灣經濟的需要表達出極大的善意和誠意。

兩岸經濟合作框架性協定涉及的內容龐雜，不可能一步到位，有可能在簽訂框架性協定的同時，雙方就臺灣急切需要解決的石化業、紡織業、機器製造業的關稅問題先進行談判，簽署有關的協定，這樣可以提高臺灣的競爭力，協助馬英九「政府」拚經濟。依我看總體形勢還是樂觀的。

主持人：針對第三次「江陳會」，民進黨主席蔡英文表示，民進黨不排除有激烈抗爭行動。您認為民進黨還有反對第三次江陳會的理由嗎？

徐博東：現在民進黨的抗爭已經喪失了正當性，臺灣的主流民意對於兩岸舉行第三次「江陳會」是抱贊成和支持的態度。根據臺灣「陸委會」先前委託「伯客市場研究顧問公司」進行問卷調查，八成左右民眾贊成馬英九政府繼續推動與各方簽訂經濟合作協定，有民眾認為兩岸簽訂經濟合作協定以後，有助於臺灣地區和其他國家簽訂自由貿易的相關協定。相關調查還顯示，七成民眾認為這幾年兩岸經貿發展對於推動臺灣經濟復甦具有重要作用。另外臺灣工商建研會在4月23號調查結果，有九成民眾認為兩岸直航對臺灣經濟有幫助，超過五成的民眾認為「大三通」對臺灣經濟是有助力的，另外，超過九成的建研會會員認為陸客來臺對臺灣經濟有幫助。臺灣的主流民意已經非常支持馬英九的兩岸開放政策，如果民進黨再說他們是代表臺灣民眾反對馬英九的兩岸開放政策那就說不過去了。民進黨已經失去正當性，它的遊行活動能動員多少臺灣民眾參加並不樂觀。

主持人：就在第三次江陳會舉辦前夕，馬英九正式對胡錦濤在紀念《告臺灣同胞書》發表30週年座談會上提出的六點建議作出回應。這是時隔四個月後，馬英九正式回應「胡六點」，您是如何看待的？

徐博東：我倒不認為馬英九是對「胡六點」進行了全面正式的回應，馬英九回應「胡六點」是採取一種新的模式，即陸續的、零星的、非正式的回應方式，不是綜合的回應而是逐步的回應。實際上，馬英九在「胡六點」發表之後第二天就作了一些回應。比如，馬英九對「胡六點」談到兩岸簽訂經濟合作協定給予肯定。另外對於「胡六點」說「愛臺愛鄉意識不等於『臺獨』意識」，馬英九也予以充分肯定。馬英九4月22日接受《中國時報》採訪第一次提出，「兩岸再從事內戰是中華民族的悲劇」，實際上也是對「胡六點」中談到的第一點——兩岸不是主權的分割，而是內戰遺留下來的政治對立「內戰觀」的回應，這和「臺獨」路線劃清了界線。馬英九跟李登輝的「兩國論」、陳水扁的「一邊一國論」是完全不一樣的一種態度，他承認「九二共識」，說兩岸同屬一個中國，只是對於一個中國的表述不一樣而已，這也是對「胡六點」的回應。「九二共識」是兩岸和解的核心，這個問題肯定下來以後，兩岸才有可能坐下來談判，兩岸兩會的協商才可以恢復。

另外，馬英九的回應裡談到在未來的三四年裡應該專門談經濟議題，對於軍事和比較敏感的政治問題，他認為目前還不宜接觸，應該先進行短期的深入研究，不會有具體的動作，這實際上也是對「胡六點」的回應。這符合大陸方面提出來的「建立互信、求同存異、共創雙贏」和「先經後政、先易後難、循序漸進」發展兩岸關係的思路。馬英九這種態度，對於當前進一步推動兩岸關係的和平發展是正面的積極的。

（海峽之聲網）

臺灣參加WHA有助兩岸合作防治H1N1

北京聯合大學臺灣研究院徐博東教授，日前在海峽之聲電台《博東看兩岸》專欄節目中指出，第三次「江陳會談」的成功舉行，為兩岸兩會之間增強了互信，為下一步進入更難、更為敏感的議題包括政治性議題的協商談判打下了很好的基礎；臺灣以「中華臺北」觀察員的身分參加世界衛生大會，將有助於兩岸共同防治目前正在蔓延的甲型「H1N1」流感，同時，這也將對未來臺灣參與其他國際組織活動具有指標性的意義。

全文如下：

第三次「江陳會談」意義重大

主持人：第三次「江陳會談」4月26日在南京成功舉行，雙方簽署了空中定期航班、金融合作、共同打擊犯罪與司法互助等三項協議。你如何來評價這三項協議？

徐博東：第三次「江陳會談」意義重大。第一，空中定期航班協議。實際上它的簽訂是對海峽兩會已經簽署的多個空運協議的重要補充，它標幟著空中的直航更加完善，更加規範化。這項協定的簽訂為今後兩岸的往來迎來了一個新的局面。從表面上來看，這個協議所增加的航班數其實是不夠的，昨天馬英九說應該有五百多次的航班才夠用，新增的航點也不是很多，但我認為至少有三個方面的重大突破：第一個突破是從包機提升到了定期航班，把兩岸空中客運的常態化固定下來了，今後除了發生戰爭等嚴重事件，兩岸都不能以任何藉口停飛；第二個突破是徹底實現了「截彎取直」，這不僅縮短了雙方往來的航程，而且突破了從前臺灣軍方所謂「國防安全」的藉口。另外，新航路的開通也為未來繼續增加新的航點提供了基礎；第三個突破是既滿足了臺灣民航業增加航班的迫切要求，紓解了目前兩岸往來「一票難求」的緊張狀態，另外也照顧到了香港和澳門兩地的航空業，使他們不至於受到太大的損失。

第二，兩岸金融合作方面的協定。這項協定的簽訂，標幟著兩岸的經濟交流合作已經從原來的實體經濟發展到了更高層次的金融領域，邁出了一個新的步伐，有了新的突破，為今後兩岸的金融合作提供了可靠的基礎。同時也為人民幣走向國際化鋪墊好了氣氛，而且，貨幣的相互承認與兌換，實際上已經觸及到敏感的政治議題，這也是一個很重要的突破。

第三，關於共同打擊犯罪和司法互助的問題。這個協定的簽訂意義也非常重大，它標幟著兩會的協商已經從經濟性的議題擴展到了社會性的議題，豐富了兩岸協商的新內涵，為日後兩岸合作打擊跨境犯罪行為奠定了法制基礎，有利於維護兩岸人員往來和社會秩序的穩定，優化兩岸投資環境。

總之，這三個協議的簽訂有非常重大的意義，在前兩次「江陳會」六項協定的基礎上，兩岸的合作交流進一步深化了，兩岸兩會之間增強了互信，也為下一步進入更難更為敏感的議題包括政治性議題的協商談判，打下了很好的基礎，標幟著兩岸關係的和平發展邁入了正確的軌道。這也說明「建立互信、擱置爭議、求同存異、共創雙贏」的精神和「先經後政、先易後難、循序漸進」的工作思路是完全正確的。

兩岸經濟融合，已不可逆轉

主持人：在第三次江陳會談中，兩會還就大陸資本赴臺投資事宜達成原則共識，臺灣將在政策制度上首度允許大陸資本進入島內開展投資。允許大陸資本到臺灣投資，這將對臺灣經濟產生哪些影響？

徐博東：「陸資入島」因為它的範圍太廣泛，涉及的內容太多，所以只是達成了原則性的共識聲明。這個共識聲明是臺灣方面首次允許大陸資本進入島內進行投資，從而結束了長達三十年來臺灣單方面向大陸投資的不正常局面，開啟了兩岸雙向投資的新局面，成為兩岸經濟往來實現正常化和制度化的標誌。

從短期效應來看，大家知道臺灣是外向型經濟，這次金融風暴對臺灣經濟造成的傷害最大，「陸資入島」有助於緩解金融風暴對臺灣的衝擊，刺激臺灣經濟的活絡，協助馬英九「拚經濟」，兌現「愛臺十二項建設」的競選承諾，提升馬英九團隊的民意支持度。從長遠來看，「陸資入島」打破了長期以來臺灣方面一直擔心的「資金安全」的心理障礙，兩岸經濟的融合，已不可逆轉。

股市是反映股民信心的重要標誌，是經濟的櫥窗。「共識聲明」發表之後，臺灣的「大陸概念股」大漲。4月30日，傳出大陸的「中國移動」將要買下臺灣遠傳電信12%股權的消息，臺北股市一掃多年來的陰霾，早上10點多，上漲了370多點。這可以看出，「陸資入島」對臺灣經濟的刺激已經開始顯現。

主持人：徐教授，在上週應該說是2009年兩岸關係發展的十分熱絡的一週，在海基會董事長江丙坤結束「江陳會談」以及對大陸的參訪行程後，臺灣民眾十分關注的參與世界衛生組織活動也有了新的進展。世界衛生組織總幹事4月28日致函邀請「中華臺北衛生署」派員以觀察員身分參加世界衛生大會，消息一出，立即引起輿論的高度關注，認為這是臺灣參與國際組織活動的一大突破，那麼，取得這一突破的關鍵因素有哪些？

徐博東：馬英九在前幾天對這個事情做了很好的總結。馬英九認為臺灣這次能夠順利的以「中華臺北觀察員」的身分參加WHA，原因有幾個方面，他認為主要原因是因為大陸方面釋出了善意，他特別提到胡總書記去年12月31日紀念「江八點」時提出的「胡六點」精神，他認為這是一個主要的原因。另外，馬英九還提到國際社會的支持和臺灣各界的努力，當然也包括WHO的幫忙協助。這幾個方面都是促成臺灣順利加入WHA的原因，但是他特別強調主要原因是大陸方面釋出了善意。我認為馬英九的評論是非常客觀正確的。胡錦濤總書記就臺灣參加WHA的問題發表過多次重要演講，作過多次重要的指示，是促成取得這一突破的關鍵因素。這也是國際社會都有的共識，包括美國和日本方面的評論都是非常正面的。

合作防治「H1N1」，兩岸關係將進入新境界

主持人：目前甲型「H1N1」流感正在全球蔓延，而在此時，「中華臺北」獲邀參加本月18日至27日舉行的第62屆世界衛生大會，這對兩岸攜手共同防治甲型「H1N1」流感會有哪些幫助？

徐博東：過去民進黨執政的時候，兩岸關係處於緊張狀態，大家都還記

憶猶新，碰到SARS疫情兩岸不僅不能很好的合作，共同應對，相反還互相指責，這是非常可惜的事情。但是這次不同了，由於兩岸關係的緩和，雙方已經建立起了互信，特別是恰逢這時候臺灣參加WHA的問題得到了妥善解決，所以我們看到這次的氣氛完全不一樣了。大陸在這個方面已經做了很好的表率。4月29日，國臺辦發言人李維一在記者會上主動向媒體報告，表示大陸方面將和臺灣方面保持密切溝通與合作，共同防治甲型「H1N1」流感的蔓延。大陸的衛生主管部門已經在4月27日傍晚，通過中國疫病防預控制中心，向臺灣疫病管制機構主動通報了大陸目前沒有發生人感染豬流感的情況，並且介紹了大陸方面的防控措施，供臺灣方面參考。

我相信經過雙方的共同努力，一定能夠渡過這個難關，雙方在這方面的合作，必定能夠使兩岸真正成為「命運共同體」，兩岸關係將會進入一個新的境界，這是值得兩岸中國人高興的事情。

務實協商，才能妥善解決敏感問題

主持人：這次世界衛生大會邀請臺灣以「中華臺北」的身分參加，臺灣各界對此予以積極評價，那麼，這對未來臺灣參與國際組織活動具有哪些指標性的意義？

徐博東：馬英九先生在這方面也有很理性、務實、冷靜的談話。他說，在爭取國際參與的過程中，臺灣方面要以務實彈性的態度，要循序漸進不宜躁進，不宜有務實以外的目標。也就是說，只有務實，只有跟大陸進行很好的協商，才能夠解決這方面的爭論和問題。我認為，今後還是有繼續本著「建立互信、擱置爭議、求同存異、共創雙贏」這樣的精神，和「先易後難、先經後政、循序漸進」的工作思路，在臺灣擴大國際活動空間的問題上，只有通過兩岸的協商，而不是像民進黨執政的時候那樣，用衝撞的、挑釁的，想在國際上製造「兩個中國」或「一中一臺」，這樣只會製造和擴大分歧。

比如2007年，民進黨就以「臺灣」的名義申請加入世界衛生組織，結果遭到空前的慘敗，表決的時候178票反對，只有17票贊成，這17票還是臺灣花錢買來的。去年，世界衛生組織乾脆連陳水扁的信函都拒絕接收，直接退回臺灣。這說明想在國際上製造「一中一臺」是不可能得到國際社會認同的，只有像馬英九這樣，和大陸進行務實協商，在不違背「一個中國」原則，不造成國際社會「一中一臺」、「兩個中國」的前提之下，共同努力，才有可能妥善解決這方面的敏感問題。所以，我覺得這是具有指標性意義的重要啟示，是值得今後借鑑的一個發展趨勢。

（海峽之聲網）

蔡英文已經「騎虎難下」

北京聯合大學臺灣研究院教授徐博東，昨日在海峽之聲電台《博東看兩岸》專欄節目中指出：江丙坤請辭事件是國民黨「茶壺裡的風暴」。這場風暴雖已過去，但已經造成了不良的後遺症，充分暴露出國民黨的內部團結存在嚴重問題，雖然現在暫時隱蔽下來，但難保遇到適當氣候不會復發。如何妥善處理，仍將是馬英九的一道難題；由於臺灣經濟回暖，民進黨「517嗆馬保臺大遊行」的正當性和著力點已經流失。但為了平息「急獨派」的質疑，並為年底的縣市長選舉關鍵一役造勢，蔡英文已經騎虎難下，雖然「凶多吉少」，但「箭在弦上，不得不發」。

全文如下：

主持人：長期關注兩岸時事的聽眾朋友在本週三的上午突然聽到這樣一個消息，那就是臺灣海基會董事長江丙坤先生請辭，應該說，這個消息一出，立即震撼了臺灣政壇。經過馬英九的全力慰留，江丙坤表示同意完成階段性任務。不過，大家都想知道，為什麼這個時候江丙坤要請辭呢？臺灣各界對此都有怎樣的看法？這一事件會不會影響到兩岸之間達成的各項協議？

徐博東：昨天下午5點，馬英九專程前往海基會慰留江丙坤，對江丙坤的貢獻給予了高度肯定和稱讚，江也表示願意留下來繼續打拚，完成階段性的任務。所以，這場請辭風波應當已經過去，可以說「來得快去得也快」。

從性質上說，這場風波不是路線鬥爭和分歧，只是國民黨內部權力鬥爭的反映。臺灣媒體分析說，馬英九對國民黨中央和「立法院黨團」配合行政團隊的執政不滿意，因而想自己親自兼任黨主席，早日實現國民黨的世代交替，理順黨政關係，使自己的理念和政策更加順暢地推動。六月份，國民黨就要決定下一屆黨主席是否換人，有媒體報導說，馬英九要換掉吳伯雄，但吳伯雄卸任後如何安排？於是就有人出來放風，說吳將接替江丙坤擔任海基會董事長的職務。但江丙坤幹得好好的，要他卸任總得有理由啊，於是近一段時間以來，臺灣媒體和坊間便開始傳播有關江丙坤的負面新聞，說他利用職務之便，為兒子在大陸做生意大開後門、撈錢，還傳說江丙坤花了一、二億新臺幣在臺北大直買了三套豪宅，有收受賄賂之嫌疑等等。這些不實傳言引起江丙坤的強烈不滿，他覺得自己這把年紀了，一年來辛辛苦苦為兩岸事務奔波努力，不但得不到肯定還遭到抹黑，受到綠營的攻擊也就算了，還要遭到自己人的抹黑，所以心灰意冷，很自然的萌生出「不如歸去」的情緒，於是決定採取高姿態，大動作辭去海基會董事長的職務。

島內輿論認為，馬英九要進行世代交替，本身不能說有什麼不對，但政治操作痕跡太明顯，動作太過粗糙，而且選擇的時間點也完全不對，更沒有經過黨內的正常溝通與協調，惡意放話，中傷自己的同志，認為這對江丙坤來說很不公平。國民黨一向「內鬥內行，外鬥外行」，這是國民黨的「老毛病」了，至今沒有長進。這場風波引起國民黨內部上上下下的強烈反應，大都為江丙坤鳴不平，為此吳伯雄還說了重話，連「混蛋」都說出了口。所幸馬英九在第一時間處理得還比較好。至此，這場風暴已經過去，但是已經造成了不良的後遺症，充分暴露出國民黨的內部團結存在嚴重問題，現在只是暫時隱蔽下來了，但難保遇到適當氣候不會復發。所以馬英九團隊跟國民黨中央和「立法院黨團」的關係如何妥善處理，仍將是一道難題。

主持人：徐教授，本週民進黨的一系列表現成功博得了媒體的版面。民進黨籍民意代表連續幾天大鬧民意機構，霸占主席台、把會議室的門反鎖等等，以此來阻擾民意機構審議「開放大陸學生入臺、大陸學歷認證」等草案，那麼，民進黨上演這出「鬧劇」幕後的真正目的是什麼？民進黨用這樣的方式來阻撓民意機構的議程，是不是能夠阻撓相關草案審議通過？

徐博東：近來，民進黨在「立法院」內強烈抵制幾項涉及到馬團隊兩岸開放政策的議案，其勢洶洶，甚至揚言不惜流血抗爭到底。民進黨的這種表現的確博得了臺灣媒體的不少版面，但這與臺灣的主流民意是背道而馳的。我們可以看到，除了綠營媒體，臺灣的主流媒體大多是負面報導。輿論普遍認為，民進黨無理取鬧，是為反對而反對，民進黨之所以這樣鬧，當然是其「臺獨」立場使然，動輒從「臺獨」意識形態出發，攻擊馬英九的兩岸開放政策「賣臺」、「傾中」，給馬英九扣「紅帽子」，全然不顧這些政策是不是對臺灣有利，對臺灣人民有利。

而民進黨在「立法院」這樣鬧的近期目的，則是要與街頭運動相配合，也就是要為所謂「517嗆馬保臺大遊行」熱身，累積能量，製造著力點和正當性。但是，這樣的做法只能一時起到干擾的作用，由於民進黨在「立法院」的席位不足四分之一，如果藍營下決心要通過這些議案，民進黨根本無法阻撓。

主持人：如果翻看民進黨在民意機構裡挑起的各種衝突，以往似乎沒有這麼長時間的對抗，但是這次衝突持續的時間尤其長，民進黨為什麼這次改變了策略呢？

徐博東：主要原因是目前民進黨正在組織發動5月17日的「嗆馬保臺」大遊行。但是，現在島內的大環境出現了不利於民進黨的發展趨勢，那就是發動這場大遊行的正當性和著力點已經流失，民進黨提出的「嗆馬保臺」的所謂「理由」已經沒有了說服力。

第一，最近島內經濟逐漸回暖，例如，休無薪假的人越來越少，有招聘意願的企業越來越多，臺灣的汽車銷售量也呈現上漲趨勢等等。包括外資、陸資進入臺灣股市的前景正在看好，所以臺灣這幾天的股市連日上漲，加權指數昨天已經到了6500多點，漲幅是世界第一，股民樂不可支，民進黨這樣「瞎搞」，大多數臺灣民眾並不贊成。

第二，三次「江陳會」成功舉行，大陸的一系列惠臺政策陸續頒布，再加上臺灣以「中華臺北」觀察員的身分應邀請參加WHA……，在這些接踵而至的好消息下，民調無不顯示，臺灣民眾高度肯定和支持馬英九的兩岸政策，就連美國也一再表態支持。

在這種情況下，民進黨發動「517遊行」很難引起臺灣社會的共鳴，形成一股氣勢。因此，民進黨就想在「立法院」裡升高抗爭的力度與強度，以期引起藍綠雙方的激烈對抗，最好出現流血衝突，藉以動員盡量多一些的綠營支持者517那天能夠走上街頭。民進黨這麼長時間的維持抗爭熱度和強度，就是想營造這樣的氣氛，製造這樣的著力點。

但是藍營也不是省油的燈，早就看穿了民進黨的這個把戲，決定延後審理有關法案，或同意作一些修改，表面上看是「示弱」，實際上是不「配合演出」，這就使得民進黨沒有辦法維持抗爭熱度。由此我們也可以看出，民進黨不顧臺灣民眾的死活，不顧臺灣經濟是不是會受到影響，完全是為一黨一己之私來進行政治操作。

主持人：民進黨主席蔡英文已經下令，在「517大遊行」中，民進黨的所有公職人員要跨夜靜坐，也要做好被關的心理準備。徐教授，民進黨在甲型H1N1流感蔓延的時刻還執意舉行大規模的遊行，您認為，民進黨想要達到什麼目的？

徐博東：「517大遊行」民進黨中央強力動員，甚至揚言不惜「以身試法」，實際上是反映了綠營的內鬥，那就是「急獨派」和民進黨中央的對抗。

和以往不同，這次「517遊行」「急獨派」採取了與民進黨中央不合作的態度。民進黨中央準備在臺北市搞一場大規模的遊行，但是「急獨派」卻執意要在高雄另外搞一場同樣的「嗆馬大遊行」，以此來表達對蔡英文為首的民進黨中央的不滿。「急獨派」一直認為，蔡英文「挺扁」不力，對馬英九的態度也不夠強硬。

民進黨中央儘管意識到，在當前島內的大環境下「嗆馬保臺」的正當性已經流失，而且臺灣正在面臨著甲型H1N1流感疫情的威脅，民進黨內也有人主張延緩遊行，但是蔡英文已經「騎虎難下」。因為蔡英文不能在「急獨派」面前示弱，更不能在藍營面前示弱。如果氣勢輸掉，蔡英文的領導權威將受到重創，所以硬著頭皮她也要搞下去。進一步來說，這場大遊行不僅僅關係到蔡英文的領導權威，還將影響民進黨年底的縣市長選舉氣勢，十分「關鍵」。如果年底縣市長選舉打了敗仗，那麼民進黨將更加弱化，甚至走向泡沫化的窘境。這將是蔡英文的無法承受之重。

因此，「517嗆馬保臺大遊行」，無論對民進黨還是對蔡英文來說，都已經是「箭在弦上、不得不發」，它涉及到民進黨的整體氣勢和未來的實力消長。但是現在看來，這場遊行「凶多吉少」：

第一，陳水扁最近要求法院解除對他的羈押，採取了再度絕食等大動作，已經成功地吸引了媒體的注意力，民進黨發動的「517嗆馬保臺」大遊行，很可能會失去媒體的關注。

第二，前面我們已經講到，由於臺灣經濟正在復甦，「嗆馬保臺」的正當性已經流失。5月17日民進黨到底能夠動員多少人上街，是一個未知數。

第三，「517大遊行」即便能夠搞起來，但這場活動會不會「失焦」，成了「挺扁」大遊行？民進黨豈不是「花錢替別人娶媳婦」！

第四，如果臺北民進黨中央動員的人數不如高雄，那麼蔡英文將會受到「是否有能力領導民進黨」的強烈質疑，綠營「共主」的地位不保。

（中評社）

517大遊行，陳水扁路線復辟？

北京聯合大學臺灣研究院徐博東教授16日在海峽之聲「博東看兩岸」專欄節目中，就民進黨主席蔡英文探視陳水扁以及民進黨舉行「517嗆馬大遊行」發表看法。徐博東指出，一向說要與陳水扁貪腐切割的蔡英文率民進黨要員探視陳水扁，標幟著蔡英文所標榜的「後扁時代路線」已經徹底失敗；「517大遊行」，是否意味著「舊陳水扁路線」的捲土重來？在臺灣股市與馬英九支持率不斷上揚的背景下，民進黨發動的「517嗆馬保臺大遊行」已經失去正當性和著力點，如果萬幸能和平落幕，可能唯一能給人留下深刻印象的只有「挺扁」，也即民進黨「挺貪腐」！全文如下：

蔡英文的「後扁時代路線」徹底失敗

主持人：5月14日，蔡英文率領民進黨重量級人物蘇貞昌、李俊毅等人大陣仗赴臺北看守所探視陳水扁，這是陳水扁被羈押130天之後蔡英文首次探視陳水扁。而在此前，蔡英文一直說要和陳水扁貪腐切割。徐教授，你是如何看待民進黨主席蔡英文率領民進黨要員這次探視陳水扁的動機。

徐博東：蔡英文主動到臺北看守所探視陳水扁，表明了她出任民進黨主席時所標榜的「後扁時代路線」徹底失敗。蔡英文率領蘇貞昌和臺南市市長候選人李俊毅到臺北看守所首次探視陳水扁，他們對外所說的理由是所謂「關心陳水扁的健康」、聲援陳水扁的「司法人權」等等。但很多人都提出質疑，說陳水扁在看守所絕食已經是第三次了，前兩次蔡英文、蘇貞昌都沒去探視，為什麼偏偏這次絕食他們卻要去關心他的健康，聲援他的司法人權？顯然蔡英文的所謂「理由」說不通。

其實呢，在這個時間點到臺北看守所來探監，關鍵是由於民進黨發動的「517嗆馬保臺」大遊行面臨著綠營嚴重分裂的大麻煩，因為急獨派本土社團認為她挺扁不力，對馬英九「太軟弱」，所以這次故意要和民進黨作對。本來517民進黨中央要在臺北搞一場大規模的「嗆馬遊行」，展現綠營的士氣，但是激獨派偏要同一時間在高雄另搞一場，分庭抗禮，來表達他們對蔡英文和民進黨中央的不滿，這樣就勢必使綠營的力量分散，甚至有可能造成臺北的場子還沒有高雄人多的尷尬局面，這對蔡英文的領導威信來說是嚴重的傷害，而且會直接影響到整個綠營的士氣，對於民進黨今年底縣市長選舉非常不利。在這樣大的壓力下，沒有派系奧援、沒有基層實力的「光桿司令」蔡英文被迫向陳水扁妥協，放棄和陳水扁切割，轉而向陳水扁求救。我認為，這個政治動作標幟著蔡英文的「後扁時代路線」已經開始轉向，轉而重新擁抱陳水扁，這等於承認綠營的「共主」仍然是陳水扁而不是蔡英文。

民進黨大老探扁「各懷鬼胎，各有盤算」

主持人：另外我們還注意到同樣跟陳水扁貪腐切割的有「扁長之爭」的謝長廷，他在蔡英文之前也到看守所去看陳水扁。那，原來表示要和陳水扁切割的民進黨大老，為什麼都紛紛放棄原來的堅持又都來看守所來看望陳水扁呢？

徐博東：臺灣媒體對此進行了很多分析。有人認為這是他們事先商量好的，由謝長廷打頭陣，蔡英文和蘇貞昌跟進。為什麼要由謝長廷來打頭陣呢？大家都知道，陳水扁和謝長廷一向有所謂「瑜亮情結」，不久前陳水扁出書還專門針對謝長廷說了很難聽的話，現在謝長廷都能「不計前嫌」、「相忍為黨」，主動到看守所探視陳水扁。這樣的氣氛營造出來之後，蔡英文和蘇貞昌跟進探監也就「名正言順」，可以堵住外界的「悠悠之口」了。我覺得這樣的分析還是挺有道理的。

至於為什麼這些曾經主張要與陳水扁切割的民進黨大老，這次都到臺北看守所來「朝拜」陳水扁呢？這裡有深層次的原因，實際上在這之前，羅文嘉已經去過了，但被陳水扁拒見。大家應當還記得，前段時間陳水扁事事都和民進黨對著幹，後來發現這個辦法還是無法達到目的，轉而調整策略，使出更狠的招，揚言要拋出他手中掌握的民進黨的黑材料。於是陳水扁辦公室主任劉導，就在《自由時報》上發表了一篇題為《為阿扁說幾句話》的文章，說陳水扁這些年來總共給民進黨的候選人捐獻了13億新臺幣，「不要問我誰有拿，要問我誰沒拿」。他認真想過，全黨「只有兩個人沒跟他拿過錢」，「今天罵他最厲害的也是拿錢最多的」。這是個重磅炮彈！如果陳水扁真的把清單拋出來，抖出這些實情的話，將對民進黨的這些政治人物造成非常大的傷害。也就是說：你們說我陳水扁「貪腐」，要和我切割，但你們同樣也拿了這些錢。而且拿了錢的人並沒有按照「選罷法」的規定對外公布，這些錢到哪兒去了？究竟是怎麼花的？真的抖落出來不得了！所以這篇文章一出來，過去從來沒去看過陳水扁的羅文嘉、謝長廷、蘇貞昌這些人都趕快去探監。我認為這才是問題的關鍵所在——怕陳水扁爆料，抖出他們的內幕。

當然，他們去看扁也是各懷鬼胎，各有盤算。臺灣媒體說，羅文嘉是想選桃園縣長，而謝長廷、蘇貞昌和蔡英文則是為2012年總統大選作準備，他們都要卡位，一旦被爆料，自己的政治生命將會受到影響。所以他們各自都有政治利益的考慮，都想得到陳水扁的加持和挺扁勢力的支持，主動向扁示好，緩和他們之間的矛盾，也就不難理解了。因此，民進黨這些大老近些日子來紛紛去臺北看守所探監，絕不是為「關心扁的健康」、聲援扁的「司法人權」，也不僅僅是為「517嗆馬大遊行」，其實更多的是為自己的政治利益考慮！

「舊陳水扁路線」捲土重來？

主持人：你剛才提到的這種情況是「項莊舞劍意在沛公」，那麼在相關的探視消息出來之後，據說陳水扁跟蔡英文都說「『517嗆馬大遊行』一定要成功！」那麼陳水扁和蔡英文為什麼都這樣重視這場嗆馬大遊行？這場遊行會不會變成一次挺扁的大遊行呢？

徐博東：蔡英文和陳水扁都說「『517嗆馬大遊行』只許成功，不許失敗」，但他們也是各有盤算。

先說蔡英文。5月份不僅是馬英九上台一週年，同時也是她出任民進黨主席一週年。蔡英文說，搞517大遊行是給馬英九執政一週年進行「總體檢」，其實，又何嘗不是對蔡英文主掌民進黨一週年的「總體檢」呢？所以，517大遊行能不能搞成功，對蔡英文來說非常關鍵，也就是關係到她在民進黨內的領導權威能不能鞏固？能否重新鼓動起綠營的氣勢，打贏年底縣市長選舉這一仗，成為綠營真正的「共主」？當然也是對她日後能否成為民進黨總統候選人的重要的指標。

再說陳水扁。他很清楚自己要想從目前的司法中「脫困」，只有把「司法問題」操作成「政治迫害」、「人權問題」，這樣的話才有可能進行「政治解決」。而要想達到這樣的目的，就必須利用民進黨，這正如謝長廷所說：民進黨好，陳水扁也就會好。所以陳水扁對民進黨採取「又打又拉」的策略，前一陣子說要另立「新黨」，現在說要重新加入民進黨，目的就是要和民進黨捆綁在一起，「一榮俱榮，一損俱損」。

蔡英文和陳水扁互相需要、一拍即合，這樣，「517嗆馬大遊行」變調成「挺扁大遊行」也就成為勢所必然了！此前的遊行，民進黨中央明令禁止打出挺扁標語、呼喊挺扁口號，但這次不同了，公開宣布不再禁止挺扁標語和口號。這種情況，說明以蔡英文為首的民進黨已經被陳水扁徹底綁架，無論民進黨怎樣打著「捍衛司法人權」的幌子，都不能改變它「挺扁就是挺貪腐」的既成事實！如果說蔡英文探監是「後扁時代路線」失敗的標誌，那麼「517挺扁大遊行」，是否意味著「舊陳水扁路線」捲土重來的開始？這勢必對民進黨的政黨形象造成嚴重傷害，使民進黨喪失廣大中間選民的同情與支持，對民進黨的未來發展極為不利。

「517大遊行」失去了正當性和著力點

主持人：在馬英九民調滿意度不斷上升的背景下，民進黨的「嗆馬大遊行」還有它原有的意義與影響力嗎？

徐博東：實際上「517嗆馬保臺大遊行」已經失去了它的正當性和著力點。民進黨組織這場大遊行，原本是要對馬英九執政一年來臺灣經濟滑坡、失業率增加、所謂與大陸簽訂ECFA是「賣臺」、「傾中」等進行訴求，但是近來臺灣經濟景氣開始復甦，股市連日大漲，失業率也在下降，與大陸簽訂ECFA從民調來看也大都表示贊成。再加上臺灣被世界衛生組織接納為WHA的觀察員，90%的民眾表示滿意。從最近幾個民調來看，對馬英九和劉兆玄執政團隊的滿意度都在大幅提升。所以，在這種情況下民進黨執意要搞所謂「嗆馬保臺」大遊行完全違背主流民意，已經失去它的正當性與著力點。

由於經濟上的訴求已經失去了正當性與著力點，所以又加上了「反對集遊惡法」、「反對政治迫害」、「捍衛司法人權」（即「挺扁救扁」）、「反對開放陸生來臺和承認大陸學歷」等等，什麼樣的訴求都有！什麼樣的口號都喊！什麼樣的人都可以參加！這樣，這場遊行實際上就成了「大雜燴」。訴求不明等於沒有訴求，搞不清楚你遊行到底要幹什麼，為反對而反對。所以，民進黨主導的這場「517大遊行」，其政治意義和影響力必將大打折扣，如果萬幸能和平落幕，可能唯一能給人留下深刻印象的只有「挺扁」，也即民進黨「挺貪腐」！

（中評社）

陳菊參訪大陸難能可貴

北京聯合大學臺灣研究院徐博東教授21日在海峽之聲電台《博東看兩岸》專欄中，就民進黨籍高雄市長陳菊率團參訪大陸發表看法。徐博東認為，陳菊這趟大陸之行，必定經過認真的沙盤推演，是權衡利弊得失之後的政治動作；可以肯定，綠營和民進黨內部必定會引起一場激烈的兩岸政策大辯論，理性務實派能否占上風還需要觀察。但一葉知秋，從歷史發展的角度來看，陳菊這趟「破冰之旅」，對於民進黨來說，畢竟邁出了可貴的具有歷史意義的一步。

全文如下：

陳菊大陸之行有政治盤算

主持人：徐教授，你認為陳菊這次為什麼能夠衝破深綠團體的阻撓最終實現「大陸之行」呢？

徐博東：近幾個月來，本人在報刊雜誌和貴台專欄節目中，對民進黨及蔡英文多有批評，特別是對她的兩岸政策批評更多。而這次民進黨放行陳菊到大陸訪問，我卻給予高度的肯定與稱讚。這次陳菊來大陸參訪，幾經波折，經過痛苦的掙扎，最終能夠頂住深綠團體的強大壓力而成行，這的確要冒相當的政治風險，需要有很大的政治勇氣的。

這次民進黨能夠對陳菊到大陸訪問放行，反映出民進黨保守僵化的兩岸政策面臨困境，進入了死胡同，已經走到了盡頭，必須做出某種調整。不久前，民進黨籍的雲林縣縣長蘇治芬，也來大陸推銷水果；張銘清事件發生後，臺南市市長許添財為吸引大陸遊客到臺南觀光，也不得不屈從民意，公開向張銘清道歉；其他民進黨籍的縣市長，也大都主張調整民進黨的兩岸政策，這都反映了當前民進黨的兩岸對抗政策不符合臺灣主流民意，與現實嚴重脫節，和民眾的利益相矛盾，已經面臨著不能不調整的臨界點。

高雄港是重要的國際港口，十年前它的輸送量是世界前幾名，民進黨執政後掉到二十幾名，自從去年馬英九執政以來，由於兩岸關係的緩和發展，今年高雄港的輸送量比去年成長了一倍，有望重新回到世界前幾名的地位。這當然都是陳菊親身感受的。另外，大陸遊客給臺灣帶來的龐大商機也是有目共睹的，而民進黨保守僵化的兩岸政策已經嚴重傷害了民進黨執政縣市民眾的利益，民意主流要求他們必須改變這種狀況。陳菊這次來大陸有句話說得很深刻，他說「我是民進黨員，但我也是高雄市長」，意思是作為民進黨黨員要站在民進黨的立場，但我又是民選出來的高雄市長，不能不顧及高雄市市民的利益和高雄市的經濟發展，所以她要來大陸參訪，推銷高雄的旅遊和即將舉行的世運會。

當然，陳菊下決心參訪大陸有她的政治盤算。大家知道，明年北、高市長要進行換屆選舉，國民黨虎視眈眈要「光復」高雄市。由於馬英九的兩岸開放政策，國民黨站在有利的競爭位置，這對有意競選連任的陳菊來說當然壓力很大，陳菊唯有到大陸走一趟，才有可能爭取到中間選民的支持，與國民黨一搏。我想陳菊這一趟大陸之行，必定經過認真的沙盤推演，是權衡利弊得失之後的政治動作，當然，也是得到蔡英文和民進黨中央首肯的。

陳菊大陸之行將對民進黨兩岸政策產生重大衝擊

主持人：我們知道，前不久，呂秀蓮也曾表示要訪問大陸，但最終沒能成行，而作為目前民進黨員中位階最高的官員陳菊去卻成功「登陸」，您認為，這在民進黨內將會產生什麼樣的衝擊？對民進黨的兩岸政策又將會帶來哪些影響？

徐博東：呂秀蓮也非常想訪問大陸，到現在她也沒放棄這個想法，但她畢竟在深綠急「獨」團體的反對之下，被迫暫時放棄了這個想法。但呂秀蓮一定很後悔沒能搶到「頭香」，我判斷她肯定憋不住了很快也會成行！你看她昨天公開在記者會上說：如今情勢「今非昔比」，民進黨應當「調整」而非「切斷」兩岸關係，甚至教訓急獨派要「與時俱進」，「面對現實」，不能「閉門造車」。

這次陳菊能成行，如同給民進黨給綠營投入了一顆「震撼彈」，產生了強大的衝擊波，勢必引起綠營內部關於兩岸政策的嚴重分歧和激烈鬥爭，影響肯定是非常深遠的。

由於陳菊的大陸之行，從今往後，綠營再攻擊馬英九「賣臺」、「傾中」已經是不能成立、無法自圓其說了。特別是下一步民進黨要推動ECFA公投、罷免馬英九，不要說對中間選民，就是對綠營支持者來說都已經失去了號召力和正當性，民進黨「逢中必反」的大陸政策已經難以為繼。

不過，陳菊這次大陸之行畢竟是個「個案」，因為她不是以民進黨的名義而是以「高雄市長」的身分來大陸參訪的；另外，可以肯定，綠營和民進黨內部必定會引起一場激烈的兩岸政策大辯論。辯論結果，理性務實派的主張能不能占上風，成為民進黨內的主流，還需要觀察，不能過於樂觀。但是，一葉知秋，從歷史發展的角度來看，陳菊這趟「破冰之旅」對於民進黨來說，畢竟邁出了可貴的具有歷史意義的一大步。

陳菊大陸之行將對兩岸關係產生積極影響

主持人：針對陳菊這次大陸之行對兩岸關係的影響，中國國民黨發言人李建榮表示具正面意義。那麼，您是如何看待陳菊這次大陸之行對兩岸關係影響的？

徐博東：陳菊這次大陸之行，除了深綠團體和民進黨內的保守派之外，各方都給予了積極正面的評價。我認為，對兩岸關係發展至少具有以下幾方面的積極意義：

第一，這次陳菊大陸之行，打破了綠營「逢中必反」的魔咒。以往，綠營對於凡是跟大陸交往的政黨或個人，都認為是可疑的，都有「賣臺」、「傾中」之嫌，都要反對。從今之後，這種魔咒被打破了，也就是說，民進黨保守僵化的兩岸政策已經破了一個大洞。閘門一旦打開，將會勢不可擋，難以再關閉。

第二，陳菊的大陸之行，將促使民進黨政治人物進行認真思考，今後再也不能死守島內，閉門造車。這有利於促進綠營的政治人物包括他的基層支持者，今後更多的來大陸參訪和交流，這對於他們瞭解大陸，逐步緩解對大陸的敵意和對抗情緒，將會產生潛移默化的影響。

第三，由於陳菊大陸之行所造成的上述政治效應，島內朝野之間在兩岸政策上有可能會逐步產生一定程度的交集點；綠營對馬英九兩岸開放政策的抵制與反彈力道將會逐步減輕。這樣，馬英九推行兩岸政策將會更有底氣，更具信心。

第四，陳菊在北京對大陸官員說：「希望你們也要聽聽與國民黨不同的聲音」，這是否釋放出了民進黨日後將加強與大陸接觸溝通、不讓國民黨「專美」兩岸事務的資訊？如若這種判斷不謬，那麼從發展角度來看，今後國、民兩黨有可能在大陸政策方面逐步進入良性競爭階段。

無疑，所有這些都對兩岸關係和平發展將產生積極影響。

（中評社）

對話兩岸學者：海峽局勢一年之變

2009年5月13日，中共中央總書記胡錦濤向中國國民黨主席吳伯雄發出邀請，第二次「吳胡會」即將在京召開。

5月16日，近年來兩岸民間最大的交流活動——首屆海峽論壇開幕，中共中央臺辦、國務院臺辦主任王毅17日在論壇大會上宣布了八項惠臺新政策。

5月20日，是臺灣當局領導人馬英九上台一週年的日子。對於一年來兩岸高潮迭起、充滿活力的交流與發展，兩岸專家學者們是如何看待的呢？兩岸人士對這次「吳胡會」又有什麼樣的期待？就這些問題，《環球》雜誌專訪了北京聯合大學臺灣研究院前院長、顧問徐博東教授和臺北大學政治經濟研究中心主任鄭又平先生。

兩岸關係緩和發展「目不暇接」

《環球》：您如何評價這一年來兩岸關係的發展？

徐博東：一年來，兩岸關係的緩和發展可以用「目不暇接」四個字來形容。在這一年內，一共舉行了三次「江陳會」，達成了九項協定和一項共識，可以說是「9+1」。自從上個世紀90年代初期達成「九二共識」以來，這麼多年也沒有達到這樣的成就，更不要說民進黨執政的八年，所以說這一年是歷史性的轉折一點也不為過。

鄭又平：……略

《環球》：最近島內有一些人說，兩岸關係發展過快了，你如何看待這種觀點呢？

徐博東：這是一種錯誤的解讀。這一年之所以會有這麼大的變化、簽訂這麼多協議，是因為民進黨執政八年，包括李登輝主政後期，兩岸關係不正常，累積下了很多問題沒有解決。兩岸關係在這一年內的發展，是兩岸交流的形勢需要，根本不是什麼快了。實際上在現在的發展中還有很多問題有待處理，發展速度並不快。

之所以還有很多問題沒有處理，一是因為有些問題比較有難度，要先易後難，從比較容易處理的問題做起，有難度的要靠後；二是畢竟才過了一年，不可能做太多的事情，還是要循序漸進。現在處理的問題基本上還屬於經濟議題，而且經濟議題實際上也還沒有處理完。按照三個步驟，先是事務性的協商，然後進入制度化，制度化再往上是機制化。現在，制度化都還沒有完全實現，更不要說兩岸政治上的議題還沒有進入協商處理的階段，所以兩岸關係應該說還屬於和平發展的初級階段。

鄭又平：……略

《環球》：兩岸關係在這一年得到了改善，除了臺灣島內政治形勢發生變化外，還有其他的一些什麼原因呢？

徐博東：首先是由於大陸方面的積極推動。胡錦濤總書記將原來的「胡四點」發展為了「胡六點」，指明了兩岸關係進一步發展的方向。其實，大陸關於兩岸關係和平發展的政策、構想和理論早就形成了，只不過是在民進黨在臺當權期間沒有條件推動。現在，馬英九上台之後，有了推動和實施的客觀條件。

兩岸發展到今天這樣的一個狀態，是雙方共同努力的結果，是兩岸關係發展的形勢使然，也是民眾迫切的願望，是國際社會對臺海局勢的期盼，是順乎潮流，順乎民意的。

鄭又平：……略

「主流民意支持兩岸友好」

《環球》：剛才你提到了島內仍存在藍綠對立。民進黨在5月17日舉行了「嗆馬」的遊行。民進黨對兩岸政策的所謂抗爭，對兩岸關係發展會造成什麼樣的影響呢？

徐博東：不利的影響肯定還是有的，但是要看臺灣民意的主流。經過這一段時間，臺灣有關方面，包括「陸委會」或其他單位對簽訂兩岸協定進行積極的密集溝通和解釋，我們從民調上可以看出來，已經有越來越多的臺灣民眾表示贊成，主流民意逐漸地向正確的、好的方向發展，反對的聲浪不能代表主流民意。

鄭又平：……略

《環球》：最近江丙坤請辭一事以及中國國民黨內對下一任黨主席人選的猜測等事情，會不會對兩岸關係的發展造成一定影響呢？

徐博東：不會有任何影響，因為這是國民黨內部的事務，不管是支援哪一個人的，都支持馬英九的兩岸路線，對江丙坤參加江陳會簽訂的這些協定，也沒有什麼不同的聲音。這不是路線之爭，也不是政策之爭。

鄭又平：……略

海峽論壇「能量是不可預估的」

《環球》：5月17日以「擴大民間交流、加強兩岸合作、促進共同發展」為主題的首屆海峽論壇在廈門開幕。這種民間交流有什麼意義，會對兩岸關係有什麼樣的促進作用呢？

徐博東：海峽論壇是兩岸交流的新的、大的平台。這個平台是民間性的大交流，參與者更多是基層的人，像臺灣的鄉里長、縣市長，這些人對島內的政治發展很有影響力，因為臺灣是選舉政治，靠縣市長、靠鄉里長來影響最基層的民眾。這些人參與民間交流，對於瞭解大陸、消除雙方敵意、加強對兩岸關係和平發展的認識，都非常重要。

鄭又平：……略

《環球》：兩岸交流下一步較大的事件就是即將舉行的第二次「吳胡會」，這次兩黨領導人的會面將會如何推動兩岸關係的進一步發展？

徐博東：兩黨領導人再次見面，會對目前兩岸關係和平發展的大好形勢注入新的活力，除了總結前一段兩岸關係和平發展的經驗之外，還會為下一步向深度、廣度發展交換意見，使兩岸關係的發展進一步制度化。

鄭又平：……略

（環球，樂豔娜、李夢）

短期內馬英九會參訪大陸嗎？

北京聯合大學臺灣研究院徐博東教授，日前在海峽之聲電台《博東看兩岸》專欄節目中，就吳伯雄這次大陸之行的背景、成果和重大意義，以及馬英九如果兼任黨主席是否會在短期內訪問大陸等一系列問題發表看法。

全文如下：

第二次「吳胡會」成果豐碩，意義重大

主持人：首先請你介紹一下第二次「吳胡會」是在什麼樣的背景下舉行的，或者說，中共中央總書記胡錦濤這次邀請吳伯雄來大陸訪問是要解決那些問題？

徐博東：第二次「吳胡會」是國共兩黨交往中的大事，同時也是今年兩岸關係發展中的一件大事。大家知道2005年4月前任國民黨主席連戰首次到大陸進行歷史性的訪問，開啟了60多年來國共兩黨領導人的第一次會面。去年國民黨重新執政後，新任黨主席吳伯雄先生以執政黨身分再次率團到大陸參訪，進行了重要的第一次「吳胡會」。兩黨領袖越來越密集的會見，凸顯了兩岸關係和平發展的勢頭。

這次「吳胡會」要解決的問題，我想用八個字來概括，那就是：「總結以往，規劃未來」。一年來，兩岸關係由於國民黨的重新上台執政產生了歷史性的轉折，和平發展的勢頭越來越猛烈，兩岸兩會連續成功地進行了三次協商談判，達成了九項協議和一項共識，國共兩黨「論壇」也已舉行過四屆，不久前又剛剛在福建舉行了大規模的民間性的「海峽論壇」，兩岸關係的發展變化可以用「目不暇接」四個字來形容。那麼如何總結經驗，更好的規劃兩岸關係和平發展的未來，這是兩黨共同面臨的重要議題。所以，胡錦濤總書記說「欲窮千里目，更上一層樓」，在新的起點上，把兩岸關係持續推向更加穩妥、健康和更高層次的方向發展。

再有，目前海峽兩岸共同面臨的緊迫問題，是如何應對國際金融風暴對兩岸經濟造成的重大衝擊，特別是對臺灣經濟的重大衝擊。所以，探討如何更好地進行合作，共同抗擊金融風暴，也是這次「吳胡會」的重要議題之一。

另外，不可諱言，最近島內盛傳馬英九有可能接替吳伯雄兼任國民黨主席，我想大陸方面對此也一定非常關注，因為這將涉及到「國共論壇」等一系列重要問題，對兩岸關係的持續穩定發展至關重要，也一定很希望透過這次吳主席的來訪，瞭解國民黨方面的想法，獲得更多、更準確的資訊，增進彼此的互信。

主持人：我們知道，第二次「吳胡會」是吳伯雄這次來訪的最重要行程。在這次會談中，胡錦濤就進一步推動兩岸關係發展提出了六點意見，包括在對外事務中避免內耗。你是如何看待第二次「吳胡會」的成果的？

徐博東：5月26日胡總書記與吳伯雄主席舉行了重要會談。雙方就新形勢下如何推動兩岸關係的和平發展進一步深入交換了意見，會談非常成功，達成了多項共識，取得了非常重要的成果，對於增進國共兩黨政治互信，促進兩岸良性互動，進一步推動兩岸關係和平發展，具有非常重要的意義。

國臺辦發言人楊毅指出，會談取得了以下五個方面的成果：

第一，雙方都表示要繼續推動落實「兩岸和平發展的共同願景」，不斷促進兩岸關係和平發展；第二，都認為要維護反對「臺獨」、堅持「九二共識」的共同政治基礎，不斷增強和深化互信；第三，都強調要加強兩岸經濟合作，盡快商談兩岸經濟合作協定，以利於建立兩岸經濟合作機制；第四，都贊同要積極促進兩岸文化教育交流，舉辦以文教交流為主題的兩岸經貿文化論壇，開始探討協商兩岸文化教育交流方面的協議；第五，都主張在兩岸在涉外事務中減少不必要的內耗，增進中華民族的整體利益。從這五個方面的成果來看，都非常重要的。

除了字面上看得到的這些成果之外，我認為還有兩個看不見的重要成果：一個是兩黨會談進一步正式化、制度化了。也就是說，以後無論兩黨領導人是否更迭，都不會影響兩黨高層領導人的互動。有輿論特別注意到，這次「吳胡會」和上次「吳胡會」地點上也有變化，第一次是在人民大會堂的北京廳進行的，這次特意改在東大廳，作為正式會談舉行，這顯示兩黨的會談更加重要，更加正式化、制度化了。二是通過這次會面，進一步加深了兩黨領導人個人之間的瞭解、互信和友誼，這對於今後推動兩黨的進一步合作，將會起到非常重要的作用。吳伯雄是國民黨的重要資產，即使他不再擔任國民黨的主席，今後在臺灣政壇必定還會有十分重要的影響力。

總之，我認為這次「吳胡會」是又一次非常成功、非常重要的會談，它書寫了兩黨、兩岸關係發展史上新的一頁，必將推動兩黨、兩岸關係的發展邁向新的局面。

吳伯雄參訪行程有深刻意涵

主持人：我們還注意到，吳伯雄這次還有幾項行程令媒體關注，那就是走訪蔣介石行宮、參訪連横紀念館、出席孫中山先生奉安中山陵80週年紀念活動，你是如何看待這幾項活動安排的？

徐博東：我看這些行程，一個是參觀八年抗戰中的歷史遺跡；另外像參觀連橫紀念館跟臺灣歷史文化有關；再有就是國民黨創始人孫中山先生奉安的中山陵。安排這些密集的參訪，一是對國共兩黨合作，共同抗擊日本帝國主義入侵的歷史回顧，二是緬懷臺灣愛國先驅連橫先生也就是連戰的祖父的愛國精神，再有就是緬懷國共兩黨共同崇敬、共同懷念的中國革命先行者孫中山先生。總體意義在於啟示人們：在新的歷史時期，國共兩黨如何繼承發揚前輩為國家、民族合作奮鬥的精神，共同反對「臺獨」，為兩岸的和平發展，為中華民族的偉大復興共創新的輝煌！

「國共論壇」移師臺北為期不遠

聽友甲：我想請問徐教授，前四次的「國共論壇」在地點的選擇上都是北京，在下一次「國共論壇」地點的選擇上有沒有在臺灣的可能性？

徐博東：前四次的「國共論壇」也不都是在北京舉辦的，例如第二次「國共論壇」原本是要在臺北舉行的，但當時民進黨當局拒絕陳雲林率團入境，只好臨時改在海南的博鰲舉行。現在國民黨重新上台執政，我想隨著兩岸關係和平發展進程的加快，「國共論壇」移師到臺北舉行的一天不會太晚了！但考慮到島內的政治局勢，目前還不適合在臺灣舉行，這點我想大家回憶一下張銘清和陳雲林訪臺時的情形，便會明白。所以今年七月即將舉行的「國共論壇」，地點已經定在大陸的長沙。

吳伯雄將繼續發揮積極重要作用

主持人：另外，吳伯雄雖然人在大陸，但島內有關他去留中國國民黨主席的猜測非常多。根據你對島內政局的觀察，吳伯雄返回臺灣後，他的位置可能會有那些變化？他在今後兩岸關係發展中還會扮演那些角色？

徐博東：前一段盛傳馬要兼任國民黨的主席，吳伯雄會轉任海基會的董事長，引起江丙坤的主動請辭，發生了一場不大不小的風波，後來江丙坤被馬英九出面慰留。依我個人的判斷，江丙坤至少會留任到今年底舉行第四次

「江陳會」後，因為江丙坤的專長是經濟，目前兩岸很快要進行經濟合作架構協議（ECFA）的協商談判，主要是解決經濟上的合作交流問題，由江丙坤繼續主持海基會更為合適。如果馬英九接任國民黨主席，不排除吳伯雄先被安排出任國民黨的榮譽主席，清閒一段時間，好好治治病，兩岸跑一跑，更多地瞭解熟悉情況，養精蓄銳，再選擇一個比較合適的時間點安排接任海基會董事長。但是，不管吳伯雄是不是會出任海基會董事長，我想他在未來兩黨和兩岸關係發展中，都將會繼續發揮積極的重要作用。

馬英九短期內參訪大陸不太可能

聽友乙：如果馬英九兼任國民黨主席的話，會不會來大陸？他會不會對國共兩黨的發展或兩岸關係帶來什麼變化？

徐博東：總體上來說，吳伯雄、馬英九，包括連戰在內，對於推動兩岸關係和平發展、反對「臺獨」都是有共識的，是一致的。所以，不必擔心馬英九兼任黨主席對國共兩黨的發展，或對兩岸關係和平發展會帶來什麼負面影響。當然，馬英九是臺灣地區的領導人，如果他又兼任國民黨的主席話，有可能在短期內不能夠到大陸來參訪，但隨著兩岸關係和平發展的進一步推進，隨著民進黨兩岸政策可能發生的調整變化，不久的將來馬英九到大陸參訪，實現歷史性的「馬胡會」並非不可能。至於在馬英九的第一任期內能否實現，這要看形勢的發展，關鍵在於是否對馬英九競選連任有利，但至少目前時機還不成熟。

（中評社）

陳水扁能重新加入民進黨嗎？

北京聯合大學臺灣研究院徐博東教授，昨天在海峽之聲電台《博東看兩岸》專欄節目中，就陳水扁能否重新入黨、民進黨反對採認大陸學歷、開放陸生入島和大陸廣告，以及民進黨為何無法就《黨公職人員赴中國交流注意事項》達成共識等一系列重要問題進行了深入分析。

全文如下：

陳水扁企圖繼續綁架民進黨

主持人：徐教授，去年，陳水扁在受到檢調單位調查之後，曾退出民進黨，現在司法調查還沒有結束，他為什麼急著要重新入黨呢？

徐博東：陳水扁有「百變阿扁」之稱，一向變來變去，不要奇怪！他先前說要籌建新黨，隨後又申請重新加入民進黨；他先是想方設法拖延司法審判，現在又急於完成一審判決。所有這一切，都是為了達到他官司脫困所採取的政治操作。而目前他政治操作最重要目的，就是要早點解除羈押，並且以民進黨員的身分介入今年年底的縣市長選舉。

今年年底的臺灣縣市長選舉，是陳水扁必須掌握的「政治槓桿」，無論如何他都不能錯過。為了要介入縣市長選舉，陳水扁在臺南縣安插了他的親信陳唐山參與競爭，至今打死不退。陳水扁早就說過，臺南縣是民進黨年底縣市長選舉的「震央」，如果他能夠重新入黨，並且在選舉到來之前出獄，就可以到處輔選，施加他的影響力，影響部分縣市的選情朝著對他的親信有利的方向發展，以此進一步凝聚和壯大挺扁勢力，藉以要脅民進黨中央，繼續綁架民進黨，作為他向黨中央「叫陣」的政治資本，防止民進黨和他切割，最終目的是為自己日後能夠司法脫困作準備。所以，現在陳水扁急於重新加入民進黨，是他在臺北看守所裡冥思苦想設計出來的一系列政治操作的重要一環。

陳水扁難以重回民進黨

主持人：「陳水扁重新入黨申請案」在民進黨內引起極大爭議，那麼，陳水扁提出重新入黨對民進黨來說有哪些難題？根據您的判斷，6月10

日，民進黨再入黨審查小組能否通過「陳水扁再入黨申請案」？

徐博東：陳水扁要求重回民進黨的確給民進黨中央出了一個大難題。如果民進黨同意陳水扁重新入黨，臺灣輿論必定大嘩，對民進黨的形象必然造成極大的傷害，這無論是對今年年底的縣市長選舉，還是日後的一系列選舉乃至民進黨今後的發展，都會帶來十分不利的影響。有臺灣媒體評論說：如果允許陳水扁重新入黨，那民進黨就等著「關門大吉吧」！再有，根據目前司法進展情況來看，一審判決可能很快就會有結果，根據民進黨的黨規，一審判決有罪，就必須開除黨籍，如果陳水扁剛剛被批准重新入黨又被開除，那絕對是民進黨的天大政治笑話！

而如果民進黨不批准陳水扁重新入黨，則會惹怒偏激的「挺扁派」，阿扁的徒子徒孫們肯定會暴跳如雷，大罵蔡英文和民進黨中央，造成綠營的分裂。「挺扁派」估計約占綠營基本盤的三分之一左右，實力不可小視，綠營的分裂，勢必也會對民進黨年底的選情造成重大負面影響。

總之，陳水扁要求重新入黨，確實使民進黨左右為難，成了燙手山芋！

按照民進黨的規定，退黨的黨員要重新入黨，要由3人組成的「重新入黨審查小組」來審定。這3個人是臺南市長楊秋興、中常委羅文嘉和蔡憲浩，他們的壓力很大，本來6月3日要開會作出決定，楊秋興藉故不出席，結果會沒開成，改為6月10號再開。照目前情況來看，3人小組很可能不敢作出決定，將矛盾上交給中常會或中執會。但中常會和中執會內部也有「挺扁派」和「反扁派」之分，肯定會吵得不亦樂乎。

最後無非有三種可能：一是經過投票被否決；二是在高度爭議下投票勉強過關；三是經過激烈爭論後達成共識，等待一審判決結果再作處理。我判斷第三種結果的可能性最大。而現在看來，陳水扁很難逃脫法律對他的制裁，如果一審判決有罪，那陳水扁不但不可能重新入黨，還有可能會按照規定，被民進黨追加除名，即開除黨籍。但不管最後結果如何，都會引起民進黨的激烈內鬥。

臺灣政黨政治是畸形的政黨政治

主持人：這檔《博東看兩岸》節目一直受到廣大聽眾朋友的關注和喜愛，下面我們接進一位聽友的電話，看看這位朋友有什麼問題要請教徐教授。

聽友：我想請問徐教授，在陳水扁提出要重回民進黨以後，民進黨就成立了一個審查小組。如果這個小組通過了陳水扁重回民進黨的申請，那麼，這件事對日後民進黨會有什麼樣的影響？

徐博東：這3人「重新入黨審查小組」早先就已經成立了，不是陳水扁提出重新入黨申請後才成立的。前面我已經講過，這3個人很難達成共識，可能會將矛盾上交，由民進黨的中常會或中執會審查。島內各種民調都顯示，認為陳水扁沒有犯罪的只是一小部分人，絕大多數包括綠營的一些民眾都認為他有罪，所以民進黨不敢掉以輕心，隨便批准他重新入黨。但如果民進黨不同意陳水扁重新入黨，又會惹怒「挺扁派」，造成綠營的分裂，同樣也會給民進黨年底縣市長選舉造成負面影響。「挺扁」勢力的票源占綠營基本盤的三分之一左右，民進黨不會輕易放棄這部分票源，這就是民進黨左右為難的關鍵，也是陳水扁吃定民進黨的根本原因。

聽友：陳水扁現在已經是弊案纏身，那為什麼民進黨內還會有人支持他重回民進黨？

徐博東：「急獨挺扁派」只問「立場」不講「是非」，他們認為陳水扁是「臺灣人的總統」，再有錯也要支持，所謂「肚子扁扁也要挺阿扁」！而且陳水扁謊稱他A錢是要建立「臺獨建國基金」，一般人不會相信這種鬼話，但「急獨挺扁派」卻會當真，而且把它作為繼續挺扁的理由。而這也正是臺灣政治最悲哀的地方！全世界沒有任何一個國家或地區的人民會同情支援貪污罪行的。所以說，現在的臺灣社會是一個不正常的社會，臺灣的政黨政治是畸形的政黨政治。

「逢中必反」，民進黨繼續失去民心

主持人：「開放大陸學歷」、「大陸廣告」、「大陸學生赴臺就學」這些得到多數臺灣民意支援的選項，民進黨為什麼還要強烈反對？

徐博東：民調顯示，「採認大陸學歷」、開放「大陸學生赴臺就學」和「大陸廣告」開放政策，確實得到大多數臺灣民眾的支持。其實在民進黨執政時期，蔡英文當「陸委會主委」的時候也曾經做過評估，認為這三項政策應該朝開放的方向推動。但是民進黨下台後卻昨是今非，極力反對馬團隊實施這三項開放政策，真不知道蔡英文如何自圓其說！

民進黨反對的「理由」都是無法成立的。反對「採認大陸學歷」，說是為了避免大陸學生搶奪臺灣學生的工作機會。這明明是在誤導臺灣民眾，實際上承認大陸學歷是為了讓在大陸學習的臺灣學生可以回到臺灣就業。而按照臺灣的規定，大陸的學生根本就不允許到臺灣去找工作；民進黨說開放「大陸廣告」和「大陸學生赴臺就學」是中共的「統戰陰謀」，這更是無稽之談！實際上臺灣的教育資源過剩，學校生源嚴重不足，開放陸生入島，正可以解決這一難題，有利於臺灣教育的持續發展。而開放大陸廣告純屬商業行為，更是與政治不沾邊。民進黨卻說這是「植入性行銷」，會控制臺灣輿論，進行「統戰宣傳」等等。

民進黨之所以「逢中必反」，一方面是民進黨根深蒂固的「反共」、「恐共」情結作祟，「臺獨」意識形態掛帥，完全沒有自信，害怕兩岸交流特別是青年學生的交往，動搖「臺獨」的社會基礎；另方面是年底的縣市長選舉臨近了，民進黨不願意讓馬英九「政府」加分，認為放行這三項開放政策，對國民黨選情有利。所以我們說，民進黨是一個極端自私自利的政黨，為了一黨之私，不惜損害臺灣老百姓的利益。民進黨這樣做只會繼續失去民心，不會有好的結果。不過民進黨不可能阻攔這三項開放政策在「立法院」過關，國民黨採取的對策是「以退為進」、「後發制人」的策略，先讓民進黨充分表演，有多數民意撐腰，國民黨馬英九信心滿滿。

民進黨需再慘敗，才會調整兩岸政策

主持人：在高雄市長陳菊等綠色縣市長訪問大陸之後，民進黨對公職人員赴大陸參訪曾有鬆動的跡象，表示不反對與大陸的交流。那麼，為什麼到了關鍵時刻又收回去了呢？

徐博東：民進黨現在要調整它的兩岸政策，難度非常大。針對是否要修改大陸政策，目前民進黨內形成了「三駕馬車」互相制衡的態勢：

一是南部的縣市長，比如說高雄市長陳菊和臺南縣長許添財，他們出於地方的經濟利益，出於地方民意的壓力，主張開放民進黨的公職人員到大陸參訪。這些縣市長中有的要爭取連任，有的將來要選「立委」或是想當黨主席，也就是說從自己的生涯規劃著想，他們現在就必須要做出政績來，累積自己的政治資本。而要做出政績，就必須跟上兩岸開放的步伐，從兩岸交流中獲取政治和經濟利益，所以要求開放赴大陸參訪。

二是一些民進黨的「立法委員」和「急獨挺扁派」，堅決反對開放兩岸政策。原因是他們現在還沒有選舉的壓力，還不到需要討好選區選民的時候。相反，通過抵制馬英九的開放政策，包括反對本黨調整兩岸政策，可以爭取媒體的曝光率，增加自己的知名度，便於自己日後參選站在比較有利的位置。

三是以新潮流為主的黨內一些比較理性務實的人士，支持調整大陸政策，可是目前這些人是少數，不是黨內主流，聲音也很難得到正視。

至於黨主席蔡英文，她所需要考慮的，則是整個黨的發展和自己「黨主席」成績單的好壞。面對「三駕馬車」相互拉扯的局面，蔡英文苦於沒有自己的班底和派系作奥援，再加上她缺乏「草根性」和政治魄力，所以往往採取折中的、抹稀泥的領導方式。對於蔡英文來說，年底選舉的勝敗是關鍵。「穩定壓倒一切」！任何不利於選舉的事都不能做，所以她一方面對陳菊和許添財參訪大陸放行，另方面又斷然拒絕李文忠等人提出的「中國政策大辯論」的主張，而當她裁示制定《黨公職人員赴中國交流注意事項》遭到抵制後就立即喊卡，也就不難理解了。

總之，目前民進黨內各派政治勢力各懷鬼胎，各有盤算，難以達成共識。而民進黨之所以很難走出兩岸政策的困境，關鍵就在於「時間點」未到。所謂「時間點」主要是指年底的縣市長選舉。在此之前，民進黨不願意在兩岸政策方面暴露出他們的矛盾和分歧，以免影響黨的團結，對於黨籍縣市長參訪大陸，也只能改採「便宜行事」的臨時手段，推遲頒布「注意事項」。依我個人的判斷，民進黨的「中國政策大辯論」已是勢在必行，不可避免，但「時間點」最快也得推遲到今年底的縣市長選舉之後，在這之前很難形成辯論的態勢。至於民進黨兩岸政策要作出真正具有實質意義的重大調整，如果不再慘敗幾場，則完全看不出有任何的可能性！

（中評社）

北京專家認為「馬胡會」仍要視時機而定

中評社香港6月11日電：馬英九若出任國民黨主席，「馬胡會」是否會隨之登場？屆時國共平台將如何運作？對此，國臺辦發言人范麗青10日回應指出，「國民黨主席換屆選舉是國民黨內部的事務，我們予以尊重。至於誰當選主席，當選後怎麼樣，目前屬於假設性問題，我暫時不作回答。」北京臺灣問題專家就斷言，「馬胡會」短期內不可能實現。

……（略）

著名臺灣問題專家徐博東向香港《文匯報》指出，馬英九參選黨主席應主要出於其「內政」考慮，旨在整合資源，更好施政。知名臺灣問題專家李家泉向文匯報表示，從臺灣政治局勢分析看，馬英九兼任國民黨主席雖然有利有弊，但總體利大於弊。

針對馬英九當選黨主席後「馬胡會」的可能性問題，徐博東相信，「馬胡會」在馬英九第一任期內不太可能。他形容，「馬胡會」這一「石破天驚」之舉，將會令馬在島內面臨巨大壓力，並會引起美日等國擔憂，馬英九在第一任期內應該還「不敢」面對這一問題。李家泉也認為，「馬胡會」仍要視時機而定，但現在條件仍不成熟。

（中評社）

專家稱民進黨力量正弱化，兩岸關係發展不能「心急」

中新網6月18日電：自馬英九決定參選國民黨主席，有關馬胡會話題以及兩岸未來走向一直成為傳媒談論焦點。時事專家認為，馬英九上任一年來，民進黨主導臺灣政局和阻礙兩岸關係發展的力量正在弱化，但兩岸關係發展只能是「循序漸進」，心急吃不了熱包子，「欲速則不達」。馬英九未來兩年的精力，相信將放在國民黨內部整合的問題上，為2012年「大選」做準備。

……（略）

對於各界關注的「馬胡會」，北京聯合大學臺灣研究院徐博東教授分析說，如果胡馬相會，必定是涉及到兩岸的重大政治議題。而兩岸重大政治議題的協商談判一旦提上議事日程，便立即要面對以下三方面的挑戰：一、兩岸是否已經累積起足夠的互信？雙方是否已經作好了談判的充分準備？二、臺灣主流民意能否接受談判結果？三、美、日兩國的態度如何？試想，在當前臺灣的政治生態下，兩岸簽署ECFA尚且如此困難，不難預料，至少在馬英九的第一任期內，兩岸敏感政治議題的協商談判，很難提上議事日程。

……（略）

（華夏經緯網，林川）

呂秀蓮和許添財敢來大陸訪問嗎？

北京聯合大學臺灣研究院徐博東教授，昨天在海峽之聲電台《博東看兩岸》專欄節目中，就海內外輿論備受關注的呂秀蓮與臺南市長許添財能否順利「登陸」、民進黨中央日前定調「三不一沒有」大陸政策，以及民進黨為何難以調整「臺獨」路線等一系列重要問題，進行了深入的分析。

全文如下：

呂秀蓮訪問大陸為何遲遲不能成行？

主持人：在今年3月份，就有呂秀蓮訪問大陸的說法，但她到目前都還沒有成行，反而是高雄市長陳菊先行訪問大陸，行銷世運會觀光。那麼，呂秀蓮訪問大陸遲遲不能成行的原因在哪裡呢？

徐博東：我認為，呂秀蓮的大陸之行之所以遲遲不能成行，有兩方面的原因：第一，民進黨中央不贊成。目前民進黨並不鼓勵黨內重量級的政治人物到大陸參訪。大家都知道，呂秀蓮不僅當過「副總統」，還擔任過民進黨的代主席，在臺灣政壇是具有重要指標性的政治人物，一旦她成功「登陸」，對民進黨現行大陸政策造成的衝擊，絕對比陳菊「登陸」要大得多；第二，「急獨挺扁派」的極力反對。呂秀蓮創辦《玉山午報》的主要經濟來源是「急獨挺扁派」，她多次到臺北看守所探視陳水扁，就是希望陳水扁支持她創辦《玉山午報》。呂秀蓮想要「登陸」的消息傳出後，陳水扁明確表示反對，「急獨挺扁派」甚至召開記者會威脅說，如果呂秀蓮執意參訪大陸，就不再投資《玉山午報》，也就是說要斷了她的「金脈」。上面所說的兩條原因之中，我認為後者比前者最為重要。

呂秀蓮真心想到大陸訪問嗎？

聽友甲：呂秀蓮祖籍地在福建省的南靖縣，我想問呂秀蓮是真心想到大陸來看一看、走一走嗎？

徐博東：近幾個月來呂秀蓮多次接受媒體採訪，表達希望來大陸參訪，依我看她是真心想來，不像是假意炒作。前兩天她公開表示：從事民主政治改革，長期關注臺灣前途的任何人，都應嚴肅看待中國的政經社會變化。今天的中國已不是1989年的中國，今天的共產黨也不是三十年前的共產黨了；她說，如果有適當的方式和時機，她願前往中國訪問，實地考察中國的變化；她目前仍採取以靜制動的觀望態度，7月初訪問美加兩國回臺後再做具體評估。類似的話她最近已經講過好幾次。我認為呂秀蓮的政治態度確實已經有不小的變化，比以前要理性務實了，值得加以肯定。

有輿論認為，呂秀蓮在政治上並沒有死心，還想「更上一層樓」。她創辦《玉山午報》也好，想參訪大陸也罷，都是在為下屆「總統大選」精心布局。即使不能如願，她也不會甘心就此退出政治舞台，還想在臺灣政壇上繼續發揮影響力。依我看呂秀蓮是目前民進黨內難得的主張「與時俱進」的政治人物之一，我相信她是真心想來大陸參訪。

呂秀蓮何時可能訪問大陸？

主持人：針對呂秀蓮訪問大陸帶來的紛擾，她目前出面證實，最近確實有香港、福建的相關團體與管道，直接或間接地邀她前往訪問，但因牽涉複雜，何時受邀訪問大陸，她將在訪問美國、加拿大兩國之後再作具體評估。您認為，呂秀蓮會等到什麼時候才會訪問大陸呢？

徐博東：現在是有幾股力量在拉扯著她，我看她現在還在觀望，還沒有最後下決心。為什麼她先要到美國和加拿大訪問？當然不會是去遊山玩水，我判斷她先訪問美國和加拿大有兩個目的：一是尋求美國、加拿大有關方面和人士的支持；二是為《玉山午報》尋找新的更多更大的「金主」，擴大資金來源。總之，她現在所做的一切，都是在為自己累積政治能量。

至於呂秀蓮參訪大陸的時間點，我想主要要考慮以下兩方面的因素：一是要看她能否說服民進黨中央特別是綠營的「急獨挺偏派」大老？——《玉山午報》的金主們，對她參訪大陸的態度是否能「軟化」；二是要看她跟大陸方面的溝通協商進展情況如何；總之，她要認真仔細地評估參訪大陸的利弊得失，畢竟今年底臺灣還有一場重要的縣市長選舉。「心動」不一定敢「行動」，她究竟是否有足夠的政治勇氣，頂住壓力，排除干擾，下決心「登陸」，還有待觀察。依我的初步判斷，呂秀蓮今年下半年成行的可能性雖然不是說完全沒有，但難度相當大。

許添財會來大陸參訪嗎？

主持人：除了呂秀蓮之外，臺南市長許添財也曾預計7月登陸，參加廈門舉行的「第一屆海峽杯帆船錦標賽」開幕典禮，但同樣遭到深綠社團以及扁系人馬的反彈，您判斷許添財能否與陳菊一樣，衝破深綠團體的阻撓來大陸參訪？

徐博東：許添財已是兩屆臺南市市長，今年底他已經不能再競選連任了。對於訪問大陸，我想許添財會有兩方面的考慮。一方面，許添財作為一方「父母官」，想要在他有限的任期內給臺南市的經濟發展做出努力和貢獻，爭取民意對他的最大支持與肯定。這樣做的目的，當然也是為他自己日後的政治生涯累積政治資本；另外，據島內媒體報導，許添財下一步有意競選民進黨的主席。如果許添財真想當民進黨主席，那恐怕就不能不顧及民進黨當前「不鼓勵」參訪大陸的政策。另外，也不能和「急獨挺扁派」的關係搞僵了。所以他現在也是被兩股勢力拉扯著，左右為難，使他原本早就準備好的「大陸之行」添加了變數。不過，陳菊參訪大陸之後，綠營內部也不敢拿她怎麼樣，而且民調顯示，高雄市民眾對她的支持度和滿意度都有大幅的提升，這對許添財下決心「登陸」不能不是一大「誘因」。因此我判斷，許添財在衡量了利弊得失之後，有可能會選擇到大陸來參訪。

「三不一沒有」體現出民進黨大陸政策何種思路？

主持人：大陸政策對於民進黨來說是燙手山芋，內部爭議不斷。民進黨中央日前定調「不辯論、不訂注意事項、不陷入政治操作、沒有鼓勵赴大陸交流」等「三不一沒有」原則。徐教授，您是如何看待這「三不一沒有」政策的？它體現了民進黨在處理大陸事務上有什麼思路？

徐博東：民進黨中央明定所謂「三不一沒有」政策，這說明民進黨目前不想對它現行的大陸政策作任何調整，採取是一種「拖字訣」的消極辦法。因為民進黨認為，年底的縣市長選舉畢竟只是地方性的選舉，沒有必要為一場地方性的選舉調整大陸政策，也就是說民進黨並沒有調整大陸政策的「急迫感」。今年底的縣市長選舉，民進黨已經確定以「ECFA公投」作為它選戰的主軸和訴求；另外就是以「聲援阿扁司法人權」為幌子，拉住「急獨挺扁勢力」，試圖與藍營爭奪選戰議題的主導權。因此，民進黨認為，目前綠營最重要的是「團結」。明定所謂「三不一沒有」政策，目的就是要穩定內部，不要因為大陸政策步調不一而引起內部的矛盾與爭鬥，影響縣市長選舉。所以它目前並不急於處理大陸政策問題，採取「拖」的辦法。

民進黨為何難以調整大陸政策？

聽友乙：臺灣的主流民意都是偏向於跟大陸溝通交流，民進黨的大陸政策為什麼總是停滯不前呢？

徐博東：民進黨不肯調整保守僵化的大陸政策，我認為有以下幾方面的原因：

第一，民進黨輸得還不夠慘，敗的次數還不夠多，還不服氣，並不認為它的大陸政策是造成它失敗的主要原因之一。上屆「立委」選舉慘敗，它認為主要是「單一選區兩票制」這種選舉制度對民進黨不利；而總統選舉中慘敗，則是因為黨內初選時「排藍條款」造成了綠營內部的不團結等等。另外，下台一年來民進黨搞了幾次大規模的街頭抗爭運動，感覺自己的動員能力還相當強，基本盤還在，並沒有鬆動流失。再加上民調顯示，馬英九的民調滿意度一直低迷不振，這給他們帶來很大的幻想，黨內主流並不認為「臺獨」路線有什麼調整的必要。

第二，民進黨內部派系林立，幾大「天王」各擁山頭，他們都只為本派系的政治利益著想，而不是為民進黨的整體發展考慮，只會明爭暗鬥，對民進黨的改造沒有人真正關心，也很難達成共識。

第三，黨主席蔡英文沒有自己的派系班底，政治性格又比較軟弱，很難整合各派系矛盾，沒有能力推動民進黨進行路線轉型。

第四，民進黨內的「理性務實派」一盤散沙，難以形成黨內主流，推動民進黨的改革。

第五，只占綠營基本盤15%左右的「急獨挺扁勢力」，人數雖然不占多數，但能量卻很大，而且鬥性十足，目前由蔡英文所領導的民進黨，無力擺脫這股保守急獨勢力的綁架。

總之，各方面的原因造成了目前民進黨難以調整「臺獨」錯誤路線，它的保守僵化的大陸政策也就只能「停滯不前」，維持現狀。

蔡英文為何不贊成進行黨內大陸政策大辯論？

主持人：民進黨這項「三不一沒有」原則在民進黨內部也引起爭議。扁系人馬認為「辯論才是王道」，前民進黨副祕書長陳其邁直言，他對不辯論感到失望，他建議舉辦路線大辯論或擴大中執會討論。扁系人馬為什麼主張在民進黨內部針對大陸政策進行辯論？而民進黨中央又為什麼不進行辯論呢？

徐博東：民進黨內要求進行大陸政策大辯論的主要有兩股力量：一是「理性務實派」，比如說李文忠等，他們最早提出這個主張，目的是想改造民進黨；後來扁系親信，例如陳其邁、高志鵬也主張進行大辯論，不過他們的出發點完全不同。扁系人馬在這個時候主張「大辯論」，主要是想爭奪民進黨的主導權，防止民進黨和陳水扁切割，最終目的當然是要「保扁」。而對於蔡英文為首的民進黨中央來說，眼前最主要的目標就是要打贏年底的縣市長選戰，而選戰的主軸就是炒作「ECFA公投」，如果在這個時候進行黨內大陸政策大辯論，就等於要扭轉選戰主軸，放棄主導選戰議題。而且搞得不好的話，還可能讓「急獨挺扁派」占了上風，進一步綁架民進黨，甚至引起綠營的分裂，給年底縣市長選舉帶來負面影響。所以，民進黨中央在這個時間點上當然不會允許在黨內進行大陸政策大辯論。蔡英文的策略很清楚，對陳水扁採取一種「若即若離」的態度：既不完全切割也不完全挺扁，以不得罪挺扁勢力為原則，盡力維持綠營內部的團結，先打好年底縣市長選舉這場硬仗再說。

（中評社）

蔡英文真能讓阿扁解除羈押嗎？

由蔡英文發起的學者連署挺扁活動25日下午公布結果，共有10人簽字，扣除蔡英文本人只有9人，包括前臺灣「中央研究院院長」李遠哲、「中研院」研究員陳建仁、「中研院」研究員瞿海源、臺灣大學教授蕭新煌、政治大學教授顧忠華、政治大學法學院院長陳惠馨、婦運領袖李元貞、律師顧立雄、黃瑞明。針對蔡英文連署活動，北京聯合大學徐博東教授在海峽之聲

《博東看兩岸》節目中指出，蔡英文連署活動「弊大於利」，對營救陳水扁也無濟於事，而李遠哲等人在臺灣更是起了很壞的示範作用。

全文如下：

蔡英文連署挺扁，是「飲鴆止渴」

主持人：蔡英文曾經刻意迴避對陳水扁貪腐問題表態，但最終頂不住深綠團體的壓力而發起挺扁的連署運動，引來了媒體正反兩面評價。您覺得蔡英文發起這個連署活動對她今後樹立政治威信是利多還是弊多？

徐博東：蔡英文不分是非，如此大動作「挺扁」當然是弊大於利！

所謂「利」，只是暫時緩解了「挺扁急獨派」勢力對她的不滿情緒。「挺扁急獨派」原來對她非常不滿，認為她挺扁不力，這次蔡英文公開領頭大動作連署挺扁，他們會一時的高興，這對於維持綠營的內部團結，支持蔡英文打好年底縣市長選舉有好處。

但是更多是「弊」，蔡英文等人連署要求解除對陳水扁的羈押，打的是所謂「捍衛司法人權」的幌子，但臺灣輿論普遍認為，這是公開干涉司法獨立，干擾司法辦案，因為所謂「捍衛司法人權」，和「挺扁」、「挺貪腐」是沒有辦法進行切割的。島內媒體質疑，在民進黨執政時期，這些人大都手握大權，為什麼那時他們不出來「捍衛司法人權」？認為臺灣的羈押制度有問題，那時他們為什麼不主張改革？包括劉泰英、王令麟等在內的許多高官和企業界人士涉案，有的被羈押長達一年之久，短的也有一二百天的，但也沒見這些人出來說話，現在卻為陳水扁的「個案」公開跳出來批評臺灣的「司法人權」，完全是「選擇性」的嗆聲！

一年前蔡英文出任民進黨主席時，臺灣輿論包括民進黨內的改革派，對她都抱有很大的期望，希望民進黨在她的領導下有新的氣象，走出一條新路來。當時蔡英文也說，民進黨已經進入了「沒有陳水扁的時代」，要對扁進行「柔性切割」。她對外發言時，凡是涉及到扁案都很謹慎，並曾下令黨籍人士不許公開參與「挺扁」活動。但不到一年，蔡英文在「急獨挺扁派」的脅持下一步步地妥協退讓，跟主流民意背道而馳，越走越遠，現在更是不分是非，帶頭連署挺扁，還公開揚言「豁出去了」，一頭掉進了綠營的大醬缸！她這樣做，雖然一時得到「急獨挺扁派」的喝彩，但卻勢必失去廣大中間選民甚至包括淺綠選民的支持，民進黨內的改革派也肯定很失望，對她本人政治威信的提升和年底的縣市長選舉都很不利。從島內民調來看，一年前蔡英文剛上任時，滿意度曾經有一段時間遠遠超過馬英九，當時外界一度認為，2012年蔡英文是馬英九連任的「最大威脅」。但好景不長，今年以來蔡英文的滿意度不斷下滑，現在反過來馬英九的滿意度大大超過了蔡英文。前兩天TVBS的民調，臺灣10名政治人物的滿意度，倒數第一名的是陳水扁，蔡英文倒數第二，真是「情何以堪」！

可見，蔡英文的政治威信滑落得有多快了。所以我認為，蔡英文大動作連署挺扁是「飲鴆止渴」，撿了芝麻丟了西瓜，得不償失。

李遠哲參與連署，再次給「諾貝爾獎」蒙羞

主持人：在25號總共有10個人簽字參與這項連署活動，除了蔡英文本人只有9人。有媒體報導說，有學者拒絕在連署書上簽字，而蔡英文說，她口袋裡只有簽字的這些人。那麼，這9人蔡英文是以什麼樣的標準選擇出來的？

徐博東：關於連署要求解除對陳水扁的羈押，造勢就用了整整一個星期的時間，外界都在「引頸以待」，猜測蔡英文會拿出什麼樣的連署名單，不料名單拿出來卻是「小貓兩三隻」，包括蔡英文本人在內只有10個人，真可謂「雷聲大雨點小」，冷冷落落！是不是有學者不願同流合污，拒絕參與連署，蔡英文不說，那就只有天才曉得了！

再來看名單，李遠哲和蕭新煌是2000年臺灣大選時公開站出來挺扁的

「國政顧問團」成員，是把陳水扁送進「總統府」的關鍵人物；而顧立雄曾經是陳水扁的御用律師，替陳水扁打官司的；陳建仁則是「扁朝」的衛生署署長……這些人不是阿扁的「國策顧問」，就是「前朝高官」或是綠營學者，全都是與陳水扁「利益相關者」，一向以「忠實挺扁派」著稱。所以說，這些人早已喪失了社會公信力，給社會的觀感是「自己人挺自己人」。蔡英文拿出這樣的連署名單，可說是「自曝其短」，恰好說明蔡英文連署要求解除對陳水扁的羈押，得不到社會大眾的回應和稍有良知的學者的支持。

主持人：原陳水扁委任律師顧立雄與前臺灣「中央研究院院長」李遠哲參與連署引起了媒體的關注。被稱為臺灣社會「意見領袖」的李遠哲曾經幫助陳水扁當選臺灣地區領導人，陳水扁貪腐案件暴發後，他遭到臺灣社會的詬病，為此他呼籲陳水扁下台。現在，他又參與聲援陳水扁的連署活動。徐教授，被稱為「社會賢達」的李遠哲在對待陳水扁的態度上為何如此反覆？李遠哲在臺灣社會究竟要扮演什麼角色？

徐博東：李遠哲是諾貝爾化學獎的得主，在他的化學專業領域是世界一流的專家，這點我們給予尊重和尊敬。但依我看，李遠哲頭頂諾貝爾獎的光環後有點「忘乎所以」，按臺灣輿論所說的是不知道自己究竟有「幾斤幾兩」了！他自以為自己什麼都懂，什麼都會，所以他什麼都要插一手，似乎自己得的是「萬能型的諾貝爾獎」：李登輝時期，李遠哲不僅是「中研院長」，還曾經主持過「921」大地震的重建工作；2000年「總統大選」時，李遠哲在選前關鍵時刻組織所謂阿扁「國政顧問團」，公開領頭站出來挺扁，美其名曰要讓臺灣「向上提升」，而把陳水扁送進了「總統府」；陳水扁執政後李遠哲主導教育改革，結果改得是一塌糊塗，另外他還幫助陳水扁規劃過兩岸政策……。其結果，陳水扁執政8年臺灣不是向上「提升」而是向下急劇「沉淪」。對此，臺灣主流民意早已對李遠哲相當不滿，但他從來沒有表示過自己有任何的「失誤」和「後悔」，一有機會李遠哲還是非常喜歡指手劃腳、高談闊論。陳水扁明明犯有貪污重罪，事證也越來越清楚，但不久前他卻輕描淡寫地說：「阿扁既然有錯就要向社會大眾『道歉』，把匯到海外的錢匯回來」云云，如今更公開參與連署挺扁，臺灣的主流輿論都頗不以為然。其實李遠哲對政治、對司法一竅不通，但卻又喜歡參與政治、干涉司法。他頂著諾貝爾獎光環，但很可惜，骨子裡卻是個不分是非的挺扁派。

顧立雄參與連署，法學界做了最壞示範

主持人：參與這次連署的還有原陳水扁委任律師顧立雄，因為他此前已經同陳水扁解除了委任關係，但這次參與連署並與蔡英文一同出席記者會引起媒體不解。徐教授，您是如何看待顧立雄這個舉動的呢？

徐博東：在這10個參與連署的人當中，顧立雄本來應當是最有法律素養的一個，而且他對扁案也最為瞭解。當初他之所以會主動解除跟陳水扁的委任關係，是因為陳水扁並沒有跟他講實話，欺騙了他，他覺得自己沒有辦法再為他辯護下去了。而現在卻又公開站出來要求解除對陳水扁的羈押，完全是一個沒有原則、沒有格調的律師。顧立雄很清楚，按照臺灣的現行法律，羈押的要件：一是犯有「重罪」；二是有「逃亡之虞」；三是有「串供和滅證之虞」。陳水扁這三條「要件」一件都不少，而且最近揭發出更多的事證，證明陳水扁不僅「串供和滅證」，還企圖「逃亡」。從法律專業的角度來看，顧立雄明明知道陳水扁被延押完全是「無可挑剔」，但他還要昧著法律人的良知參與連署，面對輿論的質疑，他還想「自圓其說」，進行狡辯，可說在法學界做了最壞的示範。

連署活動難以掀起大浪，陳水扁會繼續延押

主持人：蔡英文說，接下來將擴大連署範圍，號召更多的人聲援陳水扁。您認為，10人連署活動究竟有多大的號召力量？蔡英文的這次連署活動能有多大規模？

徐博東：這10名連署人早就喪失了公信力了，何來號召力？從這幾天臺灣媒體的報導來看，也就是少數深綠社團和挺扁民眾在叫好，整個臺灣社會反應平淡，包括綠營在內都激不起熱情。原來民進黨揚言要發動「一人一信」，要求解除對陳水扁的羈押，現在他們改變了策略，變成在互聯網上通過E-Mail的方式簽名，這說明他們對連署能否成功缺乏信心。大家都知道，採取這種形式很容易造假，而且難以查證。民進黨的網路投票部隊，可以在二十四小時之內不間斷地往裡灌票，造成簽名人數很多的假象。可以想見，這樣連署出來的統計數字，能有社會公信力嗎？我看這樣的連署活動只不過是虛張聲勢，自己「爽」而已，很難掀起什麼大的風浪！

主持人：這次連署活動能否達到目的，使陳水扁解除羈押？

徐博東：我預估這次的連署行動根本就是「瞎子點燈白費蠟」，不可能達到解除陳水扁羈押的目的！因為到目前為止，羈押的要件不但一樣都沒有消失，相反近日還有新的實證不斷出現。比如說，近日前「總統府」辦公室祕書陳心怡爆料，陳水扁曾經在下台之前指示她以「最速件」的方式為他辦護照；前「總統府」資政吳澧培也證實，陳水扁曾告訴他，卸任後會很快出國，而且在卸任前三個月托他把一筆191萬美元匯出海外；另外，林德訓還當庭證實，扁家弊案暴發後，陳水扁曾召集「司法院」、「法務部」先進到「總統府」研商，幫他出主意如何脫困；再來就是最近美國已經凍結了扁家八十億新臺幣的洗錢贓款等等。總之，陳水扁的案情已經逐漸明朗，逃亡和滅證、串供的嫌疑也更加充分。在這種情況下，承審法官雖然受到綠營方面的很大壓力，但是臺灣的主流民意他們能不在乎嗎？法律的良知他們可以不要了嗎？依我大膽判斷：陳水扁很可能會繼續延押。

（海峽之聲網）

陸資入島是兩岸關係發展的重大突破

臺灣當局經濟主管部門6月30號正式公布「大陸地區人民赴臺投資許可辦法」，同時開放大陸資金赴臺開設分公司或辦事處，開放大陸資金赴臺投資也正式實施。隨後，臺灣當局經濟主管部門公告開放192項大陸資金可投資專案。就相關話題，7月4日，北京聯合大學臺灣研究院徐博東教授在海峽之聲電台《博東看兩岸》節目中，做了詳細分析與解讀：

陸資入島開啟了兩岸「雙向投資」的新時代

主持人：自1991年開放臺商對大陸地區投資，到現在大陸資金赴臺投資正式實施，已經過去了18個年頭，過程可謂漫長。而從今年4月26日第三次「江陳會」最終達成共同推動陸資入島投資的共識，到6月30號臺灣當局最終開放陸資入島，推進的速度不可謂不迅速。一個漫長、一個迅速，這個轉變是什麼因素促成的？這個轉變對兩岸經濟合作交流有什麼意義？

徐博東：開放陸資入島是兩岸關係發展史中的一件大事，從此開啟了海峽兩岸「雙向投資」的新時代。儘管仍然有很多限制，開放的幅度並不大，但這畢竟是兩岸經濟合作交流向正常化道路上邁出了重要的一步，是兩岸關係發展的重大突破！

從1991年開始開放臺商到大陸投資，到現在已經整整十八個年頭了，但陸資入島卻一直沒有開放，始終都處於「單項投資」的不正常狀態；而從今年4月26號第三次「江陳會」達成了陸資入島的共識之後，到6月30號臺灣當局宣布開放陸資入島只用了兩個多月的時間。「一個漫長，一個迅速」，其轉變的根本原因是，國民黨重新上台執政之後，承認「九二共識」，兩岸兩會恢復了協商談判，兩岸關係邁入了和平發展的正確軌道。經過一年來的良性互動，兩岸互信不斷增強，這是轉變的根本原因。

再從客觀上講，在全球金融風暴的刺激之下，雙方迫切需要加強合作，共同對付金融風暴對兩岸經濟的衝擊，使得兩岸形成命運共同體。特別是臺灣經濟屬於外向型經濟，完全靠外銷維持經濟的成長，國際金融風暴對臺灣經濟的衝擊更大更嚴重，大陸急臺灣之所急，希望通過配合落實馬英九「拚經濟」的政策，幫助臺灣擺脫目前的經濟困境。所以，開放陸資入島政策，是兩岸經濟發展的客觀需要使然。

但是，這項政策的實施說「快」也「不快」，因為按理說這些開放措施早就該做了，但是由於李登輝執政十二年，陳水扁執政八年，意識形態掛帥，頑固推行所謂「戒急用忍」、「積極管理」的兩岸經濟政策，一直拒絕開放陸資入島，以至於兩岸經貿交流呈現出「不對稱」的局面。據臺灣官方統計，到今年5月為止，臺商對大陸的投資，累計核准金額超過771億美元，但由於陸資不能入島，導致兩岸資金流動失衡，兩岸產業資源的配置及流通受阻，兩岸經濟整合喪失了很多寶貴的時間和機會，現在我們所做的只是抓緊時間「補課」而已，要把失去的時間「搶」回來，盡最大的努力彌補以往的損失。所以從這個角度來看，目前兩岸經濟關係的發展根本談不上「快」，開放陸資入島只是邁向「正常化」的第一步，下一步更重要的是要實現「機制化」或者說是「制度化」，那就是兩岸簽署經濟合作架構協定（ECFA）。這樣，兩岸的經濟合作交流才能穩定發展，真正做到「可長可久」，共創雙贏，造福於兩岸同胞。

開放陸資入島必將提振臺灣經濟景氣

主持人：臺灣當局開放陸資入島對臺灣經濟有怎樣的提振作用？

徐博東：股市是經濟的「晴雨錶」，5月初開放陸資入島的消息傳出後，臺灣的股市就不斷上漲，現在已經突破了6300點，向7000點挺進。臺灣許多企業家和經濟方面的專家都認為，開放陸資入島對提振臺灣的經濟景氣非常有好處：

第一，可以增加臺灣的就業機會，增強臺灣民眾擺脫當前經濟困難的信心；

第二，這些開放措施有助於增加臺灣產業資金以及活絡臺灣的金融市場；

第三，通過雙向投資，將擴大兩岸的經濟合作領域，兩岸經濟可以優勢互補，相互合作，共同開拓國際市場，兩岸同胞攜起手來共同賺外國人的錢；

第四，向國際社會顯示了臺灣是一個高度開放的經濟體，讓外資重新找回陳水扁執政時期對臺灣經濟失去的信心，有利於臺灣吸引外資。

總體來說，開放陸資入島對臺灣抵禦國際金融風暴、提升國際競爭力將發揮重要作用。當然，這還僅僅是一個開始，可以確定的是，在臺灣嘗到陸資入島的甜頭之後，能夠更好的說服臺灣民眾，支持馬團隊進一步加大開放的幅度，假以時日，這一開放政策對臺灣經濟發展的好處才會真正顯現出來。

首波開放陸資入島的幅度偏小

主持人：我們還注意到，在目前公布的192項大陸資金可投資專案中，其中製造業開放64項，服務業開放117項，公共建設開放11項。對於大陸企業希望來臺投資的中草藥、面板、半導體和營造業等，都不在第一階段開放清單當中；需要專業證照的律師和會計師等暫緩開放；公共工程的承包部分也暫不開放。這些限制，會不會影響陸資來臺投資的積極性？

徐博東：積極性肯定會受到一定程度的影響。大家都知道，近年來大陸企業界不斷入島考察臺灣的投資環境，尋找投資的機會，以因應臺灣當局開放陸資入島政策的實施，表現出很高的意願和熱情。但是目前開放192項大陸資金來島投資的專案，主要集中在製造業和服務業這兩個方面，特別是服務業占了總數的二分之一強；而公共建設只開放了11項，特別是大陸企業希望投資的中草藥、面板、半導體和營造業，都不在第一撥的開放名單內；另外在138家大陸國營大企業中，臺灣認為有9家是軍方投資的企業，也不得參與島內投資，對於這9家大型企業來說當然也很失望；公共工程的承包部分，也暫不開放。實際上臺灣在這方面也很需要有資金的投入，但是島內資金在這方面投資意願並不高，而大陸有充足的資金想投資公共工程卻暫不開放。所以這種開放是「有限度的開放」、「小打小鬧的開放」。這反映出馬政府受制於島內的政治環境，畏首畏尾，縮手縮腳。

這使我想到了去年剛剛開放大陸遊客到臺旅遊的情景，由於對陸客限制過多，規定各種清規戒律，許多大陸民眾雖然非常想到臺灣旅遊，但望而卻步。當然，剛剛開放臺灣方面有所顧忌，加上綠營的反彈而不敢邁開大步也情有可原，但限制過多，管得太死，畢竟是違反市場規律。總之，臺灣方面還需要有更大的格局和膽略，來推動兩岸經濟的交流與合作，不是「限制」，而要像大陸那樣，為了吸引臺商投資，採取各種措施千方百計地「鼓勵」陸資入島投資，才能充分調動陸資入島投資的積極性。

民進黨反對陸資入島是「臺獨」意識形態作祟

主持人：日前，有民進黨人士建請黨中央全力要求凍結「陸資赴臺」相關政策與辦法。民進黨主席蔡英文還表示，陸資赴臺投資機場、港口等，將讓臺灣安全大門洞開；民進黨將全力阻止這種不設防的開放。民進黨這樣說是否有道理？他們又為什麼要這麼說？對馬英九的政策會不會造成影響？

徐博東：民進黨的這些說法完全是沒有道理可言的。剛才講到，其實第一波的開放是有很大侷限性的，限制很多。比如說公共建設部分，規定：「民用航空站及其設施」須位於航空站陸側且非管制區，並明訂陸資持股比率限制；「港埠及其設施」，明訂陸資持股比率限制及投資總額下限等待。總之，各種開放措施完全在臺灣政府部門的限制、管理之下，何來「大門洞開」？按照民進黨的說法，似乎臺灣的公權力完全不起作用，陸資入島如入

「無人之境」，投資不受任何管理和約束，好像臺灣已經是被大陸接管了一樣，這種草木皆兵、言過其實的說法，非常可笑。實際上這是民進黨的反共情結作祟，「臺獨」意識形態掛帥，蓄意誤導臺灣民眾，目的是為年底縣市長選舉製造議題，爭取選票。

我們回想一下，其實陳水扁在2000年競選臺灣領導人時，就曾經承諾他當選後要「開放陸資入島」，而且在他執政八年的時間裡也曾多次提到要「開放陸資入島」，但陳水扁只不過是為了緩解工商企業界的壓力、騙選票說說而已，他內心從來都不想開放陸資入島。正因為民進黨頑固推行這種保守僵化的「鎖島」政策，才導致了臺灣經濟不斷下滑，從亞洲「四小龍」排名第一跌落到倒數第一。

想當初大陸剛剛引進外資時也有人有各種擔心，但後來大量外資到大陸來投資，對大陸經濟的起飛和發展起了非常重要的作用，大陸因此而「大門洞開」、被外資「掌控」了嗎？臺灣也引進有大量的外資，那麼也沒有看到臺灣被外國人「控制」而喪失「主權」？所以，民進黨杯弓蛇影、故弄玄虛，把開放陸資入島「妖魔化」，純粹是無稽之談、別有用心！

綠營方面極力反對陸資入島，以莫須有的罪名來誤導臺灣民眾，對馬英九執政團隊來說當然會造成一定的壓力，產生一定程度的影響。比如說，5月初傳出大陸中國移動要加盟臺灣遠傳公司的消息後，臺灣股市立馬大漲，但由於綠營方面的強力反彈，馬英九團隊不得不調整政策，最終電信行業的開放也就只好作罷了。這說明馬英九的抗壓性還有待進一步提高，對有關政策的宣導還需要進一步加強。我們相信，當大多數臺灣民眾切身感受到馬英九的大陸開放政策給他帶來的好處，更多地分享到兩岸關係和平發展的「福利」之時，民進黨也就無以售其奸了！

（海峽之聲網）

「正視現實」要正視兩岸同屬一個中國的現實

中國臺灣網8月4日南京消息：著名臺灣問題專家徐博東教授在第18屆海峽兩岸關係研討會上表示，「正視現實」是大陸的一貫主張，正視現實就是要正視兩岸同屬一個中國的「政治現實」和「法律現實」。

近來在兩岸關係中，「正視現實」這句話常被頻繁提及，參加在南京舉辦的海峽兩岸關係研討會的學者們，就此展開了熱烈討論。原北京聯合大學臺灣研究院院長徐博東就此發表了自己的看法。

徐博東指出，「正視現實」是大陸的一貫主張。早在1978年的10月8日，鄧小平在會見日本文藝評論家江藤淳的談話裡就表示：「如果實現中國統一，我們在臺灣的政策將根據臺灣的現實來處理。」1979年元旦，全國人大常委會發表《告臺灣同胞書》，文告有4個要點，其中第1個要點就強調在解決中國統一問題時，一定要考慮臺灣的現實情況，尊重臺灣的現狀和臺灣各界人士的意見，採取合情合理的政策和辦法，不使臺灣人民蒙受損失。

上個世紀70年代，鄧小平同志提出的「和平統一、一國兩制」解決臺灣問題的科學構想，90年代江澤民同志提出的8點意見，以及本世紀初胡錦濤總書記提出的6點意見，都是在正視現實的基礎上提出來的。2005年4月，第一次「連胡會」的時候，胡錦濤總書記更明確提出「正視現實，開創未來」。

針對怎樣看待兩岸現實，徐博東表示，在胡錦濤總書記提出的進一步發展兩岸關係6點意見中已有明確定位。1949年以來，大陸和臺灣儘管尚未統一，但不是中國領土和主權的分裂，而是上個世紀40年代中後期中國內戰遺留並延續的政治對立，這沒有改變大陸和臺灣同屬一個中國的事實。兩岸復歸統一，不是主權和領土再造，而是結束政治對立。

徐博東指出，不管過去、現在還是未來，兩岸同屬一個中國，這才是海峽兩岸的政治現實，也是海峽兩岸的法律現實。無論是聯合國及其下屬組織，還是國際社會的主要國家，都承認海峽兩岸同屬一個中國，一個中國框架在國際社會是牢不可破的。所以正視現實就是要正視兩岸同屬一個中國的現實。

徐博東特別強調指出，不能藉口「正視現實」，搞「兩個中國」、「一中一臺」甚至搞「兩國論」。假如這樣，兩岸好不容易爭取到的和平發展大好形勢將會葬送，成為不可得，兩岸又要重新回到相互對抗和對立的老路上去了。這是兩岸同胞都不願意看到的情況，所以兩岸需要在「正視現實」這個關鍵問題上達成共識，才能夠建立胡錦濤總書記所說的「深化兩岸政治互信」。

第18屆海峽兩岸關係研討會昨天開幕式後，進入為期2天的論文發表和討論交流階段。百餘名專家學者圍繞會議主題「兩岸關係和平發展的機遇與挑戰」，就目前及未來兩岸關係的發展進行了深入廣泛的探討和交流。

（中國臺灣網）

大陸學者：民進黨人邀達賴訪臺純粹是政治操作

中評社北京8月27日電：民進黨部分人士26日邀請達賴喇嘛於月底訪臺，長期從事兩岸問題研究的大陸知名學者27日表示，此舉是純粹的政治操作，背後隱藏著「臺獨」分子不可告人的政治目的。

新華社報導，北京聯合大學臺灣研究院教授徐博東認為，民進黨部分人士蓄意邀請達賴訪臺，意圖是「一箭雙雕」。一方面，民進黨此舉意在製造兩岸關係緊張氣氛，一旦大陸方面對達賴訪臺作出強烈反應，就可大肆炒作，沖淡大陸在此次風災中全力救援臺灣受災同胞，在臺灣同胞中所樹立起來的善意形象。

另一方面，民進黨趁馬英九當局因救災失分時拋出一個兩難的政治議題，是要讓馬英九難堪。民進黨打著「為受創土地與人民祈福」的旗號，使得馬英九如果說「行」，將在兩岸關係上失分；如果說「不」，則恐怕引起部分綠營民眾的反彈。

「眾所周知，達賴是分裂中國的『政治喇嘛』，並不是純粹的宗教人物。臺灣也有很多德高望重的高僧大德，完全可以為災民祈福。」徐博東說，「可見，民進黨此舉不過是借救災進行政治操作。」

……（略）

（中評社）

民進黨邀請達賴的政治算計

達賴喇嘛8月30日抵臺，9月1日在高雄舉辦法會。連日來，達賴所到之處，沿路民眾抗議嗆聲不斷。邀請達賴來臺的民進黨，能達到自己的政治目的嗎？達賴訪臺會對兩岸關係造成多大影響？人民日報海外版記者分別採訪了兩岸的專家學者。

民進黨策動達賴訪臺，很明顯是政治操作

徐博東（北京聯合大學教授）：民進黨邀請達賴訪臺，很明顯是政治操作。如果說要超度亡靈、撫慰災民，臺灣的宗教人士完全可以勝任，而且島內災民多數信仰基督教天主教，對藏傳佛教毫無所知，聽不懂達賴的語言，請達賴來根本毫無理由。

人所共知，達賴是分裂中國的政治人物，而不是真正的宗教領袖，民進黨明知道達賴是「政治和尚」，偏偏要邀他訪臺，目的之一顯然是要為兩岸和平發展製造麻煩。其次，也是為了煽動島內藍綠對立，為年底縣市長選舉爭取票源，製造利多局面。最後，這次臺灣受災縣市集中在中南部，民進黨這樣做，也是為擺脫執政縣市救災不力的形象。

……（略）

民進黨自以為得計，但很快發現臺灣人民並不歡迎

……（略）

徐博東：民進黨在救災重建的關鍵時刻搞政治議題，撈取政治利益，非常不負責任，暴露出這個黨嘴裡說「愛臺灣」，實際上只顧一黨一己之私。它不光是兩岸關係麻煩製造者，也是島內政局的麻煩製造者，還是臺灣抗拒自然災害的麻煩製造者！這一點已經逐漸被臺灣主流民意所認識。

民進黨邀請達賴訪臺，一開始以為不管馬當局批不批准達賴入臺都「穩賺不賠」，為之沾沾自喜。現在臺灣輿論已經逆轉，民進黨騎虎難下，內部開始爭吵，推卸責任。應該說，民進黨邀請達賴訪臺，不可能達到既定政治目的，相反會對其政黨形象再次造成嚴重損害，對今後選舉更加不利。

……（略）

達賴訪臺對兩岸關係產生威脅，損害臺灣民眾利益

……（略）

徐博東：不論達賴在島內是否有政治言論，入島本身就是政治動作，使「藏獨」和「臺獨」有機會在一起搞政治活動。馬迫於綠營壓力，在原則問題上妥協，允許達賴入島，非常不智，對兩岸關係產生不可彌補的損失。兩岸的互信對兩岸關係和平發展至關重要，兩岸要共同維護共同培養。兩岸已經不是李登輝時代，有國共平台，應該有商有量，我覺得大陸理所應當表示堅決反對。

希望馬英九執政團隊不要光從個人或國民黨的角度考慮問題，也要考慮到大陸和大陸人民的感受，從整個中華民族的高度考慮問題。達賴在島內還有幾天行程，馬當局應該盡量把損失縮減到最低。我認為，馬英九當局要像維護自己的眼珠一樣維護兩岸和平發展的大好局面。從長期看，這對國民黨的執政、對臺灣人民的利益都有利。

（人民日報・海外版）

徐博東之議，具六個維護和平的因素

中評社快評：著名的兩岸關係專家徐博東今天在中評社發表了《關於兩岸政治對話六點建議》的重要文章，提出了具體的六點建議，值得關注。六點建議為：

1.兩岸政治性議題的對話和協商談判，同樣應該在堅持「九二共識」的基礎上，遵循「先易後難，循序漸進」的務實原則，從比較容易達成共識、比較容易做到的議題談起、做起。

2.兩岸政治性議題的對話和協商談判，機不可失，但又不可能一蹴而就，應採取「先學者後官方；先對話後談判」的節奏，逐步推進；注重「前期研究」，提倡「換位思考」，以誠相待，不搞權謀。

3.當前，兩岸雙方應首先就政治對話的程序性商談做出安排。通過程序性商談，就政治對話的議題、日程、方式等問題達成雙方都能接受的共識，並簽訂協定。

4.兩岸政治性議題的對話和協商談判，應設定最終目標：簽訂兩岸《和平協議》，也即兩岸關係和平發展架構的確立。

5.兩岸政治性議題的對話和協商談判，可分為以下「三步走」：

第一步：兩岸就宣布「終止敵對狀態」進行對話和協商談判，並達成共識，簽訂協定；（低級）

第二步：兩岸就建立「軍事互信機制」進行對話和協商談判，並達成共識，簽訂協定；（中級）

第三步：兩岸就正式簽署《和平協定》進行對話和協商談判，並達成共識，簽訂協定。（高級）

6.具體的政治性、軍事性議題（例如，臺灣方面最為關切的「擴展臺灣國際活動空間」、「臺灣當局的政治定位」、「導彈部署」等問題），可按照上述三個步驟的設計，依輕、重、緩、急的次序，納入兩岸政治對話和協商談判，達成共識，逐步解決。

不管兩岸當局如何看待這六點建議，我們一定要對這樣的積極建議表示高度讚賞。因為這六點建議中體現出了六個對兩岸都有利的因素：一、平等的因素；二、互利的因素；三、共識的因素；四、穩妥的因素；五、有序的因素；六、成功的因素。

我們知道，兩岸如果不簽訂《和平協定》，和平的局面不見得可以長期維持，和平發展的勢頭不見得可以長期推進，臺灣面臨的很多國際空間問題也不可能得到有效解決。

（中評社）

馬英九須知難而上

中評社澳門10月23日電（記者黃曉南專訪）馬英九被指有意迴避、拖延兩岸政治對話，北京知名學者徐博東認為，過去一年多來兩岸經濟互動卓然有成，累積了相當的共識，但誰都知道政治問題和經濟問題不可能完全分割，面對確實地存在著的分歧，不可漠視而須「知難而上」，否則可能使雙方的進一步經濟合作陷入停滯。

「澳臺關係十週年研討會」21日在澳門開幕，為時3天，近150名來自兩岸四地的專家、學者應邀與會。知名兩岸關係專家、北京聯合大學臺灣研究院徐博東教授昨天在會場接受中評社記者專訪時，強調了兩岸盡快開展政治對話的重要性及迫切性。

徐博東說，自去年5月臺灣政黨輪替，這一年多來，兩岸關係確實出現了新局面，開始進入和平發展的軌道。但他說，正如國務院臺辦主任王毅21日在研討會開幕式上強調，我們要清醒地看到，兩岸關係的進程仍然面臨各種挑戰，必須逐步探索如何破解政治分歧等難題。

要破解政治分歧，不能不進行政治對話。針對馬英九近日被指有意迴避和拖延兩岸政治對話，徐博東指出，兩岸進行交往，在一開始時採取「先易後難」方式，慢慢累積共識，是完全正確的做法，過去一年多來兩岸關係獲得良好發展，已經證明了這一點。

但他強調，所謂「先易後難」，說的是容易的事情先辦，複雜的事情後辦，這是「先做後做」的問題，但肯定不可以「光說不做」，漠視確實存在著的分歧。

他說，過去一年多來，兩岸進行經濟合作互動卓然有成，通過這些互動，雙方也已經累積了相當的共識，現在需要逐步轉向政治性議題的對話，藉以破解雙方分歧、建立互信。他強調，在這時候，馬英九政府需要「知難而上」，否則有可能使雙方的進一步經濟合作陷入停滯，因為說到底，誰都知道政治問題和經濟問題是不可能完全分割開來的。

在政治對話的層面，徐博東說，「先易後難」的原則同樣可以適用，例如在議題方面，可以先談比較實務性的、可望較早獲得解決的問題。此外，就算兩岸官方、兩會（海協會、海基會）未能立刻進行協商以至談判，但兩岸民間的智庫、學者，大可以就著相關議題先進行接觸與討論，以作為官方對話的參考。

問題是，他說，這種民間智庫、學者的交流目前確已逐步展開，但政府亦需要作出支援並且引導輿論，因為政治人物不可以作為群眾的尾巴，而必須主動帶領群眾走向正確的方向。可是現在馬英九連這一點的努力都沒有展示出來。

有指馬英九是顧慮到2012年的大選選情，徐博東則說，臺灣幾乎每一年都有選舉，怎可說為了一黨一派的私利，而忽略了推動兩岸和平發展、造福兩岸民眾的重要性？他舉例說，若兩岸能有效開展政治對話，包括達賴訪臺、奧運「中華臺北」稱謂、大陸《反分裂國家法》等許多不容迴避的政治問題，都可以通過對話妥善解決，把潛在的危機消滅於萌芽，避免擦槍走火。

此外，就著澳臺關係問題，徐博東表示，王毅在21日的開幕式上，提出澳門在兩岸關係中的四大作用，即「先行先試的探索作用、溝通兩岸的橋樑作用、反獨促統的陣地作用、『一國兩制』的示範作用」，實在是切中要點，非常準確、到位。

在四大作用中，徐博東特別在意的是，「『一國兩制』示範作用」。這一點，往往受到誤解和忽略。他認為，「一國兩制」可以是很好地解決兩岸統一問題的一個模式，但是臺灣執政當局卻出於一黨一派的私利，從蔣經國起，尤其是在李登輝、陳水扁時期，不斷地對「一國兩制」這字眼進行妖魔化，臺灣民眾根本不能充分瞭解它的意涵，卻受到政客的驅動而作出反對。其實，他解釋，「一國兩制」可以對臺灣很有利，因為在「一中」的原則之下，什麼都可以談，怎樣的內容都可以討論，臺灣當局以至學界實在應該好好對之進行研究。

（中評社）

專訪徐博東：政治對話兩岸智庫先行

大陸重量級智囊學者代表團訪臺，首度參加在臺北舉行的「兩岸一甲子」學術研討會，與會的北京聯合大學臺灣研究院教授徐博東在接受中評社專訪時強調，兩岸已經進入一個新的階段，光是經濟而不進行政治上的溝通是不行的。

徐博東表示，他已經到臺灣13次，這次是兩岸交流以來，首度在臺灣就政治議題進行學者之間的公開對話，打破了兩岸不談政治議題的禁忌，等於是新的起點。兩岸之間「先經後政、先易後難」，先從經濟議題開始協商談判，馬上第四次江陳會要解決4個問題，但越是往後，比較容易做的事情已經解決的差不多，一些經濟上的難題，如果在政治上不趕快交換意見和對話，消除雙方分歧，達成共識，有可能會陷入瓶頸。

「過去兩岸關係發展歷史告訴我們，光是經濟而不進行政治上的溝通是不行的」，徐博東認為，兩岸已經進入一個新的階段，政治對話包括軍事、涉外方面事務，現在就應該開始進行預先對話，否則兩岸的分歧矛盾如果得不到溝通對話，很容易出問題。

徐博東指出，如果能先由學者、智庫進行溝通，瞭解雙方的觀點和看法，尋找共識，為下一階段進一步推動兩岸關係和平發展向深度、廣度發展預做準備，所以應該「先民後官」、「先智庫後官方」，現在只是探討和研究階段，「這次到臺灣來，只是聽聽對方的觀點，各自進行研究，然後共同研究」。

「所以兩岸一中應該是兩岸和平發展的政治基礎」，徐博東說，這個基礎如果不打牢的話，還是不穩定充滿變數，所以兩岸之間的政治對話主要還是如何在兩岸和平發展的基礎上要打牢。

以臺灣要求大陸撤除對臺部署導彈為例，徐博東認為，導彈是軍事部署問題，不光大陸針對臺灣，臺灣也針對大陸，這要通過雙方在軍事上結束敵對狀態、建立軍事互信機制，以協商談判的方式來解決，「作為前提條件，撤了才跟你談，這種說法本身就沒有誠意」。

徐博東指出，現在海基和海協兩會已經有溝通的平台，也有國共平台，如何在不違背一中原則找出合理安排，都需要雙方政治對話，包括軍事和涉外事務方面的對話，達成共識，雙方先從學者開始探討、研究起，達成共識之後交由雙方的執政當局形成政策，現在已經到了這樣的階段無可迴避，如果迴避的話，推動兩岸關係和平發展將會進入瓶頸。

徐博東表示，這次大陸學者到臺北，首度進行包括政治議題和涉外、安全事務的溝通，由民間學者先做起，這是一個很好的起點，也是兩岸關係到了目前階段，不能不做的事情。

（中評社）

研討會閉幕，學者期待明年大陸接手辦

中評社臺北11月14日電（記者康子仁、倪鴻祥）受到海峽兩岸高度矚目的「兩岸一甲子」學術研討會，昨天下午舉行閉幕典禮，這次研討會創下兩岸交流以來，層級最高、參與人數最多的紀錄，不少與會的學者對於研討會討論的議題和過程相當肯定，具體建議這一次在臺北舉辦，下一次可以換由大陸接手舉辦。

……（略）

北京聯合大學臺灣研究院教授徐博東認為，這次舉行兩岸一甲子記者會，出席人員的代表性和層級之高都是空前的，討論的議題也具有綜合性，並且帶有突破性，首度在臺灣公開討論政治議題，打破兩岸過去一年多只談經濟不談政治，相當具有開創性，討論的過程當中，具有融洽性、和諧性，

非常坦承的交換意見，充滿兩岸同胞的親情，所有參與者都是在創造歷史。

（中評社）

2010年

臺灣問題專家：和平發展深得兩岸民意，是民心所向

中國臺灣網1月8日北京消息：由中國臺灣網、東南衛視主辦，騰訊網獨家協辦的「2009年兩岸關係十大新聞」評選結果揭曉，兩岸共同應對金融危機、海峽論壇成功舉辦、兩會協商取得一系列積極成果等反映2009年兩岸重要合作交流的新聞內容紛紛入選，中國臺灣網就此專訪臺灣問題專家徐博東教授予以評價。

徐博東教授認為：2009年，「胡六點」得以很好貫徹落實，兩岸關係和平發展的軌道總體上健康良好並深得兩岸民意，兩岸共同應對金融危機取得顯著成效，經貿關係更加緊密，民間交流空前熱絡，兩會協商機制進一步形成，兩岸同胞充分分享了和平發展的福利。展望2010年，他認為，商簽兩岸經濟合作框架協定，勢必將成為又一重要措舉，也將是臺灣經濟防止進一步邊緣化，重新起步的契機。

貫徹「胡六點」第一年　兩岸和平發展大局健康良好

2009年是貫徹胡錦濤總書記在紀念告臺灣同胞書30週年座談會上發表重要演講的第一年，徐博東表示，在這一年，「胡六點」得到了很好的貫徹落實，兩岸各項交流取得實質進展，雖然受到「臺獨」勢力、達賴訪臺等事件的干擾和影響，但兩岸關係和平發展大局基本上保持了健康良好的發展趨勢。

他分析說，2009年兩岸兩會進行了兩次協商，簽署了6項協議；召開了第五屆兩岸經貿文化論壇和首屆海峽論壇；大陸居民赴臺旅遊人數突破60

萬；「兩岸一甲子學術研討會」也把敏感政治議題在島內進行探討，小有突破……這些都是對「胡六點」的具體貫徹和落實，對兩岸關係和平發展有非常重要的推動作用。

「『胡六點』應該看成今後相當長一段時間內，大陸方面推動兩岸關係和平發展的行動綱領和基本方針。」徐博東教授認為，只要兩岸堅持和平發展的道路，本著「建立互信、擱置爭議、求同存異、共創雙贏」的原則和「先經後政、先易後難、循序漸進」的基本思路來推動，就不會因為一些小事而有任何動搖或改變。

共禦金融危機　兩岸經貿關係逐步邁向深入

2009年是兩岸加強合作，共同應對全球性金融危機的關鍵年。徐博東引用胡錦濤總書記的演說表示，「中國是兩岸同胞的共同家園，兩岸同胞理應攜手維護好、建設好我們的共同家園。」臺灣和大陸是兩岸中國人的共同家園，面臨洶湧全球的金融危機，理應互相幫助。

徐博東說，金融危機固然使兩岸經濟、特別是臺灣經濟面臨重大挑戰，但是兩岸在共同應對危機的互動合作過程中，建立起更多的互信，使壞事變好事，比如兩會簽署的6項協定，除推動兩岸經貿合作的本意之外，很大程度上也有共同應對金融危機的目標在內，「這對於兩岸經貿關係邁向深入起到非常重要的作用，也為未來兩岸經貿關係最終走向正常化、制度化打下了重要基礎」。

兩岸民間交流熱絡　說明和平發展軌道深得民意

對於2009年兩岸熱絡的民間交流往來，徐博東認為，這得益於兩岸重回「九二共識」的政治基礎重新建立，兩岸關係走上和平發展的正確軌道。

徐博東說，包括海峽論壇、赴臺旅遊、自然災害面前的血濃於水互幫互助，這些基礎工作都對加強兩岸民眾交流、增進瞭解、消除敵意，聯絡感情起著非常重要的作用。只要兩岸關係和平發展的軌道健康良好，兩岸民間交流定會進入新的階段。

「任何政策都要得到兩岸民眾的積極擁護和贊成，才能夠往前推動。」徐博東說，和平發展是關乎人心向背的民心工程，應以兩岸民意作為基礎，而一年來兩岸民間交流往來如此之熱絡的實踐證明，和平發展的軌道深得兩岸民意，是人心所向。

商簽兩岸經濟合作框架協議　臺灣經濟重新起步的契機

今年「東盟與中國自由貿易區」已經啟動，東亞區域整合走出重要一大步，勢必對臺灣經濟帶來非常大的衝擊。徐博東分析指出：大陸急臺灣之所急，加緊與對岸進行ECFA的協商和談判，這也是大陸和臺灣共同維護好、建設好共有家園，幫助臺灣經濟走出困境的又一具體措舉。

徐博東認為，目前的兩岸經濟關係，迫切需要一個整體性的、彼此共同遵守的框架，而ECFA的商簽，正是為可長可久的兩岸經濟領域的往來制定一個制度性框架，如此，兩岸關係和平發展的基礎就會更加穩固，有規律可循。

徐博東說，對臺灣而言，ECFA的商簽適應其經濟的發展，對其經濟有利，可有效防止臺灣經濟進一步邊緣化。「這是臺灣經濟重新融入東亞經濟大環境的契機，是其經濟重新起步的契機」。

「我對兩岸今年簽訂ECFA是樂觀的。」徐博東說，這是臺灣經濟必須走的一條路，也是兩岸大勢所趨。

（中國臺灣網，鐘寶華）

2010年將是兩岸關係穩定推進的一年

春節期間，中共中央總書記胡錦濤在福建龍岩、漳州、廈門等地考察並同在福建的臺灣同胞共度新春佳節的舉動，引起了兩岸輿論的持續關注。2月24日，北京聯合大學臺灣研究院顧問徐博東教授在海峽之聲廣播電台《博東看兩岸》專欄中指出，胡錦濤春節期間的政治動作釋放出非常清晰和強烈的資訊：在新的一年裡，中共中央的重點工作方向之一，就是要進一步推動兩岸關係的和平發展；而簽訂兩岸經濟合作框架協定，讓臺灣同胞在兩岸關係和平發展中得到實惠，爭取臺灣民心，特別是爭取中南部農民對兩岸關係和平發展的擁護與支持，則是對臺工作的重心。

主持人：臺灣《工商時報》發表社論稱，依照中共慣例，中共主要領導人春節時通常不在自己家裡圍爐，而是遠赴大江南北的某個地方，和當地幹部及群眾一起過新年，而每年這個地方之選定，顯然具有高度的政策意涵。那麼，徐教授，今年胡錦濤總書記選擇在福建並和在福建的臺灣同胞共度新春佳節，您認為有哪些政治涵義呢？

徐博東：臺灣《工商時報》的社論觀察大陸領導人的活動非常準確、非常到位！確實，大陸國家領導人有一個很好的傳統，每年新春佳節的時候，都要下到基層去和當地幹部群眾共度新春佳節，與民同樂。而且還不僅僅是與民同樂的問題，選擇到什麼地方都是很有講究的，實際上有很高的政治意涵，它在很大程度上表明了中共中央在新的一年裡的工作重心和工作方向。今年春節，胡錦濤總書記專門挑選到福建考察，並與福建幹部群眾共度新春佳節，顯然也有很強的政治意涵，它釋出了非常清晰和明確的政治資訊。

大家都知道，福建與臺灣一水之隔，地緣相近、血緣相通、語言習俗相同。這次胡錦濤考察的地點有閩西的龍岩市、閩南的漳州市和廈門市。

龍岩是革命老區，也是客家人的聚居地。胡錦濤分別赴龍岩古田會議舊址和世界文化遺產永定客家土樓考察，依我個人觀察，包含以下三層意思：一是飲水思源；二是建構和諧社會；第三，從對臺工作的角度來看，胡錦濤在龍岩客家聚居地考察，我作為一名客家子弟，心裡都暖烘烘的，而臺灣有四五百萬人的客家族群，我想，臺灣客家鄉親也必定會和我一樣感到很「窩心」！

除了考察客家聚居地龍岩，胡錦濤總書記還奔赴閩南的漳州與廈門考察。閩南是臺灣同胞根之所系，大部分臺灣居民祖先都來自福建閩南。在漳州，胡錦濤赴漳浦臺灣農業創業園看望當地臺商，胡錦濤稱讚從來沒有見過這麼好看的蘭花，並說：「凡是對臺灣同胞有利的事情，我們都會盡最大努力去辦，而且說到做到」。「說到做到」這四個字非常重要也非常關鍵，充分表明了中共最高層兌現承諾的誠意與決心。胡錦濤還說到：「兩岸經濟框架協議商談過程中，我們一定會充分考慮臺灣同胞特別是臺灣農民兄弟的利益」，這句話說到臺灣農民的心坎上去了。

廈門是對臺民間交流的最前沿。胡錦濤在廈門考察了兩岸貨運直航的海天碼頭，和擔負與臺灣進行「小三通」的海峽遊輪中心碼頭，還在海峽遊輪中心大廳與回鄉過年的臺胞握手致意，進行零距離的接觸，並親切地說道：「兩岸同胞本來就是一家人，應該常來常往，加強交流」。大年初一，胡錦濤還觀賞了廈門與金門同放煙花的盛況。

所有這些舉動都很有針對性，都無不釋放出一個非常強烈的政治資訊：在新的一年裡，中共中央的重點工作方向之一，就是要進一步推動兩岸關係的和平發展；而簽訂兩岸經濟合作框架協定，讓臺灣同胞在兩岸關係和平發展中得到實惠，爭取臺灣民心，特別是爭取中南部農民對兩岸關係和平發展的擁護與支持，則是對臺工作的重心。

主持人：徐教授，您剛才也已經提到，特別令臺灣媒體關注的是胡錦濤這次在漳州市漳浦臺灣農民創業園裡的演講，胡錦濤當著多位農業臺商說，「凡是對廣大臺灣同胞有利的事情，我們都會盡最大努力去辦，而且說到做到」，「兩岸經濟合作框架協議商談過程中，我們會充分考慮臺灣同胞特別是臺灣農民兄弟的利益」。在兩岸正在就兩岸經濟合作框架協議進行商談的關口，胡錦濤做出這樣的表態，您認為有哪些政治標示意義？

徐博東：兩岸經濟合作框架協定，是建立兩岸經濟交流合作的制度化機制化的協定。這一協定的簽訂，對於臺灣擺脫當前金融危機衝擊下的經濟困難具有非常重要的作用。但是，以民進黨為首的綠營出於政治私利，不斷抵制抹黑兩岸經濟合作框架協定的協商談判，說簽訂這個協定會對臺灣經濟產生很多負面影響，特別是對臺灣農業造成非常大的衝擊，大陸農產品將會湧入臺灣，造成臺灣大量失業等等。胡錦濤這次照顧「臺灣農民兄弟」的演講，向臺灣釋放出極大的善意，那就是今後大陸農產品不但不會大量湧進臺灣，還會保護臺灣農民兄弟的利益，這對於消除島內對簽訂兩岸經濟合作框架協定的疑慮、破解民進黨的惡意宣傳，將會起到重要作用。

胡錦濤總書記的演講，也透露出大陸將把簽訂兩岸經濟合作框架協定作為今年對臺工作的重點。近期以來，有外界評論認為，受美國對臺軍售等因素的影響，大陸方面有可能會「放慢」甚至「停擺」兩岸經濟合作框架協定的商簽。通過胡錦濤考察福建與臺灣同胞共度春節這樣的政治動作，說明外界的這種擔心完全是多餘的。這不僅給馬英九執政團隊送去了利多，同時也是給兩岸的談判團隊打氣。

總之，胡總書記的這個政治動作，可以說給臺灣馬英九當局、給廣大臺灣同胞特別是臺灣農民兄弟吃了一顆定心丸，釋出了最大的善意和誠意。

主持人：春節期間，馬英九、吳敦義等臺灣地區領導人也對兩岸關係以及兩岸經濟合作架構協定紛紛表態，馬英九2月22日還在臺灣海基會舉辦的大陸臺商春節聯誼活動中表示，與大陸簽署經濟合作架構協定，絕對有必要，而且要快。

徐教授，馬英九等人的表態能否看成是對胡錦濤福建之行的回應？照這樣的趨勢，您預測一下2010年兩岸關係將會在哪些議題上進行互動？

徐博東：馬英九、吳敦義等臺灣領導人的談話，很明顯的是對胡錦濤春節演講的一種積極回應。實際上，胡錦濤這樣的政治動作，已經給了馬英九團隊很大的鼓勵和鞭策，讓他們看到商簽兩岸經濟合作框架協定，仍然是大陸今年推動兩岸經濟交流合作的重中之重。而且依我個人的大膽預測，從目前的談判進度來看，很可能在今年上半年就會見分曉，取得突破性的進展。

其次，海峽西岸經濟區的建設也會加大力度，作為今年兩岸擴大經濟合作交流的工作重心。因為海西經濟區建設是兩岸經濟交流的「試驗田」，很多政策可以「先行先試」，取得經驗之後再逐步推廣。這也說明今年推動兩岸關係發展仍然會遵循「先經後政、先易後難、循序漸進」的工作思路。

此外，繼續貫徹落實江陳會簽署的十二項協議，也將會是今年推動兩岸關係發展重要內容。因為這些協議要經過一段時間的貫徹落實才可以見到成效，在推動過程中會不斷發現問題，也就需要不斷解決問題。

再有，兩岸政黨交流方面，國共兩黨主導的「經貿文化論壇」，今年已經確定在大陸舉行，而且會擴大邀請島內各界人士參加，雙方正在就具體的時間、地點和議題進行協商。2009年，大陸有兩個省的省委書記率團赴臺灣參訪，其中江蘇省委書記梁寶華率團赴臺採購額超過41億多美元。據悉，2010年至少有三個省的省委書記將率團赴臺參訪、商品採購和進行文化交流活動。可以預見，2010年兩岸政黨交流也會相當熱絡並且會保持較高的層級。

所以說，新的一年兩岸關係肯定會進一步推進，如果說2009年是兩岸關係全面改善的一年，那麼，2010年將會是兩岸關係穩定推進的一年。

（海峽之聲網）

敗選是國民黨改革付出的必要代價

中評網3月3日報導：臺灣四席「立委」補選民進黨大勝，國民黨再敗，民進黨贏得嘉義、桃園、新竹三席，國民黨只贏得花蓮一席。對此，北京聯合大學臺灣研究院顧問徐博東教授，日前在海峽之聲廣播電台《博東看兩岸》專欄中指出，這是分裂的藍營與團結的綠營對壘，國民黨改革所付出的必要代價；同時也說明藍營支持者對馬英九執政團隊興利除弊不力等不滿情緒並沒有消除；國民黨在提振經濟、堅持改革及整合泛藍力量等方面要作深入檢討，繼續努力；國民黨的敗選並不等於是民進黨的「進步」，民進黨不可盲目樂觀，從長遠來看，無論國民黨還是民進黨，不下決心改革都不會有出路。

現根據錄音整理如下：

主持人：徐教授，您好，在臺灣27日舉行的四席民意代表補選中，國民黨僅保住花蓮1席，民進黨則奪得新竹、嘉義、桃園3席，您是怎麼看待這次選舉結果輸贏的？

徐博東：在臺灣四席「立委」補選中，按照評估，除了嘉義是綠營基本盤遠大於藍營基本盤、國民黨候選人難有勝算之外，其他像桃園、新竹和花蓮三地都是藍營基本盤大於綠營基本盤。可選舉結果除了花蓮險勝之外，另兩個選區國民黨都敗給了民進黨。這樣的選舉結果完全在人們的意料之中，因為這三個地方的選舉都是分裂的藍營與團結的綠營對壘，豈有不敗之理！選前有人甚至作出國民黨四席全丟這樣悲觀的評估，國民黨能夠保住花蓮這一席，已經算是阿彌陀佛可以「聊以慰藉」了。藍營的分裂根源於國民黨改革提名制度對地方勢力產生了強烈衝擊，因此在候選人提名和地方勢力整合方面很不順利，致使藍營不僅票源分散而且投票率很低。

除了藍營分裂這一主要原因之外，大環境對國民黨也不利，藍營支持者對馬英九執政團隊一年多來興利除弊不力等不滿情緒並沒有消除。儘管去年底縣市長選舉失利後，馬英九團隊撤換了「檢察總長」陳聰明，「八八風災」和「美牛事件」也已經過去一段時間，經濟景氣正在回升，失業率也有所降低，但人們對馬英九團隊執政的失望與不滿並沒有發生根本變化，許多藍營支持者不願意出來投票。

另外，藍營支持者缺乏危機感，認為這場選舉無關政權更替，國民黨在「立法院」有那麼多的席位，少幾席也無關大局，不影響執政地位，再加上天氣不好，出門投票的積極性不高。再有就是剛過完年，很多在外地工作的選民返鄉投票的意願也不高。這些因素都會使投票率降低。

主持人：選前，藍綠雙方都認為這是一場輸不起的選戰，都卯足了勁，而且都把桃園、花蓮作為爭奪的焦點地區。在選前一夜，國民黨祕書長金溥聰固守花蓮，而馬英九則固守桃園，結果花蓮保住了，而桃園卻失掉了。臺灣民視就報導說，金溥聰固守的花蓮拿下了，而馬英九沒有固守住桃園。徐教授，花蓮、桃園的選舉結果與是否是金溥聰或者馬英九固守有關嗎？您是如何看待花蓮勝選，桃園敗選的？

徐博東：我認為不能這樣看，花蓮和桃園畢竟有所區別。金溥聰到花蓮坐鎮，馬英九在選前頭一晚到桃園造勢，看來這兩地是國民黨認為最可能勝選的地方，結果是一勝一敗。花蓮之所以能贏，我想主要是因為很多上次支持傅昆萁選縣長的藍營支持者覺得虧欠了國民黨，所以面對來勢洶洶、知名度很高的民進黨「空降兵」蕭美琴，花蓮的藍營選民不願意看到國民黨再敗，把這一席丟給民進黨，所以自動棄保，最終放棄傅昆萁所支持的無黨籍候選人，把票投給了國民黨。但也相當驚險，國民黨的候選人王廷升只贏蕭美琴6000多票，這說明花蓮的政治板塊已經發生了很大變化。

至於桃園，不僅是馬英九，國民黨的很多重量級人物包括吳敦義、朱立倫等都曾去輔選，桃園敗選的關鍵是國民黨沒能整合地方派系。國民黨籍候選人陳學聖雖然有馬英九全力加持，最後只以2000多票的些微差距輸給了民進黨的候選人黃仁杼。但如果把脫黨參選的吳餘東和林香美的8000多票加上，藍營總得票數還是超過綠營，可惜藍營未能整合成功，最終讓民進黨撿了便宜。可見，藍營的地方派系勢力根本不聽國民黨中央的指揮，說明馬英九的光環已經不再。

主持人：剛才您提到，在這次「立委」補選中，藍營沒有完成整合是導致國民黨大敗的原因，那麼，國民黨為何不能完成整合呢？

徐博東：能否成功整合是能否勝選的關鍵，否則分裂的藍營和團結的綠營對壘，吃虧是必然的。前面已經講到，藍營整合難度加大，重要原因之一就是馬英九的光環褪色，領導權威動搖，過去一呼百應的局面已經不存在了，一些地方派系根本不聽從國民黨中央的指揮。桃園、花蓮如此，而新竹的幾個地方派系在國民黨中央的運作下表面上整合成功，只推出鄭永堂一人參選，但實際上卻「貌合心不合」，派系頭頭們雖然在酒桌上高喊「團結」，但只是裝裝樣子，基層並沒有真正整合，票自然投不出來，結果鄭永堂差1萬多票敗選。

藍營之所以不能成功整合，和國民黨改革提名制度有關。國民黨一再表示要推出具有清新形象的候選人，對於負案在身、形象不佳的人堅持不推選，但實際上又不能完全做到。例如在新竹，實際上還是向地方派系做了妥協，協調出前任縣長鄭永金的弟弟鄭永堂出來參選，試圖在派系之間搞平衡，結果還是敗選。而在桃園，國民黨雖然堅持改革理念，推出形象清新和能力也很不錯的前任「立委」陳學聖參選，卻無法成功整合，也同樣是輸。所以，國民黨要很好地總結，如何堅持改革理念，不要給外界「雙重標準」的不良觀感。

主持人：2009年以來，臺灣總共舉行了三場選舉，其中一場縣市長選舉，兩場民意代表補選，三場選舉都是國民黨選敗，反觀民進黨，卻是人氣不斷上升，深層次的原因是什麼？

徐博東：儘管新竹、桃園、花蓮這三個選區藍營的基本盤都占優勢，但國民黨選得都非常艱困，這說明很多藍營選民對馬英九執政團隊仍然不滿，還要再教訓一下馬英九，讓馬英九再痛一次，使他真正找到敗選的原因，讓他知道不要以為深藍選民永遠都會「含淚投票」。

另外，這場選舉的落敗，在很大程度上是國民黨改革選舉提名制度所帶來的「陣痛」，所必需付出的「代價」。因為選舉提名制度的改革，勢必損害到某些地方派系的利益，所以地方派系的反彈是必然的。不聽從黨中央指揮，堅持脫黨參選，在日後的地方選舉中恐怕還會不斷發生，對此，國民黨高層應有足夠的思想準備。但國民黨的敗選，並不等於是民進黨的「進步」，民進黨不可盲目樂觀，從長遠來看，無論是國民黨還是民進黨，不下決心改革都不會有出路。

主持人：徐教授，您具體分析一下這次民意代表補選結果對臺灣年底「五都」選舉和臺灣政局將會帶來哪些影響？

徐博東：我認為，這次「立委」補選對國民黨五都選舉的提名影響不大，但對民進黨有可能產生比較大的影響，一些原本信心不足的人物有可能會更願意跳出來參選，這樣綠營的內鬥有可能會加劇。比如蘇貞昌，他是參選新北市還是臺北市，還是直接投入2012年「大選」？一直在猶疑不決。這次「立委」補選民進黨大勝，給綠營很大的鼓舞，有可能會認為新北市不用蘇貞昌親自出馬民進黨也能取勝，從而減輕了對蘇貞昌的壓力，因此我估計他有很大可能會下決心投入臺北市的選舉，而他的真正目標其實是2012的大選。

另外，這次「立委」補選可能對藍營內部也會帶來一定衝擊。首先是馬英九的領導權威進一步受損，國民黨內部的「雜音」會不會因此而增強？再有就是親民黨和新黨的動向值得關注。親民黨和新黨對國民黨不照顧他們的利益一向都很不滿，特別是對馬英九兩岸政策走向不明朗、興利除弊不力等有頗多疑慮和指責，他們一直在選擇適當時機試圖東山再起。因此，親民黨與新黨是否會在「五都」選舉中聯手與國民黨競爭，造成泛藍的分裂？如果這樣的情勢出現的話，將會增加國民黨在「五都」選舉中的難度，整合泛藍又要花相當大的力氣。

再有，這次「立委」補選使「立法院」的生態也發生了微妙變化。原來國民黨占了「立法院」席位的四分之三，一黨獨大，民進黨連提案權都沒有。年初三席「立委」補選之後，這種局面已經被打破，現在民進黨又增加了三席，國民黨在「立法院」的席位已經下降到只占三分之二。這樣，在下一個會期民進黨可以增加兩個召集委員，這意味著今後民進黨對國民黨的牽制作用勢必會進一步增強，從而增加馬英九的執政難度，甚至有可能會影響到與推動兩岸關係發展有關的法案能否順利通過。

總之，今後泛藍要實現大團結，除了國民黨地方派系要進一步整合之外，親民黨與新黨整個泛藍陣營的團結也要引起重視。如何進一步激發整個泛藍陣營的氣勢，恐怕馬英九及其執政團隊在執政願景、領導能力與領導風格上都要作深入檢討，並且要堅持改革不動搖，不要誤以為「吃定了」藍營選民，不能光想讓泛藍支持者「含淚投票」。當然，最關鍵的還是馬英九執政團隊應該拿出亮麗的成績單，在提振經濟景氣、降低失業率方面取得更大成效，使臺灣民眾對馬英九團隊更有信心，這無疑對即將舉行的「五都」選舉乃至2012年「大選」都至關重要。

（中評社）

「五都」選舉國民黨「坐一望三爭四」

海峽之聲網3月14日報導：目前，國民黨與民進黨兩黨內部都在角逐臺灣五都選舉登記提名，北京聯合大學臺灣研究院顧問徐博東教授日前在海峽之聲廣播電台《博東看兩岸》專欄中指出，郝龍斌、朱立倫、胡志強代表國民黨出戰沒有懸念，民進黨方面除了蘇貞昌捷足先登宣布參選臺北市長之外，其他都市提名工作恐將難產。在年底「五都」選舉中，國民黨可能「坐一望三爭四」，民進黨只能「坐二爭四」。現根據錄音整理如下：

主持人：徐教授，您看目前國民黨與民進黨兩黨內部都在角逐臺灣「五都」選舉登記提名。國民黨方面，自從臺北縣長周錫瑋宣布退出新北市選舉之後，輿論有關國民黨的提名猜測立即火爆起來。有媒體還給郝龍斌、朱立倫、胡志強等國民黨人氣王卡位。不過目前國民黨提名工作還沒有正式定案，徐教授，您認為國民黨方面會如何布局？

徐博東：國民黨「五都」選舉候選人的提名工作雖然還沒有最終定案，但是近期各種資訊表明，實際上國民黨在中部和北部三個都市候選人的提名，基本上已經沒有什麼懸念了。

首先我們談臺北市。前一陣子國民黨現任「立委」丁守中表示要參選，但最近已經對外宣布退出競選全力支持現任市長郝龍斌，所以國民黨臺北市的候選人已經沒有懸念。郝龍斌的主要問題是：第一，當初馬英九主政臺北市時留下的讓臺北市民不滿意的一些問題，比如說「貓空纜車」問題和「內湖捷運」問題，他都必須概括承受。不過，經過一年多的努力，「貓空纜車」很快就會重新啟運，民怨很快就會去除。至於「內湖捷運」，也已經有了相當大的改觀；其次，郝龍斌主持臺北市政這幾年，雖然做了很多實事，但過去對這些政績宣導得很不夠，民眾不太瞭解。不過現在郝龍斌已經意識到這點，近來親自上媒體出面加強宣導，也逐步受到臺北市民的肯定；另外，「世界花卉博覽會」很快就要在臺北市舉辦，「花博」的成功舉辦也有助於郝龍斌聲望的提高；再有，大家都知道，藍營基本盤在臺北市占相當大的優勢，所以郝龍斌選贏的希望還是比較大的。當然，和郝龍斌競爭的是民進黨的最強棒蘇貞昌，蘇的選戰爆發力很強，而且獲得不少中間選民的認同，絕不是省油的燈，可以預期，臺北市的選情會相當緊繃，郝龍斌即使能贏，也會選得非常辛苦，關鍵是藍營的投票率能不能衝高。

再說臺中市。臺中市國民黨的候選人更沒有懸念，藍營都認為現任市長胡志強最合適的、也是最強的一棒。不過也不是沒有一點問題，臺中縣和臺中市合併之後，臺中縣的一些地方派系對胡志強是不是真的服氣，如何安撫他們而不留後遺症，讓他們全力輔選胡志強？現在看到的消息，經過金溥聰親自出馬與地方派系協調後，已經取得很大成功。所以，胡志強出戰臺中市已經沒有懸念，而且各項民調顯示，不管綠營派誰出戰，恐怕都很難選贏他。

另外是新北市。原來外界猜測民進黨會派蘇貞昌出戰，新北市將成為國、民兩黨決定勝負、勢在必得的超級戰區。國民黨為保住新北市，專門勸退了現任臺北縣長周錫瑋，打算派強棒朱立倫迎戰蘇貞昌。朱立倫是現任的「行政院副院長」，還當過八年的桃園縣長，但他要想將來在臺灣政壇上更上一層樓，需要經過更大場域的選戰洗禮，才有利於他今後政壇上的發展。所以，雖然朱立倫目前還沒有正式表態參選新北市，但輿論都認為這已經是毋庸置疑的事情了。有人說他是「空降」新北市，但這不是大問題，當年蘇貞昌也是從宜蘭跑到臺北縣來選的，而且一戰而勝。朱的問題是，如何在只有八九個月的時間裡獲得新北市選民的認同，讓國民黨的地方樁腳肯為他抬轎。再有就是如何安撫感到傷心、委屈的縣府團隊和支持周錫瑋的選民，讓他們心甘情願地為他拉票，這才是勝負的關鍵。

再說南部兩市——大高雄市和大臺南市，國民黨比較麻煩，贏的機會不大，因為這兩個地區民進黨的勢力相當強大，藍營的基本盤要小於綠營的基本盤。但是也並非不可一爭，比如說大高雄市，上次陳菊也只不過是幾千票的微弱優勢贏了國民黨的候選人，如果大高雄市國民黨能夠派出強棒出戰，也是有一爭的。比如前幾天傳出消息，說國民黨有可能派現任「立委」、知名度相當高的「打扁戰將」邱毅出戰高雄。邱毅出身高雄，如果真的由邱毅代表國民黨出戰的話，或許還真是有得一爭。但問題是已經表態參選的現任「立委」黃昭順等人，在高雄經營多年，國民黨能不能成功勸退，並進行有效整合，目前來看並不樂觀，所以現在還看不出到底誰能出線。

至於大臺南市國民黨更加麻煩，因為大臺南市綠營的優勢更大，願意出戰的李全教實力畢竟太弱。被點名的另外兩個「中央官員」，其中一個是現任「教育部長」吳清基，他拒絕參選的態度非常堅決。所以，大臺南市究竟誰出戰，目前還很不明朗。看來，大高雄市和大臺南市，如果國民黨派不出強棒出戰的話，恐怕就只能是「重在參與」了。現在就要看金溥聰有什麼能耐，找出能夠被地方派系接受、願意共同相挺的強棒來和綠營對壘。

所以，國民黨方面五都選舉的布局，目前已經明朗的是臺北市、新北市和臺中市，也就是郝、立、強這三個，南部的大高雄市和大臺南市看來都有可能「難產」。

主持人：徐教授，接下來我們再來看一下民進黨，自從蘇貞昌宣布參選臺北市長之後，民進黨五都選舉的提名爭奪也是進入了白熱化的階段。民進黨天王紛紛拋出風向球，連曾宣布退出政壇的謝長廷也有所動作。您認為民進黨方面可能作出怎樣的布局呢？

徐博東：民進黨方面，這次五都選舉早就開始規劃，而各大天王個個也都在摩拳擦掌。臺北市原來沒有人願意出來選，因為臺北市藍大於綠的基本盤讓民進黨很難得手。原臺北縣長蘇貞昌，如果出戰新北市贏面最大，不料想他從個人的私利出發，提前宣布要參選臺北市，這樣一來民進黨很可能會丟掉新北市，從而引起綠營內部其他派系的強烈不滿。兩天前獨派大老辜寬敏拱出陳師孟和蘇貞昌競爭，另外又跳出一個民進黨籍的臺北市議員周柏雅，也宣布要參選臺北市。民進黨內大都認為，蘇貞昌不該選臺北市，而由黨主席蔡英文出戰最合適。究竟怎麼辦？到目前為止民進黨中央還沒有表態，看來蔡英文對蘇貞昌不把黨中央放在眼裡心裡很不高興。不過，蘇貞昌既然已經宣布參選臺北市，恐怕沒有人可以和他爭鋒，蘇貞昌選臺北市應該也已成定局了。

蘇貞昌宣布不選新北市後，緊接著另一個天王游錫堃正式表態要選新北市。已經公開表態要選新北市的還有尤清、陳景峻。實際上謝長廷也很想選新北市，但是由於他在兩年前參選總統時曾經公開承諾：「如果敗選，永遠退出政壇」，所以雖然他非常想選，但不敢公開表態，只能幹著急。有人主張蔡英文去選新北市，因為如果蔡英文2012年想參選總統的話，她必須要經過一場較大選戰的洗禮，這與國民黨的朱立倫有相似之處。但是目前看來，蔡英文對「五都」選舉興趣缺缺，這幾天正忙著制定她的《十年政綱》，很可能要繼續當她的黨主席。

臺中市民進黨已經公開宣布參選的是林佳龍，上次敗選之後他留在臺中已經經營了好幾年時間了，志在和胡志強一拚，爭回上次慘敗的面子。但是林佳龍畢竟太弱，和胡志強相拚難有勝算。現在有可能參選臺中的還有謝長廷，幾個天王之中謝長廷最「可憐」，新北市和臺北市已經被人搶去了，南部又不可能回去，所以只能被動地盼著黨中央「徵召」他。而到沒有其他天王願去的艱困選區臺中市，很可能是他的最後出路，畢竟他比林佳龍實力要強，有機會和胡志強一爭。但是，也有人主張蔡英文到臺中市選。

所以現在看來，民進黨在北部和中部的三個都市，除了蘇貞昌參選臺北市基本定案之外，新北市和臺中市都還是未知數，特別是蔡英文，三個都市都有人點名要她參加。最有趣的是謝長廷，他哪兒都想選，但哪兒都沒他的份。他自己給自己套住了，曾經承諾「退出政壇」不說，最近幾天還揭露出他曾經是調查局的「線民」，二十多年前出賣過黨外運動，這對他的形象無疑是一大重創，所以他現在處在一個非常尷尬的境地。目前來看，民進黨在中北部的部局，比較可能的是除了臺北市蘇貞昌，新北市很可能是游錫堃，臺中市則有可能會以「徵召」的方式由謝長廷出戰。

至於大高雄市和大臺南市，這是民進黨最有把握的兩個選區。大高雄市的「秋菊」之爭，各種民調顯示，現任高雄市長陳菊占優勢。而大臺南市，民進黨已經登記參選的除了現任臺南市長許添財、臺南縣長蘇煥智，還有現任「立委」賴清德、李俊毅、葉宜津5個人，擠破了頭，各不相讓。從民進黨歷次選舉來看，儘管一開始競爭會非常劇烈，但最終還是能協調出候選人來與國民黨對壘，問題是這一次的內鬥實在是過於慘烈，會不會因此而傷筋動骨，讓國民黨撿到便宜，還有待觀察。

總之，從目前來看，民進黨「五都」市長候選人，除了臺北市蘇貞昌、新北市游錫堃、臺中市可能是謝長廷之外，大高雄很可能是陳菊，大臺南現在很難判斷，許添財、蘇煥智、賴清德這三個人中出線的可能性較大。

主持人：國民黨與民進黨都把年底「五都」選舉看成2012年臺灣地區領導人選舉的前哨戰。徐教授，您是如何預測這次「五都」選舉的選情的？

徐博東：剛才我在分析國民黨和民進黨「五都」選舉布局的時候，實際上已經談到了我的一部分看法。進一步來說，本來民進黨的目標是「坐二望三爭四」，也就是他們認為大高雄、大臺南穩拿，所以是「坐二」；「望三」，是認為新北市由蘇貞昌出戰，贏面很大，很有「希望」；「爭四」則是指臺北市，民進黨也有機會與郝龍斌一爭高低。他們最沒有信心的是臺中市。

現在蘇貞昌表態不選新北市而要選臺北市，這就全盤打亂了民進黨中央的規劃，「望三」的難度大增，「坐二望三爭四」變成了「坐二爭四」，失去了「望三」的機會。「坐二」，當然還是指大高雄和大臺南；「爭四」，是指臺北市和新北市都必須派出強棒力爭，才能保住民進黨在這場選舉中獲勝。這樣，就勢必會使民進黨的輔選力量分散，其結果很可能只得個平盤，也就是只保住了南部的大高雄和大臺南，中北部三都一席都拿不到。

國民黨方面，原來的預估是「坐二爭三」。所謂「坐二」，就是臺北市和臺中市，這兩都有把握保住；「爭三」，派出朱立倫出戰蘇貞昌，民調顯示朱立倫有機會與蘇貞昌一拚，所以是「爭三」。但是，由於蘇貞昌棄選新北市，國民黨在新北市朱立倫勝選的希望大增，而臺北市郝龍斌勝選的機率則相對下降，所以現在變成了「坐一望三爭四」。「坐一」』是指臺中市，胡志強應當穩拿；「望三」，臺北市、新北市也很可能保住；甚至大高雄和大臺南如果國民黨能派出強棒，而民進黨因內鬥造成嚴重內傷的話，並不排除有「爭四」的機會。所以，蘇貞昌參選臺北市，雖然使國民黨失去了「坐二」的把握，卻多了「望三爭四」的新希望，總體上來說，由於蘇貞昌的「幫忙」，形勢轉而對國民黨比較有利。也正因為如此，民進黨內許多人對蘇貞昌棄選新北市很不滿，有人甚至認為如果因此而丟掉新北市，即使蘇貞昌在臺北市勝選，民進黨也得不償失，更何況蘇並無把握一定能贏郝龍斌。

以上是目前階段對島內「五都」選情的基本分析與評估。當然，未來還有九個月的時間，臺灣的選舉歷來千變萬化，現在只是初步的觀察而已。

主持人：徐教授，我最後想問您一個問題就是：您覺得這次「五都」選舉對臺灣政局以及今後的兩岸關係可能帶來哪些方面的影響？

徐博東：不管藍營還是綠營，都把年底的「五都」市長選舉看成是2012年總統大選的前哨戰。因為這場選舉無論誰勝誰負，都將會對雙方的氣勢產生相當大的影響，從而影響到2012年更重要的總統大選。比如對民進黨來說，去年底「三合一選舉」和今年初兩場「立委」的補選，都選得相當成功，綠營因此士氣大振，一掃兩年前總統大選慘敗的陰霾，如果「五都」選舉再勝，那就不光是「止跌回升」而是「重新崛起」的重要標誌。所以，「五都」市長選舉對民進黨來說將會是一個大的考驗，檢驗民進黨是否已經重新獲得多數選民的認同。「五都」若能拿到「三都」，對民進黨來說就是重大勝利。特別是如果能夠「光復」新北市或臺北市，那將是對綠營的極大鼓舞。這樣的話，乘勝追擊2012年就有可能把馬英九拉下馬。所以，「五都」選舉是關係到民進黨能否重新上台執政的關鍵一戰。

對於國民黨來說同樣如此，「五都」選舉被認為是對馬英九執政的「期中考試」，如果這場考試能夠保住現有的三席，南部二都只要得票率還不算太難看的話，就算打個平手，說明馬英九的執政滿意度已經止跌回升，這對他2012競選連任將會是很大的鼓舞。現在問題的關鍵是，馬英九執政團隊是不是能夠痛定思痛，接受「八八風災」、「美牛事件」等經驗教訓，在未來九個月的時間裡面，拴緊執政螺絲，在處理突發事件等方面展現出比較大的進步。近段時間以來，馬團隊在應對高雄地震和「衛生署長」和「法務部長」請辭風波中的表現，看來確有比較大的改進。另外一個關鍵因素，是臺灣經濟能不能有比較大的好轉。現在來看，臺灣經濟基本上已經度過了金融危機的衝擊，各項經濟指標都大有好轉，對外貿易的成長率相當高，失業率也有所下降。如果再過幾個月經濟情況進一步好轉的話，有助於減少民怨，對於國民黨的「五都」市長選舉無疑將是一個利多。所以，現在關鍵要看後幾個月各方面的發展變化，依我個人評估，形勢將會向有利於國民黨的方向發展。如果「五都」選舉國民黨能夠選得比較好，這對於穩定島內政局，對於2012年馬英九連任，國民黨保住執政權至關重要。反過來說，如果國民黨敗選，2012年臺灣再次政黨輪替的可能性將會大增。

再說兩岸關係方面，「五都」選舉雖然不像總統選舉那樣重要，但是它畢竟又不同於地方縣市長選舉和「立委」補選，是都會區的比較大型的選舉，參與投票的選民占全臺選民的60%，是僅次於總統大選的一次重大選舉。這場選舉不可避免會涉及到兩岸政策議題，民進黨肯定會在馬英九所謂「賣臺」、「親中」這方面做文章，而國民黨的候選人則會質疑民進黨保守僵化的兩岸政策。不久前蘇貞昌宣布參選臺北市長時，郝龍斌就已經首先發難，利用ECFA問題向蘇貞昌叫陣，質問他對簽署ECFA究竟是支持還是反對，選戰還沒開打，就已經聞到了火藥味。另外，蔡英文這段時間正在密鑼緊鼓地炮製她的《十年政綱》，聽說八月份就要定案，九月份要在民進黨全代會上通過。《十年政綱》不能不涉及到民進黨的兩岸政策，蔡氏的兩岸政策究竟是什麼「碗糕」？島內外都在拭目以待。可見，兩岸關係將會成為「五都」選舉的重要議題之一，其中特別是ECFA，因為兩岸兩會預定於今年6月份簽署，必定會成為這次「五都」選舉中最熱門的話題，近日臺聯黨已結合民進黨決定要連署搞「公投」。

但是，我認為不會對兩岸關係產生太大的影響，因為兩年來大多數臺灣民眾對馬英九的兩岸開放政策感到滿意，即使是ECFA問題，經過這段時間馬團隊的密集宣導，臺灣民眾已經越來越清楚臺灣如果不跟大陸簽ECFA，臺灣經濟只有死路一條。所以，我認為「五都」選舉兩岸關係問題肯定會涉及，但對於藍營來說不一定是負面的，這方面綠營不但占不到便宜，說不定還會成為他們的「罩門」。

（海峽之聲網）

回饋臺灣，大陸要有此心

中評社快評：徐博東教授今日在《海峽導報》撰文指出：眾所周知，廣大臺商對大陸經濟發展的卓越貢獻，大陸一向都給予充分肯定。資料顯示，從1988年到2008年二十年間，臺灣對大陸投資一五二〇億美元，僅次於港澳，居外資第二；同時，臺商在大陸的國際貿易總額為一兆八〇五三億美元，占同時期大陸國際貿易總額的17.74%；臺商還創造了一千四百四十三萬多就業機會；並在大陸納稅一一〇四億多美元，占大陸稅收的3.38%。大陸經濟的快速發展，臺商的貢獻著實不可磨滅，如今臺灣經濟有困難，大陸的日子比較好過了，兄弟出手相幫，也是理所當然的一種「回饋」！

我們認為，如徐教授所言，大陸在經濟改革開放初期，臺資臺商鼎力相助，增加了發展動力，居功甚偉。今天，大陸的經濟成長到了一定的程度，的確要感激臺資臺商的相助，要有回饋之情。徐教授提出用「回饋說」代替「讓利說」，用心良苦。

我們也認為，兩岸和平發展時期最大的特點就是，兩岸之間要和睦相處，互相幫助，共同進步，讓利也好，回饋也罷，大陸要有與臺灣共同發展之心，就好！

（中評社）

臺灣方面應有人出面說清楚

中評網4月2日報導：臺灣「陸委會副主委」趙建民3月31日在淡江大學作「當前政府的大陸政策與兩岸關係」專題演講時說，大陸對臺灣永遠是威脅，臺灣與美國關係要優於兩岸關係……對此，中評社記者專訪了北京聯合大學臺灣研究院專家徐博東。

徐博東說，趙建民作為臺灣當局負責大陸事務的重要官員，這個演講令人匪夷所思：

第一，趙建民說，臺美關係優於兩岸關係，因為美國是盟邦。這是不是代表臺灣當局對近兩年來大陸政策的一個新的思考？因為馬英九曾經講過，兩岸關係和臺美關係要平衡發展，甚至兩岸關係要高於臺美關係。現在趙建民作為「陸委會」官員講出這樣的話，是不是意味著臺灣當局的兩岸政策、對美政策作出了一個重大修改？是不是還要執行「親美仇陸」的錯誤政策？

第二，趙建民作為「陸委會」官員，公開講大陸對臺灣「永遠是威脅」。大陸這兩年來可以說對臺灣釋出了非常多的善意和誠意，可是趙建民作為「陸委會」的官員卻在渲染對大陸的敵意。

徐博東說，胡總書記也好，溫總理也好，都不斷地講臺灣是我們的同胞，是我們的兄弟，釋出了「照顧說」、「讓利說」，可是臺灣的「陸委會」官員卻把大陸說成是「臺灣永遠的威脅」，渲染這樣的一個仇視大陸的講法，是令人不能接受的。

另外，趙建民說，要讓大陸永遠只能想著經濟。言下之意，臺灣當局是「只經不政」；大陸講的是「先經後政」，並不是說永遠地迴避敏感的兩岸政治問題。趙建民說，永遠要大陸只想著經濟，也就是說永遠不要去觸及兩岸的政治議題，只想著在經濟上從大陸得到好處。那麼我要告訴這位先生，在ECFA談判的當口，講出這樣的話，對於兩岸協商談判、簽署ECFA是非常負面的一個講法，是毀互信、拆牆腳的說法。講這樣的話是何用意？臺灣方面應該有人出面說清楚講明白。

（中評社）

專家評今年大陸高官訪臺：零距離、低姿態、更務實

最近一段時間，大陸部分省市和一些部委負責人陸續率團訪臺。北京聯合大學臺灣研究院教授徐博東24日在接受新華社記者專訪時說，今年以來，大陸省市一把手、部委負責人率團赴臺訪問繼續保持熱絡，呈現出新特點，那就是注重與臺灣民眾零距離接觸、平等交流，姿態更低、態度更務實。

本月，大陸高級幹部訪臺熱潮未減。先是農業部副部長危朝安以海峽兩岸農業交流協會名譽會長身分訪臺，隨後中共四川省委書記劉奇葆23日開始率團在島內展開「天府四川寶島行」。在此之前，商務部副部長姜增偉和上海、湖北、福建、貴州、青海等多個省市負責人率團赴臺交流訪問。

「務實、低調、與臺灣民眾平等相待，是今年以來大陸高官率大型團組赴臺參訪的突出特點。」徐博東說，例如，上海市市長韓正與臺灣學生親切

交流，坐捷運、逛書店夜市、吃牛肉麵；福建省省長黃小晶參觀族譜展、祭拜媽祖，和臺灣民眾零距離接觸；危朝安到田間地頭和臺灣農民、農業協會深入交流，實地瞭解基層一手情況；劉奇葆實地瞭解臺灣高速公路建設和管理經驗。

「這樣的交流，使兩岸和平發展有了日益深厚的民意基礎，有利於加強兩岸基層民眾的瞭解，消除敵意，增進民族情感，共同塑造命運共同體。」他說。

徐博東認為，大陸省市、部委負責人過去主要在各自工作崗位上接待臺胞，沒有親自到臺灣去瞭解寶島，現在這麼多主管官員零距離看臺灣，形成直觀印象，對於今後在各自崗位上推動和臺灣的合作交流，有更好更積極的作用。此外，他們還能帶動兩岸基層交流，例如他們所率領的參訪團中，有地方、部委基層幹部，還有企業家、學者。這些人也從各個角度和臺灣民眾接觸，形成全方位、日益深入廣泛的交流態勢，對於夯實兩岸和平發展基礎具有非常重要的意義。

「高官訪臺，作為兩岸交流新模式，將對推動兩岸和平發展發揮越來越重要的作用，這是可以預期的。」他說。

（新華網）

學者呼籲民進黨鼓勵黨員及支持者參加兩岸交流

北京聯合大學臺灣研究院教授徐博東14日在北京接受新華社記者專訪時提出，民進黨應鼓勵和支持黨員、支持者參加兩岸交流活動。「這有利於民進黨提出更務實、更有利於臺灣民眾福祉的政策措施，促進其在島內健康發展。否則，其兩岸政策會越來越脫離臺灣民意。」

第二屆海峽論壇即將在福建舉行，這位長期研究民進黨問題的專家指出，民進黨出於意識形態考慮，反對黨公職出席海峽論壇，這樣做是很不明智的。

……略

徐博東說，兩岸民眾特別是福建、臺灣居民具有一水相隔、淵源深厚的特點，加強互相來往能增進瞭解、消除敵意、加深感情，同時也有助於加強雙方文化和經濟交流，實現雙贏發展。

……略

徐博東建議，要鼓勵更多人參與兩岸民間大交流，真正夯實兩岸民眾民意基礎，促進兩岸基層交流常態化。

（新華網）

大陸學者徐博東：海峽論壇最大程度反映兩岸民意

新華網廈門6月23日電（記者任沁沁、張晨岑）正在此間參加第二屆海峽論壇的北京聯合大學臺灣研究院教授徐博東23日接受新華社記者採訪時表示，海峽論壇發揮了其他論壇所不能取代的特殊作用，是兩岸交流非常重要的組成部分。論壇使兩岸民意得到最大程度的關注和放大，也有助於這些民意得到很好的反映和落實。

「兩岸基層民眾在第二屆海峽論壇中提出了很多很好的建議，這些意見會後應該好好歸納總結落實。」徐博東說，他參加的兩岸客家高峰論壇中，來自兩岸的客家鄉親就為加強兩岸客家文化、經濟、教育等各方面交流與合作提出了很多意見，這些意見都很具體，具有可操作性。

他認為，海峽論壇還有更多的提升空間。雖然本屆論壇參與的臺胞有六成以上來自中南部基層，但大部分還是支持藍營的多，與會綠營人士還是少；交流更多是持相同意見、同質性高的群體在進行，如果有更多有隔閡、有分歧的人士加入進來進行交流，就會更具實效。

徐博東建議，今後海峽論壇要進一步擴大參與界別，在地域上更多吸引中南部基層民眾；要鼓勵更多年輕人來參加，因為年輕人是兩岸關係發展的希望；要鼓勵更多綠營支持民眾到大陸走走、看看，和大陸同胞溝通交流，增加瞭解，增進感情，共謀兩岸關係和平發展，共同為中華民族的偉大復興獻計獻策。

「民進黨之所以給海峽論壇抹黑，實際上是看到論壇很大程度上衝擊了他們不合時宜的兩岸政策。」這位長期研究民進黨問題的專家說，如果民進黨還想在島內得到民眾更多的支持，唯一的出路就是要推出一套符合臺灣主流民意的政策措施，而不是逆潮流而動。他認為，兩岸民間交流是兩岸關係和平發展的基石。兩岸民眾對和平發展有了更多共識和強有力的支持，才能為兩岸雙方更好地營造協商談判的氣氛。

（新華網福建頻道）

要讓臺灣民眾享受到兩岸發展的福利

中評網7月19日報導：梅州《客家圍龍屋》畫報社日前就兩岸交流等問題採訪了北京聯合大學臺灣研究院顧問徐博東教授。

全文如下：

1.您是參加完「第四屆海峽兩岸客家高峰論壇」後抽空回來的，請問您對這次大會有何感想？

徐：我在這屆「論壇」的主題演講中談到過我出席這次大會的感想，我的原話是這樣說的：「本人作為一個出生於梅州市蕉嶺縣的客家子弟，一個長期關注海峽兩岸客家人發展與交流的學者，尤其是作為『海峽兩岸客家高峰論壇』的發起人之一，看到經過短短幾年的努力，『海峽兩岸客家高峰論壇』已經發展成為當今兩岸文經交流中的一個知名品牌，成長為兩岸交流與合作百花園中一朵瑰麗的奇葩，我感到由衷的高興！」

這的確是我的真情實感！「海峽兩岸客家高峰論壇」自2006年11月創辦以來，五年間已經先後在北京、廈門、臺北、龍岩輪流舉辦了四屆，為兩岸客家人的文經交流與合作，為兩岸關係和平發展發揮了積極的推動作用。回想當年，由我擔任院長的「北京聯合大學臺灣研究院」和饒穎奇先生主持的臺灣「中華海峽兩岸客家文經交流協會」通力合作，一起為兩岸客家鄉親架設的這個平台，不僅得到了兩岸高層的重視和支持，受到兩岸及海外客家鄉親的關注和支持，也引起了兩岸重要媒體的廣泛報導。如今，無論從規模、規格還是從實際效果來看，「海峽兩岸客家高峰論壇」都越辦越好，影響也越來越大。特別是這屆「客家高峰論壇」能夠納入「海峽論壇」，成為本屆「海峽論壇」的分會場，這不僅說明了兩岸民間交流正在不斷向縱深發展，同時也顯示出我們客家族群在推動兩岸關係和平發展中所具有的重要地位。

我們看到，隨著兩岸關係和平發展新階段的到來，大陸各級地方政府都在積極謀劃如何抓住這一難得的歷史機遇，借助兩岸關係和平發展的強勁東風，加強與臺灣的經濟文化聯繫，推動本地區的經濟社會發展，擴大本地區的社會政治影響。「海峽兩岸客家高峰論壇」正是提供了這樣一個非常合適、非常重要的平台。大陸許多客屬地方政府、民間團體都在積極、踴躍地申辦這一「論壇」，就可以看出這一「論壇」的重要性。

幾天來，五六百位來自海峽兩岸的客家鄉親，在客家祖地龍岩歡聚在一起，共敘鄉情、親情，共謀兩岸客家經濟文化的合作與發展大計，提出了許多十分寶貴的意見和建議。通過這種零距離的深入交流，加強了相互的瞭解，增進了彼此的感情，促進了兩岸客家鄉親的大團結。因此我相信，「海峽兩岸客家高峰論壇」將會在兩岸關係和平發展的進程中發揮越來越大的作用，成為兩岸客家鄉親大交流、大合作的不可或缺的重要平台。

2.您是大陸臺灣問題著名專家，請問兩岸的和平發展會不會再次因為誰當選而變化？甚至倒退？

徐：您這個擔心是有道理的，也是有根據的！我明白您所說的「因為誰當選」是指主張「臺獨」的民進黨重新上台執政。大家知道，再過兩年也就是2012年，臺灣地區將再次進行領導人的換屆選舉，如果屆時國民黨敗選，民進黨重新上台執政，兩岸關係勢必會發生重大變化，甚至不排除會嚴重倒退。因為道理很簡單，民進黨主張「臺獨」，不承認「九二共識」，也就是不承認「海峽兩岸同屬於一個中國」，這樣，兩岸關係和平發展的政治基礎也就沒有了，目前海峽兩岸正在進行的各項交流與合作都可能停滯不前甚至倒退，已經簽訂的協定有可能不再算數，中止執行。比如說，兩岸剛剛簽訂的「經濟合作框架協定」，民進黨就堅決反對，現在就已經揚言，如果他們重新執政，要通過「公投」的方式加以「廢除」。

不過話又說回來了，如果我們的工作做得好，讓廣大臺灣民眾（包括民進黨的支持者）充分享受到兩岸關係和平發展的「福利」，民進黨還繼續堅持它的保守僵化的兩岸政策，那就不可能得到多數臺灣選民的支持，重新走上執政。即使僥倖重新上台執政，它也不敢亂來，重新回到陳水扁執政時期那條走不通的死路上去。從目前情況來看，民進黨內部有一股較為清醒的力量正在緩慢聚集之中，他們認識到民進黨的兩岸政策早已嚴重脫離現實，主張進行「改革」、「調整」。我們希望這股力量能夠成為民進黨的主流。當然，臺灣政壇上的事情很複雜，牽掛到各個方面，尤其「臺獨」是民進黨的「神主牌」，要從根本上進行「改革」和「調整」很不容易，困難重重，至少在短期內還看不出有這種可能性。

3.家鄉梅州展開兩岸交流有什麼必要性？

徐：梅州展開兩岸交流有什麼必要性？這要看你從什麼角度出發來回答這個問題。答案可以說出一大堆，但今天我只想從宏觀的、全域的角度來回答你的問題。

俗話說：「凡是有陽光照耀的地方都有中國人，凡是有中國人的地方就有客家人」。經過千年遷徙，當今約有近一億客家人遍布在全世界的每一個角落。其中在大陸約有五六千萬人，而僅有二千三百萬人口的臺灣島上，客家人也有四、五百萬之多。多年來，兩岸客家人在推動兩岸交流與合作方面扮演了十分重要的角色，為兩岸關係發展做出了巨大貢獻。當前，兩岸關係在實現歷史性轉折的基礎上，形成了前所未有的和平發展的良好局面。兩岸經貿、文化交流與合作高潮迭起，一浪高過一浪，正處在一個承前啟後、繼往開來的重要歷史階段。兩岸和平發展正在向更深、更廣、更緊密的層次邁進。這也是兩岸同胞密切交流、共商未來兩岸經濟、文化交流合作大計的關鍵時刻。在這樣一個譜寫兩岸和平發展新篇章的歷史時代，兩岸客家人作為中華民族大家庭的重要成員，有著義不容辭的責任。而且，我們也有能力有智慧進一步發揮客家人舉足輕重的影響力。因此，海峽兩岸的客家人應當發揮我們的優勢和強項，為兩岸關係和平發展和中華民族的偉大復興做出我們客家人獨有的貢獻。更何況，我們梅州一向以「世界客都」自稱，姑且不論這種說法是否妥當，然而這種「自稱」，至少說明了梅州人深知自身責任的重大和無可推卸。

總之，思考兩岸交流問題，要跳脫出局部利益和狹隘的地方觀念，眼光要看深看遠，要有兩岸關係和平發展的大格局！中華民族偉大復興的大氣魄！

4.對梅州來說展開兩岸交流的最佳切入點或比較好的方法是什麼？

徐：大陸有不少地方的領導對兩岸交流存在一種「誤解」，單純的把兩岸交流誤認為就是「招商引資」，換句話說只講「經濟效益」，不重視更深層次的東西。其結果，可能在一段時間內得到一些「經濟效益」，但卻十分有限且不能持久。

所謂「深層次的東西」是什麼？我以為是文化。文化是兩岸交流的「核心」因素。兩岸交流有了文化這一「核心」因素作為支撐和樞紐，才能不斷增進兩岸同胞的感情，以「建設兩岸中國人共同家園」的心態，積極投入兩岸的經濟交流與合作，共創雙贏，並在增進感情、累積互信的基礎上逐步向政治層面推進，破解兩岸政治難題。我們高興地看到，長期以來梅州市委市政府一直都十分重視兩岸文化交流，充分利用梅州市有深厚的客家文化底蘊的優勢，與包括臺灣在內的海內外客家鄉親展開各種形式的文化交流，取得了很大成績，做出了重要貢獻。

當然，隨著兩岸關係發展進入新的階段，我以為梅州市在兩岸交流方面還可以發揮更大的作用，做出更多更大的貢獻。你問我「最佳切入點或比較好的方法是什麼？」，我覺得還是要在「客家文化」交流方面多動動腦筋，做足做夠！因為共同的文化背景最能夠拉近彼此的距離，消除敵意，「一通百通」，事半功倍。在這方面可以做的事情很多，比如說，可以充分利用兩岸空中直航後以及閩粵贛高速公路、鐵路即將開通的有利條件，加上汕頭國際機場明年底即將落成，梅州應該和臨近的客家縣市密切合作，打造「大客家文化旅遊區」，大力宣導和扶植發展客家文化創意產業，開發與客家文化相關的旅遊產品，包括客家的飲食文化、民間音樂、戲劇等。梅州地區的客家山歌享譽全球，圍龍屋和閩西土樓各有千秋，應當加大力度維護、宣傳，吸引更多的臺灣客家鄉親和海內外對客家文化感興趣的遊客來「大客家文化旅遊區」尋根問祖、觀光遊覽。從這個角度來說，我很希望梅州市能夠積極申辦第五屆「客家高峰論壇」，因為「客家高峰論壇」是行銷梅州客家文化難得的機會和最好的平台。

另外，梅州地區有許多重要歷史人物和臺灣有深厚淵源，比如說有「抗日三傑」之譽的丘逢甲、羅福星、謝晉元，都是我的家鄉蕉嶺縣人。據我所知，現在國臺辦正在審批建立「海峽兩岸交流基地」（不久前臺兒莊抗戰紀念館揭幕，成為首個「海峽兩岸交流基地」，國民黨榮譽主席連戰親往出席剪綵），我認為蕉嶺縣就完全有條件建設成為「海峽兩岸交流基地」。這樣，梅州市不僅在兩岸客家文化交流方面可以發揮自己的獨特優勢，在與臺灣進行「歷史連結」、型塑兩岸「命運共同體」方面也將會大有作為。

5.您經常來往兩岸，您瞭解在臺梅州籍鄉親對家鄉有什麼期待？

徐：由於工作性質的關係，二十多年來我接觸過大量的臺灣同胞，其中有不少梅州籍的客家鄉親，他們有老有少，有學有專精的教授學者，也有政壇上的風雲人物、企業界的菁英，也有普普通通的老百姓或青年學生，多數人都還沒有機會回梅州尋根問祖，有的甚至祖籍在梅州什麼地方也說不清楚，但我發現他們有一個共同的特點：都以自己祖籍在梅州為榮，對家鄉梅州充滿了感情，也充滿了期待。回過梅州尋根問祖的大都對家鄉的發展變化津津樂道，希望再度回鄉探親訪友，見證家鄉的發展與進步！沒有回過梅州祖籍的也大多盼望有朝一日能夠成行，了卻心願。他們聽說現在返鄉交通已十分便捷，都很高興。不過，也有少數早期返鄉探親的鄉親由於有過不太愉快的經歷（如親友強索金錢財物等），視再次返鄉為畏途，經一再解釋說明，也大都能夠理解，並且相信類似不太愉快的事情今後不至於再發生。

（中評社）

徐博東呼籲搶救羅福星故居

中央社記者馮昭北京9日電：大陸研究臺灣的知名專家徐博東日前在參觀同盟會成員、黃花崗起義志士羅福星的廣東故居後，向大陸媒體投書指出，羅福星的故居快塌了，疾呼搶救羅福星故居。

新華網今天刊出徐博東投書全文，以及他參觀羅福星故居拍攝的照片。故居大門口滿是荒草，房舍殘破，屋頂處處是破洞，二樓圍牆似乎隨時有塌下的危險，房間內的積水快成了池塘。

在投書中，徐博東表示，參觀完羅福星故居心情沉重，因為羅福星的故居快塌了。

徐博士趁著參加在福建省舉辦的學術論壇，就近回到廣東省蕉嶺縣家鄉，參觀羅福星故居。

徐博東指出，蕉嶺有丘逢甲、謝晉元和羅福星等「抗日三傑」，前兩人的故居已被核定為國家級、省級文物保護單位，但羅福星故居連省級文保單位都不是，產權移轉和修繕都無法可循，蕉嶺縣又是窮縣，撥款修繕也力不從心。

徐博東指出，羅福星在臺灣民間、特別是在客家人中有廣泛影響，抗日烈士、愛國英雄的形象深植人心。

徐博東認為，文物不可再生，搶救羅福星在廣東蕉嶺的故居，盡快列為文物保護單位，對促進兩岸交流、加強兩岸歷史連結、融合兩岸同胞感情意義重大，已經到了刻不容緩的地步。

（中央社）

許添財會脫黨參選嗎？

中評網8月15日報導：高雄縣長楊秋興日前自行退出民進黨，以無黨籍身分參加年底高雄縣市合併後的大高雄市長選舉，給民進黨甚至是臺灣五都選舉投下一顆震撼彈。那麼，楊秋興破釜沉舟的決定終將如願以償還是曇花一現？楊秋興參選，國民黨提名人黃昭順是得利還是被邊緣化？大臺南的許添財會跟進嗎？北京聯合大學臺灣研究院顧問徐博東教授，日前在海峽之聲廣播電台《博東看兩岸》節目中回答了主持人的上述提問。

全文如下：

楊秋興參選，民進黨五都選情逆轉

主持人：徐教授，您認為，楊秋興脫黨參選將會給民進黨以及臺灣五都選舉藍綠選情帶來哪些衝擊？

徐博東：楊秋興脫黨參選沸沸揚揚傳了很長時間，早些時候我評估他將有可能脫黨參選，果然被我言中。楊秋興決定脫黨參選，對臺灣五都選情造成的衝擊是巨大的，包括民進黨都非常在意這件事。

楊秋興的決定首先使民進黨在五都選舉中由原來「坐二望三爭四」，甚至後來揚言「五都」全拿這種樂觀預計突然發生逆轉。現在後院著火，連他們原來認定穩拿的大高雄和大臺南地區都有危險。目前，大臺南地區的許添財還沒有最後決定，但也是一副岌岌可危的樣子。

楊秋興決定脫黨參選，使整個選情發生了重大變化，最主要的後果並不在於楊秋興能否選上，而在於將整個綠營營造的五都選舉的樂觀氣勢被打破了。相反，對藍營氣勢倒是有提升作用。

綠營在南二都出現險情，特別是現在楊秋興出來參選大高雄，使得陳菊能否當選已經產生了變數。因為楊秋興不是一個弱棒，而是相當強勢的一棒。如果大高雄出現劇烈拉鋸戰的話，雖然楊秋興現在民調還落後陳菊很多，但是我相信隨著選情日益緊繃，落後的差距會逐漸縮小。這樣使得原先把主要輔選精力放在北二都和臺中市的民進黨中央，要重新分配輔選資源。同時，也使得參選新竹市的蔡英文自顧不暇，自己要參選，還要負責南二都輔選工作。現在不要光看南二都，實際上楊秋興的決定對五都選情都會產生大的震盪。五都選舉比原來想像的要熱鬧多了。

國民黨候選人黃昭順可能被邊緣化

主持人：民進黨大高雄選舉出現內訌，對國民黨提名人黃昭順選情是有加分作用還是進一步被邊緣化？

徐博東：楊秋興參選對國民黨候選人黃昭順來說並不是一個好消息，黃昭順可能會選得更加辛苦。楊秋興之所以毅然出來冒這個險，就是因為看準了國民黨的候選人黃昭順實力太弱。藍營的人很多也並不看好黃昭順，藍營在高雄市存在派系之爭，藍營一些地方派系並不支持黃昭順，這也是黃昭順民調始終低迷不振的重要原因。楊秋興在高雄縣已經執政了九年時間，政績相當不錯，九年裡四次被評選為五星級縣長。而且他調整意識形態，競選策略是藍綠通吃，拉中間選票。藍營裡面恐怕有相當一部分會倒向楊秋興。特別是中間選民，支持楊秋興的可能會比較多。民進黨內部派系跟陳菊關係有隔閡有矛盾的，比如陳哲男就已表態支持楊秋興，楊秋興如果逐步趕上陳菊的支持度，黃昭順就有可能被逐漸邊緣化。

有人認為，當藍綠政黨對決這樣一個態勢出現的時候，黃昭順有可能會趕上，反而楊秋興會被邊緣化，我覺得這樣的評估值得商榷。持這種看法的人說，施明德、張博雅也曾經參選高雄市長，結果只得了一萬上下的票，選得非常難看。原因就在於最後關頭，藍綠政黨對決時就把他們邊緣化了。但這次恐怕不能這麼看，因為楊秋興雖然脫黨，沒有政黨奧援，但他和施明德、張博雅不一樣，他們是空降到高雄參選的，而楊秋興在高雄縣扎根了九年，而且得到部分地方派系、藍營人士、宗教界、企業界的廣泛支持，這是和施明德、張博雅完全不一樣的。我個人大膽預測，黃昭順有可能會被邊緣化，成為被棄的對象。

楊秋興瞄準中間選民有勝選機會

主持人：有輿論認為，民進黨選舉往往是「選黨不選人」，楊秋興為什麼要拿自己後半生的政治生命做賭注脫黨參選？楊秋興的優勢在哪裡？又有多大勝選把握？

徐博東：我前邊已經談到，楊秋興和施明德、張博雅不一樣，雖然臺灣的選民往往是選黨不選人，但楊秋興看重的不是民進黨的票而是中間選票，你看這幾天他已經開始調整意識形態，認為不能像過去一樣看待中國大陸，而且對ECFA公開表態有條件支持，這都有利於拉中間選票。另外還有原屬於藍營的企業界、宗教界大老如郭台銘、林義守、星雲法師等人都力挺楊秋興。這樣看來，優勢還是相當明顯的。儘管現在和陳菊民調支持度比起來差很多，但估計過一段時間有可能會追上來，並不是毫無希望。當然，能否勝選還有很多變數，要看選情的發展變化，要經過艱苦努力。總之，這場選戰不容易評估。

許添財與楊秋興處境不同，跟進的可能性不大

主持人：楊秋興脫黨參選，許添財的動向也備受關注。您認為許添財可能會做出什麼樣的抉擇？

徐博東：許添財對民進黨中央非常不滿，這幾天一直在猛烈地抨擊民進黨中央，當然對他初選時的對手賴清德更加不滿。他的情況和楊秋興不太一樣，因為大臺南地區可以說是深綠的選民占多數的一個選區，不像大高雄比較多的中間選民，還有部分綠營甚至藍營地方派系以及宗教界、企業界對楊秋興的支持。所以，許添財要作出像楊秋興這樣的決定恐怕更加困難。尤其，他的派系色彩在民進黨內算扁系的，陳水扁已經公開表態，不希望許添財和楊秋興脫黨參選，認為民進黨應該團結，五都才能勝選。陳水扁是出於自己的利益考慮，盼著民進黨五都選舉全勝，2012年總統選舉再獲勝，他就能脫困，當然他這是癡心妄想。但是大臺南地區扁迷還是相當多的，因此，陳水扁的表態對許添財十分不利。現在民進黨正集全黨之力做許添財的工

作，許添財的壓力非常大，而他則正在等待民進黨給他端出更多更大的「牛肉」。依我個人評估，他要作出脫黨參選這個決定雖然不能說完全沒有，但可能性不是很大，他與楊秋興的處境有很大差別。

（中評社）

中時：兩岸關係進入經熱政冷局面

中評社臺北9月12日電：兩岸經濟合作架構協定（ECFA）今天起生效，標幟著兩岸經貿進入一個新的歷史階段；而今天也是兩岸簽署第一個協定——金門協定20週年的日子，意義非比尋常。不過北京也彌漫一種氛圍，憂心兩岸的經濟熱，恐怕很難傳導到政治層面，未來兩岸關係恐怕將進入「經濟熱、政治冷」的局面。

中國時報報導，ECFA在政治方面的效應，大陸涉臺學者認為，或許對國民黨五都選舉有所加分，但可能也不是很明顯。北京聯合大學臺灣研究院教授徐博東指出，ECFA生效後一些企業可以馬上感受到好處，對於國民黨五都選情應該有幫助，尤其是在北臺灣陷入苦戰的臺北市長郝龍斌，會是一場及時雨。

……（略）

至於ECFA生效後的兩岸關係走勢，徐博東認為，ECFA只是一個框架，後續要協商、要充實的議題很多，雙方本著先經後政、先易後難的原則，要進入政治議題還不到時候。他認為，即使馬有第2任期，也不可能和大陸談和平協定，因為和平協定必須要有「終極統一」的目標才有意義。

……（略）

徐博東和謝郁也都認為，兩岸要進入政治議題還早，有的話也只是智庫和學者的意見交流，所以目前大陸希望商簽文化協定，開展制度化、常態化的文化交流。文化的交流有助對中華民族的認同。

（中評社）

郝龍斌還有勝選的希望嗎？

中評社北京9月17日電：國民黨臺北市長參選人郝龍斌選情堪憂，據臺灣TVBS最新民調，郝龍斌的支持率首次落後於民進黨籍參選人蘇貞昌3個百分點，出現了藍營最不想看到的交叉點。北京聯合大學臺灣研究院徐博東教授，12日在海峽之聲廣播電台《博東看兩岸》節目中指出：郝龍斌對基層「組織戰」陌生以及泛藍不團結是導致選情逆轉、被動挨打的主要原因；要想改變這種被動局面，只有主動出擊，轉守為攻，嚴格檢驗蘇貞昌在臺北縣執政期間的政績，奪回議題的主導權，並最終形成藍綠對決的態勢，激發泛藍支持者的危機意識，提升藍營的投票率，方有可為。

全文如下：

主持人：徐教授，有輿論認為，郝龍斌支持率不斷下滑主要是受到「花風暴」的衝擊。您是否同意這樣的觀點？

徐博東：根據TVBS的最新民調，原來微幅領先的郝龍斌，首度落後蘇貞昌3個百分點，郝龍斌42%，蘇貞昌45%，出現了藍營最不想看到的交叉點。這肯定和這次「花風暴」有直接的關係。但我認為，這只是最近的一次衝擊而已。實際上很長時間以來，郝龍斌都只是處於微弱領先的態勢。現在這種情況，是長期以來一點一滴累積下來的問題。

其一，基層「組織戰」陌生。郝龍斌的新黨背景使他不善於打國民黨擅長的組織戰。有媒體說，郝龍斌不太深入基層，在臺北當政4年，竟然連很多裡長他都還不認識，這等於放棄了長期以來國民黨組織戰的那一套戰法。

其二，「宣傳戰」也不力。按說新黨出身的郝龍斌，應當擅長打「議題戰」、「宣傳戰」，可是當了一屆的臺北市長，到底有哪些政績，連他自己都說不太清楚，更甭說被好好地宣傳。對蘇貞昌的議題攻勢也一直起不來，始終處於被動防守的態勢。

所以「花風暴」確實是導致其選情下落的重要原因，但不能光看這個原因，長期以來基層組織戰以及主導議題兩個方面郝團隊都存在嚴重問題。

主持人：您是如何看待郝龍斌團隊和藍營在應對這次「花風暴」中的表現的？

徐博東：郝團隊應對這次所謂「花風暴」的表現顯然是差強人意。其一，在這場選戰中，郝龍斌團隊危機意識不強，危機出現後應對能力又太差。在「五都」選舉投票前辦花博，其本身就是非常危險的事情，而郝龍斌卻光想到好的一面，沒有想到事情有兩面性，辦得好可以助選，出了問題則會拖累選舉。幾個月前我曾經指出過這個問題，現在不幸被我言中。現在離花博會開幕還有一段時間，包括在花博會期間，不排除還可能出現問題。事情發生後，郝團隊沒有在第一時間有效滅火，只是回應說這是對手的「政治抹黑」。這樣的回應是不能解決問題的。選戰本身就是互相鬥爭，對手肯定要抹黑，芝麻要說成西瓜，沒有的都要說成有，何況確實出了問題。

其二，泛藍內部不團結。「花風暴」事件爆發後，泛藍陣營不但沒有幫郝龍斌，反而拋出所謂「四人幫」決策模式，指責郝龍斌團隊決策圈太小；近日甚至有泛藍名嘴公開呼籲郝龍斌退選，主張陣前換將。泛藍陣營自亂陣腳，使郝龍斌選情雪上加霜。直到發現情況不妙，才趕緊整合內部，搶救「郝大兵」！

主持人：為何郝龍斌團隊老是被動挨打，民進黨難道就沒有弱點嗎？

徐博東：蘇貞昌當然也有弱點。蘇貞昌曾當過兩任臺北縣長，第二任還沒當完就去當「行政院長」，任期內並沒有多大作為，只是擅長作秀，嘴巴能言善辯。按常理，善打「議題戰」的郝龍斌團隊應該抓住蘇貞昌在臺北縣執政期間的弊端窮追猛打，喚起臺北市民對蘇執政能力的質疑。實際上，蘇貞昌當臺北縣長時還不如周錫瑋實實在在做了不少事情。但郝團隊沒有抓住這些重要議題，反而被人家抓住辮子被攻得喘不過氣來，顯得非常被動。

另外，蘇貞昌參選臺北市合理性也備受質疑。外界都認為他參選新北市比較合乎情理，民進黨中央也希望他選新北市，但他不顧民進黨的整體利益，跑到臺北市來參選，顯然目標是未來總統大選，並不是真心為臺北市民服務。

這些都是蘇貞昌的弱點，但郝龍斌並沒有抓住。郝龍斌不善於作秀，但是要想在臺灣政壇混，光會做事不會作秀是絕對不行的。

主持人：離臺灣五都選舉投票還有2個多月的時間，照這樣趨勢發展下去，郝龍斌能否保住泛藍大本營臺北市的執政地位？國民黨有可能挽回目前的被動局面嗎？

徐博東：目前郝龍斌的選情的確是岌岌可危。在這種情況下，氾濫名嘴還提出要陣前換將，這是兵家大忌。不過現在還不能說郝龍斌已經輸定了，蘇貞昌只是微幅領先，尚在可控範圍。如果郝龍斌能夠及時總結經驗教訓，有新的作為，還是完全有可能翻轉過來的。

其一，郝龍斌團隊該認錯就要認錯，該檢討就要檢討，該反擊就要反擊。要加強危機意識和應對能力，才能爭取流失的中間選民和淺藍民眾；

其二，泛藍內部一定要顧全大局，團結一致，共同對敵，不能自行其是，給郝團隊添亂；

其三，郝龍斌應勤跑基層，充分利用國民黨的基層組織，打好國民黨一向擅長的「組織戰」；

其四，全力辦好花博會，不能再出任何紕漏；

其五，轉守為攻，主導議題，嚴格檢驗蘇貞昌在臺北縣執政時的政績；

其六，逼迫蘇貞昌出手，形成政黨對決的態勢，激發藍營支持者的危機意識，提高藍營的投票率。

只有這樣才有可能扭轉戰局。

主持人：如果郝龍斌選輸，對2012年臺灣「大選」將會造成哪些影響？

徐博東：如果國民黨丟掉了臺北市，影響肯定是很大的。目前有三種觀點：其一是「鐘擺效應」，認為郝龍斌選輸對國民黨不見得是壞事，到2012選民自然會同情失敗者，擺向國民黨；第二種觀點完全相反，認為會出現「骨牌效應」，如果臺北市選輸了，下次「立委」選舉和總統大選會繼續輸下去；第三種觀點是所謂「板塊移動」，認為如果郝龍斌敗選，說明藍營在臺北的政治版圖已經不占優勢。這三種觀點都還需要進一步觀察，但我比較認同第三種看法。這樣的投票結果會讓藍、綠陣營的氣勢產生重大消長，藍營士氣重挫，綠營士氣大振。當然，畢竟距離2012年大選還有一年多的時間，隨著島內政經形勢的發展變化，政治板塊也還會發生變化，不會是一成不變的。

另外一個重大影響是，蘇貞昌如果贏了臺北，2012年就不可能再參選，這是他信誓旦旦的承諾，不敢推翻，否則會被選民唾棄，這有謝長廷的前車之鑑。而蔡英文則不然，她至今對是否參選2012沒有明確表態，顯然是留有餘地。因此，蔡英文在新北市不管是輸是贏，屆時綠營必定會營造出一種2012「非蔡不可」的態勢，這反而使未來綠營總統候選人的爭奪單純化。這樣一來，2012「蔡馬對決」的態勢將會提早明朗化。

（中評社）

徐博東：民進黨不放棄「臺獨」路線，難執政

中評社深圳12月7日電（記者劉曉丹陳曉）北京聯合大學臺灣研究院教授徐博東接受中評社專訪時表示，過去人們（包括我在內）都認為，民進黨只有慘敗、被打趴下的時候，才會調整其兩岸政策。事實證明並非如此。民進黨越是面對困境，為了保住基本盤不散，越收縮兩岸政策。相反，它在面臨有可能執政的情況下，反而更重視調整兩岸政策，以擴大票源，爭取中間選民。

他認為，蔡英文在黨內的「共主地位」基本確立，未來她或將把民進黨的兩岸政策向理性、務實、中道的路線調整。

不過，他也強調，民進黨調整兩岸政策，並不意味著就能助其2012年翻身執政。只要不放棄「臺獨」路線，它難以重新執政，就算僥倖上台，也難以穩定執政。民進黨唯有從根本上改變其「臺獨」立場，才有可能成功。這種調整必須是路線上、實質的調整，然而目前看不到這種可能性。

不同意藍營基本盤發生鬆動

由中華文化發展促進會與中國評論通訊社聯合主辦的「兩岸關係和平發展學術研討會」日前在深圳舉行。徐博東在研討會期間接受中評社記者專訪時表示，不能拿這次「五都」選舉跟2008年的大選相比，第一「五都」選舉不是全臺灣性的選舉，第二非一對一對決，第三也與總統大選不同層級。

分析這次「五都」選舉的結果，他認為應該看作藍營取勝。在馬英九的支持率不斷下滑等負面因素影響下，國民黨能夠保住北北中三都已經很不容易了。這次慘勝，至少能夠避免藍營氣勢進一步下滑，避免黨內分裂內鬥，也為馬英九進一步推動黨內改革爭取到了時間和空間。至於得票率低於民進黨，國民黨也將更努力地打下一場選戰，反而比大勝之後沾沾自喜、盲目樂

觀要好。

國民黨真正的警訊是沒有認真經營南二都，也沒有在南部培養政治人物，從一開始就放棄南部。如果國民黨在南部真的強棒出擊，得票率不會這麼低。選舉結果跟候選人有關係。

徐博東指出，「基本盤」的概念需要釐清，藍六綠四這樣的分割是不正確的。應該說在各種情況下都會投各自陣營的票的、相對穩定的，才算是基本盤。他認為，藍綠各有至少10%的得票率是搖擺的，黨派政見、候選人情況等多種因素都能夠影響這些票投向哪裡。比如楊秋興拿的41萬票，至少30萬票是國民黨的。

因此，有人說這次國民黨的基本盤發生鬆動，徐博東不完全認同，他認為只是中間選票有些移動，可以說此次選舉兩黨基本平盤。

民進黨方面，這次選舉得票率確實有所增長，但在徐博東看來，這未必意味著明年「立委」選舉和後年的總統大選民進黨會延續這種優勢。

他說，綠營比早前的樂觀預估出現一些落差，選後黨內馬上開始追究敗選責任，「基本教義派」群起而攻之，甚至要蔡英文下台云云。為了因應黨內內鬥，民進黨在選後造出輿論說一顆子彈影響了選情。而我認為，蔡英文不過是在推卸責任，沒有這顆子彈，國民黨可能也能贏，只是贏不了那麼多，險勝而已。

蔡英文共主地位基本確立　老天王退居二線

民進黨「兩隻老虎」雙雙落選，下一步將馬上面臨2012「大選」候選人卡位爭奪的問題。

徐博東認為，民進黨的「老天王們」要基本退居二線了，他們的剩餘價值就是如何扶持本派系的新興勢力。蘇貞昌現在明顯處於劣勢，基本出局。他當初執意參選臺北市，蔡英文被迫選新北市，最後一起落敗，蘇貞昌要負一定的責任。至於謝長廷，早就出局了。呂秀蓮雖然自我感覺良好，但其實根本沒有選總統的實力。

「通過這次選舉，民進黨基本上完成了世代交替。」徐博東說，民進黨未來站在第一線的政治人物基本浮現出來了。蔡英文在新北市一舉拿下100多萬票，南都也在她這位黨主席的帶領下取得好成績，她在黨內的「共主地位」基本確立。其他還包括雖敗猶榮的蘇嘉全、較年輕的賴清德，以及陳菊，後者受年齡和健康限制未必能更上一層樓，但至少可以在現在的位置好好完成使命。

他推測，2012年民進黨很可能推出「蔡蘇（蘇嘉全）配」參加「大選」。

不從根本上改變「臺獨」立場　民進黨難以重新執政、難以穩定執政

這位長期研究民進黨問題的專家對中評社記者詳述了他的一項重要的觀察與思考：「過去人們（包括我在內）都認為，民進黨只有慘敗、被打趴下的時候，才會調整其兩岸政策。事實證明並非如此。」

他認為，民進黨越是面對困境，為了保住基本盤不散，反而越收縮兩岸政策。相反，民進黨在面臨有可能執政的情況下，反而更重視調整兩岸政策。因為它很清楚，基本盤不足以贏得政權，為了擴大票源，爭取中間選票，不能執行激進的路線，其兩岸政策反而會向理性、務實、中道的路線調整。

2008年大敗之後，民進黨被基本教義派綁架，並未調整其兩岸政策；而在剛剛舉行的五都選舉中，民進黨在北二都刻意迴避兩岸問題。這些事實都證明了徐博東的觀察是正確的。

徐博東認為，蔡英文或將選擇向中道靠攏，實行比較積極的兩岸政策。一旦民進黨在兩岸問題上轉向積極，國民黨自然可以更放心大膽地執行開放

的兩岸政策。這將有利於兩岸關係進一步深化發展。

徐博東指出，民進黨調整兩岸政策，並不意味著就能助其2012年翻身執政。關鍵問題在於，民進黨目前只會作策略上的調整，不可能放棄「臺獨」路線，因為目前主觀和客觀因素都不具備，特別是黨內還沒有形成一個足以成為主流意見的共識。

他說，選民不是傻瓜，都知道國民黨主導的兩岸政策更有利於兩岸發展。不僅大陸、美國、臺灣的藍營選民擔憂，連臺灣的中間選民都會擔憂，民進黨會不會回到陳水扁時代的激進路線？因此，民進黨想通過表面上的策略調整，就想重新奪取政權，難度是相當大的。

萬一國民黨出現什麼大的變數，比如藍營再度分裂，不過有了2000年的慘痛教訓，這種機會微乎其微，致使民進黨重新執政，它也不可能穩定執政。

徐博東說，中共是很講原則的。只要民進黨繼續執行「臺獨」路線，不承認「九二共識」，兩會馬上就面臨失去了對話協商的基礎。如果兩岸關係倒退，協商談判終止，兩岸和平發展的趨勢受挫，對臺灣的經濟絕對是重大打擊，臺灣民眾不會答應的。因此民進黨不能有效地執政，會面臨著非常大的危機。屆時它要嘛調整路線，要嘛做一屆就再次被臺灣民眾趕下台。

徐博東強調，民進黨唯有從根本上改變其「臺獨」立場，才有可能成功。這種調整必須是路線上、實質的調整，然而我目前看不到這種可能性。

（中評社）

徐博東：不簽署「兩岸投資保障協議」對江陳會沒影響

海峽之聲網12月18日報導：第六次江陳會將於本月21日在臺北舉行，確定將簽署兩岸醫藥衛生合作協定，而兩岸投資保障協議則無法簽署。那麼，兩岸投資保障協議為何不能簽署？這是否會對本次「江陳會」造成影響？北京聯合大學臺灣研究院顧問徐博東教授在海峽之聲廣播電台《博東看兩岸》節目中指出，兩岸投資保障協定是一項非常複雜的議題，談起來比較困難，第六次江陳會不能簽署，很正常。隨著商談的深入，商談的次數越來越多，越單純越好，兩會會談逐步進入常態化和單純化意義重大。

主持人：徐教授，您是如何看待「兩岸投資保障協定」不能如期在第六次「江陳會」中簽署這件事的？

徐博東：兩岸「兩會」今年簽署的「兩岸經濟合作框架協定」已經生效，根據這一框架協定的相關規定，「兩會」對後續議題進行了深入研討。「兩岸經濟合作框架協定」就像新蓋的一座房子，裡面的「傢俱電器」都沒有搬進去。後續要商談的議題很多，有些議題比較複雜，商談起來時間會長一點；有些比較簡單，耗時就可能會短一點，這都是非常正常的事情，什麼時候商量好了就什麼時候簽。最重要的是這些協定能給兩岸民眾帶來實實在在的好處，對兩岸關係的和平發展有積極的正面的作用。

「兩岸投資保障協定」是其中一項非常複雜的議題，所以談起來就比較困難，涉及投資保障機制、投資透明度、如何逐步減少投資相互限制以及促進投資便利化等等具體的事宜，涉及面很廣，談起來非常複雜，而且還涉及到各自企業界的切身利益，這些都需要溝通、協調，在這麼短的時間內很難確定下來，沒有趕上第六次江陳會簽署也是很正常的。

主持人：過去在臺灣舉行「江陳會」時，民進黨都有抗爭活動，不過在這次「江陳會」舉行之前，民進黨方面稱不會發生抗爭行為。那麼，為什麼民進黨這次沒有抗爭活動呢？

徐博東：民進黨這次沒有打算發動街頭運動，這是民進黨比較理性的做法。過去，綠營發動街頭運動都和選舉有極大關係。現在「五都」選舉已經結束，離明年「立委」和2012年的臺灣領導人選舉還很遠，民進黨通過抗爭活動來凝聚基本盤，提高知名度顯然已經沒有了操作的政治空間。另外我們可以看到，在「五都」選舉中，綠營也不再炒作ECFA議題，因為民進黨發現這些議題都是臺灣民眾所支持的，如果再繼續抗爭可能適得其反。民進黨調整策略，不再對兩岸議題劇烈抗爭，對兩會商談轉趨理性務實，應予肯定和歡迎。

當然也不排除一些激進的「臺獨」基本教義派或者少數地方人士不死心，想通過小規模的抗爭提高自己的知名度，比如在陳雲林參觀臺北故宮和花博的時候進行所謂「如影隨形」的小規模抗爭，僅此而已。

主持人：針對「兩岸簽署投資保障協議」，國臺辦發言人楊毅在接受記者採訪時指出，兩岸投資保護協定當然應當有投資保障條款，但是也應當包括促進雙方相互投資的內容。臺灣行政部門負責人吳敦義認為，兩岸投資保障協定涉及人身的安全和增收兩項重要議題，這兩樣都是投資保障當中非常重要的部分，假如發生有爭議的時候要適用什麼，應該是有引入國際仲裁的或者是國際訴訟的需求，但兩岸在這一點上還沒有共識。

主持人：徐教授，從雙方的表態來看，您認為要順利簽署兩岸投資保障協定需要雙方作出努力解決哪些問題？

徐博東：「兩岸投資保障協議」涉及雙方的利益，特別是雙方企業界的利益，談起來確實非常複雜。之所以現在不能簽，雙方還是有很大的分歧和爭議。國臺辦發言人楊毅說：「一方面投資保障協定應該有投資保障的條款，但也應該包括有促進雙方相互投資的內容」。從這裡面可以聞出一種味來：臺灣方面只關心臺商在大陸投資保障的條款，而對陸資入臺方面卻關注不夠，不肯放寬限制，雙方恐怕在這方面還有相當的落差。

針對「兩岸投資保障協定」，臺灣方面有三個關注點：一是世界各地的投保架構要一致；第二考量臺商的需要；第三假如發生爭議應該引入國際仲裁的或者是國際訴訟的需求。但大陸方面提出，「兩岸投資保障協議」不是兩國之間的協定，而是具有兩岸特色的投資保障協定，不能簽成國與國之間的協定，否則就違背了兩岸會談的基本原則和基礎。

在會談中，還涉及到具體的技術問題，比如在協商的過程中怎樣提高陸資的待遇，臺商在大陸的安全保障，涉及臺商拆遷補償待遇問題等等。這些都需要雙方溝通協調、互諒互讓，「心急吃不了熱包子」，需要時間才能達成共識。

主持人：「兩岸投資保障協議」不可能在這次江陳會上簽署，馬英九和陳雲林這次也不會會面。有輿論就提出疑問，「兩會」會談是不是進入了困難時期？兩岸關係是否進入調整期？徐教授，江陳會已經進行了六次，民眾應該以怎麼樣的心態來看待兩會會談？

徐博東：認為兩岸會談進入「困難期」或者兩岸關係進入「調整期」的觀點都不很準確，本來推動兩岸關係發展的思路就是「先經後政，先易後難」，比較容易解決的議題解決之後，就要開始面對困難議題。所以簽署什麼協定、簽署多少協定都是正常的。至於馬英九和陳雲林會面問題，第二次兩會在臺北舉行會談時兩人已經會過面，當時由於雙方對會見地點、議程、稱謂等問題上都存在分歧，民進黨曾以馬英九和陳雲林會面為藉口舉行暴力抗爭活動，為了防止不必要的衝突和摩擦，我看兩會會談單純化更好，不一定每次都要和馬英九見面。所以這次馬英九和陳雲林不會面也是很正常的。

隨著商談的深入，以後兩岸商談次數會越來越多，越單純越好，兩會會談逐步進入常態化和單純化意義重大，民進黨煽動群眾的熱情也會逐步遞減，失去操作空間。

（海峽之聲網）

2011年

饒穎奇、徐博東稱讚客家文化底蘊深厚

梅州時報3月21日報導：3月19日至20日，中華海峽兩岸客家文經交流協會理事長饒穎奇、北京聯合大學臺灣研究院教授徐博東等參加第五屆海峽兩岸客家高峰論壇籌備工作會議的領導嘉賓一行16人，在市委副書記陳小山的陪同下，參觀考察我市客家人文旅遊景區景點，深入瞭解梅州的客家文化。

饒穎奇、徐博東一行先後參觀了丘逢甲故居、謝晉元故居、葉劍英紀念園、雁鳴湖旅遊度假村、靈光寺、中國客家博物館、院士廣場、歸讀公園、客天下旅遊產業園等地。蕉嶺縣委書記周章新、縣長林健雄，梅縣縣委書記李遠青分別陪同活動。

參觀途中，嘉賓們邊看、邊聽、邊談，紛紛讚嘆梅州深厚的文化底蘊和經濟社會發展取得的顯著成效。他們一致認為，通過實地親身體驗，梅州的綠化非常成功，到處青山綠水，猶如置身於一幅美麗的風景畫卷。梅州市委、市政府對文化建設特別重視，把著名人物的故居、客家人文風貌等保護得很好。隨著區位條件的改善，外來人到梅州觀光旅遊將越來越便捷，海峽兩岸的客家人也將進一步加強交往。嘉賓們對梅州的發展前景充滿信心，表示將一如既往關心支持梅州各項事業的發展，共同助推海峽兩岸客家經濟文化的交流與合作。

（梅州日報，作者：夜色光明）

梅州日報記者專訪論壇發起人饒穎奇、徐博東

日前，第五屆海峽兩岸客家高峰論壇籌備工作會議在梅州召開，會議商定，第五屆海峽兩岸客家高峰論壇將於今年6月20日至22日在梅州市舉行。在梅期間，參加籌備會議的領導、嘉賓還興致勃勃地參觀考察了梅州市景區景點，體驗客家民俗風情。行程中，梅州日報記者就海峽兩岸客家高峰論壇發起的原因、背景以及本屆客家高峰論壇的有關細節，採訪了海峽兩岸客家高峰論壇的兩位發起人——中華海峽兩岸客家文經交流協會理事長饒穎奇和北京聯合大學臺灣研究院教授徐博東。

……（略）

希望辦成高深層次的論壇

記者：徐教授，您好！您能給我們回憶一下首屆論壇的盛況嗎？

徐博東：那時候我任北京聯合大學研究院院長，我也希望兩岸的客家鄉親多接觸、多交流。因此就在北京組建了第一屆海峽兩岸客家高峰論壇，論壇的舉辦得到了國臺辦、北京市政府、北京市臺辦、北京聯合大學黨委等多部門的大力支持。全國人大常委會副委員長許嘉璐、國務院臺灣事務辦公室常務副主任鄭立中、中共中央統戰部副部長陳喜慶，以及中共北京市委、臺辦的領導都出席了開幕式。預定參加人數一百人左右，最後參加論壇的達到130多人，開得隆重、熱烈，引起兩岸新聞媒體的關注和報導。

記者：此次論壇在梅州召開，您有什麼建議嗎？

徐博東：大家知道，世界客家鄉親還有一個更大規模的團會叫懇親大會。我們的論壇命為客家高峰論壇，所謂高峰，就是要比一般的論壇層級更高，這層級包括邀請的客家鄉親要以客家菁英為主，讓他們唱主角，另外參加人數不能太多，因為它畢竟不是大拜會，主要是研究深層次的客家文化、經濟合作等議題。這幾年舉辦的論壇，規模越來越大，已經有點變調。所以此次在梅州召開的第五屆籌備會也提出來，本屆在梅州召開的論壇不能走人多的路線，希望本屆能夠回歸到原來設想的高深層論壇，真正探討如何傳承和保護客家文化，加強經濟合作等問題，能夠為兩岸政府當局提出意見建議，圍繞這些主旨來發揮論壇應有的功能。

探討客家文化是重要議題

記者：目前有沒有明確的論題，比如說本屆論壇主要討論哪方面的話題？

徐博東：隨著兩岸和平發展的不斷深入，今年應該說兩岸交流已進入了文化層次，主要在文化和教育領域，當然經濟合作還要繼續深化，但文化教育方面是兩岸關係和平發展的核心問題，它涉及兩岸客家人感情的進一步加深、融合，所以今年我們建議在文化教育方面應該加重探討，我們請來的專家學者，在這方面會有所側重，我們設想今年要圍繞兩岸關係和平發展的大背景來設計，再加上梅州是世界客都，所謂客都就是文化方面集大成的地方，文化方面的探討應該是作為重要的議題。

眾多一流專家將雲集梅州

記者：對本屆論壇，你們有沒請到一些重量級人物？能不能提前透露一下？

徐博東：去年我參加龍岩客家高峰論壇時就提出，饒穎奇先生是客家高峰論壇之父，還有客家高峰論壇之母，就是被饒先生稱為客家之友的前全國人大常委會副委員長許嘉璐，他從第一屆開始就一直積極支持這個論壇，他雖然很忙，但肯定會出席。另外還有請到大陸方面有關部門的領導，比如說國臺辦、海協等領導。大陸方面重量級的研究客家方面的專家學者大多數會應邀前來，還有一部分是研究臺灣問題的學者，籌委會讓我列出了15位大陸一流的研究臺灣問題的專家，相當一部分會應邀前來。

（梅州日報，丘利彬）

海峽兩岸同時推出新版《丘逢甲傳》

新華網北京4月2日電（記者李寒芳）弘揚近代臺灣省籍著名抗日愛國先賢丘逢甲的學術專著——新版《丘逢甲傳》，新近在海峽兩岸同時出版。

丘逢甲1864年（清同治三年）出生於臺灣省苗栗縣，是著名的愛國志士、進步教育家和傑出的愛國詩人。《馬關條約》簽訂後，為抗擊日本對臺灣的侵占，丘逢甲親率義軍，與日軍浴血奮戰。護臺失敗後，他內渡大陸，廣興新學，以圖強國復臺，並積極參與辛亥革命。1912年，丘逢甲病逝於家鄉，至死不忘復臺。

丘逢甲愛國的一生，受到兩岸人民的共同敬仰。2004年3月，國務院總理溫家寶在十屆全國人大二次會議中外記者招待會上，朗誦的「春愁難遣強看山，往事驚心淚欲潸。四百萬人同一哭，去年今日割臺灣」，就是丘逢甲的詩作《春愁》。

據介紹，由大陸學者徐博東、黃志平合撰的首部《丘逢甲傳》自1987年面世以來，迄今已有二十多年。期間雖然先後在北京與臺北兩地再版，但在市面上早已銷售一空。隨著兩岸文化學術交流的深入開展，丘逢甲的思想文化遺產日益受到兩岸同胞和學術界的高度重視，相關研究成果也日趨豐富。作者積極吸納近年來的相關研究成果，對舊版做了不少補充修正，全書增加了近3萬字的篇幅。

徐博東說，新版《丘逢甲傳》依據新發現的史料和近年來學術界的最新研究成果，對丘逢甲的生平、家世做了重要補正，對近年來丘氏研究中的某些似是而非的觀點進行了評析，對丘詩的藝術成就和丘詩中的「臺灣情結」，進行了更為具體深入的分析與挖掘。

他表示，以《丘逢甲傳》為藍本謳歌丘逢甲愛國事蹟的電視連續劇正在積極籌拍之中；今年6月在丘逢甲祖籍廣東梅州市舉辦的「第五屆海峽兩岸客家高峰論壇」上，新版《丘逢甲傳》將作為贈送與會嘉賓的禮品之一。

（新華社）

徐博東：否認九二共識，民進黨難穩定執政

中評社臺北4月21日電（記者康子仁專訪）2012「大選」可望於明年1月選舉，正在臺灣訪問的北京聯合大學臺研院顧問徐博東接受中評社專訪時表示，如果民進黨勝選，一定要面對「九二共識」，也無法迴避一個中國議題。如果不願意面對，兩岸協商談判一定會受挫，無法處理好兩岸關係，民進黨即使贏得2012，也很難穩定執政。

在馬英九和胡錦濤主政期間，兩岸關係產生重大變化，眾所矚目的胡錦濤和馬英九會面，未來是否可能登場？徐博東認為，兩岸領導人見面絕對是天大的事，「馬胡會」可能性雖然不能排除，但機會可能不大，假如馬胡會有機會登場，時間應該在明年1月臺灣大選之後。一旦馬英九勝選，到520就任之前，具有總統當選人身分，屆時胡錦濤也面臨交棒，希望在兩岸關係上能夠有重大突破，此時較有可能。

在臺展開拜會行程的徐博東指出，他判斷「馬胡會」機會不大，主要的原因是「兩人見面要談什麼」，總不能只是單純打招呼，理應端出牛肉，提出對兩岸關係有進展的實質內容才有意義，例如兩岸和平協議或軍事互信機制等。但這些敏感議題勢必要在總統大選之前，雙方事先協商，臺灣下半年即將進入選舉熱季，兩岸關係不可能在這個時候有重大突破，很難端出讓人期待的牛肉。「馬英九以什麼身分與胡錦濤見面，也是一大難題」，徐博東分析，馬英九以國民黨主席身分與胡錦濤見面，並非不可以，大陸方面考量的是，兩岸領導人見面的歷史意義，和避免讓國際社會產生「兩國論」的負面影響，兩者的得與失到底哪個大，應該是大陸方面考量的重點。

明年初的總統大選，兩岸關係是否為決定因素？徐博東觀察，兩岸關係雖然是重大選舉議題，但未必是決定性因素，臺灣內部問題恐怕才是決戰關鍵，包括經濟議題、失業率和貧富差距等，可能會影響選舉的程度，應該會比兩岸關係還大。

徐博東分析，如果兩岸關係能夠左右這次選舉的話，馬英九的兩岸政策獲得大多數民眾支持，理應遙遙領先民進黨的對手。但和民進黨可能的候選人比較，看不出民調支持度有任何優勢，至今選情陷入膠著，不但沒有大幅領先，甚至有的民調，還是民進黨的參選人領先，代表的是兩岸關係雖然非常重要，但並非臺灣民眾認為是最重要的部分。

在民進黨總統初選參選人的兩岸政策部分，蘇貞昌提出「臺灣共識」；蔡英文主張「和而不同、和而求同」，但對於最關鍵的「九二共識」，始終不願意承認。徐博東認為，假如民進黨重回執政，不太可能會回到陳水扁時代的激進「臺獨」路線，突顯兩岸的分歧矛盾，應該會採取溫和「臺獨」路線，在經濟上持續向大陸要求好處，但是在「九二共識」方面，看不出有接受的可能性。

徐博東強調，「九二共識」是兩岸協商談判與兩岸關係和平發展的政治基礎，大陸在這個問題上不可能讓步，也不可能妥協，即使民進黨2012勝選，想要穩定執政，兩岸關係穩定發展，從兩岸關係和平發展當中獲取利益，一定要處理「九二共識」這個問題，不一定用這個詞，但對於一個中國議題總得處理，迴避不了。如果民進黨不願意面對，兩岸協商談判一定會受挫，如果民進黨無法處理好兩岸關係，很難走向執政，即使贏得2012，也很難穩定執政。

徐博東觀察，民進黨的領導人不是不知道這些問題，但他們一旦轉彎，就會失去選票，所以有些民進黨政治人物，平常的言論還算溫和，但是一到選舉，就會出現偏激言論，希望爭取選票，尤其是中南部特別明顯。

徐博東斷言，一旦民進黨取得執政，兩岸關係肯定不會像現在平穩、熱絡，因為民進黨與大陸之間，根本沒有任何互信，在陳水扁執政8年期間，將彼此之間的互信破壞殆盡，如果要重新建立互信，必須要相當長的關係，但國共兩黨之間，從2005年開始，已經有相當的互信基礎，尤其是這3年來的磨合，雙方更加瞭解對方的思路。

假如馬英九連任成功，徐博東認為，兩岸關係有望持續向前邁進，但是在他第二任的4年任期當中，兩岸不太可能簽訂和平協定，頂多是簽署軍事互信機制，因為和平協定屬於兩岸最高層級的協定，一旦簽署之後，意謂兩岸關係和平發展的整個框架，從經濟到政治都已經齊備。

（中評社）

馬英九蔡英文兩岸政策有四大不同

海峽之聲網（朱樂、趙媛媛、蔡億鋒）23日馬英九在出席金門八二三炮戰53週年紀念追思祈福活動時強調，如果推翻「九二共識」，兩岸關係必然陷入不確定狀態，對兩岸都會有很大的衝擊，對臺灣的影響尤其重大。同一天，民進黨2012大選參選人蔡英文闡述兩岸政策時指出，「九二共識」是一個不存在的東西，沒有所謂承認或不承認或接受不接受問題；民進黨對「九二共識」的態度已經相當清晰。北京聯合大學臺灣研究院顧問徐博東教授在海峽之聲《博東看兩岸》節目中指出，馬英九和蔡英文的兩岸政策至少有四個不同點：政治基礎不同；社會基礎不同；措施和路徑不同；可行性不同。

主持人：徐教授，您認為在23日的演講中馬英九透露出的兩岸政策的著重點在哪裡？

徐教授：23日，馬英九出席「金門八二三炮戰53週年紀念追思和祈福活動」，蔡英文也在當天公布其兩岸政策，這是臺灣地區2012國、民兩黨的兩位候選人在兩岸政策方面的互相較勁。從馬英九在金門演講的內容來看，馬英九演講的重點有兩個。一是強調兩岸和平的重要性，突顯兩岸關係有今天這樣的和平發展來之不易，要倍加珍惜，他特意邀請了「諾貝爾和平獎」得主、南非前總統戴克拉克（De Klerk）及「國際反地雷組織」青年親善大使、柬埔寨被地雷炸傷的女孩宋可邵來參加祈福活動，共同敲響用當年炮戰的炮彈殘片鑄成的和平鐘，以這種方式來警醒大家，同時也是要表明兩岸今天的和平是他馬英九的政績。第二，更重要的是強調兩岸和平發展不是憑空得來的，是有基礎的、有前提的。他說，「3年多來，不統、不獨、不武的政策與九二共識有效維繫臺海的和平與穩定，受到臺灣人民廣泛的支持與國際社會的高度肯定；如果被推翻，兩岸關係必然陷入不確定狀態，對兩岸都會有很大的衝擊」，他雖然沒點名，但一聽就明白是衝著蔡否認「九二共識」去的，實際上就是提醒大家，蔡英文的兩岸政策不可行，不利於推進兩岸的和平發展。同時，也強調了在兩岸政策上他跟蔡英文最重要的區別。

主持人：蔡英文在同一天公布了她的兩岸政策，您認為蔡英文處理兩岸關係的核心思路是什麼？他對「九二共識」和ECFA後續處理的真實態度如何？

徐教授：表面上來看蔡英文用詞比較和緩，而且承認ECFA「既成事實」，似乎比較理性務實，沒有像以前那樣攻擊ECFA是「毒藥」、「禍國殃民」、「親共賣臺」，也沒公開表示要通過「公投」決定ECFA的存廢。但表面上的溫和並不能掩蓋蔡英文的「臺獨」立場和本質。通篇都稱大陸為「中國」，其核心思路是堅持「臺灣中國，一邊一國」的「臺獨」理念。她強調，「和而求同」是說兩岸有共同的和平的戰略利益，但她講的是兩岸「一邊一國」的和平，核心思路還是要「和平獨立」，永遠維持所謂的「實質獨立」現狀。

在「九二共識」和ECFA後續處理的問題上，蔡英文的態度是各界評論的焦點。陳水扁執政初期，陳水扁曾一度想接受「九二共識」，但遭到時任「陸委會主委」蔡英文的堅決否認。如今蔡英文說「九二共識」這個名詞是國民黨的蘇起發明的，從否定「九二共識」這個詞入手，進而否認「九二共識」的事實存在。這是蔡英文和民進黨的一貫態度。否認「九二共識」，意味著兩岸協商談判的基礎也就不存在了，而且3年多來兩岸達成的15項協議，包括ECFA在內也都成了問題。

對ECFA後續處理的態度，蔡英文表面上認同ECFA已既成事實，但是對未來要不要繼續實施，她並沒有明確表態，只說對此人民有要不要「公投」的權力，用「人民決定論」把這個問題推給了人民。同時又表示要通過民主程序「檢視」已經達成的15項協議，實際上暗含給未來是否要用「公投」決定ECFA存廢留下了想像空間。這也反映出民進黨知道「ECFA」在此次選舉中是對蔡英文很不利的一個議題。

主持人：徐教授，剛才您分別分析了馬英九和蔡英文兩人的兩岸政策，那麼比較起來看，您認為這兩人有哪些主要的不同點呢？

徐教授：馬英九和蔡英文的兩岸政策我覺得至少有四個方面的不同點：首先，政治基礎不同。馬英九的兩岸政策是建立在反對「臺獨」、承認「九二共識」的政治基礎上的。而蔡英文的兩岸政策則是建立在兩岸「一邊一國」的「臺獨」立場和理念上。這是最重要也是最根本的區別。

其次，社會基礎不同。歷次民調顯示，馬英九的兩岸政策符合臺灣主流民意，得到大多數臺灣民眾的認同與支援。而蔡英文兩岸政策的社會基礎是「臺獨」勢力，是綠營各個派系妥協下的產物，多數臺灣民眾並不認同，所以才躲躲閃閃，左支右絀，矛盾百出。所以說兩者的社會基礎是完全不同的，如果蔡英文上台執政，必然要反映她背後支持者的政治立場和利益。

第三，措施和路徑不同。馬英九的兩岸政策以兩岸和解、謀求兩岸和平發展為出發點，採取了「先易後難，先經後政」的政策措施和路徑，不斷累積兩岸互信，循序漸進地向兩岸和平發展的方向邁進。蔡英文民進黨的兩岸政策，表面上看起來比較務實理性，但實際上是堅持「一邊一國」的臺獨立場，仍然是採取對抗思維的做法，而且空洞無物，沒有具體可行的措施。

第四，可行性和結果不同。蔡英文在回答記者提問時一再講，「中國必須要思考，要跟臺灣維持一個什麼樣的關係，如果說中國堅持自己的原則最重要，不惜與臺灣人民的主流思想和意志相衝突，對中國是不是一件好事？」幻想著大陸放棄「一中原則」，放棄「九二共識」。要求大陸調整政策，而自己則堅持「臺獨」立場，這完全是行不通的。堅持「臺獨」不可能有穩定的兩岸關係。既想維持和平，從大陸撈取經濟利益，又否認「九二共識」，不肯放棄「臺獨」立場，如果蔡英文真的上台執政，其結果兩岸關係必然嚴重倒退，受損害最大的將是臺灣民眾。

（海峽之聲網）

專家：大陸冀兩岸早簽和平協定

本報記者王德軍北京九日電：北京涉臺專家表示，胡錦濤「終結兩岸對立，撫平歷史創傷」的提法及高調強調「統一」、「九二共識」等表明，大陸希望與臺灣簽署兩岸和平協議。

臺灣問題專家徐博東接受記者採訪時表示，胡錦濤借辛亥百年的契機和兩岸人民對孫中山共同的認同感，試圖將兩岸歷史和共同命運進行連接。兩岸人民應繼承辛亥精神和孫中山未竟事業，攜手共創民族復興，而不要再內鬥下去。同時也向臺灣和部分國民黨人士間接喊話：不要忘記國民黨光榮的歷史，特別是孫中山有關統一的遺訓。

徐博東指出，大陸領導人近年有關兩岸問題的演講較少正面提及「統一」和「九二共識」，臺灣部分人就認為大陸現在只講兩岸和平發展而不講統一了。實際上，大陸從來沒有放棄過國家統一的最終目標。關於終結兩岸對立，當然就要結束敵對狀態，建立軍事互信機制，乃至最終簽署兩岸和平協定。

徐博東認為，結束敵對狀態是對多年國共內戰有一個交代；軍事互信機制是保證兩岸關係和平發展，因為兩岸關係發展不能光靠善意和誠意維持，必須要有機制保證；和平協定，必須以國家統一為最終目標，兩岸關係發展的最終目標不是維持現狀。

……（略）

（大公報）

大陸：「中華民國就是臺灣」說法

蔡英文是「換個名字」搞「臺獨」

臺灣內部有輿論與大陸學者的看法相近，認為蔡英文從不承認「中華民國」到承認「中華民國」看似重大改變，實質上並未脫離「臺獨」論述。

北京特派員沈澤瑋報導：中國國務院臺灣事務辦公室發言人楊毅日前表示，「中華民國就是臺灣，臺灣就是中華民國」的說法，是「換個名字」的「臺獨」主張，兩岸關係過去、現在、將來都不是，也不可能是「國與國」的關係。

國臺辦再次明確地向民進黨傳達大陸的底線：一切回歸「九二共識」、承認一個中國。

楊毅昨天在國臺辦例行記者會上回答媒體提問時指：蔡英文的說法混淆概念，是「換個名字」的「臺獨」主張，即使以臺灣「現行的相關規定來衡量」，這種說法也是站不住腳的。

……（略）

接受本報訪問的北京聯合大學臺灣研究院前院長徐博東說，蔡英文過去說「中華民國是外來政權」，那是一種深獨的觀點，現在說「中華民國是臺灣」，只是回歸到民進黨的「臺灣前途決議文」而已。

民進黨最初主張建立一個獨立的「臺灣共和國」，為因應2000年總統大選，民進黨1999年通過「臺灣前途決議文」，表示暫時接受「中華民國」的國號，但仍強調要建立以臺灣為名的「主權獨立國家」。

徐博東分析說，蔡英文的「中華民國」和馬英九的「中華民國」不是一回事。蔡英文的「中華民國是臺灣」，是「一邊一國」的「兩國論」的觀點。「中華民國」和「中華人民共和國」被民進黨當做是「國與國」的關係看待，而馬英九的「中華民國在臺灣」講的是治權只能統治臺澎金馬這一塊，但「中華民國」的「憲法」把大陸也當做是「中華民國」的一部分，所以馬英九才有「一國兩區」——大陸地區和臺灣地區的說法。

兩種不同觀念就產生兩個不同的「中華民國」。徐博東認為，「馬英九的『中華民國』是百年，民進黨的『中華民國』頂多是62年」。

……（略）

徐博東在受訪時也指出，「兩岸是同一個國家，一個中國是非常重要的兩岸協商談判基礎」，「你可以不用『九二共識』這四個字，但不能說兩岸是『一邊一國』」。徐博東說，如果認為兩岸是兩國的話，海協會和海基會三年多來所達成協議的基礎就崩塌了，「原來已經達成的十五項協定都將窒礙難行」，更不要說是談未來協商的問題了。

（聯合早報）

馬提和平協議意在主導選舉議題

——訪臺灣問題專家徐博東

本報記者王德軍專訪：臺灣地區領導人馬英九近日提出未來十年兩岸簽署和平協定議題引發各界高度關注。在被綠營批為「邁向統一」後，馬英九隨後又補充說如果未來要推和平協議，一定會先交付人民「公投」。臺灣問題專家徐博東在接受記者專訪時認為，馬英九提出和平協定話題，最主要的目的還是主導選舉話題，具體效果如何尚需觀察。不過他認為，馬英九即便連任，兩岸在馬英九第二個任期內簽署和平協定的難度頗高，一個更加可行的選擇是，兩岸首先在「九二共識」的基礎上結束敵對狀態。

「公投」話題節外生枝

徐博東表示，馬英九所謂簽和平協議有三個條件：「臺灣需要」、「民意支援」、「『立法院』監督」，其實就是一項：島內民意贊成。因為「國會」代表民意，臺灣沒有人不要和平，想要戰爭，綠營也需要和平。「關鍵在於和平協定的內容是什麼。綠營反對的是在一個中國的前提下簽署和平協定，而不是不要和平。綠營要的是和平『臺獨』，『一邊一國』的兩岸和平。」

對於「在綠營輪番攻擊的壓力下，馬英九又提出『公投』」，徐博東認為此舉是畫蛇添足。「打出和平協議議題是不錯的，至於和平協定什麼內容，可以說：這需要兩岸今後共同探討。這樣就比較空泛，綠營就很難攻擊。蔡英文提出『臺灣共識』，至於共識是什麼內容，她說：大家來進行討論。而馬英九後來又加上『公投』就節外生枝、畫蛇添足了。因為『公投』不僅沒必要，而且很危險，容易變調，搞不好的話容易引發兩岸關係緊張。如果兩岸有高度共識，有『立法院』監督和民意支援，就可以簽署了。這說明馬英九抗壓性不夠，掌舵能力還很欠缺。」

協議須明確「兩岸一中」

馬英九拋出和平協定話題後，大陸並未立即表態，而是保持沉默至今。徐博東認為，大陸當然瞭解馬英九是為了選戰需要拋出的議題，不會真心實意要在第二任期推動簽署和平協定。而且，馬英九所提出的和平協定具體內容都沒有，大陸沒必要認真回應，否則反而容易將自己攪入島內選戰口水戰中。「大陸所需要的不僅是和平，而必須要滿足兩個條件：一是和平協定內容必須明確『兩岸一中』；二是和平不是目的，最終要通過和平發展走向統一。所以關鍵的問題不是馬英九說簽就能簽，而必須是兩岸達成高度共識，水到渠成後才有可能簽署和平協議。」

徐博東認為，簽和平協定是否可行，關鍵是要看簽什麼樣的和平協議。「如果和平協定光是要結束敵對狀態，不打仗了，兩岸要在『九二共識』基礎上結束敵對狀態，中國人不再自相殘殺。這實際上是屬於結束敵對狀態的內容，如果馬英九繼續執政的話，還是比較容易達成共識來簽署的。但大陸所願意簽署的和平協定，必須滿足明確『兩岸一中』、統一是最終目標兩個前提條件。光用『九二共識』是不夠的，必須明確兩岸是一個中國。第二，必須明確兩岸未來的走向是統一。如果不滿足這兩項條件，目前兩岸分離現狀就可能永久化、固定化、合法化。這絕對不是大陸所需要的。」

簽和平協議需「三步走」

徐博東表示，一個現實的選擇是兩岸可以首先結束敵對狀態，第二步建立軍事互信機制，第三步才是最高端的和平協議。「結束敵對狀態是最低端的，無非是對歷史做個交代，對兩岸中國人做個交代，明確目前對立狀態是因為國共內戰造成的，現在兩黨、兩岸不打了。『九二共識』就可以解決這個問題。軍事互信機制是在不結束兩岸敵對狀態情況下，兩岸如何軍事透明化，增加軍事交流，甚至可以解決大陸導彈對準臺灣的問題、停止美國對臺軍售等議題。這都是可以在『九二共識』的基礎上簽署的，這屬於中端的。高端的才是和平協定，兩岸建立和平發展機制，這也是最難的。當然，結束敵對狀態，對『九二共識』還需要進一步明確化。臺灣現在強調『一中各表』。所以要明確『兩岸一中』。」

（大公報）

馬英九推「公投」北京憂慮

記者紀碩鳴報導　臺灣新一任選舉白熱化，馬英九在暢談「黃金十年，國家願景」時，突然拋出「在國家需要、民意支援與國會監督」的三個前提下推動簽署「兩岸和平協定」。在藍營叫好，綠營開罵的巨大爭議聲中，馬英九又拋出未來若要推動此一協議一定會交付人民公投，若公投未過就不會推動簽署，且簽署協定無時間表。馬英九讓「和平協定」綁上「公投」，成為本次臺灣選舉的又一齣重頭戲。

……（略）

事實上，馬英九綁上「公投」的「和平協議」構想出籠，明顯令北京擔憂，甚至不滿，但無論是代表中共政府的國臺辦發言人還是官方媒體均沒有公開表示態度。即使是總部設在香港的半官媒中評社的評論文章大多也是「出口轉內銷」，由臺灣的專家學者發表比較傾向北京的評論。北京官方意願明確，無論發生什麼情況，絕不在臺灣大選期間「攪和」，連大陸專家學者也甚少在內地報刊發表意見。北京聯合大學臺灣研究院前院長徐博東教授接受亞洲週刊訪問時表示：馬英九的兩岸和平協定是空的，什麼都沒有，不知道他要什麼樣的和平協定？協定的內容、條件、程序和時機完全未經討論，突然拋出來，「和平協定沒有具體內容怎麼回應」？

提出未來兩岸簽署和平協定是二〇〇五年，國國民黨主席連戰率團和平之旅中，在連胡會後達成的「連胡會五項願景」中的一條：「促進終止敵對狀態，達成和平協定」，也是馬英九〇八年大選時提出的政見之一。徐博東指出，馬英九當了三年多的臺灣地區領導人，還要繼續四年，他對兩岸問題不表態回應難以交待，馬英九「講黃金十年，我想，他一個考慮是十年中要有所動作；後來又解釋他的和平協定是要將兩岸的現狀固定化，講了幾個『化』，看來不能完全看成是馬英九的選舉語言，是他的理念。依我看，兩岸和平大陸也是贊成的，但兩岸目前這種分離分裂要固定化的話，那不是大陸所要的了，也不是全球主張中國統一的華人華僑希望看到的。未來兩岸不能光要和平，和平發展的最終目標是要國家統一。馬英九希望把兩岸分裂現狀固定化，合法化，永久化，那大陸絕對和他有不同的看法，有很大的分歧。」

也有評論家認為，馬英九推出兩岸簽和平協議是主導選舉議題的一招，因為兩岸議題是綠營候選人蔡英文的罩門，刻意迴避談兩岸議題，而馬英九相反，他認為兩岸議題是他的強項，要積極談兩岸問題。徐博東認為，蔡英文在拋出臺灣共識後，馬英九要再往前邁一步，要主導兩岸議題，顯然也是他的選舉的策略之一，不可否認。但徐博東覺得：「你拋出『臺灣共識』，我主打『和平協定』，等於藍營和綠營在兩岸問題上作出區隔。但問題是，馬英九又邁出一步，增加了『公投』，他已經談了主流民意有共識、國家需要、國會監督等簽署和平協定有三個條件。這一下又畫蛇添足，節外生枝了。」徐博東批評，三個條件中，國家需要是廢話，哪個國家不需要和平？國會監督本身就是民意監督，立法委員都是一票一票選出來的。這三個門檻已經是訴之民意了。「如果明年你選上，國民黨可以繼續執政，選你繼續作為臺灣領袖，就是承認你的政見，你訴諸公投不就是畫蛇添足，節外生枝？公投是很敏感的問題，很可能造成島內分歧和兩岸衝突。馬英九在綠營壓力下想強調民意，完全是沒有必要。」

徐博東覺得馬英九提出「公投」並不聰明，綠營又打蛇隨棍上，馬上要求修改公投法，提出「公投」綁「大選」等。「反而挺好的形勢又變成了被動的局面，我看是策略上的錯招。」徐博東認為，這些問題完全是選後來談的事，而且我個人認為，商談和平協議不是那麼簡單的事，「大陸有大陸的考慮，大陸要的和平協議和馬英九要的和平協議，恐怕有很大的分歧。能不能在他的任期談成，我存疑」。而馬英九是在堅持「不獨、不統、不武」的三不下推行和平協議，徐博東認為，這決定了馬英九推行的是不講統一的和平協議，是要把分裂現狀固定化、合法化的和平協議，「如果這樣的和平協定，我判斷，大陸絕對不會簽。沒有未來統一的宣示的和平協議，是將現狀變成固定化、合法化了，那會釀成大錯。」

大陸官方對馬言論和民進黨回擊的一些尷尬與敏感論調，幾乎都採取低調、迴避、隱忍等方式，淡然冷卻處理，以免引發波折，給民進黨以及國際勢力找到攻擊和指控的藉口和機會。國臺辦主任王毅和海協會會長陳雲林，在剛結束的兩岸兩會第七次會談受訪時，僅回以「兩岸先經後政、先易後難、先緩後急的來進行交流，共同和平發展兩岸關係，以利未來兩岸進一步的交流互動……」慣常的基本論調。

……（略）

（亞洲週刊）

徐博東暢談兩岸客家文化交流

中國臺灣網11月7日北京消息：11月4日，由中國臺灣網和中國網路電視台聯合推出的「兩岸大交流、你我共參與」涉臺專家學者系列訪談節目，邀請著名臺灣問題研究專家、北京聯合大學臺灣研究院教授徐博東，暢談兩岸交流故事，回顧兩岸關係發展、兩岸客家文化交流歷程。

從上個世紀90年代中期至今，徐博東16次赴臺探親訪友、開展兩岸同胞交流活動，給他印象最深的是兩岸民眾間的互相瞭解不斷加深，互信正在建立。

徐博東提到，他2008年之前去臺灣，與普通臺灣民眾交流時比較拘謹，擔心觸發一些民眾的抵觸情緒，最近幾年這種情況有了很大改善。隨著兩岸關係和平發展的局面不斷穩固，兩岸民眾間的交流日益深入，徐博東感到與臺灣同胞間的共同話題越來越廣泛，溝通也越來越順暢。

作為客家人，徐博東對兩岸客家文化交流事業情有獨鍾，多年來一直致力於為大陸與臺灣的客家鄉親架設溝通、互動平台。據徐博東瞭解，臺灣共有450萬到500萬客家人，占總人口的12%，他們對寶島的開發做出了很大的貢獻。他表示：「兩岸的客家人這麼多，為我們開展兩岸客家鄉親間的交流提供了豐厚的土壤。」

訪談中，徐博東饒有興致地回顧了「海峽兩岸客家高峰論壇」從創辦到茁壯發展的歷程。從2006年徐博東與臺灣客家大老、中國國民黨中評會主席團主席饒穎奇共同提出定期舉辦兩岸客家高峰論壇以來，這項論壇已經成功地舉辦了5屆。近些年來，兩岸客家高峰論壇的影響力不斷擴大，島內的參會人數由第一屆的100多人發展到現在的800多人，對增強兩岸民眾的認同感，聯結歷史文化樞紐起到了巨大的作用。

徐博東說，兩岸客家鄉親越來越廣泛的溝通、交流是近年來兩岸關係大發展的縮影，「作為一個長期關注兩岸問題與客家人交流的學者，現在兩岸關係的良好局面讓我欣喜，也讓我對未來的發展充滿了希望。」

（中國臺灣網，陳佳慧）

大陸學者：「九二共識」胡亂塞，大陸不滿意

聯合報記者賴景宏臺北－北京報導：北京聯合大學教授徐博東表示，中共總書記胡錦濤在連胡會上對「九二共識」做出三點補充解釋，既是對蔡英

文說的，也是對馬英九說的。深刻提醒臺灣未來領導人，無論誰當選，都要遵守「九二共識」，這是兩岸合作的基礎。

徐博東指出，首先，蔡英文不久前公開表示拒絕接受「九二共識」，甚至否認其存在，她是臺灣政黨領袖，而且是參選總統的候選人，大陸當然要強調「九二共識」。

胡錦濤強調「九二共識」，明白告訴蔡英文，這是兩岸關係的政治基礎，若不承認，合作就不存在了。蔡如果當選，反對「九二共識」，兩岸關係肯定大倒退。屆時，不僅兩岸協商的基礎沒了，十六項協議也將難以為繼。

徐博東說，胡錦濤講「九二共識」也是說給馬英九聽的。最近，馬英九把「九二共識」胡亂解釋，塞了很多原本不存在的內容進去，大陸很不滿意。他表示，馬將「不統、不獨、不武」都放進去，大陸不能接受。

（聯合報）

大陸學者：若造成馬英九敗選

宋楚瑜參選或「裡外不是人」

北京特派員沈澤瑋報導：臺灣親民黨主席宋楚瑜通過連署門檻，確定有資格參加2012總統選舉，這週登記參選已箭在弦上，在選舉中搶占「第三方力量」位置後，宋楚瑜接下來怎麼出招，勢成藍綠勝敗的關鍵。

受訪的北京聯合大學臺灣研究院院長徐博東認為，如果宋楚瑜參選造成馬英九敗選，宋將「裡外不是人，藍營視他為罪人，綠營不可能用他，大陸不會原諒他，美國不會高興」。

須觀察宋楚瑜是否打蔡

徐博東不排除宋楚瑜登記參選後調整策略，一個重要觀察點是宋在電視政見辯論會上是否從打馬換成打蔡（蔡英文），攻擊蔡的兩岸政策罩門，對馬則是「小罵大幫忙」，實際成為馬的側翼。

中國人民大學臺港澳研究中心名譽主任張同新則認為，宋的參選如果導致馬敗選也不會影響宋與大陸的關係，因為兩者應該分開來看。廈門大學臺灣研究院院長劉國深則說，國親兩黨現在要談合作已太艱難，但理論上什麼變化都可能發生，「當事人怎麼處理，將是一念之差的事」。

政治的確無絕對。2006年臺北市長選舉中慘敗並宣布退出政壇的宋楚瑜，不僅沒有退下，反而更往前衝。為了爭取更多「立委」議席，讓親民黨和自身能夠在政壇繼續發揮影響力，宋楚瑜先發制人、以戰逼和，以參選總統作為討價還價的最大謀略。

在得不到馬英九和國民黨足夠的善意回應後，69歲的宋楚瑜不得不繼續衝，力求站穩進可攻、退可守的「幕後推手」位置。而雙英民調緊咬，甚至可能進入交叉狀況，正好給宋楚瑜提供操作政治槓桿的空間，從大部分民調判斷，他大約可爭得10%至15%的選票。

學者徐博東認為，宋楚瑜已經到了騎虎難下的狀況，但不排除以宋的靈活和聰明，選情可能出現新變數，一個可能性是宋在正式參選之後調整策略，反而成為藍營一張很好的牌。

臺灣總統大選自2000年起舉行電視政見發布會，2004年開始首次進行電視政見辯論會，這屆選舉的首場辯論確定在下個月23日舉行。徐博東認為宋楚瑜在電視辯論中的表現，將是觀察他是否改變策略的重要指標。

他說：「要觀察宋楚瑜的矛頭所向是衝著馬還是衝著蔡？是真正打蔡英文兩岸政策的弱項，然後只對馬英九進行『小罵大幫忙』？如果他照樣批評馬執行力不行，但攻擊蔡英文如果不承認『九二共識』，兩岸關係無法穩定，造成臺灣經濟急速下滑，這可能變成對馬英九有利，藍營反而感謝宋楚瑜。」

另一個可能是宋在觀察馬會不會崩盤，然後自己可以接收藍營的選票。還有一個可能是宋知道自己沒有機會取代馬，就號召支持者，選擇性投票，「總統票投馬英九，政黨票和立委票投親民黨，成功不在我」，綠營士氣將大挫，藍營將受到極大鼓舞。

徐博東認為，這是對宋楚瑜最好的結果，「藍營會感激他幫助馬英九贏得選舉，欠了宋楚瑜和親民黨這麼大的人情，選後會迫使馬英九不得不釋出一個位子給宋楚瑜，用不著他要，整個社會氣氛就要求馬英九和國民黨，你不能不給他」。

「藍營的汪精衛綠營的吳三桂」

2000年的總統選舉，已脫離國民黨的宋楚瑜以獨立人士身分參選，和國民黨的連戰鷸蚌相爭，讓民進黨的陳水扁漁翁得利。2012年的選舉是否重演2000年的歷史？有綠營名嘴已將宋楚瑜形容為「藍營的汪精衛、綠營的吳三桂」。

受訪的三位大陸學者一致認為，雖然宋楚瑜參選將吸走馬蔡兩邊的部分選票，但對馬的殺傷力會更大。徐博東分析說：「在臺灣，藍營將把他視為馬英九、國民黨敗選的罪人，至少半數以上的臺灣選民會強烈指責他，他很難再立足；綠營也不可能用他，因為他的兩岸政策和理念不會讓綠營放心；大陸當然也不會原諒他，造成這樣的後果；從美國方面來說，可從維基解密裡看出，其實美國人也不希望臺灣島內政局出現太多的變動。美國認為馬英九的兩岸政策基本上還是符合美國的需要，所以如果造成大變動，無疑給美國找麻煩，美國也不會滿意。」

另一大陸學者張同新則認為，應該把臺灣選舉狀況和宋楚瑜對兩岸關係的態度分開看待，即使因為宋的參選而導致馬英九敗選，宋與大陸的關係也不會受影響，親民黨和大陸的交往也照常。張同新說，關鍵原因是親民黨承認「九二共識」，而宋和親民黨在兩岸關係上做過很大努力。

（聯合早報）

大陸學者徐博東解讀臺灣「大選」八大看點

核心提示：鳳凰網與中國網聯合推出「2012臺灣『大選』觀察」系列訪談。第一期，對話資深臺灣問題研究專家、北京聯合大學臺灣研究院創院院長徐博東。徐博東提出2012臺灣「大選」有八大看點，選舉後期，對馬英九有利。但他也指出馬英九民調只有領先10個百分點以上，才有獲勝的把握。

徐博東指出，由於臺灣仍是一個危機社會，藍綠對立、意識形態至上，大選結果充滿了不確定性。陳水扁執政八年，將臺灣搞得一團糟，但民進黨卻很快翻身；馬英九比陳水扁做得要好得多，但民調三年多來一直低迷。「這是不正常的所謂民主選舉制度」，徐博東分析與臺灣中南部本土居民對早期國民黨獨裁統治的厭惡有關，一定要擁護「本省人」當領導人。往往一個突發事件就可能導致整個選情翻盤，「比如李登輝，拖著病體上台公開露面，故意咳嗽幾聲，突然暈倒在台上，都可能起作用」。

宋楚瑜為何堅持參選？其目的很明確，爭取政黨票和「立委」席位，擴大其政治影響力。他之所以最後宣布參選，實乃騎虎難下，有那麼多人連署，不能不選；加之被藍營大罵，也有情緒化因素。徐博東認為，連署過後，宋楚瑜打馬為虛、打蔡為實。如果因宋楚瑜參選造成馬英九敗選，宋將裡外不是人，藍營視他為罪人，綠營不可能用他，大陸不會原諒他，美國不會高興。因此，徐博東分析宋楚瑜參選到底的可能性不大，他會等待合適的時機退選。

馬英九若當選，兩岸關係是否會有所突破？徐博東認為仍會是先經後政的路線，兩岸如何加強合作，應付經濟危機，是重中之重。也不排除文化、教育、新聞方面簽訂一些協定。但「兩岸和平協定」簽署的可能性不大。

對話嘉賓：徐博東，資深臺灣問題研究專家，北京聯合大學臺灣研究院創院院長、顧問，曾主持《「臺獨」與民進黨研究》、《大國格局變動中的兩岸關係》等重大課題研究。

對話主持：陳芳

一、影響臺灣「大選」的因素有哪些？

「臺灣仍是個危機社會，是一個藍綠對立、意識形態至上、只有顏色沒有是非的社會。所謂民主制度、選舉制度是非常不健康的，大選結果也充滿了不確定性。」

鳳凰網、中國網：根據您的研究和觀察，影響臺灣大選的因素有哪些？

徐博東：臺灣不是一個國家，是中國的一個地區，而且是非常特殊的地區。用民進黨前主席許信良的話講，「臺灣是一個危機社會」（編者注：許信良認為臺灣是一個分裂社會、危機社會，族群、「統獨」對立十分嚴重）。

首先，臺灣藍綠對立嚴重，實則在「國家認同」上存在著很大的分歧。藍營認同大中國，根據「中華民國憲法」承認「兩岸一中」，承認九二共識；綠營則主張「臺灣和大陸是兩個國家」。藍綠對立，對島內政治、兩岸關係都產生著非常深刻的影響。

第二，由於歷史原因，中美建交之後，美國的軍事力量雖然退出了臺灣地區，但在政治、思想上還深刻影響著臺灣的政治發展，或明或暗地介入臺灣政治。

一般來講，內部政策是影響選情最主要的因素，但臺灣並不如此，不僅僅是政策，還在很大程度上受意識形態即「國家認同」的影響。

臺灣大選難免受到這些因素的制約和影響，因此，臺灣民主到目前實質上仍是畸形發展，選舉制度也是不健康不成熟的，充滿了非常大的不確定性。

此外，選舉策略、選舉技巧亦不可小覷。綠營實力實際不如藍營，但由於民主發展不充分，每年大選中，能夠讓「臺獨」勢力傾向的政黨通過不光彩的手段，即奧步，奪取政權，比如2004年大選中的「兩顆子彈」。因此，臺灣的選舉非常難以預測，往往一個突發事件就可能導致整個選情翻盤，不到最後時刻，很難準確評估選舉結果。

鳳凰網、中國網：臺灣這幾年的民主進程您怎麼評價？

徐博東：陳水扁執政八年，經濟大幅滑坡，投資環境惡化；貪腐集團招來眾怒，20多個政府官員被起訴，陳水扁坐牢，其家人全部涉案；挑戰兩岸關係，造成臺海地區緊張局勢，迫使中美兩國聯手遏止「臺獨」。

按理說，民進黨垮台後應好好反省，但目前我們沒有看到，只是換了一個黨主席，內部派系仍把持著權力，也沒有與陳水扁進行切割，蔡英文甚至跑到監獄探訪陳水扁。兩岸關係也沒有很好的檢討，到現在還在堅持「臺獨」黨綱，堅持「兩國論」。

可是，這個黨，居然能夠在很短的時間內重新崛起，「五都」選舉，從席次上，藍3綠2，保持了原來的版圖，但是得票率上，綠營卻打敗了國民黨。而這次「大選」，也讓馬英九如此緊張。這難道正常嗎？這是不正常的所謂民主選舉制度。

鳳凰網、中國網：為什麼會出現這樣的結果？與民眾意識有關，還是被政黨操控？

徐博東：關鍵在中南部的農業區，以及中低收入群體。一方面，他們知識結構比較低；另一方面這個群體以臺灣本土居民為主，這就和國民黨五六十年代實行嚴酷的「白色恐怖」有關，造成了很多冤假錯案，使臺灣一些老百姓對國民黨專制獨裁統治深惡痛絕，「臺獨」開始主要是反國民黨。

為什麼李登輝到現在還有那麼大的影響力？他們覺得他是臺灣人的第一個總統；陳水扁搞得這麼差，為什麼還能有那麼多人擁護他？支持者曾經說過「肚子扁扁也要擁護阿扁，犯再大錯也是我們臺灣人的總統，要打要罵也是我們自己人的權力」。這種糾結的心態如果不轉變，臺灣政治就總是處在一種沒有是非的境地，民進黨再怎麼亂搞，還是有它那麼大的根基，不會鬆動。

鳳凰網、中國網：臺灣歷次選舉，包括臺北市長選舉，有一個奇特的現象，在位者往往很難守住位置，當然2004年陳水扁那一次是例外，因為兩顆子彈改變。

徐博東：是這樣。吳敦義在高雄當市長，連任時，面臨著謝長廷的挑戰，就是因為一個錄音帶，說他跟女記者有緋聞，結果飲恨敗選，最後調查根本沒這回事兒。不要說「總統大選」，有很多這樣的事情。

一個錄音帶、一個造假的DVD光碟就可以導致翻盤。臺灣的選舉現在很難評估，誰也不要吹牛，說什麼人就能夠贏，只能評估現在，但不能保證一個多月以後還是這樣。像2004年，選前幾天國民黨還有8%的領先率，結果兩顆子彈打下來以後，第二天一下子就翻盤了。

陳水扁執政四年，把臺灣搞得一塌糊塗。2008年選舉，很多人評估民進黨會慘敗，連許信良都說，「沒有20年民進黨恐怕很難爬起來」。儘管如此，2008年臺灣「大選」，謝長廷這一組代表民進黨的人馬還能拿到42%的選票。現在，臺灣就開始面臨國民黨會不會在2012年敗選、民進黨是否重新上台執政的問題。

按理說馬英九比陳水扁好，多清廉的一個政治人物；再看「第一夫人」，周美青與吳淑珍相比，差距可見；經濟上，困難情況之下，依然實現了高增長；兩岸關係至少不像陳水扁執政時期那麼劍拔弩張，ECFA簽訂，直接「三通」實現，陸客大量入島。但馬英九民調，三年多來很難爬起來，一直很低迷，這次選舉居然那麼辛苦。這是很不正常的，就是跟上面講的幾方面有很大關係。

臺灣選舉往往會大跌眼鏡，就在於它是個危機社會，是一個藍綠對立、意識形態至上、只有顏色沒有是非的社會，所謂民主制度、選舉制度是非常不健康的。臺灣「大選」就像一部非常精彩的政治電視連續劇，高潮迭起。

二、2012臺灣「大選」有哪些看點？

「要看選戰會出什麼突發事件，突發事件隨時都可能影響選情，甚至導致選情翻盤。比如李登輝，拖著病體上台公開露面，故意咳嗽幾聲，突然暈倒在台上，也可能起作用。」

鳳凰網、中國網：這次「大選」，從您目前觀察到的選舉情況，有哪些看點？

徐博東：2012年臺灣大選，有八大看點。

第一，看國民黨拿出來的不分區「立委」名單是不是漂亮，能不能經得起臺灣社會嚴格的檢驗。從目前來看，國民黨做得不錯。但正面效應被民進黨的奧步有所削弱，民進黨為什麼要拋出陳盈助事件、兩元柿子事件？民進黨的不分區名單引起臺灣社會嚴重詬病，所以在國民黨拋出不分區名單的同一天，民進黨拋出陳盈助事件，接著柿子風波，就是為了掩蓋國民黨的新聞效應。但不管怎樣，國民黨的效應還在那裡，占了先。

第二，要看12月份的幾場總統電視辯論會，很關鍵。從目前看，馬英九領先。

第三，要看宋楚瑜的攻擊點，主攻馬英九還是主攻蔡英文。宋的口才非常好，而且沒有任何包袱。現在看來，宋楚瑜並不像原來人們所預估的打馬，而是左右開弓。依我觀察，宋楚瑜打蔡比打馬更厲害，比如他肯定ECFA，實際上就是批蔡英文。我覺得宋打馬為虛打蔡為實。前一段時間打馬，因為他需要利用綠營的人幫忙連署，不但要過關，還要盡量多一點連署人。現在連署過關，沒必要繼續討好綠營。這場辯論，實際上宋楚瑜是做球給馬英九的，問的問題也是故意讓馬英九講政績。

第四，要看馬英九的執政團隊會不會再出問題，會不會後院著火幫倒忙，現在看他的執政團隊還是比較謹慎小心的。

第五，看馬英九競選團隊會出什麼樣的招，會不會繼續出昏招。現在看這一段還不錯，前一段提出「公投兩岸和平協定」，真是昏招。也要看其面對綠營的奧步怎麼因應，陳盈助事件、柿子風波，因應得不錯。

第六，看民進黨競選團隊會出什麼招，能不能讓臺灣老百姓放心，其上台後兩岸關係不會回到陳水扁時代，能夠保證和平發展的福利不會丟失。現在看來，民進黨執政團隊一連出了幾個錯招，陳盈助事件搬石頭砸自己的腳，柿子風波搞得很狼狽。

這一階段，其競選團隊並沒有發揮正面作用，臺灣選民並沒有因「十年政綱」的拋出，消除對蔡英文上台的疑慮。蔡英文在辯論會前一天晚上，臨時舉行記者會，說明他們很清楚兩岸問題肯定是第二天辯論的重點，與其被動挨打，不如主動出擊，事先拋出新思維，表面看像轉變，但辯論中還是老樣子，不過是競選團隊的一個技倆。至少到目前，我看民進黨的競選團隊不像2004年那麼厲害，吳乃仁、邱義仁還是那一套選舉花招，臺灣老百姓已經厭惡了，而且這種花招被看穿後，對方已經有充分的應對準備。

第七，要看選戰會出什麼突發事件，突發事件隨時都可能影響選情，甚至導致選情翻盤。比如李登輝，前一段時間做手術，身體不是很好，假如他病情惡化，或者最後拖著病體上台公開露面，故意咳嗽幾聲，突然暈倒在台上，都可能起作用。突發事件仍然是影響臺灣選情非常重要的一個因素，很難想像有哪些東西會出來。

第八，要看大陸臺商回去投票的人有多少。在支援率如此接近的情況下，大陸100多萬的臺商，包括在海外的臺灣人能回多少，這很重要。2004年的時候，很多臺商沒有回去非常後悔，這一次會有危機感。

三、怎麼看選前民調？

觀察歷年來的選舉，十個百分點之內，馬英九都處於一種危險狀態；五個百分點以內肯定是輸；只有超過10%的領先幅度才有贏的把握，十個百分點也只是險勝，大概12到15個百分點就有把握了。

鳳凰網、中國網：目前的各種民調能多大程度上反映真實選情？民調差距在多少範圍是安全的？

徐博東：今天（2011年12月7日）最新民調顯示，馬英九領先，並且領先7個左右百分點。

臺灣選舉不到最後一刻很難預測，只能說現在。如果今天投票的話，我敢說只有六七個百分點的領先，馬英九仍然是輸的。觀察歷年的選舉，十個百分點之內，馬英九都處於一種危險狀態；五個百分點以內那肯定是輸；只有超過10%的領先幅度才有贏的把握，就是十個百分點也只是險勝，大概12到15個百分點就有把握了。

為什麼？打個比方，民調調查我們三個人，有兩個人說支持馬英九，但不等於兩個人都去投票。藍營的投票意願不如綠營高，綠營是颳風下雨，都要去投票的，投票率歷來都高於藍營八個百分點左右。

四、馬英九VS蔡英文，各自勝算幾何？

蔡英文背負「臺獨」與陳水扁貪腐的包袱。從後續發展來看，馬英九比較有利。馬英九的夫人牌，執政優勢牌、以及宋楚瑜最後可能棄選都對馬英九有利。

鳳凰網、中國網：根據現在的觀察，馬英九競選團隊和蔡英文團隊，各自的優劣在哪裡？勝算幾何？

徐博東：綠營很會打文宣戰，擅長用媒體、文宣、電台等等，很會煽動民粹情緒，不惜造假。民進黨是草根性的政黨，能夠很好地把握臺灣社會的脈動，容易從中下層那裡獲得選票，來擺脫政治勢力相對弱小的不利局面。他們認為結果是最重要的，只要能達到那個結果，採取什麼手段都可以。因此，民進黨的民調往往顯得比較低，但一到選舉時刻，拿到的票卻很高。

藍營組織戰打得比較好，但文宣不如綠營，不過這一次國民黨的文宣並不輸民進黨，金溥聰還是比較重視文宣，對民進黨反制比較及時，發言人就有15個，都是年輕人，帥哥、美女。

但國民黨內部往往是分裂的，2000年就因為分裂，宋楚瑜從國民黨出走，另組一組人馬參選，結果票源分散，導致陳水扁奪得政權。

此次「大選」中，就蔡英文來講，有兩個包袱。第一，到目前看不出她有辦法讓臺灣老百姓、特別是企業界人士對她放心，大多對其能否穩定兩岸關係表示懷疑。她提出「臺灣共識」，至今沒有清晰的表述，她也不敢把「兩國論」拿出來，很難讓臺灣老百姓對她上台以後能夠放心，能夠穩定兩岸關係，並繼續享受和平發展福利。

第二，看不出她與陳水扁有真正的切割。蔡英文在辯論中說執政之後的團隊不等於現在的競選團隊，同時還被揭發蔡英文為家族企業——宇昌生技公司，謀好處，圖利自肥。估計很快就會開始發酵。而且邱毅還爆出蔡英文牽涉「國安密帳」弊案。恐怕後面這個問題會談得更清楚，很快就會發酵。蔡英文曾經說，雖然我的競選團隊是陳水扁的，關鍵要看領導人如何，意思是說她很清廉，但別以為蔡英文多清廉，圖利自肥的事被揭發，其清廉形象被打破。

剛才分析的八大看點，從後續發展來看，馬英九比較有利。此外，馬英九還有一張大牌——夫人牌沒有打。周美青這張牌很有效的，現在周美青的輔選只是剛剛開始。再有就是馬英九的執政優勢，最後一個多月時間裡，還可以頒布一些民生政策來拉選票，臺灣人叫「政策買票」，執政就有優勢。

最後，有利於馬英九的還有宋楚瑜的動態。

五、宋楚瑜是否會參選到底？

「他參選目的就是要保住政黨票和『立委』席位。我始終不認為宋楚瑜會參選到底，宋楚瑜是在觀察，密切算計棄選時機，要看什麼時間點最好、最合適、最符合他自己的利益。」

鳳凰網、中國網：宋楚瑜究竟為什麼參選？而且開始態度很是堅決。

徐博東：他說得很清楚，就是想在「立法院」有親民黨的黨團，繼續在臺灣政壇上有其影響力。要想有「立法院」黨團，光靠「立委候選人」是不行的，要造勢，就要參選。開始時宋稱有一百萬他才選，實際上給自己留了一個下台階的梯子，但後來由於各種因素，包括藍營名嘴一天到晚罵他到狗血淋頭，大概有點動氣。

形勢的變化發展，導致他後來騎虎難下，不能那麼多人連署，你卻突然不選了。所以他要把這張牌發揮到極致，等最後關鍵時刻。

鳳凰網、中國網：宋楚瑜是否會參選到底？

徐博東：我始終不認為宋楚瑜會參選到底。即使他真參選到底，如果在策略上發生變化，由打馬，到馬蔡均打，虛打馬，實打蔡，整個形勢就發生變化了。這樣一個變化，會對藍營的士氣有很大提升。實際上宋參選並沒有什麼壞處，反而幫助了馬，辯論的時候其實在做球給馬，打馬是輕輕打兩下，打蔡是要害上打。

如果選前一天或選前兩天，看民調始終低迷不可能選上，宋楚瑜會開放投票，只要保住政黨票和「立委」的席位。這樣，對國民黨來說，士氣上會有一個大變化，不在於多少個百分點轉向馬，而在於整個士氣發生變化，馬英九的看好度會大幅提升，舉棋不定的可能就會投給馬。

如果最後階段宋楚瑜還有七八個百分點的支持率，現在看來綠營的已經全部回去，這其中有四個百分點是宋楚瑜死忠票的話，也有三四個百分點可能變化。一種變化無非不選，還有兩個百分點可能回轉投馬，兩個百分點就二十多萬票。我一開始就說，不在於多少選票，重要的在整個士氣發生變化。

這樣，對宋楚瑜來說，馬英九即使輸也賴不著我了；贏了，我立一大功，而且很多藍營支持者可能會覺得欠了宋楚瑜一個人情，在「立委」選舉中，政黨選票會自動流向親民黨。大陸也沒得罪，美國人也覺得宋楚瑜最後關鍵時刻保了馬，對他也沒有什麼反感。這樣就是一個雙贏的局面，要我是宋楚瑜，我很可能就這樣做，何必明明知道自己選不上，最後弄得自己裡外不是人？宋楚瑜是何等人物？他不知道算盤怎麼打啊？意氣用事最後弄得魚死網破？我看他沒那麼笨。如果說一開始有點意氣用事，形勢發展逼得他下不了台，冷靜下來思考，他不會算不好這筆政治帳的。

我估計宋楚瑜是在觀察，密切算計棄選時機，要看什麼時間點最好、最合適、最符合他自己的利益。

六、馬英九若當選，兩岸關係有無可能突破？

即使馬英九贏了，第二任期也不可能簽訂「和平協議」。既沒有兩岸「一中原則」的明確規定，也不設定未來兩岸終極統一走向，這樣的「和平協議」，大陸是絕對不可能接受的。這兩條，馬英九即使連任，四年能夠做得到嗎？他講得很清楚，「不統、不獨、不武」。

鳳凰網、中國網：怎麼看馬英九在選舉前拋出的兩岸主張？尤其前一段時間，對兩岸關係的強硬表態，以及後來的鬆動？這是一種選舉策略還是其政見？

徐博東：既是他的選舉策略，也不能說不是他的政見。比如「兩岸和平協定」，恐怕是他的政見，但「公投」不見得是其事先設計好的。和平協議出來後，綠營反彈迫使其用「公投」消除綠營和中間選民的疑慮。

鳳凰網、中國網：如果馬英九當選，兩岸關係前景如何？政治層面會不會有突破？

徐博東：馬英九如果連任，恐怕還是先經後政。明年經濟恐怕又會面臨新一波經濟危機，兩岸如何加強合作，應付經濟危機，是重中之重。ECFA還有很多具體協議沒有談。當然不排除文化、教育、新聞方面簽訂一些協定。

我個人評估，即使馬英九贏了，第二任期也不可能簽訂「和平協議」。因為馬英九所說的「和平協議」和我們所要的和平協議不是一回事。馬英九的「和平協議」說白了就是維持現狀，並將現狀固定下來。

大陸怎麼可能希望兩岸這種分裂局面固定化？不但固定化還法治化嗎？要搞清楚他的「和平協議」是什麼。我們所要的和平協定至少要滿足兩個條件：

第一，明確兩岸同屬一個中國的原則，現在馬英九是「一中各表」，未來四年馬英九能不能在兩岸定位上有明確的表態，我始終打個問號。

第二，和平協定必須明確未來統一的走向，終極統一。簽和平協定不是使現狀固定化，而是要謀求未來國家的統一。和平發展只是過程，最終要實現國家統一。

既沒有兩岸「一中原則」的明確規定，也不設定未來兩岸終極統一走向，這樣的「和平協議」，大陸是絕對不可能接受的。這兩條，馬英九即使連任，四年能夠做得到嗎？他講得很清楚，「不統、不獨、不武」，我看不出這種可能性。

有人認為馬英九第一任期不敢提，是因為他有連任壓力，第二任期沒有壓力就可以放開手腳。我不這樣認為，馬英九雖然沒有連任壓力，但國民黨還有連任壓力呢，他不能因為自己讓國民黨丟掉政權。不能光考慮馬英九個人有沒有連任壓力，還要考慮國民黨繼續執政的問題，照樣有壓力。

第二任期恐怕仍是經濟為主。不要認為馬英九上台就什麼都OK了，兩岸關係就可以大步向前邁了，這種看法太過於樂觀了，欲速而不達。

鳳凰網、中國網：有學者認為馬英九對「臺獨」，對綠營有一些過於妥協？

徐博東：對，我也是這麼認為的，而且有些是無原則的妥協。

這麼多年來，民調始終低迷，馬英九有一個很錯誤的認識，他要當「全民總統」，很在乎綠營那一批人的意見，綠營的人一旦反彈馬上妥協。為什麼對大陸時不時說一些硬話？就是表態給綠營看，外省人的原罪感，表示他這個外省人不會賣臺的。

這樣他就把自己的基本盤——深藍陣營得罪了，深藍的人看著很不舒服，最終統一也不敢說了，綠營一反彈就軟。他想搞藍綠之間的平衡，這是失策。實際上哪裡有「全民總統」？你要反映支持你上台的那一批人的利益，反映他們的訴求，誰贏誰就通吃，我的政見你贊成就投我的票，不贊成就投另外一組人，都不贊成，你就可以不投票。

鳳凰網、中國網：這他個人的問題還是代表了國民黨的一種傾向？

徐博東：恐怕整個國民黨都有這個問題。馬英九當選黨主席之後，國民黨黨綱中就把「終極統一」這一條給刪了，不再提未來兩岸統一，只有和平發展，連胡會的五項願景寫進去，但把黨綱裡「謀求國家統一」這一條刪掉了。馬英九曾經說過終極統一，被綠營一批就再也不敢談了。

臺灣國民黨，現在已經失去了理想性，不再將兩岸的統一作為自己的最高目標。因此有人講「國民黨民進黨化」，使臺灣老百姓分不清楚國民黨和民進黨有什麼根本區別。

鳳凰網、中國網：馬英九如果當選，有沒有可能以黨主席身分訪問大陸？

徐博東：不可能了，馬英九已經講了這番話，這個可能性已經不存在了。即使以國民黨主席身分訪問大陸，也會被解讀為臺灣地區領導人的身分。因此，不大可能。

（鳳凰網／中國網）

2012年

堅持「九二共識」兩岸才能共用和平福利

中國臺灣網1月9日北京消息：由中國臺灣網、中央電視台新聞中心、人民日報海外版主辦，騰訊網協辦的「2011年兩岸關係十大新聞」評選活動將於明日揭曉。作為本次活動的評審專家之一，北京聯合大學臺灣研究院徐博東教授在評價去年的兩岸關係時表示：2011年兩岸之間政治互信進一步增強，只有堅定不移地堅持「九二共識」，兩岸關係才能穩定良好地繼續發展。

2011兩岸政治互信進一步增進

2011年，「兩岸經濟合作框架協定」（ECFA）中早收清單正式實施；兩岸經濟合作委員會成立；大陸居民赴臺個人遊如期正式啟動……此外，兩岸警方聯手摧毀了多個特大跨境電信詐騙集團，共抓獲兩岸犯罪嫌疑人1600多名……另一方面，2011年大陸「十二五」規劃首次把兩岸關係列為專章加以闡述，指明了今後幾年兩岸經濟關係的發展方向。

徐博東認為，所有這些，都為兩岸合作拓展了新的領域，為下一步商談簽署協定、深化互利合作打下了堅實的基礎。一年來兩岸簽署的各項協議得到了確實履行，兩岸經濟合作制度化取得了重要進展，彼此的互信進一步增進。

在高層往來方面，本年度中共中央總書記胡錦濤就推動兩岸關係發展提出4點意見、對「九二共識」作出3點重要闡述；第七屆兩岸經貿文化論壇形成了4點共識，提出了19條「共同建議」。徐博東認為，兩岸高層的交往和重要宣示，對於促進相互瞭解，增強兩岸政治互信，都起到了重要作用。

徐博東認為，加強兩岸政治互信，有賴於兩岸雙方良好互動：一是要信守各自的承諾，確實履行兩岸兩會已簽署的各項協議；二是要照顧到彼此的關切，按照「先易後難，先經後政」的工作思路，推進新的協商談判，擴大交流合作；三是要加強兩岸高層的交流交往，增進彼此的瞭解。他認為，2011年在上述3個方面兩岸做得都很不錯。

堅持「九二共識」兩岸同胞才能共用和平「福利」

對於如何進一步加強兩岸政治互信，徐博東認為，「九二共識」是最核心的基礎。20多年來，臺海風雲跌宕起伏，兩岸關係經過了艱難曲折的歷程。事實證明，堅持「九二共識」，兩岸協商談判才能維繫，兩岸關係才能穩定發展，兩岸和平才有保障，兩岸同胞也才能共用和平「福利」。

他強調，「九二共識」是一個客觀事實，而且是一個對兩岸關係發展不斷發揮重大積極作用的事實。未來兩岸關係發展中需要通過協商談判解決的問題還很多，今後臺灣不管什麼政黨也不管什麼人執政，都必須嚴肅面對「九二共識」，承認和接受「九二共識」。只有這樣，兩岸雙方既有的政治互信基礎才能得到鞏固和增強，兩岸協商談判才能夠開闢更廣闊的領域，不斷取得新的更大成就，更好地造福於兩岸同胞。而否認「九二共識」，不僅兩岸協商談判難以為繼，已有的協商成果也將難以落實，兩岸關係勢將重現曾經有過的動盪不安，最終傷害兩岸同胞尤其是臺灣同胞的利益。

兩岸關係繼續發展——寄望堅持「九二共識」與開放政策

對於2012年兩岸關係走向，徐博東認為，堅持「九二共識」和兩岸開放政策，兩岸關係可望在既有的基礎上進一步穩定向前發展。

首先，面對即將到來的世界經濟衰退，兩岸將會加快腳步推進ECFA的後續協商，為深化兩岸經濟合作提供更有效的制度保障，為臺灣企業提供更廣闊的發展空間，為臺灣經濟提供更多的有益支持，為兩岸共同應對經濟衰退、促進經濟共同繁榮提供更有利的條件。兩岸協商將會優先解決事關兩岸同胞切身利益的重要問題，積極考慮廣大基層民眾、中小企業和年輕人的需求，使協商成果更加有利於擴大兩岸交流合作，更加廣泛的惠及兩岸民眾。與此同時，兩會將會推動商簽兩岸文化、教育、新聞、出版等方面的交流合作協定。再有就是對臺灣同胞一向十分關心的有關臺灣參與國際活動的問題，展開兩岸協商，作出合情合理的安排。總之，在今後的幾年中，兩岸互信將會進一步增強，兩岸關係和平發展將會提升到一個更高的層次。但「先易後難，循序漸進，把握節奏」，仍然是必須遵循的原則。

徐博東也表示，假如否認「九二共識」，那麼兩岸協商的政治基礎喪失，這樣不僅兩岸兩會的協商勢必中斷，已經達成的16項協議也將因為失去原有的政治基礎而成為無源之水和無本之木，無法有效貫徹落實。兩岸政治互信的喪失，兩岸協商的中斷，勢必使兩岸關係充滿變數，很可能倒退到陳水扁時期動盪不安的局面，受傷害最大的必將是臺灣經濟和臺灣同胞。

十大新聞評選有助於促進兩岸同胞交流理解

「兩岸關係十大新聞評選」自2005年推出至今已經連續舉辦了6屆，每一年都有臺灣問題專家學者與廣大關注兩岸關係發展的網友一道，評選出當年最具影響力的兩岸關係十大新聞事件。同時，也以此為線索回顧與梳理一年來兩岸關係的發展。

徐博東表示：這一活動有助於引導廣大線民認真回顧一年來兩岸關係發展的全過程及所取得的成果，關心兩岸關係發展，關心民族復興大業。這對於促進兩岸同胞的交流交往、相互理解和感情的融洽具有重要意義。應當堅持辦下去，並且希望它越辦越好。

據悉，本次評選活動將於1月10日公布評選結果。

（中國臺灣網，記者粟琰）

大陸對臺「無影手」力量日強

新加坡聯合早報／北京特派員沈澤瑋報導：北京聯合大學臺灣研究院徐博東教授認為，以臺灣大企業紛紛挺「九二共識」的舉動來看，大陸對臺政策在過去幾年取得非常大的成就，說明「『九二共識』已通過這場選舉深入民心」。

臺灣總統選舉總避不開兩岸關係和中國大陸因素。隨著兩岸經貿關係日益緊密，大陸所能發揮的無影手力量也日益增強。

雖然大陸一再強調「不介入」臺灣選舉，但在承認「九二共識」的國民黨候選人馬英九和不承認「九二共識」的民進黨候選人蔡英文之間，中國大陸更希望看到前者當選，卻是毋庸置疑的。

整理2005年至2012年間國共兩黨為推動兩岸關係所做的鋪陳，不難發現這次臺灣選舉不僅是對馬英九的信任投票，也是對大陸對臺政策的一次檢驗。

2005年，時任國民黨主席連戰展開歷史性破冰之旅，與中共總書記胡錦濤訂下五項願景。三年後的2008年，國共終於等到馬英九上台，同年恢復兩會（海協會、海基會）制度性協商、啟動歷史性的「大三通」，又簽署了包括降低關稅的「兩岸經濟合作架構協定」（ECFA）在內的16項協議。再三年後的2012年，面對又一次的臺灣「大選」，大陸是收割2005年以來耕耘的成果，還是一夕回到12年前民進黨上台執政的局面？

有輿論稱，兩岸關係突破是胡錦濤任內的重大成就，如果馬英九敗選，大陸惠臺政策可能面對來自內部的質疑，被迫轉向較強硬的對臺政策。此外，由於中共今年將召開「十八大」，若臺灣政局在大陸領導層更替前出現新變化，那胡錦濤將無法在其任內留下他推動兩岸關係進程的「政治遺產」，也可能影響大陸政局的人事安排。

受訪大陸學者對此看法不以為然。

中國國際問題研究所研究員郭震遠指出，大陸對臺政策的基本特點是「延續性、穩固性」，在具體做法上若因應臺灣主政者態度上的改變而做調整，也是很正常的。至於大陸要隨臺灣領導人出現更迭而追究責任的說法，郭震遠形容，這種解讀「讓人匪夷所思」。

北京聯合大學臺灣研究院徐博東教授認為，臺灣選舉的結果不能與大陸對臺政策畫等號，如果說馬英九贏了，大陸對臺政策就取得重大勝利，輸了就是政策錯了，這樣看問題是「幼稚的、片面的、錯誤的」。

他說，臺灣選舉的輸贏，有其內部的規律性，儘管兩岸關係是影響臺灣選舉和政治發展的重要領域，但它不是決定性領域，主要還是臺灣的民生議題。

相反的，徐博東認為，以臺灣大企業紛紛挺「九二共識」的舉動來看，大陸對臺政策在過去幾年取得非常大的成就，說明「九二共識已通過這場選舉深入民心」。

「九二共識」是近來在兩岸新聞中曝光率很高的關鍵字，臺灣方面認為其核心精神為「一個中國，各自表述」。對於「一個中國」，中共的認知為一個中華人民共和國；國民黨的認知為「一個中華民國」，中共強調「一中」，國民黨緊抓「各表」。

堅持「一中原則」或「九二共識」是大陸的底線。大陸對臺灣選舉的高度關注，也反映在官方和學者屢次強調「九二共識」是兩岸恢復制度性協商的重要前提，並多次告誡臺灣否定「九二共識」後果嚴重。

從中國全國政協主席賈慶林、國臺辦主任王毅、海協會會長陳雲林到國臺辦發言人楊毅和范麗青等人，幾乎沒有一人不在公開場合把「九二共識」掛在嘴邊。

在海協會成立20週年紀念大會上，賈慶林甚至列出臺灣否定「九二共識」的四個後果：

一、兩岸協商「難以為繼」；

二、已有的協商成果「難以落實」；

三、兩岸關係勢將重現以往曾有過的「動盪不安」；

四、兩岸人民利益將「受傷害」。

學者：大陸對蔡英文不會聽其言觀其行

受訪大陸學者認為，如果蔡英文上台，大陸對她連「聽其言、觀其行」的過程也不會有，因為她對「九二共識」的態度已經很明顯，難有轉圜餘地。若蔡不肯承認「一中原則」，那兩會協商極可能中斷，臺灣在經貿和國際空間等問題上恐怕再度受挫，今年5月份能否以觀察員身分參加世界衛生大會（WHA），是個重要觀察指標。

在臺灣選情膠著的時候，大陸一邊嚴詞警告臺灣不得搞「臺獨」，一邊繼續向臺灣釋放利好誘因，出手爭取臺灣民心的工作仍不間斷。

惠臺政策從農產品、旅遊、文化到金融各個方面都有，包括宣布開放臺灣人到大陸9個省市設立「個體工商戶」、開放臺灣梨進口、擴大對臺企的融資支持度、計畫增加試點自由行城市、承諾加快兩岸合拍劇的審批等。

大陸海協會執行副會長李亞飛去年底還告訴駐京臺媒，兩岸關係和平發展今年若能順利持續，臺灣參與國際活動的項目與空間會更寬廣，大陸也會推出更多對兩岸民眾更有利的措施，包括採購臺灣稻米等。

民進黨創黨大老：大陸「以商圍政」奏效

臺灣與大陸的經貿聯繫緊密，大陸市場占臺灣出口市場的40.2%，是臺灣最大的出口目的地。兩岸關係回暖、放寬大陸遊客赴臺自由行也給臺灣旅遊業注入更多活水，去年赴臺觀光客持續增長，其中大陸旅客占了29.3%。不管是馬或蔡上台，肯定都無法逆轉兩岸經貿關係越走越近的趨勢。

民進黨創黨大老、臺灣產經建研社理事長洪奇昌上週在一個座談會上指出，從大咖（重量級）臺商包括郭台銘、尹衍樑和張榮發等一個個跳出來支援「九二共識」來判斷，中國大陸對臺「以商圍政」的政策已經奏效。

儘管經濟上獲得大陸釋放的經濟善意，但「陸委會」去年12月公布的民調顯示，在統獨議題上，主張「廣義維持現狀」的臺灣民眾仍高達86.6%。面對如此強大的民意，再加上馬英九此次選舉如果只能低空掠過，那兩岸關係能否在他第二個任內取得新突破？

郭震遠評估，兩岸關係肯定有「新的重大進展」，但重大到什麼程度，要看兩岸怎麼互動。

徐博東從整體形勢分析指出，若馬英九勝選，第一步還是經濟，如何加快ECFA協商以因應歐債危機的衝擊；第二步是推動商簽兩岸文化、教育、新聞出版等方面的合作協定，到了馬英九第二任期的中後期，政局比較穩定時，兩岸政治對話才可能提到議事日程。

徐博東說：「結束敵對狀態、軍事互信機制，比較低階和中階的政治議題，有沒有可能達成一些協定？但是較高階的兩岸和平協定，我個人評估，在馬英九的任期內，不可能達成任何協定。不要有過高的期待，08年那樣的得票率，馬英九都不敢邁大步，怎麼奢望他在第二任期得票率遠遠少於第一任期的情況下，會邁大步？」

（新加坡《聯合早報》，沈澤瑋）

要不要「九二共識」，投票結果給出了答案

人民日報・海外版報導：2012年臺灣地區領導人選舉塵埃落定，馬英九

以79萬多張票勝選連任。這樣的結果傳遞了怎樣的資訊？臺灣民眾如何看待兩岸關係？民進黨前景如何？1月15日，北京聯合大學臺灣研究院邀請專家學者各抒己見。

……（略）

北京聯合大學教授徐博東說，此次選舉臺灣工商企業界無論是財團還是中小企業，一邊倒地公開挺馬、挺「九二共識」，臺灣的漁民、農民對ECFA、「九二共識」朗朗上口，有臺灣媒體說這次選舉是「九二共識」打敗了「臺灣共識」，其實，也可以說是發展經濟打敗了重新「鎖閉」。這次民進黨在南部流失了票源，沒有預估選得好，應該是有ECFA的效應，這個效應隨著後續協商的深入，會產生更大的凝聚力量。

……（略）

有專家在研討會上指出，民進黨雖然輸了這場選舉，但從投票數上可以看出，民進黨的基本支持者還在，今年的得票數比2008年還有所上升。民進黨能否重新洗牌，徹底改革，現在是一個機會。

民進黨將如何面對未來？徐博東分析說，民進黨在此次選舉中主打民生議題，極力想迴避兩岸議題，這說明民進黨自知兩岸議題是「罩門」。而且民進黨不再敢打「急獨」議題，策略已經進行了調整，向中間靠攏。但兩岸政策想迴避是迴避不了的，迴避就會自相矛盾，這次選舉暴露出民進黨對「九二共識」自相矛盾，對ECFA態度不明，對「臺灣共識」說不清楚，這個困境是目前民進黨難以克服的。對民進黨來說，這場選舉是教訓，也為日後轉型打下了基礎，黨內理性務實的聲音有可能重新再起。

（人民日報・海外版）

從經貿協商到政治商談，可分三步走

海峽導報記者林芃／楊思萍報導：馬英九的成功連任，讓未來兩岸關係的發展有了更大的想像空間。在過去的四年裡，兩岸「三通」了，陸客赴臺自由行了，ECFA也簽訂了，兩岸商品的關稅也降低了；在未來的四年裡，兩岸又會在哪些問題上取得突破性的進展呢？對此，導報記者訪問了臺灣問題權威專家、北京聯合大學臺灣研究院前院長徐博東，請他為我們暢想一下未來的兩岸關係。

讚賞馬英九簽ECFA有魄力

導報記者（以下簡稱「記者」）：選後，您發文說這次選舉是「九二共識」打敗了「臺灣共識」、「發展經濟」打敗了「重新鎖島」，您如何評價馬英九上任以來在兩岸關係上的表現？

徐博東：堅持「九二共識」是馬英九獲勝的最大王牌。「九二共識」使得兩岸的協商談判很快得到恢復，推動兩岸「三通」、開放陸客赴臺，最重要的是和大陸簽訂ECFA。ECFA的簽訂，是國民黨頂住了民進黨的強大壓力，在民進黨的強烈反對下簽訂的，可以說，馬英九有這種膽識和魄力，是很不容易的。

然而，民進黨卻把ECFA污蔑為「糖衣毒藥」，蔡英文從「臺獨」意識形態出發，發動大規模的街頭群眾運動，一再攻擊馬英九的兩岸開放政策是「傾中賣臺」，甚至揚言要發動「公投」反對ECFA，但是，馬英九頂住了這樣的壓力。

從六成以上的民調支援度來看，其中近四成是對馬英九本人的滿意度，另外是民眾對馬英九處理兩岸關係的肯定。可以看出，對兩岸關係的態度是馬英九執政四年來，所取得的最大政績。

觀察「九二共識」更加深入人心

記者：通過這次選舉，「九二共識」在臺灣是不是更加深入人心？

未來4年，國民黨如果再推動這種兩岸議題，會不會阻力小一點？

徐博東：是的，通過這次選舉可以看出，島內的民眾通過各種選舉造勢場合的拉票、電視辯論的宣傳，更深刻地認識了「九二共識」，使得「九二共識」成為了真正的「臺灣共識」。預計國民黨再推動這類兩岸議題時，所遇的阻力會比上一個任期小一些。

我估計，通過這次敗選的深刻教訓，以及在強大的民意壓力之下，民進黨可能會調整自身的一些做法，不會像以前那樣，動不動就不近情理地劇烈反彈。因為，民進黨要想重新執政，就不得不正視「九二共識」，仔細檢討兩岸政策上出了什麼問題，否則很難再上台執政。

但是，我不敢奢望民進黨有很大的改變。

兩岸政策大調？民進黨內還難達共識

記者：說到改變，蔡英文在敗選後也強調會檢討民進黨的兩岸政策，您覺得民進黨會修改他們的「臺獨綱領」嗎？

徐博東：相比往年敗選後，把失敗的原因歸結為一些細枝末節上的不足，今年的敗選，民進黨的檢討態度明顯好多了，開始正視兩岸政策。但是，民進黨能否進行實質性的調整，還有待觀察。

之所以這麼說，是因為民進黨內的意見存在很大的分歧。雖然民進黨意識到，已經到了不得不調整兩岸政策的時候了，但其認識程度參差不齊，黨內還無法達成一個共識。無論是陳水扁的「激進臺獨」，還是蔡英文包裝起來的「柔性臺獨」，都是無法爭取到多數臺灣民眾的認同與支持的。

民進黨光認識到兩岸關係是其罩門還不夠。民進黨應該認識到，其「臺獨綱領」必須作實質性的改變，而非策略性的。

所以，在短期內，我們不能奢望民進黨在「臺獨」問題上有實質性的轉型。我們要看未來民進黨對馬英九的態度，是否還像原來一樣，很不理性地逢馬必反、逢陸必反，還是有所改變。

建議從經濟到政治三步走

加快ECFA後續協商、簽訂兩岸「文教ECFA」、結束敵對狀態、建立軍事互信。

記者：在兩岸關係上，馬英九在第一任期內基本上集中在經貿、文化領域，下一任期會在政治層面上有所突破嗎？兩岸能否正式結束敵對狀態，實現軍事互信？

徐博東：我認為兩岸要想從經濟層面走向政治層面，在馬英九任期內，要分三步。

第一，馬英九雖然連任，恐怕還是先經後政。今年全世界恐怕又會面臨新一波經濟危機，即歐債危機。以臺灣出口導向型的經濟模式來看，歐債危機或將給臺灣帶來重創。馬英九勝選後，如何加強兩岸合作，一同應付歐債危機的衝擊，是其工作的重中之重。因此，馬英九要加快ECFA的後續談判，像「投資保障協定」就是其中之一。

第二，文化、教育等方面簽訂協定，加以制度化的事宜也應提上議事日程，提升兩岸的文教交流和文化產業合作的水準。文教協議涉及國家認同問題，是兩岸關係發展的核心問題——我稱之為「文教ECFA」。

就我評估，馬英九在第二任期內也不可能簽訂「和平協議」。因為馬英九所說的「和平協議」和大陸所要的和平協議不是一回事。馬英九的「和平協議」，說白了就是維持現狀，並將現狀固定下來。大陸怎麼可能希望兩岸這種分裂局面固定化，不但固定化還法治化呢？大陸所要的和平協議至少要滿足兩個條件：首先，明確兩岸堅持「一個中國」的原則，現在馬英九是「一中各表」，未來四年馬英九能不能在兩岸定位上有明確的表態，我始終打個問號；其次，和平協定必須明確兩岸未來統一的走向，即終極統一。簽和平協定不是使現狀固定化，而是要謀求未來國家的統一。和平發展只是過程，最終要實現國家統一。

既沒有兩岸「一中原則」的明確規定，也不設定未來兩岸終極統一走向，這樣的「和平協議」，大陸是絕對不可能接受的。馬英九講得很清楚，「不統、不獨、不武」，所以在下一個任期內，他不可能跨很大步。

第三，結束兩岸敵對狀態，實現軍事互信，這要到馬英九第二任期的中後期才有可能進行。兩岸可以先簽訂一個框架協定，再逐步填充內容。或者雙方相互邀請觀摩軍演、討論如何共同維護南海主權等等。兩岸結束敵對狀態是初級階段，建立軍事互信機制是中級階段，最終目標是簽訂和平協定。

（海峽導報，記者林芃／楊思萍）

人物專訪

徐博東：中國大陸民進黨研究的拓荒者

近年來，隨著臺灣問題的突出和兩岸關係的發展，臺灣研究逐漸成為中國大陸的一門顯學，各種涉臺研究機構紛紛成立。但是，在這股臺灣研究熱中，對民進黨的研究仍是一個薄弱和相對被忽視的環節。去年陳水扁當選和民進黨執政後，少數長期從事民進黨研究的學者，身價倍增，成為政府重要的諮詢對象，北京聯合大學臺灣研究所所長徐博東教授，是大陸為數不多的民進黨研究的拓荒者之一。

出生於一九四四年十月十二日的徐博東教授，是廣東梅州市蕉嶺縣客家人。他從北京大學歷史系畢業後，在貴州、河北農村擔任過十年的中學教師；調回北京後從事中國近代史和臺灣史的教學和研究；二十世紀八十年代後期轉向臺灣現狀之研究。鮮為人知的是，他父母曾在臺灣工作多年，他父親回到大陸後，長期從事對臺宣傳研究工作，徐博東研究臺灣的興趣，與其特別的家庭背景尤其是父親長期的影響分不開。用他自己的話說，是「子承父業」。

長期從事臺灣史研究的徐教授，之所以走上研究臺灣現狀之路，於一九八八年一月中國社科院臺灣研究所聘請其為特約研究員，代表該所出席在臺北舉辦的首屆「臺灣史學術研討會」有直接關係。雖然由於臺灣當局的阻撓未能成行，但徐教授和另一位大陸著名學者、時任廈門大學臺研所所長的陳孔立教授提交給研討會的論文，卻成為自一九四九年以來大陸學者首次在臺灣公開發表的學術論文，並引起當時海內外輿論的廣泛報導。徐教授也從此開始了對臺灣現狀的關注和研究，並於一九八九年五月在北京聯合大學文法學院成立臺灣研究室，成為北京地區高校第一個臺灣研究學術機構。由於當時大陸對臺灣政局及國民黨等已有很深入的研究，但對新生的民進黨卻很少人關注，可供參考的資料和研究成果也不多，徐教授卻獨闢蹊徑，選定其為切入點，開始了臺灣現狀的研究。

值得一提的是，徐教授開始民進黨研究之初，不僅相關的研究資料相當缺乏，研究條件相當簡陋，而且還要冒一定的政治風險。一九八九年五月臺灣研究室成立時，正值大陸動亂期間，徐教授因在此時成立臺灣研究室，研究主張臺灣獨立的民進黨，是需要相當勇氣的，原先與其一起有志於臺灣問題研究的同仁，後來大都先後轉向別的學科的研究或調走或出國去了，最後僅剩徐教授一人堅持下來。在過去條件較差和資訊不發達的年代，徐教授主要是通過每天收聽臺灣廣播瞭解最新臺情，十幾個春夏秋冬的堅持，其中的酸甜苦辣，只有他自己知道。

不過，徐博東教授常說，研究工作雖然很清苦，但苦中有樂，當研究成果發表、出版，特別是當一些政策建議得到國家相關部門的重視和採納，或者某項預測事後證明是對的時候，都會感到由衷的欣慰，有種說不出來的成就感。

徐教授一九九〇年四月發表的研究民進黨的第一篇文章，題為《試論民進黨在臺灣政壇中的作用、侷限性及其未來走向》，據稱這是大陸第一篇敢於較全面論述民進黨在臺灣政壇上作用的文章。徐教授當時認為，民進黨在臺灣政壇上的正面作用有四個，即對臺灣政治轉型的推動；對國民黨獨裁統治的挑戰；對臺灣民眾民主意識的影響；對臺灣政權結構的衝擊。至於侷限性和消極影響，則有民進黨的分離意識、「臺獨」訴求、派系紛爭、階級屬性等。

徐教授多次赴臺參訪、探親及從事學術文化交流，足跡幾乎遍及全臺各縣市，結識了不少朋友，包括許多民進黨的朋友。徐教授認為，這些交流交往活動，對其增加對臺灣社會的瞭解，以及更客觀地研究問題，很有助益。

民進黨執政後，加強對民進黨的研究自然成為大陸亟須加強的工作。在政府相關部門和學校的大力支持下，徐教授將原先的臺灣研究室擴建為北京聯合大學臺灣研究所，於二〇〇〇年十二月三日成立，並擔任所長，希望以此進一步加強對臺灣政治和兩岸關係，特別是對民進黨的研究。在談到新的研究團隊時，徐博東感到特別自豪的是，他物色到了一位有十多年臺灣研究經驗，尤其是對民進黨和臺灣軍事、兩岸關係都有深入研究的年輕學者朱顯龍為搭檔，擔任副所長，從而使這個研究所一誕生，就有相當的研究實力，為這個研究所成為北京地區對臺研討的重鎮奠定了基礎，也因此而頗受海內外的關注。

徐教授著有《丘逢甲傳》、《臺灣傳統文化探源》等書，發表專業論文近百篇，新著《臺獨與民進黨研究》（書名暫定）也將於不久後出版。

（中國評論編輯部）

徐博東——力主和統臺灣的溫和「鷹派」

江湖上有「北徐南林」之稱的民進黨研究專家、北京聯合大學臺灣研究所所長徐博東教授力主和平促統。其亦「鷹」亦「鴿」的立場被臺灣《中國時報》副總編輯楊憲村稱為「務實的鷹派」。而這位大陸第一本有關臺灣民進黨研究專著的作者，對此稱謂亦頗感滿意。

滄桑傳奇家世　結緣臺灣研究

在北京聯合大學臺灣研究所的花園裡，徐博東與筆者品茗對談。

祖籍廣東梅州市蕉嶺的徐博東，出生於一九四四年抗日戰爭年代。在大學時代的一篇優秀作文中，徐博東這樣介紹自己：徐乃隨父徐森源（中央人民廣播電台對臺廣播元老）姓。博，指博羅縣。徐博東出生在博羅縣羅浮山上的沖虛觀中，這裡是抗日救亡組織東區服務隊的據點，凡在此出生之嬰兒，起名時男必帶「東」，女必帶「區」。

徐博東的父母均是其中骨幹。抗日勝利後，兩人隨東區服務隊隊長、臺灣著名愛國人士丘逢甲的公子丘念台去接收光復後的臺灣，將剛滿一週歲的徐博東交與老家的母親撫養。夫婦二人原本打算待工作和生活安定下來後再將祖孫二人接到臺灣，豈料不久臺灣就發生了震動中外的「二二八」事變，政局一片混亂。及至一九四九年，家鄉傳來母親病重，徐父隻身匆匆離臺返鄉，不想從此卻又與愛妻及在臺所育三子一水永隔。

而徐博東與母親在香港會面則是四十年後的一九八七年。太長久的分離，母子二人已對痛苦麻木，並未出現抱頭痛哭的場面。直到一九九〇年母親來到北京八寶山拜祭父親時，才痛哭流涕，積壓了幾十年的辛酸、委屈一下爆發出來。弟弟告訴徐博東，以前再難，也從來沒見過母親流淚。

徐森源調到北京籌建對臺廣播後，徐博東便一直與父親生活在一起。平日常聽父親講起臺灣，講起反對割臺的愛國志士丘逢甲。一九七九年徐博東調回北京，進入大學從事近代史教學與研究，於一九八四年選擇丘逢甲研究作為課題方向。

從此，徐博東與臺灣研究的緣分一發而不可收。一九八七年，完成填補大陸臺灣史研究空白的成名之作《丘逢甲傳》後，他受到中國社科院臺研所副所長李家泉教授的賞識，本欲將徐調入臺研所，卻未果。

翌年，社科院臺研所接到臺灣大學王曉波教授主持成立的「臺灣史研究會」邀請函，請派專家參加一九八八年在臺北舉辦的首屆「臺灣史學術討論會」。這在當時是兩岸關係的「大事件」。李家泉此時推薦了正在北京聯合大學執教的年輕副教授徐博東，並以社科院臺研所「特邀研究員」身分聘請他出席。

當然，受時局的影響，徐博東並未成行，但，這份大陸學者的論文還是首次在島內公開發表。海外媒體紛紛以大字標題《文到人未到》，報導了這一轟動當時的事件。

經歷此次事件，徐博東對臺灣問題真正產生興趣，被「拉下了水」。他還因此結識兩位臺灣好友：臺大哲學系教授王曉波和輔仁大學歷史系教授尹章義。無巧不成書，徐博東與王、尹二人偏偏淵源極深。七十年代徐博東夫婦二人在貴州遵義縣農村工作生活過七年的地方恰巧是王曉波的祖籍；在五十年代的臺灣「白色恐怖」中，王曉波兄妹因其母涉嫌「匪諜案」而落難，流浪街頭，每個月都要去臺中市育幼院領一點可憐的院外救濟金，勉強度日，而恰巧徐博東的母親當時就在育幼院當主管會計，負責發放救濟金；而且，王曉波、尹章義和徐博東在臺灣出生的三個弟弟，都曾經在臺中市的同一所中學裡讀書。

世事弄人，幾十年不同的生活環境，使徐博東和他在臺灣長大的三個親弟弟往往在不少問題上看法迥異，至今兄弟見面仍會為一些政治問題爭得面紅耳赤。不過，徐教授也不無欣慰地告訴筆者：「但他們全都反對『臺獨』，相信總有一天兩岸會實現統一」。

六入寶島腹地　民進黨研究拓荒

作為一個民間學者研究臺灣問題，而且在四十餘歲才起步，的確無法與大型國家研究機構相比。一九八八年投身臺灣研究的徐博東選擇了「臺獨」和民進黨這個當時比較「冷僻」的課題，在北京聯大的支持下成立了北京高校第一個臺灣研究室，成為大陸最早研究民進黨的學者之一。

「丘逢甲看到清政府出賣臺灣，毅然離臺尋找光復寶島之路，但他始終熱愛中國，畢生都期待著臺灣回歸中國懷抱的一日，是將清政府與中國分開來看待的。而『臺獨』分子卻將近代臺灣的磨難不能與整個中國聯繫起來，把怨恨之心移到中國頭上，不肯承認自己是中國人。究竟是為什麼？」

徐博東帶著最初的追問，一幹就是十餘年，發表論文百餘篇，並著有多部著作，主持完成國家教育委員會八五重點科研課題《「臺獨」與民進黨研究》及國臺辦、北京市臺辦、全國臺研會等對臺研究課題十多項。最近，徐博東更推出第一本大陸學者的民進黨研究專著《透析臺灣民進黨》（臺灣版名《民進黨研究——大陸學者眼中的民進黨》），立時引起海峽兩岸強烈反響。

確如尹章義所評「積久功深自有得」。迄今為止，徐博東已六次赴臺參訪，其逗留島內的時間加起來已超過半年。在島內，徐博東的行動是受當局嚴密監視的，但他仍在臺灣朋友楊憲村、尹章義和弟弟等親友的陪同下足跡遍及全臺各縣市，上及臺灣各黨派高官要人、著名學者專家，下至鄉間農舍、果園、茶園，與各階層臺灣民眾進行了廣泛深入交流。一九九六年，徐博東在尹章義陪同下深夜拜訪四大競選總部，並在投票前一晚到競選造勢現場感受大選氣氛。徐博東甚至還出現在大陸軍事演習發射導彈當天臺灣「立法院」的公聽會上……這些，都成為徐博東無可比擬的研究優勢。

與民進黨如此近距離接觸，徐博東的看法是：「民進黨並不是鐵板一塊，在他們當中，也有統派。『臺獨』對於大多民進黨人來說，既是目的，也是手段。在私下交談時，他們也接受不了美國對臺灣像主子對奴才似的態度，也希望能在某些方面與大陸合作，脫離美國的控制。」

如徐博東這般案頭工夫和實際調查研究皆精深之人，可謂「鳳毛麟角」，其預測更是大多精準。從民進黨取得政權的過程，到執政後的表現和給臺灣所帶來的嚴重傷害，都被他一一料中，以至於尹章義讚他像導演，而陳水扁和民進黨則按他的指示一一上演。當然，預測中徐博東也有出於個人主觀的良好願望而失算的時候。他說：「預測本身就是一件危險性很大的事，但也是必須做的前瞻研究，這對研究是考驗、挑戰。但無論對錯都會使研究更成熟。」

政府對臺智囊　力主和平統一

民進黨執政以來，徐博東的研究益發受到政府重視，他本人也是政府對臺重要智囊人物，身兼國臺辦新聞局對臺宣傳專家組和對臺政策諮詢專家組專家等職。徐博東經常參加各種會議，評估島內情勢，提供對策、建議。前年臺灣遭納莉颱風襲擊，損失慘重，他夜不能眠，凌晨三點去電國臺辦，建議慰問、救助臺胞。今年海峽兩岸SARS肆虐期間，臺灣當局藉機攻擊大陸，煽動民粹情緒，徐博東也及時給有關部門提出多條對策建議……

而徐博東對政府影響和貢獻最大的還在於整體思路和戰略上。近些年來，大陸對臺工作更趨理性、務實，相繼頒布了一系列新的政策。例如，關於一個中國內涵的「新三段論」；關於進一步加強與民進黨人士接觸、溝通的方針；關於將兩岸「三通」界定為經濟問題與政治議題脫鉤的政策等等，這些重大政策的決策過程，徐博東在其中都起了重要作用。

另外，徐博東提出應將「三通」作為戰略而非策略的思想也受到中央高度重視。目前，內地政府已能將政治和經濟分別對待，對於春節包機之類的「小三通」雖不滿意，但也積極配合。

徐博東認為，「三通實現之日，就是臺獨消亡之始」。他說「民進黨並不太瞭解中國歷史，他們民族意識薄弱、受日本占領時期的皇民化教育影響。在他們眼中，中國是被妖魔化的。一旦加強與大陸交往，大陸的發展事實必定能消除他們的誤解，從而消解『臺獨』產生和生存的根本基礎。」

徐博東力主「和平促統」，既出於徐博東個人對臺灣的特殊感情，也出於整個中華民族的考慮。徐博東通過與臺灣民眾的接觸，更深刻感受到同胞之情、骨肉連心。他說：「武力統一或許時間會短一些，但其後遺症對整個國家民族的傷害將是難以估量的。兩岸中國人應有自信打破歷史的宿命，並非一定要兵戎相見、骨肉相殘，才能實現國家統一。」

徐博東分析說：「不論泛藍泛綠明年誰勝，只要執政者堅持錯誤的兩岸關係，就會繼續給臺灣經濟帶來傷害，不與大陸融合，臺灣經濟只會被邊緣化。而臺灣對抗大陸的根本就是雄厚的經濟實力，如今這一籌碼、資本正在萎縮。」

所以，徐博東對於和平促統仍持樂觀態度：「發展是最具說服力的，只要大陸對自己未來發展有堅定信心，今後把扭轉島內主流民意作為重點工作。眼光要放長遠，我們應有信心十幾、二十年後讓統一成為主流民意！」

充滿坎坷人生　患難伉儷情深

一九六九年畢業於北京大學歷史系的徐博東，在文革時與同是「可教子女」的妻子張明華被發配到貴州遵義。

一九七二年，有嚴重心臟病的張明華不顧危險堅持要把孩子生下來，於是夫妻二人回到北京就醫。在簽了生死狀的情況下，終於平安產下一子。但孩子卻只得寄養在同學家，直到三歲時才回到他們身邊。

父母平反後，徐博東為了妻子的健康，費盡周折調回離北京一百多裡的河北淶水縣當起中學教師。直到一九七九年才回到北京，進入中國人民大學第二分校執教近代史，一九八四年併入北京聯合大學。妻子則進入北京圖書館工作。

幾十年患難與共的夫妻倆，也是學術上的好搭檔。妻子本是低他一級的學妹，徐博東的許多著作中都有她的辛勤勞動，查資料、編校文稿、提修改意見。體弱多病的妻子從來都是徐博東著作的「第一讀者」。

生活中最讓徐博東掛心的就是妻子的身體，年前她才剛做過第二次心臟大手術。採訪中，自外歸來的張明華帶著心愛的小京巴「寶寶」過來打招呼，像個孩子似的笑說「不用理我，我不給你們搗亂」就轉身離開了。

「我已經給她簽了四五次手術同意書。」徐博東說話時，滿眼關切地望著妻子的背影，直到她走進門洞。

在充滿坎坷的人生之路上，徐博東靠著頑強的毅力，後發而先至，成就了學術上的輝煌，但他或許更願意用任何成功來換取妻子的健康。

（鏡報，特邀記者張遠心）

從普通「教書匠」，到著名臺灣研究專家

探索教學改革，在教育崗位上發光發熱

徐博東教授1970年從北京大學歷史系畢業後，曾先後在貴州、河北農村任教10年，那個時候他就是一位在當地頗受人尊敬的出色的中學教師。1979年調入北京走上大學講壇後，他刻苦進修，努力提高專業素養，從教35年來，累積了豐富的教學經驗，逐漸形成了自己的教學風格。

徐教授主講中國近代史，注重鑽研教學內容，努力探索教學方法的改革，重視學生獨立思考、理論分析能力的培養和政治思想素質的提高。為了調動學生學習的積極性和主動性，徐教授常組織學生進行課堂討論或辯論，自掏腰包買紀念品給優勝者發獎；他還帶學生外出參觀，進行現場教學，承德避暑山莊、清東、西陵、圓明園等，都成了他的教學基地；有時他還請專家來校講座。這種「走出去，請進來」的教學模式和「啟發式」的課堂教學方法，收到了很好的效果，學生感慨地說：「徐老師講課深入淺出，幽默風趣，課堂討論十分活躍，不僅學到了歷史知識，而且還受到了愛國主義教育」；有位學生這樣寫道：「過去每當我唱起『媽媽教我一支歌，沒有共產黨就沒有新中國』時，我總在想，何時這手歌才真正由我發自內心地唱出來呢？學完中國近代史，百年來中國人民可歌可泣的英勇鬥爭事蹟，使我為之傾倒。現在我再唱這首歌時，才真正有了深切的體會。」

根據多年的教學實踐，徐教授曾先後撰寫了《在中國近代史課堂教學中

應用「歷史比較法」的嘗試》和《我從事中國近代史教學的幾點體會》兩篇教學研究文章，前文發表後被評為校級優秀教研論文一等獎。校領導對徐教授教學方法的改革實踐給予了高度評價，一位前聯大主管教學的副校長在學校召開的「教學法研討會」上說：「改革教學內容必須相應地改革教學方法才能提高教學品質。徐博東講授的中國近代史，改變了填鴨式的教學方法，在講課及課堂討論中，不是教師把結論硬灌給學生，而是引導學生分析研究，比較鑑別，自己得出結論，這樣的講課學生聽起來有味道，理解深，掌握牢，不僅學到了知識，而且學會了分析研究問題的方法，培養了解決問題的能力。」1999年，由徐教授主講的中國近代史課被學院評選為優秀課程。

徐教授開設臺灣問題的課程後，利用赴臺參訪的機會，收集了大量有關臺灣歷史文化等方面的實物、圖片和音像資料，用以課堂教學。講授臺灣同胞的愛國傳統，他在課堂上展示臺灣統派人士「保釣運動」時使用過的標語、橫幅和穿過的T恤衫；為了使學生對「寶島臺灣」留下深刻印象，在講授臺灣是「水果之鄉」時，不僅在講堂上掛起臺灣印製的精美的水果月曆讓大家「看」，還把從臺灣帶回來的蜜餞給學生們「嘗」。這種獨特的課堂教學方法，還因此引起當天來校檢查教學的外校專家的誤解——他們批評說徐教授竟然允許學生在課堂上吃零食。

由於徐教授努力探索教學改革，1983年度曾被授於北京市教育系統先進工作者稱號，受到政府的表彰，並多次被學校評為優秀教師和優秀共產黨員。

以科研促教學，成為臺灣問題研究專家

徐教授一向十分重視科研工作，他常說：「能搞科研的教師未必是個好教師，但不搞科研的教師必定不是個好教師」。他在認真教好每一堂課的同時，花了大量精力搞科研。憑藉嚴謹治學的態度，扎實的專業功底和刻苦勤奮的精神，幾十年堅持下來，成果斐然，他由一個普通的「教書匠」，逐漸成長為海內外著名的臺灣研究專家。

1987年徐教授與人合作、積4年之功撰寫出版的《丘逢甲傳》，填補了大陸臺灣史研究的一項空白，受到兩岸學術界的高度肯定，他被公認為「丘逢甲專家」。該書多次再版，至今未有能出其右者，成為瞭解、研究近代臺灣抗日愛國志士丘逢甲的必讀之作。徐教授的另一部著作《臺灣傳統文化探源》，也是大陸最早出版的研究臺灣傳統文化的專著之一，受到學術界的重視。這兩部著作曾獲得多項獎勵。

從1988年開始，伴隨著兩岸關係的解凍，徐教授的研究興趣轉向當代臺灣問題，主攻「臺獨」與民進黨研究。1989年他主持創建全國高校最早的臺灣研究機構之一「北京聯合大學文法學院臺灣研究室」。2000年該研究室升格為「北京聯合大學臺灣研究所」，徐教授任所長至今。10多年來，徐教授先後主持完成了國臺辦、教育部等涉臺重點科研課題10多項，出版發表了300多萬字頗具影響的專著、論文和時事評論文章。研究成果受到各種獎勵30多項，被海峽兩岸公認為「民進黨專家」，港臺媒體譽之為「中國大陸民進黨研究的拓荒者」，學術界有所謂「北徐南林」之稱（「林」為廈大臺灣研究院的林勁教授）。

2003年春夏，徐教授在海峽兩岸同時出版了《透析臺灣民進黨》（論文集）一書，這是大陸公開出版的第一部較為系統地研究民進黨的學術專著，同時也是他10多年來潛心研究民進黨心血的結晶。該書出版後海內外重要媒體紛紛予以報導或刊出書評，成為瞭解和研究臺灣問題特別是「臺獨」與民進黨問題的重要參考書。前國臺辦副主任唐樹備為該書作序說：「徐教授對民進黨的研究起步早、持續時間長，而且他的研究力求全方位、多角度」；這些論文「充分反映出他對民進黨冷靜、理性和入微的觀察與思辨，給人以啟迪」，稱讚他「善於捕捉問題的實質，對臺情頗為熟稔，對島內政局特別是對民進黨的分析有不少獨到見解……」。臺灣知名教授尹章義在評價該書時則寫道：「大陸學者一般都透過新聞媒體認識臺灣，就像臺灣人透過好萊塢表演認識美國一樣；少數人能接觸一些訪問大陸、言不由衷的臺灣各黨派政治人物，極少數人能到臺灣目睹耳聞，而能像徐教授這樣，案頭功夫和實際調查研究都如此精深的人，可謂『鳳毛麟角』，不說絕無僅有，怕也是少之又少。因此，他的文章燦然可觀，乃理所必至，不少預測也相當精準」。

隨著兩岸往來的不斷密切，徐教授先後六次赴臺參訪，進行實地研討交流。臺灣《中時晚報》總編輯楊憲村這樣評價徐教授和他的著作：「徐教授的對臺研究工作相當敬業用功，一直令我留下極為深刻的印象。作為一位研究民進黨問題的先行者，徐博東多次來臺從事交流訪問，我看著他由『中央』到基層，由城市到鄉村，不厭其煩，深入其境，想方設法與民進黨人士接觸，從不放過任何可以掌握資訊的機會。我常因代他安排而被煩得不堪其擾，但他的這種治學態度和求知的精神則令我感動；我認為這是理解民進黨、臺灣意識及『臺獨』思想重要的一步，徐教授無愧地應是目前大陸方面對民進黨人物貼身採訪下工夫最深的一位。透過這樣的接觸，從而使他獲得了充分交流瞭解的機會，取得不少第一手資料，更不斷深化了他的論文和觀點。由他書裡各篇可以看出，他對民進黨有著相當確切的認知，批評都很道地」。

徐博東教授以其出色的研究成果受到中央有關部門的高度重視和學術界同仁的充分肯定。他應聘為國臺辦專家組成員和海峽兩岸關係研究中心特邀研究員、教育部高等學校政治學學科教學指導委員會委員，中國社科院臺灣研究所特邀研究員和臺灣史研究中心常務理事，全國臺灣研究會理事等10多個社會兼職，經常應邀出席各種重要學術會議和政府部門的內部諮詢會議，到各單位作臺情報告，為兄弟院校指導和評審有關臺灣問題研究的博士、碩士論文。近幾年來，隨著聯大臺研所在海內外知名度的不斷提升，來所進行學術交流、採訪的海內外學者和媒體記者絡繹不絕。目前，由徐教授主持的北京聯合大學臺研所已成為大陸涉臺研究、宣傳、學術交流和政策與對策諮詢的「重鎮」之一，為反對「臺獨」、促進海峽兩岸的學術交流和中國的統一大業，同時也為提升北京聯合大學的知名度和學術地位做出了突出貢獻。

（北京聯合大學報，崔國輝撰稿）

客家心、臺灣情、盼統一

——訪徐博東教授

最近，記者和梅州市琅瑪文化傳播事業有限公司董事長、正在籌拍的30集大型電視連續劇《丘逢甲》製片人李琅瑪座談時，得知著名學者、北京聯合大學臺灣研究院院長、電視連續劇《丘逢甲》的顧問徐博東教授，近期將回蕉嶺家鄉辦理家事，便相約到時去拜見他，面對面深入瞭解這位還不為家鄉人所熟知的鄉賢。日前，徐博東教授回到蕉嶺，他在繁忙的事務中專門抽出時間來接受採訪，我們便在輕鬆愉快的氣氛中進行了訪談。

一道海峽隔開親人幾十年

記者（以下簡稱記）：徐院長，聽說你這次辦理的家事是很多分居臺灣海峽兩岸的家庭都有的很典型的事例，能請你說說嗎？

徐博東（以下簡稱徐）：是啊，此事說來非常令人傷感！我的父母親分居臺灣海峽兩岸，他們分別於1986年和去年去世。我們兄弟四人這次是特意分別從北京、臺灣兩地敬奉父母的骨灰回家鄉合葬。

記：這裡面還有一個曲折的故事吧？

徐：我父親徐森源、母親潘佩卿中學時代即積極投身抗日救亡活動。中學畢業後分別加入由丘逢甲（我國近代抗日保臺愛國英雄、著名教育家、詩人）的兒子丘念台先生所創建和領導的抗日救亡團體「東區服務隊」，在梅州、博羅、惠州等地組織發動民眾抗日救亡。我父母在博羅縣的羅浮山上相識相愛，1943年結婚，次年10月生下了我。我的名字「博東」，就是取博羅的「博」字和東區服務隊的「東」字組成的。

1945年日本投降、臺灣光復後，我父母跟隨丘念臺東渡臺灣從事臺灣的接收和復興工作。那時候還不知道剛剛光復的臺灣什麼樣子，父母就把才不到一歲的我送回蕉嶺老家，託付給祖母撫養，打算等他們在臺灣安定下來之後再把我們接過去。但還沒等我和祖母去臺灣，1949年10月，父親因故倉促隻身回到大陸，而我母親及三個在臺灣出生的弟弟卻留在臺灣。1987年臺灣當局開放大陸探親後，我才得以和母親、弟弟在香港相見，而我的父母親卻已天人永隔，直到現在他們才終於在家鄉「團聚」！

研究臺灣有特殊的家族淵源

記：看來你研究臺灣問題是有很深的淵源的。聽說你們家和丘逢甲家族有些關係，不知你會不會介意講給我們聽？

徐：是的，而且除了我們家庭分居臺灣海峽兩岸這個重要原因之外，還有其他不少淵源。

實際上我是「子承父業」，我和我父親兩代人都搞了一輩子的對臺工作。我父親徐森源離開臺灣後，先是在香港搞了三年的對臺研究，然後調到上海華東人民廣播電台從事對臺宣傳，後來又奉調到北京參與創辦中央人民廣播電台的對臺廣播部門，此後他在那裡整整工作了30多年，可以說，我父親是大陸對臺廣播的「元老」。我在蕉嶺長到12歲，在樂群小學讀到初小畢業，才被接到北京與父親團聚。父親經常和我講臺灣那邊的情況，記得那時候父親的床底下堆滿了一捆捆裝訂好的厚厚的對臺廣播稿件。

記：所以，你從小就耳濡目染了很多有關臺灣的資訊，逐漸引起了你的興趣。

徐：沒錯！那時候我們家的書架子上擺的大都是有關臺灣的書。平常聽大人們聊天也大多是講有關臺灣的事。

另外，我可以告訴你們一個一般人都不知道的「祕密」：我父親跟丘逢甲的孫女（丘念台的女兒）丘應棠還談過戀愛哩！日本帝國主義發動侵華戰爭後，全國各地的學生掀起了抗日救亡運動。當時我父親和丘應棠同在梅縣東山中學讀書，在梅縣中共地下黨的領導下，東山中學的學生抗日宣傳活動十分活躍，我父親和丘應棠都是其中的積極分子。丘應棠很喜歡他，後來據說因為一些客觀原因最終沒有能結合在一起，但他們倆的情誼很深。我父親離開臺灣後，我母親和我三個弟弟幸虧得到丘念台父女的保護和經濟上的資助，才得以渡過難關。應棠阿姨還把我的大弟弟基東認作乾兒子，資助他去美國留學，在臺灣兩家人經常有來往。1987年我到香港與母親、弟弟會面，應棠阿姨專程趕到香港來見我。我告訴她說，我是在父親的鼓勵下寫《丘逢甲傳》的（與黃志平合著），《丘逢甲傳》是我父親生前審的最後一份稿件，而且是帶著病審的。1987年《丘逢甲傳》出版，父親於1986年去世。應棠阿姨聽了我說的這些話後，動情地說：「我沒有白交這個朋友（指我父親）！」

所以，受父親和家庭的影響，我對研究丘逢甲和臺灣問題有一種說不出來的特殊感情，可以用「感同身受、責無旁貸」這八個字來概括！

與人合著《丘逢甲傳》

記：說到丘逢甲，我們都知道你和黃志平教授合著的《丘逢甲傳》，是大陸地區出版的第一部而且也是迄今為止最權威的丘逢甲傳記，對於正確瞭解、宣傳和研究丘逢甲發揮了很重要的作用。請問當時你們合作撰寫此書是出於怎樣的緣由，怎樣的經過？

徐：1964年我中學畢業後考上北京大學歷史系，在父親的影響下我比較喜歡閱讀有關臺灣歷史方面的書。「文化大革命」開始後我父親因當年從臺灣跑回大陸來而被懷疑是叛徒、特務，而我則因為父親的事成了「可教子女」，和同是「可教子女」的女朋友（次年結婚）被「發配」到貴州遵義縣農村。我父親和我妻子的母親平反後，我們夫妻倆先是從貴州調到河北農村當中學老師，三年後才調回北京工作。我在中國人民大學二分校任教（後來成為「北京聯合大學」的一部分），由於我教的課程是中國近代史，要講到中日甲午戰爭和臺灣人民的反割臺鬥爭，這樣就和丘逢甲掛上了鉤。

記：這是你正式開始接觸和研究丘逢甲和臺灣問題吧？大概是哪一年？

徐：正式開始是1984年。那一年在蕉嶺隆重舉行紀念丘逢甲誕辰120週年活動，我和父親聯名寫了一篇論文應邀參加丘逢甲學術研討會。我和同是蕉嶺籍的黃志平教授住在同一個房間。那時候黃志平研究丘逢甲已經有好幾年了，並寫出了七八萬字的《丘逢甲傳》初稿，他把初稿拿給我看。看了之後我對他說：「我倆是不是來合作，把初稿交給我擴充和修改。我是搞歷史的，你是搞文學的，研究丘逢甲既要懂歷史，又要讀得懂他的詩，我們可以優勢互補。」黃志平欣然同意。一年之後我拿出了二十多萬字的修改稿，後來我倆先後在湖南、北京兩地往來奔波，一遍一遍地修改補充，1987年夏，大陸的第一部《丘逢甲傳》終於在北京出版問世。

其實呢，黃志平教授的家庭和我家十分相似。他父親帶著另外4個兒子在臺灣，黃志平和母親、妹妹則是在大陸。他的姑姑是丘逢甲的弟弟丘樹甲的兒媳婦。所以我和黃志平教授合著《丘逢甲傳》不僅是搞研究工作，尊重和還原歷史，更有一種在臺灣情結驅動下的使命感，還帶有一種同是客家人、同是梅州蕉嶺人的情感，覺得應該好好宣傳我們客家先賢丘逢甲先生，弘揚他的愛國愛鄉精神，糾正大陸史學界長期以來在「極左」思潮影響下對他的誤解。現在看來，應該說我們實現了初衷，丘逢甲先生在中國近代史上的傑出地位得到了應有的肯定和褒揚。溫家寶總理曾經兩次在重要場合引用丘逢甲先生的愛國詩篇，充分地說明了這一點。

轉向研究臺灣現狀

記：那麼後來你又是怎樣轉向研究臺灣現狀的呢？

徐：臺灣著名學者王曉波教授有感於「臺獨」人士歪曲臺灣歷史，1987年秋在臺北牽線成立了「臺灣史研究會」，並定於1988年初由該會在臺北舉辦首屆臺灣史學術研討會，邀請大陸的廈門大學臺灣研究所和中國社會科學院臺灣研究所派人出席。但當時的中國社科院臺灣研究所派不出合適的人選出席。那時我們的《丘逢甲傳》剛剛出版，引起了學術界的重視和肯定，於是中國社科院臺研所就聘請我為特約研究員，代表該所赴臺參加是次研討會。當時兩岸學術交流尚未開放，臺灣當局拒絕我和廈大臺研所所長陳孔立教授入境，但論文卻都郵寄過去了，並在研討會上由他人代為宣讀。這是1949年以來大陸學者第一次在臺灣公開發表論文，引起了海內外媒體和輿論的強烈關注，認為這是兩岸交流的突破性事件。

當年夏天，王曉波教授率團來大陸參訪到了北京，我受邀出席研討會，我和曉波教授一見如故，從此成了好朋友。此後，我便從研究臺灣歷史轉向研究臺灣現狀，陸續撰寫了一些文章在報刊上發表。學校領導見我研究臺灣問題弄出了點「名堂」，就支援我於1989年5月成立了北京高校中的第一個專門研究臺灣問題的學術機構——北京聯合大學文法學院臺灣研究室。

記：徐院長，你是大陸研究臺灣民進黨的開拓者和權威專家。民進黨不斷發展，已經在臺灣連續兩次執政，事實證明你當初選擇這個課題很有前瞻性。請問你是如何作出這樣的選擇的？

徐：臺灣研究室成立後要選擇研究方向和研究課題，大陸對國民黨的研究已經很多、很深入了，依我們當時的研究條件，在這個領域我們很難超越人家。而根據對臺灣政局的分析，我們敏銳地感覺到成立於1986年的民進黨是一個不可忽視的政黨，但當時大陸並沒有多少人研究它，於是我們決定把民進黨作為主要研究課題。

研究工作引起高度重視

記：你們的研究機構後來是怎樣發展壯大和引起重視的呢？

徐：隨著臺灣政局的演變，民進黨不斷發展，2000年3月贏得臺灣地區領導人的選舉，上台執政。這下子民進黨研究就成了熱點問題。我們的研究工作引起中央和北京市有關部門、新聞媒體和我們學校的關注和重視。從那時開始，海內外新聞媒體經常採訪我，上電視成了家常便飯，應邀出席各種會議，忙得整天回不了家。

2000年12月，在學校領導的支持下，院級的「臺灣研究室」升格為校級的「臺灣研究所」，由我任所長，研究經費增加了，還有了專職的編制，研究條件有所改善。2004年陳水扁競選連任，民進黨繼續執政。根據形勢發展和研究工作的需要，在校黨委和國臺辦、北京市臺辦、市教育委員會的大力支持下，2005年4月，北京聯合大學臺灣研究所又升格為「臺灣研究院」，經費和人員編制都大為擴充，研究實力大為增強。這是繼廈門大學臺灣研究院之後在大陸高等院校中設立的第二家臺灣研究院。當時的海峽兩岸關係協會會長汪道涵為我們臺灣研究院題寫院名，國務院臺灣事務辦公室原副主任唐樹備擔任名譽院長，我任院長。建院揭牌儀式十分熱烈隆重。我們研究院已經成為國臺辦等中央和國家有關部門研究涉臺問題和對策的重點諮詢單位之一、北京市涉臺研究基地。

王曉波在建院慶典上形象地比喻說：北京聯合大學的臺灣研究機構從「路邊攤」發展到「大排檔」，現在變成了「五星級大飯店」了。經過兩年多的努力，現在我們臺灣研究院已經發展到有專職人員20人，其中教授、副教授6人，具有博士學位的8人、碩士6人，並被北京市教育委員會評選為「科技創新團隊」。現在我的主要精力轉向做好行政管理工作，培養年輕的臺灣研究人才。

推進中國統一　客家人不能缺席

記：去年你們研究院參與成功舉辦了第一屆「海峽兩岸客家高峰論壇」，請問你的初衷是什麼？

徐：客家人向來最講國族觀念。客家人為什麼會從中原地區來到南方？其中很重要的原因是不願意接受異族的統治。從歷史上看，客家人出過很多愛國志士。目前「臺獨」勢力十分猖獗，我們更要繼承和發揚客家人的優秀傳統，團結海峽兩岸的客家鄉親共同遏止「臺獨」，推進中國統一和民族復興。

我是客家人，有濃厚的客家情結，有責任也有條件來推動這項工作。反「臺獨」、遏止「臺獨」，就要努力爭取臺灣民心。客家人占臺灣總人口的大約12%，僅祖籍蕉嶺的就有大約46萬人，是蕉嶺本土人口的一倍。做臺灣客家人的工作，爭取他們的支持很重要。臺海和平和中國統一攸關中華民族的復興，客家兒女不能置身度外，不能缺席！所以我跟臺灣的「中華海峽兩岸客家文經交流協會」理事長饒穎奇先生（祖籍福建武平）「一拍即合」，在各級領導的大力支持下，去年11月在北京聯合創辦了首屆「海峽兩岸客家高峰論壇」，以兩岸客家文化和經貿交流合作為主題，進行深入探討。今後論壇將每年舉辦一屆，輪流在大陸和臺灣的客家人聚居地舉行。

記：第一屆「論壇」舉辦的情況怎樣？成效如何？

徐：籌辦論壇的時候，我跟饒穎奇先生商定，大陸和臺灣各組織50人出席。沒想到臺灣的客家鄉親非常踴躍，爭著搶著要來參加，最後來了110多人，加上其他地方來的代表，總共有170多人參加論壇。

我們創辦「海峽兩岸客家高峰論壇」，主要是強調「高峰」，用高層次的交流為推動海峽兩岸的客家文化和經濟發展盡力。第一，與會人員的層次比較高，能起到確實的領導、帶動作用；第二，與會人員都是研究客家文化的專家學者、客籍的文藝工作者和工商企業界名流等，是其所在領域的菁英分子；第三，這屆「論壇」在我國的政治、經濟、文化中心首都北京舉行，本身就凸顯了其高端地位。中央對這次論壇很重視，全國人大常委會副委員長許嘉璐、國臺辦常務副主任鄭立中、中央統戰部副部長陳喜慶，以及北京市委的領導出席了論壇。當時的中國國民黨主席馬英九、榮譽主席連戰、副主席吳伯雄（祖籍福建永定客家人）都發來了賀函。在這次論壇上，與會人員對推進兩岸文化和經濟交流合作提出了許多確實可行的建議和主張，海內外很多新聞媒體紛紛前來採訪報導，產生了廣泛影響，取得了很好的成果。

今年下半年由福建方面主辦第二屆論壇，廈門市和龍岩市爭著要承辦。作為祖籍梅州的客家人，我希望有機會在「世界客都」梅州舉辦這個論壇。

寄望梅州為「反獨促統」作出更多更大貢獻

記：徐院長，自從你12歲離開家鄉以後，回來過幾次？對梅州的印象和感覺如何？對梅州的發展或你關心的方面有什麼看法和建議？

徐：我1956年去北京，1966年「文化大革命」時第一次回家鄉，後來又陸陸續續回來過至少有10次。改革開放之後，梅州的變化實在是太快、太大了！每次回來都感覺不一樣，高樓越來越多，交通越來越方便，經濟越來越發展……不過，前幾年因發展經濟所帶來的後遺症——環境污染很令人擔憂！近兩年我再回到家鄉，發現環境大有改善，山綠了，水清了，空氣也清新了許多，魚和鳥也開始多起來了，說明治理污染見了成效，很令人欣慰。希望能堅持下去。

梅州是臺胞、臺屬集中的地區，光是蕉嶺籍的臺胞就有46萬人。希望梅州市發揮這一獨特優勢，在重視發展經濟的同時，更加重視對臺工作，多與臺胞、臺屬溝通交流，幫助他們解決困難和問題，做好爭取臺灣民心的工作，為「反獨促統」作出更多更大的貢獻！

記：現在梅州市琅瑪文化傳播事業有限公司正在籌拍30集大型電視連續劇《丘逢甲》，很多人非常關注。你是該劇的顧問，請問你怎樣看這部劇？有何期待？

徐：丘逢甲的一生是非常好、非常難得的電視劇題材，絕對不要浪費了這樣好的題材！這個劇應該是一個歷史正劇，不能戲說歷史，千萬要慎重，一定要拍好。現在劇本還在認真編寫之中。劇本劇本，乃「一劇之本」，我非常讚賞李琅瑪小姐對劇本的嚴謹態度。她很不容易，很令人敬佩！有志者事竟成。希望梅州市各級各有關部門能一如既往支持她、鼓勵她。希望更多的人共同來關注這個劇，支持這個劇。我相信，在各方面的大力支持下，電視連續劇《丘逢甲》一定能夠拍成一部震撼人心的精品巨製！

（梅州日報，王偉金、塗永平）

徐博東高舉火炬，在兩岸關係研究上繼續奔跑

中評社北京8月10日電：著名臺灣問題專家徐博東教授今年64歲，但當高舉火炬奔跑在艷陽之下，有力地揮舞手臂之時，精神矍鑠得竟讓人絲毫感覺不到他已年過花甲。

中國臺灣網今天報導，不久前，這位大陸臺灣問題研究界的領軍人物之一卸掉了北京聯合大學臺灣研究院院長職位，8月6日，他扮演起了一個新角色——北京奧運會的火炬手。

就在火炬接力的前一天，他還參與了一場官方組織的內部諮詢研討會議。對兩岸關係局勢與發展進行觀察與思考是他的工作內容之一。徐博東思維異常活躍敏捷。「大戰略討論我參與，出妙招小主意也積極。」這也讓官方機構某位官員曾說：「徐博東教授是給我們出主意最多的學者」。

北京奧運會火炬手——這份殊榮，或許可視作對這位倔強學者一路走來取得成就的最好表彰。

「不走尋常路」

徐博東有著中國傳統知識分子的一種傲骨，和一種「不走尋常路」的倔強。從年輕時候在中學教書，他的教學風格就獨樹一幟。從不照本宣科是宗旨。為了教好歷史課，他曾經輾轉北大、人大、北師大等重點院校聽不同風格的歷史課程，以求博採眾家之長。「我不聰明，但願意動腦子，更看重以勤補拙。做什麼都要力爭做到一流。」

徐博東教中國近代史，帶著學生去清東西陵、頤和園、圓明園，甚至住到承德避暑山莊裡，進行「現場教學」。「天濛濛亮的時候，我和學生們爬到山上，看著文津閣前湖面上升騰的霧氣，給他們講近代歷史的風雲消長。」他講火燒圓明園，竟然把學生們講得淚流滿面。多少年後，還有當了老師的學生回來朝徐博東索要教案講稿。

在講甲午戰爭講臺灣時，徐博東還特別把從臺灣帶回的蜜餞、水果月曆、臺幣硬幣拿出來跟學生分享。以至於有視察學校的上級領導以為徐博東縱容學生上課吃零食。

「講中國近代史，一定要把感情融入，中華民族在五千年歷史上，從來沒有過那樣屈辱和辛酸的經歷，而今，我們早已摘掉了東亞病夫的帽子，在體育競技上可以和美國一爭高下，在國際上的大國地位也越來越穩固。」

民進黨研究的拓荒者

這種「不走尋常路」的態度，在後來也如出一轍地投射到了徐博東的臺灣問題研究工作上。

徐博東與臺灣研究的淵源或許要追溯到他出生之時。母親生他的時候，接生的正是大名鼎鼎的臺灣抗日英雄丘逢甲的兒媳，而另一個接生的人是另一位大名鼎鼎的臺灣抗日領袖蔣渭水的養女。與丘家的特殊淵源和深厚交情也使他後來因研究丘逢甲而一鳴驚人成為了順理成章的事情，並帶有或多或少的宿命色彩。

雖然是在80年代以研究丘逢甲踏入臺灣研究領域，但徐博東真正在兩岸打開知名度卻是始於對臺灣民進黨的深入研究。「那個時候學界的研究熱潮都集中在國民黨，沒有多少人看得起民進黨，根本想不到他們會拿到政權。」

臺灣大學教授王曉波就曾撰文寫道：不知道是徐博東獨具慧眼還是因為熱門的國民黨研究搶不過別人，竟然選擇了坐研究民進黨的「冷板凳」。

徐博東認為：由於當時國民黨研究是熱門，「從資料獲取到人脈都無法與官方研究機構匹敵」，「不想跟著別人後面做研究」的想法讓他選擇以研究民進黨為切入點。「更重要的原因在於，民進黨的發展勢頭，社會基礎以及當時民眾對國民黨長期執政的壓力反感都預示改朝換代的氣息。」

1987年，徐博東應臺灣王曉波教授主持的「臺灣史研究會」之邀準備赴臺研討。40多歲的他以「平均每天只睡三四個小時，屁股經常坐麻在椅子上」的精神在短短一週內完成了兩篇一兩萬字的論文。雖最終由於局勢與環境未能成行，但「文到人不到」，徐博東的文稿成為了1949年以來大陸學者首次在島內公開發表的學術論文，一下子引起了轟動。

治學歲月篳路襤褸

與官方研究機構相比，作為民間研究學者的徐博東面對的困難可想而知。那個時候資訊收集遠不如現在方便，連看臺灣報紙的機會都很難，關於民進黨的參考資料更是少之又少。徐博東用老舊的收音機堅持每天收聽臺灣中廣新聞網的廣播作為第一時間瞭解島內時局的管道。

徐博東每次赴臺交流訪問，都想方設法與民進黨人士接觸，從「中央」到基層、從城市到農村，從不放過任何掌握資訊的機會，他的一些臺灣朋友甚至被他煩得「不堪其擾」，但仍被他「這種治學態度和求知精神所感動。」在這種條件下，徐博東以一己之力在北京聯合大學創辦臺灣研究室，而最終升級為臺灣研究院。堪稱白手起家，篳路襤褸。由於經費困難，他甚至掏不出路費到外地參加學術會議，好幾次都是提交會議的文章已經寄給了主辦方，人卻無法到達，「文到人不到」的窘迫經歷不一而足。

家裡的傳真機、印表機、錄音電話、收音機，都是他為了做研究自掏腰包。一台收音機就曾經花費掉一個半月的薪水。「臺研室最初的10個人，後來出國的出國、考研的考研，還有乾脆不幹的」，可見條件之艱苦。徐博東回憶起那段歲月，也不禁感慨：「能一路堅持下來，需要一些精神。」

2000年以後成立了北京聯合大學臺灣研究所，徐博東成為了聯大的一塊招牌。但「牆裡開花牆外香」，北京聯合大學的校長甚至連他長什麼樣子都不知道，為此還親自登門。當校長問起徐博東的困難，徐教授抱出了個票據盒子，裡面是幾萬元的發票，辛酸苦辣，不言自明。

光榮交棒　兩岸關係研究上繼續奔跑

民進黨上台後，研究民進黨亦成為熱門，研究者趨之若鶩。北京聯合大學臺研所的名聲也越來越大，終於在2005年升級為研究院。臺研院成立之時，臺灣島內知名學者，名流悉數到場，燦然可觀。一位涉臺官方機構的官員就曾說：徐博東作臺灣研究，從「路邊攤」，做到「大排檔」，最後竟做成了「大飯店」。但其中甘苦，卻難以盡表。

多年來研究民進黨累積下的人脈，讓徐博東成為了民進黨一些人士與大陸方面交流的一個便捷管道。就在不久之前，他還為民進黨籍的邱太三等人的奧運會之行幫忙出力，讓他們有機會如期赴京觀摩。

而永遠以獨樹一幟為追求的徐博東近年來研究領域也逐漸轉向兩岸關係、島內政黨政治和中美與臺灣地區多邊關係。作為「入世」的學者，他更始終積極地為中央對臺決策部門建言獻策，為兩岸關係謀劃藍圖，提出的建議很多都被中央重視和採納。對政策和局勢的精準把握和精闢分析也使他成為了媒體最願意「關照」的學者。國臺辦前新聞發言人張銘清就曾說過：徐博東是臺灣問題的「民間發言人」。

近幾年來，架設良好平台培養接班人，是徐博東作為院長的主要工作。如今，北京聯合大學臺研院擁有二十幾人學者隊伍，年輕一代也漸漸與大陸官方和島內締結了深厚的人脈關係。「早已過了困難的時候，告別了單打獨鬥。如今團隊的承接課題能力，是當初一個人打拚無法相提並論的。」

「臺灣問題研究需要累積，沒有五到十年的磨練就不能稱為合格的學者。除了勤奮，還要有深厚的理論基礎和強烈的政治敏感度，並且對臺灣的大陸政策、大陸對臺政策熟悉和國際關係相當熟悉，還要擁有歷史的眼光來把握宏觀大局。因此研究起來，也是如履薄冰」。

今年，徐博東從一手創辦，奮戰十多年的聯大臺研院（所）光榮交棒，以研究國民黨擅長的社科院臺灣研究所資深研究員劉紅接掌帥印。有臺媒戲稱：北京聯大臺研院「政黨輪替」。徐博東認為：退休後管理的擔子卸下輕鬆不少，可有更多時間留給自己全心埋頭研究。當然，當過火炬手的他會安排比以往更多的時間去鍛煉，保持著矍鑠的精神，繼續為臺灣問題與兩岸關係研究不停地奔跑。

（中評社）

我與臺灣的不解之緣

——專訪徐博東教授

2011年6月，「第五屆海峽兩岸客家高峰論壇」將在世界客都梅州召開。趕在論壇開幕之前，在京北一處鬧中取靜的寓所花園中，我採訪了論壇創始人之一、著名臺灣問題研究專家徐博東教授。

在我到之前，徐教授已提早為我泡好了一杯茶，待我坐下，便說：「嘗嘗這個客家茶，看合不合口味？」這個細節令人放鬆，於是我們的談話便隨著嫋嫋客家茶香，從徐教授帶有傳奇色彩的身世開始了。

春愁難遣強看山　徐家兩代人與丘逢甲的傳奇情緣

徐博東從出生的那一天起，就與臺灣、與丘逢甲結下了不解之緣。

徐博東的父親徐森源、母親潘佩卿在中學時代便積極投身抗日救亡活動，中學畢業後加入了抗日保臺愛國英雄、著名教育家、詩人丘逢甲的兒子——丘念台創建和領導的抗日救亡團體「東區服務隊」，在廣東梅州、博羅、惠州等地組織發動民眾進行抗日救亡運動。兩位年輕人1943年結婚，次年10月，徐博東出生在「東區服務隊」的據點——博羅縣羅浮山的沖虛觀。按照約定，凡在此出生的嬰兒，起名時男必帶「東」，女必帶「區」。「博東」這個名字，就是取博羅的「博」字和東區服務隊的「東」字組合而成。特別要提到的是，給徐博東接生的，一個是有臺灣孫中山之譽的蔣渭水的養女蔣碧玉，另一位是丘念台的夫人梁雲端。

抗戰勝利後，徐博東父母作為東區服務隊的骨幹，隨隊長丘念台去接收光復後的臺灣。由於當時臺灣情況不明，便將還不到一歲的徐博東送回蕉嶺老家，由祖母撫養。夫婦二人原本打算待工作和生活安定後再將祖孫二人接到臺灣，豈料不久臺灣就發生了震動中外的「二二八」事變，政局一片混亂。1949年，因祖母病重，徐父隻身匆匆離臺返鄉。誰知，從此，徐博東和父親與留在臺灣的母親和三個弟弟一水分隔，竟達四十多年……

「春愁難遣強看山，往事驚心淚欲潸。四百萬人同一哭，去年今日割臺灣。」徐博東一家，確確實實體驗了丘逢甲詩中的家國之恨！

父親徐森源離開臺灣後，先是在香港搞了三年的對臺研究，然後調到上海華東人民廣播電台從事對臺宣傳，後又調到北京參與創辦中央人民廣播電台的對臺廣播，此後他在那裡工作了30多年一直到去世，可以稱得上是大陸對臺廣播的「元老」和「創始人」之一。徐博東在蕉嶺家鄉長到12歲，才被接到北京與父親團聚。那時，家裡的書架上擺的大都是有關臺灣的書，床底下堆滿了一捆捆裝訂好的厚厚的對臺廣播稿件，大人們聊起天來話題也總是離不開臺灣……

這樣耳濡目染的薰陶，對日後徐博東選擇的專業有密不可分的關係，而父親常向兒子提到的一個名字——丘逢甲，更是在少年心裡留下了深刻的印記。那時的徐博東並不知道，在海峽那頭的母親和三個弟弟，正是得到丘逢甲之子丘念台夫婦的保護和資助，才得以一次次渡過難關。

1964年，徐博東考入北京大學歷史系，開始接觸更多的有關臺灣的書。但在隨之而來的「文化大革命」中，徐博東被當成「可教子女，」與同為「可教子女」的女朋友一起，被「發配」到貴州遵義縣的鄉下接受貧下中農的再教育。隨後被分配到當地農村中學當老師。七年後，徐博東夫婦先是調到河北淶水縣的農村中學，三年後才調回北京，在中國人民大學二分校任教，講授中國近代史。這一教便不可避免地涉及到中日甲午戰爭、臺灣人民反割臺鬥爭，「丘逢甲」這個名字再次出現在徐博東眼前。1984年，丘逢甲誕辰120週年的紀念活動在蕉嶺舉行，徐博東與父親聯名寫了一篇論文返鄉參加活動，認識了同為蕉嶺籍、對丘逢甲頗有研究的黃志平教授。更巧的是，黃教授的家庭與徐家竟是十分相似——黃志平的父親帶著另外4個兒子在臺灣，黃志平和母親、妹妹則是在大陸，黃教授的姑姑是丘逢甲的弟弟丘樹甲的兒媳婦。

至此，徐博東發覺，與黃志平教授合著《丘逢甲傳》已經不僅是在搞研究工作，尊重和還原歷史，更有一種在共同的臺灣情結驅動下的使命感，還帶有一種同是客家人、同是梅州蕉嶺人的濃厚情感，覺得應該好好宣傳客家先賢丘逢甲先生，弘揚他的愛國愛鄉精神，糾正大陸史學界長期以來在「極左」思潮影響下對他的曲解。經過他倆千辛萬苦的研究寫作，當《丘逢甲傳》終於出版問世之後，各界的反響也說明，他們確實實現了初衷，丘逢甲先生在中國近代史上的傑出地位得到了應有的肯定和褒揚。溫家寶總理曾經兩次在重要場合引用丘逢甲先生的愛國詩篇，更充分地說明了這一點。

丘逢甲著名的愛國詩《春愁》的第一句，便是「春愁難遣強看山」，對當時的徐博東來說又何嘗不是如此？海峽那頭的母親和弟弟，一直到1987年才得以與徐博東團聚。那是在香港，一家人見面，並沒有抱頭痛哭，太久的離別使得骨肉親情幾近麻木，而那幾十年的春去春來，終於在那樣的見面中化成了融融暖意。然而，令人痛心的是徐博東的父親沒能等到這一天，已於1986年病逝。兩年後，當徐博東陪同母親到北京八寶山公墓祭掃父親時，性格一向堅強的母親失聲痛哭，面對天人永隔，累積了幾十年心頭的思念與委曲終於禁不住傾瀉而出。又過了十多年，徐家四兄弟將父母的靈骨分別從北京和臺灣奉返蕉嶺家鄉，舉行了簡樸而隆重的合葬儀式，「生前無法團聚，逝後終可同眠！」說到這裡，剛剛還談笑風生的徐博東哽咽了……

積久功深自有得　研究臺灣是沒出生就安排好的命運

《丘逢甲傳》出版發行後，得到社會各界的肯定和讚賞，徐博東與臺灣研究的緣分一發不可收拾。1988年，中國社科院臺研所接到臺灣大學著名學者王曉波教授主持成立的「臺灣史研究會」邀請函，邀請大陸學者出席在臺北舉辦的首屆「臺灣史學術討論會」。但當時的社科院臺研所派不出合適的人選，於是就聘請徐博東為特約研究員，代表該所赴臺參加研討會。當時兩岸學術交流尚未開放，徐博東和另一位應邀的廈門大學臺研所所長陳孔立教授被臺灣當局拒絕入境。但人雖被拒，論文卻都郵寄過去了，並在研討會上由他人代為宣讀。這是1949年以來大陸學者第一次在臺灣公開發表論文，引起了海內外媒體和輿論的強烈關注，認為這是兩岸交流的突破性事件。

當年夏天，王曉波教授率團來大陸參訪到了北京，徐博東受邀出席研討會，與王曉波教授和輔仁大學歷史系教授尹章義成了好朋友。此後，徐博東被「拉下了水」，對臺灣問題產生了濃厚興趣，研究方向也從臺灣史研究轉向臺灣現狀研究，在報刊上陸續發表文章，並在北京聯合大學領導的支持下於1989年5月成立了北京高校中的第一個專門研究臺灣問題的學術機構——北京聯合大學文法學院臺灣研究室，成了大陸最早研究民進黨的青年學者之一。

而歷史總是驚人的巧合，徐博東與王曉波、尹章義二人也有極深的淵源——七十年代徐博東夫婦二人在貴州遵義縣農村工作生活過七年的地方，恰巧是王曉波的祖籍；在五十年代的臺灣「白色恐怖」中，王曉波兄妹因其母涉嫌「匪諜案」而落難，流浪街頭，每個月都要去臺中市育幼院領一點可憐的院外救濟金勉強度日，而恰巧徐博東的母親當時就在育幼院當主管會計，負責發放救濟金；還有，王曉波、尹章義和徐博東在臺灣出生的二弟基東，都曾經在臺中市的同一所中學裡讀書……

說到這裡，徐教授忍不住笑了，「也許，研究臺灣問題，真的是從我沒出生就安排好的事情。」

所以他沒法離開他的使命。

「清政府出賣臺灣，丘逢甲投筆從戎率眾抗日保臺事敗，毅然離臺尋找光復寶島之路，但他始終熱愛中國，畢生都期待著臺灣回歸中國懷抱的一日。而『臺獨』人士卻不能將近代臺灣的磨難與整個近代中國的苦難聯繫起來看，把怨恨之心發洩到中國頭上，不肯承認自己是中國人。究竟是為什麼？」

徐博東帶著這最初的追問，將目光盯在主張「臺獨」的民進黨上，一腳踏進去就是二十年，發表論文和時評數百篇，完成研究課題數十項，並著有多部著作。其中，第一本公開出版的大陸學者研究民進黨的專著《透析臺灣民進黨》（臺灣版名《民進黨研究——大陸學者眼中的民進黨》），一經推出，立時引起海峽兩岸的強烈反響，成為瞭解民進黨和研究臺灣問題的必讀之作。

確如尹章義所評，「積久功深自有得」。迄今為止，徐博東已十六次赴臺參訪或探親，其逗留島內的時間加起來已近一年。在臺灣朋友或弟弟的陪同下，徐博東的足跡遍及全臺各縣市，上及臺灣各黨派高官要人、民意代表、著名學者專家，下至鄉間農舍、果園、茶園，與各階層臺灣民眾進行廣泛深入的交流，難得的是還交了不少民進黨的朋友。一九九六年，徐博東在尹章義教授的陪同下深夜拜訪四大競選總部，並在投票前一晚到競選造勢現場感受大選氣氛。徐博東甚至還出現在大陸軍事演習發射導彈當天臺灣「立法院」的公聽會上……這些，都成為徐博東無可比擬的研究優勢。

與民進黨如此近距離接觸，徐博東的看法是：「民進黨並不是頑固不變，『臺獨』對於多數民進黨人士來說，既是『理念』，更是『工具』。在私下交談時他們也表示，接受不了美國對臺灣像主子對奴才似的態度，也希望能與大陸改善關係，脫離美國的控制。」

「如徐博東這般案頭工夫和實際調查研究皆精深之人，可謂鳳毛麟角，其預測更是大多精準。從民進黨取得政權的過程，到執政後的表現和給臺灣所帶來的嚴重傷害，都被他一一料中」，以至於尹章義稱讚他像「導演」，而陳水扁和民進黨則「按他的指示一一上演」。當然，徐博東也有失算的時候。他說：「預測本身就是一件危險性很大的事，特別是預測臺灣的選舉，但也是必須要做的前瞻性研究，這對研究是一種考驗和挑戰。但無論對錯都會使研究更趨於成熟。」

兩岸情誼割不斷「三通」實現之日，就是「臺獨」消亡之始

民進黨執政以後，徐博東的研究益發受到大陸官方的重視，他本人也成為政府對臺重要智囊人物，經常參加各種內部諮詢會議，評估島內情勢，提供對策建言，並經常接受海內外媒體採訪，解讀大陸對臺政策，發表對島內

政局和兩岸關係的看法，臺灣媒體稱之為大陸的「發言學者」。臺灣遭納莉颱風襲擊，損失慘重，他夜不能眠，凌晨三點去電國臺辦，建議慰問、救助臺胞。海峽兩岸SARS肆虐期間，臺灣當局藉機攻擊大陸，煽動民粹情緒，徐博東也及時給有關部門提出多條對策建議……

而徐博東對政府影響和貢獻最大的還在於整體思路和戰略上。近十年來，政府對臺工作更趨理性、務實，相繼頒布了一系列新的政策。例如，關於一個中國內涵的「新三段論」；關於制定《反分裂國家法》；關於進一步加強與民進黨人士接觸、溝通的方針；關於將兩岸「三通」界定為經濟問題、與政治議題脫鉤的政策等等，這些重大政策的決策過程，徐博東在其中都起了作用。

另外，徐博東提出應將「三通」作為戰略而非策略的思想也受到中央高度重視。徐博東認為，「三通實現之日，就是臺獨消亡之始」。他說「『臺獨』人士並不瞭解中國歷史，民族意識薄弱、受日本占領時期的皇民化教育影響。在他們眼中，中國是被妖魔化的。一旦加強與大陸交往，大陸的發展事實必定能逐步化解他們的敵意和誤解，從而動搖『臺獨』產生和生存的基礎。」

徐博東力主「和平促統」，既出於徐博東個人對臺灣的特殊感情，也出於整個中華民族的考慮。徐博東通過與臺灣民眾的接觸，更深刻感受到同胞之情、骨肉連心。他說：「武力統一或許時間會短一些，但其後遺症對整個國家民族的傷害將是難以估量的。兩岸中國人應有自信打破歷史的宿命，並非一定要兵戎相見、骨肉相殘，才能實現國家統一。」

所以，徐博東對於和平促統持樂觀態度：「發展是最具說服力的，只要大陸對自己未來發展有堅定信心。今後應該把扭轉島內主流民意作為對臺工作的重中之重，眼光要放長遠，慢工出細活，我們應該有信心經過努力，在一二十年後讓統一成為臺灣的主流民意！」

老驥伏櫪再出發　進軍客家文化研究的新領域

2008年徐博東於六十四歲時退休，但他「退而不休」，三年來仍活躍在涉臺研究領域，頻繁出席各種大小會議，赴臺參訪研究，撰寫時事評論文章，指導研究生撰寫畢業論文……，老驥伏櫪，忙得不亦樂乎，繼續發揮他的影響力。不過，有濃厚客家情結的徐博東在採訪中向我「透露」，趁著身體尚健，晚年他將會把更多的精力投入到客家文化研究領域，以回饋家鄉對他的養育之恩。

在「第五屆海峽兩岸客家高峰論壇」籌辦期間，梅州市委書記李嘉曾與徐博東圍繞如何傳承好、保護好、利用好客家文化徹夜傾談，頗有「相見恨晚」之感！鑒於梅州市即將被國臺辦批准為「海峽兩岸客家文化交流基地」，徐博東建議在梅州設立「海峽兩岸客家文化研發中心」、「海峽兩岸客家文化創意產業園區」和「海峽兩岸客家青年交流專案基金」等，作為支撐「基地」的實體和平台，加大力度發掘和利用梅州的客家文化寶藏。比如，梅州的圍龍屋就是尚未得到充分重視的寶藏之一。永定土樓早已聲揚國際，但知道梅州圍龍屋的不要說老外，連中國人都不多。而即將建成的揭陽國際機場，以及高速公路、鐵路的貫通，將使梅州成為閩粵贛三省交界處的交通樞紐。交通便捷了，旅遊業肯定會得到相應的快速發展，形成其他地區所沒有的、獨具特色「客家文化旅遊走廊」。到那時，梅州要給世界各地的客人看的，就不是所謂「與國際接軌」的各種「洋玩意兒」，而應該是受到精心維護和適度開發的客家本土文化資源。除了圍龍屋之外，客家歷史名人故居，客家的相關文物，都應該加強保護，因為這些東西是等不起的，一旦破壞了就將永遠消失，而這裡面恰恰就是客家文化賴以寄託、賴以存活的重要之物。再有，梅州地區環境優美，山青水秀，植被茂密，是天然浴場，要悉心保護，可適度發展休閒旅遊業，吸引大城市裡的人來我們梅州度假。至於客家特色的飲食、服飾……都理應得到很好的發掘利用。非物質文化遺產如客家山歌、漢劇、漢樂、節日風情等，更要進一步深入挖掘、傳承，使之發揚光大，向來自海內外的遊客充分展示，這也是我們客家人的驕傲！

作為蕉嶺籍的客家人，談到客家文化，徐博東仍是一派嚴謹而務實的學者作風。「我是研究臺灣史和臺灣現狀的，雖然身為客家人，但研究客家文化對我來說卻是一個新的領域，也是新的挑戰」。而已經成功舉辦四屆的「海峽兩岸客家高峰論壇」，正是徐博東拓展新的研究領域的重要陣地。本屆論壇，梅州市將隆重舉行「海峽兩岸客家文化交流基地」的掛牌儀式。這樣，梅州將成為全國唯一的海峽兩岸客家文化交流基地，這無疑會進一步鞏固梅州作為「世界客都」的地位，進一步加強梅州與世界的相互聯繫。此外，開展兩岸農業、產業交流與合作，也是本屆論壇的重要議題，尤其值得一提的是此屆論壇還增加了「海峽兩岸青年論壇」，專門邀請了100名臺灣客家青年學生到嘉應大學來開展聯誼活動。文化的傳承和發展寄託在青年人身上，讓兩岸的客家青年人之間加強相互瞭解，增進親情，無疑會對兩岸關係和平發展起到重要的促進作用。

在規模上，第五屆論壇是往屆論壇中最大的，臺灣與會者將達600人，到會總人數要超過1000人。與會者層次也將高於往屆，影響會更大。為保證論壇的品質和可持續性，此次論壇還要完成的一個重要任務，就是要使論壇常態化、機制化。為此，將考慮成立論壇理事會或祕書處，邀請海峽兩岸各個客家地區派代表參加，並確定下一屆論壇召開的時間、地點和主要任務。

每年一屆的「海峽兩岸客家高峰論壇」，已經成為兩岸客家鄉親交流合作的重要平台和共敘親情、鄉情的盛會，論壇的機制化和常態化，必將為加強兩岸同胞的相互瞭解，消除敵意，增強臺灣同胞的尋根意識和國族認同，推動兩岸關係和平發展，做出兩岸客家人獨特的貢獻。

（客家人，瀟雅）

國家圖書館出版品預行編目(CIP)資料

臺海風雲見證錄. 採訪報導篇 / 徐博東　編著. -- 第一版.
-- 臺北市 : 崧燁文化, 2018.12

面 ;　公分

ISBN 978-957-681-675-8(平裝)

1.中華民國政治 2.臺灣獨立問題 3.兩岸關係

573.07　　107022001

書　名：臺海風雲見證錄.採訪報導篇
作　者：徐博東 編著
發行人：黃振庭
出版者：崧燁文化事業有限公司
發行者：崧燁文化事業有限公司
E-mail：sonbookservice@gmail.com
粉絲頁　　網　址：
地　址：台北市中正區重慶南路一段六十一號八樓 815 室
8F.-815, No.61, Sec. 1, Chongqing S. Rd., Zhongzheng Dist., Taipei City 100, Taiwan (R.O.C.)
電　話：(02)2370-3310 傳　真：(02) 2370-3210
總經銷：紅螞蟻圖書有限公司
地　址：台北市內湖區舊宗路二段 121 巷 19 號
電　話：02-2795-3656　傳真：02-2795-4100　網址：
印　刷：京峯彩色印刷有限公司（京峰數位）

定價：850 元
發行日期：2018 年 12 月第一版
◎ 本書以POD印製發行